纪念柳陞祺先生百年诞辰
暨藏族历史文化论集

郝时远　格勒　主编

中国藏学出版社

柳陞祺先生在家中

柳陞祺在拉萨（1947年）

柳陞祺在拉萨一寺庙大殿前（1947年）
左起：哲蚌寺汉僧融通（云通）法师、驻藏办事处代处长陈锡章、汉僧大刚法师

《藏族简史》审稿会议开幕合影

柳陞祺在民族所前（约20世纪80年代）
前排左起：林耀华、费孝通、中根千枝、傅懋勣
后排左起：刘荣焌、王恩庆、柳陞祺、邓锐龄、李有义

柳陞祺在墨西哥参加联合国食品会议，与各国与会者合影（1958年）

2001年柳先生与美国纽约州立大学的汤姆·格伦菲尔德教授探讨西藏近代史问题

柳陞祺在印度泰姬陵（约20世纪80年代）

出访

柳陞祺与女儿柳晓青（左）、儿子柳晓明（右）在北京皂君庙寓所（1983年）

柳陞祺在中央党校院内（约1990年）

目　录

序言一 …………………………………………………………………… 郝时远（ 1 ）
序言二 …………………………………………………………………… 格　勒（ 1 ）

向昨天告别
——记 1949 年我离开西藏的经过 ……………………… 柳陞祺（ 1 ）
《西藏与西藏人》及相关的人和事…………………… 柳晓明　柳晓青（10）
淡定人生 ……………………………………………………………… 柳晓青（21）
柳陞祺先生逝世五周年祭
——（诗词各一首）………………………………………………… 张永谦（27）
半个世纪叔侄缘 ……………………………………………………… 柳雪君（29）
诚挚的怀念 …………………………………………………………… 陈乃文（31）
怀念柳陞祺先生及国民政府驻藏办事处同事 ……………… 邢肃芝（45）
回忆藏学家柳陞祺先生 ……………………………………………… 邓锐龄（53）
儒雅博学　热爱祖国
——长忆柳陞祺先生 ……………………………………………… 王　尧（62）
深切缅怀我国著名藏学家柳陞祺教授 …………………………… 杜荣坤（65）
文如其人　人如其文
——纪念柳陞祺教授诞辰一百周年 …………………………… 史金波（69）
一篇揭露帝国主义侵略西藏卑劣手法的雄文
——读柳陞祺先生的《1929 年版(艾奇逊条约集)
第 14 卷何以有两种不同版本?》 ……………………………… 王　贵（73）

怀念柳陞祺先生 …………………………………………………… 王晓义（78）
纪念柳陞祺先生感怀（藏文）……………………… 强俄巴·多吉欧珠（83）
淡泊名利，潜心向学
——柳陞祺先生印象 ………………………………………… 降边嘉措（87）
我们仰慕的学术前辈 ……………………………………………… 李坚尚（96）
忆我的老师——藏学研究指路人 ………………………………… 陆莲蒂（101）
深切怀念柳陞祺先生 ……………………………………………… 胡　岩（105）
一生爱国心　藏研六十载　硕果满园结
——忆藏学前辈柳陞祺有感 ………………………………… 罗桑旦增（115）
柳叶落定
——读柳陞祺《向昨天告别》一文的联想 …………………… 郭翠琴（119）
敦煌藏文 P. T. 127 号十二生肖命相文书解读
——谨以此文纪念柳陞祺先生百岁冥诞 ……………………… 陈　践（127）
唐贞元铁桥之战后滇西北地区民族分布的变化 ………………… 赵心愚（149）
论吐蕃奴隶社会中的封建制萌芽 ………………………………… 张江华（161）
吐蕃外籍名僧无垢友考述 ………………………………………… 尕藏加（177）
唐代吐蕃与突骑施关系考述 ……………………………………… 杨　铭（185）
西夏文献中的吐蕃 ………………………………………………… 聂鸿音（193）
藏文史书中的成吉思汗 …………………………………………… 张　云（203）
试述八思巴在元朝的历史地位 …………………………………… 蔡志纯（211）
明朝"以茶驭番"政策试论 ……………………………………… 罗贤佑（234）
对松巴堪布及其《如意宝树史》的研究 ……………… 陈庆英　张子凌（248）
清代西藏封爵考述 ………………………………………………… 赵云田（259）
西藏名称的由来
——从《西藏与西藏人》说起 ………………………………… 李凤珍（271）
浅析达赖亲政与活佛摄政 ………………………………………… 曾国庆（279）
清乾隆年间第二次金川战役几个问题的探析 ………… 齐德舜　洲　塔（289）
军机处满文夷使档所录熬茶档选译 …………………… 赵令志　郭美兰（300）
五世达赖喇嘛执政时期南征不丹战事考述 ……………………… 扎　洛（324）
对拉达克在不丹与拉萨的战争中支持不丹的背景分析
………………………… ［德］迪特尔·舒著　肖君　刘洋译（342）
清代治康政策调适与瞻对问题 …………………………………… 卢　梅（354）

五四运动与西藏事务 …………………………… 喜饶尼玛 李婷轩（369）
民国初年的筹藏建议论析
——以1912—1915年间报刊舆论为中心 ……………… 孙宏年（383）
民国时期甘青藏区寺院创办新式教育的尝试 …………… 秦永章（407）
1923年九世班禅出走内地事件检讨 ……………………… 郭克范（425）
柏斯尔·古德与英属印度的西藏政策 ………………………… 张永攀（455）
关于四川甘孜藏区与西藏地区的民主改革
——学习1957年中央书记处两次会议纪要及
五月指示的认识 …………………………………………… 秦和平（472）
达赖喇嘛是怎样走上分裂祖国的道路的 …………………… 周 源（501）
多源文化大漩涡中的历史记忆
——塔尔寺与“宗喀六族”文化变迁 ……………………… 先 巴（509）
藏传佛教“自空见”之源流考释 ……………………………… 班班多杰（536）
藏文《大藏经》的版本、内容及特色 ………………………… 周润年（555）
西藏农村家庭中的宗教空间及神灵体系 …………………… 孙 林（567）
拉卜楞寺的藏文文献及其文献学价值 ……………………… 丹 曲（584）
藏传佛教与“他空见”思想
——评云丹嘉措《西藏宗教源流简史》 …………………… 周 拉（602）
进入书面记录的《格萨尔》口头传统 ……………………… 周爱明（613）
藏语词族与构词法 ………………………………………………… 张济川（631）
藏语的宾语类型及标记分析 ……………………… 江荻 龙从军（652）
藏语新词术语的使用与发展 ……………………………………… 周毛草（659）

后记 ……………………………………………………………………………（667）

序言一

中国社会科学院民族学与人类学研究所所长
中国社会科学院藏族历史文化研究中心主任　　郝时远

柳陞祺先生是饮誉海内外的著名藏学家，也是我十分敬重的老一辈学者。由于研究方向的关系，我虽然没有聆听过柳先生的学术教诲，但是逢年过节对柳先生的探望却令人难以忘怀。当时他虽年逾九十，但是精神矍铄、乐观豁达，尤其是他睿智祥和的神情每每对我感染至深。作为与柳先生同所共事的后学，我为本所有这样的前辈学人倍感骄傲。

对柳先生的藏学修为，藏学界侪辈同仁早有公论。他修养之深厚、治学之严谨、著述之丰厚、待人之谦和，亦为学界同仁所公认。大约是2000年春节前，我去看望柳先生，看到了他书案上的书籍、纸笔，听到了他仍在继续著述的话题，使我顿然体会到了学术生命的执着和坚强。事实上，直至病榻弥留，柳先生都在为中国的藏学研究奉献着他的思考和智慧。

柳先生虽然专修英国文学，但是世事变迁却使他与西藏结下了不解之缘。从1944年应邀进藏就职中央政府驻藏办事处的英文秘书，到他1950年完成《西藏与西藏人》一书的写作，数年间的耳濡目染、资料积累和内心感悟，使他走上了藏学研究的学术道路。而其中最大的动力，莫过于他在帝国主义染指下的西藏开始从事涉藏事务后树立和坚定起来的国家统一和主权独立意识。实践证明，这也是柳先生半个多世纪致力于藏学研究始终不渝的立场。

柳先生在藏学研究方面的著述丰厚，但是无论是古代历史、近代历史还是具有现实性的涉藏研究，从中都不难体会他选题立意的用心，即揭示历史的真实和揭露帝国主义的阴谋。而他地道流畅的英文表达则使这类著述在国际藏学界发挥了事半功倍的影响。对于一位学贯中西的学者，柳先生对国内藏学研究的发展和成就充满信心，但是时至今日能够将这些成果用英文刊布于国际学界者仍寥寥无几。

在当今英语强势且十分通用的国际交流中，无论是藏学还是其他学科，中国学界与国际学界的交流极不对称。当代中国学者大部分都具备阅读和使用英文著述的能力，但是外国学者却绝大部分都不懂中文；中国学界在不断译介着国外有价值的学术著作，但是国外学界却极少译介中国的学术著作。在藏学研究方面也是如此，何况还有藏语文的因素。正因为如此，国外很多涉藏的著述虽然缺少学术研究基本规范的史料（中文、藏文）支持，但却以想象和偏见的话语流行于世，不断强化着所谓“西藏问题”的主题和美化着旧西藏的“世外桃源”。从这个意义上说，柳先生的学术能力和留给我们的学术成就，无疑是我们推动中国藏学研究走向国际需要学习、继承和发扬的一笔财富。

藏学研究是一门多学科、综合性的专门学问，也是一直受制于境外多种势力炒作的所谓“西藏问题”的干扰而艰难发展的学术领域。中国是藏学研究的故乡，拥有藏学研究发展繁荣的丰富资源，也形成了规模可观的藏学研究力量。对中国的藏学研究界来说，充分发掘和利用汉文、藏文历史资料，广泛、深入地开展现实的调查研究，吸收和借鉴国外藏学研究的科学成就，扩大中国藏学研究成果的国际影响，是我们责无旁贷的使命。其中，维护国家统一、民族团结，抵制任何利用藏学研究兜售所谓“西藏问题”的行径也是重要之部分。在这方面，柳陞祺先生身体力行地为我们做出了榜样，这正是这部纪念文集面世的意义——纪念先进、勉励后学。

是以为序。

2008 年 11 月 11 日

序言二

——纪念柳陞祺先生

中国藏学研究中心副总干事　格勒

1978 年中国开始改革开放，中国的藏学研究迎来了科学的春天。我作为改革开放后的第一届本科大学生（77 届），经过初试、复试和面试的层层选拔，幸运地进入中国社会科学院研究生院攻读中国少数民族历史专业的硕士学位。我的指导教师，除了李有义教授，还有王森和柳陞祺教授。他们都是中国著名的藏学家，我有幸在他们的亲自指导下步入藏学的殿堂。三十年后的今天，中国的藏学研究获得了空前的繁荣和发展。此时此刻，我们中国藏学研究中心和中国社会科学院民族学与人类学研究所共同举办纪念柳陞祺教授的学术讨论会，并出版一本纪念论文集。文集编辑组要我写个序言，我作为曾经受教于柳先生的学生，欣然答应，并决定趁此机会再谈谈中国藏学的两个问题。也算是对我的论文《中国藏学研究的几点思考》的一个补充。该文收录在我与张江华合编的为纪念李有义先生从事藏学研究七十多年的文集《李有义与藏学研究》中。

我一直认为包括柳陞祺教授在内的老一辈中国藏学家大多数可以被称为马克思主义的藏学家。虽然他们的著作中很少大段大段地引用马克思、恩格斯的原话，但其字里行间闪烁着马克思主义的辩证唯物主义和历史唯物主义思想的光辉。他们坚持马克思主义生产力和生产关系、经济基础和上层建筑、物质生活和精神生活、社会存在和社会意识等的辩证关系和基本原理，他们的著作里同样体现着对马克思、邓小平实事求是精神的坚守，甚至在他们挨批斗、受挫折的艰难岁月中也不变。为什么？根本原因是迄今为止，世界社会科学界没有一个学说像马克思主义的基本理论那样客观、准确、全面地阐述人类社会发展的基本规律。虽然历史上反对马克思主义基本理论者大有人在，尤其是苏联解体、东欧剧变后更是如此，然而马克思的基本理论在当今世界依然是最具魅力、最具威力、最具影响的理论和思想，他本人也最具影响力。记得20世纪即将结束的时候，英国广播公司BBC在全球范围内举行过一次网上评选“千年思想家”的大型活动，结果得票高居榜首的不是别人，而是马克思。大家想一想，人类社会过去的一千年，曾出现过千千万万的思想家，为什么到现在马克思依然能够独占鳌头呢？同样在当今世界性的金融风暴之后，马克思的基本理论在世界发达国家重新得到重视，今年马克思的《资本论》在欧洲的销量开始猛增。这是因为马克思主义的基本理论经过实践证明是科学体系，是科学真理，它用科学的理论揭示了人类社会的客观发展规律，为人类的进步、社会的发展指明了正确的方向。我们国内在党的十六大以后，以胡锦涛同志为总书记的新一届中央领导集体，根据人类社会客观发展规律，明确提出了以人为本的科学发展观。强调以人为本是发展观的本质和核心。人类的历史上曾出现过以超自然为本的神学发展观，神的地位淹没了人的地位，人类社会的发展出现了扭曲和黑暗。资本主义发展后又出现了以物为本或以金钱为本的现代化发展观，商品拜物教大行其道，人的本质被再次扭曲、异化。正确的发展观或科学的发展观应该是马克思提倡的以促进人的全面发展为目标的发展观。无论是邓小平的理论，还是以人为本的科学发展观，都体现了人类社会最理想的科学发展观。中国藏学是促进科学发展的科学，是为藏族人民服务的人民科学。因此当前中国藏学的研究就应该为研究、贯彻、落实以人为本的科学发展观服务，为促进西藏及其他藏区各民族人民的全面发展献计献策。要做到这点，重要的是首先要百分之百地相信马克思主义的基本理论是科学，相信运用马克思主义的基本理论能够解释人类过去、现在、将来出现的各种社会问题和社会现象，同样应百分之百地相信马克思的基本理论能够说明和解释西藏及其他藏区现代化进程中出现的各种新的社会问题和社会现象。

我曾说过马克思主义理论与藏学是指导与被指导的关系。我们说树立正确的指导思想有两层含义：一是运用马克思列宁主义的基本立场、观点、方法去认识和分析西藏及其他藏区的政治、社会、经济、文化的发生、发展、变化的规律；二是通过学习马列主义，改造自身的主观世界，树立正确的世界观、人生观、价值观、民族观、文化观、历史观、宗教观。作为社会主义的藏学研究者，首先必须掌握辩证唯物主义和历史唯物主义的思想和方法，并用于指导藏学研究。同时，应该学习和掌握现代学科的基础知识，包括现代政治学、经济学、社会学、人类学、民族学、法律学、历史学、艺术学、哲学、考古学等等，从现代人文、社会和自然学科的研究方法中汲取营养，使藏学自身的研究方法得到充实和发展，为科学地研究藏学打下雄厚而扎实的藏学专业知识和基本研究技能的基础，实现又红又专的要求，才能算是一个马克思主义藏学家。历史上许多著名的藏族高僧大德对于藏族的大小“五明”等佛教基础知识和传统文化知识有深厚的了解和根底，他们是藏学家，但由于他们缺乏马克思主义理论的指导和现代科学的专业基础知识，所以很难成为马克思主义的藏学家。同样许多著名的西方藏学家，他们有雄厚的现代科学专业基础知识和科学的研究方法、手段，但他们当中的一部分学者的政治立场和观点与我们不同，不接受马克思学说和毛泽东思想，因此不可能成为马克思主义藏学家。

马克思主义藏学家与非马克思主义藏学家之间的主要差别来自于认识西藏及其他藏区社会发展变化规律的立场、观点、方法的不同，也可以说是世界观、价值观的不同。例如多少年来学术界关于西藏传统社会的性质众说纷纭，莫衷一是，但总的来说，分为两派。一派是中国的马克思主义藏学家，根据马克思主义人类社会发展阶段的理论，认为西藏社会与人类其他社会一样，曾经历过原始社会、奴隶社会、封建农奴制社会。民主改革以前的西藏社会是典型的封建农奴制社会，存在阶级对立，存在剥削与压迫。另一派是以一部分西方学者为代表的非马克思主义藏学家，不承认社会发展阶段论，否认民主改革前的西藏社会是封建农奴制社会，甚至有人把民主改革前的西藏社会描绘成没有阶级和剥削的世外桃源——香格里拉。从这个角度讲，承不承认西藏社会曾经历过封建农奴制社会，实际上变成了马克思主义藏学家与非马克思主义藏学家的一个重要分水岭。

尤其是当前我们党领导下的西藏及其他藏区的社会主义现代化事业和我们从事的中国藏学研究，是在复杂多变的国际环境和我们与达赖集团的政治斗争异常尖锐的条件下进行的，不得不承认其具有极为敏感的政治属性。国际藏学界的斗争往往寓政治于学术之中而显得更加错综复杂，因此如果我们平时不注意加强学习马列主义理论、邓小平理论、科学发展观，不用马列主义理论指导我们的研究，不善于从政治的高度、从全局和战略的高度来认识西藏问题的长期性、复杂性、重要性，不但使我们的中国藏学研究有迷失正确前进方向的危险，而且在当前国际上围绕“西藏问题”的尖锐复杂的斗争中很有可能犯方向路线性的错误。因为“没有理论上的坚定，就不可能有政治上的坚定”，“理论坚定是政治坚定的灵魂和基础”。理论上不清醒，政治上必然是糊涂的。没有清醒的政治头脑，又怎么可能使自己变成一个又红又专的马克思主义藏学家呢？因此，在当前学习与实践科学发展观中，中国藏学界更有必要加强学习马克思主义的基本理论和科学发展观，用科学的理论、清醒的头脑、实事求是的态度，认识和分析当前国际上围绕“西藏问题”的各种奇谈怪论，在实践中不断坚定自己马列主义理论的信念，力争做一个用科学发展观武装起来的合格的中国马克思主义藏学家。

作为一个马克思主义藏学家，还应该像马克思那样突出学术研究为现实服务。英国的人类学家莫里斯·布洛克曾研究过“马克思主义与人类学”的关系。他总结马克思学术研究的几个突出特点：马克思首先是一位革命家，他重视的是对未解放人民的研究。他的学术兼有政治、学术双重性质。马克思生活在资本主义的形成和发展时期，他把研究资本主义制度的产生作为自己的任务之一。用莫里斯的话来说：“马克思准备为被压迫人民重写一部人类史书，以便他们能够明白他们所受压迫的本质，以及这一压迫是怎样产生的。”这就是《摩尔根〈古代社会〉一书摘要》。不难看出马克思的学术研究是为了解放全人类，为了证明资本主义制度并非永恒、社会主义必然代替资本主义的社会发展规律。用莫里斯的话说：马克思“还力图说明在资本主义内部存在着一个怎样的内在动力，这一动力怎样推动着资本主义的发展、繁荣乃至最终灭亡”。那么马克思主义藏学家的学术研究为了什么？从我们所熟知的著名学者于道泉、李有义、柳陞祺、王森、任乃强、李安宅等一生的经历中，我们可以看到，只有当中国藏学研究的科研人员把个人的命运与国家的命运、民族的命运密切联系在一起时，他的研究才有真正的价值，即社会价值。只有努力将自己的研究课题、内容、方向、范畴与西藏及其他藏区的长治久安、跨越式发展和现代化的未来光明前景结合起来，与国家的发展、民族的兴衰结合起来，并为西部大开发中西藏的发展提供精神动力和智力支持，我们的藏学研究才有正确的方向。当代的西藏及其他藏区正处在历史上从未有过的社会转型期，处在从传统的手工和农牧业生产为主的社会向现代市场化、城市化、工业化社会转型的关键时期，形势要求我们中国藏学工作者，从国家的利益，西藏及其他藏区人民的利益出发，对当前西藏及其他藏区在改革开放和市场经济纵深发展中出现的新问题、新情况、新现象以及面临的机遇和挑战做出科学的调查论证；对西藏及其他藏区在经济快速发展，社会急剧变化中所面临的困难和问题，提出实事求是的决策咨询和前瞻性推测，努力使我们的科研活动和科研成果成为鼓舞人民，激励人民，向着代表先进生产力、先进文化方向前进的推动力，成为为广大藏族人民根本利益而奋斗的精神武器。

向昨天告别

——记1949年我离开西藏的经过

柳陞祺

我于1944年秋进藏，1949年秋离藏，在拉萨生活了整整五年。离开西藏时，发生了西藏地方政府遣送国民政府人员出境的所谓“驱汉事件”。常常有人问我这次事件发生的经过，这使我很为难，因为事实上当拉萨发生这一事件时，我已辞职到了亚东边境，正在准备经锡金去印度的途中，我是到了锡金首都甘托克才听到这消息的，事前可说是对此一无所知。

这当然会引起下一个问题，我又为什么在那时候辞职去印度呢？这里涉及一些个人的琐事，本来不值一提，但现在回忆这段经过，还是觉得这里有几处可以从侧面反映当时拉萨同国民政府的关系，所以还是决定写出来，以供参考。

我住拉萨五年，一直担任国民政府蒙藏委员会驻藏办事处的英文秘书一职，凡与我职务无关的事情，很少过问。但即以我见闻所及，也可以看出办事处同西藏地方当局之间的关系，基本可以分成两个阶段。

大致从1944年我们和沈宗濂入藏算起，到1946年初他离开拉萨去南京“述职”为止，作为一个阶段，这是我们走顺风路的日子。从这以后，我们就慢慢走上逆风路，直到离开。这倒不是把沈宗濂一人的去留看得太重，而是需要同当时整个国内形势结合起来，才看得比较清楚。

1944年中、美、英三国举行开罗会议之后，中国的国际地位一下被抬高到世界四强之一，同时印度的独立运动也正进行得轰轰烈烈。1942年初，蒋介石访问印度，他在加尔各答会晤了被尊为圣雄的甘地，发表了一篇支持印度独立的讲话。这在几乎与世隔绝，但一贯把整个世界看成只有一个“英吉利”的拉萨上层人士中，激起了一层小小的波澜。到1945年，我们又赢得了八年抗战的伟大胜利，日本投降，这一切无疑为我国解决所谓西藏问题，创造了过去从来未有过的有利的国际条件。

沈宗濂刚到拉萨时，似乎也很想有一番作为。大概给重庆国民政府上过一份意见书，其中一点是如果中央权力不能直接到达西藏，那么一切解决西藏问题的努力，只是徒劳。这里他可能暗示了应当先对青海、四川、云南三省的地方军阀势力施加适当的压力，才是解决西藏问题的前提。但是重庆方面马上回电，告诫他到任之初务必慎重，要广为接纳，往往不可操切从事。其中有一份戴季陶给他的私电，有两句话留给我的印象最深，是劝他“以无事为大事，以无功为大功”。他接到这个电报就让我们看了，我猜想，一方面他是表示要挽回藏局，决不是他一人微薄的力量所能胜任；另一方面也是借此向我们透风，让大家不要过急，以免惹起麻烦。

所以沈宗濂在拉萨一年多，仅忙于对各方酬应往来，联络感情。拉萨官场本来就重视这一套，以那时的宴会标准，起码是一天（当然名为一天，实际是半天），而且要按照西藏的官阶级别、机关大小，分期分批地轮流举办。我们是新到，理应去拜会送礼，而后是对方接风还礼。无论是对方请我们，还是我们请他们，都要分等级，按机关一一对应照办，这样往返循环，往往一连就是十天半月的时间。再加上西藏地方节日之多，和个人喜庆之繁，那就更忙。真个是朝朝宴饮，暮暮笙歌，一派升平气象，这不但在当时抗日战争烽火连天的祖国内地少有，就以处于第二次世界大战阴影下的世界其他地方来说，怕也是未必多见的了。

尽管沈宗濂是这样忙忙碌碌应酬往来，似乎没有干多少其他事情，可是等国民政府迁回南京，他在1946年初去内地述职的时候，却悄悄把第十四辈达赖喇嘛的一个哥哥（俗人）嘉乐顿珠带走了，这在拉萨成了一大新闻。

如果我记得不错，嘉乐顿珠那时约十四五岁，按照清代旧制，如果他是达赖家属在俗（即未出家为僧）的长男，他是可以封公爵的。不过当时达赖的父亲尚在，而且民国也没有这种封爵了，但大家还尊称达赖父亲为佛公，多少有沿袭这一旧称的意思。当然封了公爵，也只是一个虚衔，并不意味着掌握实权，不过他的名分地位就应排在包括噶伦在内的一切西藏僧俗官员之上，等一朝达赖成年，正式“管事”（这是清代官书上用的术语），那么这个“公”的地位和影响就可能在西藏起到很大作用，这是当时一般人的一致看法。

然而结合当时西藏地方的实际情况来看，问题并不这样简单。大家知道第十四辈达赖喇嘛一家都来自西宁，他们到拉萨不过五年，而且达赖本人年幼，离成年还远，家人还没有在拉萨扎下根来。虽然西藏地方政府照例拨给他们不少庄园，据说有上万名的农奴，并住在拉萨布达拉宫东面一个很有气派的院落内，然而在当时的西藏政府内部，这佛公一家还不能起到什么作用。我除了在正式典礼中，看到佛公照例排在四名噶伦的前面之外，就以上面提到同驻藏办事处那么多的往来酬应而言，尽管拉萨上层贵族也有派系之分、亲疏之别，我在这家碰不到的人，在别家总会遇到，唯独佛公一家，在我们同拉萨贵族的公私宴会或一般访问中却从未碰到过。反之，我几次去参加佛公的宴会或到他家访问时，也从未见过哪家贵族，特别是有声望的贵族在场，这说明他们之间的关系还是比较疏远的。至于佛公本人，还是满口的青海方言。尽管他在西藏地方拥有这么多的庄园，这么多的农奴，衣食享用都比他过去好了多少倍，但是他在言谈中还念念不忘他的老家西宁，以及西宁的澡堂子等等。这对当时拉萨的某些贵族来说，好像有点格格不入。这可能也是达赖家属同当时拉萨贵族之间所以不多往来的一个理由。

无论如何，沈宗濂这次突然把嘉乐顿珠带往内地，这在拉萨引起了各种不同的反响。据我所知，这事情不但出乎当时拉萨当局的意料，也出乎在一旁小心注视着一切动静的英国代表的意料，而且甚至也出乎我们驻藏办事处人员的意料。事后，我就问过继沈宗濂任办事处处长的陈锡璋，他告诉我此事事前他也不知道。办事处内就有人提出问题，像这样做法到底是否明智？更有人不加含蓄地说，以后的事情是否会不好办了？

以我观察到的情况来说，办事处同拉萨地方政府的关系，虽没有从此变坏，但至少不像前一阶段那样热乎了。

当然原因绝不只是这一个。抗战胜利后，大家盼望能过一段太平日子，想不到又落空了。蒋介石急于要打内战，结果是越打越大，越打越无法收拾，终于逃往台湾，这是最根本的原因。可是对沈宗濂说，他似乎从此销差留在内地，再也不回西藏，像我们开玩笑时说的，去当蒙藏委员会驻藏办事处的驻京处长了。

大凡旧中国的官场有个风气，一个主管来了，带一批人，到下一个主管来了，又带一批人，这叫做“一朝天子一朝臣”。依当时情况而言，既然沈宗濂再回西藏已不可能，那么像我们这样跟他一起进西藏的人，自然要考虑到自己的进退问题。我们大多同蒙藏委员会原来没有关系，而且也都无意在西藏久留。时间一年年过去，也有些同事陆续内返了，留下来的多少是因为后续无人。而况在一段时间内，沈宗濂还兼有蒙藏委员会委员和驻藏办事处处长的名义，所以大家也有点观望。就我个人而言，那时还比较年轻，慢慢地对藏族的历史、文化、社会风俗等方面产生了研究的兴趣，我想拉萨正是一个最理想的学校，我既没有更好的地方可去，就索性静下来看看书，学习学习也无不可，但却万万没有想到这一住又住了几乎三年之久。

那么究竟是什么原因促使我终于辞职，而一走了之呢？回忆起来，有下面几件事起到了决定性的作用。

1947 年发生了“热振事件”。在事件发生之初，我并没有给予重视。热振呼图克图，我只见过一面，那是 1945 年他来拉萨时我们跟沈宗濂去拜见过他，并在他那里吃了一顿饭。对他过去的事迹，我亦不甚了解。以当时拉萨这样一个没有任何新闻媒介的地方，谣言就特别多。事变前的几天，拉萨已传开各种不利于热振的流言。我想，热振主要在热振寺，离拉萨有两三天的马程，如果有谁对热振有什么不利的意图，像这样预先广为传播开来，还能起到什么作用？但到后来事变果然发生，而且有些情节同外间谣传的大致不差，这才使我慢慢重视起来。因为身在拉萨，日有见闻，而且事件还不断有新的发展，于是决定把每天的见闻所及记录下来。记时虽只片言只语，但逐日积累，待事件告一段落，也积累了不少现成材料，足够写一篇专题报道了。

于是我就在住所写出一篇事变经过，主要是把自己看到的和在拉萨可说已是路人皆知的情况，汇总贯穿，既没有外出私行采访，亦没有看到一页办事处的内部材料，但是这中间也难免渗入一些表达我个人思想和感情的词句。我认为我写的无非是些街头巷尾之谈，毫无机密可言，我既写了当然由我个人负责。写完后恰巧有便人回内地，我就署了一个笔名，托他带给当时已改任上海市秘书长的沈宗濂，请他处理。

这样，过了很长一段时间，我都几乎把这事情忘掉了。有一天我去处里同陈锡璋谈话，他告诉我，几天前噶厦曾派一名汉文秘书来见他，说有人在内地报纸上发表了一篇关于热振事件的文章，噶厦极为重视。这位秘书说，他们敢于断言，写这篇文章的人绝不出基度巴这个房子（按：基度巴是当时驻藏办事处所在地的房名，拉萨习惯用房名来称其户主），只是还不能确定究竟是谁。他说，陈处长如能把名字告诉他的话，他答应一定不说出去，并且他还把这句话重复了一遍，以加重语气。陈在讲完这段经过之后对我说，他实在猜不透这人究竟是谁，不过根据编者按语中说的，作者曾在拉萨住过几年这句话来推测，是不是我处刚回内地的什么人写的。大约在这事发生前的不久，蒙藏委员会曾有一个电报给办事处说，以后凡有人从拉萨返回内地时，请务必注意不要沿途对外随便发表有关西藏问题的个人意见，这使我觉得有说明事实的必要了。我问他这是一篇什么样的文章。他说，开头部分作者说是一天他同友人在拉萨河边一起散步，突然有人来报告，说是拉萨市内戒严，发生了事变等等。我当即告诉他，这篇文章是我写的。他听了大为惊讶，连说真没有想到，真没有想到。但他既没有再说下去，我也没有再问下文。

从这噶厦来人的语气，不难听出他们对这篇文章感到有点恼火，然而以他们惯有的礼貌和办事谨慎，先派人来通个信息，说明他们大体已经猜到这人是谁，至少是把范围已经摸准了。他们非常巧妙地用一名普通秘书的口吻说，只要让他知道了，他保证不说出去。这是一句不太寻常的话，既可以说是警告，也可以说是恫吓。这里包含的意思是，如果他说出去了，可能对这个作者会有所不利。然而他们万万没有想到陈锡璋确乎不知道，而且他就这样干脆答复对方了。

以我当时满脑子的民主、个人主义和言论自由的思想，我丝毫感觉不到自己有什么错误的地方。而且在这以后，陈锡璋同我之间，再也没有提到过这个问题。然而事后想想，我确乎有点后悔，想我写后应当告诉他这件事，好让他思想上有个准备。这事情以后如何发展，不得而知，但如果对方再来追问，他该如何答复对方？这岂不是给他留下一个难题？这是我感到对不起他的地方，也是叫我产生离去想法的一个根由。

事隔数月，沈宗濂来信了，我才知道我的文章已由他送给上海新闻报发表，并附来了剪报。记得这天的新闻报是用整版或用两个半版一次登完，标题和副标题是他们加的，并在文章前面写了一段按语，说作者曾旅藏多年，熟谙藏情，所以文章是如何详细可信之类的话，这才使我恍然大悟为什么藏政府既能肯定作者不出基度巴院内，但还决不定究竟是谁的一个理由。然而这已是几个月后的事情，几个月来却一直无声无息，我也就不太重视了。

大致与此同时，究竟孰先孰后不一定记得很准确，我又遇到了一件很不愉快的事情。

1947 年印度独立，对此我是有一点个人想法的。第二次世界大战期间，印度争取独立的浪潮奔腾汹涌，尽管丘吉尔在一次会议上说过“我不打算当一名清算英帝国的第一任首相”，然而现在终于成了现实。我非常钦佩甘地、尼赫鲁领导的印度独立运动，认为这是我们亚洲人共同的愿望。我还相信，中印两国推翻西方殖民主义统治之时，也就是我国西藏地方摆脱英国势力控制之日。

这使我想起 1908 年 4 月 20 日清政府议约专使张荫棠和西藏噶伦擦绒·汪曲结布作为一方，同英国议约专使韦尔敦作为一方所签订的《中英修订藏印通商章程》。这个不平等条约的第十三款规定：章程从签字之日起，每届十年，双方可在六个月内提出修改；如不提出，即继续生效十年，以后每届十年，都如此办理。我想 1948 年转眼就到，这个条约将满第四个十年，而条约的对方已不是一个殖民主义的英国，而是一个赶跑殖民主义的印度，这不是一个重定这个条约的最好时机吗？我就照这个意思，写了一个签呈给办事处，办事处也就照此转报上去了。

事隔多久，想不起来了。一天我到办事处去，他们让我看外交部的一个来电，大意是：关于外交问题，外交部自会统筹安排，无需办事处代为提出，并指出我们去电所称英印政府一词应改为印度政府，嗣后应加注意等等，大意如此，具体措辞已记不清了。这不啻是一次“体面的”申斥！

究竟是我们去电用了英印政府，所以来电叫我们应改称印度政府，还是我们去电用了印度政府，来电要我们改称英印政府，我记不清了。只记得，去电时正是英国向印度转移政权的时候，而按以前习惯用法，包括英印官方文件在内，英印政府和印度政府两个名词，是可以交换使用，并无区别的。

按说，从辛亥革命以来至此时，历届政府对正式签订的对外条约的一贯立场是一律尊重，而唯有对一切地方或私人签订的密约，才坚决不予承认。上述 1908 年的通商章程，虽然不平等，但是一个完全合乎国际手续签订的正式条约。现在根据这个条约的第十三款，提出重订，也就是用以反证后来在西姆拉会议期间，英人诱使西藏当局私订的任何密约应该一概无效。驻藏办事处作为边疆第一线的机构，提出了这个问题，究竟有什么错呢？有意思的是，据说他们后来亦是那么做了。

我当时看了电报，愈想愈反感。这使我想起上文提到的，在进藏之初看到那份电报中说的，要“以无事为大事，无功为大功”的政策性指示。我想，我写了那篇关于热振事变的文章，可说已经是无事生非，现在又提出了一个应当只属于外交部管的问题，岂非又犯了邀功之嫌？我想算了，还是走吧。这样我就一面提出辞呈，一面与印度国际大学联系，准备去那里做点研究工作。我对加尔各答的孟加拉亚细亚学会收藏关于西藏的图书之丰富久有耳闻，这次准备去那里做点个人兴趣所在的研究工作，应当是可以的。还有两点值得一提的是，我早同沈宗濂约定合作写一本有关西藏的专书，一直没有时间着手，现在正好去印度把它写出来，这就是后来在美国出版的《西藏与西藏人》一书。

其次，我相信叶落归根，我迟早是要回内地的。我当年是经印度到的西藏，现在是经印度返回内地，印度可说是我的必经之路。但事情又拖了一段时间，直到一次办事处向蒙藏委员会去电催促速派继任人员时，蒙藏委员会复电说，继任人选虽已内定，一时恐难来藏，但该办事处已经正式提出辞职的人员，不妨先走。这样我就决定行期，束装就道了。

记得临行前，碰到印度办事处的一个熟人，他问我，听说我要离开西藏了，准备几时回来？我说，没有这个打算，因为我辞职了。他听后做出十分惊讶的样子，其实，他是早该知道的，我是几个月前向印度政府提出申请入境居留，准备到国际大学做研究工作，并已得到允许的。这一切都是通过他们办的手续，他不可能不知道，大概只是想试探一下，我是否还有别的情况。

又记得那次办事处替我向噶厦办理乌拉马牌，回信时间也拖得比平时略长一些，是经办事处派人去催促之后才取到的，是否中间也发生了一点故障？

但这些都是事后诸葛亮的想法，而我在当时一点感觉不到有什么异乎寻常的地方。一路上我也是按站行走，沿途停留，只是到了江孜，按照我们惯例，准备发个电报给拉萨办事处，报告一路平安的时候，当地的西藏电报局说是因为线路断了，暂停发报。这在当时的西藏也是常有的事。等到了亚东，我会见当时印度驻亚东商务代理处的主管时，问起通往拉萨的电报有无恢复，他说他不知道拉萨有不通电报的事，并马上叫进一个办事员来询问，才得到证实。很可能，他是真的不知道。

次日，我到了锡金首都甘托克，遇到了我们在拉萨熟识的一位王室成员，这才知道拉萨发生了遣送国民党人员一律离境的事情。如果不是在甘托克听到这个消息，也许我要到印度加尔各答才会知道，对这位王室成员我是非常感激的。

这就是我在1949年离开西藏的一段经过。

一个月后，我同从拉萨撤出的办事处人员等都在噶伦堡和加尔各答见面。但当时因为有国民政府的大使馆及总领事馆替他们办理过境手续，我又不住在加尔各答，会面机会很短，而且大家情绪不好，我也不想多问当时拉萨的情形，以后就更不想谈了。

以我当时的政治水平，我把多年来被称为“国共之争”的历史，多少看做是我国内战史上的一页，根本不认识这场革命的意义。对国民党的失望是早已有之，但对共产党的信心，还是后来的事。记得1938年我从上海到大后方四川之前，曾在静安寺路马路边的一个地摊上，买到一册印刷在极粗糙的土纸上的《西行漫记》，后来知道这就是埃德加·斯诺写的《红星照耀下的中国》的汉译本。我当时读后深为惊讶，虽一时还不敢全信，但对国民党的许多宣传，却愈来愈怀疑了。

解放战争时，我一方面十分惋惜一个对我国十分有利的解决西藏问题的国际时机，又被内战打跑了，但另一方面也还比较冷静地看出，以当时国民党军队之多，美式配备的武器之精良，以及我能理解的国际形势之有利，却是天天败阵，有如江河日下，一泻千里，这难道还不足以说明有个民心向背的问题吗？

1949年我离开西藏时，对自己的未来，还是一片渺茫，但对自己的过去，却多少有了一点认识。我到印度也是想在那里观望一下，再决定下一步的行程。我在印度三年，可说一年胜似十年。在这短短的时间内，中国大陆已基本统一，而且面目一新，但中间因为抗美援朝的战争爆发，而使我再度陷入迷茫。记得一次我去加尔各答，一天清晨在乔凌奇大街上，看到英文早报上一排醒目的大字标题：中国人（指志愿军）再次突破美军防线，美军后撤。我买来读后兴奋无比，因为这是我有生以来第一次看到中国军队不是打内战，而是反抗洋人，并且是当时最不可一世的美国军队。那时，我也提不出太多的政治要求，但有两条：一条是做到统一中国，另一条是不再向洋人低头弯腰，真正独立。不管是谁，凡能做到这两条的，我就拥护。这虽是件小事，但至今不忘，好像是我生命史上一条分界线似的东西。

回顾这段生活，已三十余年，很多事情已不那么清楚了，唯有这几个片段还历历在目。我在写完这篇回顾之余，需要替它取个题目，觉得还是名之《向昨天告别》较为确切。

1984 年 10 月 22 日

《西藏与西藏人》及相关的人和事

柳晓明　柳晓青

今年三月十九日是父亲柳陞祺去世五周年纪念日，同时也是父亲与沈宗濂合著的《西藏与西藏人》出版面世的第五十五年。这本书（英文书名《TIBET AND THE TIBETANS》）是由父亲执笔用英文撰写（与沈宗濂合作）并于1953年在美国斯坦福大学出版。它是第一部中国人以英文为载体，向世界比较完整真实全面地介绍西藏历史、地理、社会、宗教和人文风俗的著作。此书真实地记录了父亲于1944—1949年在西藏度过的毕生难忘的岁月。

这本书采用美妙的神话传说引出了漫长的历史，并尝试以通俗的语言，耐人寻味的哲理解释深奥的佛教观点，在民间风俗的画卷和藏族一年四季的节日庆典中再现了西藏当时的伦理道德、生活习惯、宗教节日、自然风光、用具服饰及婚庆丧葬，向读者生动地展示了西藏多彩的风貌。作者以人们易于接受的文学方式向全世界介绍了神秘的雪域高原和生活在那里的藏族人民，并向当时由西方舆论主持的西藏论坛发出了中国人的声音。本书出版后在国外产生了很大的影响，并且多次再版重印，书中的内容曾被许多西方学者的著作参考和引用。

但是父亲在有生之年却很少向我们提起这本书，小时候只是知道父亲曾经去过西藏，并在印度生活居住了一段时间，父亲还在印度国际大学中国学院研习过。我们对这本书最初的认识还是来自“文化大革命”，父亲被贴大字报、批斗、抄家、隔离审查、交代历史问题、戴上“特务嫌疑”的帽子，被下放到河南省息县五七干校劳动改造，父亲在西藏和印度期间的日记、珍贵的历史相片，收集的西藏音乐戏曲唱片、文稿及书籍等都被抄走，父亲只是默默地承受和坦然面对。我们隐约地感觉到这场灾难主要源于一本书和父亲在西藏的经历，我们也曾经问过他关于这本书和在西藏期间的事情，父亲只是泛泛地解释自己在西藏期间的行为是问心无愧的，并认为这本书没有太多地涉及政治问题，仅仅是一些个人的见解，书中只是客观地反映了当时西藏的情况，还是具有一定的学术研究参考价值的，绝对不像有些人所说的是本黑书、“毒草”或是坏书。

这本书在我们心中始终是个谜。一直到父亲去世以后，我们在整理他的文稿资料时才知道了更多的情况。为了思念父亲，同时也是为了让更多的人能够了解当时的西藏，展现这本书的本来面貌，妹妹晓青将这本书翻译成中文，并由中国藏学出版社于2006年在国内公开出版发行。

父亲于1930年以优异的成绩毕业于上海光华大学英国文学专业（1925年五卅惨案后，上海圣约翰大学的爱国师生为抗议校方对反帝爱国运动的限制和破坏，毅然离校，创办了光华大学），因此打下了良好的英文基础，并且受到了反帝爱国主义思潮的深刻影响。从学校毕业后考入国民政府财政部所属盐务管理局任英文助理秘书，抗日战争爆发后转赴后方，1940年在光华大学成都分校执教英文，晋升为副教授。记得父亲说过，他第一次拿到的工资就是一百二十大洋（记不清是哪个工作了），虽然待遇还不错，但他对自己的工作却一直不感兴趣。在此期间曾用英文在上海的《中国评论周报》（上海 China Critic）等报刊上发表过一些文章，还翻译过一些英国文学作品，可这都是凭一时兴趣所至，那时还没有找到自己感兴趣的事业，直到一次偶尔读到了美国作家埃德加·斯诺写的《西行漫记》（汉译本）一书，父亲被书中的内容深深吸引，同时对作者也颇为心仪，从而立志想成为一名自由的新闻工作者。

1944年父亲经同学介绍认识了沈宗濂，并决定随团去西藏，担任国民政府蒙藏委员会驻藏办事处的英文秘书。父亲去西藏本来没有打算久住，但是因为在抗日战争期间一直找不到符合自己理想的工作，而西藏是一般人不容易去的地方，机会比较难得，他打算在西藏收集一些材料，争取写点东西出来，并希望积蓄点钱，以后能去美国读新闻学，将来改行实现自己的理想。

沈宗濂当时任职于总统府侍从室的军政部门，1944 年蒋介石委派沈宗濂作为特使去西藏，但名义上是国民政府蒙藏委员会委员兼任驻藏办事处处长，接替卸任的孔庆宗，以避免英国及西藏地方等方面的猜疑。此时正是国内抗日战争最艰苦的关键时刻，蒋介石派沈宗濂去西藏，是要密切中央与西藏地方政府的关系，抵制英国对西藏的侵略，准备将来时机成熟时加强对西藏地方的管理。

那时候民国中央政府和西藏地方之间，地理上隔着青、川、康、滇等省份，权力上受到地方军阀、土司和藏族农奴主等封建割据势力的阻碍，再加上战争不断、资金匮乏，国民政府对西藏问题感到心有余而力不足，希望这一行人趁抗日战争即将胜利，以及英国在第二次世界大战中实力衰落这样一个时机，努力增进中央政府与西藏地方及僧俗上层的沟通，联络各方感情，扩展文化交流，来逐步实现加强统治。蒙藏委员会驻藏办事处在不懈的努力中，陆续在西藏建立了无线电通讯网，设立医疗所、气象站、小学校，还做些电影宣传，以此抵制英国在西藏的势力，增强中央威望，并希望这些措施能从外交上争取到一些有利于谈判西藏问题的政治资本。

沈宗濂从印度进入西藏之前，曾在新德里与英印政府的外交部长（英人）卡罗（Sir Olav Care）谈过一次话。据沈宗濂后来讲，卡罗告诉他，英国认为我国中央政府的权力根本控制不住西藏地方，所以这是一种所谓"宗主权"关系。此后，沈宗濂又和实际指挥侵略我国西藏的头目，英印政府派驻锡金的行政官（英人）古德（Sir Basil Gould）交换过意见，据说古德更露骨地表示一定要以当年非法的西姆拉会议作为谈判的依据，就是说，英帝国主义对西藏的侵略态度丝毫未变。

西藏地方政府对国民政府的驻藏办事处是承认了，但他们和英帝暗中配合，对一些边界要道的防范相当严密，严格封锁控制，不让外地人去西藏，对汉官的控制尤其严格。当时抗日战争正在进行，国民政府原本计划勘察修筑滇藏、康藏公路，以便运输抗日物资，但由于藏方禁止随行的两位勘察公路的工程师入藏，计划被迫搁置。西藏与国民政府的关系，就是这样若即若离，维持现状。这是父亲随沈宗濂去西藏时一个简单的时代背景。

1944 年与沈宗濂一起取道印度，途经锡金进入西藏的共有十四人，具体人员为：

沈宗濂（蒙藏委员会委员兼任驻藏办事处处长）；

陈锡璋（主任秘书兼汉文秘书）及夫人赵克仁、女儿陈乃文；

葛成之（医生）及夫人宋曼春；

李有义（科长）及夫人（名不详）；

柳陞祺（英文秘书）；

李茂郁（专员）；

李唐晏（专员）；

陈长生（沈宗濂的持枪勤务）；

还有作为勤杂人员的厨师钱忠信及作为其助手的弟弟（名不详）。

葛成之是专职医生，到拉萨后负责一个医务所。李唐晏是中央信托局襄理，是乘沈宗濂入藏的机会同去拉萨调查金融情况，准备开设银行的随行人员，他是马上要回内地的，不属办事处的编制。李茂郁是唯一的蒙藏委员会的职员，去后他自称体质不适应高原气候，大约两三个月后就调回重庆。所以这次进藏的人员中实际承担工作的，只有沈宗濂、陈锡璋、李有义和父亲四人。

蒙藏委员会驻藏办事处初建于1934年。当时十三世达赖刚圆寂，国民政府特派蒙藏委员会委员长黄慕松去西藏吊祭，恢复了自辛亥革命以来中断的中央政府派驻西藏的政府机构，从此在拉萨留下几名人员做联络工作，这就是民国时期驻藏办事处的开始。

沈宗濂到拉萨后，驻藏办事处的原有人员本来不多，其中大部分已跟随前任处长孔庆宗调回内地到蒙藏委员会任职了。留下来的只有藏文秘书一人，名李国霖；通事一人，名张旺；办事员一人，名密慧。此外还有一常驻昌都的科长，名左仁极。

沈宗濂刚到拉萨时也很想有一番作为，曾给国民政府写过一份意见书，提出了一些解决西藏问题的建议和设想，但是重庆方面马上回电，告诫他到任之初务必慎重，要广为接纳，不可操切从事。其中有一份戴季陶给他的私电，劝他“以无事为大事，以无功为大功”。所以沈宗濂在拉萨一年多时间，基本上忙于对各方面的应酬往来，联络感情，逐渐把原来办事处与西藏地方政府之间的僵局打开了。

初到西藏时，沈宗濂提倡大家多做点调查研究工作。因为这和父亲去西藏的原有打算不谋而合，所以非常容易接受。办事处从重庆和印度加尔各答等地购买了一批关于西藏以及其他方面的中外文书籍，在印度购买的外文书，就是由父亲经手办理的。到拉萨后，又由办事处请了一个居住拉萨的回族人来教藏文。此外又请过两位汉僧（观空、密悟）每人讲过一次佛教常识，李有义讲过一次社会调查方法等。

此后不久，沈宗濂又邀集四五个人开过一次小会，其中有父亲和李有义等人，他说国内非常缺乏了解西藏情况的人，关于西藏方面的研究工作我们已经远远不如外国人了，所以他发动大家合作写一本向内地介绍西藏一般情况的书，并希望大家不要虚度这次来西藏的时光与机会。当时大体商定了此书的结构和范围，主要包括西藏政治、宗教、经济、文化、地理、历史等几个方面。还初步分配了各自负责的工作，沈宗濂自己承担的是社会经济，父亲承担的是宗教，李有义和别人承担了其余的内容。但这样泛泛谈过一次之后，就再也没有提起过，大家都忙于日常工作了。

1946 年初，沈宗濂借回内地述职及陪送西藏地方政府官员参加庆祝抗日战争胜利的国民会议之机，秘密地把达赖喇嘛的二哥嘉洛顿珠带到南京学习，引起轰动。从此沈宗濂没有再去西藏，他走后也就没有人再过问写书的事。但在临行之前，他知道父亲对这件工作有兴趣，曾向父亲提过一句，希望能继续搞下去。但随着时间一久，大家的热情和兴趣都淡了，李有义表示准备自己另外写书了，其余的人也都陆续退出，办事处当时的负责人陈锡璋对这方面无暇顾及，于是这件事情也就不了了之。

从此父亲就开始按照他自己的想法和意愿，进行写书前的调查研究和资料积累的准备工作。他经常有偿地请一些西藏的喇嘛和高僧来聊天，学习积累有关西藏宗教和寺院组织方面的知识。为了亲身体验和深入了解普通喇嘛一整天的生活情况，父亲还特意去拉萨三大寺的哲蚌寺里住过一晚。父亲还有意识地向办事处的一些工作人员和久居西藏的汉人调查了解当时西藏独特的政教合一的政府组织结构情况，拉萨藏族的一般生活和藏族的社会风俗习惯等。在平时的日常工作和参加各种仪式庆典活动中，父亲通过照相、拍摄彩色电影和记日记等多种方式记录了许多当时极其珍贵的影像和文字资料。另外他还通过与当时在拉萨的外国人的交往，收集了一些有关西藏历史、文化、政治、地理、宗教等方面的资料。

父亲那时候有充裕的时间，有书读、有人可以请教，有耳闻目睹和直接观察思考的便利条件，学识的增长与写作素材的积累是十分迅速和丰富的。父亲在西藏生活了五年，在这段时间里他陆续写下了有关西藏喇嘛教教义和喇嘛教主要流派，寺庙组织和僧侣生活，西藏地方政教合一的政治组织机构和西藏地理等方面的中文初稿等，为以后出书打下了坚实的基础。

在这段时间对父亲写书帮助较大的有以下几人：

张旺：他是办事处留下的旧人员。据他说，他父亲是在清朝末期驻藏大臣衙门里做事的。他本人从小就在西藏生活，并一直在办事处当通事（口语翻译），娶了藏族老婆，在拉萨街市开设一家小烧饼铺。他的藏话非常流利，对西藏地区的政治组织、拉萨藏族的一般生活情况和社会风俗习惯等极其熟悉，给了父亲很大的帮助。但他是准备终老西藏的，所以为人处事非常胆小谨慎，稍稍涉及当时西藏政治现实的话他不敢谈。他不愿得罪西藏地方当权人物，对汉人也希望能做到面面俱到。

观空：拉萨哲蚌寺汉僧。大家公认他是当时拉萨汉僧中佛经学得最好的。因为办事处曾请他讲过一次佛教教义，给父亲留下了很深的印象，所以关于喇嘛教理论的问题父亲都请教他。写出初稿后，也送去请他修改提意见。他对宗教以外的事从不过问，是个虔诚的出家人。西藏和平解放后，他来北京佛学院教书，与父亲时有联系，后在西四广济寺中国佛教协会任职，去福建南普陀坐化前曾向父亲告别。

注旺：有人叫他张注旺，他也是拉萨哲蚌寺的汉僧。他在西藏多年，对喇嘛寺庙和僧人的生活情况知道得最多也最详细。父亲看过他写的一个材料很好，所以关于这方面的问题大多向他了解。父亲曾在哲蚌寺住过一晚，就住在他那里，看到他的生活是比较好的。

钟善化：父亲去西藏之前，他就在西藏寺院里学习喇嘛教的经典教义和修持方法等。父亲向藏族高僧大德请教时，常请他做翻译和讲解。1949年7月8日西藏发生“驱汉事件”后，他也到印度诗圣泰戈尔创办的国际大学中国学院研习，并与父亲同去印度的佛教圣地、名胜古迹等地参观游览。1952年父亲回国后，他也回到北京，并同在中央民族学院工作，互相之间常有来往。

以上四人对父亲写书多有帮助，父亲对这些人的帮助十分感激，原准备出书的时候要公开致谢的，但由于当时种种意见的交换靠书信往返于印度与美国之间，最后的决定权又在美国的出版方，所以有些方面未能符合父亲的意愿，在此我们谨借此机会代表父亲向以上几位先生表示诚挚的谢意和歉疚。

此外还有彼德·奥夫施奈德：奥地利人，当时约四十余岁，据说是慕尼黑大学讲师一类的教员，专业是土壤学。

海因里希·哈勒：奥地利人，当时约三十多岁，据说是欧洲有点小名气的登山运动员，人很活跃。他1950年离开西藏返回奥地利，著有《在藏七年》(Seven Years in Tibet)，于2006年去世。据90年代公开的一些档案资料，称他们是德国纳粹成员，是希特勒派往西藏去寻找一个名为沙姆巴拉的神秘地方，传说那里隐藏着地球轴心……

1950年这两个人离开西藏以后，哈勒与以前曾要引渡他们回印度的英国人黎吉生成为合作伙伴，编制了"竹幕后的西藏"等录像带，鼓吹西藏"独立"，恶毒攻击中国。据说奥夫施奈德在离开西藏之前也曾训练过藏军，教他们使用枪炮。

当时父亲只是知道彼德·奥夫施奈德和海因里希·哈勒是一个欧洲登山队的队员，在第二次世界大战前到印度西北部去攀登喜马拉雅山。欧战爆发时，他们作为敌对国成员被英印政府囚禁在印度西北边境的一个集中营内，一关就是几年。他们潜逃过几次，最后于1944年成功出逃，绕道至我国西藏西北部的牧区后，于1946年来到拉萨。几经周折才被西藏地方政府收留，帮助设计建筑拉萨河的河堤等。据说西藏地方当局的官员很有心计地认为，当时第二次世界大战尚未结束，最后究竟哪一方胜利一时还说不准，留下两个奥地利人将来也许会有用，因此就没有按照英国人的要求将他们引渡回印度。

彼德·奥夫施奈德为人比较随和，具有一定的地理知识，父亲遇到有关西藏地理方面的问题就常问他，每有询问，他必指教，他还帮父亲画过两幅西藏和拉萨的简图。后来他与藏人结婚，并去了尼泊尔等地，1973年逝于奥地利。海因里希·哈勒当时住在拉萨市内监工，所以与父亲见面机会较多，互相交谈时交换过一些对西藏地方政府组织的看法，他主动说，可以帮忙抄写一份拉萨地方政府机构表（约十多个机构）和拉萨贵族的名单供参考，而且很快就交给了父亲。

另外父亲在西藏拉萨及印度期间，有机会碰到过几个国际上研究藏学的名流和权威人士，如意大利的图齐（G. Tucci）、苏联的罗列赫（G. N. Roerich）和英国的黎吉生（H. E. Richardson）等人，其中有的人与父亲还比较熟悉。父亲对他们的印象是他们对西藏的知识各有所长，比如图齐的学识非常渊博，但对他们的有些观点和看法却并不认同。通过与这些外国知名藏学家的交往，多少给父亲某些刺激和力量，使他更加渴望写出一本由中国人自己写的关于西藏的著作。

前面提到的两个奥地利人彼德·奥夫施奈德和海因里希·哈勒，他们刚到西藏时，英国驻拉萨代表处就向西藏地方政府要求把他们引渡回印度。这两人为此事给驻藏办事处递交了一份申请书，大意说他们只是普通百姓，因为到印度登山，被英印政府拘禁了几年后逃来西藏的。现在欧洲战事已经结束，西藏乃是中国领土，他们申请准许他们在西藏住下来并给予帮助；如果不准，就要求取道内地把他们遣返欧洲，他们不愿再去印度。驻藏办事处答应代向国民政府请示。国民政府感到处理这个问题十分棘手，过了一段时间，驻藏办事处的负责人陈锡璋要父亲转交他们一张一千卢比的支票作为资助。

英国方面不向驻藏办事处要求引渡这两人，这是有意蔑视中华民国政府，父亲通过此事和在西藏期间的切身经历深切地感受到了民国政府在处理西藏问题上的无奈和软弱，同时也深刻地体会到了英帝国在西藏的横行与傲慢。父亲在西藏的五年时间里亲眼见证了许多英国对西藏地方的侵略行为，因此激发了他强烈的爱国意识。

1947 年拉萨发生热振事变，父亲根据每日见闻写过一篇报道，后来请便人带给了沈宗濂（那时他任国民政府上海市秘书长），由他送给《上海新闻报》发表了。父亲当时的认识是：亲近内地的热振活佛被害，表明西藏地方的亲英势力抬头，分裂倾向将更为严重，希望引起内地人民的注意。尽管这篇文章只是叙述事实，没有多少议论，然而还是引起了当时在西藏地方当局内掌权的亲英派的反感，噶厦曾派一名汉文秘书到驻藏办事处负责人陈锡璋那里追问此事。这位秘书说，他们敢于断言，写这篇文章的人绝对不会出自基度巴这个房子之外（按：基度巴是当时驻藏办事处所在地的房名，拉萨习惯用其地理位置来称呼房名），只是还不能确定究竟是谁，并威胁说噶厦对此极为重视，一定要查明这篇文章是谁写的。

1948 年父亲用英文写过一篇文章，阐述英帝侵略我国西藏地方后所引起的一系列问题。文章以纯个人的立场，就西藏问题对英帝政府，对我国历届中央政府以及对西藏地方当局，分别发表了一些自己的分析和看法，其中当然也有一部分触犯西藏地方上层的语言。这篇文章也是父亲请便人带去交给沈宗濂，由他送往上海美国人办的密勒氏评论周报，改用了三个不同标题，分三期发表的。

这些文章发表后，西藏几个亲英派贵族对父亲的态度有明显的改变。尤其是那篇关于热振事变的报道，给驻藏办事处带来了一些麻烦。

同年父亲又向办事处提出，根据 1908 年 4 月 20 日清政府议约专使张荫棠和西藏噶伦擦绒·汪曲结布作为一方，同英国议约专使韦尔顿作为一方所签订的《中英修订藏印通商章程》这个不平等条约的第十三款规定：章程从签字之日起，每届十年，双方可在六个月内提出修改；如不提出，即继续生效十年，以后每届十年，都如此办理。现在这个条约将满第四个十年，许多英帝在西藏的特权，如在西藏设立所谓商务代办处，沿途设置驿站，架设电报线，派驻卫队，设立医院等等，都是根据这一不平等条约。现在条约的另一方已不是一个殖民主义的英国，而是一个赶跑殖民主义者的印度，这正是一个重订这个条约的最好时机，父亲就按照这个意思，写了一个签呈给办事处，办事处也就照此转报上去了。

隔了一段时间，父亲到办事处办事，他们给他看了外交部的一个来电，大意是：关于外交问题，外交部自会统筹安排，无需办事处代为提出，并指出办事处去电所称英印政府一词应改为印度政府，大有责怪越俎代庖、多管闲事的意思。父亲非常生气，觉得这个政府越来越不像话了。

父亲认为，自辛亥革命以来，历届中国政府对正式签订的对外条约的一贯立场是一律尊重，而唯有对一切地方或私人签订的密约，才坚决不予承认。上述1908年的通商章程，虽然不平等，但是一个完全合乎国际手续签订的正式条约。现在根据这个条约的第十三款提出重订，也就是用以反证后来在西姆拉会议期间，英人诱使西藏地方当局私定的任何密约应该一概无效。驻藏办事处作为驻守边疆第一线的机构，提出了这个事关国家利益的问题何错之有呢？据说，事后国民政府外交部也确实照办了。

为此父亲心中萌生去意，他一面提出辞呈，一面与印度国际大学联系，准备去那里做点研究工作。父亲对加尔各答的孟加拉亚细亚学会收藏关于西藏的图书之丰富，久有耳闻，这次准备去那里做点个人兴趣所在的研究工作，同时父亲早与沈宗濂约定合作写一本有关西藏的专著，一直苦于没有时间着手，现在正好去印度把它写出来，这就是后来在美国出版的《西藏与西藏人》一书。

1949年夏父亲离开西藏，因母亲陈乃文（陈锡璋的女儿）想到印度去上学，赵克仁、陈乃文母女决定同行。父亲一行人抵达锡金首都甘托克时遇到了在拉萨熟识的一位锡金王室成员，这才知道在他们走后，拉萨发生了噶厦遣送全体国民政府人员离境的事情（驱汉事件）。

父亲到达印度后，便开始动手写书。刚开始时，沈宗濂曾经建议为了尽快出书，由父亲提供写书的基本素材，再由他在美国找专业作家编写成书，但是父亲没有同意，坚持一定要自己动手来完成这本著作。由于考虑到要面向世界介绍一个真实的西藏，要向西方发出中国人的声音，因此采用了英文撰写。因为有在西藏五年时间的亲身经历和平时的积累和沉淀，写书的过程比较顺利，书稿于1950年完成。随后，父亲就陆续将书稿航寄给沈宗濂，由他负责联系在美国出版。

另外父亲在印度期间还将《新唐书·吐蕃传》翻译成英文，并作了部分注释（此稿已遗失）。同时计划写篇有关唐朝与吐蕃关系的论文，论述历史上几次唐蕃失和，主要是由于边将邀功和互相猜疑而引起，而从整个历史的发展来看，藏族人民对祖国从来是向心的，而不是离心的。但是因为当时父亲生活极不安定，结果计划半途而废。在印度期间，父亲还将他在西藏拍摄的彩色电影资料合成两卷寄给了沈宗濂，后由沈宗濂的家人赠给了英国影视资料馆，被该馆作为有关西藏当时唯一的彩色历史影视档案资料而收藏。

父亲在印度居住了三年时间，在这期间与母亲陈乃文结了婚。在这短短的时间内，新中国成立了，报纸上报道的都是新中国欣欣向荣的消息。父亲曾经说过，在他的信念中有两条是十分坚定的，一条是要做到统一中国，因为他的前半生饱受军阀混战、民不聊生之苦；另一条是不再向洋人低头弯腰，真正独立，这正是他在西藏和印度期间最深切的体会，凡是能做到这两点的，不管是谁，他都坚决拥护。1952年父亲决定从印度回到祖国，从此再没有和沈宗濂有过任何联系。

大约在1953年，父亲收到从前在西藏和印度时的一个熟人胡继藻先生寄来的两册在美国出版的英文版《西藏与西藏人》，这时才知道此书已经出版。胡先生把寄来的这两册书的扉页上父亲和沈宗濂两人的汉文名字擦去了，又把一篇序文也撕去了。他在信上说原来书中还有一篇序文，因为有些话与事实不符所以他撕去了。当时父亲只看到沈宗濂负责的社会经济部分一字未写，全书的内容采用的都是父亲的文稿，但未注意到别的问题。第二次胡先生又给父亲寄来了两册书，这次的书中有泰勒写的序文。父亲看到这篇序文中说，这书是沈宗濂所写，但得到了柳陞祺的帮助，这才明白前次胡先生寄书时把这篇序文撕去的道理。

这些详情都是我们整理父亲的文稿资料时才知道的，我们从中看到了父亲的为人与胸怀。当然，我们也非常感谢沈宗濂先生多年来对父亲的帮助和支持。令我们欣慰的是，父亲当年所作的许多事都留下了历史的痕迹，他写的书，拍的电影和照片，都成为后人了解西藏历史的原始资料。如今我们写出本文，只是想说明事实，并向关心父亲和《西藏与西藏人》这本书的人做一个交代，同时也是作为我们对父亲的一个纪念。

本文的部分内容曾在《中国民族报》上发表

淡定人生

柳晓青

爸爸的一生很是平凡，以至于我想就他写点什么的时候，都不知道从何处下手。这个平凡缘于他的淡定。他对名誉地位淡，对人际关系淡，对饮食淡，对衣着淡，就连他的嗜好都带有“淡淡”的痕迹。他似乎把自己淡到近乎于不存在的境地，他很少向我们谈到自己，我现在才醒悟到我对爸爸知之甚少。他的家庭是什么样的？他的青少年是如何度过的？他最得意的杰作是什么？他最痛苦的挫折又是怎样的？这些都被他淡淡地省略了。就连他对身后最大的愿望，也避开了引人注目的墓碑，淡淡地落在了默然沉静的银杏树上。

我们这代人对父辈的无知有着那个时代的缘由。“文革”之前我们尚小，根本不是谈严肃话题的年龄。我小学还没毕业，就爆发了“文化大革命”，人人被触及灵魂，大人自身难保，战战兢兢，小孩或狂热地投入革命，或生活在父辈的阴影中。后来是名存实亡的家庭，爸爸在河南信阳干校，哥哥在陕西插队，我在黑龙江生产建设兵团，见个面都难，更谈不上什么深刻的思想交流了。当我终于返城回到爸爸身边的时候，已经二十多岁了，面临着一大堆的困惑：工作问题，上学问题，婚姻问题，这些迫切而现实的内容无可争议地成了生活的主线，爸爸自然被边缘化了。再后来我又忙于工作，照顾小家，教育孩子，只是周末看望一下爸爸，见面多是海阔天空，而无实际内容的漫谈，这是原因之一；另外，爸爸是在旧社会受教育和工作过的知识分子，每逢政治运动都要上纲上线，言不由衷地检讨历史，所以他不知道应该如何向我们讲述过去的事情。作为子女，我们也特别珍惜终于可以不提旧事的安宁，不想让老爸再受煎熬．这样，许多事都被彼此刻意地回避了。

回忆中的爸爸，永远定格在淡定的一幕：身边一杯清茶，一本书，不温不火，不急不徐，不激进而进取，不急功近利而脚踏实地，恰到好处、恰如其分地掌握着生活的节奏。他从不高谈阔论、慷慨激昂，他喜简单，倡自然，求本色，就这样润物细无声地滋养着我们。

爸爸对生活淡，他从不碰补品，极少看病吃药，不舒服了就饿一天。从来是给什么吃什么，不挑三拣四。他最惬意的时刻是傍晚就着花生米喝老酒，特别对北京的二锅头情有独钟，这是几十年不变的习惯。他调侃，此时的思想最活跃，是精神与物质的绝妙搭配。别人淘汰的冰箱和洗衣机，再加上几十年不变的家具，被布置得舒适温馨。他永远穿那么几身衣服，冬天的大衣还是在西藏买的美军兵服，但普通的装束干净整洁，无需用昂贵的物质衬托，就体现出他自信自尊的修养。贵重的东西常常让他不得要领而深感不安。用过的东西永远物归原处，井井有条，也就不见了找东西时的狼狈与慌张。他认为不必一提锻炼就非健身房不可（当时我根本不知道健身房为何物），坐公共汽车同样可以锻炼自己的臂力、腿力和平衡能力。爸爸对生活的淡，还体现在两个“七分原则”上：一、能做十分的事，只讲七分。他主张说话要留有余地，做的永远比许诺的好，才能取信于人，心安理得。二、饱足止于七分。哥哥十几岁就插队，我十五岁就在兵团劳动，很早就参加工作自食其力，经济上比较宽裕。但爸爸从不让我们过于满足，无论是物质要求，还是精神欲望，我们习惯于只吃七分饱，只买需要的东西，并物尽其用。俗话说：要想小儿安，三分饥和寒。爸爸知道这句话不仅适合孩子的肉体，更适合孩子的灵魂。

爸爸对人际关系淡，是基于“君子之交淡如水”的理念，他不善于与人周旋。记得那时请维修工来家里，要好烟好茶地伺候着，还要投其所好地聊家常，希望能得到更好的服务，但结果常常是修好了这个顺带着又弄坏了那个。几次之后，他就尽可能少用少损坏，力求简单省却麻烦。一个亲戚喜得贵孙，我和爸爸前去道喜，他竟从包里拿出一块布赠做尿布，弄得我十分尴尬，从此养成事先检查礼品的习惯。事实上，他很少送礼，但也有不得已而为之的时候。那时，我和哥哥都在上山下乡，为了让哥哥有学习的机会，他提了两瓶酒送给一位拐了八道弯儿才起作用的叔叔。事后听那人说，接受礼品的人没怎样，倒是送礼的爸爸面红耳赤，手足无措，窘态百出。他对社会上的有些事因接触得少而略显无知，他甚至神秘地问过我，主任和局长哪个大？让我无从做答。

爸爸对名利的淡，我是在他去世之后才真正了解的。我翻译了他执笔的《Tibet And The Tibetans》（西藏与西藏人），才了解了书中的内容；又在整理遗稿时看到爸爸的“文革”交代材料，知道了这本书出版的前前后后。我的脑海中像电影一样演绎着爸爸当年的经历：一个毕业于上海光华大学英国文学系的年轻人，因在上海英语讲演比赛中荣获亚军而踌躇满志，轻松就职于工作稳定、待遇优厚的盐务管理局，逍遥于上海舒适的物质生活中。一次偶然的机会在地摊上看到了斯诺写的《红星照耀下的中国》，大为倾倒，激情澎湃地立志当个记者，梦想着也写出点震惊世界的作品来。后来，他抓住了在蒙藏委员会驻藏办事处任职的机会，探险般地进入了当时无论对世界还是对国人同样陌生而神秘的西藏。他不失时机地用摄影机拍摄了1945年沈宗濂一行入藏的场面及西藏的重大庆典活动。在藏五年，他虚心请教，广泛地收集资料；在印度三年梳理思绪，落笔成稿，几经改动，最后将稿件寄往美国等待发表。我可以想像，当时爸爸是以何等的激情做着前人从未做过的事情。之后，他成家立业回到祖国，欣喜地期盼着结果。可是历史自有它的诡计，正是这本倾注了他八年心血的书，在国内受到了批判，理想与现实产生如此大的落差，我不知道爸爸是怎样默默地承受了这一切。他没有向我们透露半个字，就像什么都没有发生一样，要不是他在“文革”中被迫打破沉默，写出事实真相，那又会怎么样呢？爸爸对这件事的淡定，让我读懂了他的沉默。沉默是最坚实的语言，沉默是最深远的境界。我更加了解了他的为人。就像许多知识分子一样，爸爸能够通过知识的积累和创造改变命运，并且懂得如何以自己的方式享受知识、享受人生。无论有钱没钱，有名无名，心在，所以状态在，所以不痛苦，所以自得其乐。不怨天，不尤人，不为外物所惑所夺，内心自有一种定力去应对千变万化的世界。快乐，不是因为拥有得多，而是计较得少。这个巨大的冲击，净化了我的心灵，我获得了从未有过的平静，学会了淡定、从容地面对人生。

对于学识，爸爸一改淡的作风，坚持着自己的执著。他认为“学”固然重要，但如果所学的东西随手可查，那么更重要的是“识”，即个人独到的看法。除非必要，他反对一味的背诵，这容易养成机械地重复别人语言的习惯。对所学的东西，认识应该有所飞跃和提高，有学有识，才是研究成果。此外，做学问就要有读书人的样子，切忌心浮气躁，应专注，认真，耐得住寂寞，经得起推敲。其实爸爸最旺盛的创作期是大学毕业后及在藏期间，他频繁向报社投稿，讲述大学生毕业后的失落与苦恼；向内地揭露热振事件的真相；用英文写了三篇论文，阐述了民国政府，西藏地方及英国之间的关系；对西藏的宗教、地理、政治各写论文一篇；还有《西藏与西藏人》。后来是不断的政治运动，头上的紧箍咒暗示，无论写什么都要生拉硬扯地提到一个高度，稍有疏忽就会引来阶级斗争，这时的知识分子只有以沉静自保。等到终于可以按自己的意愿做学问，爸爸已经七十多岁了。他常开玩笑地说，要对得起人民的小米，把失去的时间补回来。此时，他的计划庞大，但只完成了部分心愿，毕竟力不从心了。一个人不可能承载太多的东西，作为知识分子，爸爸尽了自己的本分。

爸爸痛恨封建式家庭束缚，小时他和姐姐哥哥常喜欢自娱自乐地组成个戏班子，拉胡琴，敲锣打鼓唱大戏，可是一听见爷爷从前门回来，他们马上从后门落荒而逃。家里一个仆人的遭遇最让他刻骨铭心，原本聪明伶俐的小姑娘被迫嫁给了一个乡下的残疾人。所以他总是希望先后请来照顾他生活的小姑娘有一个更好的前程，于是尽可能给她们提供学习的环境，其中有两人学到了大专，在北京找到工作，其中一位正准备完成大学本科。

我在德国和香港生活过几年后，曾感慨万分：我是在社会主义国家听着为人民服务的口号长大的，却在资本主义制度下看到了实际行动。爸爸以亲身经历让我全面地看问题，新中国建立前，中国人一直颠沛流离于动荡的局势中，国民党的腐败使得民不聊生。是共产党给这么多人口提供了稳定的生活；掌握政权不久，就和平地解决了长期让历届中央政府头痛的西藏问题，并在抗美援朝中打败了美国，使饱受西方侵略的中国人终于扬眉吐气，这是他回国的理由，是不能忘记的。

爸爸对我们采取的教育方式，历来是理智的行动多于语言，自力更生的精神贯穿了他的一生。回想起来，他总是独立打理生活，很少麻烦我们。对于我们遇到的问题他只提供建议，尊重我们的决定。从这种做法中可以解读出一个规则：自己做出选择，自己承担责任。开始我们觉得这样虽然民主，但有点冷漠。多年后，我体会到了它的高明：这样可以使我们更早成熟，更快自立；并且事先的谨慎可以避免事后的麻烦。这样，我们各尽其责，很少是非，多是轻松自在。爸爸对我们最大的要求是努力学习，靠自己的努力改变人生。尽管他给我们讲这些话的时候，“走后门”正大行其道，但他努力让我们相信，社会总有一天要回归公平——机会永远属于具备条件的人。我还在小学的时候，他就教我们英语，后因“文革”中断。平反后，他一拿到补发的工资，就给哥哥买了个照相机，给我买了熊猫半导体收音机。于是我有了英语启蒙老师，我在茫然中坚持着，直至恢复高考，上了大学，后又出国留学。这些现在看似极为一般的事情，在同我一样只有小学学历的同龄人中，却是凤毛麟角。我们这些50年代出生的人被称为“不幸的一代”，正如流行的顺口溜：出生就挨饿，上学就停课；上山下乡吃尽苦，返城没有好工作；人在中年下了岗，苦难一个接一个。幸运的是，凭借着爸爸的眼光我做了准备，改变了时代给我们造成的厄运。

在我抹不去的记忆中有一段是“文革”时期，我们家被迫腾房换到宽街，在我们烟熏火燎地生好蜂窝炉后，爸爸充当着火头军，用炉钩叮叮当当地敲打着炉圈，使它们复位堵住烟火，从容得像个稳操胜券的将军。随后我们围着炉子取暖，看着水壶上冒着的白雾，听他讲述胡同酒馆的见闻，那些板儿爷站在酒缸旁，脚踩长凳，以缸盖为桌，神气活现地白话着北京最有趣的故事；那时我们要轮流打扫院里的男女公厕，爸爸向我请教做值日的经验，如何对付隆冬季节那坚如磐石的粪便；还有“文革”初期，民族所刘荣焌先生不愿把材料交给红卫兵，请坐在对面的爸爸保管，他竟仗义执言：放在我桌上！听得我后怕不已。爸爸还幽默地描述在河南信阳干校的趣事：他们养鸭时曾数次上递“紧急报告”请求良方，企图挽救病入膏肓的鸭子；每当发表最高指示，大家都要在漆黑的夜晚，借着灯笼、火把和手电微弱的亮光，在田埂上高喊口号庆祝游行，归来时，这个丢了眼镜，那个只剩一只鞋，有的摔了跟头，有的崴了脚，大家互相搀扶的场景栩栩如生。他还提到，那时他曾和傅振声叔叔同住一个帐篷，经过一段时间的了解，正当这位旧社会的警察准备拿出自己的看家本事，大讲八大胡同的秘闻时，所领导“黄八级”搬进了帐篷，遗憾地错失了良机。

成人以后我才知道，我生长的中央民族学院家属宿舍是如何的藏龙卧虎：潘光旦、费孝通、谢冰心，那里聚集着一批学术泰斗，还有那些默默耕耘的叔叔阿姨们。我怀念住在那里的日子，怀念我的邻居，感激爸爸让我生活在如此浓厚的文化氛围中。我至今还心存疑团：翁独健先生是一生下来就只有一条好腿吗？牙含章先生的父母寄希望他出口成章吗？潘光旦先生的名字是不是不够严肃？张恨水真是被谢冰心拒千里之外，而恨水不成冰吗？我忘不了，唐山地震后，民族所的叔叔们成了泥瓦匠，帮我们修补震裂的房屋；后来他们又成了熟练的装卸工，帮我们搬家。还有与爸爸莫逆之交多次合作的邓锐龄叔叔，每天根据我们家的灯光判断爸爸作息时间的“常慢”常凤玄叔叔，以及帮助爸爸取工资和常与爸爸探讨问题的叔叔阿姨们，当然还有所领导，使爸爸找到了归属，得到了温暖，安心于自己喜欢的事业。

虽然爸爸的一生经历了婚姻的变故，事业上的挫折等世间烦恼，但他视这些如无物，气定神凝地扫尽尘埃，遨游在自己的学术领域，颇有几分禅意地生活着。他的面部没有酸楚的皱纹，光亮，红润，淡定而充实地享受每一天，京剧、足球和花草是他职业外的修养。他过得简单，从容，知足，乐观，始终保持着良好的生命状态。

我所叙述的不过是些记忆中的琐事，但愿这些支离破碎的片断能还原出生活中的爸爸。如果说我在冒老爸之大不韪，为他小颂功德，我保证仅此一次。

衷心感谢民族所长久以来对爸爸的关照，衷心感谢藏学中心出版社陆续出版了爸爸的著作，衷心感谢那些曾经关心和帮助爸爸的各位叔叔阿姨们。

柳陞祺先生逝世五周年祭

——（诗词各一首）

张永谦

中秋夜梦二伯伯

梦依心生遇故人，
依旧淡雅布衣身。
举杯浅酌长生果，
低首深究稀世文。
似有新思成佳句，
即刻操笔录悉谆。
正持陶壶奉茶水，
悄然无踪泪沾襟。

凤凰台上忆吹箫·银杏树下的思念

玉树临风，矜持淡定，细花如碧纯清。古柏相依伴，晨有鸣钟。遗骨滋濡银杏，留力作，尽显忠诚。通中西，人皆敬颂，山谷回声！

忧，忧！西藏雪域，情义有独钟，中华一宗。念藏人往事，史迹迷踪。殖民者埋祸秧，藏独者，叛祖离宗。鲐颜[1]沉，来日苦短，奋笔终生！

① 鲐颜：tái yán 古人九十岁称为鲐颜，鲐颜指年老的容颜。

半个世纪叔侄缘

柳雪君

二十五岁别父母，晋京重续叔侄缘。
虽说不是亲骨肉，相依相顾心相连。
初进民院小庭园，婆婆慈爱弟妹欢。
整衣敛容多儒雅，倜傥潇洒有风范。
每每周末相团聚，总有美食伴笑颜。
国事家事天下事，急风骤雨摧篱栅。
自尊自傲不尤人，自立自强不怨天。
人说家窘出孝子，子幼女稚难承担。
幸有婆婆多相助，小侄有心力薄单。
从兹身兼父与母，抚养慈爱教诲严。
遭贬迁居到宽街，夏无清风冬严寒。
花甲之人学生火，一盏孤灯伴独眠。
大乱之年各西东，小女务农到五莲。
老父千里看儿女，心细如发多担缠。
历经坎坷成硕女，发奋苦读学一专。
长子矿下误学业，铸成吾叔一大憾！
而立之年弟发奋，承办工程一肩担。
人老愈知来日短，必怀大业志向远。

洁身自好淡名利，清心寡欲致安然。
身居陋室勤笔耕，躬亲英伦录文献。
佳文力作播远洋，世人称颂治学严。
年逾古稀收弟子，常见师生促膝谈。
年届耄耋有宿愿，一天千字要成篇。
余生之年写专著，要让藏独如寒蝉。
老人酷爱养花草，最喜银杏与水仙。
从容简约多淡雅，强似浓艳一时鲜。
凌波选用素瓷裁，不求珍贵重和谐。
每日一杯二锅头，渐入微醺化鹤态。
九十三岁游西湖，健步直登宝淑山。
九溪弃车寻旧梦，葛岭笑谈炼丹台。
吾等皆说老人健，笃信长寿过百年。
不料九五病不起，厌食少语容貌衰。
自洁自理持自尊，临终整洁更自爱。
生前曾嘱葬从简，银杏树下土掩埋。
送别之日心如绞，五年始信两茫然。
小侄心痛不流泪，亲送二伯进戒台。
生死别离终难改，重叙往事到冥间。

二零零八年九月·北京

诚挚的怀念

陈乃文

一、进藏原因

1937年，日寇疯狂侵犯我国大片土地，并攻占东南亚各国直到英属缅甸，截断我运进抗日物资的滇缅公路；且妄图东向攻占云南、西向觊觎英属印度。英国甚为恐慌，求美国请中国派军队攻击缅甸日寇。中国远征军以牺牲一至三倍于日军的巨大伤亡，不仅救出被围困在缅北仁安羌的英军司令亚历山大等七千余官兵，解救盂拱数千英军，并扭转战局，最终将日寇赶出缅甸。然而，我国军民付出的重大牺牲，成功帮助英国解围的诚信壮举，却并未因此而使英国丝毫放松对我西藏的侵略。英国使用一贯的诡计：欺骗讹诈、分化瓦解，逐渐收买培植一些亲英败类，进而掌控西藏地方政府职权，排斥挤压削弱爱国反帝势力；减损中央驻藏机构的权力及威望。

为抗日，英美与中国商议，拟利用早已有效运行的茶马古道，修筑从印度通过西藏到云南、四川的公路，运输抗日军用物资。英国虽然在表面上同意中国中央政府派人进藏修筑公路抗击日寇，以免日军从缅甸进攻英属印度；甚至还考虑到在印度处于危难时，将以我国西藏作为其后退的地区。然而实际上却对我们途经印度进藏工作人员的数量及作用，极尽限制与阻挠之能事！英人一方面串通西藏地方政府中亲英派限制中央入藏人数，不同意两名勘探修筑公路的工程师入藏，并妄想由英人勘探修路，从而掌控运输权；另一方面还限制各种其他专业职能人等入藏，阻碍增强中央实力。

由于抗日的需要及为了扼制英国侵藏的种种阴谋诡计，蒋介石从其侍从室中选出了解缅甸、印度情况的参议员沈宗濂，作为特使派驻西藏，并拨以充足经费。但为了不引起英印及西藏地方政府官员的疑虑，仍以国民政府蒙藏委员会驻藏办事处新旧处长换届交替的方式进藏。为节省路途三分之二的时间，并试探英人的态度，决定经印度、锡金等国入藏。这次入藏，必须使用英语文，不仅西藏有英国的商务机构和尼泊尔、不丹等国的驻藏代表和侨民都使用英语文，更重要的是我们的对手既然是英国，需时刻了解其动向，不能忽略英语文的作用。因此，沈处长聘请柳陞祺为驻藏办事处英文秘书。此次入藏目的：密切中央与西藏的关系，抵制英国的进一步侵略，并说服当地官员同意及协助修筑滇川公路。

这次赴藏的人员有：沈处长及其持枪护卫陈长生、陈锡璋主任秘书一家、李有义科长及夫人、柳陞祺英文秘书、葛成之医生及夫人等共 14 人。这些人于 1944 年 6 月，均从重庆飞抵印度加尔各答中国领事馆集合，同去西藏。

柳先生是杭州人，中学毕业后慕名考进上海光华大学的预科，一年后，专修英国文学。该校爱国学习之风甚盛。聘请著名教授讲课，教学水平名列前茅。毕业于美国哈佛大学经济系的沈宗濂也曾在该校任教，柳先生还听过著名浪漫诗人徐志摩等的讲座。该校有不少共产党员，他们领导着爱国反帝运动，柳先生深受影响！

刚入学时，柳先生被从圣约翰大学分离到光华大学的学生看成是从杭州来的毛孩子，喜欢踢足球，然而应对全部用英语文上课显得基础较差。他奋发图强，利用假期在西湖边朗读名著，练习写作，到三四年级时，不仅成绩领先，并多次在上海高校英语讲演比赛中获得亚军等奖牌。当时被同学戏称为留声机，一则与其姓名谐音；二则比喻他像留声机一样，能用标准的英语演唱诗歌等。

1930 年，柳先生以优异的成绩毕业，考入上海松江盐务管理局稽核所任英文文牍。这工作是个铁饭碗，待遇好，工资高，每月 120 个大洋。他虽考进去了，却找不到住处，就与一工人合住一间屋，当工人知道他的工作时大吃一惊，说你有那么好的工作，还不嫌弃与我住在一起打地铺。他是为了省钱，以便多汇钱回家供养母亲、姐姐等曾抚养他的人。

抗日战争爆发，柳先生自请内调，到四川省自流井川康盐务管理局任英文文牍。1940 年去成都光华大学分校任英文讲师、副教授。此前，他曾在杭州遇见过九辈班禅大师，深感敬仰和好奇，觉得是一种缘分，心想有机会一定要去西藏看看。1944 年，沈宗濂约他去西藏，他欣然同意，并开始大量阅读汉、英文机关的报刊杂志和书籍，了解西藏各种情况，及与西藏相关国家印度、英国、尼泊尔、不丹、锡金等的历史、文化、政治、经济等情况。他深切感到藏族人民与内地人民一样深受帝国主义和封建制度的剥削和压迫！

二、进藏途中

柳先生身为英文秘书，进藏前，在印度忙于办理各种过境手续、购买中外书籍，筹建驻藏办事处的图书馆，更要陪同沈宗濂处长访问英印高官。

在新德里访问英印外交部长卡罗爵士（Sir Olaf Caroe）时，谈到西藏，卡罗承认中国对西藏有宗主权（Suzerainty），问到宗主权的定义及它与主权（Sovereinty）有何区别？卡罗约沈处长查阅《大英百科全书》，检出宗主权之定义，极富伸缩性，看不出与主权有什么明显的区别。最后卡罗说：“总而言之，当国家实力强盛时，宗主权可以说与主权无异，否则就另当别论了。”这明显是英人在玩弄文字游戏，妄图否认中国对西藏的主权，以达到它侵略西藏的目的。赴藏人员一到印度，在西藏问题上与英国的直接斗争就开始了，且越演越烈！

沈处长、柳先生等一行在加尔各答购置了进藏物品及许多礼品，住了一个多月，然后一路向北，经过避暑胜地噶伦堡及锡金王国等地，这些地区都是英国殖民地，处于英国人统治之下。特别是锡金王国的宴请，就有英国驻锡金的行政官员监督。因为 1888 年，西藏抗击英国武装侵略隆吐山之役失败之后，英国逼迫清朝签订不平等条约：喜马拉雅山中的锡金王国被迫成为英国的保护国，英国在该地享有治外法权等。

锡金人虽然说藏语，信仰藏传佛教，使用藏文，但外交宴会上只能说英语，便于英国官员监督。英国驻锡金的行政官员俨然是太上皇，趾高气扬，呼吆喝六，全然不把锡金王室放在眼里。他要求国王、王妃、王子、公主都出席宴会。大王子留学英国回锡金后，要求多一点自主和独立性，被英国制造空难害死了。当时的王储有残疾，更不敢多说话。大公主嫁到西藏，二公主很有个性，不想受英人差使作陪，托病不出，只有三公主尚小，只好勉强作陪。锡金国王对沈处长说，锡金与中国的历史源远流长，一直友好往来，商业贸易、文化交流不断，希望今后仍保持亲善交往。这时，英人一声咳嗽，国王立即闭口，噤若寒蝉，不敢再说与中国交好的愿望！此后，只听见餐具的叮当声，及天气好坏等无关紧要的话，晚宴在虚伪、冰冷的气氛中结束。

以后在拉萨的社交活动、宴会中，经常遇见锡金王室亲属，他们在印度或英国上过学，会英语文，却痛恨英国殖民主义者侵占了他们的国家，所以才跑到西藏居住躲避。柳先生逐渐与他们成为好朋友，他们说，清朝大皇帝虽然落后、腐败无能，但宽容敦厚，每次锡金王国代表去内地给大皇帝上贡，都得到很多赏赐，还可以顺便做生意赚钱，买到很多好东西。对锡金这样山地小国从不苛求虐待。英国先进、厉害、残暴，剥削压榨殖民地人民，无孔不入，计算精细，丝丝入扣，难逃他们的诡计，而且无人性。

纳堆拉虽是锡金与中国西藏边界上的山口，由于以前藏锡关系密切友好，从未设立关卡，以后也没改变。这里只有一个石头堆成的嘛呢堆和挂着经幡的小山包。沈处长一行走到山口登高远望，心旷神怡，以为跨过边界，从此进入祖国的领土，不会再受英国殖民地气氛的压抑了！

走到纳堆拉山口北边，就进入西藏的地界，一路上的道路坎坷不平，沿路有英人树立的有线电杆直达江孜，后延到拉萨。有人问为什么不修修路？西藏地方政府派来迎接沈处长一行的官员说，是为了阻碍英国的侵略。这个回答实在令人费解！

到了亚东的下司马镇，藏官带沈处长等到一栋二层石头建筑的小楼，这是该地最好的房屋，清朝驻藏大臣升泰等人都曾在小楼内办公居住。小楼每层只三四间房屋，楼梯窄而陡，房间矮、窗户小，里面十分昏暗。沈处长、陈长生、柳先生住楼上，其余人住楼下或附近居民腾出的木板平房中。

第二天，英国驻亚东的白人商务官员不在，被雇佣说英语的锡金籍商务工作人员请沈处长一行去他们的招待所兼办公地方喝茶。它建在河边的一个平台上，盖了三排装着玻璃门窗、前有走廊的木板房。第一排的走廊后面，隔成会客厅、书房、餐厅、卧室、洗漱间等。根据不同用处，墙上挂着画和装饰品，布置得典雅舒适。第二排与第一排类似，条件稍差。第三排是厨房、仓库、佣人住处等。另外有马厩、牛棚。三排房屋外面有大草坪、花坛、果园，围墙外面是河流、森林。其结构与英人在印度的避暑山庄一样，仿佛置身于英国殖民地中。环境虽好，心中却陡然升起压抑之感！

喝茶时，锡金籍商务官员说，这里环境幽雅，住房舒适，做饭饮食卫生等条件好、方便，邀请沈处长一行在此多居住休息几天。沈处长回答说，谢谢你们上级的好意，我们还是沿袭以前历史惯例，住在历代中国政府官员办公和居住的地方，以履行我们的守土之责！

亚东市上除有英国驻亚东的商务代表所之外，还有英人办的邮电局、小卖部等各种设施。

沈处长离开亚东峡谷，不断攀升到平均海拔4000多米的帕里高原，放眼望去，天高云淡，一望无际的草甸和雪山，一湾雪水缓缓流淌，绿草如茵，上面点缀着红、黄、紫、白等五彩斑斓的小花。牛羊低头吃草，伴以叮当铃声。牛犊角力，互相追逐。朝霞如金，映射雪山。夕阳如火，漫洒地平线，一派生机勃勃、怡静祥和的气象。突然间，远处烟尘滚滚，一群藏野驴奔驰而来，十分好奇地远远看着我们这陌生的行旅。它们天生好强，遇见快马飙骑，必须争个快慢胜负，得胜者站在路边小山岗上藐视着落后者，显得十分英勇神气。柳先生感叹地说，身为苏杭风景秀美甲天下的天堂之人，看到西藏高原如此壮丽雄伟的山河，也不禁叹为观止。然而令人感到痛心的是，虽然帕里宗的碉堡高高矗立，旁边却靠着低矮的英人邮电局，如此大好河山，怎能让外人侵占！

再往北走6站路，沈处长一行人就到了后藏重镇江孜。它不仅地理位置适中，是交通四通八达的枢纽，而且靠着年楚河，海拔低，气候温和，物产丰富，是西藏著名的粮仓。英人侵藏，也把它作为一个侵占和把持的重地。虽然清朝政府在1904年英军攻入拉萨，被迫签订不平等条约，以毁炮台，开商埠，赔款250万卢比等屈辱条件，使英国撤军。但英人以既是商埠，就设立江孜商务代表处，并以保留卫队为借口，继续以少量步兵驻在江孜，并原封不动地保留着原先的高围墙巨大院落，其中包括兵营、医院、邮电局、商店等设施。兵营里留存着大炮、机关枪，它成为日后继续威慑侵略西藏的重要据点，以及培养藏人学英语文、按英国模式训练藏军的大本营。从锡中边界的纳堆拉山口到江孜约250公里，快马只需三五天即可到达，这是一条英帝侵略西藏最便捷的道路。

从江孜出发，向东北行进9站，沈处长一行于1944年8月6日抵达拉萨。西藏地方政府派藏官以过去清朝欢迎驻藏大臣的规格礼遇，在西郊十里长亭外摆茶点欢迎。沈处长一行排着队，举着青天白日满地红的国旗和青天白日的国民党党旗进入拉萨，直抵八廓街上的“基度巴”驻藏办事处的办公楼。道路两旁夹道欢迎围观的人很多。

三、住藏五年

到拉萨后，沈处长等携带贵重礼品拜访达赖喇嘛、摄政达扎活佛及四大噶伦；朝拜大小昭寺、布达拉宫、三大寺，并重金布施。然后按等级分批宴请西藏僧俗贵族官员，宣传中央德政、抗日形势和必胜决心，及修筑公路的必要性。每逢宗教节日或传大召等活动，即熬茶、施粥，广为布施，逐步密切了与噶厦僧俗官员及上下人等的关系。同去的葛医生办医疗所为群众无偿看病送药，每天约50人就诊，很受缺医少药的藏族人民的欢迎！

（一）抗日胜利

特别使人振奋的是，1945年8月14日，收音机里传来日寇无条件投降的大好消息，在拉萨的汉、回、藏等各族人民奔走相告，欢声雷动。驻藏办事处在吉堆巴楼顶升起国旗，悬挂纸制万国旗表示庆祝。噶厦大秘书仲译钦波曲批图丹路过，见了大为惊异，立即骑马跑到罗布林卡报告达赖和摄政达扎，说汉人扯起大旗，不知将有何意外举动？后知是庆祝抗日胜利，方始释然。可见当时噶厦密切注视办事处的一举一动。

过去，在拉萨经商的有滇商、川商和青海、甘肃等地回商。日寇截断滇缅公路，迫使更多滇商、川商甚至缅甸侨商只好通过茶马古道，经西藏拉萨去印度做生意。当时再加上北平商人等，在藏者不下四百余人。听到抗日胜利的消息，大家非常兴奋，认为外患已平，有家可归，生意更好做了，倡议众人摊钱举行宴会庆祝。柳先生、李有义先生等作为驻藏办事处中年轻、活跃、见识广的新生力量，肩负起组织串联、策划安排的重任。当时响应者甚为踊跃，计有办事处、电台、测候所、小学校及反帝的情报人员，及在拉萨落户的川帮、回帮人士。这些基本群众在经商或作为木匠、铁匠、厨师、裁缝、屠宰业者、手工艺人等方式谋生的过程中，与当地藏族人民友好往来，互通有无，通报情况，对汉藏文化交流、民族团结、巩固祖国统一，都是非常重要的力量。柳、李先生等平易近人、学识渊博、谦虚、善于团结人，广泛交结各种人员，起到组织核心的作用。聚餐欢宴之后，乘兴举行火炬游行，沿八廓街环绕大昭寺一周，夜深才散。此外，西藏日喀则、江孜、定日、聂拉木等地得知抗日胜利的消息后，也举行了各种欢庆活动。

接着，由办事处举行全天的公宴 3 天，招待西藏各级官员。主要客人有：佛公（达赖父亲）全家、司伦（十三辈达赖家族）全家、四大噶伦及其家属、四孜本及其家属、四仲译钦波、各大寺堪布及大小活佛、各札萨台吉及其家属、各基层机关的主管及其家属。还邀请驻拉萨的英国代表和尼泊尔、不丹的代表。除招待他们中、晚餐外，其间还表演化装的京剧、小品、歌舞、杂耍。柳先生客串京剧，演其中男主角，演得一板一眼，深得好评。他还组织节目，保证演出顺利进行。众人各显其能，让藏人大开眼界，整个气氛欢乐祥和。

以后不久，在汉、回、藏人要求下，由柳先生牵头主办，驻藏办事处出面，租借西藏大贵族官员桑珠颇章在拉萨西南一个大院落。里面有一些平房和很大空地，把它改建成俱乐部。那里可以打篮球、排球、乒乓球、克朗棋、扑克牌、麻将牌，还可以唱歌跳舞等。又设立餐馆，供应餐饮。为汉、藏、回等各族官员、商人、群众提供一个沟通关系和交友的场所。同时为拉萨小学在此升国旗，唱国歌，上体育课、开展各种活动提供了方便。

以上各种活动，起到了宣传、教育和团结的作用，提高了中央在西藏的威望，是这一阶段友好相处的巅峰时期。

藏族节庆期间，会看见藏军作为先导队列，打着雪山狮子旗，穿着英式军装，扛着洋枪，喊着英语口令，并以洋鼓洋号吹奏英国国歌“吾皇万岁”，以这种十分离奇的方式走在拉萨大街上。为表示对汉人的友好，他们也吹奏“桃花江是美人窝”、“孟姜女哭长城”等不伦不类的曲调，使人哭笑不得。这充分体现了当时西藏以英人为主导力量的半殖民地状况。

（二）沈宗濂晋京

乘抗日胜利的良机，沈宗濂曾上书蒋介石，建议先整顿西康，更换大员，选拔人才，充实机构，修通邮政，对藏方才能有所作为。然后相机与西藏地方政府协调，改进关系。对外更应向英国提出西藏问题，进行交涉，解决两国间的悬案。蒋介石交戴传贤和陈布雷两人署名回沈一电，主张维持现状，不宜多事更张，甚至说："以无事为大事，无功为大功"。沈等见后，均非常愤慨。此后，宋子文到伦敦时，曾向英方提出西藏问题，英方以目前国际重大问题亟待解决者甚多，无暇顾及此事为借口，轻描淡写地就推托了。

沈宗濂感觉藏事棘手，极思早日脱身。他自到拉萨之后，在公私函电中说他有心脏病、高血压、失眠、晕眩等症，不宜久居高寒地带，预作舆论，待机离藏。

1945 年抗日胜利，国民政府决定召开国民大会，沈见时机已到，极力活动，劝导西藏地方政府派遣代表向中央庆祝胜利，并参加国大会议。西藏虽然一面靠着中央要钱，一面拉着英国，实行骑墙政策，看风使舵。但为自身计，极想了解中央情况和对藏政策，愿意去南京一窥究竟。英印方面亦无理由反对，只说希望不涉及政治活动。

西藏地方政府派出僧官中的维新人物，粗通英文的拉萨电报局长札萨图丹桑培，俗官是能说汉话、熟悉内地情形的盐茶局长札萨凯墨·索朗旺堆。

另外，沈处长事先暗中与反帝爱国的佛公（达赖喇嘛之父）商议好，带其 16 岁的次子、将来会封为公爵的嘉乐顿珠去南京学习。此事严守秘密，直到西藏代表在加尔各答上飞机时，才看见嘉乐顿珠。消息传到拉萨，摄政、噶伦等官员甚感惊诧；英人则认为是沈宗濂的政治胜利，以后，更密切注意动向，且更抓紧拉拢培植亲英势力。

沈处长以陪同西藏代表进京为由，于 1946 年元旦离开拉萨。驻藏办事处工作，沈宗濂请蒙藏委员会派陈锡璋"暂维处务"，自己仍兼管西藏之事。众人送沈处长到拉萨西郊十里长亭外，大家都不愿他离去，因为不知今后会怎么发展。沈处长原与柳先生、李有义等几人商定，各自收集资料，然后共同写一本介绍西藏的书。此后，李先生及其他人因事忙或有写其他书的考虑而退出，只剩下沈、柳两人关心此事。沈宗濂既是柳先生的师长，也是关心爱护他的上级。现在写书的任务都落在他一个人身上，担子很重，又不知沈走后会怎样，柳先生心里很烦闷，感到空落落的，不仅在欢送的酒席上喝醉，走不动了，送行时，还掉了眼泪，不知能否再相逢？这使大家很惊奇，因为柳先生是一个不苟言笑的人，竟然如此动情。新中国成立前夕，沈宗濂去美国与妻儿相聚，天各一方，以后确无机会再见面！

（三）英帝在拉萨建立非法机构

国民政府特派员黄慕松于1934年入藏致祭十三辈达赖后，与热振摄政商定，留下蒙藏委员会委员刘朴忱筹建驻藏办事处等机构，恢复辛亥革命后中断的中央与西藏地方的关系。鉴于以上情况，英帝特派驻锡金行政官怀特立即入藏，监视、破坏中央与西藏地方政府恢复关系，并坚持要得到同等好处。借口与噶厦商议未了之事，留人赖着不走，于1937年在拉萨罗布林卡附近的迪吉林卡，建立一个无条约根据的办事机构，以后又增设无线电台、医院、小学。小学教英文，遭到僧众极力反对，在摄政热振活佛坚持下撤销。医院每天无偿为50余人看病施药笼络人心。柳先生因事去迪吉林卡，英国报务员福克司（FOX）约他参观无线电台，一排排锃光发亮闪烁着红绿灯的机器忙碌着。英人有自己的发电机、蓄电池和发报机，保证随时与外界联系，福克司颇为骄傲地说，这是较先进的设备，可通向有接收能力的任何电台，也可收到世界各地最新的消息，应对世界的局势。据说，福克司还培训西藏的报务人员，以及教藏兵使用机枪、大炮攻击色拉寺营救热振活佛的僧众。英国在拉萨设立的这些机构和设施，犹如插入西藏心脏的一把利刃，以致后患无穷。

英人看准国民党无暇西顾之机，暗中策划鼓动，利用一切机会，蛊惑噶厦中日益掌权的亲英派脱离中国，制造“独立”，以利其进一步侵略。此后发生一系列打击杀害爱国反帝藏官的事变，大大削弱了中央在西藏的实力和威信。影响大的事件有：佛公之死，热振事变等。

（四）佛公之死

1933年，十三辈达赖圆寂，西藏三大寺及噶厦会议决定，请第五辈热振活佛土丹江白益西丹巴坚赞任摄政，掌管西藏政教事务。爱国反帝的热振摄政派人寻访达赖转世灵童，最后认定青海省湟中县当采一农户之四子拉木登珠为十四辈达赖。此时该童已4岁，1935年5月5日生。国民政府拨款十万元，让马步芳派人护送灵童及其父母兄弟姐妹全家十人入藏。噶厦按惯例封其家为“达拉”大贵族，并拨给许多封建庄园和农奴。1940年初，国民政府拨款40万元，作为十四辈达赖丹增嘉措坐床经费。正式认定他为十三辈达赖继承人。

达赖父亲祁却才仁1947年时50余岁。母亲德吉才仁温文慈祥。二人会说汉话，爱国敬教，与热振摄政关系很好。驻藏办事处也将达赖家族作为重点关心照顾的家族，租其二层木楼作医疗所，柳先生就住在那里。大家又经常拜访宴请他们，关系很融洽。正是以上原因，佛公才会同意其次子嘉乐顿珠去南京学习。然而这件事却引起英人嫉恨及亲英派对佛公的不满。以前，他们造谣诽谤热振摄政，设置障碍，逼迫他下台。1941年，热振活佛将职务委托其师，年已70岁的达扎活佛代理三年。达扎代理摄政后，很快被亲英分裂势力所包围和支配，不仅不想还政于热振活佛，且恩将仇报，敌视热振及其亲密的佛公等爱国反帝人士。然而佛公地位崇高，诚倾中央，心向热振，不满达扎。又因心直口快，往往于无意中流露出来，深为达扎摄政所忌，必欲除之而后快。

佛公出身寒微，知识有限，藏语也说不好，不善交际，又无政治眼光和手腕，对于一般当权的贵族很少联系，以致朋友不多，耳目不灵，几乎陷于孤立之状，又处在排除异己、不择手段的达扎小集团掌握之中，处境相当险恶。

佛公平时身体健壮，1947年初偶染小疾，摄政达扎的大管家送去一剂汤药，佛公毫无戒备之心，服药后突然死亡。办事处陈处长、柳先生、藏文秘书李国霖立即前去探望，佛母处于恶势力之下，为保护爱子达赖和全家安全，只说“忽然得了急病，医治无效而亡”。此外不再多说，顾左右而言他。大家均感惊诧，又无实力回天。问到其大女婿黄国桢及其他人，都与佛母回答一样，讳莫如深。陈处长及柳先生等及时电报上级，认为这是一个不祥之兆，分裂势力将进一步掌控达赖家族。

（五）热振事变

热振活佛于1934年在西藏摄政，期间做了7件功不可没的大事：主持遴选达赖转世灵童入藏坐床，继承了法位；1934年，欢迎黄慕松进藏吊唁十三辈达赖；1940年，，欢迎吴忠信进藏主持十四辈达赖坐床典礼，并恢复与中央关系；1940年，同意并协助在拉萨先后成立蒙藏委员会驻藏办事处，建立无线电台、小学、测候所；热振活佛主持西藏政教事务期间，藏人未在康、青边境生事；热振摄政代表广大僧众意愿，坚持要求英撤销英办小学；领导三大寺念经，祈祷中国抗日胜利。热振摄政7年（1934—1941年）多是民国以来中央与西藏地方关系较好的一个时期，他是藏族爱国反帝的领袖人物。

正因如此，遭到英人及分裂势力的嫉恨，造谣诬蔑，施加压力，年轻的热振活佛难以应付，只得隐退3年。达扎摄政后，受分裂势力蛊惑操纵，不仅不交还摄政权力，且恩将仇报，先毒死送其次子去中央学习的爱国反帝的达赖之父，又制造热振送达扎炸弹，和热振谋反等假证据，派索康噶伦等带藏兵二百人，于1947年4月赶到热振寺，拘捕热振活佛回拉萨，关押入布达拉石牢中。审讯热振时问他，何以西藏要效忠中央？热振回答，汉藏在宗教、地理、民情各方面都无法隔离，1904年英军荣赫鹏攻入拉萨，仅军事赔款250万卢比，概由中央代付，不啻是中央的钱赎回了西藏的身！据理力争，毫不退缩。

热振所属色拉寺杰扎仓僧众虽奋力营救热振，发生冲突，死伤甚多，然均失败。热振亲信之人或被杀死，或逃往内地。事变发生时，色拉寺全体僧众写信给办事处转呈中央，要求速派军队和飞机进藏，援救热振。在藏汉、回人等则要求中央，一定要设法保护热振的生命安全。办事处陈处长、柳秘书等天天向中央报告，且建议一面设法调解，一面派军队在西康、昌都一带往来游弋，遥为声援。中央致噶厦3份电报，大意：热振活佛寻立达赖及维护中央与西藏地方关系有大功，请予宽待，勿炮轰寺庙残害僧众。噶厦中喇嘛噶伦冉巴面称，一定从宽办理。

然而亲英分裂势力感到援救热振声势不弱，于1947年5月7日决意下毒手，害死热振活佛于狱中，且谎称病故。依旧例将尸体装扮起来，抬至拉萨喜德林寺中，供人参拜三天，受各界人民公祭，以图遮掩众人耳目。此后派千余藏军镇压热振寺反抗的僧众，抢劫寺院财产，平毁两座别墅，擅自取消热振封号，降为一般活佛。没收热振活佛的大部分农庄及牲畜。不仅如此，亲英分裂势力乘机施暴，残害热振及其亲信和寺院僧众，对凡与热振有关的僧俗官员也打击迫害，免职或调任其他闲散职务。例如，十一辈达赖凯珠嘉措家族的后裔——彭错康萨大贵族之老彭康，一贯爱国反帝。我们刚到拉萨没住处，他时任噶厦四大噶伦之一，将闲置的一座二层楼房借给陈锡璋主任秘书一家人居住，并与办事处官员经常往来。1946年，十四辈达赖父亲被害，形势发生变化，老彭康也被排挤出噶厦。其次子喇嘛孜仲（那时已病故）过去与热振活佛关系密切,热振事变中,老彭康又受迫害,被逮捕入狱,因查不出任何违法之事,经大儿媳——锡金国王之女四出奔走活动,始得生还。然而噶厦中爱国反帝的人皆被革除,并受到迫害压制。从此,西藏地方政局落入亲英分裂势力控制之下。

不久,噶厦张贴告示,宣布热振罪状,其中竟然有"热振勾结中央,危害达赖、摄政"之语。热振是为了维护祖国统一,反对英帝侵略,毫无危害达赖之意,这是一般藏官所公认。噶厦中篡权的亲英分裂势力,任意颠倒是非,其目无中央,不惜与之决裂的恶毒用心,昭然若揭。

柳先生在热振事变时,心中十分着急与愤慨,觉得中央政府对英帝太软弱,只是空谈,无一点实际行动。他除了天天上班与陈处长等向沈宗濂汇报、建议,痛论此事得失,由沈转呈中央之外,还撰写了《西藏政变实录》一文,托人带给时任上海市政府秘书长的沈宗谦,发表在 1947 年 8 月 25 日《上海新闻报》上,以引起国内政要及大众对西藏危机的重视。因此遭到西藏分裂势力的愤恨,并质问驻藏办事处是谁人所写。柳先生为避免给办事处带来不利,提出辞职离藏。此时,驻藏办事处的处境日益险恶!

(六)最后两年

1947 年 7 月,沈宗濂辞去兼任西藏职务,蒙藏委员会委派陈锡璋为副处长兼代处长职务,葛成之医生夫妇、李有义科长、廖鲁芗专员等均辞职获准,先后离藏,柳陞祺因搜集研究资料尚未结束,准辞后未即成行。但仍关心处务,并与处里人员共担风险。留下陈锡璋代处长、刘毓珙专员、李国霖藏文秘书、通事张旺等困处边疆,一筹莫展。

1948 年,蒙藏委员会因陈锡璋辞意坚决,派熊耀文为驻藏办事处处长,内调陈锡璋为蒙藏委员会藏事处处长。但熊耀文迟迟不去接任,实因在那朝不保夕的时候,不肯远赴边疆。陈锡璋忠于职守,非有人替,不能言去。

1949 年初,陈处长照例发放布施,一日事毕,索康噶伦以私人资格劝陈处长,南京已甚危急,如急欲回去,不妨先走,留李国霖维持处务。以后还有札萨擦绒、老索康汪清次登劝陈处长留在西藏,使以后关系不至中断,好与中央再联系。陈处长回来告知李国霖、刘毓珙,李国霖认为国民党已濒临崩溃,我们不久即可一起走,不必单留一人受罪。陈处长坚持不能擅离职守。他们的话,听起来似乎是好意,实则想瓦解或使驻藏办事处瘫痪。留守人员如留藏依靠亲英印的西藏当局,无异间接投降英印,陈处长等宁死不为。还有拉萨有汉人,以及反帝的情报人员,一旦局势恶化,亲英藏人对他们将有一番处置,他们会以为是陈处长等出卖了他们,坐视他们受罪,陈处长在责任方面说不过去。最后大家认为还是坚持至最后一天,尽力而为,同进退,共患难,置生死于度外。

陈处长决定送妻赵克仁、女陈乃文与即将离藏的柳陞祺同去印度以避其害。柳陞祺一行于 1949 年 6 月离开拉萨,到帕里、亚东后打电报给陈处长报平安。但打不通,邮电局伪称机器坏了,当时也未感意外。平时在拉萨与柳陞祺等相处不错的县官及其家属,在帕里宴请招待一如既往,但不敢说出真相,等到了锡金首都甘托克,柳先生好友锡金王室成员才告诉他真实情况。原来驱汉事变在英人挑唆下早有预谋,然噶厦内部一直争论不休,很多人不愿这样做,尤其是僧众普遍反对。柳先生一行走到藏锡边界,噶厦中掌权的亲英分裂势力认为不能再拖了,一旦柳陞祺一行到印度找中国大使官报告详情,分裂势力借口驱汉妄图“独立”的阴谋就会受阻。因此,决定在他们离开西藏边界,尚未到达锡金的 7 月 8 日,悍然发动驱汉事变。锡金朋友的坦言,使柳先生一行恍然大悟。惜此后与他天各一方,无缘再见。柳先生时常怀念他们之间的真诚友谊,遥祝此锡金朋友与家人幸福安康!

驱汉事变使中共中央及毛泽东主席了解并重视西藏政治形势的危急,从而决定和平解放西藏,驱逐帝国主义势力,西藏人民经过平叛及民主改革走上了进步、兴旺发达的康庄大道。

四、著书立说

柳先生勤奋好学、努力钻研、治学严谨。他的英语文有深厚的英国文学的功底,口语出口成章,写作很有文采,并受到英美人士的称赞。除用英文写过《Tibet and Tibetans》一书和用汉文写《西藏政变实录》一文之外;回国后,他利用从英国收集的档案资料,写了《1929 年版〈艾奇逊条约集〉第 14 卷何以有两种不同版本?——兼评西姆拉会议(1913—1914)》英、汉两种不同文字的论文,揭露英帝妄图侵吞我西藏门隅及以东 9 万多平方公里土地的阴谋。柳先生还与邓锐龄、常凤玄等共同编写了国家民委主持的《五套丛书》之一的《藏族简史》。他还写了《西藏喇嘛教的寺庙和僧侣组织》《西藏喇嘛教寺庙与国外关系述略》等等具有开创性与卓越胆识、深远影响的论文。加上其他论文、评述、纪念文章、感想等约80种130万字,现已由中国藏学出版社刊出柳陞祺文集。他还在西藏拍了一些相片,和记录藏族风土人情、节庆活动的彩色资料片,沈宗濂后人将它存在英国影视资料馆内。

五、为人谦和敦厚

柳先生为人谦虚谨慎、不骄不躁、淡泊名利、坚持原则、爱憎分明、诚恳待人,他一贯以君子之交淡如水的风格与人交往。但如果请他帮助,虽有风险或困难,也会尽力而为。

驻藏期间,受人之托,冒着危险调解反帝情报人员不同派系之间的矛盾,此前不久还由于矛盾尖锐出过人命。柳先生为顾全中央驻藏各机构之间,以及汉人之间的团结友好,一致对付英人侵略势力的大局,怀着不让人看笑话,维护驻藏人员威望的愿望,多方游走劝说,调解误会纷争。作为一个只愿做学问的人,可谓是放下面子,勉为其难。几经努力,最终化干戈为玉帛,化解了一触即发的激烈争斗。

他还资助过因经费迟迟未到,而妻子又将临产,且信誉不好、无人愿助,走投无路的工作人员。

又曾按照上级意图,以金钱和衣物帮助穷困潦倒的外国人。

不论在西藏、在内地或是印度,柳先生对于周围邻居或同事,都以关怀帮助之心,助人为乐。他的种种善行从不声张、很少为人所知。“文革”后住在大杂院中,有人偷了柳先生不少钱,他知道是谁偷的,但不愿追究,只说不知少了几许,想必是他们家人多,有困难吧！由此可见他宽容大度的胸怀！

柳先生勤奋努力,严谨治学的精神,体现在一个大原则上:维护祖国统一、民族团结,揭露、驳斥帝国主义侵略西藏的阴谋与谬论,谴责西藏分裂势力的罪行。如今柳先生虽已故去5年,然而他留下的著作、文章,以及他爱国奉献,严谨治学的精神,待人真诚宽厚的风范,给我留下难以忘怀的深刻印象,值得我感悟和学习!

作者单位:中国社会科学院民族学与人类学研究所

怀念柳陞祺先生及国民政府驻藏办事处同事

邢肃芝

六十余年前，我与柳陞祺先生是同事，我们同在中国政府驻藏办事处服务，他是英文秘书，我是专门委员兼教育部直属拉萨小学校长。

1945 年 4 月，蒙藏委员会聘我为专门委员，在中央政府驻藏办事处服务。在我离渝赴藏前，有一位中央研究院院士凌纯声博士找到了我，想要我当西藏拉萨小学校长。我知道拉萨小学校长不好当，因为西藏地方政府有诸多限制，师资是最大的问题，乃婉言谢绝，俟经他的一再坚请，才勉强答应。于是他由教育部行文蒙藏委员会，暂借我为拉萨小学校长。因此我经印度到达拉萨，向陈锡璋代处长报到时，我有两个职务：一是专门委员，二是拉萨小学校长。

中央政府驻藏办事处职员并不多，处长是沈宗濂，美国斯坦福大学硕士。他回国后，当过大学教授，当过外交部总务司长。印度独立后，曾与考试院院长戴季陶访问过印度，后来他又访问过尼泊尔王国，对于印藏关系相当熟习。

陈锡璋先生原是外交部总会计，现为主任秘书兼第一科科长，我到拉萨时，他已经升为代处长。李国霖为藏文秘书，李有义为第二科科长，刘毓珙、廖鲁芗为文秘，刘桂楠、李茂郁为专员，左仁杰驻昌都，余敬德为土木工程师，葛诚之为医生，还有藏语译员张旺、庶务释密慧。另外还有勤务 8 人，均为当地土生汉人。

中央政府驻藏办事处房子并不宽敞，李有义、李国霖、释密慧及我均系单身，住在驻藏办事处内，各占一间卧室。柳陞祺先生与葛诚之夫妇住在医务所内，医务所是租赁达赖父亲的房子。陈锡璋夫妇携女儿乃文及刘毓珙、廖鲁芗，则租住大扎昌内。余敬德夫妇、刘桂楠、李茂郁，则租住拉萨市内。

我到拉萨后不久，刘桂楠、李茂郁、廖鲁芗三人均调回重庆蒙藏委员会本会了。

中央政府驻藏办事处所在地，名叫基度巴，土石建筑共三层。第一层即最下层为马厩。西藏地方无车乘，贵族平民出外均乘骡马，每年秋季都有不少青海来的贩卖骡马商人，来拉萨出售骡马。西藏贵族每家每户均有一两匹好马，甚者可值藏银万两之多，达赖家马厩中就有多匹好马，达赖父亲在青海原系做此生意之人。

第二层为拉萨小学校舍。

第三层为驻藏办事处公署。主任秘书及二文秘占一间，图书馆占半间，会客室占一间。李有义、李国霖、释密慧、邢肃芝各占一间，中央研究院测候所占一间，厨房及勤务占一大间，如此而已。如果举行宴会，一二十人还可以，多了则无法容纳。

基度巴，在八廓街上，大昭寺之南。每年正月传召时，一切喇嘛活动均看得清楚。右边是桑珠颇章即第七世达赖尧西府第，左边是陆军司令惹噶厦，北面就是大昭寺。大昭寺南门及甘丹赤巴讲经台，都在南面。

基度巴原系西藏贵族龙夏产业。1933 年 12 月十三世达赖圆寂后，群举热振活佛为摄政王，龙夏纠合同党多人，拟仿照日本政体改革西藏政治，事为热振活佛所悉，乃逮捕龙夏下狱，剜其双目，产业充公，妻女改嫁。

十三世达赖圆寂后，国民政府乃派黄慕松为特使，及随员刘朴忱、蒋致余等行政院参议，于 1934 年 8 月 18 日抵拉萨，致祭十三世达赖，又加封热振摄政王，同时在三大寺发放布施，极得西藏僧俗好感。

黄慕松当时是国民政府参谋本部次长兼边务组主任，是清朝之后赴藏官员中官阶最高者。黄慕松留藏三个月，建立了交通部拉萨电台，建立了行政院驻藏办事处公署。在其随员中留下了 40 余人，除刘朴忱、蒋致余、张威白外，还有宪兵李耀南及高师原等人。黄慕松驻藏办事处公署经过刘朴忱、蒋致余、张威白历任，至 1940 年吴忠信专使主持十四世达赖喇嘛坐床大典时始，正式改为蒙藏委员会驻藏办事处。孔庆宗于 1940 年 4 月宣誓就职第一任驻藏办事处处长，孔先生是法国留学生，原藏事处长，又曾为蒙藏训练班教授，桃李满门。因当时国民政府所颁印信未能实时到达，乃由邢肃芝雕刻木质印一方暂用。

1942 年 7 月 6 日，西藏地方政府突然成立了“外交局”，通知孔处长今后交涉须赴“外交局”，不再赴噶厦交涉。孔庆宗坚决反对，并将此事上报行政院。国民政府当即予以拒绝。西藏地方政府虽百般狡辩，仍不为中央所谅解，也只得让步。最后，孔庆宗认为藏事难办乃托病辞职返回内地。

孔庆宗任职期间，曾将太太及儿子接来拉萨居住。孔太太是位旧式妇女，小脚、体胖、行动不甚方便。儿子名孔繁绪，尚未接受大学教育。我在尧西朗东家作客时，朗东夫人告诉我，孔太太曾到她拉萨官邸中辞行，因此我知道孔庆宗已于 1943 年 10 月 18 日内返了。

孔庆宗后，继任驻藏办事处处长一职不再由蒙藏委员会派遣，改由蒋介石委员长亲自选派，继任人以与蒋先生较亲近，而又擅长英文与外交者为首选，于是沈宗濂即继任了驻藏办事处处长。沈先生率随员于 1944 年 8 月 6 日抵达了拉萨。

我于 1945 年 10 月由重庆赴拉萨，路经印度加尔各答遇到了沈宗濂先生(所记时间与柳文不一致——编注)。原来沈先生率领了一批西藏贵族，包括拉萨电报局长，前往南京参加国民大会，又说服了十四世达赖父亲，将他的儿子嘉乐顿珠带到南京去接受汉文教育。后来沈先生又做介绍人，将徐青贵将军的女儿徐小姐嫁与嘉乐顿珠为妻，这些足可展现沈先生办事之长才。在沈先生未到印度加尔各答之前，曾托中国驻加尔各答总领事馆为他找一临时住处。当时总领事是陈质平，即由我与陈以源领事一同寻找，结果找到了总领馆对面、原中央信托局遗址作为沈先生临时住处。

当沈宗濂访问尼泊尔王国回来后，我乃请求沈先生将他由拉萨骑来印度的骡马，借我赴拉萨乘用，沈先生答应了。我乃派我的随从罗布，到噶伦堡去将骡马安排妥当。我遂乘火车赶至大吉岭，睡了一下午，于 1945 年 12 月 15 日夜间，乘出租车抵噶伦堡，骑上骡子直奔龙朵山。16 日天刚亮，过了龙朵山检查哨，继续前进。下午抵达一村庄，熬茶、吃糌粑果腹，村庄主人劝我留宿一宵明日再走，因夜间风雪，行走不便。我觉得留在哲孟雄境内恐有不妥，坚持骑上骡子继续上路。行至山顶，大雪纷飞，天昏地暗，不辨方向，乃在山顶点燃火堆取暖。大雪久久不止，寒冷彻骨，手拄木棍探测下山之路，不意骑骡脱缰而去，因为骡鞍上有重要文件及钱币，乃循骡子脚印而追寻，途中或坠雪坑，或陷冰窟，虽周身尽湿，仍将骡鞍上跌下之物，一一捡起驮在背上，循着骡蹄印，直走到天蒙蒙亮，抵达一村庄，看见脱缰的骑骡已在村中，不尽欣喜。待村庄主人开了门，原来就是昨日劝我留宿一宵的庄主人，真觉惭愧。于是庄主人为我升火烤皮袍，又为我们烧茶果腹，直至日上三竿我们主仆二人才骑骡上山。经过昨夜取暖的地方，犹见余烬未熄，不胜感慨。当日天气晴朗，策马一直抵达西藏边境休息。

在骡站中遇到不少由印度返回西藏的商贩。这些人由印度贩回纸烟，或三驮或五驮，凡经过竹摩（即亚东）关卡时多须缴税才能通过。我说我也有纸烟，想和你们一齐通过，商贩们齐声说好。次日过竹摩关卡时，关员问我缴未缴税，我说缴了，便通过了关卡。于是挥鞭催快了骑骡，直奔帕里。此 16 英里是西藏海拔最高的地方，约 14300 英尺，气候寒冷，不适宜农业，因系藏印道上商务要冲，羊毛税收入不少，帕里邻近不丹王国之农产品输入西藏，亦多经由此地。

帕里有电报局，我乃打了一通电报告诉中国驻加尔各答总领事陈质平，我已到达西藏境内了。帕里是西藏境内通邮政地点之一，凡中国寄印度邮件均寄到帕里邮站，再加贴西藏邮票转拉萨，故拉萨汉商都派有人员驻帕里以便转寄货物及邮件。我在帕里见到了康刚民，他在县长家作客，我乃告诉他我要请他为拉萨小学服务，迅速前往拉萨，他欣然答应。我在帕里还买了一枝德国毛瑟枪，作为防身之用，以便昼夜行路，赶往拉萨。根据我在西藏高原旅行的经验，白天风大，如遇强风，可将人马卷入半空，然后摔下，夜间风小利于行路，但有匪徒出入，而我有毛瑟枪在怀，即可壮胆，如遇可疑之人，尽量不与接触，灾难可免。

从帕里到拉萨还有 12 站，如果按照西藏地方政府的马牌行走，则须按站换马，如果自有骡马则不需按站。我是自有骡马，可加速亦可慢走。当我行抵拉萨时，已是 1946 年正月一日，正值藏人新年。我在云南商人茂恒号住了一宵，次日往国民政府驻藏办事处报到。处长一职已由陈锡璋先生代理，沈处长率领西藏贵族到南京后，担任了上海市秘书长，而当时的上海市市长是吴国祯，吴国祯太太是蒋夫人干女儿，极得蒋氏夫妇宠信。

我到拉萨接任小学校长后，大事整顿，严格选择教员。接任之日，除国民政府驻藏官员外，北京商人及云贵川商人约百余人均到学校参加庆典。教务主任一职由胡继藻担任。胡君是清华大学社会系及电机工程系毕业生。康刚民是训育主任及推广主任。康君是色拉寺格西，与西藏贵族关系甚深，又是孟买大学讲师，印度语、藏语均好。在接任校长之日，教育部亦电告西藏地方政府，嘱对拉萨小学加以协助。我并请李有义教授作学校兼任教员。从此学校名声日隆，第一学期有学生160余人；第二学期有学生200余人；第三、第四学期有学生300余人。加以川康滇商人返回内地大力赞扬，故声名远播。继又有西藏贵族子弟要求入学，特开办了贵族班一班。英国商务处所办小学从此关门。因此拉萨小学引起英、印当局及尼泊尔王国注意，当柳陞祺先生帮我申请经哲孟雄赴印度转往尼泊尔王国访问签证时，黎吉生（Richardson）——英国驻拉萨商务主任，特别要求我与他见面，并设宴款待，因他仅知一年轻汉人在任拉萨校长，并不知能力如何。见面后，他除了给我赴印签证，从江孜到冈托（Gangtok）的bungalow pass，而且介绍我与哲孟雄省长古德（Goode）见面。

柳陞祺先生当时是英文秘书，他与黎吉生（Richardson）、哈勒（Harrer）（奥地利在藏流亡人士）及尼泊尔驻藏代表Khadga Bahadur K. C.等人组织了网球队，每周打一次网球活跃生活，联络感情。柳先生对于汉藏文化交流很尽力，对拉萨小学亦很热心，每有集会均由他摄影存念。柳先生并与沈宗濂先生合著《Tibet and The Tibetans》一书，在美国斯坦福大学出版（相关说法请见别文——编注）。

驻藏官员先是李茂郁、刘桂楠、廖鲁芗三人内调，继之葛诚之医生及葛太太辞职返回。1947年李有义教授辞职返回，李教授曾面告余曰，返回内地后将物色一位身体健壮者为妻。最后柳陞祺先生亦辞职赴印度，同时陈太太及女儿乃文亦去了印度。

1948年教育部给了我一年假期，并由驻藏办事处拨给我7000印币作为我的旅途之用。我到南京后，全国选举正副总统，蒋委员长的意思是要孙科当副总统，结果李宗仁被选为副总统。当时国内通货膨胀，物价一日数涨，民不聊生。王云五当了行政院长，改革币制，起用金圆券，一美元等于五元金圆券，结果从中国寄一封信到印度，须贴满了金圆券邮票乃可寄出，可见币制改革失败。中央银行准备向美国借五亿美元未果，又因东北战局失利，人心惶惶，蒋总统宣告辞职，李宗仁行使代总统职权，中央政府迁到广州。眼见国民党政府大势已去即将垮台，美国又不借款，蒋介石决定放弃大陆，将所有财产、行政人员、军队迁往台湾，欲等候时机反攻大陆。我在南京所遇高级官员均说国势如此，将来我辈不知死于何处。

我于 1948 年 10 月取道印度、锡金返回拉萨，特将国内情形呈报了处长。

1949 年 7 月 8 日西藏“驱汉事件”发生时，国民政府驻藏办事处仅有陈锡璋代处长、李国霖藏文秘书、刘毓珙专员、余敬德工程师、通事张旺、庶务释密慧及邢肃芝数人而已。

当日下午我正在霍尔康家中休息。霍尔康是租住的房名，房主人就是西藏贵族之一的霍尔康公子，已随拉鲁噶伦到昌都当税官去了。当时，我见到陈代处长，他面色凝重地告诉我，他去了噶厦，巴噶伦代表四噶伦面告他，要求中央政府驻藏官员，包括驻藏办事处、学校、电台及所有军统国防二厅地下工作人员，均在两周内撤离西藏，措辞与态度十分强硬。陈代处长回答说须呈报中央，噶伦说他们已将交通部拉萨电台查封了，西藏地方政府驻京代表已将此事呈报中央政府。面对严峻形势，我对陈代处长说，事已至此，还是做好撤退吧。

李国霖及刘毓珙知道此消息后，心脏病突发，不能工作。李国霖是四川巴塘人，深知康藏历次战争之激烈，恐遭杀身之祸，避门不敢出。刘毓珙是因年迈而又体胖。藏语译员张旺是本地藏人，并不愿返回内地，仍须在藏生活，故以沉默为佳。我是办事处职员，精力尚强，自当协助陈代处长办理一切撤退事宜。

西藏地方政府除查封了交通部拉萨电台外，又派了四名藏兵监视陈代处长，其他所有驻藏人员及地下工作人员住家，均派有藏兵监守，唯有我一家尚无藏兵监守。西藏地方当局对此次事变策划已久，因非常保密故不为情报人员所知。在五月、六月前已放出烟幕，说是摄政王收到炸弹，故向日喀则调兵前来拉萨，直到1949 年7 月8 日筹备妥当，乃宣布驱逐汉人，汉官及特务均被蒙在鼓中。西藏当局一向是当内地政治安定则向内，如内地政治动荡则背信，从清朝到民国例不胜举。

我们向西藏地方政府宣布和平撤退的态度。当他们听说我们要撤退了，气氛和缓了许多，所有驻藏人员均可自由活动。在这时还有一小插曲，就是以江新西少将为首的四川巴塘人，要以武力与西藏地方政府对抗，另外还要劫持陈代处长，原因是国防部二厅的驻藏人员待遇偏低，与驻藏办事处人员及军统驻藏人员相比是差多了。江新西有时请求接济，我有时也拿学校公款接济他，因此他能接受我的劝告。我乃劝他不能用武力对抗，西藏地方政府已安排了1500名藏兵在拉萨，不可打无把握的仗，他接受了。我又说，陈代处长用钱一向按规则办事，你既是中央官员，就不能对长官强加索取，免致驻藏人员窝内反，他也接受了。我乃在办事处将驻藏人员召在一起，安排各人各家所需骡马数目，交赖兴巴转告西藏噶厦发给马牌，并安排将全体人员撤离拉萨日期告知噶厦。

西藏地方政府知道我们即将撤退，特别安排了宴会为我们饯行。陈代处长问我应不应去？我说人家既以礼相待，我们应该赴宴。噶厦还送来了程仪：陈代处长二千印币；送我是一千印币；给李国霖及电台台长亦各一千印币。除此，索康噶伦并派他的弟弟索康济众到我所住霍尔康家中送来米一包及糌粑一包，以为路粮。

兹将撤退人员列后：

1. 赴四川巴塘共19人。

江新西少将，江镇西、江太太及孩子，男仆珠珠、刘步升、赵松南、江生辉、康永吉、太太扎桑及小孩、仆人群达，学校教职员五人——春载阳、闵志诚及太太、男仆阿多，白士祯、白士奇、马成文等共19人，由噶厦发给乌拉。

2. 由拉萨赴印度分三批共115人：

第一批39人，2月14日离拉萨。第二批38人，7月17日离拉萨。第三批38人，7月20日离拉萨。第三批人员包括陈锡璋代处长、刘毓珙、李国霖、席台长、台长太太、邢肃芝、释密慧，赵季灏及太太，陈代处长厨师及勤务五人，学校勤务二人、电台勤务三人等。此三批人员中有勤务23人到印度后，是要返回拉萨者，故在115人中减去23人，实际赴印度者92人。

我们撤到竹摩后停留了一日，原因是要与哲孟雄驻竹摩商务代表借道，由竹摩赴冈托（Gangtok），转噶伦堡，道路平坦，可乘汽车。但锡金商务代表一口拒绝，他说冈托设备简单，不能容纳多人。我们也只好走噶伦堡之老路了。李国霖及刘毓珙两位是病人，我照料两位慢慢走到白洞，柳陞祺先生开来了一部吉普车，接我们三人到噶伦堡。从白洞到噶伦堡尚有12英里，我们三人均感激不尽。

陈代处长离竹摩后已先一日到达噶伦堡，随后我们均去了加尔各答。

陈先生住在旅馆中，我则借住茂恒公司之客房，中国驻印度大使罗家伦也来到加城慰问我们。同时新疆方面不少中央党政人员及特务人员也来到印度。罗家伦大使飞往广州向阎内阁申请到一笔外汇，救济所有来印人员，随后将所有人员搭招商轮有送往广州，亦有送台湾者。

1950 年 1 月 1 日，英国及印度同时宣布承认中华人民共和国，我乃于当日直飞香港居住。陈代处长夫妇于 2 月 5 日飞香港，同年 8 月 16 日回到了北京。

回忆当年大家曾相聚一堂，而今故人西辞，人天相隔，不胜欷歔！

2008 年 12 月于洛杉矶

回忆藏学家柳陞祺先生

邓锐龄

几十年内，我从学受教的师长或同在一起工作的前辈不少，回忆起来，其中给我教诲最多，帮助最多，最令我敬爱的只有柳陞祺先生一位。他毕生专治藏族史，在这方面的卓越的贡献，是民族学界所周知的。而在我看来，比一切成就名望的评价更重要的是要了解他之所以从事学术研究，不仅仅如许多学者那样，基于爱好和求知心，更非为了一己的私利，而是一开始就自觉地在治学中贯彻着维护祖国统一、领土完整的爱国理念，直到95岁弥留之际还念兹在兹，眷恋不舍。就因为怀抱着这个高尚理念，他作风上一贯淡泊名利，在举世竞进于贪婪时，却恬然地遁世，不见知而不悔。可以说，他既是一位纯真的学者，又是一名在第一线默默作战的志士。

早在1953年，我在北京一所中央机关工作，那时没有见过柳陞祺先生，就已读到他写的一篇关于西藏黄教寺院的概述，那是用繁体字工楷竖行写在几十页的薄薄的纸上，是供领导机关作参考用的。这篇当时罕见、学术价值极高的资料上写着他的名字，当时毕竟年轻，记忆力尚佳，钦佩之余，一下子就记住了。而7年之后，才见到他。那是1960年我获遣调入中国科学院哲学社会科学部民族研究所之后。是年夏天，民族所与中央民族学院的领导者，集中人员于西藏驻京办事处，用“大兵团作战”的方式编写《辞海》。中午人们在食堂吃饭，时时见到一位文雅庄重、步履轻健、独往独来的老先生，当时已经从别人那里知道这位就是柳先生。看到他不苟言笑的神情，而我尚是戴罪之身，不敢冒昧招呼。一次偶然同桌，倒是他先搭理我，问过姓名后，还夸我的说话声音清楚好听，这时才随意交谈起来，心上暗想这位先生真是“望之俨然，即之也温”。从那时起，我们之间的师友情谊延续了三十三年，随着年纪的增长，相互了解也就越来越深。

在民族所我是业务变动最多的一人。1962 年奉命始以藏族史研究为专业，最初帮助王森先生写《关于藏传佛教史的十篇资料》（即《西藏佛教发展史略》的前身），同时柳先生也写出《西藏喇嘛教的寺庙和僧侣组织》，都是上级交给民族所的重要任务，也都印作“内部参考”，不能公开。不久 1964 年秋我即下放山东，如领导所云：“劳动中有四清，四清中有劳动”。1966 年初返京，参加《中国历史地图集》西藏图组的编绘，坐下来没有多时，“文化大革命”的狂风骇浪又突袭而至。柳先生和我都未免编入牛鬼蛇神行列之厄。在人格备受践踏的日子里，我们十几个人被拘禁在一室，外出仅允许去食堂和劳动，且须排纵队而行，柳先生仍然安静和缓，风度如常，对一切处之淡然。全所人员集中于建国门内学部大院时，领导运动的工人宣传队曾给我看没收了的柳先生往年在拉萨的日记——用英文写在纸质装潢精良的三厚册上。我没有时间、也没有心情读，更不能提什么意见。交还后，这份珍贵的历史资料就无影无踪，远动停息后几次向人事部门询问下落，都答以不知去向。2006 年柳先生的女儿晓青译出《西藏与西藏人》（Tibet and Tibetans），从她的译后记里，我才知道当年从柳家抄走的文献文物岂止这三本日记，可是柳先生在世时从来没有对我谈过这段伤心的经历。

“文化大革命”后，国家拨乱反正，实行改革开放的方针，柳先生与我接触增多。我们曾一起在上海调查西藏亚东海关的档案的保存情况、一起访问北京的藏传佛教的黄寺、游览了香山、一起在北戴河短期休养，在交谈中除了历史研究、英国文学评论外，他极少谈以往在国民政府蒙藏委员会驻藏办事处的经历，我还是在他断续地发表的回忆文字中才知道其大概的。关于他在拉萨时着手搜集材料、后来执笔，署名与沈宗濂合写的《Tibet and the Tibetans》（《西藏与西藏人》）一书，那是近代第一部国人向世界系统地介绍西藏的佳作，其中关于拉萨藏传佛教寺院和地方行政机构的描写，在当时是创新，今天仍保存着其学术价值。他只淡淡地告诉我：为了便于西方人接受，这书的后半采取了生动流畅有些华丽的风格，也只此而已。民族所藏族史志组祝启源、姚兆麟二兄为了编出《西藏地方是中国不可分割的一部分》（资料选辑），曾经去南京国家第二历史档案馆查阅国民政府时代的旧档案，回来他们对我欣喜地说："看到那时柳先生在蒙藏委员会驻藏办事处写的材料了，国家该给柳先生记一大功"。

不过，我久久滞留在《中国历史地图集》的西北边疆图幅的编写，不能全力继续研究藏族史，而柳先生已从西藏近代史上溯雍正、乾隆时藏族史研究，常独自去第一历史档案馆阅抄清代档案。1981 年柳先生倡议，我们开始合作。我手下保存着的先生给我的多封信件也是从这年开头的。我们合写了《清代在西藏实行金瓶掣签的经过》，他依从我意，"不做则已，做则必须大做"，广征文献，扩大篇幅，其中抄引藏文《第十辈达赖喇嘛传》的一段关于西藏初次实施金瓶掣签确定达赖灵童的记载，同当年驻藏大臣的汉文奏折所述，几乎全同。《传》文的汉译后附载原藏文的拉丁转写，《民族研究》编辑部接稿后派人来谈，意思是论文过长，转写一段可省。我们说采用这段转写的目的正是回应流亡海外的达赖集团诋毁汉文文献全是谎言的攻击，公布汉藏双方史料就是便于大家检验来判断是非。柳先生在写作时主张既占住理，则应"引而不发"，不必用"大批判"式的咄咄逼人的口气，以后这就成了我们论文的含蓄和缓的风格。此文发表后，社会科学院历史所清史专家许曾重先生立刻指出这篇志隐味深的论文意在维护祖国的统一，而林永匡先生甚至称誉它"掷地有金石声"。再后，先生用英文译出，刊载于《中国社会科学》（英文版），捷克藏学家高马士（J. Kolmas）来华读后，对我说："你们写的比黎吉生（H. E. Richardson）的好"。

以上讲的是我们二人合作的开端，其实，早在上世纪五六十年代，全国人大民族委员会组织集体编写《藏族简史》时，柳先生已经参加其中，并负责统稿。70 年代这初稿又交由民族所增改，收入国家民委《民族问题五种丛书》之中，他主要承担其中近代史部分，我则是此一编写集体中的后来者。在人数较多的合作集体内，意见分歧是常有的事。有的先生强调当前尚无一部好的藏汉词典，藏文史料又难于搜集，必须先研究透彻然后动笔，因此虽也分到部分章节，却迟迟不交一字，而柳先生认为这书是人民迫切需要的，只要主旨无误，先写出再徐徐做更细致的研究也不迟，以故他一直积极撰写且准时完工。此书迟至"文革"后 1985 年才公开正式出版，其中柳先生写的五篇讲英国侵略西藏史，取材丰富，简明扼要，对初学或专家都有必读的价值。在交稿以后，正如上面他所说，他继续以西姆拉会议（1913—1914）为中心，加深这方面的研究。不但搜集近现代西方作家的有关著作，还为此去伦敦英国印度事务部档案馆取来多宗档案复印件，经过长年缜密思考，写出《1929 年版艾奇逊条约集第 14 卷何以有两种不同版本?》一文。这篇论文更加充分地揭露了抗战时 1938 年英印政府印造冒充 1929 年原版的伪本，从中全面篡改西姆拉会议历史真实的诡秘行径，并分析其造假的动机和手法，虽是历史研究但对于中印关系的现实问题具有重要意义。

从我们二人初次合作以后，他继续研究清代的西藏。根据原始材料，1987 年同民族所常凤玄兄合写了意义重大的《西藏名义辨析》一文，确定“西藏”一名的由来及其所指的行政区域范围，尤其着重阐述雍正朝勘定川藏、滇藏、青藏的区界的经过并此区界沿用至今的历史，以此说明西方人习用的“Tibet”一词含义模糊，它泛指藏族分布地域，与“西藏”政区在外延上大相径庭，容易被别有政治图谋者用来混淆视听。继之，与我又合写了几篇有关清代西藏史的论文。时他已年近九旬，说：“要快点抓，时不我待，记忆比时间溜跑得更快。”1998 年，他以 90 岁高龄，发表了《十八世纪清政府平定西藏准噶尔之乱始末》。此文深入研究 1718—1720 年康熙帝解决准噶尔人据藏的战略策略，对此一役的意义及战果作出评估。本来这段历史头绪纷繁，矛盾丛集，经过先生据《清实录》和档案整理评述，举重若轻，纲目清晰，比魏源《圣武记》所记更胜一筹，堪称撰述的范例。

2000 年，先生 92 岁，一度回到故乡杭州，重温童年旧梦。返京后，次年即自皂君庙移居巴沟村女儿晓青家，著述之志不衰。他说，“幸福就是在客观条件允许下实现了自己的主观愿望”，他现在追求的“幸福”就是，5 年内要完成“两大两小”。“两小”指两篇论文：一是论雍正帝的治藏方针可称“承前启后”，不同意意大利学者伯戴克（L. Petech）说是“后退”、“消极”；二是论第五辈达赖喇嘛的“政”“教”观。“两大”指两本专著：关于乾隆帝朝的治藏方略；关于清末民初以来的西藏政治，即英国侵略西藏史。他说只要写出，“其余都可有可无”，一再强调研究乾隆朝中央与西藏地方关系是“重中之重”，因为由此可以申明中国在西藏的完整的主权，劝我挑起重担，写出一本论乾隆帝治藏六十年的重量级（heavy weight）的专著，他愿从旁帮助。使人叹惋的是他毕竟已年过九旬，身体渐渐衰弱，虽天天治学，但进度极慢，又因行动不便，加之耳聋，惮用电话，只好屡屡写信给我谈多年研究藏史的心得，商量写作的设想，仍要自力完成那第一篇论文。2003 年先生病重住进医院，在病床上还惦念着他的“二小”，不久就匆匆离开了我们，仅留下临终前一个月内还在修改的第一篇论文的下半部草稿。我们谨加整理后交付《民族研究》，2004 年初发表，题为《1727—1728 年卫藏战争前后清中央的治藏政策》，算是事后稍稍满足了他的心愿。

柳先生 93 岁时给我几封论藏史研究长信，随意写来，仿佛漫笔，实则反映对史实透彻的理解贯通和高度的概括，是多年思考的结果。他 2001 年 1 月 17 日的信上说：

“我认为藏族是一个相当了不起的民族，从有史以来，论武可与大唐争丝路的控制权；论文，独创了一个具有民族特色的藏传佛教。如果可以用‘征服’二字的话，他们征服了不可一世的蒙古族，两者结合得很紧很紧，从而影响了几乎半个中国。要没有这两个民族的存在的话，我们的西部边疆不知该怎么画法了。这不就是对国家的一大贡献（吗）。

“我一直认为藏族所以参加到中国这个民族大家庭来，这是他们自愿的。谁也不反对佛教发源地是印度（尼泊尔——原注），但一等佛教在卫藏地区生根开花结果时，整个藏族历史的走向就是向北、向东、向中原内地——北京或中央，而从来不是向西，更不是向南，这决不是一人二人或少数人决定得了的历史走向。

“我一直不敢同意解放初期有人动不动就提民族压迫，这话一落到藏族人耳里，他们就体会是藏族一切落后的原因是受到汉族压迫的结果。这是把一个极端复杂的问题过分地简单化了。只要翻一翻《元史》、《明史》的有关记载，与其说汉族压迫了藏族，倒不如说藏族压迫汉族为宜。（龄按：这里指的是两族的上层的关系，元代藏族属色目人，等级在汉人、南人之上，元、明皇室宠信藏传佛教僧侣）这一切都与元、明两朝对藏族统治阶级政教不分一点的模糊认识，有以致之。

“到了清朝，情况变了。皇太极第一次去信延聘五世达赖，就称他为‘掌佛法大喇嘛’。顺治帝为了是否到边外相迎，满洲诸臣是主张去的，理由是‘我以礼敬喇嘛，而不入喇嘛之教，又何妨乎’，亦是把教与政分清，立场鲜明的。达赖到后，以外藩部长客臣初次来京之礼待之，去时，分封达赖、固始汗，一教一政，更是平等看待，使各有所司。看来，既没有明确规定两者的权力分工，亦没有划定他们分管的地域范围，这固然是因为当时清帝权力没有达到那么远，但亦可能是一种策略，使两方平衡，便于统治。这一切直到康熙末期平定西藏，复经雍正十三年的惨淡经营（我想称之为‘承前启后’）到乾隆鼎盛，击退廓尔喀后，才大刀阔斧最后明定章程：中央朝廷是政，得以管西藏的教与政（龄按：原加重符号），西藏达赖的教得以管西藏固有地方的政和教（达赖系统原来管辖的地区只是卫藏的一部分，其他都是后来封赠或扩张的）。达赖无权与皇帝（或后来的中央）直接议事，奏事都通过驻藏大臣一级承转，康熙、雍正都处决过大喇嘛，乾隆的《喇嘛说》就公开批判了元、明对喇嘛的政策等等，这都说明有清一代的政教观，是教可辅政，但不能与政平等，因为政必须管教这个大道理。”

同年二月一日的信指出，依普遍法则，“政”“教”二者只有孰胜孰负、孰高孰下之分，绝无“合一”的可能，整个藏族历史可循“教”（僧权）与“政”（俗权）之争的规律来阐释。黄教格鲁派始于若干纯宗教集团的清修而得势，最后仍然走上萨迦、迦举等干政的老路。作为宗教，黄教的兴衰几与清朝的兴亡同步。

又在三月二十一日的信上说：

“来信所提几篇关于藏族历史发展方向问题的文章，我都没有看过，记得有一位青年来跟我谈藏族溯源与汉族十分接近等等，我说：目前，我不感兴趣，如果把所有民族发源都追到‘亚当夏娃’，又能说明什么问题呢？我总认为当务之急是先把国家和主权问题等等搞搞清楚，不然，我怕‘文言文’有很多人看不懂了或怕看。藏族有不少现在国外，他们和他们的子孙辈更看不懂了。他们只看英文或其它外文书时，还有人相信汉文文献中有关藏族的历史记载会是真的吗？那时候你再找他们论理说：藏族在很长一段历史时期是同我们生活在一个中央政权之下，住在同一大片现在称为中国的地方，到19世纪中叶，外国势力侵入后，我们这些说不同语言、信不同宗教，有不同生活方式，还不断争吵的56个民族，忽然面临一个共同灾难、共同命运等等等等，还有人听得进去么？

“你说我住藏七八年，错了，我是住了五年，我都和藏族上层来往，所见可能有片面性，但我看当时拉萨的上层不懂历史，又似乎有意回避或忌讳历史，你要多了解一些时，就会引起他们的警惕甚至敌意。元、明两季，藏族学者还多少写出几本历史书，到格鲁巴起来，就没有了。（大家引用的《颇罗鼐传》是走下坡路时后藏人写的，也可能是唯一的例外。）为什么？因为达赖系统的兴起，先靠的是蒙古的固始汗，后靠的是清朝中央，到清中央不行了，想靠自己人时，唯有靠贵族农奴主了。达赖当权时，例如第十三辈，还能看清洋人信洋教，与佛教不同，到现辈达赖会说英语了，懂得西方‘民主’、‘宗教信仰自由’等等了，但他不懂无论中外，宗教只能辅助政治，而不能叫政治来服从宗教，不然，皇帝、总统等人岂不全要‘失业’了。达赖你是标榜‘世出法’的，他们是遵行‘世间法’的，你认为他们会认真帮你恢复农奴制吗？就以新中国的革命言，要革的只是十分落后的农奴制，对一切真正的宗教也是主张‘宗教信仰自由’的，也是讲人民民主的。现在应该看清了。”

他反对第十四辈达赖喇嘛的分裂祖国的活动，对外国某些人不懂历史，却应和西藏“独立”分子的叫嚣，十分愤慨，屡说中国藏学论著不乏优秀上乘之作，可惜世界上许多国家不知道。主张研究单位多从刊物上抽印好的论文，以单行本向外传播，便于及时端正视听，曾建议中国藏学研究中心聘请西方学者来华讲学研究，顺便请他们提高青年人英文写作能力。

柳先生的著作，我读过的只是一部分，谈话和通信也较集中于他的晚年，从多年亲炙中我逐渐认识到他积极写作的宗旨就是要展示历史的真实，用以维护中国的主权，澄清混乱的认识，驳斥西方的误解以及曲解。这就是他生存的理念和目的。

记得1980年暮春我们在北戴河休假时，二人沿海滨漫步，我知道抗战前国民政府教育部曾举行过庚子赔款公费留学考试，那时钱锺书先生已在柳先生母校光华大学外文系任教，即报名应试，而柳先生似也有意投考，惜美志未遂（钱先生生于1910年，小柳先生两岁）。我贸然提出这事，并问他：“于今钱先生名满天下，人们仰望他如学术界的泰山北斗，您的感觉怎样呢？”柳先生立刻毅然决然地说：“人各有志。我并不认为自己走过的道路远逊于别人。”这个回答一直印在我记忆中。他晚年的一封信上说：“我写文章，几乎篇篇是对外的，可能与我在拉萨住过有关。”这两件事使我渐渐理解，如他《我进藏的第一课》的自述，他中年取道印度入藏，感到这条通道被英人严实地控制着，沿途遇见驻锡金的英印官员——高级官员言谈举止文雅，而低级的则跋扈蛮横，他认为这正是殖民主义者运用硬软两种手段的表现。及走上自己的国土，一行人还不得不住宿英国人修建的驿站，驻江孜英国商务代理处看来就像一座军营。嗣后在拉萨同英官员打交道，更感到他们人数极少而能量极大，事事处心积虑拉拢藏人上层分裂中国。而当时外国研究藏学的名流如意大利的图齐（G. Tucci）、苏联的罗列赫（G. N. Roerich）、英国的黎吉生等已掌握大量资料，其论点可左右国际视听。这种种刺激使他不满足于入藏只写出一部游记的打算，而决心从事于西藏历史、社会、政治的研究，要与外人一决短长。从此就以此为职志，信守不渝，颠沛造次必于是，用自己的笔为祖国领土的统一、国家的富强服务。清人袁枚说："圣人者，得其时之得为，行其心之所安，没齿而已矣"，柳先生正是一位秉着具体的理念，淡泊宁静、不求闻达，尽心竭力，真正实践着这类古训的人。

先生的不逐名利、不计待遇、敦厚谦虚，厌弃炫耀的作风是民族所内尽人皆知的。人们往往认为他精通英语，有西欧 gentleman 之风，而我却看他是我中华传统上的谦谦君子、文雅高士。

据柳先生治丧办公室印出的先生的履历，早在 1940 年他已经是光华大学成都分校的副教授，1949 年离藏赴印，受聘于印度国际大学中国学院，曾任名誉研究员。而 1952 年回国后先后在中央民族学院研究部、中国社会科学院民族研究所任职，一直是副研究员，长达几三十年，如不是我中间偶然问起，竟不知沉滞这样长久。但他对此一向漠然，从不同人争竞。在改革开放之初，民族所新购进一批关于藏学的外文图书，放到办公室内供借用，几位先辈如久渴逢饮，争先选择带走，柳先生则默默在旁静候，等别人走后再从剩余堆里挑一二种。那时我是这一幕的唯一旁观者，这虽是小事，而先生如此谦让，却让我留下难忘的印象。

先生住在中国社会科学院的皂君庙宿舍。据说，当年分配给民族所人员的单元楼只有一、六层，不知他何以选住最高的第六层，他的信上说"走走楼梯，也是锻炼"。夏天炎阳烤着楼顶，屋内极热，他说仿佛往年住在印度孟加拉，也居然安之若素。他不愿求领导照顾，不愿麻烦别人，生活上有困难尽量自己解决。约在"文革"结束前后，一天他到民族所的主管人事部门商谈如何将女儿晓青从东北插队地调回照顾他年迈孤单的生活，出来后走在民族学院的校园中，一脸愁容，我所见到他同平日平静安详的神态不同，仅此一次。

他的英文造诣很深，出差伦敦时，在几位学者的招待宴席上，他发音的纯正和用词的文雅，使听者十分讶异。一位不禁问他："是在外国留过学吗?"他答："没有"，又问："难道是在中国学的么"，他反问说："难道在中国就学不好英文吗?"他也能写旧诗，一次在心情痛苦时，曾给我看过抒写情感的两首，其水平远在近年刊登在大报上的名流作品之上，可惜没有抄记下来。我想，他的才学只有少数人能欣赏，因为他绝不衒鬻卖弄，所以不易为多数人所知。他也并不是一天到晚严肃工作的人，中年在拉萨打网球、摄影，晚年从电视上听京戏、看足球赛，都是他的消遣，倘若给我们以更多的时间，倒是可以在共同喜爱的京戏上畅谈，然而他晚年要完成写作计划，就没有时间跟我闲聊了。

先生去世已经有五年多了。我因帮助晓青整理先生文稿，这几年常翻检手下所存的先生书札，看着那工整秀劲的字体，我一时似乎回到相处论学的岁月，大大小小的旧事纷乱地涌上心头。他那清癯红润的面容，和蔼的神态，仍旧浮现在面前，徐缓而节奏分明的谈话，依然萦回于耳际，同时清楚意识到斯人已在另一个世界，不可重逢了。在我治学中每遇到困难时，读英文书每不得其解时，就想起他。他是我最可依恃的指引老师，而今竟无处寻觅了。于今我也步入老境，体验到他晚年书札中自述的种种身心疲困，最痛苦的是徒然读书不辍而掩卷旋踵即忘。现在只能选出记忆深刻的事，参看零乱无章的日记，老泪纵横地写下这篇回忆。

作者单位：中国藏学研究中心

儒雅博学　热爱祖国

——长忆柳陞祺先生

王　尧

打开记忆之窗，那是54年前的冬季，校内有一个溜冰场，平常挤满了红男绿女、熙熙攘攘，在冰场上嬉戏。

我是来自南方的“蛮夷”之地，平素没见过冰上能走人，更没见过溜冰场上驰骋风流、婀娜舞动的身躯。而红头巾在风中飞扬，一阵阵欢呼笑语，更令人怦然心动。晚上，淡淡的灯光，我就蹑手蹑脚尝试在冰上练习，不停摔跤，也没人笑话。就在这时居然遇到一位中年学者——衣冠齐整的柳陞祺先生，他也是南方人，对北方人溜冰的技艺、风采大为欣赏，也趁着夜晚，在朦胧月色下练习。这样，我们算是相识了。他当时在学校的研究部工作，刚从印度泰戈尔国际大学归来，我在语文系做助理，以后也有些来往。

研究部成了民族研究所，划归于中国科学院的社会科学学部，尽管如此，我们也常在西藏这一题目下面研讨一些事，而少不了向他请教。柳先生温文儒雅，是位典型的谦和平易、博学、英文程度极好的学者，令人钦佩。

1959年以后，西藏的事多了，我们也忙了起来。当我们准备动手编写《藏族文学史》时，曾多次向他请教并且得到他不少帮助。他有一份读书笔记，记录了在西藏时学习藏文、藏语并听过察珠仁波且讲课的内容，从古典佛经故事到民间戏曲都有过十分精到的见解。他鼓励我们说："你们编《藏族文学史》是真正中国人自己编写的书，与众不同，这就是成绩。"

后来，我们都到拉萨工作，住在西藏工委政研室宿舍里，柳先生、王辅仁和我三个人各据一角，在大房间的工作桌上各做自己的事。分头编写《辞海》新版的有关西藏的新词条和草拟《西藏社会概况》的稿子，以及参加西藏社会历史调查组的工作。是时，辅仁和我还分别到林芝地区和日喀则地区参加民主改革运动。一回到拉萨，我们又和柳先生在一起欢聚、神聊，非常爱听他谈在蒙藏委员会驻藏办事处工作的往事。他谈到与黎吉生（H. Richardson，英国驻藏所谓商务代办，trade argcnt）的交往，可谓知之甚详，他还说："甚至可以想起他在打网球时的神态，他的英国绅士的傲慢和自矜的神情"。在这时往往加上一句："英国人是深沉的、阴险的，跟英国人打交道要费一些心思。"说着又拍一下手，"如今都过去了"。

我跟柳先生一起去访问过格西曲扎，那是一位学问渊博的蒙古族僧人，在藏多年，蒙藏委员会驻藏办事处从经济上支持过他通过色拉寺考试，并在大昭寺法会上取得了格西学位。他编写了一部著名的藏文字典，后来由民族出版社组织了法尊法师和张克强先生把注释译成汉文，正式出版，这就是著名的《格西曲扎藏文字典》。对于学习藏学的人，都受过这本字典的教益。格西住在拉萨吉堆巴公馆的楼上，这所房子原来就是出租给蒙藏委员会驻藏办事处的。柳先生在这里办过公，很熟悉，他跟我谈了不少往事、趣事。

再一次，一同去拜访拉萨西郊磨盘山上的关帝庙，当地的藏族老百姓管它叫"格萨拉康"，那是人们误会了，把关圣帝君误成了格萨尔大王，这还不算什么，可是人们把周仓将军误成了格萨尔王的内奸"晁同"，这就对不住周将军了。柳先生还专门就关帝庙的南墙屋檐下一具红红的石头巨型阳物，直指对岸形似一座女阴的山谷，用来对治。柳先生笑着说："这是汉人和藏人共同的办法。"在关帝庙里，我们还和庙祝交谈，见到了一份汉藏文对照的签本，这时我才知道藏语里有一个词"抄签许"（khru-chen-zhu），就是"求签"。

在关帝庙的大殿里悬挂着众多的汉商团体、单刀会、兄弟会等等的匾牌。他指出在拉萨经商的汉商有四川的、河南的、陕西的和北京的商号，都把关帝庙当作自己的精神依傍。每月初一、十五都来进香上供。

他曾经下过功夫调查研究西藏家庭的关系、历史和现状。当时，我们住在大贵族宇妥的府邸内。这所大院落据说是政府用四万银元买下来的，中央人民政府驻藏代表张经武将军也住在这里的一座小楼内。从宇妥谈起，他说对索康、擦绒、凯墨、惹噶厦、柳霞等等都做过一些研究。他曾对我们说："我们要着重近三百年（也就是清代以来）西藏的历史研究，这三百年才奠定了西藏政权合一政体，这三百年中才确立了黄教的主流统治，也是在这三百年中，英、美、俄西方列强插手西藏，干涉中国内政。"他的这些话，一直留在我们心中。多谢晓青同志，把柳先生的大作《西藏与西藏人》（中国藏学出版社 2006 年 7 月出版）从英文译成中文出版，邓锐龄先生又做了精彩而细致入微的导读，使国人有了更多的了解。

他的书是非常温和的、委婉的，具有人情味的描述。对于西藏，注入了深厚的感情，对西藏人有深深的热爱。我想现在人们可以从这本书来认识柳先生的爱国热情。

他还有一篇最为著名的评论：《1929 年版〈艾奇逊条约集〉第 14 卷何以有两种不同版本？——兼评西姆拉会议（1913—1914）》，这是柳先生花大功夫的力作，用最犀利的笔触，深入揭穿英国殖民政府伪造文件，企图把流产了的西姆拉会议和见不得人的英国和西藏背着中央政府的秘密协定，伪造成为正式文件，偷天换日，这个手法被柳先生一一揭穿。曾经有一位华人学者在香港把柳先生的文章放大散发，说："这是真正的打痛了英国殖民者的要害"。

柳先生对拉萨市区很熟，他在这里住了 5 年，他说："英国的商务代办处设在德吉林卡，是去罗布林卡的中途，这个地点选择很高明"，又说："可以看出英国殖民者的良苦用心"。

柳先生以 95 岁高龄谢世，留给我们一个爱国学者、一个藏学家和民族学家的风范。今年，是柳先生百周年的诞辰，写出我个人的感受和怀念，寄托对这位长者的深深的敬意。

作者单位：中央民族大学

深切缅怀我国著名藏学家柳陞祺教授

杜荣坤

今年是我国著名藏学家柳陞祺教授百年华诞，我们纪念的最佳方式，就是学习和发扬其敬业奉献精神和严于律己、宽以待人的高尚品质，为开创民族事业和藏学研究工作新局面而努力奋斗。

柳陞祺先生是位德高望重、睿智宽厚的藏学专家。半个多世纪以来，他淡泊名利、辛勤耕耘、默默奉献，为我国民族学和藏学之发展作出了很多贡献，受到人们崇敬。

我和柳先生相识于上世纪50年代。1957年夏，我由复旦大学分配到中国科学院民族研究所工作。同时分配来的，还有北大、南开、厦大三校的八位同志，共九人。因当时中科院民族所尚未成立，正处于筹备过程，我们分配来所的第一批毕业生，只好先来到受国家委托负责筹所工作的中央民族学院研究部报到，并参加刚从研究部分出的历史系所开设的民族学研究班，听中国和苏联著名专家讲授人类学和民族学诸课程。由于研究部已多年未分配来毕业生，因而我们格外受到该部学者的欢迎和热情接待。其中柳陞祺教授就是给我印象很深的一位。当时他是研究部工会主席，工会工作开展很活跃，组织活动颇多，因此，与我们这些刚分配来的年轻人接触也就较为频繁。

几十年来，在与柳陞祺先生共事和相处中，深深地感到，他有很多方面是值得人们学习的。

一、毅然回归报效祖国

柳陛祺先生是浙江兰溪人，生于1909年。中学毕业后，1925年考入上海光华大学英国文学系。1930年大学毕业后，曾任光华大学讲师和副教授。求学期间，受到爱国主义和进步思想之影响，撰写多篇揭露国民党政府腐败统治的文章，并很关注我国民族和边疆问题。1946年，他远赴西藏任国民政府驻藏办事处英文秘书。在西藏工作期间，为了使国内外了解西藏的真实历史和文化，反驳当时外界对西藏普遍存在的无知和偏见，他利用在国民政府驻藏机构内部工作的有利条件和本人精通英语与兼通藏语文的优势，收集许多国内外和当地的有关资料，用英文编写《西藏与西藏人》（与沈宗濂合作）一书，在美国出版，较为全面、真实和客观地介绍了西藏真实历史及其与祖国的关系，揭露西藏政治宗教上层黑暗内幕及国内外分裂势力在西藏之阴谋活动。该书当时在国外产生重要影响。至今，仍不失为藏学研究中之传世之作。

新中国成立前夕，随着国内解放战争之节节胜利，政治形势已十分明朗，柳先生看到祖国的前途和希望，乃决定离开西藏返回内地。他转道与我国相邻之印度，寻求机会回国。1952年，他毅然放弃较为优越的生活待遇和工作条件，决心归来报效祖国。回国后，先在中央民院研究部从事民族研究工作，1958年后又转入中国科学院民族研究所从事藏学研究工作。上世纪50年代，我国正处于国民经济恢复时期，一切白手起家，工作生活条件比较艰苦，与国外同行相比差之甚远。而柳先生几十年如一日，始终以豁达乐观的态度和愉快之心情，面对所遇到困难，毫无怨言，努力工作。其拳拳爱国之心，悠悠孺子牛精神，实在难能可贵。

二、为人谦逊，和谐相处

柳先生是位资深学者，对藏族史之研究，特别是对藏族地区近代史之研究，学术造诣深厚。他精通英语，对藏语文亦有相当研究，在藏学界颇负盛名，但先生从不摆架子以专家自居，极为平易近人，温文尔雅，与人相处时坦诚相待。他尊敬长者，对同辈以礼相待。对中青年多方关怀，循循教导。平时与人交往时，笑容可掬。凡事不论巨细，小至办黑板报，大到研究工作和科研立项等，都采取征询和商量的态度，充分征求和吸收别人意见。他的这种心怀坦诚和发扬民主的作风，深得大家的好评和信任。曾记得民族所初建阶段，柳先生担任工会主席，当时副研究员以下的工作人员是实行坐班制，上下午工间休息时工会都会组织大家做工间操或打排球等。工会还定期出黑板报，每月收工会费等等，凡此种种，柳先生都亲力亲为。工会是群众性组织，带有广泛群众性，而那时柳先生在专家学者中，相对来讲，还是比较年轻活跃的，和群众特别是与中青年接触较多。他对我们这些新来的同志问寒问暖，关怀备至，极为热情。其为人处世之周全和修养，都给我们留下了深刻印象。

与柳先生长期相处中，我从未见他和人争吵或闹什么矛盾，而总是采取与人为善、宽厚待人的态度。特别是在历次政治运动中，他不随风倒或以势压人。对受批判者不随意戴帽子，不打棍子，不抓辫子。有时鉴于政治原因，不能不发言时，也是针对受批者本人所存在的一些工作上和生活上之毛病和思想作风问题，提些批评性意见，采取治病救人和与人为善的态度，使对方能心悦诚服。他的这种实事求是、不趋炎附势的品质，充分反映他是位作风正派的学者，深受大家的尊敬和信任。

三、治学严谨孜孜以求

柳先生在藏学研究工作中，虽然积数十年成果和辛劳，掌握了丰富资料，又有在西藏亲身经历的实际感受，但他从不草草发表意见和出版论著。治学作风如同其为人和性格一样，十分稳重和严谨。只有在深思熟虑，有十分把握时，才将自己见解公诸于众，并仍采取商讨的口吻。因此，平时他问世的研究成果虽不算多，但发表之论著质量皆比较高。其科研成果常常是主题鲜明，论述清晰，分析深刻，言之有据，说服力强，文字流畅和通俗易懂，使人得益匪浅，有很强的政治效益和社会效益。因而其研究成果或由他主持和负责的科研项目与资料编纂，能融政治性、学术性和知识性于一体，对维护祖国的统一、民族团结，为民族工作服务等方面，都起到积极作用。

四、辛勤耕耘默默奉献

柳先生的敬业精神，也是值得人们学习的。柳先生对组织上交给的工作和科研任务，从不讨价还价，挑三拣四，而是一贯任劳任怨、勤勤恳恳。不仅认真负责，而且一定要把它做实做好，使组织和领导放心。无论是科学研究、民族调查、资料整理工作，还是繁琐的工会工作和编辑黑板报工作等等，他都充分发挥自己主观能动性，并卓有成效。平时他除积极从事科研工作外，还努力在所里参加国内外藏学研究的学术活动，提供高质量的论文。1990 年，他已年逾古稀，还远涉重洋到英国伦敦去，收集了大量藏学近代史资料，并笔耕不辍，撰文为我国边界问题和民族问题服务。

五、言传身教奖掖后人

柳先生数十年来，在中央民族大学和社会科学院民族所对人才培养，亦很关心。平常在工作中，他十分注意言传身教，用自己的思想和行为潜移默化地影响和教育着周围的中青年一代。他还承担培养研究生的工作，常常主动关心其成长。对中青年有问必答，有求必应，毫不保留地为同事和中青年提供国内外研究信息和学术资料，进行具体指导和帮助，诲人不倦，使中青年从中受益，不断得以提高。可以告慰先生的是，他们之中，有些已成为学术界知名学者，曾经或正在各自的岗位上发挥重要作用。

值此柳先生百年华诞纪念论文集出版之际，特奉献小文，以表怀念和敬仰之意。

作者单位：中国社会科学院民族学与人类学研究所

文如其人　人如其文

——纪念柳陞祺教授诞辰一百周年

史金波

著名藏学家柳陞祺教授专攻西藏近代史研究，成果卓著，为业内普遍称道。柳先生不仅著述擅长推敲，坚实沉稳，文笔清新，为人也力持操守，恪循道德，受到所内外同仁的尊重。

柳陞祺先生是一位爱国的学者。早年他在西藏工作5年，接触到大量有关西藏资料，开始从事藏族社会历史研究。他深切地了解帝国主义对西藏的觊觎、侵略之心，以自己掌握的材料撰写揭露西藏亲英势力策划热振事件真相和抨击英国侵藏阴谋的文章。新中国成立后，他毅然回国。后转入中国科学院民族研究所，仍然接续着对西藏的研究，贡献出很多有价值的研究成果。柳先生从1958年至1961年又两次赴藏参加藏族社会历史调查，并利用藏族社会调查资料结合史料，参与编写《藏族简史》，1963年由柳先生统稿完成初稿。1975年恢复业务工作后民族研究所重新组织《藏族简史》编写组，柳先生是主要成员。编写《藏族简史》有着特殊的意义，它承担着正确描述西藏历史的任务，还肩负着揭露帝国主义侵略西藏和个别西藏上层妄图把西藏从祖国大家庭中分裂出去的重任。此书历经10年，至1985年才正式出版。

我当时作为研究室负责人多次参加《藏族简史》编写组会议，每年年终总结时也参加藏族组的总结会。柳先生每次发言都给我留下了很深的印象，他能用最精炼的语句达所欲言，既完整清晰，又言简意赅。柳陞祺先生在《藏族简史》编写中仍然担任近代史部分，这部分是全书的重点之一，除参考过去的初稿外，还要补充新的资料，有新的论证，特别是要运用大量外文资料，柳先生当然是不二人选。1983 年年底他已完成 5 章中的 4 章，同时他还撰写六世班禅时期第一个英国人进藏的研究论文。次年便完成了他所担负的《藏族简史》全部文稿。出版后该书的第 12 至 16 章都是柳先生撰稿，几乎占全书的百分之三十。这几章的题目分别是“西方势力入侵的开始”、“藏族人民反侵略斗争的高涨”、“西藏人民的抗英斗争”、“清末和辛亥革命前夕的藏族地区”、“新民主主义革命、藏族人民反侵略的斗争”。不难看出这几章沉甸甸的分量。

《藏族简史》出版后柳先生对西藏近代史的研究越加重视。20 世纪 80 年代达赖集团加紧了分裂活动，他们篡改包括西藏近代史在内的西藏历史，为分裂活动张目。柳先生为驳斥达赖集团和国外反华势力写下一篇篇有理有据的文章，为维护祖国统一，促进民族团结作出了值得褒扬的贡献。

柳先生是一位有责任心的学者。他做事的特点是踏踏实实，不事张扬。凡是他应做的事从不推诿，不能做的事也不答应，答应的事一定按要求做好。

有一件具体事情，令我感动不已。1983 年在柳先生访问英国之前，我向柳先生谈起，斯坦因从中国的黑水城遗址掠走了一批西夏文文献，藏在大英博物馆，后来虽有一些简略的介绍，刊布了部分照片，但收藏情况及能否复制，都不很清楚。如果方便，请柳先生顺便了解一下，如果麻烦，也就算了。出国访问一般行程很紧张，柳先生又担负着查阅、搜集西藏资料的重任，我托付的事情属于可做可不做的份外之事。柳先生欣然答应了解。柳先生访问回国后，很认真地和我谈起关于大英博物馆藏储西夏文文献的事。他专门去联系过，这部分西夏文资料的确收藏在大英博物馆，数量不少。他向我介绍了这些文献收藏在什么部门，可与谁联系，复制费用需要多少英镑，最后还给了我一张工工整整的文字记录。我看着这页纸，感到柳先生待人以诚、处事以信、细致周到的作风尽在其中了。

柳先生退休时已是 78 岁，按说可以彻底休息，安度晚年了。但柳先生仍然觉得对西藏近代史研究负有责任，依然笔耕不辍。柳先生有深厚的学术功底，谙熟有关汉文、英文资料，思维敏捷，宝刀不老，所里也希望他指导后进多作贡献。当时我和柳先生都住在社科院皂君庙宿舍，柳先生每天工作之余在附近散步，锻炼身体，生活十分规律。有时见面聊起业务，他很实在地说：我年纪大了，要有自知之明，不知道什么时间身体不好。因此我现在不制订过大的研究项目，只做一些需要做的适合的专题，做完一个再做一个。这样自己没有多大压力，也不会造成不必要的遗憾。他这番话使我感到柳先生对待自己晚年工作的深思熟虑，既表现出他的高度责任心，又反映出他一贯求实务本的良好作风。

柳先生是一位真实的学者。在“文革”时期，柳先生当然也受到冲击，受到不公正待遇，但他仍坚持做人原则，从未听说他说过假话，这在当时是难能可贵的。柳先生很少着急，但有一次他真的急了。我们一同被下放到干校劳动，一段时间分配柳先生养鸭。从来未养过鸭的柳先生尽管尽心尽力，但雏鸭很难养，有的鸭死了，束手无策。这时柳先生急得直掉眼泪。他真的心疼这些鸭。

柳先生生活俭朴，自己很随意，不愿意给别人添麻烦。上世纪 80 年代社科院出台一项措施，为尊重老专家，在 80 岁以上的老人生日时单位领导要前往看望，祝贺生日，送生日蛋糕。在看望柳先生之前与他电话联系，没想到柳先生婉言谢绝。他反复申明不用麻烦单位领导来看望，大家都很忙，他要过最简单的生日。所、室领导尊重柳先生的意见。

柳先生淡泊名利，处事自然。他表里如一，言行一致，修炼出一身低调的儒雅君子风度。接触他的为人，似可感悟到他文章的真实可信；阅读他的文章，也可映照他做人朴实无华。可谓文如其人，人如其文。柳先生无论在做人还是作文方面，都为我们树立起一种标杆，是我们学习的榜样。我想我们民族研究所应为有柳陞祺先生这样的专家感到骄傲。

中国社会科学院要建成哲学社会科学的最高殿堂，需要更多的像柳先生这样道德高尚、学问精深的专家。作为一名研究人员应认真钻研，刻苦创新，坚持学术操守，洁身自重。毋庸讳言，当前学术界的学风并不理想，甚至令人担忧。我们应学习和弘扬像柳陞祺先生这样老一辈学者的良好学术风范，大力倡导爱国为民、求真务实、潜心学术、淡泊名利的学术风气，弘扬刻苦钻研、长期积累、勇于探索、不断创新的科学精神。现在应把学德放在科学研究的首位，要从制度上、体制上，包括学术评价体系上维护、培育良好学风。

民族研究一大特点就是到少数民族地区进行深入的调查研究，这也是民族研究所的优良传统。柳先生有这样好的学术成就，是与他多次、长期到藏族地区调研分不开的。不到少数民族地区去，不深入接触少数民族，不与少数民族建立深厚的感情，就难以研究好少数民族问题。我们应在创新民族研究、搞好学风建设方面做出新的成绩，让已经离开我们，但又永远留在我们心中的老一辈学者的良好学风发扬光大。

作者单位：中国社会科学院民族学与人类学研究所

一篇揭露帝国主义侵略西藏卑劣手法的雄文

——读柳陞祺先生的《1929 年版〈艾奇逊条约集〉第 14 卷何以有两种不同版本?》

王　贵

柳陞祺先生是我十分敬佩的藏学研究工作老前辈。我认识他，始于上世纪 70 年代。虽然接触不算很多，但也曾数次在一起开会，交谈问题，向他请教有关事项。从中，我发现他对西藏情况了解很多，说话论据充分，思想深邃，治学严谨，而且为人谦虚诚恳，堪称一位德才兼优的学者和长者。我阅读柳陞祺先生的书著、文章不少，受益颇多，其中印象最为深刻的是发表在 1990 年《中国藏学》第一期的《1929 年版〈艾奇逊条约集〉第 14 卷何以有两种不同版本?》。

柳先生在此文中，从研究 1913—1914 年所谓的“中、英、藏”西姆拉会议入手，异常清晰地阐明了以下各点：

（1）所谓的《西姆拉条约》未经当时中国政府批准，未得中国代表正式签字，因而完全是无效的；西姆拉会议是流产的会议；十三世达赖喇嘛和西藏地方当局也都认为西姆拉会议失败，草约无效，可以另议。

（2）在西姆拉会议上，只是讨论过英国、西藏代表提出的所谓划分内藏、外藏和“外藏自治”（意即“西藏独立”）问题，但这一问题遭到中方代表驳斥和全中国人民拒绝，毫无结果；会上从未讨论过什么“西藏的国际地位问题”、“西藏和印度的边界问题”、印藏“通商章程十一条”等。

（3）所谓“西藏的国际地位问题”、“西藏和印度的边界问题”（指“麦克马洪线”问题）、印藏“通商章程十一条”等，只是西姆拉会议期间英国代表麦克马洪和西藏代表夏扎背着中国代表陈贻范私下搞的非法交易；而夏扎后来因此受到西藏各方指责和十三世达赖对他的十分不满，郁郁以终。

（4）由英属印度政府外交部次长艾奇逊（C·U·Aitchison）主编的《印度和邻国的条约、协议、证书汇编》（简称《艾奇逊条约集》）第14卷，与1929年首次出版本中，关于西姆拉会议的纪事和条约部分，并无谈判过“西藏的国际地位”、“麦克马洪线”和印藏“通商章程”等记载，也未载入什么《西姆拉条约》，这是一个真本。

（5）1938年英属印度政府再次出版的《艾奇逊条约集》第14卷中，才偷偷地塞进了所谓西姆拉会议谈判了“西藏的国际地位”、“麦克马洪线”、印藏“通商章程”等内容以及《西姆拉条约》，这是一个伪本；而且英印政府此时下令要销毁1929年出版的那个真本，却未能全部销毁，在美国的哈佛大学图书馆等处保留了几本下来。

（6）1938年出版的这个伪本，早已被英、美、澳、印（度）等国的著名公正学者们所识破，并道出了为什么会出版真伪两种版本的基本原因。这些学者包括艾迪斯（J·M·Addis）、兰姆（A·Lamb）、伍德曼（D·Woodman）、内维尔·马克斯韦尔（Neville Maxwell）、J·G马歇尔（J·G·Marshall）、古普塔（K·Gupta）等。

（7）选择在1938年这个时间出版伪本，是因为此时正值中国抗日战争最危难期，中国政府无力西顾。而自从1914年产生了中国（包括十三世达赖喇嘛和噶厦在内）根本不承认的“麦克马洪线”，20多年来，英国官方一直怕遭中国反对而不敢公布；但到此时则可以公布，不必惧怕中国反对，并且正倾全力抗日的中国也无力就此事来反英了。

（8）1938年的伪本，是经过几个十分狡猾的英印政府官员如卡罗（O·K·Caroe）、道逊（J·A·Dawson）等冥思苦想、编造理由、偷梁换柱、掺进伪文、以伪乱真、连篇扯谎后出版的。但既然是谎言，就不可避免地漏洞百出、前后矛盾。而一些诚实、公正的英印政府官员，如威廉逊（F·w·Willamson）、亨利·特维楠（Htenry Twynam）等，就用事实反驳了卡罗、道逊等人的谎言。例如，道逊胡说“我等一贯视麦克马洪线为西藏边界”；特维楠则说“这条企图拿喜马拉雅山脊定为边界的麦克马洪线是并不存在的，而且从来没有存在过”。

(9) 1938 年出版这一伪书的企图在于使英印政府侵占“麦克马洪线”以南的大片中国领土合法化。但既然是伪书，是非法的画线，“麦克马洪线”就永远合法不了。中印两国政府根据和平共处五项原则的精神，是可以谈判解决边界问题的。但解决之道应从辨明事实开始，因为唯有事实才是解决问题的依据。

柳陞祺先生的这篇文章，有以下几个突出的特点和优点：

第一，引用了最权威的资料。他为了写好此文，下了很大工夫，亲赴英国，查阅了大量英文档案，摘记了大量第一手的资料。从文章及其后面的注释中可以看出，他仔细阅读并摘记过的书、文，至少有二三十册、份，其中绝大部分是过去没有怎么披露或引用过的珍贵资料。这种“档海寻珍”的工作，就为写好文章打下了坚实基础。因为史论性文章的质量高低，首先就取决于作者对权威性、第一手资料的挖掘和占有程度。如果不是首先在这方面狠下工夫，信手拈来一点史料，甚至片言只语就动手撰写起来，那样写出的文章必然会论据不足、叙议空泛、轻飘浮躁、站立不稳，在尖锐的论战和政治、外交斗争中造成自己的被动。柳先生的此文，则绝无这类弊病，而是每段每句话都有根有据，令人信服，使之具有无可争辩的牢稳性。

第二，作了极为深刻、精辟、中肯的分析。柳先生深入细致地鉴别真伪，明察秋毫，将英帝国主义分子偷划“麦克马洪线”以侵略我国大片领土、自知无理又强词夺理的嘴脸和做贼心虚、欲盖弥彰的心态揭露无遗，并作了最为彻底的剖析，使真相大白于天下。这就很好地澄清了国内外某些人士在西姆拉会议和“麦克马洪线”问题上制造的混乱。如果没有维护祖国领土主权完整的强烈责任感，没有爱憎分明、嫉恶如仇的高度反帝爱国主义精神，是绝对写不出这样的好文章的。柳先生此文中，就洋溢着这种强烈责任感和崇高的精神。

第三，直接配合了国家的外交、政治斗争。我国和印度同属第三世界，都有过遭受帝国主义者殖民侵略的命运，两国人民千百年来一直是友好的。但是上世纪 40 年代后期两国先后独立、建立新的国家以后，由于社会制度和所走道路不同，对英帝国主义侵略西藏遗留下来的边界纠纷问题所持立场各异，因而几十年来两国政府之间一直存有争议，甚至发展到 1962 年的边境严重武装冲突，其后又谈判至今也未获结果。柳先生的这篇文章，极具说服力地证明了正义在我国一边，最有力地支撑了我国政府对印方进行的边界谈判。学术研究，贵在与现实工作的紧密结合，而忌脱离现实、关起门来搞经院式的研究。柳先生的此文，最好地体现了这一点。

所以，完全可以说，柳先生的此文是一篇既有很高学术价值、又有强烈战斗性的流芳千古的不朽雄文，值得中外藏学家们仔细阅读。《中国藏学》杂志社慧眼识珠，及时予以刊载，也是很有眼光和气魄的。我在上世纪90年代初看到此文后，就爱不释手，反复阅读圈点之余，当即写了一封赞扬信给《中国藏学》杂志社，全文如下：

《中国藏学》杂志社廖祖桂、张蜀华同志并请转多杰才旦同志：

读了《中国藏学》1990年第1期所登柳陞祺先生的《1929年版〈艾奇逊条约集〉第14卷何以有两种不同版本?》一文后，极为高兴。这是一篇不可多得、难能可贵的高质量的好文章，对于支持、配合国家在西南边防的政治、外交斗争，必将发挥重要作用。其资料挖掘之深入、情况掌握之具体、叙述论据之充分、全文逻辑之严谨，均属罕见，令人叹为观止。阅读之余，激起了我对柳老的由衷钦佩和崇敬。柳老的爱国主义精神、辛勤的工作作风、严谨的治学态度，都可成为楷模，值得我永远学习。你们能发现并组织出版这篇文章，也是极富远见、很有魄力之举，必将在国内外提高《中国藏学》杂志的声望，特向你们表示敬意。我已经向许多人宣传、介绍了这篇文章，并已引起了军事科学院和总参一些单位研究中印边界问题同志们对此文的重视。请代我向柳老表示感谢，感谢他在研究西姆拉会议和中印边界问题中做出的特殊贡献。预祝柳老以及众多研究西藏问题的仁人志士们今后做出更大的成绩。

此致

敬礼

王　贵

1991.2.6

如今，不仅我国与印度政府的边界谈判仍在继续，而且国内藏区的反分裂斗争也时起时伏，将长期存在。今年3·14拉萨等地发生严重骚乱事件，国际反华势力借口西藏问题屡屡向我发难，十四世达赖为讨好其主子而公开说出什么“西姆拉条约有效”、“麦克马洪线就是边界”之类的无耻卖国语言。这一切说明，藏学研究本身就具有尖锐的斗争性质。树欲静而风不止，想回避斗争是不可能的，唯有积极、努力应对才行。藏学研究工作者，学习柳陞祺先生的精神，坚决投入维护国家统一、领土主权完整的斗争中去，应当是对他最好的追思和纪念。

作者单位：中国人民解放军军事科学院

怀念柳陞祺先生

王晓义

我和柳陞祺先生相识是在1954年2月。在我结束了政务院文化教育委员会西藏工作队的工作后，被调到中央民族学院研究部。当时研究部有5个研究室，即藏族、东北内蒙、西北、西南、中南研究室。我和柳先生都在藏族研究室。全室共有11人，有9人研究藏族，又分为现状和历史两个专业方向。以全部时间研究现状的有宋蜀华、王辅仁和我三人。此外林耀华先生以一半时间研究现状，另一半时间用在担任藏族研究室主任、学校工会主席以及在北京大学讲授人类学（原始社会史）等工作上。还有李有义先生则是研究现状和历史各占一半时间。吴丰培先生是以一半时间研究历史、另一半时间用在图书馆的工作上。以全部时间研究历史的有柳陞祺、王静如和王森三位先生。总的算来，研究现状的有5人（4个整劳动力），平均年龄32岁，当时除王辅仁外都到过西藏，研究历史的也是5个人（4个整劳动力），平均年龄45岁，其中柳先生和李有义先生都到过西藏。藏族研究室的另外两人是王恩庆和周光淦，他们分别研究宗教（基督教）和从事教研室工作。

那时研究部在民族学院的4号楼。我报到以后就被安排在4号楼西段南门西侧的第一个房间。这里是藏族研究室秘书宋蜀华学长和柳先生的办公室。中间放着两张办公桌对在一起，宋坐东边，柳坐西边。我去了就在他们桌子的北侧加了一张办公桌，面向他们二人的侧面。我第一天上班时，首先用我在西藏使用的印有解放西藏等字样的搪瓷茶缸倒满了开水放在桌子上凉着，然后就出去办别的事了。我再回来时，只有柳先生在低头写东西。他见我回来，抬起头对我说："你的茶缸漏了"。我看到缸子里的水不断从缸底流到桌面又流到地上。我赶忙把缸子里的水倒掉，然后擦桌子、扫地。这是我初次和柳先生接触，他给我留下的印象是：温文尔雅，从容谨慎。由于我们都到过西藏，所以谈起来话题很多。有时能谈一个上午。他对西藏周边相邻国家的情况也都熟悉，使我获益很多。

那些年代很重视体育活动。学校里的师生都要做课间操。研究部也在上午 10 点打铃，大家都到户外作广播操。下午 4 点也要在户外活动 20 分钟。柳先生总是和我们年轻人在一起做操、托排球，冬季有时也去滑冰。我们一直把他也当作小青年对待，但又觉得他有些"少年老成"，就给他提意见希望他再多些"青年气"、活跃些。他说他已经四十多岁，奔向半百的人了。我们都很吃惊，原来他竟然不是小青年。

中央民族学院的研究部在 20 世纪 50 年代只存在了将近 6 年（1952. 9—1958. 6），70 年代又恢复了 4 年（1976—1980）。1956 年从研究部抽出部分人员组建了历史系。其余的人员于 1958 年 6 月组成了新成立的民族研究所，但是不再隶属于中央民族学院而隶属于中国科学院的哲学社会科学部。这个学部于 1977 年 5 月改建为中国社会科学院。

1958 年柳先生和我都成为中国科学院民族研究所的最早的成员。当时都属于社会历史研究室。虽然隶属的单位有变动，但我们的办公地点始终在中央民族学院的大院里。此后柳先生就一直在民族研究所工作。而我则于 1980 年转入社会学研究所，1986 年又回到中央民族学院。我的工作变动是与费孝通老师有关的。这种工作变动，却使我与柳先生有了密切的业务往来。

自 1976 年粉碎"四人帮"之后开始拨乱反正。1978 年 3 月召开了全国科学大会，迎来了科学的春天。民族学、社会学等过去被取消的学科都逐渐恢复。1978 年 4 月民族研究所成立了民族学研究室。不久，费孝通老师任中国科学院民族研究所副所长。不久他又受命主持恢复与重建社会学学科，并于 1980 年 1 月担任新成立的社会学研究所所长，我也同时调入社会学研究所。后来费先生于 1985 年 3 月离开社会科学院到北京大学组建社会学研究所。我则于 1986 年回到中央民族学院。

我在社会学研究所期间，没有研究藏族。但却和柳先生有了密切的业务往来，研究的题目是粮食问题。为什么我们在不同的研究所都去研究粮食问题，这要从柳先生的英文谈起。

柳先生的英文水平出众不仅是国内同事们人所共知的，也是国际上学者们所称赞的。1978 年 11 月费孝通先生要参加联合国在日本京都召开的东亚学者学术讨论会。这是他自 1947 年重访英伦归来后第一次出国参加学术会议。也是中华人民共和国建立后，特别是他历经多次政治运动的坎坷后，第一次出国参加学术会议，自然非常重视这次讨论会。费先生写成了“对中国少数民族社会改革的一些体会”，请柳先生帮助译成英文带到会上。11 月初我还连夜帮助校对付印前的英文稿。费先生回北京后，我问他开会的情况，他说：先不说对论文的内容的反映，单就文字来说，大家一致称赞论文的英文文字写得漂亮极了。可见柳先生的文笔，在国际上也受到学者们的一致称赞。

1985 年 8 月 6 日—9 日，在墨西哥召开了“社会结构和世界粮食短缺国际讨论会”。这次讨论会的策划与资助单位是联合国教科文组织。合作者是第三世界经济、社会研究中心和人类学与民族学国际联合会的食物委员会。由于讨论会上完全使用英语，需要派英语水平高的人出席，中国社会科学院就把出席这次会议的任务派给了柳先生。柳先生一向作藏族历史方面的研究，对这次讨论会内容感到陌生，于是到社会学研究所来希望得到协助。社会学所的有关同志找我商量，我觉得尽管我未曾专门研究这类课题，但是协助柳先生则是义不容辞的。我用了几个月时间收集有关资料，并不断和柳先生交换意见，最后整理成一篇文稿交给柳先生参考。柳先生在讨论会上很受欢迎。墨西哥的总统还曾单独宴请柳先生进行交谈。后来，会议的组织者要求柳先生写一篇文章收入这次讨论会的文集中。柳先生回北京后就用英文起草论文，那时我们还没有电脑，就由我打字后再交给柳先生修改，然后我再打字……这样直到 1985 年 12 月最后定稿，我打字复印后交给柳先生寄出。柳先生的论文题目是“中国的食物问题：一个社会经济的研究”（Food Problem in China：A Socio-Economic Study），载入 1987 年出版的《食物短缺：探讨与展望》（Food Deficiency：Studies and Perspectives）一书。这本书一共收入 16 篇论文，分为定位总论、地区回顾、国家实例三个部分。柳先生的论文排在第三部分的第一篇。

西藏和平解放以前柳先生曾任国民政府蒙藏委员会驻藏办事处的英文秘书，在西藏工作了 5 年（1944—1949）。他离开西藏的那年 7 月，西藏地方政府在印度驻拉萨代表处的策划下发动了“驱汉事件”，限令国民政府蒙藏委员会驻藏办事处及其下属单位的人员必须在两周内离开西藏。因此有人误以为柳先生是作为官员被驱逐出西藏的。也有人误以为柳先生事先知道了西藏地方政府的阴谋而提前辞职离开的。柳先生对我讲述了他辞职离开的真实原因。

1947 年在拉萨发生了“热振事件”。4 月份，英国驻藏代表处代表与西藏达扎摄政等亲英分子密谋，抓捕了有崇高威信的爱国主义者、前任摄政热振活佛，并于当年 5 月将其杀害。事件发生期间柳先生正在拉萨，一个人住在办事处下属医院的楼上。这房子属于十四世达赖喇嘛的家属。十四世达赖喇嘛的父亲祁却才仁（又称佛公）与医院的医生说不到一起，而柳先生从一到拉萨就与佛公夫妇相处得很融洽。那时佛公只讲青海口音的汉语，不会拉萨藏语，也愿意找人用汉语交谈。佛公常常对柳先生谈起怀念青海西宁的浴室。因为在拉萨燃料昂贵，烧水洗澡很不方便。由于佛公与热振活佛关系密切，又都愿意与中央政府保持良好关系，反对藏族上层中的亲英势力，在 1947 年初，佛公被亲英势力所毒害。

“热振事件”一发生，柳先生就感到了这不是一般的事件，而是严重的政治事件，就把每天得到的信息记录下来。在这期间他看到蒙藏委员会以至南京当局都束手无策，最后热振活佛被害。于是柳先生写了一篇揭露西藏上层亲英势力阴谋的报道，寄给了已返回内地的驻藏办事处处长沈宗濂。沈则将这篇文章送到内地销路很广的《新闻报》刊出。这次事变在拉萨市的街头巷尾人人关注，是众所周知的事，但西藏地方政府对外界则作为秘密，封锁消息。西藏地方政府在南京办事处的人员发现内地报纸上揭露了“热振事件”，就调查报道的作者是谁。起先怀疑是国民党的特务写的，后来根据文章的写作水平，没有谩骂的粗俗辞句，判断那些特务是写不出来的，就把寻找的目标锁定在受过高等教育的两个人中间。估计或者是李有义先生或者是柳先生。最后又经过暗中调查排除了李，就肯定是柳先生所写。但柳先生是办事处的官员，西藏地方政府就派人找办事处的副处长挑明这篇报道的事，并说明不难为柳先生，但是要让大家都知道此事。这样，柳先生和西藏地方政府的对立就完全表面化了。柳先生越来越感到从国内局势看共产党领导的队伍解放全中国是迟早的事。又加上柳先生个人的事，就决定辞去办事处的职务。辞职得到批准后，柳先生在西藏就失去了保护，只能积极准备离开西藏。在 1949 年 7 月拉萨发生“驱汉事件”时，柳先生与已订婚的陈乃文及陈乃文的母亲，已经到了锡金边境，是锡金王室成员将“驱汉事件”的消息告诉柳先生的。

柳先生于1952年离开印度回到北京。直到他逝世长达半个世纪，一直在研究藏族历史。在最后三年间，虽已90多岁高龄，还多次和我谈到他的研究计划。他特别重视研究西藏近三百年的历史。在他的研究规划中，还有两个大项目和两个小项目。大项目是专著，小项目是短篇论文。一个大项目是清代乾隆朝对西藏的治理。另一个大项目是1914年的西姆拉会议。两个小项目：一个是五世达赖喇嘛，另一个是清代雍正朝对西藏的治理。这四个项目中，柳先生首先写的是第二个小项目，于逝世前一个月完稿。遗稿题为“1727—1728年卫藏战争前后清中央的治藏方策”，刊登在《民族研究》2004年第一期。他原本计划在这篇论文完成后即着手整理他从英国政府档案中收集来的资料，开始第二个大项目即关于西姆拉会议的专著。他对全书已经考虑好一个框架。可惜没能来得及实现。

从我和柳先生的多次交谈中，体会到他有两个重要的思想给我极为深刻的印象。

一个重要的思想是：在研究历史事件和历史人物时，一定要放在对于祖国统一或分裂的影响和作用这样的高度上去分析，才能深入。也就是把事件、人物放在全局的历史进程中来分析。

另一个重要的思想是关于格鲁派、达赖系统兴衰的原因。藏传佛教有好几个派别，格鲁派只是其中之一。格鲁派中有很多活佛系统，达赖喇嘛的系统也只是其中之一。一个教派、一个系统的兴起，在于它在宗教上的见解、品行能得到人们的崇敬与信仰。如果宗教与政权合一，把佛法、教派与世俗政治并在一起，尤其在政的方面走得太远了，不在教的方面着力，教派也就衰落了。政治，必然用暴力镇压反对者。当暴力的思想与手段渗透到宗教的教派里，也就必然促成教派的衰落。

柳先生的一些闪光的想法，生前还没有来得及充分展开论述。这是在我们怀念柳先生的时候应当深入探讨的。

作者单位：中央民族大学

ཀླུ་ཞབས་ལིའུ་ཧྲེང་ཆིའི་ལ་རྗེས་དྲན་ཞུ་བའི་སྨོན་ཚིག

བྱང་ངོས་པ་རྡོ་རྗེ་དངོས་གྲུབ་ཀྱིས།

༁ ཀླུ་ཞབས་ལིའུ་ཧྲེང་ཆིའི་མཆོག་ནི་ལོ་རྒྱུས་ཐོག་རྒྱ་བོད་དབར་གྱི་འབྲེལ་བ་སྟེ་གོ་མིན་སྲིད་གཞུང་གི་ལྷ་སའི་དོན་གཅོད་ཁྲུའུ་དང་བོད་ས་གནས་སྲིད་གཞུང་གི་བཀའ་ཤག་དབར་གྱི་འབྲེལ་བ་དེ་ལེགས་བཅོས་ཡོང་བའི་དོ་འཁུར་དང་འབད་བརྩོན་གནང་མཁན་དོན་གཅོད་ཁྲུའི་ཁྲུའུ་ཀྲང་གསར་ཕེབས་ཧྲེང་ཙུང་ལན་གྱིས་གཙོས་དཔོན་རིགས་ཁག་ཅིག་ཡོད་པའི་ནང་གི་གཙོ་གྲས་ཤིག་ཡིན་པ་དང་། ཁོང་ནི་མཁས་བཙུན་གཉིས་ལྡན་གྱི་ལོ་རྒྱུས་རིག་པའི་མཁས་དབང་ཕུལ་བྱུང་ཞིག་ཡིན་ལ། བོད་རིག་པའི་ཞིབ་འཇུག་རྒྱུན་འཁྱོངས་ཀྱིས་དེའི་ཐད་ལེགས་སྐྱེས་ཆེན་པོ་འཇོག་པར་མཛད་ཡོད། ཐེངས་འདིར་ཀླུ་ཞབས་ལིའུ་ཧྲེང་ཆིའི་སྐུ་འཁྲུངས་ནས་ལོ་ངོ་བརྒྱ་འཁོར་བའི་རྗེས་དྲན་ཟབ་རྒྱས་གནང་བའི་སྐབས་དང་བསྟུན་ནས་རང་ཉིད་ནས་ཁོང་ལ་དགའ་གུས་དང་ལྷག་པའི་བསམ་པ་མཚོན་བྱེད་དུ་ཀླུ་ཞབས་ལིའུ་ཧྲེང་ཆིའི་མཆོག་ནས་གཙོ་བོར་ལོ་རྒྱུས་ཐོག་རྒྱ་བོད་དབར་གྱི་འབྲེལ་བ་དེ་ལེགས་བཅོས་ཡོང་ཕྱིར་དོ་འཁུར་དང་འབད་བརྩོན་གནང་མཁན་གྲས་སུ་ཞུགས་པའི་སྐོར་དང་། བོད་རིག་པར་ཞིབ་འཇུག་ཟབ་ནན་རྒྱུན་འཁྱོངས་དང་བྱས་འབྲས་ཆེ་བ་སོགས་ཤེས་རྟོགས་དང་མཐོང་ཐོས་རྒྱུས་མངའ་ཡོད་རིགས་ཙུང་ཟད་ཞུས་ན།

དུས་རབས་ཉི་ཤུའི་ལོ་རབས་སུམ་ཅུ་བཞི་བཅུ་ཙམ་ནས་གོ་མིང་སྲིད་གཞུང་གི་བོད་སོག་ལས་ཁུངས་ནས་ལྷ་སར་བཙུགས་པའི་དོན་གཅོད་ཁྲུའུ་ཞིག་ཡོད་རུང་དེའི་ཚེ་སྤྱི་ཚོགས་ཀྱི་གནས་བབས་དང་ཁོར་ཡུག་རྙོགས་འཛིང་ཆེ་བའི་ཐོག་དོན་གཅོད་ཁྲུའུ་དེའི་འགོ་འཛིན་བྱེད་པོ་སྤྲ་རྗེས་

རིམ་པས་འབད་བརྩོན་དང་། བློ་གྲོས་ཀྱི་འཐབ་རྩལ་མི་མཁས་པ་སོགས་ཀྱི་རྐྱེན་པས་གོ་མིན་སྲིད་གཞུང་གི་ལྷ་སའི་དོན་གཅོད་ཁྲུའུ་དང་བོད་ས་གནས་སྲིད་གཞུང་གི་བཀའ་ཤག་དབར་གྱི་འབྲེལ་བ་དེ་རྒྱུན་ལྡན་གྱི་ནུས་པ་ཙམ་འདོན་མི་ཐུབ་པར་ཉག་ཐྲའི་གནས་སུ་གྱུར་ཡོད། དེར་བརྟེན་གོ་མིན་སྲིད་གཞུང་ནས་ཁྲུའུ་ཀྲང་ཉིང་པ་ཁྲུང་ཆིན་ཙུང་གི་བརྗེ་ཚབ་ཏུ་ཁྲུའུ་ཀྲང་ཧྲེན་ཙུང་ལན་དང་ཀྲུའུ་རིན་རིམ་པའི་དབྱང་ཡིག་དྲིན་ཤེའི་ཐྲང་། དབྱིན་ཡིག་དབྱང་ཡིག་ལིའུ་ཧྲེང་ཆིའི་སོགས་དྲག་འདེམས་ཀྱིས་བཏང་ཐོག ཁོང་ཚོར་བྱེད་སྒོའི་གྲོན་དངུལ་ཡང་གྲངས་འབོར་ངེས་ཅན་ཞིག་སྤྲད་ཡོད་འདུག ཧྲེན་ཙུང་ལན་ཁོ་ཚོ་སྤྱི་ལོ་1944 ལོར་ལྷ་སར་འབྱོར་ཏེ་ལྷ་སའི་དོན་གཅོད་ཁྲུའུ་ལས་ཁུངས་ཚོགས་ཡུལ་དང་ལས་བྱེད་པའི་ཉལ་ཁང་ཆབས་ཅིག་ཡིན་པའི་སྐྱིད་སྡོད་པ་ཟེར་བའི་ཁང་པ་ཞིག་ཡོད། དེ་གར་སྔར་བཞིན་ལས་ཁུངས་ཚུགས་ས་བྱས་ཐོག་དྲིན་ཤེའི་ཐྲང་སོགས་ནི་ལས་བྱེད་པ་བྱིངས་དང་འདྲ་བར་ཉལ་ཁང་ཡང་དེ་གར་བྱེད་བཅུག་སྟེ་ཧྲེན་ཙུང་ལན་རང་ཉིད་ལྷ་སའི་བར་བསྐོར་ལྟོ་བརྒྱུད་ནས་སྤོ་མདའ་ཚང་གི་གཟིམས་ཤག་ཅིག་ཡོད་པ་དེའི་ཐོག་ས་གསུམ་པ་ནས་གཟིམ་ཆུང་ཁག་ཅིག་ཁང་གླར་བླངས་ཏེ་བསྡད་ནས་ཉིན་ལྟར་ལས་ཁུངས་ཚུགས་པར་སྐྱིད་སྡོད་པར་འགྲོ་བསྐྱོད་བྱེད་ཅིང་། ཁྲུའུ་ཀྲང་ཧྲེན་ཙུང་ལན་ཁོ་ཚོ་ལྷ་སར་འབྱོར་འཕྲལ་དོན་གཅོད་ཁྲུའུ་དང་བཀའ་ཤག་དབར་གྱི་འབྲེལ་བ་ལེགས་སུ་གཏོང་དགོས་ན། ཐོག་མར་མཐོ་རིམ་དབང་འཛིན་མི་སྣའི་ཁྲོད་དུ་མཐུན་སྒྲིལ་འབྲེལ་འཛུགས་ཀྱི་བྱེད་སྒོ་རྒྱ་ཆེར་སྤེལ་ནས་མཐུན་སྒྲིལ་བྱེད་ཐུབ་པའི་སྟོབས་ཤུགས་མཐའ་དག་བཀོང་འཐེན་བྱེད་རྒྱུ་དེ་གལ་ཆེ་བར་མཐོང་སྟེ། ས་གནས་སྲིད་གཞུང་གི་དཔོན་རིགས་ཆེ་ཁག་དང་དགོན་སྡེའི་བླ་སྤྲུལ་ཆེ་ཁག ལྷག་པར་གལ་ཆེ་གནས་ཡོད་མི་སྣ་བཅས་ཀྱི་སར་ཕར་མཚམས་འདྲིར་བཅར་བ་དང་ཚུར་ཡང་ཁག་དང་ཁག་བྱས་ནས་ཧྲེན་ཁྲུའུ་ཀྲང་སྡོད་ཡུལ་དུ་གསོལ་ཚོགས་ལ་མགྲོན་བོས་ཡང་ཡང་བྱེད་ཀྱི་འདུག ཕྲན་གྱི་སྐྱིད་བྱེད་དམ་པ་རིག་འཛིན་རྡོ་རྗེ་ལགས་ནི་དབྱིན་ཡུལ་དུ་སློབ་སྦྱོང་ལ་ཐེབས་སྦྱོང་བ་དང་བོད་ཀྱི་ཆུ་ཤུགས་གློག་འདོན་ཁང་དང་པོ་གསར་འཛུགས་གནང་བ་བཅས་ཅུང་ཟད་ཤུགས་རྐྱེན་ཆེ་བའི་གྲས་ཤིག་སོང་བས་ཧྲེན་ཁྲུའུ་ཀྲང་ནས་ཕྲན་གྱི་སྐྱིད་བྱེད་དམ་པ་དང་སྐྱེས་མ་དམ་པ། ང་རང་བཅས་ཀྱི་ཐོག་ཨ་ཁུ་རིན་སྣང་བསོད་ནམས་ཚེ་བརྟན་དང་ཁོང་གི་བུ་དབང་ཕྱུག་ཚེ་བརྟན་བཅས་ང་ཚོ་ཁེར་གཅང་ལ་གསོལ་ཚོགས་ཐེངས་ཁ་ཤས་བཏང་བ་དང་། དབྱིན་ཡིག་དབྱང་ཡིག་ལིའུ་ཧྲེང་ཆིའི་ཡང་ཐེབས་འདུག་པས། ཁོང་དང་སྐྱེས་བྱེད་དམ་པ་གཉིས་དབྱིན་སྐད་ཐོག་ནས་བཀའ་མོལ་གནང་སྐབས་ཕྱོགས་མི་ཉུང་བ་ཞིག་གི་ཐད་ལ་ཐུན་མོང་གི་འདོད་ཚུལ་ཡོད་པ་དང་། སྐྱིད་བྱེད་དམ་པ་སྤྱི་ལོ་1945 ལོར་དགོངས་པ་རྫོགས་རྗེས་སྐུ་ཞབས་ལིའུ་ཧྲེང་

ཆིའི་ས་ནས་དབྱིན་ཡིག་སློབ་འཁྲིད་ཞུ་སྒྱིང་ཡོད།

སྤྱི་ལོ་1945 ལོ་ནི་རི་འགོག་དམག་འཁྲུག་ལ་རྒྱལ་ཁ་ཐོབ་པའི་དུས་སྐབས་སོང་བས། རྒྱལ་ཁར་རྟེན་འབྲེལ་བྱེད་པའི་གོ་སྐབས་དང་བསྟུན་ནས་རྗེན་ཁྲིའུ་ཀྲང་ནས་ཁོ་རང་སྟོད་ཡུལ་སྤྱི་མདའི་གཟིམས་ཤག་ཏུ་ཉིན་བསྟུད་ནས་གསོལ་སྟོན་གསོམ་པ་དང་སྒོ་རྣའི་ནང་འཁྲབ་སྟེགས་ཆེད་མངགས་བརྒྱབ་ནས་ཅིན་ཅུད་ཁྲང་ཤི་དང་གཏམ་བརྗོད་ཚོས་གར་སོགས་ལྟད་མོ་འཁྲབ་སྟོན་བྱས་པར་ས་གནས་སྲིད་གཞུང་གི་དཔོན་རིགས་མཐོ་བ་བཀའ་བློན་ནས་དམའ་དྲུང་དཀྱུས་ཡན། དགོན་སྡེའི་བླ་སྤྲུལ་ཆེ་ཁག་སོགས་ཁག་དང་ཁག་བྱས་ནས་མགྲོན་འབོད་བྱས་པ་སོགས་མཐུན་སྒྲིལ་འབྲེལ་འཇགས་ཀྱི་ལས་དོན་དེ་རྒྱ་ཁྱབ་དང་སྤེལ་བའི་གོ་སྐབས་བྱུང་བ་བཅས་ལ་བརྟེན་ནས་རྒྱ་བོད་དབར་གྱི་འབྲེལ་བ་དེ་བཟང་ཕྱོགས་སུ་འགྱུར་འགོ་ཚུགས་པ་དང་། ད་དུང་དེས་མི་ཚད་སྤྱི་ལོ་1946ལོ་ནན་ཅིང་དུ་བཀོང་འཚོག་བྱེད་རྒྱུའི་གོ་མིན་ཏ་ཧྲུད་ཟེར་བའི་ཀྲུང་གོའི་རྒྱལ་ཡོངས་རང་བཞིན་གྱི་ཚོགས་འདུ་དེར་བོད་ས་གནས་ནས་འཐུས་མི་གཏོང་དགོས་པའི་སྐོར་དོན་གཙོད་ཁྲུའི་རྗེན་ཚུང་ལན་སོགས་ཀྱིས་བཀའ་ཤག་དང་གྲོས་མོལ་བྱེད་བདེ་བྱུང་བའི་ཐོག་བོད་ནས་འཐུས་མི་གཏོང་དགོས་པའི་དགེ་མཚན་སེད་བཀྱོལ་དང་འཐུས་མི་ནན་ཅིང་དུ་སླེབས་ཞོར་དུ་ཀྲུང་གཡང་ལ་བོད་ཕན་རེ་འདུན་ཡང་ཞུས་ཚོག་ཚུལ་སོགས་བློ་རྩལ་ལྡན་པའི་གྲོས་མོལ་བློ་འགུགས་ཐུབ་པ་བྱས་པས། ས་གནས་སྲིད་གཞུང་ནས་གོ་མིན་ཏ་ཧྲུད་ཀྱི་ཚོགས་འདུ་དེར་ཛ་སག་བླ་མ་རོང་དཔལ་ལྷུན་ཐུབ་བསྟན་བསམ་འཕེལ་དང་། ཛ་སག་ཁེ་སྨད་བསོད་ནམས་དབང་འདུས་གཉིས་ཀྱི་འགོ་གཙོ་བྱེད་པ་དང་། ཕྲན་རང་ཉིད་ཚུད་པའི་ཁོངས་མི་བརྒྱད་བཅས་འཐུས་མི་བཅུ་བོད་ས་གནས་ཀྱི་འཐུས་མིར་མི་གཏོང་ཀ་མེད་ཆགས། དེ་ནི་རྗེན་ཚུང་ལན་ཁྲིའུ་ཀྲང་སོགས་ཀྱིས་འབད་པ་རྒྱུན་འཁྱོངས་དང་བློ་གྲོས་ཀྱི་འཐབ་རྩལ་བཏོན་པའི་བྱས་རྗེས་ལགས་ཤིང་དེའི་ནང་སྐུ་ཞབས་ཡིའུ་རྗེང་ཆིའི་བྱས་རྗེས་ཀྱང་ཚུད་ཡོད་པ་སྨོས་ཅི་དགོས།

སྐུ་ཞབས་ཡིའུ་རྗེང་ཆིའི་མཆོག་ནི་ཕྱོགས་གང་ཅིའི་སྐུ་ཡོན་ཆེ་ཞིང་ཤེས་བྱའི་གནས་ལ་བརྟོན་ཞིང་ཞིབ་ཚགས་ཆེ་བ་འདྲིས་བདེ་གཤིབ་བདེ་བཅས་མཁས་བཙུན་བཟང་གསུམ་གྱི་མཁས་དབང་དེར་རང་ཉིད་དད་མོས་དང་གུས་བཀུར་ཞུ་ཡུལ་དུ་གྱུར། ལོ་རྒྱུས་རིག་པའི་མཁས་དབང་དེ་བཅིངས་འགྲོལ་གྱི་རྗེས་སུ་ཀྲུང་དབྱང་མི་རིགས་སློབ་གྲྭ་ཆེན་མོ་དང་ཀྲུང་གོ་སྤྱི་ཚོགས་ཚན་རིག་ཁང་ནས་བོད་རིག་པར་ཞིབ་འཇུག་རྒྱུན་འཁྱོངས་དང་གཏིང་ཟབ་གནང་པས། རིག་གཞུང་དཔྱད་གླེང་དང་དོན་སྙིང་ཟབ་པའི་ཆེད་རྩོམ་འགྲེམས་སྤེལ་སོགས་བོད་རིག་པའི་ཞིབ་འཇུག་ཐད་བྱས་རྗེས་ཆེས་ཆེ་བ་འཇོག་པར་མཛད་ཡོད། གཞན་ཡང་སྐུ་ཞབས་ཡིའུ་རྗེང་ཆིས་

དོན་གཅོད་ཁྲིའུ་དེའི་གློག་བརྙན་དཔར་ལེན་དང་དཔར་རྒྱག་གི་ལས་ཀ་གནང་སྐབས་ལ་མཚོན་ན། སྐབས་དེའི་གོང་རིམ་སྤྱི་ཚོགས་ཀྱི་བྱེད་སྒོ་ཁག་ཅིག་དཔར་ལེན་བྱས་འདུག་པ་ལས། དཔར་ཁག་ཅིག་གི་ལོ་རྒྱུས་ཀྱི་དཔྱད་གཞིའི་རིན་ཐང་གསལ་བཤད་ཞུས་ན། ལོ་ལྷར་དབྱར་ཁ་བྱང་སྤྱི་གླིང་ཁ(དེང་བོད་ལྗོངས་སློབ་ཆེན་གནས་ཡུལ)ཡི་སྒྲོ་ཁང་དུ་བཀའ་ཤག་ཐུགས་སྒྲོ་དང་བྱང་སྤྱིའི་དབྱར་སྐྱིད་གཏོང་སྐབས་བླངས་པའི་འདྲ་པར་དེ་ཚོའི་ནང་སྒྲོ་ཁང་གི་འཚོ་ཆེན་ཁང་ཞེས་པ་དེ་ནི་སྒྲོ་སྐྱིད་འགོ་འཛུགས་དང་གྲོལ་སྟོན་གྱི་རྟེན་འབྲེལ་བྱ་ཡུལ་ཡིན་པ་དང་། ས་དབང་ཁང་ཞེས་པ་དེ་བཀའ་བློན་དང་དཔོན་རིགས་མཐོ་གྲས་རྣམས་སྟེང་མོ་སྟེད་ནས་བཞུགས་ཡུལ་ཡིན་པ། མགྲོན་དྲུང་ཁང་ཞེས་པ་དེ་བཀའ་མགྲོན་དང་བཀའ་དྲུང་སོགས་རྣམས་སྟེད་མོ་སྟེད་ནས་བཞུགས་ཡུལ་ཡིན་པ་བཅས་འདྲ་པར་གསུམ་པོ་དེའི་ཐོག་ནས་སྒྲོ་ཁང་དེའི་ཆགས་ཚུལ་ལམ་ཙམ་ཤེས་ཐུབ་པ་མ་ཟད། དེ་མིན་གྱི་འདྲ་པར་མི་ཉུང་བ་ཞིག་འདུག་པ་དེ་དག་ལས་སྐབས་དེའི་གོང་རིམ་སྤྱི་ཚོགས་ཀྱི་བྱེད་སྒོ་ཁག་ཅིག་ཤེས་རྟོགས་དང་། དེར་ཞིབ་འཇུག་བྱེད་པའི་གལ་ཆེའི་ལོ་རྒྱུས་ཀྱི་དཔྱད་གཞིའི་རྒྱུ་ཆ་རིན་ཐང་བྲལ་བ་འཛོག་གནང་མཛད་པ་བཅས་སྐུ་ཞབས་ལིའུ་ཧྲེང་ཆིའི་མཛད་རྗེས་ཁོ་བོས་ཤེས་རྟོགས་རྒྱུས་མངའ་ཡོད་རིགས་དོན་ཚན་གསུམ་གྱི་ཚུལ་དུ་ཞུས་པ་འདི་ཙམ་ལགས་ན། སླད་ཁོང་གི་རིག་གཞུང་བསམ་བློ་སློབ་སྦྱོང་དང་ཞིབ་འཇུག་རྒྱུན་མཐུད་དུ་བྱས་ནས་བོད་རིག་པའི་ཞིབ་འཇུག་ལ་འབྲས་བུ་གཡུར་དུ་གཟའ་བ་ཐོབ་པའི་སྨོན་འདུན་ཞུ།

淡泊名利，潜心向学

——柳陞祺先生印象

降边嘉措

一

我与柳陞祺先生认识很早，但相交甚少。柳先生学养深厚，知识渊博，待人诚恳，乐于助人，我却没有更多的机会向柳先生学习和请教，回想起来，是我学术生涯中深感遗憾的一件事。

正因为如此，我对柳先生的学术成就了解不多，不敢妄加评说，也谈不出什么心得体会，只能谈谈我与柳先生接触过程中的点滴印象，在纪念柳陞祺先生诞辰百周年之际，表达对柳先生的怀念和敬意。

我第一次见到柳先生，是在1955年6月，到北京参加第一届全国人民代表大会第二次会议的藏文翻译工作。当时我还在成都西南民族学院学习，是藏文教研室的副主任格桑悦希老师带我来的。参加翻译的还有平措旺杰、法尊法师、于道泉、黄明信、刘立千、曲洛拉（汉名李春先）等来自北京和全国各地的老专家和老翻译家，还有各民族院校的一些青年学生。其中也有王尧同志，当时他还是刚刚毕业的大学生，如今已成为享誉国内外的著名藏学家。柳先生没有参加翻译工作，但早在新中国成立前在拉萨工作时，就与格桑悦希和曲洛拉等老师认识，私交甚厚，他与其他几位先生也很熟，所以常来宾馆看望格桑老师和其他老师。格桑老师就向我们介绍柳先生，称他是“西藏通”。当时还没有“藏学家”这样的称谓，格桑老师还特别强调柳先生英文很好，能用英文写书。那时在藏语文翻译界懂外文的人不多，我自己更不懂，所以对柳先生很佩服和尊敬。

第二年，即1956年，中央民委成立翻译局，格桑悦希、刘立千先生和我，都被调到北京，1958年翻译局与民族出版社合并，黄明信、曲洛拉我们都到了一个单位。不久，平措旺杰和牙含章等同志也先后调到中国科学院民族研究所担任领导，成为柳先生的直接领导。当时民族研究所由中科院哲学社会科学部和中央民委实行双重领导，中央民委副主任刘春兼任民族研究所所长，很多活动都在一起进行。那时在京的藏族干部不多，从事藏学研究的人更少，与柳先生接触的机会就更多一些。我刚走出校门，是初入翻译出版战线的新兵，柳先生已是资深的“西藏通”，他长我29岁，可以说整整差一代人。柳先生为人谦和，低调做人，在讨论会上很少发言，总是安详地坐在一个角落，静静地听别人讲话。有时间他也来看格桑悦希和曲洛拉，我们常能见面。但因专业不同，平时交往不多。

二

“文化大革命”结束，1980年，我被调到中国社会科学院民族文学研究所，和柳先生算一个系统。那一年，柳先生被聘为研究员，我被聘为副研究员，而且都担任研究生院的硕士生导师。牙老牙含章又回到民族所担任所长，他是我们西藏的老领导，我曾给他当过翻译，对我们这些年轻人很关心和爱护，有什么学术活动都通知我参加，给我一个学习的机会，开阔眼界，增长知识，多认识和结交学术界的一些老师和朋友。

真正与柳先生接触较多，是1983年—1985年，我为撰写长篇历史小说《十三世达赖喇嘛——1904年江孜之战》，带着我的学生吴伟去向柳先生请教。他是这方面的专家。早在50年代，我就听柳先生讲过西藏人民英勇抗击英国侵略者的慷慨悲壮的历史，给我留下了很深的印象。不过那时并没有想到要写点什么。30年后，却激发了我的创作热情和冲动。

西藏是祖国领土不可分割的一个重要组成部分；西藏民族是祖国大家庭的一个重要成员。西藏人民具有热爱祖国、反对帝国主义侵略的光荣传统。

19 世纪末、20 世纪初，号称“日不落国”的英国帝国主义，将他的侵略魔爪伸向我们祖国的神圣领土西藏，1888 年，英帝国主义组织远征军，翻越喜马拉雅山，武装入侵西藏，疯狂屠杀西藏人民，妄图将我国的西藏从祖国大家庭中分裂出去，作为其殖民地。

可是，西藏人民并没有屈服，没有被征服，他们同侵略者进行了英勇不屈的斗争。

1904 年，英国远征军再次翻越喜马拉雅山，第二次入侵我国西藏，气势汹汹，大有要一口气吞下整个西藏之势。在这关系到民族生死存亡的关键时刻，年仅 28 岁的第十三世达赖喇嘛土登嘉措，在全国各族人民的声援和支持下，率领西藏僧俗人民，万众一心，同仇敌忾，英勇抗击英国侵略者。西藏人民在极其艰难困苦的条件下，为维护祖国统一、保卫神圣领土、维护民族尊严，与英国殖民主义者展开了一场持续达一年之久的反侵略战争，其中尤以江孜宗山保卫战最为英勇悲壮，最为惨烈，可歌可泣。在敌我力量非常悬殊的情况下，西藏人民以高度的爱国主义精神，发扬大无畏的英雄主义气概，前仆后继，不屈不挠，英勇战斗，用最原始的武器，同拥有当时世界上最先进的武器装备的英国侵略军，浴血奋战。他们坚定地表示：纵然男尽女绝，也要“杀尽洋妖，保卫国土”。在中华民族反对帝国主义侵略、保卫祖国领土、维护国家主权和民族尊严的神圣斗争中，继林则徐领导的鸦片战争之后，谱写了一曲英勇悲壮，气吞山河的新篇章。

我想用历史小说的形式，艺术地再现这段荡气回肠、慷慨悲壮的历史。

当时柳先生正在编写《藏族简史》，是民族问题“五套丛书”的一部分。柳先生承担的刚好是藏族近现代部分，重点是鸦片战争以后到新中国成立前这段历史。他在过去学术积累的基础上，搜集查阅了大量新的文献资料，进行深入思考，思想活跃，勤奋写作。我请教的问题，恰恰是柳先生的学术兴奋点。柳先生侃侃而谈，有观点，有材料，有思想，也有激情，讲得生动活泼，使我们受益匪浅。

我向柳先生请教的主要是两个问题：

第一，在这次抗英斗争中，清廷与西藏地方政府的关系。

第二，十三世达赖喇嘛在这场斗争中的态度和作用。

柳先生首先充分肯定写 1904 年西藏人民抗英斗争的重要性和必要性，说有重要的历史意义和现实意义，写好了，不但有文学价值，而且有历史价值和认识价值。柳先生说：1904 年的抗英斗争，不但在西藏人民反对帝国主义侵略、维护祖国统一和领土主权的历史上，书写了光辉的新篇章；在中国各族人民反对帝国主义侵略、维护祖国统一和领土主权完整的历史上，也具有十分重要的意义。遗憾的是，对这段历史，很多人并不太了解，学术界也没有能给予正确的叙述和客观公正的评价，在文学艺术方面，更是一片空白。你们能用长篇小说的形式反映这段历史，是一个开创性的工作，很有意义。柳先生还说：这次我们编写《藏族简史》，准备用较大的篇幅，浓墨重彩地写上一段。牙所长（牙含章）和马寅同志也是这个意思。他们认为，这也是十一届三中全会后，解放思想、实事求是的思想路线在藏学研究领域的具体体现。

在谈到清廷与西藏地方政府的关系时，柳先生说，这也是我们这次编写《藏族简史》时，考虑最多、争论最大的一个问题。我们查阅了大量原始资料。清朝末年，政治腐败，弊端丛生，统治集团闭关锁国，昏庸无能，国力衰弱，民不聊生。面对帝国主义、殖民主义的侵略，清廷采取步步退让的态度，丧权辱国，割地赔款，对西藏人民的抗英斗争没有给予应有的帮助和支持。当西藏人民和十三世达赖喇嘛请求援助时，朝廷不但没有派一兵一卒，还责令驻藏大臣压制和刁难。

柳先生明确表示，只有客观公正地叙述这段历史，正确评价西藏人民反帝爱国的英勇斗争，实事求是地总结历史的经验教训，才能更好地继承和弘扬西藏人民反帝爱国的光荣传统，更好地开展反对分裂主义、维护祖国统一、加强民族团结的斗争。他说，我们是这么认识的，在这次编写简史时，也是按这个精神写的。

最近由中国藏学出版社出版的《柳陞祺藏学文集》里第一篇文章，就收入了柳先生编写的《藏族简史》中的有关部分，① 洋洋洒洒数万言，真可谓观点鲜明，脉络清晰，说理透彻，文笔流畅，资料丰富，立论有据，颇具说服力，并由此可以清楚地看到柳先生严肃、严谨、严密的治学态度。

柳先生怀着满腔热情，对西藏人民的反帝爱国精神给予高度评价。他指出：

“自从鸦片战争首次冲破我国沿海的门户，暴露了清政府的腐朽衰弱后，资本主义列强蜂拥而至，使我国沦为一个半殖民地半封建国家。大英帝国既拥有威慑我东部海岸的海上霸权，同时又具备从印度窥探我西南门

---

① 《柳陞祺藏学文集》，中国藏学出版社 2008 年，第 1—87 页。

户的地利条件，因而成了对我国特别严重的威胁。从此开始的百余年间，世界资本主义、帝国主义对我国进行疯狂掠夺的过程，也就是我中华各族人民对此展开前赴后继、英勇卫国的反侵略斗争的过程。藏族人民抵御外侮、保卫边疆的业绩，就是这一伟大斗争事业的一个组成部分。”①

柳先生视野宽阔，全局在胸，当年我们在请教他时，他并不就事论事，就西藏的事谈西藏，而是把西藏人民反对英国帝国主义的野蛮侵略，作为自鸦片战争以来中华各族人民反对资本主义、帝国主义侵略，保卫祖国神圣领土的伟大斗争的一个重要组成部分。对我们艺术地再现这段历史，有很大帮助。

不仅如此，柳先生还进一步指出：“1840 年（道光二十年）始，我东南沿海遭受英国炮舰摧毁的同时，在我极西的西藏阿里地区，即受到一次来自克什米尔的武力侵袭。在东西两隅抵抗外来侵略之中，我国优秀的藏族子弟都做出了光荣的贡献。”②

我孤陋寡闻，对 1888 年和 1904 年抗英斗争的历史，比较熟悉，而对藏族人民参加东南沿海和被称作“世界屋脊上的屋脊”的阿里地区的反侵略战争的英雄业绩，一无所知。柳先生查阅了大量文献资料，进行深入研究。他详细地给我作了介绍。先生讲得生动感人，我听得热血沸腾，深受教益，也得到很大的启迪。

十三世达赖喇嘛是个有争议的人物。

对这个人物，柳先生说：1912 年，十三世达赖喇嘛回藏后，没有采取进一步的分裂活动，没有主动与西方列强建立联系，寻求支持。在后期，他不断与祖国内地加强联系，倾心内向，拥护中央。纵观十三世达赖喇嘛的一生，他坚持反帝爱国的立场，主流是好的，应该肯定。

我们的小说，只写了 1904 年的江孜保卫战，不涉及十三世达赖喇嘛以后的活动，但柳先生的分析，对我们从宏观上把握，全面了解、正确理解、客观评价十三世达赖喇嘛有很大好处。

对于我们所关心、小说所涉及的问题，柳先生都作了明确回答。当时他正在编写《藏族简史》，书桌上、书架上，摆的都是有关资料，他旁征博引，给我们做了详细说明，对我们从宏观上全面了解 19 世纪末、20 世纪初

---

① 《柳陞祺藏学文集》，中国藏学出版社 2008 年，第 9 页。

② 有关论述，参阅《柳陞祺藏学文集》，中国藏学出版社 2008 年，第 9—15 页。

那段错综复杂、风雷激荡的历史，把握整个事件的关键和脉络，很有启发和帮助。

三

长篇历史小说《十三世达赖喇嘛——1904 年江孜之战》出版后，第一时间我就给牙老含章和柳先生送去。两位都很高兴。几天后，柳先生给我来电话，让我到他家里去一趟。一见面，寒暄几句后，柳先生说：“你知道，我是搞历史研究的，对文学不熟悉，真是隔行如隔山，我也很少看小说，你的大作是我几年来看的第一部。虽然部头很大，我还是一口气看完了。”柳先生说了一些鼓励的话，然后接着说：江孜保卫战写得很精彩，很好。但是，你既然以“十三世达赖喇嘛”为书名，就应该重点写好这个人物。仅写江孜保卫战，不足以表现十三世达赖喇嘛波澜壮阔、丰富多彩的人生。柳先生鼓励我继续写下去，写十三世达赖喇嘛的一生。他认为一定很有意思，很精彩。他还鼓励我说，你一定能写好。

这时，牙老也正在修订《达赖喇嘛传》和《班禅额尔德尼传》。这两本书是他在 50 年代初写的，是新中国成立后，我国藏学研究领域最初的、也是最重要的两部著作。牙含章同志为此付出了巨大心血，也蒙受了不少委屈。两部著作出版后，民族研究所召开了一次学术研讨会。在京的有关同志和曾在西藏工作的老领导都参加了，大家都对两部著作的出版给予很高的评价。有的同志提出：由于很多原因，对这两部著作的价值和意义，很多人并不太了解，学术界也没有给予应有的评价，只是把它们作为中央和西藏有关部门了解西藏情况的参考书。应该以修订再版为契机，好好宣传一下，写一些有分量的文章，全面介绍。

牙老说：既然大家认为应该做点介绍，我看就请柳先生和降边同志辛苦一下。他解释说：他们两位有很大的代表性，一个是汉族，一个是藏族；一个是新中国成立前就从事藏学研究的资深学者，一个是我们党培养起来的后起之秀。他们也最熟悉情况，我看请他们两位最合适。

大家表示同意，就这么定了。

柳先生写这两部著作的评论自然没有问题，但我觉得自己没有这个资格和水平，何况我从来没有写过书评。但牙老讲了，大家也表示赞成，我就不好推辞，就算写一篇学习心得罢。为了写好这篇文章，我专门到柳先生家去请教。他详细地给我讲了达赖和班禅在藏族历史上的地位、影响和作用，谈了对两本书的看法。后来我俩分别写了两篇书评，先后发表在《光明日报》和《西藏日报》。我的文章有一万多字，可能是因报纸版面所限，只剩下五六千字，删得太多，面目全非，真有点“惨不忍睹”。柳先生文章的命运也大体相同。就是收集在新近出版的《柳陞祺藏学文集》中的那一篇，题为《读〈达赖喇嘛传〉和〈班禅额尔德尼传〉》。

四

一个人的经历，对于他从事的学术研究和文学创作，乃至人生道路，都有很大的影响。经历也是一种财富。对柳先生来说，也是这样。解放前他就在拉萨国民政府蒙藏委员会驻藏办事处任英文秘书，后来到印度，在国际大学中国学院任名誉研究员，1952 年回国。柳先生骑马走路，艰难跋涉，翻越喜马拉雅山，又从印度回望祖国，熟悉大山两边的情况。在我国学术界有这种经历的人不多。由于这种特殊的经历，柳先生关注的目光和研究的重点，就放在西藏问题上，放在中印关系方面。他对喜马拉雅山南部地区藏族文化圈的关注和研究，有独到的见解，给了我很深的印象，很大的启发。

柳先生在《藏族简史》里也有这样的论述：

“绵亘在我国西南的喜马拉雅山区，自古以来是藏族分布的边缘地区，同卫、藏、阿里有着极其广泛深厚的关系。这里从西到东，如拉达克、锡金（哲孟雄）和不丹（布鲁克巴）的主要居民，根据他们的记载，就是从我国青藏高原迁去的藏人。他们同我国藏族同文同种，有长期的共同历史，有的可以上溯到公元 9 世纪后期吐蕃王室崩溃的时期（实际上还要早得多，可以追溯到公元初的聂赤赞普时代——引者注）。他们与当地族部的其他居民组成的政权组织和宗教组织，也都同我国西藏有极深的渊源，并对西藏保持有不同程度的隶属关系，被清政府列为所谓外藩。从不丹往东的门隅、珞隅、察隅则是西藏地方行政单位或寺院的不同辖区。”①

---

① 《柳陞祺藏学文集》，中国藏学出版社 2008 年，第 1—3 页。

书中接着说："此外，地处喜马拉雅山中段的尼泊尔（巴勒布），也早从吐蕃王朝时期就同我国藏族开始了极其亲密的交往，为千余年来中、尼两国人民不断发展的友好关系奠定了坚厚的基础。"①

长期以来，因种种主观和客观原因，我国学术界对喜马拉雅山南部地区藏族同胞、藏族文化、社会生产和宗教信仰、民风民俗以及地理环境等方面的调查研究十分薄弱，很多方面是个空白。柳先生在这方面的研究成果就显得更加难能可贵，更值得我们珍惜和重视。

在我与柳先生接触过程中，我深深感到柳先生和他们那一代学者身上有一种宝贵的品格，那就是淡泊名利，潜心向学，始终保持一种从容淡定的心态和严谨认真的治学精神。

柳先生长期关注中印边境问题和中印关系，以及西藏的近现代史，这在他的著作中就可以清楚地看到。

对这些问题，领导上重视，社会上关心，成为"显学"，他受到鼓舞，积极性很高，满腔热情地从事研究；如果领导上不重视，社会上不关心，成为"冷门"，他也不气馁，仍埋头探索。能够立项，有课题经费，他积极干；不能立项，没有经费，他依然孜孜不倦，坚持不懈，能够耐得住寂寞，甘坐冷板凳。1949 年新中国成立以后，几十年来，政治运动很多，国内外政治形势变化很大，中印关系时好时坏，时而和谐，时而紧张；有时十分友好，共同缔造和平共处五项原则，有时兵戎相见，发生边界战争。情况是复杂的，局势是多变的，而柳先生所研究的中印关系，尤其是 1988 年和 1904 年两次武装冲突、1914 年的"西姆拉会议"以及所谓"麦克马洪线"等问题，更是敏感中的敏感、关键中的关键问题，但柳先生不跟风，不媚俗，不人云亦云，始终坚持实事求是的严谨态度，数十年如一日，朝着既定的方向，迈着坚定的脚步，艰难前行。

更为可贵的是，作为一个新中国的公民，一个严肃的学者，柳先生有着强烈的公民意识和国家意识。他身居斗室，胸怀祖国，放眼世界，自觉地将自己的学术研究与维护国家利益，与维护祖国领土完整和民族团结的崇高事业联系起来，把自己的知识毫无保留地贡献给祖国和人民。

所谓公民意识、国家意识、大局意识，说起来有点像套话、大话、空话，一些人，尤其是一些年轻人不太爱听，不以为然。但是，就柳陞祺先

① 《柳陞祺藏学文集》，中国藏学出版社 2008 年，第 1—3 页。

生和他们那一代的学者来讲，具有实际的、具体的内容。由于“左”的错误思潮的影响，长期以来，柳先生和他们那一代的知识分子被当作“资产阶级知识分子”，被作为教育和改造的对象。对他们来说，首要的任务不是充分发挥自己的聪明才智，报效祖国，而是要做脱胎换骨的思想改造，接受“工农兵的再教育”。在这种政治形势下，柳先生有一种很深的自卑感，“我是从旧社会来的”、“我是旧知识分子”，是柳先生常说的一句话。

即便在那样一种政治形势下，柳陞祺先生仍始终忠于祖国，忠于人民，自觉地维护国家利益，始终坚持一个正直的、有良知的知识分子和共和国公民应有的操守和爱国心，不因政治形势的变化和自己受到不公正待遇而有所动摇。

与柳陞祺先生生活的年代相比，我们处在改革开放的新时期，政通人和，国运昌盛，无论政治环境、学术环境，还是学术条件，不知要好多少倍。在纪念柳陞祺先生诞辰100周年的时候，我认为我们作为后学者，尤其是年青一代，应该十分珍惜这来之不易的大好时光，学习、继承和弘扬柳先生和他们那一代前辈学者高尚的爱国主义情操和严谨刻苦的治学精神，把新中国的藏学事业推进到一个新的阶段。我想，这应该是对柳陞祺先生最好的纪念。

作者单位：中国社会科学院民族文学研究所

我们仰慕的学术前辈

李坚尚

我认识柳陞祺先生，前后长达四十余年。最初仅是知道他的名字，后来竟同住于皂君庙大院，居室相望，可说是朝夕相处。有邻居称，柳先生是位君子，我颇以为然。我深切感到，在柳先生的君子品格中，他那为人谦和、处事低调、治学严谨、扶持后进的特质，是我终身难忘的。他是使我从心底里萌生敬仰之情的学术前辈之一。

我出生在粤北的一个偏僻山村，与瑶、壮民族为邻，同柳先生相隔数千里。可北京是首都，又有富丽堂皇的皇帝殿宇，真是令人向往。恰在我高中毕业的1958年，中央民族学院在广东招生。当我看到该校不仅免费提供住宿、穿戴，且每月还有两至四元钱的零用钱补助的招贴后，我欣然报名。随即我成了中央民族学院历史系的学生，自此与柳先生结下不解之缘，不时接受他的教诲。

我认识柳先生，先是从知道他的名字开始的。自我踏入中央民族学院的大门时起，西藏问题已日渐引起社会的重视。来自西藏的学员也特别多，不仅本科有，预科一部、二部也有。我作为历史系的学生，自然对西藏的历史和社会也特别关注。可其时历史系的教师中，蒙古史、满族史、维吾尔族史都有颇具名气的教授，唯藏族史仅有年轻的教师。这对当时我们此类的学子来说，是甚感失望的。因为那时在青年学生中，教授头衔拥有的神秘光环，远较现在为甚。教授的多少，不仅是衡量学校名气的尺度，也是制定学子资源身份的筹码。教授的资历、造诣，甚至闲情逸趣以致生活琐事，都是我们课余的谈资。很显然，历史系没有治藏族史的教授，我们是感到失落的。随后不知从什么渠道了解到，中国科学院民族研究所有三位研究藏族历史和社会的教授，其中就有一位柳先生。这才多少弥补了我们内心的缺失。因为民族研究所尽管不属于民族学院，但它是在民族学院研究部的基础上成立的，且同在一个大院内，名称尽管不同，实系一个单位，两个牌子。这种状态，使我们仿佛也沾上了一丝教授光环的余光，让我们躁动的虚荣心得到满足。

由于对藏学家的关注，有关柳先生的声名，自然也传到我们的耳朵里，其间最令我们津津乐道的是柳先生的高水平英文。据传鼎鼎大名的费孝通先生的英文稿件，最后都要请柳先生审定！这种传闻，不知是否真实，我们作为学生是无法证实的。但却说明，在研究藏学的教授中，也有藏而不露的能人。况且我们听说柳先生还毕业于有名的特别重视英语教学的上海圣约翰大学（此系误传，实为光华大学），并长期任中央政府驻藏办事处英文秘书，如果没有深厚的英文功底，怎能与英国驻藏的官员角逐。

柳先生的英文水平，确让我们津津乐道。但在其时的学校环境里，学习英语是最不合时宜的。在我读中学的时代，向苏联老大哥学习是其时的国策。大家都争着学俄语。可在那个时候，俄语老师奇缺，无人执教，我们只好降格学英文。但学英语无用是我们的共识。到中央民族学院学习后，由于我连一个俄文字母也不会，只好被分配在寥寥数人的英语班里。学习情绪低下，基础知识甚差，当时教我们的徐光伟老师不时感慨地说，许多该会的英语单词和语法我们都不会，失望的心情溢于言表。可在一次偶然的机会，知道柳先生强调英语对研究西藏的重要性，我才把自己忽视英语学习的情绪扭转过来。说实在话，直到目前，我的几位同班学英语的同学多数已把英语还给了老师，而我还能用英语翻译一些学术著作，进行中印边境的人类学研究，这与当年传闻柳先生强调英语有用处是分不开的。

1963 年，我大学毕业，随即分配到民族研究所工作。由于我在校时选修藏族史，到所后自然与柳先生有所接触。这是我对柳先生有实质性了解之始。毋庸讳言，为滚一身泥巴的下乡锻炼，在那些充当“运动员”的艰难岁月里，都使我不宜与柳先生建立密切的交往。直到 1972 年从河南干校回来后，这种情况才有所改变。因为我是原定研究藏族史的，有关领导就把我分配到柳先生所属的藏族史组，且同在一个办公室。每逢上班，我们都能见面。记得那时，柳先生对我们这些还没入门的年轻人，如同对待其他学识甚丰的老先生那样，态度总是谦逊有礼，说话平和、分寸适宜，处事低调大度，与我其时认识的某些知识界人物形成鲜明的对照。尤其是柳先生除了谈及西藏近代史的研究课题外，从来不谈自己，更不谈他的甚有人生意义的阅历。这给我留下深刻的印象。

事实上我从听到的传闻中知道柳先生的一生，尤其是在他的青壮年时代，是有许多闪光的亮点，为他人所难以企及的。1944 年，正当全国抗日战争进入最为艰难的时候，为打通大后方的交通大动脉，安定后方政局，柳先生不畏艰险，欣然赴难，投身西藏，一待就是 5 年，为维护国家统一和民族团结尽职尽责，并与西藏的各式人等交往，也与外国殖民主义者相角逐。临近新中国成立前夕，又被西藏分裂主义势力所驱逼，愤然离职。柳先生的这些赴藏经历，无疑是一幅悲壮的爱国画卷，实属可圈可点。期间所历所闻的成败得失和奇闻逸事，均能使人侧耳躬听，传为佳话。而他在美国出版的大作《西藏与西藏人》更被世人视为第一部国人用英语写成、揭示西藏真貌的著述，实乃开山之作，至今仍为学界所引用。仅有这些事例就足以令其津津乐道，引以为荣。可柳先生从来不向我们述说，即使他在西藏喜欢打网球、踢足球、唱京剧等爱好，他也守口如瓶。就算在他至亲子女面前，也不随意言及。柳先生就是这样一位虚怀若谷、厌弃炫学的学者。

实际上，柳先生的这种品格，在他的人生道路中，是有诸多表现的。如《西藏与西藏人》一书，本是由他撰稿的，但他却对名字与别人联署且未置于首位一事淡然处之。柳先生的这种恬淡如水、不尚名利的品格，在我与他相处的日子里也深有感受。“文革”后期，我无所事事，便想到翻译一些西人的藏学著作。以度时光。可坦诚地说，我那二把刀似的英语和藏学基础，是不能胜任此项工作的。但想到身边有柳先生，可随时向他请教，就壮着胆子试着翻译。经过一番努力，居然把一本西方传教士所写的游记里的三个章节译了出来。我的好友还准备把这些译文编在一个集子里出版。坦白地说，此项成功，多赖柳先生的悉心修改校正，故在译稿上写上柳先生校对的字样。可柳先生知道后，刻意要我删去，并说他只是“看了一下”，改动甚少，他就这样以“看了一下”四个字，把他付出的辛劳一风吹掉了。这尽管是一件小事，但也体现出柳先生提携后进的美好心灵。

柳先生尽管淡泊如水，不慕名利，但他绝不是遁世清高的逸士山人。

恰恰相反他是个关心国家、民族的入世者。我们知道他当年之所以去西藏，是想写一本书，让世人对这个世外桃源有所了解。而他离开西藏，是出于国民党政权对爱国僧人热振的暧昧态度。这些事例说明柳先生对世事是关切的。若我们进而追踪柳先生以毕生精力从事的藏学研究，更能体察出他那一颗关切国家利益的火热之心。在藏学研究的领域中，最为棘手又极为重要的事件是西姆拉会议研究，这是涉及藏族史中侵略与反侵略、分裂与反分裂的重大问题。直到目前，这一会议带来的后遗症，还像幽灵一样，给中印两国的关系罩上了挥之不去的阴影。业内人士都了解，对这类涉及外交的研究课题，是极为敏感的。研究可以进行，越深越好，但要把研究成果公开出版是不那么容易做到的。这种状况，对于多数学者来说，是难以逾越的鸿沟。因为没有公开出版的成果，就意味着一生的寂寞。但柳先生不计较个人的成败得失，毅然决然地走下去，即使到了生命之火行将熄灭的时候，他还用颤抖的双手反复修改文稿，渴望把关于西姆拉会议的研究书稿留给后继者。

柳先生关心国家民族利益的赤诚之心，我也有所感触。大概在上世纪90年代初，我有事拜访他。当我即将离开的时候，他带着略为认真的语气说，如有时间，请关注西藏的水资源问题，说不定今后会出现水资源的国际纠纷。其时我正忙于院部的重点课题《中国各族原始宗教资料集成（珞巴族卷）》的工作，难以分身，没有进一步询问柳先生提出这一课题的依据。第二天上午，柳先生打来电话，说是他已收集了几本西方人士到雅鲁藏布江流域考察或探险的专著目录，叫我去取，并说我有时间时，可借这些书看看。但时至今日，出于种种考虑，我还是没有着手这一工作。不过随后我接受了河北大学出版社的邀请，写了《雅鲁藏布江传》一书，说实在话，如果不是当年柳先生的点拨，我是不会接受这一邀请的。在此我同样也要感谢柳先生。

柳先生关心国家民族利益的另一种表现是同情被压迫民族和扶持弱者。在皂君庙居住的时候，我常晚上走访他。他见我来往往把电视关掉。但有一次，他破例了。我一看异常，原来是一场韩国与某一国家的足球赛。他说他十分喜欢韩国队赛球，他们往往在似乎没有胜算的危险时刻，能坚韧不拔，出奇制胜，这是一个被奴役民族在重新崛起后的一种民族精神的体现，令人兴奋。我也观看足球赛，但仅局限在球技精彩与胜负的层面上。像柳先生这样品味足球，把韩国被日本奴役和重新成为亚洲四小龙的民族复兴联系在一起，真使我感受到柳先生品球的睿智目光。

柳先生扶持弱者的一个事例是培养他的小保姆。上世纪的90年代，柳先生已有80高龄，子女又不在身边，只好雇用一位来自安徽的小保姆料理家务。柳先生本来自理能力强，加之家务不多，小保姆颇为空闲。为此柳先生督促她学习文化知识，并出钱资助她到海淀的实习夜校就读，经常是下午5点左右离开晚上10点左右才回来。待她真像是自己的小孙女一般。这个姑娘在柳先生的扶持下，经过多年的努力，文化知识有了很大的长进，听说后来她还考入了中等技术学校。

我和柳先生的关系是非常有趣的。我当学生的时候，曾报考他的研究生，但却被挡在门外。我参加工作了，柳先生的大门洞开着，可命运就爱跟人开玩笑，我颇为意外地投入珞巴族、门巴族的研究行列，且长达数十年，与柳先生的研究专长无缘。但我在退休前后，却又搞起了柳先生所深虑的西藏水资源的问题研究。这种人生际遇不知是否可以这样说：柳先生是我的一个不是老师的老师，我是柳先生一个不是学生的学生！在纪念柳先生诞辰100周年的日子里我若能学到他少许的淡泊品格，我想会让我愉快地度过退休岁月的。但愿能学有所成吧！

作者单位：中国社会科学院民族学与人类学研究所

忆我的老师——藏学研究指路人

陆莲蒂

我和柳先生初次相识于1955—1956年，先生任教中央民族学院语文系54级藏语班的藏族近代史课，我是班长，故与老师交往就更多。老师授课逻辑性强，论述严谨，又平易近人，课堂教学效果好。我是班内同学中年龄小者之一，大家叫我“小陆”，柳先生亦从不叫我名字，也是亲切地叫我“小陆”。先生多次向我提出，让我周六约同学到他家去玩，虽然我答应了，但未如愿，因学校周末安排有集体活动。

时隔两年多，于1958年8月，我和柳先生在青藏高原古城拉萨又相聚。在拉萨成立西藏少数民族社会历史调查组时，我们又成为同一组内的成员。1958年国庆节后，我赴日喀则江孜去调查，于1959年春节前夕，返回拉萨后速将所调查的藏族老人参加两次（1888年和1904年）江孜抗英斗争的经历译成汉文，前去请教柳先生，得到老师的肯定和指导，受益匪浅。

1959年10月后，我到民族所历史室工作，由侯方若主任同我一道去见柳先生，一进门先生热情招呼“小陆来了”。主任问：“你们认识?”先生答：“她是我的学生。”主任宣布：“今后柳先生是你研究藏族史的指导老师。要尊重师长，努力读书，发挥自己专长，制订计划交到室里。”柳先生有准备地接纳我做学生，要求我从“西藏地方与清代中央王朝的政治关系”入手。要我读《清实录》、《卫藏通志》，边学边收集与上述主题有关的资料，做笔记，写文章；要求摘录任何史料时，必须注明作者、书名、卷数、版本、页码，便于别人核对所用的史料。老师的教诲是在教导青年如何做人做事，至今我铭记心中。

1962年民族与语言两所合并，我参加了全所青年研究人员专业知识培训，充实外语（英、俄任选一种），哲学、家庭私有制的学习，我选学英语，由柳先生任教。我参加工作前后，曾有两次机会接受柳先生的课堂教学，不仅增长了知识，而且终身受益。

1978年恢复业务后，（一）我没有忘记老师柳先生给我指引的专业方向；（二）20世纪50年代末，我曾两次进藏，在青藏高原上的特殊经历，激励我从事藏学研究。因为藏族是我国具有悠久历史和优秀传统文化的民族之一。藏族文化在藏族社会历史的进程中产生发展着，是中华民族文化宝库中的瑰宝。保存至今的大量藏文档案，是藏民族用本民族文字记载下来的历史篇章，有力地说明了西藏与祖国的政治关系，亦是西藏是中国不可分割的一部分之法律依据。所以大量的藏文史料对当今的藏学研究，其意义更为深远。（三）利用自己掌握藏族语言文字之便，决心向藏文历史档案这门学科进军，得到历史室主任的支持及藏族组老先生的同意。尤其柳先生不仅赞同，而且要求我必须自学钻研古藏文，攻破藏文档案这门学科的难关，通过藏文历史文献开阔藏学研究领域。

70年代末，为提高自己的藏文水平，我曾走出去到中央民族学院语文系藏文研究班学习；之后，历史室又为我们请进藏族老师讲课，通过选择所内保存万余件藏文历史档案（原件），包括元、明、清时期的珍贵史料为教材，逐步熟习了旧式公文，提高了对藏文历史文献的阅读能力。

此时，获知中国第一历史档案馆军机处满文折包中存有藏文奏表。我惊喜地前去观光，展现我面前是藏文楷书字体，书法工整，写在藏纸上，是六辈班禅额尔德尼给乾隆大皇帝呈递的奏表，封条未启。当时我迫切想从藏文历史档案中寻觅书本上得不到的史料。馆方得知我熟习藏文，愿意提供阅读方便，但希望我能帮助他们将这部分内容和数量不清的藏文奏表给予编目。我应允了档案馆的要求，每周去两天，大约用了两年时间，义务为其做了摘要编目，约120余件。

藏文奏疏的内容主要分两大部分：（一）清朝乾隆皇帝重视民族政策。自乾隆四十二年至四十五年间（1777—1780），西藏地方首领六辈班禅额尔德尼为大皇帝七旬大寿晋京祝嘏，八辈达赖喇嘛及各大呼图克图给清中央政府呈递的奏表。（二）嘉庆九年（公元1804年）八辈达赖喇嘛圆寂。因乾隆五十八年（公元1793年）清朝管理西藏事务政治措施发生重大改变，特制定并颁布了著名的《钦定藏内善后章程》，其中一条即关于寻找活佛及呼图克图的灵童问题。从此确定了黄教蒙藏大活佛转世必经清朝中央政权批准始能生效的制度。“金瓶掣签”制度建立10年后，适逢八辈达赖圆寂，理应遵奉《藏内善后章程》施行“金瓶掣签”，但七辈班禅额尔德尼为代表的西藏执权者，都请求“变通”金瓶掣签制度。因当时清代中央政府嘉庆皇帝财政亏缺，吏治败坏，武备废弛，对外逐渐丧失了抵御的力量和勇气，对内则官逼民反，激起了以汉族为主体的各族人民大规模的武装反抗斗争，社会阶级矛盾日趋尖锐。西藏上层僧侣看到中央腐败、涣散的政治局面，对西藏地方鞭长莫及，致使七辈班禅与摄政济咙呼图克图借用大众之意向清朝廷提出请愿，请求将访得丹增曲结之子，免予“金瓶掣签”，认作达赖喇嘛之呼毕勒罕。由此可以看出：西藏地方即使不按“金瓶掣签”制度行事，亦需经呈请皇帝批准，不得像以前那样，可以随意指认达赖喇嘛之呼毕勒罕。总之没有朱批，掣签是免不了的。此次七辈班禅为九辈达赖请免掣签，最后得到嘉庆皇帝的准允。

通过整理西藏地方达赖喇嘛、班禅额尔德尼及摄政呼图克图等呈递给中央的藏文奏疏，不仅提高了我的古藏文阅读能力，而且也获得了汉文史书中见不到的珍贵史料。因为《清实录》《卫藏通志》不可能将所有材料纳入书中。尤其西藏地方给皇帝的奏疏，不少是择其要点，译出呈上御览，这就使后世所见之汉文多系节本，难有全貌。况且我国历代封建王朝施行民族政策不一，翻译人员（通司）又有方言之差，译成汉文后，不可避免会与藏文原义不符，致使记录的史实失其真义。我以“第七辈班禅额尔德尼率众具奏”的藏文奏疏与汉文奏折对照后，撰文：“七辈班禅为九辈达赖请免金瓶掣签——藏文奏折—汉文奏折补释”，发表于《西藏民族学院学报》1983年第一期。

80年代初期，民族所承担编辑国家“六五”哲学社会科学重点项目之一《西藏地方是中国不可分割的一部分》（史料选辑）。全书共分7章，我参加并承担第四章“清朝治理西藏地方的章程与建制”。这部分内容正是我到民族所后，老师柳先生指导我研究藏族近代史的主要内容。于是我又认真重读《清实录》《卫藏通志》。从书中选辑了关于清前期中央政权在西藏地方的建置与管理措施等方面的资料。为了充实史料内容，利用本人阅读藏文历史奏疏之便，借阅了清前期汉文档案。从中选录“乾隆皇帝册封第八辈达赖喇嘛全册文”（中国第一历史馆藏《朱批奏折》民族事务类文件）。嘉庆十三年正月二十三日，“关于九辈达赖喇嘛免掣金瓶奏报和上谕”（中国第一历史档案馆藏军机处录付民族类文件）、嘉庆十二年（1807 年）十二月二十六日玉宁、文弼奏（中国第一历史档案馆藏《朱批奏折》民族事务类文件）。以上由档案馆摘录的史料，弥补了史书上未见的有关西藏地方与祖国关系的资料，丰富了《西藏地方是中国不可分割的一部分》（史料选辑）内容。

清代建国之初，封授达赖、班禅以宗教的和地方行政的职权，都必须得到清政府的册封。因此，六辈班禅为大皇帝七旬万寿晋京祝嘏，从乾隆四十二年至四十五年，西藏地方呈递给中央的藏文奏表，不仅是西藏地方的历史事实，亦是西藏地方与祖国不可分割的政治关系。本人将此段历史内容纳入《西藏地方是中国不可分割的一部分》（史料选辑）第四章第二节第 216 页。该书于 1986 年由西藏人民出版社出版，2006 年 5 月，荣获首届中国藏学研究珠峰奖二等奖。

1987 年，参加编辑国家“七五”哲学社会科学重点项目小课题《西藏社会历史藏文档案译文集》。该书为集体译著，于 1997 年 8 月由中国藏学出版社出版。2006 年 5 月荣获首届中国藏学研究珠峰奖三等奖。截至 20 世纪末，本书是唯一一本全部用藏文历史档案资料，以翔实的文字依据，阐明了西藏地方自元代以来，西藏与祖国的政治关系和与内地的经济、文化密不可分的联系。本书由中国社科院民族所、西藏自治区档案馆合编。全书选择藏文档案 149 件，译文 15 万字，珍贵图片 10 幅。根据内容分编 7 部分：敕论、全文、奏折、法旨、封文旨令、地方政府和寺庙规章、诉讼化缘契约、西藏人民抗英斗争等部分。这些资料对研究藏族历史和西藏封建农奴制社会形态具有不可替代的重要的史料价值，扩大了藏学研究领域，并获得了独有的新成果。

今年是柳先生百年诞辰，在此感谢老师为我在藏学研究领域里指路导航。

作者单位：中国社会科学院民族学与人类学研究所

深切怀念柳陞祺先生

胡　岩

一、我与柳先生的交往和得到的教益

光阴荏苒，柳陞祺先生离开我们已经5年多了。柳先生是我国当代藏族社会历史研究的开拓者之一，是国际著名的藏学家。在我心目中，他还是一位可亲可敬的爱国老人、藏学前辈。先生晚年曾经给予我特殊的指点和关照，先生为学、待人、处事的风范，和他的音容笑貌一起，给我留下了终生难忘的印象。

我知道柳陞祺先生的名字，是在1982年师从王辅仁先生学习藏族史之后。在我的教材《西藏佛教史略》的自序中，王先生提到了他要特别感谢的他的三位老师：柳陞祺、李有义和王森。此后若干年，无缘得识柳先生，只是对于我的老师的老师怀着一种高山仰止的敬畏之心。

最初面见先生，应该是1994年赴英进修之前。当时我已经多少了解了1940年代先生作为国民政府蒙藏委员会驻藏办事处英文秘书，驻在拉萨，为维护国家主权和领土完整与英帝国主义分子黎吉生之流斗争的那段历史，也知道英国藏学家如兰姆等人的情况，行前向先生请教一些问题。先生热心地接待了我，详细回答我的问题。他博闻强记，宽和儒雅，让我感觉和蔼可亲。一年多之后返回北京，我又登门向先生报告在英国见到黎吉生、兰姆和内维尔·马克斯韦尔等人的情况，介绍我所了解到的英国藏学研究的状况，东鳞西爪，挂一漏万。先生饶有兴味地听着，一边随时回答我的问题，一边纠正我的错误，指点迷津。

记得我问得较多的有英汉翻译的问题。例如，关于黎吉生（Hugh Richardson）的名字，当时就有理查森、黎吉逊等不同的译法，究竟应当以何为准，我并无把握。先生告诉我，翻译人名不仅要参考一般的人名词典或约定俗成的译法，更要遵守“名从主人”的原则。黎氏当年曾经当面告诉他，“黎吉生”三个字是他为自己取的汉文名字，这样，黎氏的汉文译名应以此为准。实际上，英美等西方人士中长期在华者，大多起有汉文姓名，英译汉时，应该用这些他们自起的姓名。以后的翻译中，我便懂得了要对此加以注意。例如著名的美国汉学家和藏学家、1905—1909 年出任美国驻华公使的柔克义（William Woodville Rockhill），他的姓名，就不宜依据一般的人名词典译作“洛克希尔”。

我从先生那里得到的教益还有许多，试再举一例。

黎吉生著《西藏简史》一书，1979 年经中国社会科学院民族研究所印行内部版，其中提到了 1921 年的“寇松备忘录”：“中国政府被提醒……如果不立即开始谈判，英国政府将有理由停止承认西藏为中国宗主权下的自治邦，并且决定以此为今后与西藏往来的基础。”① 其时正值第一次世界大战之后，拟议中的华盛顿会议之前，英国要催逼中国重新参加一个类似于西姆拉会议的谈判，用所谓“宗主权”否认中国在西藏的主权。这条材料无疑十分重要。所以，休·黎吉生、内维尔·马克斯韦尔、谭·戈伦夫、范·普拉赫及梅·戈尔斯坦等人在自己的著作中都使用了它。然而，此处的译文却并不准确。其英文原文为：

> In view of the commitments of His Majesty's Government to the Tibetan Government arising out of the tripartite negotiations of 1914, and in view of the fact that the Chinese Government accepted, with the

① ［英］休·黎吉生（Hugh E. Richardson）著，李有义译：《西藏简史》（*Tibet and its History*, London 1962, Revised edition, Boulder & London, 1984），中国社会科学院民族研究所 1979 年内部版，第 106 页。

exception of the boundary clause, the draft convention of 1914, providing for Tibetan autonomy under Chinese suzerainty, and formally re-affirmed their attitude in this respect in their offer of 1919, His Majesty's Government do not feel justified, failing a resumption of negotiations in the immediate future, in withholding any longer their recognition of the status of Tibet as an autonomous state under the suzerainty of China, and intend dealing on this basis with Tibet in the future. ①

经过柳陞祺和邓锐龄两位先生的指点，我将其译作如下文字：

1914 年的条约草案规定，西藏在中国的宗主权之下实行自治。鉴于 1914 年三方谈判中英王陛下政府对西藏政府所作的承诺，鉴于中国政府接受了除边界条款之外的 1914 年条约草案，并在 1919 年的提案中正式重申了其在这方面的态度这一事实，英王陛下政府认为，如果在近期仍不能重开有关西藏问题的谈判，我们就没有理由继续拒绝承认西藏是一个处于中国宗主权之下的自治邦。英王陛下政府今后将以此为基础与西藏进行交往。

两段译文的差异在于，就寇松而言，在 1920 年代初期还根本无从否认中国对于西藏的"宗主权"，故而其威胁不在于"停止承认西藏为中国宗主权下的自治邦"，而在于威胁要不再顾及各种条约规定的"国际义务"，今后直接与西藏当局"交往"。至于连承认"宗主权"都要以中国政府承认"西藏自治"作为交换条件，乃是 1943 年"艾登机密备忘录"中才提出的。

实际上，在《印度对华战争》中，这段文字已经有了准确的表述："1919 年英国人企图诱迫中国恢复三边谈判，威胁说，中国如果拒绝，英国就要承认西藏是'一个在中国宗主权之下的自治邦，并且……以后就据此与西藏打交道'"。《元以来西藏地方与中央政府关系档案史料汇编》中的"顾维钧致外交部电"也收入了这条史料："……此事如不从速续议，英政

① 英国国家档案馆，FO371/6609/F2994，致中国公使备忘录，1921 年 8 月 26 日（Memorandum to Chinese Minister of August 26, 1921）。

府以为对于西藏为自治国一层不便再稽承诺，嗣后对藏拟以自治国待之。”①顾氏当时在伦敦出任中华民国驻英公使，是接受寇松备忘录的当事人。他在电文中的措辞当然是准确无误的。

柳陞祺先生在指点我理解此段译文时，还告诫我，翻译之事不可图快，快则易于出错。先生为学的缜密，给我留下了深刻的印象。

2000 年底，黎吉生在英国去世。得知此消息后，我转告柳陞祺先生，并约请先生介绍黎氏在藏期间分裂我国西藏的活动及国民政府驻藏办事处与他们的斗争，先生慨然应允。2001 年 2 月中旬的一个上午，我去了先生在皂君庙的寓所。那天陈乃文先生和《中国西藏》杂志社的卢颖女士也在座。先生谈兴颇浓。时值西藏和平解放五十周年，围绕黎吉生的话题，先生抚今追昔，告诉我们，50 年前，他做梦也没有想到，共产党和新中国的中央人民政府能够在掌握全国政权不到两年的时间里，就用和平解放的办法妥善地解决了南京政府在统治中国的 22 年中无法解决的西藏问题。不久后，中国人民又在抗美援朝战争中与当时西方世界最强大的美帝国主义打了个“平手”。这两件事，令他从心底佩服中国共产党，也是促使他下决心从印度返回祖国的根本原因。中午，陈乃文先生还请我们在附近的一家饭店吃了午饭。后来我整理出谈话记录，加上自己搜集的一些资料，写了《柳陞祺先生谈所谓的英国“驻藏办事机构”——从黎吉生的去世说起》一文，记下了与先生的这次难忘的交谈。②

不久之后，先生离开了他在皂君庙的寓所，和他的女儿柳晓青女士生活在一起。先生晚年已经不再参加更多的学术会议，对许多慕名而来的访客也基本上谢辞不见。但是对于我的求见，先生总是不加拒绝。我深知这是给我的一份特殊待遇，也十分珍视向先生求教的机会。先生晚年没有中断自己的研究工作，偶尔还曾要我代为查找一些资料或借阅书籍。我则把每次拜访的时间控制在一小时之内，免得先生过于疲劳。每次拜访先生，总能收获许多教益。现在想来颇觉后悔的是，应该多见先生几次。先生曾

---

① 中国藏学研究中心等合编：《元以来西藏地方与中央政府关系档案史料汇编》，中国藏学出版社 1994 年版，第 6 册，第 2459 页。[澳大利亚] 内维尔·马克斯韦尔（Neville Maxwell）著：《印度对华战争》（*India's China War*, Jonathan Cape, London, 1970），生活·读书·新知三联书店 1971 年内部读物，第 50 页。

② 见《中国西藏》2001 年第 3 期。英文译文载于 China's Tibet, Vol. 12, No. 3, 2001，题为“*Mr. Liu Shengqi on H. E. Richardson*”。

经问过我对于“印茶入藏”这个题目有无兴趣，我因自己的学识和功力有限，对此不甚了了，也未就此问题就教于先生，实在是一件憾事。

2003 年春节过后，是我最后一次拜访先生。那一次，我专门从同事处借了一支录音笔，留下了与先生不到一个小时的交谈。此后一个多月，就得到了先生病逝的消息。想到今后永远失去了请教先生的机会，想到先生的离去在我国藏学研究领域留下的空白，我默然良久，哀恸不已。

二、柳先生的《西藏与西藏人》和他的西藏历史研究

先生在 1950 年代初完成了《西藏与西藏人》一书，于 1953 年在美国出版。此书与 1956 年在美国出版的李铁铮先生的《西藏的历史地位》，[①] 是最早的两本由中国学者用英文撰写的介绍中国西藏历史文化的学术著作。先生的《西藏与西藏人》一书，又以文笔优美、通俗易懂而见长。这是与先生有着多年在藏生活工作的亲身经历分不开的。大凡西藏千余年的历史文化、藏族独特的风俗习惯、藏传佛教的神秘、雪域高原的壮美，先生在书中娓娓道来，如行云流水，挥洒自如，令读者耳目一新。字里行间，既反映出先生对于藏族历史文化的了解和尊重，又不乏实事求是公正评价的客观态度。既有对于普通藏族劳苦群众的同情，也有对于僧俗贵族和达官显贵的讽刺鞭挞。

例如，在谈到僧侣鞭打那些朝拜达赖喇嘛的信徒时，有这样一段文字：

> 宗教领袖对于信徒偶尔给予的祝福，以及西藏百姓对宗教领袖那种疯狂的痴迷，让外人感到强烈的反差。曾记得，有一次达赖喇嘛意外地来到拉萨城里，在大昭寺举办了一次法事活动。他所到之处，被崇敬他的百姓挤得水泄不通，只为了能看他一眼，其场面令人震惊。这是一种源于忠诚，发自内心的冲动。这种忠诚，在任何别的地方都会得到善意的认可，而在这儿，却得到了意想不到的回

① 李铁铮著，夏敏娟译：《西藏历史上的法律地位》，湖南人民出版社 1986 年。（Li Tieh-tseng: *The Historical Status of Tibet*, New York 1956。此书的修订版以《西藏今昔》为名，于 1960 年再度印行（*Tibet, Today and Yesterday*, revised edition of *The Historical Status of Tibet*, Bookman Associates, New York 1960）。

> 报。为了让达赖喇嘛突破重围，那些卫士猛然冲入人群，狠狠地左右扬鞭，打在最不应该挨打的人们身上。西藏朋友让我们放心：老百姓根本不在乎这种对待。我看不是不在乎，而是尚未在乎，一旦他们醒悟过来，有什么能压制他们的愤怒呢?![1]

读者不难看出，先生的同情是在那些与他素不相识的普通藏族百姓一边。而对于靠剥削压迫农奴为生的旧贵族官员的虚伪和无知，先生则给予了无情的嘲讽：

> （他们）向来是以含蓄而著称，更为突出的是他们在任何情况下都表现得泰然自若。他们喜欢自谦愚昧无知，而很多情况下，这并非客套而是事实。……[2]

读到这里，又不禁令人哑然失笑。

文中对于藏北牧民、藏南农民和行商坐贾各色人等日常生活的描述，文笔轻松欢快，语言优美流畅。在介绍西藏风土人情的同时，也用了相当篇幅论述旧西藏的社会制度、主权归属和人民共和国建立之后政局的迅速变化。对于那个旧西藏的终结和一个新西藏的诞生，先生毫不怀疑，并且给予了热情的期盼。

《西藏与西藏人》是一部用英文写成的书，是主要为西方读者而写的。为了让他们了解旧西藏政教合一神权统治的落后于时代，先生尽量贴近他们的阅读习惯，照顾他们的知识背景。书中第4部分的标题“一个属于神，被神统治并为神服务的政府”，其英文原文为“A Government of the God, by the God and for the God”，套用了南北战争时期美国第16任总统亚伯拉罕·林肯在其著名的葛底斯堡演说结尾处，对于美国政府性质的理想化的界定——“（A）government of the people, by the people and for the people”。这样的处理，不仅令一般西方读者感到熟悉，而且足以让他们仅仅从标题上就能领略到旧西藏封建农奴制政教合一的神权政体与当代代议制的西方国家

---

① 沈宗濂、柳陞祺著，柳晓青译：《西藏与西藏人》，中国藏学出版社2006年，第166—167页。

② 沈宗濂、柳陞祺著，柳晓青译：《西藏与西藏人》，中国藏学出版社2006年，第173页。

政体的本质区别。若非学贯中西、对英语语言文化有着极深造诣的大师，是难以写出这样的文字的。

先生文章中最令我钦佩的一篇，是《评范·普拉赫先生的西藏历史观及其他》。1987 年，荷兰人范·普拉赫所著《西藏的地位》一书出版。[①] 先生的这篇评论文章，即是为批驳范氏而写成。撇开其他不论，范氏此书反映了西方人从事西藏近现代史研究普遍的弱项或通病——不使用汉文或藏文史料。这类学者不懂汉文、藏文固然是原因之一，但是其背后更深层次的原因恐怕还是他们根深蒂固的偏见。令人费解的是，没有足够史料的支撑，并不妨碍他们妄下结论。不懂汉文的范·普拉赫，居然敢说中华民国政府宣布汉满蒙回藏“五族共和”是“历史上第一次提出西藏、蒙古应成为中国领土的一部分，其人民应当是中国的公民”。柳陞祺先生是如何批驳范氏的呢？先生并未多费笔墨，而是引用了清帝的退位诏书：

> 朕钦奉隆裕皇太后懿旨：……今全国人民心理，多倾向共和……予亦何忍以一姓之尊荣，拂兆民之好恶。是用外观大势，内审舆情，特率皇帝将统治权公诸全国，定为立宪共和国体……总期人民安堵，海宇乂安，仍合满汉蒙回藏五族完全领土为一大中华民国。……

随后，先生告诉范氏，此前孙中山先生出任中华民国临时大总统时发布的宣言书中也是这样说的。先生提请范普拉赫注意：“上面那段仍合五族为中华民国的话，正是由一位你们称作‘不是中国人的中国皇帝’一方提出来的。”先生还指出，“近世以来，民族和国家是不同的两回事，已经是常识问题了。由单一民族组成的国家固然有，然而由几个民族组成一个国家，或由一个民族组成若干国家都同样是常见的事。为什么中国就必须是单一的汉民族国家呢？”[②] 这样的批驳，是何等有力！清帝退位诏书这样一条切中范氏谬论要害的史料，先生似乎是信手拈来。但是我们可以想见，没有深厚的学养和对于中国历史特别是民族关系史的深刻理解，如何能够

---

① ［荷兰］范·普拉赫（Micheal C. van Walt van Praag）著，中国社会科学院民族研究所译：《西藏的地位》，（*The Status of Tibet*: *History*, *Rights and Prospects in International Law*, Boulder, Colorado, 1987）。中央统战部 1991 年内部汉译版。

② 同上，第 6 页。

在批驳对手的时候，举重若轻，得心应手地使用这样一条史料呢？

除了国内藏学界，国际上一些客观和知名的专家学者也对柳陞祺先生赞誉有加。英国学者阿拉斯太尔·兰姆在其《西藏，中国与印度，1914—1950 年，一部帝国外交史》一书中曾经这样提及柳先生：

> Shen Tsung-lien, with his assistant Liu Shen-chi (Liu Shengqi), later wrote a book about Tibet, *Tibet and the Tibetans*, Stanford, California, 1953. Liu Shen-chi went on to work on Tibetan questions for the People's Republic of China and in 1988 was still publishing in China. These were men of the highest calibre, a fair match for the diplomatic skills of George Sherriff and Hugh Richardson. The present author has had the privilege of being able to talk about this period of Tibetan history with Liu Shen-chi (who used to play tennis in Lhasa with Hugh Richardson; but it is not recorded who usually won).

“沈宗濂和他的助手柳陞祺后来写了《西藏与西藏人》一书……柳陞祺继续为中华人民共和国从事西藏问题方面的研究，直到 1988 年仍然在发表著述。此二人才智超群，其外交才华足堪与乔治·谢里夫（George Sherriff）和休·黎吉生对垒。本书作者曾经有幸与柳陞祺讨论这一时期的西藏历史。……”①

从这样一个文末的注释中，也不难窥见西方学者对于先生的敬重。

三、柳先生的遗稿《西姆拉会议与麦克马洪线》（笔者暂定名）

先生晚年以很大的精力从事中印边界“麦克马洪线”问题的研究，做了大量摘记和笔记。此外，还搜集了大约 20 幅包括中华民国时期和中华人

① ［英］阿拉斯太尔·兰姆（Alastair Lamb），《西藏，中国与印度，1914—1950 年，一部帝国外交史》（*Tibet*, *China & India* 1914 - 1950, *A History of Imperial Diplomacy*, Hertford, Roxford, 1989），第 347 页。

民共和国建国初期的中英文地图。有的地图显系购自国外，有的并非公开出版物，可能是孤本，弥足珍贵。承蒙柳晓青女士的好意，我曾于数年前见到了这部遗稿和先生辛辛苦苦搜集的地图。

“麦克马洪线”记载着中国人民的屈辱。柳陞祺先生当年曾经对我说过，我们决不能承认这条“麦克马洪线”！即便日后的边界订得差不多。我以为，先生这样说是非常有道理的。因为“麦克马洪线”是在一个非法的会议——西姆拉会议上，经由英属印度政府和无权签署国际条约的西藏当局秘密换文产生的。尽管中印边界在历史上从未正式划定，但是存在着一条传统习惯线。然而，以西姆拉会议的召集者麦克马洪而得名的“麦克马洪线”，却把中印边界东段历史上属于中国西藏地方的9万多平方公里的土地，划入当年的英属印度。在1950年代初期，独立不久的印度政府又把这条臭名昭彰的带有殖民主义、帝国主义侵略印记的线从地图上搬到了地面，并且强迫中国政府接受。1962年，我国被迫在中印边界进行了一场自卫反击战。然而，“麦克马洪线”以南的大片土地，包括六世达赖喇嘛仓央嘉措的出生地达旺地区，目前仍然被印方非法占据。半个多世纪以来，印度当局先于1954年在该地设立“东北边境特区”，把印度官方出版的地图上的“麦克马洪线”一由“未标定界”改为“已定界”，继而于1972年将该特区改为“阿鲁纳恰尔中央直辖区”，再于1987年将其改为“阿鲁纳恰尔邦”。中国政府至今未予承认。中印边界问题的谈判已经旷日持久。可以预料，这一问题的最终解决是不容易的。

先生的笔记大约有20万字左右，中文英文并见，记载了他读过的大量中英文书籍和档案资料，也留下了先生准备撰文揭示有关“西姆拉会议”和“麦克马洪线”历史事实真相的种种构想和考虑，是他晚年研究的成果。惜后来先生年事已高，且无人襄助，终未完成此稿。现在这份多年研究的成果和笔记、地图等仍然由其家人保存着。这部未完成的遗稿，不仅饱含先生的心血，也是留给我们后人的一份沉甸甸的责任。整理这部手稿，需要有一定研究能力的学者付出艰苦的劳动。

改革开放三十年来，我们国家强大了，富裕了，教育有了长足的发展，据说已经成为每年培养硕士博士学位研究生最多的国家。可是多年来，我们疏于培养这方面的专门人才，科研成果也十分有限，缺乏高质量的、堪与英印学者媲美的学术专著，国际上也很难听到我国学术界在此问题上的声音，而达赖喇嘛却在日前表示承认“阿鲁纳恰尔邦”是印度的一部分。

这种态势不应该再继续下去。借此机会，我想呼吁有关部门重视这一问题，早日组织人力，整理出版柳先生的这部书稿。

柳陞祺先生是从旧中国过来的知识分子。他拥护中国共产党的领导和社会主义制度，首先不是由于意识形态的原因，而是因为他热爱自己的祖国，一生怀着用自己的学识报效国家和人民的志向。积贫积弱、受人凌辱的旧中国，曾经在他心头留下永远的痛。1944 年进藏，要等待英属印度政府的签证；从亚东到江孜，要住英国人管理的驿站。国民党统治中国 22 年，西藏地方与中央政府的关系极不正常，国民政府一兵一卒不能进藏。在拉萨的数年中，他要和他的同事与英帝国主义分子黎吉生之流、与西藏当局中的分裂势力斗智斗勇，苦撑危局。新中国成立前夕，西藏当局驱逐驻藏办事处全体人员并家属，他们毫无办法。谈到帝国主义强加给中国人民的不平等条约，先生曾说，当年对于废除这些条约，他连想都不敢想。但是所有这些，废除不平等条约、实现西藏的和平解放、祖国大陆的统一，在中国共产党的领导下，随着一个新中国的诞生，迅速地变成了现实。他对于这样的一个新中国的诞生，心中该有多么高兴啊！正如柳晓青女士在《西藏与西藏人》一书的译后中告诉我们的，先生为祖国服务的深厚的爱国情结伴随着他的终生。“他用毕生的精力从事西藏问题的研究，为维护祖国的领土和尊严，为还历史的本来面目而著书立说。”“不能白吃老百姓的小米，要回报社会”，是先生常说的话，也展示了先生崇高的爱国情结和社会责任感。①

先生一生从不计较个人名利待遇，待人谦和诚恳，为学严谨扎实，潜心藏学研究，鞠躬尽瘁，奖掖后学，诲人不倦。无论道德、文章，皆堪为我辈楷模。但是最值得我们景仰的，还是先生的爱国情怀。值此先生辞世五周年之际，谨为此文追念先生，并与各位同仁共勉，学习先生精神，努力为我国的藏学研究、为国家统一稳定和民族团结进步而尽我们的绵薄之力。

作者单位：中共中央党校

① 沈宗濂、柳陞祺著，柳晓青译：《西藏与西藏人》，中国藏学出版社 2006 年，第 255 页。

一生爱国心　藏研六十载　硕果满园结

——忆藏学前辈柳陞祺有感

罗桑旦增

柳陞祺先生是我国老一辈著名的藏学家。柳先生早年之所以致力于藏学，是与他的那颗热爱祖国的赤诚之心分不开的。自从他走进西藏之始，就全凭着满腔爱国之心，投入到由浅入深地观察、了解、研究当时的西藏社会民情、政治动态，乃至地理风貌等等的繁忙工作中去，这种工作一直持续到他的生命终点而从未间断过。正因为有了满腔爱国之心，他才能在学术上硕果累累，使人仰慕不已。1944 年年富力强、才华横溢的柳陞祺离别繁荣热闹的内地都市，进入蓝天白云、人烟稀少而遥远的西藏，这是他人生中的转折点，从此以后他与藏学结下了不解之缘。他以一位忠诚的爱国学者身份，奔波西藏各地，从事藏学诸多领域的研究工作。他治学严谨，为人正派，淡泊名利，这些优点也为他的学术研究创造了极为有利的条件。本人虽与柳先生素不相识，但我有幸拜读先生生前留下的许多藏学论著和论文，使我对这位爱国学者深感敬佩。对他的为人，我从我的好友及其平生熟悉他的同志中亦有所知晓。

本文从柳陞祺先生的生平、著述及其人品三方面概述先生给我留下的印象与我本人的感受。

其一、生平简述。柳陞祺先生是中国民主同盟会会员。他于 1908 年在浙江省兰溪县诞生，于 1930 年毕业于上海光华大学英国文学系。1931 年在国民政府财政部所属盐务管理局工作，担任英文助理秘书。抗战爆发后，1940 年转赴后方到四川，在光华大学成都分校执教英文，从讲师晋升为副教授。1944 年进藏，在拉萨国民政府蒙藏委员会驻藏办事处担任英文秘书。1949 年新中国诞生前夕辞职离藏赴印，受聘于印度国际大学中国学院任名誉研究员，从事藏学研究，1952 年底离任返回祖国首都北京，开始在中央民族学院研究部继续进行藏学研究工作，后来于 1958 年转至中国科学院哲学社会科学部民族研究所，即现在中国社会科学院民族研究所的前身从事藏学研究工作。2003 年病逝，享年 95 岁。

从以上个人简历中我们清楚地看到柳先生年刚二十出头即大学毕业，三十出头晋升副教授，1944 年正当他 36 岁时进入西藏。当初他的入藏动机是“想到这个一般人去不了的地方，生活一段时间，而后写出点东西来，最好是一本书，岂非一举两得（注：《西藏与西藏人》序文第 2 页）”。下定决心到西藏，这在当时的历史条件下，一般人是很难做到的，然而风华正茂的柳陞祺却为了解和熟悉这个位于西南边疆的我国神圣领土西藏的具体情况，毅然放弃内地的优越条件，选择到西藏生活、写书，可见其抱负不凡。

1944 年至 1949 年是柳先生在西藏工作的 5 年时间，其时间虽为短暂，但先生的所见所闻并非寻常，期间先生亲身经历帝国主义妄图分裂祖国的种种行径，使他义愤填膺，更加激起了心中的爱国热情，为维护祖国统一和汉藏民族的团结幸福，决意继续深入研究藏学，揭露帝国主义及其亲帝分裂分子企图把西藏从我国分裂出去的各种阴谋活动。期间他研读了大量有关藏学的文献，学习了藏语文，接触了藏族僧俗官员、普通百姓等各界各阶层的人物，经常出入于佛堂、寺院、贵族府邸，并随时用英文记录所见所闻所感，写下了三大本有关西藏的笔记和日记，为后来在印度用英文撰写《西藏与西藏人》积累了既真实又丰富多彩的原始资料。1949 年柳陞祺离开西藏的年代，正值蒋介石国民政府苟延残喘的末日，鉴于当时的国内形势，柳先生向蒙藏委员会驻藏办事处提出辞职，离藏赴印，受聘于印度国际大学中国学院担任名誉研究员，继续研究藏学。柳先生在印度期间用英文写就了《西藏与西藏人》这部书。新中国成立后，柳陞祺看到伟大祖国蒸蒸日上的大好局势，再也按捺不住返回祖国的急切心情，于 1952 年底毅然离开印度返回祖国的首都北京，结束了异国他乡的三年侨居生活。

柳先生回国以后，对他的学术研究及生活诸多方面，政府和所在单位给他提供了力所能及的方便，使这位饱经沧桑的爱国学者扬眉吐气，精神焕发。从此他可以奋笔疾书，深刻论述藏学的方方面面，可以彻底揭穿帝国主义及其帮凶妄图分裂祖国的种种罪行。自20世纪50年代末以来，他的著述颇为丰富，这些作品不仅具有很高的学术价值，而且还有普遍的现实意义，即为维护祖国统一，反对分裂，加强各民族团结，稳定和发展藏区都具有重大的意义。换言之，他为上述事业做出了积极的贡献。

其二，论著与论文。20世纪50年代初柳陞祺先生侨居印度时，用英语撰写了他的早期著作《西藏与西藏人》。随后将稿件寄给当时定居美国的原蒙藏委员会驻藏办事处处长沈宗濂先生阅定，因为沈宗濂与柳陞祺二人之间曾有过前后辈及上下级两种关系，柳先生当时能入藏多与沈之协助有关（详见《西藏与西藏人》汉译本）。这部英文原著于1953年由美国斯坦福大学出版，这是中国人用英文向全球介绍西藏的第一部著作。全书共有六个部分，其中第三四两个部分，即对藏传佛教及其寺院的组织结构和西藏政教合一制度的精辟剖析，不仅在当时是一个鲜为人知的学术创新，当今也依然具有很高的学术价值。本人虽未能目睹原著，但有幸拜读陈乃文同志赠给我的《西藏与西藏人》汉译本。此译著是柳陞祺先生的令爱柳晓青同志的佳作，阅读此文及邓锐龄先生的序文后，不但欣赏了英文原著的详细内容，还进一步了解了柳先生的许多高尚品德，敬慕之心由衷而生。当我读到书中的第五部分与藏人一起生活，第六部分拉萨的一年四季时，一种难以言喻的轻松欢快而身临故土的真挚情感由我心中缓缓生起。这就是作者亲身体验西藏的真实写照。更何况《西藏和西藏人》是作者在西藏5年的心血与汗水的结晶。

柳陞祺先生在藏期间，为了让全国人民了解热振事件的真相，他曾撰写过有关揭露西藏亲英势力策划热振事件和抨击英国侵藏阴谋的重要文章，并已发表在当时上海的中英文报刊上。

柳先生回国后于1957年同王静如合作编写了藏族历史讲稿《藏族历史概要》，此讲稿是我国第一部用历史唯物主义和辩证唯物主义的观点撰著的藏族历史论著。

1958年至1961年，柳陞祺两次赴藏参加藏族社会历史调查。1963年柳陞祺与王辅仁、常凤玄合作编写了内容更为完善的《藏族简史》（初稿），1985年由西藏人民出版社出版的中国少数民族简史丛书《藏族简史》正是此稿的修订本。这部《藏族简史》是当前研究藏族历史的权威性著作，在我国高等院校内作为本科与研究生学习藏族历史的必修课本而普遍使用。

自从1963年以来柳陞祺先后撰写《西藏喇嘛教的寺院和僧侣组织》、《西藏喇嘛寺庙与国外关系述略》、《清代在西藏实行金瓶掣签的经过》、《汤姆斯·马涅——第一个到拉萨的英国人》、《回顾西藏解放时的几个涉外关系问题》、《用历史眼光认识西藏》等等大量有关藏学问题的学术论文。这些分量很重的文章曾向有关决策部门提供了强有力的历史依据，与此同时彻底揭穿了帝国主义及其亲帝分裂分子妄图分裂祖国的阴谋活动。

1990年柳陞祺先生已是年逾八旬的白发老人，但他为维护祖国统一和反对分裂，不顾年逾古稀，依然飞往英国伦敦查寻和复制英国档案，并为此撰写长篇论文《1929年版〈艾奇逊条约集〉第14卷何以有两种不同版本——兼评西姆拉会议（1913—1914）》，确证西姆拉会议是无效和“麦克马洪线”是非法的历史事实。

其三，高尚的品德。柳陞祺先生为维护祖国统一和领土完整，毕生用他那坚定不移的爱国之心去埋头钻研，著书立说，将一切奉献于藏学研究这一高尚的事业。

先生平生脚踏实地，为人忠厚，淡泊名利，具有正如邓锐龄先生所形容的“遁世不见知而不悔”那样默默无闻的性格。先生也一心热爱西藏、热爱藏民族，在他的晚年培养了一代藏学专家。如我的挚友次仁加布便是他的得意门生。每当次仁加布提到他的导师柳陞祺先生时总是流露出崇敬的表情，他说先生一向待人宽厚，循循善诱，可敬可爱，平易近人。先生熟悉藏情，从心底里热爱西藏和西藏人民，为培养我们这一代藏族学者的确呕心沥血。次仁加布现任西藏社会科学院宗教研究所所长兼研究员，真可谓名师出高徒。一言以蔽之，在这纪念柳陞祺先生诞辰一百周年的特殊时刻，我们缅怀他的藏学业绩，学习他热爱祖国，维护统一，反对分裂，献身藏学的崇高精神，继承他的遗志，让藏学研究更上一层楼，以告慰先生的在天之灵。

作者单位：中央民族大学

柳叶落定

——读柳陞祺《向昨天告别》一文的联想

郭翠琴

目光在衰老中模糊，思绪在记忆中清晰，一位心灵在雪域高原漫步遐想的游子，把最后一声长叹留在了西天净土，心放在了“藏学”上，身体化为灰烬，肥沃着银杏树林，点缀大地……多少年后，远方终于传来了一声惊雷。随即，泪水纷飞化为虹雨，春风杨柳万千条……正如柳先生的爱女晓青说：我们还有那么多的话没说，还有那么多的事没做！

——题记

我是中央民族学院历史系1966届毕业生，从1961年开始学藏史，至今已半个世纪了。

在藏工作、生活的几十年，我基本上是围绕着布达拉宫前后转悠。这个说法可能不易被读者理解。这样说吧，在布达拉宫前面是西藏历史档案馆；在布达拉宫后面则是西藏自治区政协。在历史档案馆工作的时候，我看到了大量的从吐蕃时代到1959年期间的西藏地方政府文书档案；在自治区政协，我又从事《西藏文史资料选辑》的编辑工作。在这两个单位工作期间，我犹如遨游在史海中，对西藏、对藏族人、藏族史和藏族社会有了深刻的了解和理解，我对西藏有了更深挚的爱，并决心把自己的事业定位在藏族史上。

在历史档案馆工作时，我看过一些“驱汉事件”的文书报告。在编辑《西藏文史资料选辑》时，又从原地方政府官员噶雪巴、拉鲁、拉乌达热·土丹旦达、夏扎、山南王拉加里、强俄巴、唐麦、马玉贵、谭熹、常希武、云通等人那里知道了很多关于国民党办事处和柳陞祺先生的故事。

我看过柳陞祺先生主笔的《西藏和西藏人》一书，以及《进藏的第一课》、为《西藏的地位——从国际法角度对西藏历史、权利与前景的分析》写的《评范普拉赫先生的西藏史观及其它》及今年才出版的第24期《西藏文史资料选辑》开卷篇《向昨天告别》等文章。当纪念柳先生诞辰一百周年之际，我以晚辈的身份，从柳先生梦绕魂牵的西藏寄来一篇似白云般的文章，以示对柳先生忠魂的赞叹！但愿柳先生的在天之灵能够感受到今天的人们对他的深切怀念，感受到天上人间心相系，亲情友情浓相依！

西藏是中国领土不可分割的一部分，是历史发展的必然结果。从吐蕃时期直到今天，在描绘西藏是中国领土不可分割的一部分的宏伟画卷中，中华各民族（包括藏族、汉族等）都出过力，都是有功之臣，他们为这片土地不被分裂出去，流过血汗，献过忠心。然而，在纷繁的社会变革中，他们吃尽苦头，受过莫大的委屈。如今，他们已相继离开人间，今年5月份，那位真名常希武、化名汪藻的原国民党办事处情报人员也以93岁的高龄谢世了，留下了四十多岁的藏族妻子和一个16岁的女儿，他是国民党办事处工作人员中最后走的一位……我闻听后很难过，尽管在他生前我常戏称他为“老国民党特务”，此刻我也真诚地说：他们确实是把自己的一生献给了西藏。

柳陞祺是1944年6月随国民党蒙藏委员会驻藏办事处新任主任沈宗濂及其随员共13人入藏的，任英文秘书。当时的生活环境和政治环境的困难状况是不言而喻的。柳陞祺是杭州人，一介书生，他能决心进藏确实是难能可贵的。

办事处的工作是十分繁重的，工作范围包括政教各界，遍及各个阶层。此外，还要对付表面上是友好访问，实际上是跟踪而至的印度驻锡金的行政长官英国人古德及英国驻藏代表显列夫和随同前来的驻亚东商务代表，尼泊尔驻拉萨代表……

柳陞祺在《我进藏的第一课》一文中，有这样的叙述：

“1944 年，因为一次偶然的机会，我进了西藏，这对我来说，是生活上一件大事。

“我们一行先分批从重庆乘飞机到加尔各答，在替公家及私人购置必要的公物、装备、日用品之后，就到噶伦堡集中。从加尔各答到噶伦堡只需一夜火车和几小时的汽车。我对同行的人，原来一个不认识，就连沈宗濂也只在重庆有过一两次简短的谈话，据我了解，除一、二人对西藏有所了解之外，其余的都同我一样，要从头学起。这使我从一开始就怀疑，我们去了究竟能起个什么作用？我们到噶伦堡后，需要住一段时间，等拉萨派来的向导和护送的藏兵到达边境，再决定行期，我们就利用这个时间学习一点普通藏语并练习骑马。噶伦堡和大吉岭，你一听就知道自己是到了藏族文化圈的边缘了。

“从江孜到拉萨，才像真正进入我国西藏的地方。……一方面，我想：从沿途所见到后来在拉萨期间，我看到的总共不到几张英国人的脸，但他们就能够把这条路线控制得如此严实，而我们自己却是一盘散沙，毫无作为，实在有点钦佩别人的能力。但另一方面，尽管我看不出前途有什么转机，也谈不到有什么希望，然而我总相信殖民主义在东方的日子是不会长久的了。只是这种心理推动我慢慢对西藏产生更多的兴趣，觉得自己既有这么好的机会，不能像佛家的谚语说的：‘如入宝山，空手而返’，而应当尽可能多了解一些西藏的问题。让祖国人民对这方面多关心一点它的重要性，虽然这一点我并不能做到，但是我个人对研究西藏的动机，最初就是由此产生的。”

国民党办事处沈宗濂一行，刚入藏就看中并支持佛公、热振等爱国力量。佛公即十四世达赖喇嘛的父亲，在拉萨社会其身份是最高的。汉姓祁，名叫祁却才仁，此人心直口快，真心倾向中央，在热振事件发生之后，怀念热振，不满达扎。他是前任摄政热振将十四世达赖喇嘛和他夫妇一起从青海接过来的，故与热振特别交厚，他对当时的摄政达扎颇有看法，他常说：“我是从中央来的，这里待我不好时，我就回中央去”。他亲近沈宗濂，受到达赖喇嘛首席经师、时任摄政的达扎敌视。一次，佛公偶然有一点小病，达扎的大管家送来一剂汤药，服后即逝。此事一直是个谜。沈宗濂、陈锡璋、柳陞祺直到陈乃文女士，在后来写的文章和谈话中，都对此事愤懑不平。

在历史档案馆工作时，我看到一份 1924 年藏历二月八日十三世达赖喇嘛用红笔批准动工修建夺底电站的报告,和1927年电站建成发电的报告。十三世达赖喇嘛十分欣喜,把电站命名为"车布吉洛珠康俄察堪耶日楚旦尔最勒空",意思是"充满着无边神奇智力的车布吉电厂"。我看后,萌发了写《夺底电站小考》的文章。于是,向一位名叫杨福祥的老先生请教关于电站的故事。

杨福祥是山西人,1930年前后从四川到西藏求法学密宗。西藏和平解放后,因国民党特务的罪名入狱到1979年出狱后安排在历史档案馆工作,那时他已70岁了。

杨福祥老人的法名叫云通,他说:柳陞祺是一个做学问的人,品德很高尚,他很好学,他是英文秘书,常常和住在擦绒家里的德国人哈勒来往,他看到他们数次同往夺底电站。

他还说:柳陞祺是个全才,除了做学问之外,还爱好文体活动,如骑马、打网球、打乒乓球、唱京戏、演话剧等等,样样都能来。他常常在一些公开场合出头露面,很引人注目,他长得也很出众,看起来很文静、很有智慧。这在《西藏文史资料选辑》常希武写的《国民党在拉萨办学简介》一文中也有过叙述:"在大礼堂举行过一次乒乓球赛,有十几个人参加。其中有一个住在擦绒达桑占堆家中名叫哈勒的德国人,那天的比赛紧张、精彩。最后一局是柳陞祺对谭兴沛,打得难解难分,结果,谭兴沛险得冠军。"

他还说:柳陞祺很会照相,还给他照过几次相,他入狱时,相片全部被搜走了。这在《西藏与西藏人》一书和陈乃文女士珍藏的图片中都得到了印证。在常希武写的《国民党在拉萨办学简介》一文中,也有这样的记载,即:"在不易购到新影片的情况下,驻藏办事处的英文秘书柳陞祺也曾为该校拍摄过不少镜头,如教师们在教务室备课,学生们在课堂听课,幼儿们在操场做游戏的种种情景"。

他又说:柳陞祺没有架子,平易近人,他常常跟随在陈锡璋处长左右,在大法会上布施等等。在《西藏文史资料选辑》第24期谭熹写的《我在20世纪40年代进藏工作的经历》一文中就写道:1947年或是1948年的藏历新年,大昭寺传召期间,办事处举行了一次规模较大的布施。那天在大昭寺正殿举行了隆重的仪式,由甘丹赤巴主持,达赖喇嘛高坐在正中宝座上,左边是办事处处长陈锡璋及几位主要官员。……为了尊重藏族的风俗习惯和宗教仪式,所有参加布施仪式的人员,即处长陈锡璋等官员和三个作为代表与领头发放布施的青年,都一律穿戴传统的汉族旧式礼服,头戴呢子礼帽,身穿玄色、古铜色宫缎团花长衫，外套青缎子团花马褂，使这次的布施仪式显得特别庄重肃穆，颇得藏族僧俗人民的赞许，这三个青年就是柳陞祺、胡继藻、谭熹。

他说：1946年左右，拉萨各单位汉、回公务员和北京、四川、云南、青海等各商帮成立了联欢社，我也是社员之一。联欢社的经费都是办事处资助，目的是在拉萨的各界人士聚会联谊，职事人员由大家选举，陈锡璋当选为“名誉社长”，柳陞祺为“总干事”。柳陞祺不但与普通的藏族人合影，还向一些藏族老艺人学唱民歌和跳舞蹈，在《西藏文史资料选辑》第24期谭熹写的《我在20世纪40年代进藏工作的经历》一文中就说道：“由于我与柳陞祺、胡继藻三人志趣相投，平时经常相聚在一起，所以一般人都戏称我们为‘三大光杆’或‘三大学士’。有段时间，我们三人一起以重金聘请一位藏族老艺人，他带着他女儿一起在联欢社教我们弹唱西藏传统乐曲和跳踢踏舞，每周两次，每次一两个小时，我们一边听、一边看、一边学习、一边把曲谱记录下来，可惜那时还没有录音机、录像机，我们共记录整理了大约20首左右，这是我那几年在西藏生活的一大收获，蛮有意思。”

柳陞祺先生是热爱祖国、维护祖国统一的典范。在《我进藏的第一课》一文中，他这样说道：在沈宗濂之前，有蒙藏委员会委员长吴忠信于1940年入藏主持十四世达赖喇嘛坐床典礼，也是经过印度这条路线的。据吴忠信告诉沈宗濂，当时他就没有同英人谈西藏问题。但沈宗濂闲谈中向我表示，似乎不必如此。他告诉我，他到新德里时就同印度政府外交部长卡罗爵士（Sivolar Caroe）谈了西藏问题。他说卡罗这个老头子很开明，说话挺随便。沈宗濂问他，我们一直认为中国对西藏是主权关系，而你们英国总说是宗主权关系，请问宗主权究竟是什么含义呢？卡罗爵士笑着说，你把我问倒了，让我们一起查书。于是他亲自挪动短梯，从上层书架上取下了一卷英国百科全书来，同沈宗濂两人一同研究。研究结果，卡罗向沈宗濂说，对这个词还很难下定义，宗主权的伸缩性很大，这要看中央政府对一个地方的权力贯彻到什么程度。如果全部贯彻了，那就是主权；不然，就是宗主权吧。大意如此。记得若干年后，我们在一本书内提了一句类似的话，有个英国人在他书内力加分辩说，宗主权是什么？国际法专家固然还没有个一致的看法，然而宗主权绝不是主权！不知是感到卡罗的话有什么不妥？读后不禁为之莞尔。

柳陞祺先生针对《西藏的历史地位——从国际法角度对西藏历史、权利与前景的分析》一书，写的《评范普拉赫先生的西藏史观及其它》一文中这样说：

“尽管黎吉生的观点立场只是继承前人，然而他在许多方面实已远远超越了他的前人，包括他奉为权威的贝尔。为了树立他超越前人的观点，他不得不推翻一切，包括英国和印度政府的政策和立场。例如他十分痛心 1910 年清政府褫夺逃亡印度的第十三辈达赖喇嘛名号时，英国政府认为这是中国在行使有效的‘宗主权’。他说这是为一种迄今未明确规定过的政治关系，给了一个特定的名称。其实，他比谁都明白这宗主权正是他们自己创制的名词，谁都说不清指什么，而这次英国政府只是把它说得比较清楚而已。他又讽刺印度独立时尼赫鲁一面宣称不想继承英帝国主义在我国西藏的‘不名誉的创制品’，但一面在 1947 年独立时，又偏偏没有这样做”。

文中又说，黎吉生在他写的《西藏简史》中，把中国人就是汉人这种错误观点推向极端，“认为我国元代的蒙古族和清代的满族即非汉族，他们就不是中国人而是外国人，从而得出元、清两代的皇帝既然是‘不是中国人的中国皇帝’，所以元、清两代统治西藏的历史也就根本不属于中国历史的范围，这可能还是一种创见。范普拉赫的西藏史观的第一个根据，就是从这一点出发而贯穿全书。为了否定中国是一个统一的多民族国家，没有比混淆民族和国家的概念更为省事的手段了。”

关于“主权”还是“宗主权”的这个问题，柳先生早在半个多世纪以前，在他进藏时就用心关注了，尽管到目前为止，一些别有用心的政客，还妄想抓住这个稻草般的可笑名词当金条，做文章，但是，历史潮流不可阻挡，西藏就是中国领土不可分割的一部分，是中国的一个自治区，中国就是在西藏行使主权，这是任何人都否定不了的。

在柳先生诞辰一百周年的时候，柳先生写于 1984 年 10 月的《向昨天告别》一文也与读者见面了。

二十多年后的今天，当我阅读这篇文章时，实在是为柳陞祺先生的坦诚、奋进，为柳先生热爱西藏、热爱藏学事业更加感动。文章是他 76 岁的时候写的，是他在历经磨难、痛苦之后写的！

柳先生在文中说：“我于 1944 年进藏，1949 年秋离藏，在拉萨住了整整五年。”“就我个人而言，那时还比较年轻，慢慢地对藏族的历史、文化、社会风俗等方面产生了研究的兴趣，我想拉萨正是一个最理想的学校，我既没有更好的地方可以去，就索性静下心来看看书，学习学习，也无不可。但万万没有想到，这一住又住了几乎三年之久。”后来柳先生写了一篇关于热振事件的报道，受到一次“体面”的申斥，于是就想到还是离藏走吧。“这样，我就一面提出辞呈，一面向印度国际大学联系，准备去那里做点研究工作。我对加尔各答的孟加拉亚西亚学会收藏有关西藏的图书之丰富，早有所闻，这次准备去那里做点个人兴趣所在的研究工作，应当是可以的。还有两点值得一提，一是我早就同沈宗濂约定合著一本有关西藏的书，一直没有时间着手，现在正好去印度把它写出来，这就是后来在美国出版的《西藏与西藏人》一书；其次，我相信落叶归根，我迟早是要返内地的。我当年是经印度到西藏的，现在是从印度返回内地，印度可说是我的必经之路。”

柳先生在《向昨天告别》一文中，坦诚地写道：“以我当时的政治水平，我把多年来被称为‘国共之争’的历史，多少看做是我国内战史上的一页，根本不认识这场革命的意义。对国民党的失望是早已有之。但对共产党的信心，还是后来的事。记得 1938 年我从上海到大后方四川之前，曾在静安寺路马路边的一个地摊上，买到一册用极粗糙的土纸印制的《西行漫记》，后来知道它就是埃德加·斯诺写的《红星照耀下的中国》的汉译本。当时读后，深为惊讶，虽一时还不敢全信，但对国民党的许多宣传，却愈来愈抱怀疑了。

“解放战争时，我一方面惋惜一个对我国十分有利的国际时机，又因内战错过了，但另一方面也比较冷静地看出，以当时国民党军队之多，美式配备的武器之精，以及国际形势之有利，却是天天败阵，江河日下，一泻千里，这难道还不足以说明有个民心向背的问题吗？

“1949 年我离开西藏时，对自己的未来感到一片渺茫，但对自己的过去，却多少有了一点认识。我到印度的 3 年，可说一年胜似十年。在这短短的时间内，中国大陆已基本统一，而且面目一新，但中间因为抗美援朝战争的爆发，而使我再度陷入迷惘。记得一次我去加尔各答，在乔凌奇大街上，看到英文早报上一排醒目的大字标题，是中国人（指志愿军）再次突破美军防线，美军后撤，我买来读后，兴奋无比，因为这是我有生以来第一次看到中国军队不是打内战，而是反击当时最不可一世的美军。那时我也提不出太多的政治要求，但有两条：一条是做到统一中国，另一条是不再向洋人低头弯腰，真正独立。不管是谁，凡能做到这两条的，我就拥护。这虽是件小事，但至今不忘，好像是我生命史上的一条分界线。”

新中国建立后，在历次运动中柳先生受到了很多磨难，在以阶级斗争为纲的年代里，他同很多知识分子一样受到了极不公平的待遇。十一届三中全会以后，“文化大革命”结束了，柳先生认真地思索着、整理着自己的思绪，在《向昨天告别》文章的结尾处，写道：“回顾这段生活，已三十余年，很多事情已不那么清楚了，唯有这几个片段还历历在目。我在写完这篇回顾之余，需要替它取个题目，觉得还是定名为《向昨天告别》，较为确切”。正是：如秋天的柳叶落定！至此，用“老骥伏枥，志在千里”来形容他当时的心情最为合适。他依旧关注西藏、关注藏学事业。

1987年，范普拉赫《西藏的地位——从国际法角度对西藏历史、权利与前景的分析》一书出版时，柳先生以饱满的政治热情、高度的历史责任感、犀利的笔锋、无可辩驳的史实为依据，撰写了《评范普拉赫先生的西藏史观及其他》一文，那时他已是80岁的老人了。

我与柳陞祺先生没有见过面，当我1961年入中央民族学院历史系读书的时候，他在历史系研究室工作。我对他的良好印象是到西藏以后，听到人们对他的评价和看到他的文章进而产生的。我自认很能理解柳陞祺先生，能与之神交，我由衷地敬佩柳先生，愿柳先生的在天之灵能看到如今西藏的变化和未来的发展前景。更要知道：西藏在前进，藏学事业在发展，还有我们这些追随者在紧跟柳先生及所有前辈藏学家的足迹在奋斗，我们也是不惜流血流汗，为维护祖国统一、民族团结，在藏学领域里努力认真地工作着。

当然，时代在发展，历史也会有反复，斗争有时还会很激烈，但我们将牢记藏族的一首谚语：

船儿直下大江，
紧紧把住双桨，
遇到狂风恶浪，
心里切莫惊慌。

最后，企盼柳陞祺先生的在天之灵能与我们共同祝愿：西藏这片土地更加美丽，这里的人民更加幸福，西藏的明天更加美好！

作者单位：西藏自治区文联

敦煌藏文 P.T.127 号十二生肖命相文书解读

——谨以此文纪念柳陞祺先生百岁冥诞

陈 践

P.T.127 号文书为十二生肖命相文书，是一件收藏于法国巴黎图书馆的古藏文文书。该文书以十二生肖的日进俸粮多少来区分官禄大小及属相合否、吉凶预兆、前世与今生的因果关系等，客观上反映了当时官吏俸禄数量、粮食品种、寿元长短等方面的情况。

一、解 题

P.T.127 号文书是十二生肖命相文书，共 77 行，首尾完整。只是在第 15 至 25 行右侧缺 1 至 3 个字。在第 30 至 36 行左侧缺 1 至 3 个字。该文书别字较多，同一个“冬”字，在第 5、76 行写作“དགུན”，在第 39、45、52 行又写作“གུན”。又如“夏”字，在第 39、45、51 行写作“དབྱར”，在第 5、76 行又写作“དབྱིར”。有的别字本身有词义，它是同音词，这就增加了解读的难度。

在《西藏王统记》（萨迦·索南坚赞著，1388 年成书）和《汉藏史集》（达仓宗巴·班觉桑布著，1434 年成书）中均记载“朗日伦赞在位时期，从汉地传入了医药历算”。朗日伦赞为松赞干布之父，也就是说在公元 6、7 世纪从汉地传入了医药历算。历算包括白算和黑算，白算是指天文历算，黑算是指十二生肖命相算命术和其他占卜吉凶祸福的方术。P.T.127 号文书主要阐述：属十二生肖何种命相，日进多少俸粮、穿衣吃药宜用何种颜色、一生娶妻几次、子息成才与否、何年会有大难、寿元长短、何月为忌讳月份不宜探病吊唁；前世修法与否，今生会有报应。

P.T.127 号文书与伯 3398 号文书可能出自同类汉文底本。其理由是：

（1）各种属相一年中不宜探病吊唁的月分雷同，而在十二生肖相冲方面则完全一致。

（2）P.T.127 号文书中说生于牛年者和生于猪年者，“着衣服药宜黑色”（见第 8 行、第 74 行），与伯 3398 号第 3 行、第 83 行所载一致。着黑色衣服是当时汉人的习俗，而不是藏人的习俗。在安多藏语中，称汉人为“着黑衣者”——“རྒྱ་ནག”。

（3）关于官禄俸粮方面有“日进半蕃斗（即 10 蕃升）红米；日进半蕃斗小米；日进五蕃升麻子；日进五蕃升豌豆；日进五蕃升小麦；日进半蕃斗大米”的记载，粮食品种二者相似，但 P.T.127 号没有出现藏族的主粮青稞。

（4）北斗七星的名字大部译自汉语，部分译自西域其他少数民族语。

二、原文录文及转写

༡ ༄། སྔོན་འཕྲུལ་གྱྀ་མྱིས། གཙུག་ལག……གྀ། ཕྱི་རབས་ལ་དཔེ་བཞག་པའྀ་གཙུག་ལག་གྱི་ཡྀག། སྟན་

1 // sngon vphrul gyI myis/ gtsug lag……gI/ phyi rabs la dpe bzhag pavI gtsug lag gyi yIg// stan

༢ དབང་བཏང་ཆེ་ཆུང་དང༌། ལོ་སྲོག་མཐུན་མྱི་（མཐུན་ལ་）། བཟང་ངན་དུ་ལྟ་བ།། ༄། བྱྀ་བའྀ་ལོ་ལ་བཙས་པ་སྐར་མ་ཅ་

2 dbang btang che chung dang/ lo srog mthun myi（mthun la）/ bzang ngan du lta ba// //byI bavI lo la btsas pa skar ma ca

༣ གྱྀ་ཤར་ཕྱོགས། རྒྱལ་པོ་ཆེན་པོ་རི་བུ་སྡེ།……ལུས་ལ་བབས་སྟེ། བྱྀ་བའྀ་ལུས་སུ་བབ་ནས། ཞག་ཅིག་

3 gyI shar phyogs/ rgyal po ched po vi bu ste/ …lus la babs ste/ byI bavI lus su bab nas/ zhag cIg

༤ པ་དབང་ཏང་དུ། ཁྲི་ཤེག་ཅིག་གོས་དང་སྨན་ནི། (དམར་) པོ་དང་ (ཕྲོད་)། སེམས་བཟང་ལ་རིམ་ལོག་ཆེ། སོད་ནམ་ལ་

4 pa dbang tang du/ khre sheg cIg gos dang sman nI/ (dmar) po dang (phrod) / sems bzang la rIm log che/ sod nam la

༥ མཁས། ཨེག་གཉེན (གཉན)་ ནི་དབྱེར (དབྱར)་ སླ་འབྲིང་པོ་དང་། དགུན་སླ་འབྲིང་པོ། ཟླ་བ་གཉིས་ལ་ནད་པའི་དྲུང་དང་། ཤི་སར་འགྲོ་མྱི་རུང་།

5 mkhas/ eg gnyen (gnyan) nI dbyer (dbyar) sla vbrIng po dang/ dgun sla vbrIng bo/ zla ba gnyIs la nad pavI drung dang/ shI sar vgro myi rung/

༦ བྱི་བ་དང་རྟ་མྱི་ཕྲོད།། ༄། གླང་གྱི་ལོ་ལ་བཙས་པ། སྐར་མ་སྨྲེ་བདུན་གྱི་བྱང་ཕྱོགས། རྒྱལ་པོ་ཆེད་པོ་ (བུ་སྟེ)།

6 byi ba dang rta myI phrod// glang gyI lo la btsas pa/ skar ma smre bdun gyI byang phyogs/ rgyal po ched po (bu ste) /

༧ ཡན་ཕྱན་ཆོས་མ་ཐུབ། པའི་ཕྱིར། གླང་གྱི་ལོ་ལ་ (བཙས་) སྟེ། ཞག་ཅིག་ལ་དབང་ཏང་དུ་ཁྲི་ཁལ་ཕྱེད་དབང་ངོ།

7 yan phyan chos ma thug/pavI phyIr/ glang gyI lo la (btsas) ste/ zhug cIg la dbang tang du khre khal phyed dbang ngo/

༨ གོས་དང་སྨན་ནི་ནག་པོ་དང་། ཕྲོད། ཀོང་དྲང་ལ་སྒྱུ་ཆེ། ཁ་ཁྲོ་ལ་ཁོང་ཁྲོག། མྱི་ལ་ངན་སེམས། ཆེ་སྒོ་

8 gos dang sman nI nag po dang/ phrod/ kong drang la sgyu che/ kha khro la khong khrog/ myI la ngan sems/ che sgo

༩ དང་ཕྲོད། ཡིག་ཚང་ཐོབ་པར་རུང་ངོ། ས་ཕྱོགས་དང་ཕྲོད་ནས་ཆེ། འཕྱ་མ་ཉེན། ཉམ་རྩལ་ཆེ། ང་རྒྱལ་དང་

9 dang phrod/ yIg tsang thob par rung ngo/ sa phyogs dang phrod nas che/

vphra ma nyen/ nyam rtsal che/ nga rgyal dang

༡༠ ངོས་ཆེ། ཆུང་མ་ནི་མཐར་ལན་ཉིས་ལྱེན་བར་འོང་ངོ། མཐར་བུ་དག་ཕན་ཐོགས་སོ། ལོ་བཅུག (བཅུ)་ ཉིས་

10 ngos che/ chung ma nI mthar lan nyIs lyen bar vong ngo/ mthar bu dag phan thogs so/ lo bcug (bcu) nyIs

༡༡ ཉི་ཤུ་ལ་མ་ཤི་ན། ཁ་ངན་ཞི་ལ་ཡེན་འདྲོགས་ཆེ་འོ། ཁམ་བཅུ་ལ་མ་ཤི་ན་ལོ་བརྒྱ་ཐུབ་བོ། ཟླ་བ་མྱི་རུང་

11 nyI shu la ma shI na/ kha ngan zhI la yen vdrogs che vo/ kham bcu la ma shI na lo brgya thub bo/ zla ba myI rung

༡༢ བ་ནི། བགུན (དགུན་) སླ་ཐུ (ཐ)་ ཆུངས་དང། དབྱར་སླ་ཐ་ཆུང་ལ་ནད་པ་དང་ཤི་འགྲོ་མྱི་རུང་ངོ།།

12 ba nI/ bgun (dgun) sla thu (tha) chungs dang/ dbyar sla tha chung la nad pa dang shI vgro myI rung ngo//

༡༣ ༄། སྟག་གྱི་ལོ་ལ་བཅས་པ། སྐར་མ་སྨྲེ་བདུན་གྱི་ནང་ན། དམ་ནང་མེང (སེང)་ དབང། ཡུལ་ཤར་ཕྱོགས་

13 // stag gyI lo la bcas pa/ skar ma smre bdun gyI nang na/ dam nang meng (seng) dbang/ yul shar phyogs

༡༤ གྱི་རྒྱལ་པོ་སྔོན་པོ་འི་བུ་སྟེ། ཡུལ་དེ་ན་ལྷ་ཆོས་མ་ཐུབ་པའི་ཉེས་བའི་ཕྱིར་སྟེ། (སྟག་གི་ལོ་ལ་)

14 gyI rgyal po sngon po vi bu ste/ yul de na lha chos ma thub pavI nyes bavI phyIr ste / (stag gi lo la)

༡༥ བབ་སྟེ། དབང་ཏང་ནི་ཞག་ཅིག་ལ་འབྲས་དམར་པོ་ཁལ་ཕྱེད། སྲོག་ནི་གའི་ལེན་ཤིག……

15 bab ste/ dbang tang nI zhag cig la vbras dmar po khal phyed/ srog nI gavI len shIg……

༡༦ ཏྭ་ཤུའི་འོག་ན་འོ། གོས་དང་སྨན་ནི་སྔོན་པོ་དང་སྒྲོད། ཁྲི་ལྷུས་ཆུང། ཐུགས་ཐུབ་ཆེ། བརྟས་ཇེ་

16 hwa shu vI vog na vo/ gos dang sman nI sngon po dang phrod/ khre ltas chung/ thugs thub che/ brnyas jI

༡༧ ……མྱི་བསད་ན། སྐྱིན་མྱྀ་འབབ། རྗེ……ཕྲོད། ཡུལ་ན་འདུག་ན་གྱོད་ཀ་ཆང (ཆུང)་ ཅེས་ས……

17 ……myi bsad na/ skyin myI vbab/ rje…… phrod/ yul na vdug na gyod ka chang (chung) ces sa……

༡༨ ཅེས་དང་ཕྲོད། ཆུང་མ་རེས་གཉྀས་ལྱེན། མཐར་ཁྱེའུ་གྱིས་ཕན་ལ (ལོ)་ ཉི་ཤུ་རྩ……

18 ces dang phrod/ chung ma res gnyIs lyen/ mthar khyevu gyis phan la (lo) nyi shu rtsa……

༡༩ བཞྀ་དང་། སུམ་བཅུ་རྩ་བཞྀ་དང་། སུམ་བཅུ་རྩ་བདུན་དང་། ལྔ་བཅུ་ལ་ཨེན་འདྲོགས……

19 bzhI dang/ sum bcu rtsa bzhI dang/ sum bcu rtsa bdun dang/ lnga bcu la en vdrogs……

༢༠ ……འྀ་ཁར་མ་ཤྀ་ན་ལོ་རྒྱ་ཐུབ། ལོ་མྱྀ་ཐུམ་བ་ནྀ། སྟ (སྟག)་ དང་སྤྲེའུ། ཟླ་བ་མྱྀ་རུང་བ་ནྀ་དཔྱིད་སླ (ར་བ་)

20 ……vI khar ma shI na lo rgya thub/ lo myI thum ba nI/ sta (stag) dang sprevu/ zla ba myI rung ba nI dpyid sla (ra ba)

༢༡ དང་སྟོན་སླ་ར་བ་ལ་ནང་པ་དང་ཤྀ་སར་འགྲོ་མྱྀ་རུང༎ ༄། ཡོས་བུ་འྀ་ལོ་ལ་བཙས (བ་)

21 dang ston sla ra ba la nang pa dang shI sar vgro myI rung// //yos bu vI lo la btsas (ba)

༢༢ སྐར་མ་སྨྲེ་བདུན་ནང་ན། མ་ཅུང་ཁོག་སེང་དབང་། ཚེ་སྔ་པ་ལ་ཆོས་མ་ཐུབ་བྀ་ཕྱིར། ཡོས (བུ་འྀ་)

22 skar ma smre bdun nang na/ ma cung khog seng dbang/ tshe snga pa la chos ma thub bI phyir/ yos (bu vI)

༢༣ ལོ་ལ་བབ་སྟེ། དབང་ཏང་དུ་ཞག་ཅིག་ལ་ཁྲི་ཁལ་ཕྱེད། ཆུང་མ་ལན་གཉྀས་ལྱེན། ཡིད (གཟུང་)

23 lo la bab ste/ dbang tang du zhag cIg la khre khal phyed/ chung ma lan nyIs lyen/ yId (gzung)

༢༤ ལག་བཟོ། དྲིད་ཐུབ་ལ་མཉེན་གཞིན། མཐན་བུ་ལྔ་ཕོ་ཐོགས་སོ། ལོ་བཅོ་ལྔ་ལ་ཨེག་ཆེ། (དེར་མ་)

24 lag bzo/ drid thub la mnyen gzhIn/ mthan bu lnga pho thogs so/ lo bco lnga la eg che/ (der ma)

༢༥ ཤི་ན།། བརྒྱད་བཅུ་རྩ་བཞི་ཐུབ་བོ། ལོ་མྱི་མཐུན་བ་ནི།། ཡོས་བུ་དང་བྱ་མྱི་མཐུན། བུ་ཚར་ཏུབ་ (སོག་)

25 shI na/ brgyad bcu rtsa bzhI thub bo/ lo myi mthun ba nI/ yos bu dang bya myI mthun/ bu tshar tub (sog)

༢༦ ཕྱུག་ཀྱང་མྱི་ཏུབ། ཟླ་བ་མྱི་རུང་བ་ནི། དཔྱིད་སླ་འབྲིང་པོ་དང་སྟོན་སླ་འབྲིང་པོ། ལ་ནད་པ་དང་

26 phyug kyang myI tub/ zla ba myI rung ba nI/ dpyid sla vbrIng po dang ston sla vbrIng po/ la nad pa dang

༢༧ ཤི་སར་འགྲོ་མྱི་རུང༎ ༄། འབྲུག་གི་ལོ་ལ་བཙས་པ། སྐར་མ་སྨྲེ་བདུན་ནང་ན་ལན་

27 shI sar vgro myi rung// vbrug gI la la btsas pa/ skar ma smre bdun nang na lan

༢༨ ཡས་ལ།། ཤར་ཕྱོགས་ཀྱི་རྒྱལ་པོའི་བུ་སྟེ། ཚེ་སྔ་པ་ལ། ནུབ་ཕྱོགས་ཀྱི་སུ་ཡན་ན་ཆོས་

28 yas la/ shar phyogs gyi rgyal povI bu ste/ tshe snga pa la/ nub phyogs gyI su yan na chos

༢༩ མ་ཐབས་སྟེ། འབྲུག་གྱི་ལོ་བབ་སྟེ། སྲོག་ནི་འགྭེན་ཐེན་བེང་ཤེག་འོག་ན་འོ། ཟས་གྱི་དབང་

29 ma thabs ste/ vbrug gyI lo bab ste/ srog nI vgwen then beng sheg vog na vo/ zas gyI dbang

༣༠ ཏང་ནི་ཞག་ཅིག་ལ་སོ་མང (མ)་ ཆག་ཅིག་བྲེ་ལྔ་དབང་ངོ། གོས་དང་སྣན་ནི་སྔོན་པོ་དང་སྔོད།

30 tang nI zhag cIg la so mang (ma) chag cIg bre lnga dbang ngo/ gos dang

sman nI sngon po dang phrod/

༣༡ ……ཆུང། གཟུང་ཆེ། གཞན་ལ་མོད་པ་དང། རྐུ་མྀ་བྱེད། ཕ་མ་ལ་སྲྀ་ཞུ་ཆེ། ཡིད་གཞུང་
བཟང་

31 ……chung/ gzung che/ gzhan la mod pa dang/ rku mI byed/ pha ma la srI zhu che/ yid gzhung bzang

༣༢ ……ལེན། ལོ་བཅུ་དགུ་ལ་ཨེག་ཆེ། དེར་མ་ཤྀ་ན་བརྒྱད་བཅུ་རྩ་བཞྀ་ཐུབ། མཐར་བུ་གསུམ་

32 ……len/ lo bcu dgu la eg che/ der ma shI na brgyad bcu rtsa bzhI thub/ mthar bu gsum

༣༣ ……ལོ་ནི་འབྲུག་དང། ཁྱྀ་མྱི་ཕྲོད། དཔྱྀད་སླ་ཐ་ཆུངས་དང། སྟོན་སླ་ཐ་ཅུངས་ལ། ནད་པ་དང།
ཤྀ་སར་

33 …… lo ni vbrug dang/ khyI myi phrod/ dpyId sla tha chungs dang/ ston sla tha cungs la/ nad pa dang/ shI sar

༣༤ འགྲོ་མྱི་རུང༎ ༄། སྦྲུལ་གྱྀ་ལོ་ལ་བཙས་པ། སྐར་མ་སྨྲེ་བདུན་གྱྀ་ནང་ན། ཨུ་ཀོག་སེང་དབང་

34 vgro myi rung// //sbrul gyI lo la btsas pa/ skar ma smre bdun gyI nang na/ vu kog seng dbang/

༣༥ ……ཕྱོགས་གྱྀ་རྒྱལ་པོ་སྟེ། ཚེ་སྣ་པ་ལ་ཤར་ཕྱོགས་གྱྀ་ཡུལ་ཏོ་ཧེ་ཁོ་ཀོང་ན་འདུག། ཁམ་ཅུ་མང་པོ་

35 …… phyogs gyI rgyal po ste/ tshe sna pa la shar phyogs gyI yul to he kho kong na vdug/ kham cu mang po

༣༦ ……ཐུང་ནས་དེང་སང་སྦྲུལ་གྱི་ལོ་ལ་བབ་བོ། སྲོག་ནྀ་ཐྱེན་ཤྀན་གྱི་ཚེའུ་ཤུ་འོག་ནའོ། དབང་ཐང་
ནྀ་ (ཞག་ཅིག་)

36 …… thung nas deng sang sbrul gyi lo la bab bo/ srog nI thyen shIn gyi tshevu shu vog navo/ dbang tang nI (zhag cig)

༣༧ ལ་སྨན་མ་བྲེ་ལྷ་དབང། གོས་དང་སྨན་ནི། དམར་པོ་དང། དྲང་ཀན་ཆེ། བརྙས་སྲིན་ཟའ།
ཡིད་གཞུང་ལག་

37 la sran ma bre lnga dbang/ gos dang sman nI/ dmar po dang/drang kan che/ brnyas srIn zav/ yId gzhung lag

༣༨ བཟོ། ཆུང་མ་ཉིས་ལྗེན་བ་རུང་། ལོ་བཅུག (བཅུ)་ཉིས་དང་ལྔ་བཅུ་རྩ་བཞི་ལ་ཨེག་ཆེ། དེར་མ་ཤི་ན་བརྒྱད་བཅུ་རྩ་བཞི་ཐུབ

38 bzo/ chung ma nyis lyen ba rung/ lo bcug (bcu) nyIs dang lnga bcu rtsa bzhI la eg che/ der ma shI na brgyad bcu rtsa bzhI thub

༣༩ ལོ་ནི་སྦྲུལ་དང་ཕག་མྱི་མཐུན། དབྱར་སླ་ར་བ་དང་། རྒུན་སླ་ར་བ་ལ། ནད་པ་ཤི་སར་འགྲོ་མྱི་རུང་།།

39 lo nI sbrul dang phag myI mthun/ dbyar sla ra ba dang/ rgun sla ra ba la/ nad pa shI sar vgro myi rung/

༤༠ ༄། རྟ་འི་ལོ་ལ་བཙས་པ། སྐར་མ་ཀུན་སེང་དབང་། ལྷོ་ཕྱོགས་གྱི་རྒྱལ་པོ་དམ་པོའི་བུ་སྟེ། ཡུལ་ཨེམ……

40 //rta vI lo la btsas pa/ skar ma kun seng dbang/ lho phyogs gyI rgyal po dam povi bu ste/ yul em……

༤༡ དུ་འདུག། ཚེ་སྣ་པ་ལ། དགེ་སྒོས་རྒྱས་པ་དང་། འཛངས་འདོད་ཆེས་པས། དེང་སང་རྟ་འི་ལོ་ལ་བབ་སྟེ། སྲོག་ནི་ར

41 du vdug/ tshe sna pa la/dge sgos rgyas pa dang/ vdzangs vdod ches pas / deng sang rta vI lo la bab ste/ srog ni ra

༤༢ ལྭ་འི་འོག་ན་འོ།། དབང་ཏང་ནི་ཞག་ཅིག་ལ་སྲན་མ་བྲེ་ལྔ་དབང་། གོས་དང་སྨན་ནི་དམར་པོ་དང་ཕྲོད། མོས

42 lwa vI vog na vo// dbang tang nI zhag cIg la sran ma bre lnga dbang/ gos dang sman nI dmar po dang phrod/ mos

༤༣ ཕྱོགས་སུ་སོང་ན། མྱི་ལ་གྲོས་མྱི་དྲི། ང་རྒྱལ་དང་སུག་ཆེ། གནོད་པ་མྱི་བྱེད། དྲང་ཀན་ཆེ། ཆུང་མ་ཉིས་ལྗེན

43 phyogs su song na/ myI la gros myI drI/ nga rgyal dang sug che/ gnod pa myI byed/ drang kan che/ chung ma nyIs lyen

༤༤ ལོ་གསུམ་བཅུ་རྩ་བཞི་ལ། སྒྲ་ཞེག་དང༌། མཇལ་སྟེ། ཨེག་ཆེ་དེར་མ་ཤི་ན། བརྒྱད་བཅུ་ཐུབ། ལོ་མྱི་（མཐུན་）

44 lo gsum bcu rtsa bzhI la/ sgra zheg dang/ mjal ste/ eg che der ma shI na/ brgyad bcu thub/ lo myI (mthun)

༤༥ བ་ནི་རྟ་དང་བྱི་བ་མྱི་མཐུན། དབྱར་སླ་འབྲིང་པོ་དང༌། རྒུན་སླ་འབྲིང་པོ་ལ། ནད་པ་དང་ཤི་སར

45 ba nI rta dang byI ba myI mthun/ dbyar sla vbrIng po dang/ rgun sla vbrIng po la/ nad pa dang shI sar

༤༦ འགྲོ་མྱི་རུང༌།། ༄། ལུག་གྱི་ལོ་ལ་བཙས་པ། སྐར་མ་སྨྲེ་བདུན་གྱི་ནང་ན། ཀོག་ནང་སེང་དབང

46 vgro myi rung// lug gyI lo la btsas pa/ skar ma smre bdun gyI nang na/ kog nang seng dbang

༤༧ ལྷོ་ཕྱོགས་གྱི་རྒྱལ་པོ་དམར་པོའི་བུ་སྟེ། ཚེ་སྔ་མ་ལ། ཤར་ཕྱོགས་གྱི་ཏོང་ཕུར་ཕྱི་རྐོག་ན། ལྷ་ཆོས་（མ་）

47 lho phyogs gyI rgyal po dmar povi bu ste/ tshe snga ma la/ shar phyogs gyI tong phur phyI rkog na/ lha chos (ma)

༤༨ ཐུབ་པ་དང༌། ནམ་ཕྱེད་ན་སྣོག་པས་དེང་སང་ལུག་གྱི་ལོ་ལ་བབ་སྟེ། སྲོག་ནི་རི་ཏ་ཤན་ཤིང་བེར་ལྟེ་བ་འོག

48 thub pa dang/ nam phyed na snog pas deng sang lug gyI lo la bab ste/ srog ni ri ta shan shing ber lte ba vog

༤༩ ནའོ། དབང་ཏང་ཞག་ཅིག་ལ་སྲན་མ་ཁལ་ཕྱེད་དབང༌། གོས་དང་སྨན་ནི་དམར་པོ་དང་ཕྲོད། དུག་ཆེ་བློ་མྱི་བྱེད

49 navo/ dbang tang zhag cig la sran ma khal phyed dbang/ gos dang sman nI dmar po dang phrod/ dug che blo myi byed

༥༠ ང་རྒྱལ་ཆེ་མཉད……བཙན། བར་འོང་ངོ་བཅུ་དགུ་དང༌། སུམ་ཅུ་རྩ་སུམ་ལ་ཨེག་ཆེ། དེར་མ

50 nga rgyal che mnyad…… btsan / bar vong ngo bcu dgu dang/ sum cu rtsa sum la eg che/ der ma

༥༡ ཤི་ན་དགུ་བཅུ་རྩ་དགུ་ཐུབ་བོ། མཐར་བུ་ལྔ་ཕན་ཐོགས་སོ། ལོ་ནི་ལུག་དང་གླང་མྱི་མཐུན། དབྱར་སླ་

51 shI na dgu bcu rtsa dgu thub bo/ mthar bu lnga phan thogs so/ lo nI lug dang glang myi mthun/ dbyar sla

༥༢ ཐ་ཅུངས་དང་། རྒུན་སླ་ཐ་ཅུང་ལ། ནད་པ་དང་ཤི་སར་འགྲོ་མྱི་རུང་།། ༄། སྤྲེའུ་གྱི་ལོ་ལ་བཙས་པ་

52 tha cungs dang/ rgun sla tha cung la/ nad pa dang shI sar vgro myi rung// //sprevu gyI lo la btsas pa

༥༣ སྐར་མ་སྨྲེ་བདུན་གྱི་ནང་ན་དོང་སེང་། དབང་། ནུབ་ཕྱོགས་གྱི་རྒྱལ་པོ་འད་ར་པོ་འི་བུ་སྟེ། ཚེ་སྔ་པ་ལ་

53 skar ma smre bdun gyI nang na dong seng/ dbang/ nub phyogs gyI rgyal po vda ra po vi bu ste/ tshe snga pa la

༥༤ ……ཀོག་ན་ལྷ་ཆོས་མ་ཐུབ་ནས། དེང་སང་སྤྲེའུ་གྱི་ལོ་ལ་བབ་སྟེ། སྲོག་ནི་ཐེའི་ཤག་གེང་ཀྱེའུ་

54 ……kog na lha chos ma thub nas/ deng sang sprevu gyI lo la bab ste/ srog nI thevi shag geng kyevu

༥༥ ཤ་འི་འོག་ནའོ། དབང་ཏང་ནི་ཞག་ཅིག་ལ་སོ་མང་བྲེ་ཅོ་ལྔ་དབང་། གོས་དང་སྨན་ནི་ཀར་པོ་དང་

55 sha vI vog navo/ dbang tang nI zhag cIg la so mang bre co lnga dbang/ gos dang sman nI kar po dang

༥༦ ཕྲོད། མྱི་ལ་མྱི་གནོད། ཁྲེ་ལྟས་དང་གཟུང་ཡོད། ཕུགས་བཙན་ཞི་འཛངས། འགྲོགས་དང་བཟང་།

56 phrod/ myI la myI gnod/ khre ltas dang gzung yod/ phugs btsan zhI vdzangs/ vgrogs dang bzang/

༥༧ ལོ་ནི་ཤུ་དང་ལྔ་བཅུ་ལ་ཨེག་ཆེ། དེར་མ་ཤི་ན། དགུ་བཅུ་ཐུབ།། ལོ་མྱི་མཐུན་བ་ནི། སྟག་དང་སྤྲེའུ་

57 lo nyi shu dang lnga bcu la eg che/ der ma shI na/ dgu bcu thub// lo myi mthun ba nI/ stag dang sprevu

༥༨ མྱྀ་ཕྲོན (ཕྲོད)། དཔྱྀད་སླ་ར་བ་དང་། སྟོན་སླ་ར་བ་ལ། ནད་པ་དང་ཤྀ་སར་འགྲོ་མྱྀ་རུང་༎

58 myI phron（phrod）/ dpyId sla ra ba dang/ ston sla ra ba la/ nad pa dang shI sar vgro myI rung//

༥༩ ༄། བྱའྀ་ལོ་ལ་བཙས་པ། སྐར་མ་ཅུང་ཀོག་སེང་དབང་། ནུབ་ཕྱོགས་གྱི་རྒྱལ་པོ་ཆེད་

59 // byavI lo la btsas pa/ skar ma cung kog seng dbang/ nub phyogs gyi rgyal po ched

༦༠ པོ་ཀར་པོའྀ་བུ་སྟེ། ཚེ་སྔ་པ་ལ་མྱྀ་དགེ་བའྀ་ལས། རྐུན་པོ་བྱས་པས། དེང་སང་བྱའྀ་ལོ་ལ་

60 po kar povi bu ste/ tshe snga pa la myI dge bavI las/ rkun po byas pas/ deng sang byavI lo la

༦༡ བབ་པོ། སྲོག་ནྀ་ཐྱེན་ཤྀན་ཤྀན་གྱྀ་ཤྀང་ལྱིན་རྩ་ཤུའྀ་འོག་ནའོ། དབང་ཏང་ནྀ་ཞག་ཅྀག་ལ་

61 bab bo/ srog nI thyen shIn shIn gyI shIng lyin rtsa shuvI vog navo/ dbang tang nI zhag cIg la

༦༢ གྲོ་བྲེ་ལྔ་དབང་། གོས་དང་སྨན་ནྀ་ཀར་པོ་དང་ཕྲོད། མྱྀ་ལ་ངན་མྱྀ་བྱད། ཁོང་བཟོ་སྒོ་ཐུབ།

62 gro bre lnga dbang/ gos dang sman nI kar po dang phrod/ myI la ngan myI byad/ khong bzo sgo thub/

༦༣ ཐོག་མ་སྡུག་མཐར་སྐྱྀད། ལོ་ཅོ་རྒྱད (བརྒྱད)་ཏང་། སུམ་ཅུ་རྩ་ཉིས་ལ་ཨེག་ཆེ། དེར་མ་ཤྀ་ན་རྒྱད (བརྒྱད)་

63 thog ma sdug mthar skyId/ lo co rgyad（brgyad）tang/ sum cu rtsa nyis la eg che/ der ma shI na rgyad（brgyad）

༦༤ བཅུ་རྩ་ཉྀས་ཐུབ། ལོ་མྱི་མཐུན་པ་ནྀ་བྱ་དང་ཡོས་བུ་མྱྀ་ཐུན (མཐུན)། དཔྱྀད་སླ་འབྲྀང་པོ་སྟོན་སླ

64 bcu rtsa nyIs thub/ lo myi mthun pa nI bya dang yos bu myI thun（mthun）/ dpyId sla vbrIng po ston sla

༦༥ འབྲྀང་པོ་ལ་ནད་པ་དང་ཤྀ་སར་འགྲོ་མྱི་རུང༌།། ༄། ཁྱྀའི་ལོ་ལ་བཙས་པ། སྐར་མ་ལོག་ཅུའི་

65 vbrIng po la nad pa dang shI sar vgro myi rung// //khyIvi lo la btsas pa/ skar ma log cuvi

༦༦ སྲས་དབང༌། ནུབ་ཕྱོགས་གྱྀ་རྒྱལ་པོ་ཀར་པོ་འྀ་བུ་སྟེ། སྲོག་ནྀ་ཤིང་ཧེའི་ཤུའི་འོག་ན་འོ། དབང་ཏང་

66 sras dbang/ nub phyogs gyI rgyal po kar po vI bu ste/ srog nI shing hevi shu vi vog na vo/ dbang tang

༦༧ ཞག་ཅྀག་འབྲས་ཁལ་ཕྱེད་དབང༌། གོས་དང་སྨན་ནྀ་ཀར་པོ་དང་ཕྲོད། ཁོང་མཉེན་ལ་བདེ། ལོ་

67 zhag cIg vbras khal phyed dbang/ gos dang sman nI kar po dang phrod/ khong mnyen la bde/ lo

༦༨ བདུན་དང༌། ཉྀ་ཤུ་རྩ་རྒྱད（བརྒྱད）་ལ་ཨེག་ཆེ། དེར་མ་ཤྀ་རྒྱད（བརྒྱད）་བཅུ་རྩ་བཞྀ་ཐུབ། མཐར་བུ་དྲུག་ཕན་ཐོགས་སོ་

68 bdun dang/ nyI shu rtsa rgyad（brgyad）la eg che/ der ma shI rgyad（brgyad）bcu rtsa bzhI thub/ mthar bu drug phan thogs so

༦༩ ལོ་མྱི་མཐུན་བ་ནྀ་ཁྱྀ་དང་འབྲུག་མྱྀ་ཐུན（མཐུན）། དཔྱྀད་སླ་ཐ་ཅུངས་དང་སྟོང（སྟོན）་སླ་ཐ་ཅུངས་ལ་

69 lo myi mthun ba nI khyI dang vbrug myI thun（mthun）/ dpyId sla tha cungs dang stong（ston）sla tha cungs la

༧༠ ནད་པ་དང་ཤྀ་སར་འགྲོ་མྱི་རུང༌། ༄། ཕག་གྱྀ་ལོ་ལ་ཙས（བཙས）་པ། སྐར་མ་ཤྀན་སུན་

70 nad pa dang shI sar vgro myi rung// //phag gyI lo la tsas（btsas）pa/ skar ma shIn sun

༧༡ ……བྱང་ཕྱོགས་གྱྀ་རྒྱལ་བོ། ཧེག་ཏེ་ཙེའི་བུ་སྟེ། ཚེ་སྔ་མ་ལ། ཁྱྀ་ཤ་ཀོག་གྱྀ་མྱི་ལ་

71 …… byang phyogs gyI rgyal bo/ heg te tsevi bu ste/ tshe snga ma la/ khyI sha kog gyI myi la

༧༢ ……ཆོས་མ་ཐུབ་པས། སྣོག་པའི་ཕྱིར། དེང་སང་ཕག་གྱི་ལོ་ལ་བབ་སྟེ། སྲོག

72 ……chos ma thub pas/ snog pavi phyir/ deng sang phag gyI lo la bab ste/ srog

༧༣ ནི་འགྱོ་ཐེའི་ཤིན་ཤིང་འདུག་བ་འོག་ནའོ། དབང་ཏང་ནི་ཞག་ཅིག་ལ་ཁྲེ་ཁལ་ཕྱེད་（དབང་）

73 nI vgyo thevI shin shing vdug ba vog navo/ dbang tang nI zhag cig la khre khal phyed（dbang）

༧༤ གོས་དང་སྨོན（སྨན）་ནི་ནག་པོ་དང་ཕྲོད། ཁོང་དྲང་ལ་བག་མྱི་བྱེད། ཉི་ཤུ་བདུན་དང་། སུམ

74 gos dang smon（sman）nI nag po dang phrod/ khong drang la bag myI byed/ nyI shu bdun dang/ sum

༧༥ བཅུ་རྩ་ཉིས་དང་། སུན（སུམ）་ཅུ་རྩ་དགུ་དང་། བཞི་བཅུ་རྩ་དྲུག་ལ་ཨེག་ཆེ། ལོ་མྱི་རུང་བ་ནི

75 bcu rtsa nyIs dang/ sun（sum）cu rtsa dgu dang / bzhI bcu rtsa drug la eg che/ lo myi rung ba nI

༧༦ ཕག་དང་སྦྲུལ་མྱི་ཕྲོད། དབྱར་སླ་ར་བ་དང་། དགུན་སླ་ར་བ་ལ། ནད་པ་དང་། ཤི་སར

76 phag dang sbrul myI phrod/ dbyar sla ra ba dang/ dgun sla ra ba la/ nad pa dang/ shI sar

༧༧ འགྲོ་མྱི་རུང༎

77 vgro myI rung//

三、语词汇释

2 དབང་བཏང་། 权势、官禄。现代藏文作 དབང་ཐང་།

2 ལོ་སྲོག 属相。

2 བྱི་བའི་ལོ། 鼠年。现代藏文作 བྱི་བའི་ལོ།

2 བཙས་པ། 出生，生育。

4、7 ཁྲི། 小米

4 ཤེག 石（硕），量词，汉语借词。

4 སྨན། 药。

4 རིམ་ལོག 见异思迁。

4 སོད་ནམ། 农业。现代藏文作 སོ་ནམ།

5、24、50、63、75 ཀེག 厄，年灾月难。五行算中所说，依各人出生年月日时定期出现的灾难。现代藏文作 སྐེག

5 གཉེན། 凶恶，严厉。现代藏文作 གཉན།

5、76 དབྱེར་ཟླ། 夏季月份。现代藏文作 དབྱར་ཟླ།

5、76 དགུན་ཟླ། 冬季月份。现代藏文作 དགུན་ཟླ།

5 མྱི 不，否定词。现代藏文作 མི།

6 གླང་གྱི་ལོ། 牛年。现代藏文作 གླང་གི་ལོ།

6 སྨྱི་བདུན། 北斗七星。现代藏文作 སྨི་བདུན།

7 དབང་ཏང་། 权势、官禄。现代藏文作 དབང་ཐང་།

9 ཡིག་ཚང་། 告身。

9 འཕྲ་མ། 谗言。现代藏文作 ཕྲ་མ།

9 ཉེན། 听。现代藏文作 ཉན།

10 ལྱིན་བ། 娶。现代藏文作 ལེན་པ།

11 ཡེན་འདྲོགས། 阴卓鬼。现代藏文作 ཡེ་འདྲོགས།

11 ཁམ་བཅུ། 十岁。

16 ཁྲི་ལྟས། 厌视，认为可耻。现代藏语作 ཁྲེལ་ལྟས།

17 སྐྱིན་འབབ། 赔偿。

17 ཀྲོད་ཀ 争吵，口角。

20 རྒྱ། 百。现代藏文作 བརྒྱ།

20、26、33、58、64、69 དཔྱིད་ཟླ། 春季月份。现代藏文作 དཔྱིད་ཟླ།

21、26、33、58、64、69 སྟོན་ཟླ། 秋季月份。现代藏文作 སྟོན་ཟླ།

24 དྲིད། 恩情。现代藏文作 དྲིན།

24 མཉེན་གཞེན། 如亲人。现代藏文作 གཉེན་བཞིན།

25、26 ཏུབ། 能够，能得。现代藏文作 ཐུབ།

30 སོ་མང་། 大麻。现代藏文作 སོ་མ།

31 མོད་པ། 斥责。现代藏文作 སྨོད་པ།

31 སྲི་ཞུ། 孝敬。现代藏文作 སྲི་ཞུ།

31 གཞུང་བཟང་། 义气重，情义长。
37 སྲན་མ། 豌豆。
37 བརྙས། 欺侮，欺凌。
37 སྲིན་ཟའ། 能忍。现代藏文作 སྲིན་ཟ།
39、45、52 རྒུན་སླ། 冬季月份。现代藏文作 དགུན་ཟླ།
41 འཛངས། 英武。现代藏文作 མཛངས།
43 སྤྱག་ཆེ། 大手大脚，出手阔气。
44 སྒྲ། 敌人。现代藏文作 དགྲ།
48、72 སྙོག 富于营养。
62、66、67 ཀར་པོ། 白色。现代藏文作 དཀར་པོ།
63、68 རྒྱད། 八。现代藏文作 བརྒྱད།
64、69 ཐུན། 相和。现代藏文作 མཐུན།
74 བག 有所顾忌。

四、P.T.127 号文书汉译文及伯 3398 号文书

（一）P.T.127 号文书汉译文如下：

1．先圣留给后代的经典文书：

2．关于官禄大小，属相合否，吉凶预兆。鼠年出生……星

3．东方大帝之子，由于……落身，生于鼠年者，日

4．进俸粮为：一硕小米。着衣服药宜红色。心地善良，遇事多变；善务农。

5．大厄是夏季五月和冬季十一月。此二月，不宜探病吊唁。

6．鼠马属相不合。牛年出生者，系北斗七星之北方大帝之子。

7．因前世未能修法，生于牛年。俸粮为：日进半蕃斗小米。

8．着衣服药宜黑色。心地正直，办事拖拉，嘴凶心软，对人心狠，万事相宜，

9．能获告身，极能适应方位，听馋言，本事大，骄傲，辨别力强。

10．最终娶妻两次，儿子成材。十二岁、

11．二十岁若不死，恶言平息，但会有阴卓鬼大难，十岁若不死能活百岁。月份忌讳

12．为冬季十二月和夏季六月不宜探病及吊唁。

13．虎年出生者，由北斗七星中的当囊星掌管。系

14．东方绿帝之子，因于该地不行圣教之罪，（投生于虎年）

15．俸粮为日进半蕃斗红米。命相为呷兰希……

16．之下。着衣服药宜青色。寡廉耻，任性，欺凌……

17．杀人不偿命，与长官相和，呆在家乡……（少口角）

18．相和。娶妻两次。最后子息成材。……二十四、

19．三十四、三十七、五十岁（有大厄，若遭阴卓鬼难）

20．不死则能活至百岁。虎猴属相不合。忌讳月份为春季正月

21．和秋季七月不宜探病吊唁。兔年出生者，

22．归北斗七星中的玛窘柯星掌管。由于前世未修法，生

23．于兔年。俸粮为日进半蕃斗小米。娶妻两次。心地……（正直）

24．有手艺。能报恩如亲人。老来有五子中用。十五岁遭大厄，（此时）

25．不死，能活至八十四岁。兔鸡属相不合。有子息

26．但无财富。月份忌讳为：春季二月和秋季八月不宜探病

27．吊唁。龙年出生，归北斗七星里的兰耶（星掌管）

28．系东方帝王之子。前世在西方苏焉未能

29．修法，投生于龙年。命相为干天冰谐之下。俸粮

30．为，日进麻子一捆五蕃升。着衣服药宜青色。

31．（胆）小持重。羡慕人，但不盗窃。对父母孝心大，心正直。

32．娶……十九岁遭大厄，此时不死，能活至八十四岁。最后第三子

33．……龙狗属相不合。春季三月和秋季九月不宜探病

34．吊唁。蛇年出生，归北斗七星里的乌国星掌管

35．系……方之帝王。前世在东方多黑果贡之地。诸多官司

36．难清，今世投生蛇年。命相为天信才虚，俸粮为日进

37．五蕃升豌豆。着衣服药宜红色。性耿直，能忍辱，心地公正，

38．有手艺。娶妻两次。十二岁和五十四岁遭大厄。此时不死能活至八十四岁。

39．蛇猪属相不合。夏季四月和冬季十月不宜探病吊唁。

40．马年出生者，（归北斗七星）中贡星掌管，系南方圣贤帝王之子，住延……

41．前世作过完善的掌堂师。好表现，如今生于马年，命相在

42．热拉之下。俸粮为日进五蕃升豌豆。着衣服药宜红色。

43．若去商谈处，与人不善议。骄傲、大手大脚。不伤害别人。性耿直，娶妻两次。

44．三十四岁时遇一敌，此大厄不死，能活至八十岁

45．马鼠属相不合。夏季五月和冬季十一月不宜探病吊唁

46．生于羊年者，归北斗七星里的果囊星掌管

47．系南方红帝之子。前世，在东方之东普其国未能

48．修法，半夜进食，如今投生羊年。命相为热达显森白德之下。

49．俸粮为日进半蕃克豌豆。着衣服药宜红色。苦大胆小

50．骄傲温柔……十九岁和三十三岁大厄，此时

51．不死，能活至九十九岁。最后，五子成材。羊牛属相不合。夏季

52．六月和冬季十二月，不宜探病吊唁。出生猴年，

53．由北斗七星中的东星掌管，系西方帝王达热波之子。前世

54．在……雅国时未修法，如今投生猴年。命相为天显根结

55．之下。俸粮为日进十五蕃升麻子。着衣服药宜白色。

56．不损伤人，知廉耻而公正，坚定而聪睿，好相处。

57．二十岁和五十岁遭大厄，此时不死，能活至九十岁。虎猴

58．属相不和。春季正月和秋季七月不宜探病吊唁。

59．生于鸡年者，由窘果星掌管。系西方

60．白大帝之子，前世行不善，曾作盗贼，如今生于鸡

61．年。命相为天新新星林扎须之下。俸粮为日进

62．五蕃升小麦。着衣服药宜白色。与人无恶，耐心，守口如瓶，

63．先苦后甜。十八岁和三十二岁有大厄，此时不死

64．能活至八十二岁，鸡兔属相不和。春季二月和秋季

65．八月不宜探病吊唁。出生狗年，归罗菊色

66．星掌管。系西方白帝之子。命相为兴海虚之下。俸粮

67．为日进半蕃克大米。着衣服药宜白色。性情温柔稳重。

68．七岁和二十八岁有大厄。此时不死，能活至八十四岁。最后有六子成材。

69．狗龙属相不和。春季三月和秋季九月

70．不宜探病吊唁。猪年生者，为新生星

71．……系北方之帝黑德则之子，前世为食狗肉国之人

72．……未能信佛，（半夜）进食，如今投生猪年，命相
73．为觉泰新兴都哇之下。俸粮为日进半蕃克小米。
74．着衣服药宜黑色。性耿直不放荡。二十七岁、
75．三十二岁、三十九岁、四十六岁有大厄。猪蛇
76．属相不合。夏季四月，冬季十月不宜探病
77．吊唁。

（二）现将伯 3398 号文书转引如下：

1．推十二时人命相属法第三十五
2．子生鼠相人命属北方黑帝子
3．日料黍三石五斗一升，宜著（着）黑衣，有
4．病宜复（服）黑药。大厄子午之年
5．小厄五月，一十月，不得吊死问病，
6．不宜共午生人同财出入。
7．丑生牛相人命属北方黄帝子，日料
8．粟三石七斗一升。宜著（着）黄衣，有病宜
9．服黄药。大厄丑未之年，小厄六月
10．十二月，不得吊死问病。一生不宜共
11．丑未年生人同财交通。
12．寅生虎相人命属东方青帝子。日
13．料白米三石二斗一升。宜著（着）青衣，
14．有病宜服青药。大厄寅之年，小厄
15．正月、七月，不得吊死问病。一生不宜共
16．申生人同财。
17．卯生兔相人命属（东）方青帝子。日食
18．小麦叁石叁斗一升。宜著（着）青衣，有病
19．宜服青药。大厄卯酉之年，小厄二月、
20．八月，不得吊死问病。一生不宜共
21．酉生人同财交会。
22．辰生龙相人命属东方黄帝子。
23．日料麻子三石九斗一升。宜著（着）黄
24．衣，有病宜服黄药。一生不宜共

25. 戌生人同财。
26. 巳生蛇相人命属南方赤帝子。
27. 日料大豆三石二斗一升。宜著（着）赤衣，
28. 有病宜服赤药，大厄巳亥之年，小
29. 厄四月、十月，不得吊死问病。不宜共亥
30. 生人同财交加出入。
31. 午生马相人命属南方赤帝之子。日料
32. 小豆三石五半一升。宜著（着）赤衣，有病宜
33. 服赤药，大厄子午之年，小厄五月、十一
34. 月，不得吊死问病。一生不宜共子生人
35. 同财。
36. 未生羊相人命属武曲星，西南方黄
37. 帝子，日食大豆一石二斗一升。宜著（着）黄
38. 衣，有病宜服黄药。大厄丑未之年
39. 小厄六月、十二月，忌吊死问病。秋冬生宜（富）
40. 贵，春夏生自如。四子上相，三子力，其
41. 人本是女国人，前世为破斋，遂来
42. 至此生。为人信敬，敦厚文帝，宜为史。
43. 奴婢、六畜足用，卅保财。年廿官厄，君
44. 子得官位，卅十五中厄，四十五大厄，得度受
45. 命八十一。一生不得向西南方大小便，慎
46. 之大吉。
47. 申生猴相人命属廉贞星，西南方
48. 白帝子。日食麻子一石二斗一升。宜著（着）
49. 白衣，有病宜服白药。大厄寅申之
50. 年，小厄正月、七月。春夏生富贵，秋冬
51. 生自如。再娶妻子，五子上相，三子力。
52. 此人元（原）是摩迦国人，前多犯愆过，遂
53. 来此处生。为人轻捷，多知识，爱文字，
54. 学顺，四十官位，保财，牛马奴婢自足，女
55. 人宜夫和资财。不三子上相，二子力，年
56. 十八九小厄，四十五中厄，五十七大厄，得度

57．此者，受命七十八。宜修功德，亦长命。
58．一生不得向西南方大小便，慎之吉。
59．酉生鸡相人命属文曲星，西方白帝
60．子，日食小麦一石八斗一升。宜著（着）白衣，
61．有病宜服白药。大厄卯酉之年，小厄
62．二月八月，忌吊死问病。秋冬生富贵，
63．春夏生自如。其人元（原）是天陀罗国人，
64．前身为破斋，遂来此生。为人
65．信行，直心宜修功德富相。四十五保财。
66．宜共官交通。六子上相，二子力，保财。七
67．十八，衣食牛马奴婢足，女人亦然。合笄
68．……嫁。十二小厄，廿三四中厄，廿九大厄，得度
69．受命八十一。忌向西方大小便，慎之吉。
70．戌生狗相人命属禄存星，西北方白帝
71．子，日食粳米一石九斗一升。宜著（着）白衣，有
72．病宜服白药。大厄辰戌之年，小厄三
73．月、九月，忌吊死问病。春夏生富贵，秋冬
74．生自如。其人元（原）是叶波国人，前
75．身为好色，遂来此人生。杀人不偿命
76．合为将相，食天禄侯伯之位。方州刺
77．史。女人和意，宜夫贵相，五子上相，三子
78．力。为人利口、高精神，卅五保财，宜共贵
79．人交通，资财不少。年十八小厄，卅中
80．厄，卅三病大厄。过此命寿九十六岁。
81．一生忌向西北方大小便，慎之大吉利。
82．亥生猪相人命属巨门星，北方黑帝
83．子，日食粟米一石四斗一升。宜著（着）黑衣
84．有病宜服黑药。春夏生富贵，秋冬
85．生自如。大厄巳亥之年，小厄四月、十月，
86．忌吊死问病。此人元（原）是（波提）国人，前
87．身性多不净，遂来此生。为人
88．有文武之性，位宽心行，先贫后富。三

89．男二女力贵夫，资财不少，得三子
90．力。年十八小厄，廿五中厄，四十大厄。过此
91．寿命八十三。宜修福，即得长命，
92．一世之中衣食不少。一生不得向西北
93．方大小便，慎之则吉也。

五、小　结

P.T.127 号十二生肖命相文书，学者们多将它归入吐蕃时期的 25 份占卜文书中，但它与其它占卜文书的内容差别较大。其他占卜文书，虽然占卜方法（即卜具）各异，如羊胛骨卜、鸟卜、骰卜、金钱卜等等，但占卜内容几乎都是“仇敌会来否？出行人归否？会有子息否？病人能愈否？诉讼能胜否？行商赢利否？婚姻顺利否？失物能觅否？会有魔难否”，因为这些都是吐蕃人生活中的头等大事。但 P.T.127 号主要是，生于某年者，日进俸粮有多少；宜着何种颜色之衣；病时宜服何种颜色之药；一生中哪一年会有大难；一年中哪个月不宜探病吊唁；哪种属相，二者不合；前世与今世的因果关系等。P.T.127 号的内容，大都与汉文十二生肖命相文书伯 3398 号一致。所以，笔者认为二者出自相同的汉文底本。两份文书关于一年中不宜探病吊唁的月份虽然完全相同，但 P.T.127 号遗漏了鼠年的有关部分；伯 3398 号遗漏了龙年的有关部分，二者所缺部分，正可互补。在属相相冲方面 P.T.127 号为：鼠马不和，虎猴不和，兔鸡不合，龙狗不合，蛇猪不合，羊牛不合，也与伯 3398 号完全一致。在当今边远藏汉地区仍有此种说法。

吐蕃人在吸收其他民族文化经典时，很注意符合本民族的习俗。伯 3398 号在第 45、58、69、81、93 行中，均有不能向西南方、西方、西北方“大小便”的禁忌。这在 P.T.127 号中全无，说明吐蕃人无此禁忌。

P.T.127 号与伯 3398 号文书中，日俸粮食的多少有较大悬殊。伯 3398 号中，少则一石二斗一升，多则三石九斗一升。而 P.T.127 号中，少则五蕃升，多则一硕（即汉人“一石”的音译）。如今藏区的 1 藏斗合 20 藏升，约为 28 市斤。吐蕃时期 1 蕃斗也为 20 蕃升（见 P.T.2204 第 24 至 25 行），但在重量上可能会比现在的大一些。因为 P.T.2204 第 24—25 行载：

ཆིབས་རྫི་ཅང་སྟག་ཚེ་ལ། བྱི་བ་ལོའི་དགུན་སླ་ཐ་ཆུངས་ཚེས་པན་ཆད་དང་། གླང་གི་ལོའི་དཔྱིད་གཉི་སྟོང་ཚུན་ཆད་དགུང་སླ་གསུམ་ལ་བརྒྱད་ཐང་དུ་བརྩིས་པ་ཁལ་གཅིག་བྲེ་བཞི།

这段话的意思是：“（余粮）给马夫张达子作为鼠年冬十二月（初）至牛年春二月三十日，三个月之口粮，每月以八蕃升计，共一蕃斗四蕃升。”即一名马夫的月口粮为 8 蕃升，折合成今天的 8 藏升重量为 11.2 市斤。这就证明，吐蕃时期容量单位的换算，也应该存在二十进位的情况。另一方面，也反映出吐蕃时期农业生产水平较低，而畜牧业生产水平较高。

P.T.127 号十二生肖均有因果报应的内容，即上世没有修法，或做了坏事，这世就投生为 XX，说明该文书受佛教影响较深。P.T.127 号与伯 3398 号两份文书诸多相似之处，反映唐蕃之间文化交流是频繁而多元的。

参考文献：

王尧，陈践：《敦煌吐蕃文书论文集》，成都：四川民族出版社，1988。

黄正健：《敦煌占卜文书与唐五代占卜研究》，北京：学苑出版社，2001。

罗秉芬，刘英华：“敦煌本十二生肖命相文书藏汉文比较研究”，《安多研究》：第二集，北京：民族出版社，2006：1—27。

作者单位：中央民族大学

唐贞元铁桥之战后滇西北地区民族分布的变化

赵心愚

滇西北地区地处藏彝走廊南端，经青藏高原横断山区的金沙江、澜沧江等河流南北纵贯，自古以来就是一个民族迁徙流动的重要孔道，同时也是一个多民族分布的重要地区。进入唐代后，这一地区民族迁徙活动更为频繁，民族分布也出现了新的变化。

公元752年（唐天宝十一年），兴起于洱海之南的南诏与南下入滇的吐蕃公开结成政治军事战略联盟，吐蕃册封南诏阁罗凤为“赞普钟”，双方一致对唐，使唐王朝在西南战场上一度极为被动。但是，随着形势变化，双方矛盾渐加剧，关系恶化，最终联盟瓦解，南诏为了自身的发展选择了背蕃归唐，并借唐之力以对付吐蕃。公元794年（唐贞元十年），已与唐会盟的南诏异牟寻率军数万北上突袭，大破吐蕃，迫使吐蕃势力退至金沙江以北。发生在南诏与吐蕃之间的这场大战，即著名的贞元铁桥之战，以南诏获全胜告终。铁桥之战彻底改变了滇西北地区7世纪中叶以来的政治、军事格局，使唐蕃西南战场力量对比出现重大变化，也使这一地区的民族分布出现了新的变化。这一变化不仅给当时的地区民族关系带来了巨大震荡，也给地处藏彝走廊南端的这一地区各民族之间此后的关系带来长期和深远的影响。因此，铁桥之战后滇西北地区民族分布变化既是南诏与吐蕃关系史研究中需要深入探讨的问题，也是滇西北地区民族史和藏彝走廊民族史研究中应重视的一个问题。①

一、原南下入滇的吐蕃人大批北迁，是铁桥之战后滇西北地区民族分布出现的最值得注意的变化。

吐蕃人迁入云南与吐蕃南下入滇的军事行动有关。在汉藏史籍中，吐蕃军事势力何时南下入滇并进入洱海地区缺乏明确记载，现能看到的记载时间均较晚。《资治通鉴》永隆元年（公元680年）七月条载："先是，剑南募兵于茂州西南筑安戎城，以断吐蕃通蛮之路。吐蕃以生羌为向导，攻陷其城，以兵据之。由是西洱河诸蛮皆降吐蕃。"《新唐书·吐蕃传》亦有大致相同的记载。藏文史籍中，有关吐蕃军队进攻西洱河的时间也在7世纪70年代末。"西洱河"，即今洱海。根据以上记载，传统的看法是吐蕃进入洱海一带的时间在公元680年左右。汉文史籍的记载虽有大致的时间，但存在一个明显问题：南下入滇虽是吐蕃东向发展战略的重要组成部分，但安戎城远在岷江上游，位于今四川阿坝地区，并非在吐蕃军队南下入滇过剑川进入洱海地区的主要通道上，西洱河诸蛮降吐蕃与安戎城应无直接关系。中外一些学者分析了有关材料后，已指出了这一问题，并认为吐蕃入滇时间应更早一些。② 高宗麟德元年（公元664年），唐将姚州由府升为都督府，这是唐王朝经营洱海地区的一个重要战略决策，其目的就是要加强对洱海地区各部落的控制，防止吐蕃势力在这一地区进一步渗透。不少学者认为，这一战略行动明显是针对吐蕃的，因而吐蕃进入洱海地区的时间就应早于公元664年。③ 笔者赞同这一看法，并具体认为，唐将姚州升为都督府实际上已是被动应对之举，吐蕃势力开始进入洱海地区的时间当在7世纪50年代末或60年代初，几年后，唐面对日益恶化的形势才被迫采取了

---

① 李绍明先生在一篇文章中提出了藏彝走廊研究应注意的几个问题，其中第四为"民族史问题"，但他主要谈的是走廊古代民族的族属和藏缅语族各语支民族的族源问题。笔者认为，走廊内的民族迁徙、分布及民族关系也是藏彝走廊民族史研究的重要内容。参见李绍明：《藏彝走廊研究中的几个问题》，《西南民族大学学报》2007年第1期。

② ［美］查尔斯·巴克斯（Charles Backus）：《南诏国与唐代的西南边疆》，林超民译，云南人民出版社1988年，第30、32页；任乃强、曾文琼：《吐蕃传地名考释》，《任乃强民族研究论文集》，民族出版社1990年。

③ 马曜主编：《云南各族古代史略》，云南人民出版社1977年，第74页；赵橹：《南诏北臣吐蕃发微》，《西藏研究》1999年第4期；宋蜀华：《论南诏的兴亡及其和唐、吐蕃的关系》，《云南民族学院学报》2001年第5期。

这一行动。[①]

吐蕃势力入滇后，一方面与唐继续在西洱海地区展开争夺，一方面加强对部分洱海地区的控制。据敦煌吐蕃历史文书记载，公元703年，“冬，赞普赴姜地（六诏），并攻陷之。”都松芒布杰赞普“夺取六诏之疆土，征白蛮之赋税，收乌蛮为属民。”[②] 吐蕃文献记载中的“姜”、“六诏”，藏文为Vjang或Vjiang-yul，又可译作“绛”或“绛域”，8世纪初主要指滇西北及洱海地区。不论是继续争夺，还是加强控制，吐蕃都需要在滇西北投入并维持强大的军事力量，并协调这一地区的政治、军事行动。根据史籍记载，吐蕃主要采取了这样几大措施：一是打通滇藏主要交通线，在一些河流上架设桥梁。如在漾水、濞水上架铁索桥，在今云南丽江巨甸北架神川铁桥，使两地区的政治中心逻些城和羊苴咩城以及两地区其他一些地方道路通畅，可以通往来。[③] 二是在神川铁桥附近设置神川都督府，由神川都督领兵镇守，既控制滇藏交通咽喉，又统一协调吐蕃在滇的政治军事行动。[④] 三是除在主要交通线沿线派驻军队，如《大唐新语》所记“筑城以镇之”外，还在一些重要地区和兵家必争之地驻扎重兵。根据史籍记载，除神川外，至少还有剑川、浪穹两地。[⑤] 这几个驻有重兵的地方中，浪穹最靠南。方国瑜先生分析了相关材料后认为，“西洱河为吐蕃最南基地”，而浪穹则为吐蕃势力在洱海区域的“前哨”，“吐蕃实力驻在浪穹”。[⑥] 正是由于吐蕃在浪穹驻有重兵，所以在天宝战争中，吐蕃迅速出兵，与南诏一起击败了进入西洱河地区的唐朝军队，使唐在今云南地区受到重大挫折。

---

① 赵心愚：《吐蕃入滇路线及时间考》，《西藏民族学院学报》2004年第4期。

② 黄布凡、马德：《敦煌藏文吐蕃史文献译注》，甘肃教育出版社2000年，第46、254页。

③ 刘肃：《大唐新语》卷十一；《新唐书·吐蕃传》。尽管《元一统志》卷七对神川铁桥的建造者有三说，但从漾濞桥的记载和其地理位置来看，可以认定是吐蕃为保证滇藏交通畅通而架设的。

④ 樊绰：《云南志》卷三《六诏》和《新唐书·南诏传》都有关于吐蕃“神川都督”的记载，但“都督府”何时设置缺乏记载。不少学者认为，神川都督府设置时间应与神川铁桥架设时间大体一致，即公元703年赤都松赞进攻羌地前后。

⑤《旧唐书·南诏传》有“并五诏、服群蛮，破吐蕃之众兵”记载，《南诏德化碑》（载道光《云南通志·金石志》）中也有与唐“同破剑川”记载。这说明，剑川为吐蕃一重兵驻扎地。在《南诏德化碑》中，还有“差首领……于浪穹，参吐蕃御史论者赞”的记载，说明浪穹亦为吐蕃在洱海地区的驻有重兵的一大据点。

⑥ 方国瑜：《吐蕃势力南进至西洱河之争夺》，《方国瑜文集》第一辑，云南教育出版社1994年。

随着交通线的开通和大量军队驻扎，不少吐蕃人也就随之迁徙到滇西北及洱海地区。藏族学者格勒先生在分析吐蕃军队出征和吐蕃人的迁徙后提出了这样的看法："吐蕃军队是军事、行政和生产三位一体的组织，称'东岱'。""这些'东岱'，实际上是以某个地区的家族或部落为核心构成。""'岱'（sde）就有部落的含义。""所以，吐蕃出兵远征实际上是一次民族的迁徙活动，一个地区或部落一旦接受出征任务，那么整个部落的男男女女总动员。青壮男人在前面打仗引路。妇女及子女、老人在后面赶着牲畜，驮着帐篷和生产工具，充当后勤人员。""因此，唐代吐蕃向东征战或扩张的几百年过程，实际上是西部藏族向东大迁徙的过程。"① 格勒先生这一看法是正确的，也是有其依据的。据《新唐书·吐蕃传》记载，"虏法，出师必发豪室，皆以奴从。平居散处耕牧。"《资治通鉴》卷二五〇咸通三年条载："吐蕃每发兵，其富室多以奴从，往往一家至数十人，由是吐蕃之众多。"分析史籍中这些记载可看出，吐蕃军队虽是军事组织，但又是社会组织、生产单位。军事行动少不了后勤保障，于是吐蕃军队一次次的远征便成了事实上的民族迁徙。这样，在东向发展扩张中，一个个的吐蕃部落，一批批的吐蕃人，便不断地从吐蕃本土迁徙到今青海等地，并在这些地区定居下来，生存繁衍。吐蕃南下入滇是其东向发展的一个重要组成部分，吐蕃人迁徙到滇西北地区也就同样是如此。在7世纪50年代末或60年代初，退一步讲，按传统看法在公元680年左右，随着大批吐蕃军队进入滇西北及洱海地区，一批批吐蕃移民也就迁徙到了这一地区，并在这里生活、繁衍。因此，吐蕃向滇西北及洱海地区扩展势力的一百多年的过程，也同样是向滇西北地区移民的过程。

囿于史料，吐蕃向滇西北地区移民的具体情况难以弄清，不过，分析相关记载，也可知其大致情况。吐蕃人迁徙到滇西北地区后总的分布尽管缺乏材料，但分析史籍记载，可以肯定今德钦、中甸、维西应有不少吐蕃人。神川都督府所在地神川是神川都督领兵镇守之处，也应有不少吐蕃移民，这也是完全可以肯定的。除这些地方外，南面的剑川应有不少吐蕃人居住。据记载："剑川县，古剑川也，蛮谓之吐蕃赕……蒙氏时逐去吐蕃，

① 格勒：《藏族早期历史与文化》，商务印书馆2006年，第291、292、295页。

以白人居之。”① 虽然这一材料较晚，但有所本。之所以被呼之为“吐蕃赕”，说明当时应是吐蕃移民的长时期的聚居地之一，居住在此地的吐蕃人应相当多。在剑川以南，方国瑜称之为吐蕃在西洱河地区“前哨”的浪穹，也应有不少吐蕃移民，因为大批军队长期驻扎需要有力的后勤保障，一些吐蕃部落随之迁徙而来应是十分自然的。除这些驻有重兵之地有大量吐蕃移民外，主要交通沿线“驻城以镇之”的地方和一些兵家必争之地也当有一些移民居住点。据《资治通鉴》卷二三三贞元十年正月条记载：南诏异牟寻“自将数万人……袭击吐蕃，战于神川，大破之，取铁桥等十六城，虏其王，降其众十余万。”《唐会要》卷九十九所记大致相同，数字明确为“归降百姓一十二万，约计三万余户”。方国瑜先生分析有关记载后认为，这主要指吐蕃统治下的滇西北各民族部落百姓，吐蕃本族“即有当在少数”。② 方国瑜先生这一看法可能有其依据，但结合前引“蒙氏时逐去吐蕃，以白人居之”及樊绰《云南志》卷六“铁桥城”条中“大笼官已下投水死者以万计”的记载分析，归降者中可能也有不少的吐蕃百姓。从吐蕃在滇西北与唐激烈争夺中投入的军事力量来推测，随吐蕃军队迁徙到滇西北地区的吐蕃人按最低的估计可能也有数万之多。当然，在百多年时间中迁徙是不断的，而且其人口在滇西北地区可能还有增长。

8 世纪末，吐蕃由于内部矛盾激化，军事实力已大不如前。铁桥之战后，滇西北丽江及其以南地区被已与唐王朝恢复关系的南诏完全控制，吐蕃在这一地区建立的统治宣告结束。在这样的形势下，原迁徙到丽江及其以南地区的吐蕃人必然受到影响，不少迁徙者在战争中当随败退的吐蕃军队北迁过金沙江，有的则可能在战后又被南诏“逐去”，还有一些由于各种原因仍留居原地。与以前相比，仍留在丽江及其以南地区的吐蕃人分布区域与人口数量肯定都大大缩小和减少，在失去了政治、军事上的地位后，其影响力更迅速减弱。之后，这一部分吐蕃人中，有的可能再北迁到中甸、维西、德钦一带，成为这一带居住的吐蕃人的一部分，后与当地土著融合，形成滇西北迪庆藏族。③ 仍然留居原地如剑川、丽江等的吐蕃人，则逐渐被

① 《大元混一方舆胜览》卷中《云南等处行中书省》“鹤庆路”条，郭声波整理本，四川大学出版社 2003 年。

② 方国瑜：《南诏与唐朝、吐蕃的和战》，《方国瑜文集》第一辑，云南教育出版社 1994 年。

③ 杨增适：《迪庆藏族族源琐议》，载《云南藏学研究文集》，第二集，云南民族出版社 1997 年。

当地其他民族融合。[1] 这样，曾生活在滇西北南部的大批吐蕃迁徙者，铁桥之战后逐渐消失，不再有其活动的记载。

二、南诏采取强制手段将一些民族迁出和迁入，是贞元铁桥之战后滇西北地区民族分布出现的又一重大变化。

前已言及，滇西北地区自古以来就是一个多民族分布地区。在敦煌吐蕃历史文书中，也有关于分布在这一地区民族部落的记载，但较笼统。一般认为，历史文书中的 mywa-dkar-po 为汉文史籍中“白蛮”的对译，而 mywa-nag-po 则为乌蛮的对译。另外，历史文书中又将“南诏”写作 Vjang-mywa，可译为“绛蛮”或“云南蛮”、“六诏蛮”。显然，这只是吐蕃人滇后对滇西北民族部落的大的分类和总的叫法。在汉文史籍中，对滇西北民族部落分布记载最详细的应是唐人樊绰所著的《云南志》，《新唐书·南诏传》等中的有关内容，也多出自此书。

《云南志》卷六《云南城镇》“铁桥城”条载：“铁桥城在剑川北三日程……见管浪加萌、于浪、传兖、长裈、磨些、朴子、河人、弄栋等十余种。”[2] 樊绰此处虽然说有十余种，但明确记载仅八种。南诏击败吐蕃后，在铁桥城设立铁桥节度，铁桥节度所辖区域，就在滇西北地区，这十余种民族部落，就是其所辖区域内的。从时间上分析，这应是铁桥之战以后若干年滇西北地区民族部落的分布情况，不是战前的分布情况，但将这一分布情况与《云南志》卷三、卷四中所记的有关记载比较，可以看出分布情况出现的变化。更重要的是，从《云南志》的有关记载中，还可看到这一变化的原因及影响。

铁桥之战前，滇西北地区的民族部落中距南诏较近并对南诏威胁最大的是吐蕃长期庇护下的“三浪诏”。《新唐书·南诏传》所载“异牟寻帛书”中几次提到的仇敌“利罗式”，就是三浪诏人。利罗式为代表的三浪势力在吐蕃支持下长期反南诏，甚至企图取而代之，这是南诏最难以容忍的，因而被异牟寻视为心腹之患。南诏在与吐蕃公开结成联盟之前，曾先后击败了洱海地区的其他五诏，但真正完全诛灭、吞并的只有越析诏和蒙嶲诏，

---

① 方国瑜先生认为，直到大理前期，铁桥一带仍有吐蕃人，“后撤销专管吐蕃之机构，居于此之吐蕃亦迁去”。见方国瑜：《中国西南地理历史考释》，中华书局 1987 年，第 661 页。笔者认为，剑川既然被“谓之吐蕃赕”，也当一直有吐蕃人居住，后可能渐被融合。

② 本文所引《云南志》材料均引自赵吕甫《云南志校释》本，中国社会科学出版社 1985 年，以下不再一一注明。

浪穹、邆赕、施浪三诏虽战败，部落残余力量却退到剑川一带，在吐蕃的保护下继续为诏，《云南志》卷三《六诏》将其称之为“三浪诏”。吐蕃长期庇护被南诏击败的这几诏是有其战略考虑的，目的主要是利用这些政治势力控制或牵制西洱河地区，时刻威胁南诏，即使与南诏结成联盟后仍然如此。据《云南志》卷三记载：“浪穹，一诏也，诏主丰时。”在丰时孙铎罗望为诏主时，“与南诏战败，以部落退保剑川”。在铎罗望之后第三代矣罗君时，“贞元十年，南诏击破剑川，俘矣罗君，徙永昌”。同卷又载：“邆赕，一诏也。主丰哶。”其子哶罗皮为诏主时，曾联合浪穹、施浪两诏击南诏，但反被南诏击败，“从此退居野共川”。在哶罗皮之后第三代颠之讬时，“南诏既破剑川，收野共，俘颠之讬，徙永昌”。野共又作野共川，当在剑川附近或与之相邻。尽管此记载中没有明确破剑川时间，但结合前后内容看，应也是贞元十年。与前两诏相比，施浪诏得到的吐蕃支持更大，但有关记载不详。据《云南志》卷三记载，贞元十年“南诏既破剑川，尽获施浪部落”。当时的诏主傍罗颠逃往金沙江以北，之后，“子孙在吐蕃中”。根据《云南志》卷三以上这些记载，有的学者认为，三浪诏中只是浪穹、邆赕二诏诏主在剑川被攻破后，被南诏“徙永昌”。王吉林先生分析相关记载后认为，两诏余众与其诏主均被徙于永昌。而且，不仅“浪穹、邆赕之余众被徙永昌”，“施浪诏除傍罗颠逃身吐蕃外，其余分子或亦徙于永昌”。[①]笔者赞同这一看法，因为之后的记载中滇西北铁桥节度区域内已无三浪部落了。

与三浪诏相联系的有河蛮。《云南志》卷四《名类》记载：“河蛮，本西洱河人，今呼为河蛮。”河蛮本居住于西洱河地区，后遭扩张中的南诏攻击，便举族北迁至剑川、野共川诸川，可能与三浪诏相邻，所以“皆羁制于浪诏”。贞元十年南诏击败三浪诏后，河蛮亦被“徙于云南东北柘东以居”。河蛮与南诏早有矛盾。所谓“羁制于浪诏”，实际上指其与三浪诏关系密切。对河蛮，南诏在强制迁徙时手法有所不同。此河蛮，即为之后南诏铁桥节度辖区内的“河人”。这说明，铁桥战后南诏只迁徙了部分河蛮到柘东，滇西北地区仍留有部分河蛮。强制迁徙的那部分之所以迁往柘东而不是永昌，南诏的用意可能是将其与三浪分开以便控制。

与三浪诏关系密切的还有长裈蛮。《云南志》卷四《名类》载：“长裈

---

① 王吉林：《唐代南诏与李唐关系之研究》，黎明文化事业股份有限公司1992年，第314页。

蛮……部落在剑川，属浪诏。……南诏既破剑浪，遂迁其部落与施、顺诸蛮居，养给之”。“长裈蛮”因“其俗皆衣长裈曳地”而得名，明显是他称。所谓“属浪诏”即因居剑川，与三浪诏关系密切。此条材料仅记“迁其部落与施、顺蛮居”，未明确迁住何地。《云南志》卷六《云南城镇》“柘东城”条载：“贞元十年，南诏破西戎，迁施、顺、磨些诸种数万户以实其地。”据此，长裈蛮当时是与施、顺蛮一起被南诏强制迁到了柘东，为迁此城的“诸种”之一。据同书同卷“铁桥城”条的记载，在之后的铁桥节度辖区内，仍有“长裈”，这也说明南诏当时强制迁徙的只是其一部分，有部分长裈蛮留在了滇西北地区。

弄栋蛮有一部分距南诏也较近，但部落分布较广，一直到金沙江边。《云南志》卷四《名类》载：“弄栋蛮……后分散在磨些江侧，并剑、共诸川悉有之。”“贞元十年，南诏异牟寻破掠吐蕃城邑，收获弄栋蛮，迁于永昌之地。”与河蛮、长裈蛮不同，南诏是在“破掠吐蕃城邑”时俘获弄栋蛮，这说明其与吐蕃关系可能更密切。与《云南志》这一记载不同，《新唐书·南诏传》的记载是：“异牟寻攻吐蕃……掠弄栋蛮……以实云南东北。”所谓“云南东北”，指柘东一带。是《新唐书·南诏传》或《云南志》的记载有误，还是弄栋蛮东西都迁徙有，已不可考。可以肯定的是，从《云南志》卷六“铁桥城”条的记载看，在之后铁桥节度的辖区内也仍有弄栋蛮，这说明南诏当时只强制迁徙了一部分，有一部分弄栋蛮仍留在了滇西北地区。①

与吐蕃关系十分密切，距南诏又较远的有施蛮、顺蛮和磨些蛮。《云南志》卷四《名类》载：“施蛮……铁桥西北大施赕、小施赕、剑寻赕，皆其所居之地。”“部落主承上，皆吐蕃伪封为王。贞元十年，南诏攻城邑，虏其王寻罗并宗族置于蒙舍城，养给之。”此条材料仅记载施蛮的首领被迁往蒙舍城，部落百姓是否被迁未有交代。又据同书卷六《云南城镇》“柘东城”条记载，施蛮部落的百姓当时是被迁往柘东城“以实其地”。南诏在强制迁徙中不仅将其首领与部落百姓分开，而且可能将其部落全部迁走，所以之后的记载中滇西北地区再无有关施蛮的材料。《云南志》同卷又载：“顺蛮……初与施蛮部落参居剑、共诸川”，后“迁居铁桥已上”。“其部落

① 向达先生认为，战后滇西北的长裈蛮“或系迁徙未尽之余部耳”。见向达：《蛮书校注》卷六，中华书局1962年。

主吐蕃亦封王。贞元十年，南诏异牟寻虏其王傍弥潜宗族，置于云南白崖养给之。其顺蛮部落百姓，则散隶东北诸川”。南诏对顺蛮的处理办法与施蛮相同，只是其首领被置于白崖城而不是蒙舍城，这也可能是有其用心的安排。与施蛮一样，顺蛮的部落百姓当被南诏全迁走，所以之后滇西北地区亦无顺蛮的记载。与施、顺蛮相比，磨些蛮分布较广，但与吐蕃的关系可能不及施、顺蛮。《云南志》同卷又载：“磨些蛮……铁桥上下及大婆、小婆、三探览、昆明等川，皆其所居之地也。……南诏既袭破铁桥及昆明等诸城，凡虏获万户，尽分隶昆川左右及西爨故地。”之所以说磨些与吐蕃的关系可能不及施、顺蛮，是因为从《云南志》的记载看，其首领未被吐蕃封为王。磨些当时虽被强制迁走一部分（迁走的磨些中，有一部分应是昆明这一带的），但有不少仍留在滇西北地区，所以之后铁桥节度辖区内也有磨些部落。

根据《云南志》、《新唐书·南诏传》的记载，三浪诏、河蛮、长裈蛮、弄栋蛮、施蛮、顺蛮、磨些蛮等不是乌蛮就是白蛮，也就是敦煌古藏文历史文书中的 mywa-nag-po、mywa-dkar-po。铁桥之战前，滇西北地区除这些乌蛮、白蛮外，还有两种民族部落也居于此地。一为朴子蛮。据《云南志》卷四《名类》记载，朴子蛮主要分布在开南、银生、永昌、寻传等地，但“铁桥西北边近兰沧江亦有部落”。据同书卷六《云南城镇》“铁桥城”条的记载，铁桥节度辖区内亦有“朴子”，说明朴子蛮在唐代亦为滇西北地区的民族部落之一。从史籍记载来看，滇西北的朴子蛮似乎未受铁桥之战的影响，没有被南诏强制迁徙。二为汉裳蛮。《新唐书·南诏传》称“汉裳蛮”，《云南志》卷四《名类》记作“裳人”。《云南志》的记载称：“裳人，本汉人也。部落在铁桥北，不知迁徙年月……后稍参诸戎风俗，迄今但朝霞缠头，其余无异。”《新唐书·南诏传》记载与之基本相同。有学者分析该地区相关历史记载后认为，汉裳蛮本汉人，“大概是在三国时代流入神川一带的”。[①] 也有学者认为，“朝霞缠头”或即学吐蕃，因其居铁桥北，在吐蕃的统治下。[②] 还有学者认为，“直云裳人本汉人，恐未必可信，但无直接证据，以明其说之非”。[③] 是否原为汉人，囿于史料，已不可考。但可

---

① 冯智：《吐蕃南诏神川铁桥》，《西藏研究》1992 年第 2 期。

② 参见王忠：《新唐书南诏传笺证》，中华书局 1963 年，第 68 页。

③ 王吉林：《唐代南诏与李唐关系之研究》，黎明文化事业股份有限公司 1992 年，第 315 页。

以肯定的是，此部落如原是汉人，当时也基本被当地民族同化。可能正是由于原在吐蕃统治之下，并与吐蕃关系密切，所以南诏击败吐蕃后，汉裳蛮亦被强制迁出。《云南志》卷四《名类》载："贞元十年，南诏异牟寻领兵攻破吐蕃铁桥节度城，获裳人数千户，即移于云南东北诸川。"所谓"东北诸川"，也即柘东城一带。南诏对汉裳蛮的强制迁徙可能较为彻底，所以之后的铁桥节度辖区内再无汉裳蛮。

分析以上记载，可以看到贞元十年战后南诏的强制迁徙规模很大，可称为南诏历史上又一次大规模强制移民。除朴子蛮外，几乎涉及所有滇西北地区的民族部落，这必然使当时这一地区的民族分布出现巨大变化。这次大迁徙总的人口数量有多少，有关史籍记载不详，仅从《云南志》卷六《云南城镇》"柘东城"条中"迁施、顺、磨些诸种数万户"及同书卷四《名类》"裳人"条中"获裳人数千户"、同书卷三《六诏》"施浪诏"条中"为众数万"这些有限的和不完全的记载推测，被南诏强制迁出滇西北的各民族部落人口应在15万—20万，最少应不低于10万。在这些被强制迁徙的民族部落中，有的是全部被迁徙，有的是部分被迁徙，全部被迁徙者在这一地区已无分布，后不再有记载；部分被迁徙者由于人口大大减少，分布区域也相应缩小，后也多与其他民族部落逐渐融合，所以有的在大理时期或稍后也不再见于记载。①

南诏在铁桥之战中击败吐蕃迫使大批吐蕃移民北迁，战后又采取强制措施将施蛮、顺蛮等迁出滇西北地区后，要有效地控制这一地区必须采取措施将一些民族部落迁入。从当时的形势来看，迁入与迁出的目的是一致的，即为了有效地控制这一新夺取的地区，尤其是要防止吐蕃采取报复行

---

① 《元一统志》卷七（赵万里辑校本，中华书局1966年）载："丽江路蛮有八种：曰磨些、曰白、曰罗落、曰冬闷、曰峨昌、曰撬、曰吐蕃、曰卢"。原铁桥节度辖区内的弄栋蛮等已无，而一些新的民族部落又出现了。虽这只是丽江路的记载，但也基本反映出8世纪末到元代滇西北地区民族融合迁徙的情况。

动并南下。[①] 从迁出的民族部落看，《云南志》的记载十分清楚地表明，凡是亲吐蕃的，与吐蕃关系密切的，首领被吐蕃封王的，都全部或部分被强制迁出。从迁往的地区看，不论是迁到永昌、柘东，还是白崖、蒙舍，都远离吐蕃，显然是使之不可能再与吐蕃取得联系。因此，尽管史籍缺乏记载，但在主要目的一致的情况下，可以肯定迁入者应是南诏所信任并与吐蕃没有任何关系的。

《云南志》卷六《云南城镇》“铁桥城”条记载：“铁桥城……今西城南诏置兵守御，东城自神川以来，半为散地”。同书卷二《山川江源》“大雪山”条载：“阁罗凤尝使领军将于大赕中筑城，管制野蛮。不逾周岁，死者过半。”后一条材料虽不是关于滇西北地区的，但与前一条材料一样，均说明南诏要控制一个地区及其部落都要筑城或利用原有之城“置兵守御”，也就是要派驻军队。南诏寓兵于农，军队除被称作“罗苴子”的常备军外，还有大量平时务农的乡兵，在铁桥城及其以南地区，南诏为防吐蕃南下应既派驻有常备军，又有大量乡兵，而乡兵只能来自战后迁入者。那么迁入的究竟是什么样的部落呢？据前已引的“剑川县，古剑川也，蛮谓之吐蕃赕……蒙氏时逐去吐蕃，以白人居之”的记载，南诏在铁桥之战后，应是将一批白人迁入滇西北地区。所谓“白人”，即唐代云南地区的白蛮。前已言及，这一记载尽管时间稍晚，但应有其依据。除白蛮外，根据其他史籍记载，应还有乌蛮。《元史·地理志》“建昌路”条载：“唐初设中都督府，治越巂。至德中，没于吐蕃。贞元中，复之。懿宗时，蒙诏主城曰建昌府，以乌、白二蛮实之”。同书“安宁州”条亦记载称：“……阁罗凤叛唐后，乌白蛮迁居”。从这些稍晚的记载来看，铁桥之战后迁入滇西北地区的还当有一批乌蛮。当然这些乌蛮、白蛮与原滇西北地区的乌、白蛮不同，虽称之为乌、白蛮，但应是不同的部落，而且应来自南诏早已控制的西爨、东爨地区，为南诏所信任，并与吐蕃没有任何关系。另外，据《云南志》卷

---

① 南诏铁桥之战后在滇西北地区大规模移民的目的学术界有讨论。如，查尔斯·巴克斯认为这一迁徙是为了加强对其首领的控制，又利用部落百姓开发经济和扩充军队，总之是“驾驭不同族类的居民的良好方法”。见其著：《南诏国与唐代的西南边疆》，林超民译，云南人民出版社 1988 年，第 118 页；马长寿先生则通过对《云南志》有关记载中的“隶”、“散隶”、“分配”等的分析，认为主要是掠夺人口作生产奴隶。见其著：《南诏国内的部族组成和奴隶制度》，上海人民出版社 1961 年，第 129—130 页。笔者认为，这些可能都是其目的，但在实力远大于南诏的吐蕃有可能报复并南下的形势下，当时的主要目的应是为防吐蕃而加强对这一地区的控制。

四《名类》“望苴子蛮”条、卷六《云南城镇》“柘东城”条的记载，为防吐蕃，获南诏重视的因战斗力强被常用作“前驱”的望苴子等部落也有可能迁有若干到滇西北地区。前已言及，迁出者当有15万—20万，最少也应不低于10万，那么，迁入者也不会太少，可能至少有数万人。

从铁桥之战及之后这一地区政治、军事形势的发展来看，滇西北民族分布变化和民族迁徙的原因主要是战争和政治方面的，换言之，也就是这一地区吐蕃移民的北迁及战后一些民族部落的迁入、迁出均是人为因素推动下出现的。需要指出的是，分析史籍中一些有限的记载可以看到，不仅滇西北地区是如此，唐代整个藏彝走廊南端也是如此。唐代藏彝走廊南端长期处于唐、吐蕃以及南诏的势力控制或影响范围内，这一地区的民族迁徙活动十分频繁，其原因当然是多方面的，从大的来讲，既有生存环境方面的，更有人为因素方面的。从这一时代的历史特点和地区的具体情况来看，吐蕃的东向发展、南诏的崛起和唐王朝的争夺与招抚怀柔，对整个藏彝走廊南端各民族部落产生了巨大的、空前的拉力与推力，唐、吐蕃、南诏三方面长期的政治、军事角力，对唐代藏彝走廊南端的民族迁徙有着决定性的作用。这一时代的有关记载也已表明，唐代走廊南端的大多数民族迁徙活动，正是几大势力之间的军事、政治长期较量的结果。①

作者单位：西南民族大学

① 除本文前已言及的以外，《旧唐书·东女国传》、《新唐书·东女国传》载，贞元九年，东女国及白狗、哥邻、逋租、南水、弱水、悉董、清远、咄霸等东迁附唐，韦皋处其众于维、霸、保等州。这一迁徙即是唐与吐蕃政治、军事角力的结果。又，在《云南志》卷三《六诏》“越析诏”条记载中，以宾川为中心的越析诏灭亡后，磨些人被迫迁出亦是唐、蕃在洱海地区争夺和南诏借机扩张的结果。《云南志》卷四《名类》“弄栋蛮”条记载的弄栋蛮北迁至磨些江侧及剑共，也应与几大势力在洱海地区的争夺有关。

论吐蕃奴隶社会中的封建制萌芽

张江华

吐蕃政权存在于公元7世纪初至9世纪中期，关于它的社会性质已经有较多研究。有“奴隶社会”说，如王静如先生的《关于吐蕃国家时期的社会性质问题》和常凤玄先生的《古藏文文献中所见奴隶的社会地位与历史作用》为其代表，[①] 认为吐蕃是完全的奴隶社会。另有“封建领主经济”说，如黄奋生先生在《藏族史略》中的观点具有代表性，他认定“松赞干布时代，已经建立了作为初期封建社会基础而含有东方社会基本特征的土地国有性质的领主经济的庄园制度。国家及其官吏和贵族对农奴征收的地租、徭役和贡献的封建剥削的形态，都已经具备了”，同时他认为，“在封建经济占主要地位的情况下，奴隶制还保留着相当大的残余”。[②] 仁青先生在《吐蕃法律初探》中，认为吐蕃的社会性质是“封建生产关系尚不十分发达的领主封建制。……不否认在吐蕃社会存在一定数量的奴隶，但是在整个社会的生产中，奴隶已不是生产的主要力量”。[③] 以上两位先生都认为吐蕃社会经济制度是封建领主制度为主，存在奴隶制残余。

---

① 分别载《中国民族问题研究集刊》第五集，中央民族学院研究部编；1956年12月（内部刊物）中国西南民族学会编：《藏族学术讨论会论文集》，西藏人民出版社1984年，第63页。

② 黄奋生编著：《藏族史略》，民族出版社1985年，第62页。

③《吐蕃法律初探》载《西藏封建农奴制研究论文选》，中国藏学出版社1991年，第437—438页。

笔者则认为，吐蕃既不是一个纯粹的奴隶社会，也不是封建领主制度为主，而是奴隶社会为主，正向封建农奴社会的过渡时期。在这个社会里既有奴隶制的特征，又有封建制的萌芽，[①] 吐蕃王朝愈往后，封建制的特征愈明显。“吐蕃封建化过程以经济方面的重大变革而言，此时似已开始”。[②]

要说明吐蕃奴隶制社会中已经存在封建制萌芽，我们需要从理论上明确奴隶社会和封建农奴社会各自的特点、根本区别和它们之间的相互联系。

奴隶制生产关系的基础是奴隶主占有一切生产资料和完全占有奴隶人身，在奴隶主的所有财产中，奴隶是最重要的，奴隶是社会财富的主要创造者。奴隶没有任何社会地位，没有人身自由权和生命不受侵犯权，被看成是会说话的“工具”，如牲口一般。奴隶主可以对奴隶驱使、鞭打、买卖和赠送，甚至杀死和殉葬。典型的奴隶社会还有奴隶市场。在世界古代史中，奴隶制国家最突出的特征是奴隶被物化，把奴隶作为财产对待的法律十分普遍。[③]

农奴社会是封建领主制，其生产关系的基础是各个等级的封建领主层层占有以土地为主的生产资料，领主从封建政府那里领有采邑。农奴没有土地。农奴的人身被领主部分占有而领主与之形成领属关系，领主就利用这个关系去束缚农奴，驱使农奴在他们的土地上劳动，其收获完全归领主所有，农奴没有离开领主的自由。领主另外划出小片土地给农奴使用，作为农奴为领主劳动的条件，也起到农奴劳动力再生产的作用。官府的农奴则向政府交纳租税，农奴是社会财富的主要创造者。农奴要生存，只得“自愿”为封建领主所束缚。不完全自由的身份成为一条捆绑农奴的绳索，正如联合国制定的《废止奴隶制、奴隶贩卖及类似奴隶制之制度与习俗补

---

① 郭沫若在《奴隶制社会》中说，人殉是奴隶制社会的一个重要标志。吐蕃时期盟誓频繁，《新唐书》载：“赞普与其臣岁一小盟，用羊、犬、猴为牲；三岁一大盟，夜肴诸坛，用人、马、牛、闾为牲”。《旧唐书》：“与其臣下一年一小盟，刑羊狗、猕、猴……三年一大盟……杀犬、马、牛、驴以为牲”。人祭即人殉，说明吐蕃是奴隶社会。但两书对牺牲种类记载有别，这不是偶然的疏忽。说明人、犬作为牺牲在变动过程中。这是奴隶制社会变化的反映。

② 王忠：《新唐书吐蕃传笺证》，科学出版社 1958 年，第 37 页。

③ 例如西亚幼发拉底河和底格里斯河流域（今伊拉克地区）的巴比伦王国，约在公元前 1762 年，制定了《汉穆拉比法典》，其中规定，如果伤害了奴隶的眼睛，要向奴隶的主人赔偿相当于奴隶身价一半的财产。这正好是一头牛的眼睛被伤害时所赔的数额，可见一个奴隶的价值相当于一头牛。对帮助奴隶逃跑、藏匿、消除表示奴隶身份的印记和否认奴隶身份的，属于侵犯奴隶主的“财产权”，将被奴隶制国家治罪。参见何勤华等主编：《外国法制史》，复旦大学出版社 2002 年。

充公约》（1956 年 9 月 7 日于日内瓦）中所指出：“农奴制，即土地承担人受法律、习惯或契约之拘束须在他人所有之土地居住及劳作，并向该一他人提供有偿或无偿之若干固定劳务，而不能变更其身份之状况”。[①]

用上述两种不同社会性质的基本特征来衡量，吐蕃时期留下的资料说明，在奴隶社会里，已经存在封建农奴制的萌芽。从理论上说，在阶级社会中，两种依次更迭的社会，它的发展不可能是“一刀切”的。总是前一社会孕育着新的社会因素，后一社会包含着前一社会的残余。吐蕃社会正是奴隶社会向封建社会过渡的初期阶段。从以下几方面可以作一分析。

一、吐蕃奴隶制社会里的新因素——隶农的出现

奴隶社会在西藏经过长期的发展，吐蕃王朝建立以前，卫藏各地已经形成若干大家族为主的奴隶主地方势力，后来统一各部建立吐蕃王朝的松赞干布家族只是其中之一。公元 6 世纪末，囊日论赞（松赞干布之父）首先征服了邻近各部，此时吐蕃王朝已现雏形。在囊日论赞征服各部落过程中，依靠了一批忠勇之士。征战成功之后，他们称赞普政比天高，盔比山坚，被尊之为囊日论赞——天山赞普。[②] 从所有制角度来说，赞普拥有了支配所属地区人民和土地的最高所有权。囊日论赞亲自封赏采邑和奴户给有功首领和归顺自己的地方势力，“于是，娘氏、韦氏、农氏、将森波杰（墀邦松）之政权悉数献与赞普悉补野氏之手中矣！后，囊日论赞亲自分赐勋臣，赏赐娘·曾古者为念·几松之堡寨布瓦及其奴隶 1500 户；赏赐韦·义策者为线氏撒格之土地及墨竹地方奴隶 1500 户。赏赐农·准保者为其长兄农氏奴隶 1500 户。赏赐蔡邦纳森者为温地方孟氏堡寨、奴隶 300 户”。[③] 赞普与获得赏赐的地方首领会盟，并任命娘、韦、农和蔡邦四家为论钦——大臣。他们成为所封城堡和周围土地和奴户的占有者。在赞普囊日论赞在位期间，后藏地区有一名字叫苏孜者（又名琼保·邦色），欲投赞普，用计杀了地方王马尔门，将首级献与赞普，以示其功。马尔门所辖土地和两万

① 转引自董云虎等编著《世界人权约法总览》，四川人民出版社 1991 年，第 1107 页。

② 王尧、陈践译注《敦煌本吐蕃历史文书》，民族出版社 1980 年，第 132 页。

③ 王尧、陈践译注《敦煌本吐蕃历史文书》，第 132 页。

户均为赞普掌握。赞普以苏孜忠顺，对悉补野扩张势力有功，遂将这藏蕃二万户和土地全部赏赐给他。[①]

从以上资料看出，赏赐给有功之臣的奴隶都是按户计算的，说明这些奴隶有家庭，有家庭一般就有家庭经济，哪怕是极微弱的。他们并不是被链条锁起来的那种典型奴隶，其身份已经超出奴隶的范畴。笔者认为是隶农。隶农的出现说明在奴隶社会的土壤里，农奴制经济的萌芽开始显现。

但是，按照郭沫若先生的观点，奴隶中也有存在“家室”的。例如中原历史上奴隶制度的商朝，通过战争将被征服的部落和地方小王国的居民变成“种族奴隶”，有的还聚族而居。这些用于农业生产领域的奴隶，被称为“众人”，在田野里被各级奴隶主指派的监工“小臣”监督，进行最原始的集体协作劳动。[②] 按照这个观点，有没有家庭，还不是奴隶和非奴隶的根本区别。只有奴隶改变原来的劳动方式，奴隶主改变对奴隶的管理办法，对奴隶的人身占有有所松动，即奴隶不完全是在奴隶主的皮鞭下劳动，领有小块土地耕种，向奴隶主交纳租赋，奴隶的身份才能发生变化，成为有别于奴隶的隶农。

马克思曾对二者的区别和联系进行过论述，大意是：奴隶完全是用别人的生产条件来劳动，而隶农则有少量的生产条件，占有小块土地，自己经营。占有小块土地的条件是为主人进行无偿的徭役劳动和履行进贡义务，形成制度。奴隶和隶农的共同点是，有人身的依附关系，有人身当作土地的附属物定牢在土地上的制度。[③]

上述囊日论赞当政时期数量以千百计的奴户，是否是在奴隶主的监督下集体劳动？是否有小块土地耕种？是否交纳租赋？我们从下述间接资料可以得到说明。在吐蕃统一过程中，囊日论赞被反叛的臣下所杀。忠于赞普的众臣拥戴13岁的松赞干布紧急继赞普位，之后迁都逻西（拉萨），正式建立吐蕃王朝。在这种情况下，小赞普的内外政策与他父亲的大政方针应该是一脉相承的，也就是说，吐蕃社会的经济基础和上层建筑不会因松赞干布的执政就立即发生剧烈的变化。对被征服地区的统治策略和经济政策前后应是一致的，管理奴隶的方法也应相同。

---

① 王尧、陈践译注《敦煌本吐蕃历史文书》，第132页。

② 郭沫若主编《中国史稿》第一册，人民出版社1976年，第173—174页。以下称《史稿》。

③ 马克思《资本论》第3卷，人民出版社1966年，第924页。

史载，松赞干布继位后在吐蕃东北新征服地区“迫使唐人及吐谷浑人，岁输贡赋，由此，首次将吐谷浑人收归辖下”，① 又，在吐谷浑所辖的罗布地区进行了土地分配，“兔年夏，划小罗布王田为五种亩数，按耕田人（每户）人数多少加以分配。……劳力情况应登记于（户主）名下。有势力者不许多占田地或围圈空地。……树立界标，有违制占田、破坏田界或使田业荒废，将剥脱其田业，没收其庄稼……各户耕田的人数造成总册，交到日城长官处，凡有阴谋叛乱、破坏水利、反抗官府、图谋侵夺等事，一律按本城旧法律治罪”。② 这两条材料说明，松赞干布在其统治的西北地区实行的是按户均田、征收税赋的办法。由此反推，相去不远的松赞干布之父当政时，被征服地区也应该是这套政策。这个反推如果成立，上述数百、数千家奴隶的管理，应是采用“分给”土地、征收赋税的政策。这就突破了奴隶主用皮鞭监督奴隶劳动的办法，至少在奴隶占有的小块土地上不必进行直接监督了，因为奴隶在“自己的”土地上耕种，收成愈好对小家庭愈有利，可以激发他们劳动的积极性。由此说明，奴隶制生产关系在松赞干布继位前已经开始变化，土地经营管理制度中带有了“租佃”性质，因而从奴隶中分化出了隶农来。当然人身占有和依附关系仍然存在，“他们还不是自由的，但是，他们的身份却不同于奴隶。这是隐蔽在奴隶社会内部的封建依附关系”。③ 隶农就是农奴的前身，由此开始出现了新的生产关系——农奴制的萌芽。

松赞干布是临危受命，其时初创的吐蕃政权正遭受空前危机。已经臣服于吐蕃的地方势力工布、达布、娘部和苏毗首领④起兵反叛，囊日论赞本人也被臣下毒杀。反叛者企图从政治上摆脱代表吐蕃的赞普的统治，以达到否定赞普对吐蕃人民、土地的最高所有权。在严峻的形势下，松赞干布以超人的智慧，采用武的和文的手段，使叛乱平息，并采取了巩固政权的措施。对于已经称臣归顺的部落首领，赞普对他们的政策是，只要各部落

---

① 王尧、陈践译注《敦煌本吐蕃历史文书》，第 140 页。

② 王忠译自新疆发现之吐蕃文书，载王忠《新唐书吐蕃传笺证》，科学出版社 1958 年，第 37 页。

③ 郭沫若主编《中国史稿》第一册，人民出版社 1976 年，第 318 页。

④ 西藏传统地域名。工布、娘部在今工布江达县和以东的林芝县尼洋河流域。五世达赖时期将地封予贵族江中、甲拉、阿沛及宇妥，民主改革前有四个宗：工布江达、则拉、觉木和雪卡。达布在今加查、朗县和米林县一带。苏毗即孙波，在拉萨北。另说在西宁附近，有孙波村。

向吐蕃王廷承担税赋，就不剥夺他们继续拥有原有的产业，可保持对原有土地、牲畜和奴隶或隶农的占有权，并可维持原来所属地方的势力范围。吐蕃的危机因此得到解除，赞普对人民、土地的最高所有权得到巩固。赞普将全国土地划分为他的直属区和地方管理区，“有31个地区是由库氏和聂氏等父系亲属的25位首领长期管理”，被称为“采邑境界”[①] 使用了带有封建色彩的税赋制度来维系赞普对各头人的控制。

对于吐蕃的社会特点，著名藏学家王尧先生在对大量吐蕃时期的古藏文的翻译、解读和研究中认识到，吐蕃的奴隶“他们有自己的家（或称帐），平时也有自己经营的一小块地，但人身隶属的关系表明他们是奴隶。战争时期，他们又是当然的战斗人员和后勤人员，由他们组成军队，听从担任各级军官的奴隶主的指挥”。[②] 在另一处他又说，奴隶“虽然对主人有人身隶属关系，但不能买卖或杀害；比较自由，有自己的家并少量土地和简单的生产工具；人身隶属关系作为主要特征，这些人大部是由被征服的部落、氏族充当的。吐蕃的奴隶制就是建立在这种基础上的社会”。[③] 这个论述除“不能买卖”外，大体符合实际。根据这些概括，笔者认为吐蕃奴隶社会中的“奴隶”已经不是被绳索捆绑的奴隶，而是“有家”、有“小块土地”、“比较自由”、不能“杀害”、还能当“战斗员”的社会群体，只剩“人身隶属关系”。综合吐蕃社会的各个方面看，应该说，他们是吐蕃新的社会成分——隶农，未来封建农奴社会里农奴的前身。

吐蕃从奴隶制向封建农奴制的过渡，与人类历史发展具有共同规律。试与西欧历史作一比较。由奴隶到隶农的出现乃至封建社会的产生，这一变化过程在西欧的社会发展史中也曾出现过。这里对罗马奴隶制的发展历史做一简要叙述和对比。公元前6世纪后期罗马形成奴隶制国家，公元前3世纪至公元前2世纪不断发动侵略战争，扩大了领土范围，广泛使用奴隶劳动，经济发展。公元前1世纪后期罗马进入帝国时代，至公元3世纪，版图最大：东达幼发拉底河，南至非洲北部，西至不列颠，北到波兰多瑙河一带。公元3世纪奴隶制发生危机，原来那种奴隶被铁链锁住、被牵到奴隶市场上像牲口那样出卖的行径，遭到奴隶们的反抗，轻则怠工，重则武

---

① 恰白·次旦平措、诺章·吴坚、平措次仁著，陈庆英、格桑益西、何宗英、许德存译：《西藏通史——松石宝串》，西藏古籍出版社1996年，第53页。以下简称《西藏通史》。

② 王尧编著：《吐蕃金石录》，北京文物出版社1982年，第87页。

③ 王尧、陈践译注：《敦煌本吐蕃历史文书》，第238页。

力反抗。奴隶主不得不让步，调整奴隶主与奴隶的关系。奴隶主采取了新的措施，放松完全的人身占有关系，而采用土地束缚奴隶。于是出现了奴隶主将原来直接经营的大土地分成小块租给奴隶，以家庭为单位耕种。由此，奴隶减少或没有了皮鞭下的劳动，并有了微弱的家庭经济。奴隶可自己在小块土地上耕作，对土地的使用权可以继承，一定量的劳动果实作为租赋交给奴隶主，这就形成了新的生产关系的萌芽——隶农。公元4世纪末，统治者将帝国分成两部分，东罗马帝国以拜占庭（君士坦丁堡）为都城，据说更有利于防止社会发展滞后的“蛮族”入侵。[①] 罗马帝国其余部分仍然以罗马城为都城，称西罗马帝国。在西罗马帝国衰弱之际，“蛮族”日耳曼人入侵，随后又有西哥特、汪达尔人先后入侵，冲击了西罗马帝国的奴隶制度。公元476年，在外族的打击下，西罗马帝国灭亡。罗马人与各地民族融合，成为欧洲近代各民族的先民，同时在这片土地上产生了若干具有全新的封建生产关系的王国，从此西欧进入封建的中世纪社会长达一千多年，直至近代资本主义的产生。

通过比较可以认定，承认以家庭为单位耕种土地，征收赋税，是封建制度的重要特征。吐蕃与西罗马灭亡前的状况大同而小异，只是在时间上，吐蕃奴隶制向农奴制过渡比西罗马5世纪末封建制度的形成晚400余年。

二、从吐蕃“大事记”看封建制的萌芽

据王尧、陈践二位教授在《敦煌本吐蕃历史文书》的前言中介绍，1907—1908年，英国人斯坦因和法国人伯希和先后从我国敦煌盗走的藏文写卷五千卷左右。包括吐蕃大事纪年、赞普传记和世系、小邦邦伯家臣等内容。这些藏文写卷是吐蕃人当时的记录，是了解吐蕃历史、社会和经济制度的最可靠、最权威的信实资料，对汉文资料起到了纠谬、补阙和印证的作用。

其中“大事记”记录了从公元650年（藏历阳金狗年，[②] 唐高宗永徽元

① 参见阿尔德伯特等著，蔡鸿滨等译：《欧洲史》，海南出版社2002年，第136页。

② 关于藏历，以五行、阴阳配十二生肖，六十年为一“饶琼”的纪年法，始于1027年。此前的年代是按此法逆推回去的。这种逆推，有肯定的，也有否定的。

年）到公元763年（藏历阴水兔年，唐代宗广德元年）一百余年的113条资料。涉及从吐蕃的第三代赞普芒松芒赞在位初期到第六代赞普赤松德赞在位前期的历史。从现有资料的时间跨度看，占了吐蕃王朝存在时期的一半，涵盖了吐蕃最强盛的大部分时间。从这些材料的字里行间，涉及封建经济萌芽及其他相关制度的，约占30%。本文引用了从公元653年至746年三代赞普的相关资料，进行如下梳理、荟集和简要分析。

第三代赞普芒松芒赞（公元650—676年，藏历阳金狗年至阳火鼠年）在位期间，大事记所记载的与经济制度有关的事有：

公元653年（藏历阴水牛年）“赞普驻于辗噶尔，大论东赞于‘祜’定牛腿税（肉类赋税）。达延莽布支征收农田贡赋”；

公元654年（藏历阳木虎年），“大论东赞于蒙布赛拉宗集会。区分‘桂’‘庸’（即区分武士及奴隶阶级，此说见于《贤者喜宴》），为大料集（即征发户丁、粮草劳役等），而始作户口清查”。

公元656年（藏历阳火龙年），“赞普驻于美尔盖，大论东赞于‘仄木’之玛尔地方征收牛腿税”。

公元662年（藏历阳水狗年），“赞普巡临驻跸于工、祜等地。大论东赞于土货尔地方征集象雄之供亿”；

公元669年（藏历阴土蛇年），“赞普住于悉立之都那，吐谷浑诸部前来致礼，征其入贡赋税”。

公元673年（藏历阴水鸡年），“赞普…仲夏至孙波河…行牧区大料集。冬，（赞普）牙帐巡临‘襄’之‘让噶园’，于‘董’之虎苑集会议盟，以征调后备军事征集青壮户丁”。

公元674年（藏历阳木狗年），“赞普…于‘拉克’之‘布穷’集会议盟。点验红册（军丁名册）”。

公元675年（藏历阴木猪年），“春，赞普至‘谐辛’……夏，驻于泥婆罗。大论赞聂于‘欣木’之‘孤兰’，征象雄之大料集”。

公元687年（藏历阴火猪年），“赞普驻于辗噶尔……冬，定大藏之地亩税赋”。[①]

我们从上述材料可以看到牧业税的征收，为征发劳役和征兵而进行的户口清查，及阶级阶层的区分。

---

① 公元653年—687年的资料引自王尧、陈践译注《敦煌本吐蕃历史文书》，第101—106页。

首先，吐蕃已经实行分别征收牧业税和农业税的制度，说明吐蕃时期已经有了独立从事畜牧业和农业或农牧兼营的个体家庭经济。奴隶主不是直接占有他们的劳动和劳动成果。看得出，牧业税是按所养牲畜的多少征收，“牛腿税”即以牛为计算单位。但所养牲畜不止有牛，还有马、羊。马比牛价值高，羊比牛价值小，估计应有一个折算的办法，但史籍未载。半个世纪前西藏牧区的折算比例是4头牦牛等于1匹马，1头牦牛等于10只绵羊或20只山羊。① 或许半个世纪前西藏这一折算办法，就是从古代的牧业生产开始，逐步摸索出来的。

其次，资料说明，在吐蕃社会的阶级构成里，除奴隶主和奴隶以外，还有既不是奴隶主，也不是奴隶的人和户。通过清理户口，搞清楚不同阶级或阶层的人口和户数，以便于征发劳役。服劳役的人口中，不但有奴隶，也有以家为单位的“户丁”和“桂”。户丁与奴隶是有区别的，他们有家，经济和社会地位略高于奴隶，类似于欧洲中世纪的隶农，桂是武士，地位又高一些。

第三，吐蕃时期是“全民皆兵”，但也有青年和老幼病残的区别，因此建立了适合出征的兵丁名册，以便查验。

第四代赞普赤都松在位（公元676—704年，藏历阳火鼠年至阳木龙年）期间，所做的经济制度大事有如下记载：

公元690年（藏历阳金虎年），“夏，赞普驻于泥婆罗。大论钦陵于武祐之擦登，开始清查‘后备’之名册。冬，赞普驻于‘温’之‘阿噶园’。坌达延与大论钦陵于藏之‘林噶园’集会议盟，立大藏之‘红册’。噶尔·没陵赞藏顿与巴曹·野赞通保二人征收腰茹之地亩税赋”。

公元691年（藏历阴金兔年），“赞普…至查那。清理土地赋税并统计绝户数字。冬，于畿曲河流域之‘查玛塘’，集会议盟，乃依红册征集兵丁”。

公元692年（藏历阳水龙年），“赞普…于‘畿’之‘林仁园’集会议盟，立红册木牍。多思麻之冬会于甲木细噶尔举行，收苏毗部（孙波）之关卡税”。

公元693年（藏历阴水蛇年），“赞普…于董‘畿之虎园’集会议盟，

① 西藏社会历史调查资料丛刊编辑组编《藏族社会历史调查》（三），西藏人民出版社1989年，第4页。

任命‘五百’夫长。冬，于桑松园集会议盟。任命大藏之牧户（长官）”。

公元 699 年（藏历阴土猪年），“冬，赞普驻于‘兑’之‘玛尔玛’。封赐忠心耿正文书，并颁赏物品。……于‘哲’之‘鸟园’内，清查获罪家族之财产”。①

从这几条资料可以看到赞普在税收、征兵和官员管理方面的施政措施：

首先，在税收方面，清理户口民册，进一步完善按地亩征收赋税的制度，对于周边各族部，如象雄（在今阿里地区）、吐谷浑（在今青海省内），强制他们像交税赋那样到吐蕃朝贡。征收腰茹（今山南乃东一带）的农业税和苏毗（今藏北及青海西南）的关卡税。

其次，在军队建设方面，清理兵源名册，并按名册征兵。

第三，在基层官员权限方面，任命农区的官员五百夫长，能管 500 人及其所生活的地域，当时是兵民合一，所以用人口数为单位。在被称为大藏的牧区亦任命了类似官员。还褒奖忠臣，并给予物质奖励。对罪臣实行株连之法，抄查没收全家族财产。

第五代赞普赤德祖赞在位（704 年—754 年，藏历阳木龙年至阳木马年）期间，所作经济制度大事有如下记载：

公元 707 年（藏历阴火羊年），“改五百长为千夫长”。

公元 708 年（藏历阳土猴年），“夏季会盟由大论乞力徐于赤帕塘召集之。统计查对禁军之红册木牍。……多思麻之会盟事，于若达之娘布召集之。对‘平民’征集黄金赋税颇多”。

公元 709 年（藏历阴土鸡年），“赞普……征调腰茹牧户大料集……统计、清查‘茹拉’之红册木牍”。

公元 713 年（藏历阴水牛年），“赞普驻于墨竹之谮塘。……任命五百长，划定夏季牧场与冬季牧场”。

公元 717 年（藏历阴火蛇年），“大论乞力徐于甲木西噶尔地方召集多思麻冬季会议议盟。统计清查‘岸本’所属之户口（册）”。

公元 718 年（藏历阳土马年），“赞普驻于泥婆罗。……达布王立红册木牍。冬，赞普驻于扎玛牙帐。征三茹之王田全部地亩赋税、草税”。

公元 719 年（藏历阴土羊年），“夏，赞普驻于泥婆罗。……征集三茹王田之土地赋税、草料赋税。……冬季会盟……征集‘羊同’与‘玛儿’

① 公元 690 年—699 年的资料引自王尧、陈践译注《敦煌本吐蕃历史文书》，第 106—108 页。

之青壮兵丁，埃·芒夏木达则布征集大藏之王田土地贡赋”。

公元720年（藏历阳金猴年），“赞普驻于董之虎园……集会议盟。征集大藏之王田全部土地贡赋。冬……派定尚论往大藏地征集马料”。

公元721年（藏历阴金鸡年），“冬，（赞普）驻于札玛牙帐……建立‘岸’及大河上下全部大红册木牍”。

公元722年（藏历阳水狗年），“冬，赞普驻于札玛……清查统计宫廷费用之盈亏数字”。

公元723年（藏历阴水猪年），“夏，赞普驻于泥婆罗……放逐岸本朗卓·聂赞恭禄与森奇没陵赞蒙穷二人……（将二人）财产均转赐予论绮力心儿及尚·绮力涅门松二人”。

公元726年（藏历阳火虎年，唐玄宗开元十四年），“冬，赞普驻于札玛牙帐。宣布岸本由八员减为四员之缩编制度。……集会议盟，订立岸本之职权，征宫廷直属户税赋”。

公元734年（藏历阳木狗年），“冬，牙帐驻于札玛之翁布园，于‘岛儿’集会议盟，征集吐谷浑之青壮兵丁”。

公元735年（藏历阴木猪年），“夏，赞普牙帐驻于‘准’之芒岱垅，于五祐，四骑队由赞普检阅，征抽丁壮”。

公元743年（藏历阴水羊年），“冬，赞普驻于札玛牙帐，大征集‘畿’地各部‘桂’‘庸’之户丁”。

公元744年（藏历阳木猴年），“冬，牙帐驻于札玛……由大论穷桑、论·结桑二人集冬会议盟，进行征兵点兵大料集，将赞普之令从红册木牍移入黄纸册”。又，“征四茹之大料集”。

公元746年（藏历阳火狗年），“……冬会议盟。大料集四茹之牧场、草料。依赞普诏令：将东岱（千户所）列乌套那地方之差役负担者另行拨出。大论以下各官员均申誓言，严切诏告，减轻庶民黔首之税赋”。又，“征四茹牧场之大料集，收集已摊派之一切奴户之赋税”。①

赤德祖赞在位50年，在官制改革、矿产（黄金）税的开征、全面统计户口、设立官田、征集武士、对官员建立奖惩制度、减轻隶农税赋等方面，政绩突出：

① 公元707—746年的资料引自王尧、陈践译注《敦煌本吐蕃历史文书》，第110—118页（不包括115页）。

首先，改革官制，在继续任命五百夫长的同时，改部分五百夫长为千夫长，以扩大这部分官员的管辖人数和范围。吐蕃百夫长、千夫长的官制对吐蕃以后的藏族官制历史产生了重要的影响，直到民主改革前，藏族牧区的头人“百户”和“千户”，或许就是那时的官制演变而来，所不同的是，吐蕃时期以人口为单位，以后逐步演变为以户为单位。对于被称为“岸本”的官员则进行精简，由8员减为4员。在改革官制的同时，由政府出面划定冬、夏不同季节的牧场，可见那时放牧不是盲目进行的，已经认识到随气候的变化而逐水草放牧对牲畜长膘的重要性，说明牧业生产水平的提高。

其次，在征收税赋的实物种类方面，不仅有实物牛腿、粮食。还有黄金，这是“矿产税”，由采矿的“平民”交纳。当时的黄金开采比较普遍而方法原始，主要是比较容易淘取的沙金，而且一般淘金者是将它作为一种副业，他们并没有脱离农牧业生产。这个情况，笔者是根据民主改革后特别是20世纪90年代藏区还存在的民间淘金来推断的。笔者在甘孜藏族自治州考察时，目睹了沿鲜曲（河）岸边藏族农牧民的淘金状况。他们用的是锄头、柳条筐、搓衣板式粗糙的木板齿槽和搪瓷碗等简陋工具，最少的两人一组，一人挖沙、运沙，一人筛淘。现代民间的淘金方法尚如此落后，估计一千多年前不至于比现代先进。

第三，多次清查、统计包括大河（雅鲁藏布江）上下游及其他各处户口，估计当时纸张珍贵，多用木简制成册簿，称为“红册木牍”。赞普的命令则在红册木牍记录后还抄入更珍贵的黄纸册中。

第四，王田——官府田和宫廷直属户的出现。“茹”为吐蕃军事和行政单位，先有四茹，在松赞干布时划分为五茹，[①] 先在腰茹征集兵丁和粮草，后又在三个茹的官府直属土地征收粮食、草料和马料税。在官府直属地上有官府所属隶农，租给土地让他们耕种，由官府直接向他们征收税赋。还有宫廷直属户，即宫廷直属隶农。赞普还先后在下属部落吐谷浑（在青海境）、羊同（在今西藏北部）、畿（拉萨河流域）等地征集武士和壮丁，征兵后赞普举行阅兵仪式。

第五，清理财政、奖励和惩处罪臣。对吐蕃宫廷收支进行清理，没收

---

① 四茹：卫茹——中翼，今拉萨为中心；腰茹——左翼，今乃东县为中心；也如——右翼，雅鲁藏布江北，今南木林县为中心；茹拉——雅鲁藏布江南，今萨迦县为中心。加上苏毗茹为五茹。

罪臣财产给对赞普有功之臣。说明赞普有对所有臣民财产的处置权。

第六，赞普在诏令官员征收税赋的同时，也要求官员对隶农的负担不要过重，过重的负担要减下来。这是多少具有一点封建色彩的开明统治者才能想到的。

三、从法律和政权管理制度看封建制的萌芽

吐蕃在松赞干布当政时期，制定了“吐蕃基础三十六制”。其中有六大法典、六大议事原则、六级褒奖、六种标志、六种告身、六种勇饰。内容有行政区域界限，官员的地位和职责。奖励有功臣民的等级划分。人的道德规范，敬强护弱，抑制豪强，惩恶扬善的规定。农牧业和度量衡等。这是一个原始的综合性的国家管理制度和对官民的道德要求，规定虽然说不上是科学意义上的法律，但它体现了赞普昂扬向上、积极进取的精神，表现出吐蕃社会的进步发展，其意义是显而易见的。

在内容中，还有社会阶层的划分，第一，豪奴千户：有奴隶和财产，为赞普指挥作战，即武士。全吐蕃共有61个豪奴千户，每个豪奴千户拥有1000兵（民）；第二，驯奴，即庶民。包括小王、奴隶、再奴隶三个等级划分。小王又分为九王、七牧、六匠和五商。九王即九小帮，各有势力范围，各有奴隶、土地和牲畜。七牧，即直接为赞普服役和为政府经营牧业、管理牧民的小头目。他们分工细致而明确，分管牧马人、牧牛人、牧山羊人、牧绵羊人、牧驴人、养狗人和养猪人。六匠，即管理手工业的头人，手工业者的分工亦细，有铁匠、鞍匠、弓匠、剑匠、铠甲匠和天师。五商，即商品流通的组织者，分别管理来自不同地区的专营商人：汉地茶商、突厥玉商、吐谷浑刀商、丹玛帛商和兰地盐商。他们都要向赞普承担税赋、劳役，进献礼品。[①] 这些不同阶层、不同分工和不同职业的人员，有不属于奴隶的管理者和个体劳动者，在奴隶中又分为奴隶和再奴隶。形成一个多阶级、多阶层的社会，可见吐蕃并不是一个纯粹的奴隶制社会。

吐蕃时期有关道德的法律，细化为法律十五条、七大法律、道德规范十六条，形成道德规范与法律混合不分的状态。其“不杀生法”中肯定人

① 恰白·次旦平措等著、陈庆英等译《西藏通史》，第51、55—57页。

是有“命价”的，杀人致死的称为死命价，受伤者称为活命价。无理杀人、伤人一方要按照法律赔偿命价。命价的高低视被害者的经济和社会地位不同而定。在“禁邪淫法”中规定：私通者，割其肢，贬为奴隶，流放边地。在“断偷盗法”中规定偷盗君臣财物赔偿原物的八十倍，偷盗庶民的财物赔偿八倍。[①] 从这几条的规定可以看出，在吐蕃社会里有为数不小的非奴隶群体，他们是划分为等级的，统治者的社会地位高，所以命价高。一般庶民，社会地位低，命价低。他们犯邪淫之罪就要“贬为奴隶”，可见他们原来并不是奴隶。又有资料记载，赤松德赞时期，大臣聂·达赞顿素（另译为达察东色）“用法律公平处理内部案件，杀人者赔偿命价。在这之前吐蕃没有赔偿命价的制度，从这时制定了这一制度”。[②]

在吐蕃的单行法律《狩猎伤人赔偿律》中规定了不同身份、等级的人的“命价”。“大藏和王室民户，所有武士及与之命价相同之人，被一切庸和蛮貊之人、囚徒等因狩猎射中，无论死亡与否，放箭人起誓，非因挟仇故意伤害，可由12个辩护人连同本人共13人共同起誓，如情况属实……查明实情受害人中间死亡，赔偿命价银150两，由受害人佐证人平分。无佐证人则全归受害人。受害人中箭未亡，赔偿医药、食品银30两。由受害人佐证人平分”。“王室民户一切（庸）及尚论和百姓之耕奴、蛮貊囚徒等人，被尚论黄铜告身以下和与之命价相同之人，因狩猎射中……如受害人中箭身亡，赔偿命价银200两。……若受害人中箭未死，赔偿100两”。[③] 从理论上说，奴隶是奴隶主的“财产”，如果受到侵害，奴隶主作为“财产”的拥有者，就要向施害者索要赔偿，赔偿的数额就是奴隶的命价。而上面的资料表明，因受伤害得到赔偿的是受害人本人或他的家人，这说明他们不是奴隶身份。其中的大藏，似基层农事管理人员。蛮貊为南方边陲的蔑称，蛮貊之人即南方边陲居民。囚徒为战俘，庸和耕奴即类似隶农。他们是社会的最底层，但不是奴隶。吐蕃实行命价赔偿时，命价由黄金支付，以衡器的“钱”为计算单位。[④]

大臣聂·达赞顿素，在抓牧业生产方面成绩卓著，被誉为七良臣之一。

---

① 恰白·次旦平措等著、陈庆英等译《西藏通史》，第66—67页。

② 达仓宗巴·班觉桑布著，陈庆英译《汉藏史集》，西藏人民出版社1986年，第137页。

③ 王尧、陈践译注：《敦煌吐蕃文献选》，转引自仁钦：《吐蕃法律初探》载《西藏封建农奴制研究论文选》，中国藏学出版社1991年，第437页。

④ 参见《西藏通史》，第128页。

他首倡夏季割草晒干，为冬季储备。又规定每一牧户至少要养马、犏牛、乳牛、黄牛，每种不得少于1头（匹）。[①] 从这则有关牧业生产的记载可以看出，牧奴中有个体经营户，大臣对他们提出了饲养牲口的品种要求，如果他们不是个体经营的牧奴户，而是在工头摆布下集体劳动的奴隶，仅起劳动工具的作用，那么饲养牲口的品种之类的问题，就不是由他们来考虑了。

对吐蕃的所有制，在法律中没有明文记载。但是在吐蕃遗存的碑刻中，一些“敕授”、“盟誓之诏书”和赞普对新建寺庙的优惠政策一类的记载中，却能反映所有制的状况。吐蕃时期，赞普是最高统治者，“率土之滨莫非王土”。记录赞普之命的碑刻文件，实际可以起吐蕃法律的作用。从以下两条材料可以看出，赞普对一切土地（包括耕地和草场），连同土地上的人民有最高的所有权，而臣民只有占有权和使用权，亦即是领有权。

赞普赤松德赞在位时期，曾立“雪·多仁乞码”（恩兰·达札路恭纪功碑），这是一块赞普对臣下盟誓形式的诏书。以表彰重臣达札路恭攻入唐都城长安的功绩，并规定对其子孙及亲族的优待条件。其中规定，达札路恭之“子孙某代或因绝嗣，其所属奴隶、地土牲畜决不由（赞普）没收，而定举以畀其近亲兄弟一支。论达札路恭之子孙后代，当其手执盟誓文书……不没收其银字告身。……论达札路恭之远祖‘悉腊’之子孙凡具能力者，其奉养决不减少，亦不变更。……子孙后代手中所掌管之奴隶、地土、牧场、草料、园林等等一切所有，永不没收，亦不减少，他人不得抢夺。若彼等自家不愿再管时，不拘其（血统）远近，贤与不肖，亦不更换而畀予焉”。[②] 盟文一再强调对已经奖励的告身、一切财产永不没收，不变更。可见赞普有向受奖者没收、变更（增加和减少）的权力。受奖者若不想再占有这些财产了，可给受奖者的远亲，但要由赞普“畀予焉”。这一切从反面说明赞普是告身、所有财产的最高所有者。

在赤祖德赞赞普在位（公元815—838年）期间，赞普外戚蔡邦氏立“蔡邦氏江浦建寺碑”于拉萨堆龙德庆县西部江浦寺。江浦寺毁，碑尚存，已移至距江浦寺遗址附近之楚布寺内。该碑文记有“为仰报赞普之恩眷，

① 参见《西藏通史》，第129页。

② 王尧编著：《吐蕃金石录》，第83页。论即藏语大臣；告身，奖牌，按质地珍贵程度分六种：玉、金、银、颇罗弥（次级玉石）、铜、铁。每种又分大小两种，共12级。

回向赞普陛下之功德，广为祝祷延福，乃于堆垅之江浦，建神殿，立三宝之所依处，敬事四部比丘等众，作为供养顺缘之奴隶、农田、牧场及供物、财产、牲畜等项，一应备齐……作为寺产之民户及产业之上，不征赋税、不征徭役，不取租庸、罚金等项。颁诏敕授寺产寺属民户之文书。………今后，倘聂多子嗣断绝，一切所辖之地土、所领之属民，赞普不再收回，并不转赐他人，均增赐为此神殿之供养顺缘。如此颁诏矣”。[①] 这段文字将赐予新建之江浦寺财产的原因、种类、优惠政策和将来寺主可能发生变故的政策，都表达得明明白白。其中对财产的权属问题，说明寺产的所有权属赞普，江浦寺只有使用权。所以才有“赞普不再收回，并不转赐他人”的承诺。

通过吐蕃迁都逻西前隶农的出现，和吐蕃留下的“大事记”中记载的具有封建色彩的制度、措施，以及吐蕃法律体现出的超出奴隶社会的制度，充分说明吐蕃社会生产关系的复杂状态，它不仅有奴隶制的特征，也孕育着若干封建因素。这些因素的存在，正是西藏进入封建农奴社会的前奏。

作者单位：中国社会科学院民族学与人类学研究所

① 王尧编著：《吐蕃金石录》，第180页。

吐蕃外籍名僧无垢友考述

尕藏加

无垢友是古印度的一位佛教密宗大师，他的名字在藏文典籍中被撰写为‘bi ma la mi tra’（布玛拉弥杋），意为无垢友（dri med bshes gnyen）。由于无垢友在佛教密宗领域具有很高的造诣，公元 8 世纪，他受到吐蕃国王赤松德赞的邀请，来吐蕃从事译经和传授密法，受到吐蕃佛教徒的推崇和敬仰，后来又被宁玛派尊奉为其密法传承的祖师之一，在藏传佛教史上享有一定的地位。

一、生平事迹

对于无垢友的生平，在藏文史料中有不少记载，如“无垢友上师出生于西印度一个叫大象林的地方，父亲叫德丹主人，母亲名为赛柔主妇。无垢友 7 岁时进入一所学校，并成为一名才学超群的优秀学生。不久，无垢友由于智力出众而又被举荐皈依佛门。在全面修习佛学知识期间，每门课需要聘请三位老师来讲授，才能满足他的求知欲，当时共聘请 15 位老师。当无垢友 21 岁时就被选入班智达的行列，他精通佛教各门学科，掌握 360 种语言，能够应运四大种声音和动物语言解说各种事理；特别是他不仅娴熟般若经论，而且将般若深奥义理以日常诵经一样顺口演讲阐释。同时，通达佛教三藏中之大小乘显宗经论。在密宗方面，无垢友曾依止具足讲说和修持传承之160位上师修学所有续部，其中尤其亲近布达古哈亚上师修习甘露功德续之一切密法，获得大手印殊胜成就。因为他精通幻变经而著有《秘藏》注释即《理论明灯》和《略释》等多部密宗论著”。[①] 可以看出，无垢友不仅是一位智商极高的天才性学僧，而且从小得到良好的佛学教育，他精通佛教三藏，尤其专长佛教密宗。

至于无垢友的具体生卒年月比较模糊，许多藏文史籍只是说无垢友是古印度的迦湿弥罗人，而没有详细的令人一目了然的考证性记述。正如“他于牛年出生在印度，三百岁时传法来吐蕃，时距佛灭千零八十年”。[②] 显而易见，这段引言里掺杂了神话色彩，如无垢友被邀请到吐蕃传法时，竟达三百岁，显然不符合正常人的寿命规律。当然，从宗教的角度看，这是作为一名密宗大师，其身世需要进行神秘化的缘故，如同莲花生的身世一样，在藏文史料中很难考证清楚。因此，我们现在只知道无垢友是一位古印度佛学家和密宗大师，在公元8世纪中叶应赤松德赞的邀请到吐蕃传授密法和翻译佛经，他在吐蕃佛教史上的地位及其影响仅次于寂护和莲花生二位大师，而成为当时吐蕃外籍僧侣中的第三号人物。正如：

国王邀请班智达讲经
乌仗亚那来的莲花生
来自沙河尔国的静命
克什米尔来了布马拉
坐于铺设兽皮狮子床
华盖之下宝伞团团开
右撑幡幢左边张旌旗
前置金曼荼罗百零八
还有松耳石和绿宝石
青玉珊瑚诸宝曼荼罗
各配一名翻译来讲经[③]

---

① 《宁玛教派源流》（藏文）上册，西藏人民出版社1992年，第157—158页。

② 乌金林巴掘藏，洛珠加措等译：《莲花生大师传》，青海人民出版社1990年，第507页。

③ 《莲花生大师传》第513页。

这段引言描述了外籍高僧在吐蕃讲经说法时的隆重场面，同时，又反映了无垢友（布马拉）在吐蕃佛教界享有与莲花生和寂护（静命）同等的威信或地位，他在参与吐蕃举办的各项佛事活动中的规格和条件完全同莲花生和寂护平等，说明无垢友是吐蕃佛教界的第三号人物是名副其实的。

无垢友最初到吐蕃传授密法和翻译佛经的机缘，是吐蕃大译师毗茹札那向赤松德赞推荐而促成的，正如《莲花生大师传》记载：

在印度的嘎比罗城中
安札菩提国王供奉的
五百学者之中有二人
布马拉以及卜达格海
应当请到吐蕃作祈祷
届时我的讲法会证实
应当多多迎请班智达
不要藏否佛法应全译
言讫即赴嘉姆察瓦茸①

这是毗茹札那译师从印度留学回来在吐蕃遭遇非难并遣送到嘉姆察瓦茸之际，向赤松德赞提出的建议，认为布马拉（无垢友）和卜达格海是当时印度著名的五百学者中最有影响的两位大师。通过毗茹札那的介绍或推荐，赤松德赞对无垢友有所了解。至于无垢友被邀请到吐蕃传教的经过，在《西藏王臣记》中也有记载："不幸藏人中有一些奸臣对毗茹札那（遍照护）等人大生嫉妒，暂时将他们放逐到边远的地区，还幸为时不久，他们仍旧获得自由，被欢迎回藏。那时大班智达布马拉那弥札（无垢友）的德誉，已渐次传到藏王的耳里。因此，藏王派人迎请他来到吐蕃。他广宏那《大圆满胜慧密法》，使一些人士得以饱餐法味"。这段引言再次证明无垢友是一位享有盛誉的佛学大师，正因为如此，他被邀请到吐蕃来传授佛法。在藏传佛教宁玛派的史籍里对于无垢友的佛学知识和密宗上享有的成就给予了很高的评价。比如，在《莲花生大师传》中有这样的描述：

① 《莲花生大师传》第484页。

大班智达布马拉弥札
精通那海洋般的佛法
精通内外密宗和三藏
全部佛法无不记心间
得到了不忘总持成就①

引言中强调了布马拉弥札即无垢友，精通佛法、娴熟内外密宗、通达三藏，在佛学上具有很高的造诣。这里对无垢友在佛学理论上和密宗实践中取得的成就给予了高度评价，称他是一位佛教大师级人物。他在吐蕃主持翻译的佛经大多为密宗经典，如《莲花生大师传》记载："克什米尔的布马拉弥札、年钦嘉纳古玛拉翻译了《金刚菩提网续》、《正确续》、《钉子续》、《阎罗续》及其注诠、《心部》、《空部》、《密续精义》"。无垢友除了主持密宗经典的翻译之外，还亲自传授密法，培养密宗弟子。所以，藏传佛教旧派宁玛派的许多不共密法的传承皆源于无垢友。

二、密宗传承

至于无垢友在吐蕃传授密法的内容，藏族著名学者东噶·洛桑赤列教授曾作过言简意赅的阐述："远传经典部是无垢友大师于赤松德赞时期进藏向玛仁钦乔和聂札那格玛热二人传授了幻变秘密藏续，并产生许多从此传承的弟子，在后藏芒噶、拉堆南北、金沙江流域、布波岗等地区传播盛兴。又有阿呕黎达那热西搭给尼泊尔达玛布德教授本续和释续，此法还向勃律的朝如切赞杰传授，并译成藏文得到发展。又有聂札那格玛热向大译师毗茹札那和玉札宁布二人请教号称大圆满心品的教授，从此传承下来的教法名为心品。又由大译师毗茹札那向旺米庞贡布传授了吉祥量等虚空的续部等金刚桥教授，从此传承下来的教法称作界部。又有阿呕黎无垢友向国王赤松德赞和娘当增桑布二人传授的《大圆满心要》，后来被贡钦隆钦继承并发扬光大而形成隆钦心要教法。又有阿阇黎噶热多杰向仁增室利僧哈传授

① 《莲花生大师传》第523页。

了《空行心要》，据说，从此传承下来的教法中还出现过不同的传承”。[①]这里对宁玛派的远传经典派中的三支传承作了简明扼要的介绍，其中无垢友传授了幻变秘密藏续和大圆满心品，说明宁玛派远传经典派三支传承中的两支传承都源于无垢友。远传经典派，在汉译中又出现远者经典传承、远传经典部、远传经典传承等不同称谓。顾名思义，远传经典派传承是依凭佛教典籍的继承而流传下来的教法传承，它由三部不同的经典组成其整体内容。也就是说，由三部不同的经典传承共同构成远者经典传承。正如“其远传典经有《幻变经》（sGyu-vPhrul）、《集经》（vDus-pa-mDo）、《心品》（Sems-Phyogs），名为幻、集、心三部”。[②] 这三部不同的经典，不仅构成了经典传承，而且每部经典都有各自的相对独立的师徒传承。

根据《土观宗派源流》、《青史》以及宁玛派的教法史等藏文典籍，上述三部经典传承中的《幻变经》传承，最初是在赤松德赞时期由无垢友将此教法传授给玛仁钦乔，又由玛仁钦乔把这一教法译成藏文的。此经全名为《幻变秘密藏续》（sGyu-vPhrul-gSang-ba-sNying-po）。从此《幻变经》这一密宗教法相继传承或辗转流传至今。比如，玛仁钦乔将此法传授给祖茹·仁钦旋努和杰热·确琼二人；此二位上师又传授给达吉·白吉扎巴和香·杰威云丹二人。从香·杰威云丹传承下来的被称为青朴巴或教授派；由达吉·白吉札巴先在前后藏广为传授并培养了许多继承人，并在这里被弘传下来的密法叫作卫藏派；达吉·白吉札巴后来又前往康区进行讲授，由此传出的密法则称康派。与此同时，还出现过一位叫作尼沃桑格（Nyi-Vo-Seng-Ge）的大师撰写了一部称为《幻变秘密藏续·注释》的密典。实际上，这位大师又是大译师毗茹札那早在康区的俄都弥勒殿翻译出的密法传承人，这从另一侧面说明了大译师毗茹札那也曾参与过《幻变经》的秘密传授。

同时，无垢友又将《幻变经》这一密法特意传授给另一位密宗大弟子。这位大弟子便是宁玛派密法传承史上举足轻重的著名人物聂·札那古玛热，又称聂·雄努西饶或聂·智童（藏语称 gNyags-dz-ny-na-ku-ma-ra 或 gNyags-gZhon-nu-shes-rab）大师，他后来被宁玛派推举为该派初期传承的祖师。聂·札那古玛热大师将《幻变经》密法传授给自己的弟子索波·白吉耶协，

① 《红史》（藏文）：民族出版社 1993 年，第 376—377 页。
② 土观·洛桑却吉尼玛著：《宗派源流》（藏文），甘肃民族出版社 1984 年，第 62 页。

这位弟子传努·桑杰耶协。努·桑杰耶协（gNubs-Sangs-rGyas-ye-shes）在宁玛派密法史上占有一定地位，认为他是宁玛派中期传承的祖师。这位大师又精心培育出索·耶协旺久等四位心传弟子，以及上首弟子库隆巴·云丹嘉措（khu-lung-pa-yon-tan-rGya-mTsho）共五大弟子。此五名弟子各个学有所长，如索·耶协旺久采取糅合的方式讲说正见；巴郭·伦钦帕巴采用结合释疏的形式作讲授；但·云丹乔以消灾的途径作说教；苏·勒比旧玛从诗词格言的角度作讲说；库隆巴·云丹嘉措不仅以糅合正见揭示蕴涵义理，解释密诀深义，而且内证甚深密义，甚至采用消灾形式也能够顺畅无阻地一一讲说。所以，库隆巴·云丹嘉措成为贯通生起圆满一切法门的上首弟子或著名大论师。

在此值得一提的是，以上传承《幻变经》密法的诸位大师，在时间上可划归于藏传佛教的“前弘期”以及中断时期之内。因此，他们在宁玛派的传承史上正可谓承前启后的关键性人物。后来娘·耶协琼乃大师，将这一系密法完整地传授给了索波切·释迦琼乃。索波切·释迦琼乃后来成为宁玛派史上具有划时代的关键性著名人物。

至于《集经》的传承，根据现有资料，不是源于无垢友，而是在公元8世纪，由尼泊尔的达玛布达和帕斯达热，以及勃律的茹切赞杰三位大师一起在吐蕃将这一密法传授给吐蕃本土僧人觉沃努·桑杰。努·桑杰传努·云丹嘉措；努·云丹嘉措传其子耶协嘉措；耶协嘉措传嘉·洛珠降曲和那南·次成降曲；嘉·洛珠降曲传托噶·南喀拉；托噶·南喀传拉杰·邬巴隆巴。拉杰·邬巴隆巴这位大师便是上述《幻变经》的继承人，即著名的索波切·释迦琼乃。另外，《集经》这一密法在藏区得以传播主要靠两部经典作为理论依据，这两部经典是根本续《遍集明了经》和注疏续《集密意经》，此两部经典后来被布顿大师收入他的《大藏经》“续部总建立”栏目中，得到很好的保存。

远传经典派中的另一支《心品》传承，也是主要由无垢友最初传授。值得说明的是，《心品》不仅是远传经典派中的核心传承，而且是宁玛派中的一门主要密法，即著名的大圆满法。因而《心品》部或大圆满法，则是一门既庞杂又深奥的密法体系，如《心品》或大圆满法又可分为三个不同的密法或传承，即心部、空界部和教授部。

其心部共有母子十八经，其中五经是毗茹札那所传，十三经是无垢友所传。赤松德赞时期，由印度班智达吉祥狮子将大圆满法心部传授给毗茹札那大译师；毗茹札那前往康区在那里先后向玉札宁布、桑郭耶协和邦·桑杰贡保三人传授了心部；后来聂·札那古玛热师从比卢遮那和玉札宁布学习了心部，同时又拜无垢友修习心部分支。所以，称聂·札那古玛热（又名聂·雄努西饶）是学到了当时流行的心部四大教河的人物。此所谓四大教河分别指讲解经典的注释，耳传教授的要诀，加持灌顶的指示，行持事业的护法猛咒。故拜聂·札那古玛热为师的门徒很多，号称有十大弟子，由此相继传于索布·桑杰耶协。

另外，无垢友大师也是大圆满法教授部中的《心髓》法的最初传授者。至于大圆满教授，是大圆满法中最为甚深广博的一门密法，其中又有两个分支或传承，即大圆满宁提（心髓）和空行宁提（心髓）。其中大圆满宁提（心髓）法这一传承源于无垢友大师，他将《心髓》法最初在吐蕃传授给藏王赤松德赞和娘·当增桑布二人。娘·当增桑布在伍茹建造夏拉康（佛殿），并将包括《心髓》在内的教授部经典埋藏在该佛殿内，因而此传承成为单传。如娘·当增桑布传仲·仁钦帕；仲·仁钦帕传比·洛珠旺久。后来由乃丹当玛伦杰掘藏并向杰曾·桑格旺久和喀热贡琼二人传授了宁提（心髓）这一密法；杰曾桑格旺久传授给娘·嘎当巴的同时，又将此密法分别埋藏于三处。三十年后（据说约在1067年），由杰贡那布又掘出部分宁提（心髓）伏藏，自己修习的同时又向许多人传授了此密法。此外，有一名叫做香巴热巴的人也掘出伏藏并向多人进行了传授；还有一位名叫香·扎西多杰的人在一次奇妙的情况下发掘伏藏。香·扎西多杰生于1097年，卒于1167年，他掘藏时正好21岁，即1118年。这一掘藏就是宁提密法即《心髓》法，故香·扎西多杰将此宁提（心髓）密法传授给自己的儿子聂奔（1158—1213）；聂奔传其子觉帕（1196—1231）；由此传赤秀·桑格加巴（1223—1303）、梅隆多杰（1243—1303）、仁增格玛热札（1266—1343），最后辗转传到隆钦饶降巴。因此，大圆满宁提（心髓）密法得以弘传，直至今日依然如故，在宁玛派密法中颇为兴盛。

三、小　结

通过以上对无垢友的事迹介绍，特别对他于公元8世纪在吐蕃所传密法的考证，可以认为，宁玛派的许多密法传承均源于无垢友。如宁玛派中的主要传承远传经典部，几乎都涉及了无垢友。他不仅翻译了远传经典部中的《幻变经》，并把这一密法亲自传授给玛仁钦乔译师，使其流传至今，而且参与了远传经典部《心品》的翻译和传授，如心部（《心品》）共有母子十八经，其中除了五经是毗茹札那所传外，其余十三经皆是无垢友所传。总之，无垢友在吐蕃传播和弘扬佛教密宗的过程中发挥过重要作用，尤其对建立宁玛派的主要传承即远传经典派作出了巨大贡献。

作者单位：中国社会科学院世界宗教研究所

唐代吐蕃与突骑施关系考述

杨 铭

隋唐时期吐蕃兴起，向北征服吐谷浑之地，公元7世纪中叶开始进入西域，与一些不满唐朝统治的西突厥部落联合，多次攻陷唐之西域重镇及属国，史称："其地东与松、茂、嶲接，南极婆罗门，西取四镇，北抵突厥，幅圆余万里，汉、魏诸戎所无也。"[①] 公元8世纪初，突骑施兴起后，吐蕃也多次与之通使、联合，故敦煌本吐蕃历史文书《大事纪年》及汉文史书中不乏有关两者的记载。

一、吐蕃与突骑施关系的建立

突骑施原属西突厥的一部，西突厥十姓衰落后，突骑施于公元8世纪初逐渐兴盛。突骑施包括三个核心部落，即突骑施、车鼻施和处木昆，原居于今伊犁河流域。唐圣历中（698—700年），突骑施将牙帐迁于碎叶川（今吉尔吉斯斯坦共和国楚河流域），是为"大牙"，而以伊丽水（今伊犁河流域）的弓月城为"小牙"[②]。

① 《新唐书》卷二一六《吐蕃传》。

② 薛宗正：《中亚内陆——大唐帝国》，新疆人民出版社2005年，第84页。

其后突骑施开始遣使致唐，唐朝屡屡册封其可汗。首先是突骑施首领乌质勒及其子娑葛，因其统领西突厥十姓之地，唐朝封娑葛为“十姓可汗”。到开元二年（714 年），因突骑施发生内讧，娑葛为后突厥默啜攻杀，西突厥十姓大乱，纷纷降唐。然而不久，十姓之地很快又被突骑施车鼻施部首领苏禄所据有。开元三年（715 年），苏禄向唐遣使朝贡，玄宗封其为左羽林大将军、金方道经略大使。

而与此同时，吐蕃由于其染指西域的需要，很快就与苏禄结成联盟，共同谋取唐朝在西域设置的诸军镇、守捉等。《资治通鉴》卷二一一开元五年（717 年）七月条记载，“安西副大都护汤嘉惠奏突骑施引大食、吐蕃，谋取四镇，围钵换及大石城，已发三姓葛逻禄兵与阿史那献击之”。《全唐文》卷二〇七《请缓令王惠充使往车鼻施奏》称：“嘉会表称，突骑施车鼻施勾引大食、吐蕃，拟取四镇，见围拨换及大石城；嘉会已发三姓葛逻禄兵，与史献同掩袭。臣等伏以突骑施等迹已叛涣，葛逻禄等志欲讨除，自是夷狄相攻，元非朝廷所遣”。胡三省注《资治通鉴》认为：“钵换即拨换城，大石城盖石国城也”。根据《中国历史地图集》第五册的标注，“拨换城”即今新疆阿克苏，“石国城”即今乌什。

此次战争之后，《册府元龟·外臣部》载吐蕃遣使至唐，奉表申诉，为自己开脱战争责任，曰：

> 又以北突厥骨咄禄共吐蕃交通者，旧时使命实亦交通。中间舅甥和睦已来，准旧平章，其骨吐禄，阿舅亦莫与交通，外甥亦不与交。今闻阿舅使人频与骨禄交通，在此亦知为不和。中间有突厥使到外甥处，为国王，不可久留外国使人，遂却送归，即日两国和好，依旧断当。吐蕃不共突厥交通，如舅不和，自外诸使命，何入蕃任伊去来？阿舅所附信物，并悉领。外甥今奉金胡瓶一，玛瑙杯一，伏维受纳。

王忠著《新唐书吐蕃传笺证》对此段文字颇多论述。[①] 其引《新唐书》突厥、回鹘等传，证葛罗禄与突骑施即狭义之突厥；又以册命突骑施可汗皆有“骨咄禄毗伽”等字样，说明上文中“骨咄禄”当指突骑施而言。

---

① 王忠：《新唐书吐蕃传笺证》，科学出版社 1985 年，第 65—66 页。

笔者现就有关史实补充说明。上表曰："今闻阿舅使人频与骨禄交通，在此亦知为不和"。按此表所记的时间为开元六年（718 年），在此前三年，突骑施为后突厥所破，"苏禄纠集余众，为之酋长。……有众二十万，遂据有西方，寻遣使入见"，① 旋即被唐朝册立为忠顺可汗②；从这以后，史称"自是每年遣使朝献"③。这种情况，很可能就是吐蕃表中所言唐朝"频与骨禄交通"一事。相反，当时，唐朝与后突厥汗国的关系还较为紧张。开元四年（716 年），默啜为拔野古等所杀，骨咄禄子默棘连继为可汗，是年便有突厥降户叛，执唐单于副都护张知运，北奔默棘连的事件。④ 默棘连既得降户，又欲南人为寇，为谋主暾欲谷劝阻不行；唐朝于并州置天兵军，以防突厥，此并为开元五年事。⑤ 明年，"默棘连遣使请和，帝以不情，答而不许，俄下诏伐之"。⑥ 由此观之，与上表中所言唐朝"频与骨禄交通"一事不符。况前引有开元五年突骑施引大食、吐蕃谋取四镇事，唐朝降书责疑，故吐蕃于表中为自己开脱，是前后亦有相关。如是，此"骨吐禄"、"骨禄"应是指突骑施可汗"苏禄"。

事隔十年之后，又发生了吐蕃与突骑施联合进攻安西的事件，《旧唐书·玄宗纪》开元十六年（728 年）曰："突骑施苏禄、吐蕃赞普围安西，副大都护赵颐贞击走之"。敦煌本吐蕃历史文书《大事纪年》第 80 条曰：sbrul gyi lo 1a/…blon chen po cung bzang gyis/dgun vdun skyi sho ma rar bsdu ste/mun mgi snon god brtsis/dmag dru gu yul du drang pha slar vkhordpar log chig. "及至蛇年（玄宗开元十七年，己巳，公元 729 年），大论穷桑于畿、萧玛苑集会议盟。征集、增加预备军旅之数字，引兵赴突厥（dru gu）地，还。是为一年"。

以上《大事纪年》所记大论穷桑引兵赴突厥事，相关的汉文史料不详，

---

① 《资治通鉴》卷二一一，开元三年条。

② 《旧唐书》卷一九四《突厥传》。

③ 《旧唐书》卷一九四《突厥传》。如《册府元龟》卷九七一《外臣部》："（开元五年）六月，突骑施遣使献橐驼及马"；《资治通鉴》卷二一一《唐纪》："（开元六年）五月辛亥，以突骑施都督苏禄为左羽林大将军、顺国公，充金方道经略大使"。

④ 《旧唐书》卷一九四《突厥传》。

⑤ 按突厥降户反叛之事在"四年冬"；故默棘连既得降户，谋欲南侵，似在明年。唐置天兵军，虽有安抚九姓（回鹘等）之名，但亦有北防突厥之意。见《旧唐书》卷一〇三《郭知运传》，《册府元龟》卷九九二《外臣部》。

⑥ 《新唐书》卷二一五《突厥传》。

应与汉文史籍记载开元十六年突骑施引大食、吐蕃谋取四镇之事有关。因为，汉、藏文献在这里所记的年代是相符的，开元十六年发生突骑施引大食、吐蕃谋取四镇之事，十七年大论穷桑已引兵自突厥还。

二、吐蕃与突骑施的联姻及相关事件

此后，突骑施与吐蕃频频交使，以致联姻。《旧唐书·突厥传》曰："苏禄……潜又遣使南通吐蕃，东附突厥。突厥及吐蕃亦嫁女与苏禄"；《新唐书·突厥传》亦说：苏禄"又交通吐蕃、突厥，二国皆以女妻之"，苏禄将她们"并为可敦"，也就是都立为"可汗夫人"。

关于突骑施与吐蕃通使、联姻等事，《敦煌本吐蕃历史文书》亦有记载，"大事纪年"第 83 条：sprevu lo la/dbyard btsan po ba chos gyi ding ding tang na bzhugs/shing/btsan yul du rgyavi pho nya/li kheng dang/ta chig dang dur gyis gyi po nyap hyag vtsald. "及至猴年（玄宗开元二十年，壬申，公元 732 年），夏，赞普驻于巴局之丁丁塘，唐廷使者李京，大食与突骑施（dru gyis）之使者均前来赞普王廷致礼"。第 85 条：狗年（玄宗开元二十二年，甲戌，公元 734 年）：je ba vdro ma lod dur gyis kha gan 1a bag may btang "王姐卓玛类遣嫁突骑施（dru gyis）可汗为妻"。

吐蕃与突骑施的交往、联姻，引起了唐朝的不满，《全唐文》卷二八七载张九龄所撰的《敕吐蕃赞普书》，就反映了唐朝与吐蕃之间关于此事的争论：

> 皇帝问赞普：朕与彼国，既是旧亲，近年以来，又加盟约，如此结固，仍有猜嫌，明知异域之心，亦难可保。比者所有信使，惟知怨此相违，自料国家，何负于彼？至于突骑施，蕞尔丑虏，顷年恃我为援，幸至今日，而敢辜恩，朕未即诛之，待其恶积。赞普越界与其婚姻，前者以意向道，即云寻已告绝，朕亦委信，以为必然，今乃定婚如初，党恶可见。

很快，基于唐朝要全面控制西域，而突骑施要坐大一方的矛盾，加之大食（阿拉伯帝国）的离间政策，终于发生了唐朝与突骑施之间的战争。

《新唐书·玄宗纪》曰，开元二十四年“正月丙午，北庭都护盖嘉运及突骑施战，败之。……八月甲寅，突骑施请和”；《资治通鉴》卷二一四开元二十四年（736 年）所记略同。据今人研究，唐朝与突骑施此次冲突，发生于开元二十二年夏至二十四年之间。①

此次唐朝讨伐突骑施的战争历时两年，进行得十分激烈，唐朝方面曾联络后突厥、大食及中亚诸国共讨突骑施，其间吐蕃定有所闻。据同一时期内由张九龄起拟的《敕陇右节度阴承本书》讲，“彼（吐蕃）心有异，操持两端，阴结突骑施，密相往来，事既丑露，却以怨尤。乃云姚嶲用兵，取其城堡。略观此意，必欲为恶”。② 据此可知，在唐朝与突骑施的战争期间，吐蕃与突骑施联系密切，欲作声援，并且付诸以行动。

《全唐文》卷二八七张九龄撰《敕吐蕃赞普书》：“……近闻莽布支西行，复有何故？若与突骑施相合，谋我碛西，未必有成，何须同恶？”唐朝得知的“莽布支西出”一事，与《敦煌本吐蕃历史文书》“大事纪年”第 87 条的记载略同，其曰：byi bavi lo 1a/…cog ro mang po rje khyi chung gyis/ dru gu yul du drang. “及至鼠年（玄宗开元二十四年，丙子，公元 736 年），……属庐·莽布支绮穷领兵赴突厥（dru gu）”。结合汉藏文献所载，可见这里说的“莽布支绮穷领兵赴突厥”，就是前往西域，增援突骑施。

果然，张九龄所撰另一件《敕吐蕃赞普书》道出了下文，“皇帝问吐蕃赞普：比亦觉彼事势有异，略加防备，仍未益兵。今得安西表来，莽布支率众已到，今见侵轶军镇，并践暴屯苗，先知彼有异谋，犹未自将至此者。且莽布支西出，朕先知之，前令问其行由，得报自缘别事，今乃为贼，负心如何？”可见，属庐·莽布支绮穷开元二十四年领兵赴西域，确为增援突骑施而动，并且“率众已到”，“侵轶军镇”，“践暴屯苗”，付诸了战争行为。只是由于汉、藏文献的记载语焉不详，后人只能大概了解到吐蕃援军是到达了安西（今南疆库车）一带。

关于唐朝与突骑施战争的导火线之一，有学者认为是突骑施使者阙伊难如携银瓶、香子、赤麐等厚礼，越唐界、逾葱岭，往结吐蕃，为唐军所获。③ 但笔者认为此种观点不妥，突骑施使者阙·伊难如之事，不是发生在

---

① 薛宗正：《中亚内陆——大唐帝国》，新疆人民出版社 2005 年，第 99—103 页。

② 《全唐文》卷二八五，《敕陇右节度阴承本书》。按，开元二十年（732 年），张九龄为知制诰；二十二年至二十四年为宰相，上引敕文当为此期所作。

③ 薛宗正：《中亚内陆——大唐帝国》，新疆人民出版社 2005 年，第 101 页。

战争之前，而是发生在战争末期，因为《全唐文》卷二八六《敕突骑施毗伽可汗书》曰：

又可汗正为寇败，阙伊难如从我界过，葱岭捕获，并物奏来。所有蕃书，具言物数，朕皆送还赞普，其中一物不留，可汗亦以此为词，谓言朕留此物。且蕃中贫薄，所见不广：银瓶香子，将作珍奇；黑毯赤麖，亦为好物。我中国虽在贫下，固不以此为贵，可汗宜识此意，勿妄生词。且阙伊难如越界，可汗复边头作梗，如此不捉，更捉何人？[①]

上文说“可汗正为寇败”之际，“阙伊难如从我界过”，被葱岭守捉捕获，证明了此事发生在唐朝击败突骑施之后。

关于这起事件的处理，是以唐朝欲通过吐蕃将所获物品交还给突骑施为了结，《全唐文》卷二八六张九龄撰《敕吐蕃赞普书》记载了这一经过：

皇帝问赞普：缘国家先代公主既是舅甥，以今日公主即为子婿：如是重姻，何待结约？遇事足以相信，随情足以相亲，不知彼心，复同然否？近得四镇节度使表云，彼使人与突骑施交通。但苏禄小蕃，负恩逆命，赞普既是亲好，即合同嫉顽凶，何为却与恶人密相往来，又将器物交通赂遗？边镇守捉防遏是常，彼使潜行，一皆惊觉，夜中格拒，人或死伤，比及审知，亦不总损，所送金银诸物及偷盗人等，并付悉诺勃藏却将还彼。

也就是说，唐朝将捉拿的突骑施使者及其物品交由吐蕃使者悉诺勃藏带回，意在由吐蕃间接归还给突骑施。顺便指出，有学者误认为这里的处理结果，是指《册府元龟》卷九七一《外臣部·朝贡四》开元二十三年（735 年）二月，“吐蕃赞普遣其臣悉若勃藏来贺正，贡献方物，兼以银器遗宰相”，而唐朝即以“金银诸物”付悉诺勃藏带回。[②] 但通过以上分析，我们得知此实为两回事。

---

① 《全唐文》卷二八六，《敕突骑施毗伽可汗书》。

② 顾建国：《张九龄年谱》，中华书局 2005 年，第 222 页。

此战之后，突骑施实力大减，加之苏禄年老多病，内部百姓又分为黄姓（即自谓娑葛部者）和黑姓（即自谓为苏禄部者），更相猜疑；其大首领莫贺达干、都摩支争权不已，故势力大衰。开元二十六年（738 年），苏禄为属下莫贺达干所杀，其子骨缀立为“吐火仙可汗”，与都摩支据碎叶，并与黑姓可汗连兵拒唐。次年，唐朝遣安西都护盖嘉运，联合莫贺达干，擒吐火仙可汗。唐朝遂以阿史那怀道子昕为十姓可汗，派兵护送至十姓地。遂引起莫贺达干不满，发兵拒之。开元二十八年（740 年），唐朝遂立莫贺达干为可汗，以统突骑施部众。天宝元年（742 年），莫贺达干击杀唐遣至十姓地的阿史那昕，稍后自己为唐安西节度使击杀，突骑施部遂立黑姓伊里底密施骨咄禄为可汗。

此后，吐蕃与突骑施之间仍有遣使往来，《大事纪年》第 95 条：猴年（玄宗天宝三年，甲申，公元 744 年）：rgyavi po nya/cang vgvan vge dang/dur gyis gyi po nya pyag vtshald“唐廷使者张员外、突骑施（dru gyis）使者前来致礼”。不过，这之后由于突骑施的衰落，而吐蕃乘“安史之乱”逐步占有唐朝河陇、西域之地，忙于治理这一大片新控制的地域，因此有关双方关系的记载不显于文献。

余　论

还需提及的是，前文说突骑施使者携带银瓶等物，越唐界、逾葱岭、往结吐蕃，为唐军所获，其后“所有蕃书，具言物数，朕皆送还赞普，其中一物不留”，也就是说银瓶等物归还了吐蕃。

就是上述事件过去两千多年以后的 1959 年，中央文化部西藏文物调查工作组在拉萨大昭寺的松赞干布殿内调查到一件大型银瓶，该件器物通高约 70 厘米，瓶口细长，瓶口上端开圆口，口外壁饰山岳状花瓣，其下饰一空心立体羊首，瓶口下接一圆形的瓶体，瓶身上饰有鎏金浮雕人物图案。著名考古学家宿白先生认为，从此壶的形制与风格看，约是 7 至 9 世纪波斯和粟特流行的器物，应是在阿姆河流域南迄呼罗珊以西地区制作，经今新疆、青海区域或由克什米尔、阿里一线传入拉萨的。[①]

而德国学者冯·施罗德（Schroeder）更加明确地指出，这件银瓶是在塔吉克斯坦（Tajikistan）制作的，年代为公元8世纪。[②]

那么，在了解到一千多年前的吐蕃与突骑施之间的上述交往事件以后，我们是否有理由相信，在大昭寺发现的这件大型银瓶有可能就是由唐朝退还的突骑施可汗赠送给吐蕃赞普的礼品之一呢？因为突骑施使者阙伊难如越唐界、逾葱岭、往结吐蕃时，所携礼品中正有“银瓶”一物。

附图：

大昭寺银瓶

大昭寺银瓶局部

作者单位：西南民族大学

① 宿白：《拉萨地区佛寺调查记》，载《藏传佛教寺院考古》，文物出版社1996年，第10—11页。

② Von Schroeder, U. Buddhist Sculptures in Tibet, Visual Dharma Publications, Hong Kong, 2001 (2).

西夏文献中的吐蕃

聂鸿音

建国之初的西夏东邻北宋，西界吐蕃，但汉藏两种民族文化对西夏施加的影响并不均衡——汉族对西夏的影响遍及朝野的各个方面，而吐蕃对西夏的影响似乎只在佛教一隅，造成这种现象的原因显然是由于西夏一度臣属北宋，而当时的吐蕃已不存在统一的政权了。大约也是出于这个缘故，存世的藏文文献里有专门的章节叙述西夏历史，而存世的西夏文献里却没有叙述吐蕃历史的章节。本文试图从此前发表的西夏资料中辑录有关吐蕃的零星记载，这些记载虽然不足以补益史料，但可以略微展现西夏人了解吐蕃的途径以及对吐蕃民族的看法，谨以此纪念杰出的藏学家柳陞祺先生百年诞辰。

一

学界最初所知提及吐蕃的西夏资料来自夏汉文合璧的"凉州护国寺感通塔碑"，我们在碑文的汉文部分中读到这样一段话：

先后之朝，西羌梗边，寇乎凉土，是夕亦大雷电，于冥晦中上现瑞灯，羌人睹之，骇异而退。[①]

对照相应的西夏文部分可知，这件事发生在西夏惠宗在位的大安八年（1083），[②]那一年吐蕃人进攻凉州（今甘肃武威），傍晚时忽见雷电大作，宝塔大放光芒，认为是某种灵异，于是就被吓跑了。文中称吐蕃为"西羌"，是沿用中原古来的习惯，而对应的西夏"水"字读若 phə，[③]自然使人联想到吐蕃人的自称 *bod*。不过这两个词的语音形式提示我们，西夏"水"的直接来源似乎不是藏语的 *bod*，而是汉语的"蕃"。我们知道，西夏语和藏语都有用作声母的 p、ph、b 三个双唇塞音，依照当时的译音规律，西夏人在借用藏语 *bod* 的时候绝不可能把原有的 *b* – 改译成 ph –，[④]而由浊音 b – 到送气清音 ph – 的演化恰是宋代汉语西北方言的特色之一，[⑤]所以"蕃"字带送气清声母的汉语读法应该被视为西夏"水"（phə）字的真正源头。

现有资料表明，西夏文献中最常用的这个"水"指的是吐蕃的民族而非王朝和地域，例如人们可以说"水緵芈"（藏族首领），也可以说"水祤"（藏语），[⑥]所以这个西夏词的确切汉译应该是"蕃人"，确切藏译应该是 *bod-pa*。与此相对，专指历史上吐蕃王朝或地域的西夏词是"托税"，这个读若 PǏẹi ǐe，[⑦]在西夏韵书《文海》里与"水"字形成"互训"关系。[⑧] 常凤玄和黄振华曾

---

① 罗福成：《重修护国寺感应塔碑铭》，《国立北平图书馆馆刊》第 4 卷第 3 号，1930 年（1932 年出刊），页 152。

② 碑文的西夏文部分和汉文部分叙事虽无大差，但具体行文并非严格的对译关系。西夏文相应部分可以大致汉译为："大安八年，东方汉地起恶心，发大军以围武威，羌军亦来凉州。其时黑风冥冥，两手相持莫辨，灯光煌煌，环绕浮图，二军是以败走，由此不敢前瞻。"参看聂鸿音《西夏遗文录》，载杜建录主编《西夏学》第二辑，宁夏人民出版社 2007 年，第 147、149 页。

③ М. В. Софронов, *Грамматика тангутского языка*, кн. 2, Москва:《Наука》, 1968, с. 336.

④ 事实上在西夏翻译的藏传佛教著作里，藏文咒语的 *b*-（有些来自梵文的 *v*-）总是被译成西夏语的 b-而不是 ph-，这种例子在宁夏拜寺沟方塔出土的《吉祥遍至口合本续》里俯拾皆是，参看宁夏文物考古研究所《拜寺沟西夏方塔》，文物出版社 2005 年，第 425—435 页。

⑤ 龚煌城：《十二世纪末汉语的西北方音（声母部分）》，《"中央"研究院历史语言研究所集刊》第 52 本第 1 分，1981。另外应该说明的是，一些现代藏语方言也把 *b*-读成清送气的 ph-，但这是一个相对晚起的现象，与本文的讨论没有直接关系。

⑥ Н. А. Невский, *Тангутская филология*, 2, Москва: Издательство восточной литературы, 1960, с. 377.

⑦ М. В. Софронов, *Грамматика тангутского языка*, кн. 2, с. 339, 325.

⑧ 参看史金波、白滨、黄振华：《文海研究》（北京：中国社会科学出版社，1983）第 194 页"水"字条和第 271 页"托"字条。

经正确地指出这是汉文史书所载吐蕃赞普称号"不夜"的音译，并认为这个词在当时似已用作地区或国家、部落的专名。[①] 考"不夜"首见于《册府元龟》卷1000：

> 賨王姓不夜氏，名器宗弄赞，骁勇有谋。邻国羊同之属莫不宾伏之，遂雄西域。[②]

文中的"不夜"无疑就是唐长庆三年（823）所立"唐蕃会盟碑"东侧藏文部分提到的 *spu-rgyal*。[③] 这个称呼在唐五代的藏文文献中多见，汉译多作"悉补野"或"窣勃野"，最早出自《通典》卷190"吐蕃"：

> 魏末，中华扰乱，招抚群羌，日以强大，遂改姓为窣勃野，故其人至今号其主曰赞府，贵臣曰主簿。又或云：始祖赞普，自言天神所生，号鹘提悉补野，因以为姓。

原注：

> 窣勃野与悉补野言讹，其实一也。或云：本姓弃苏农也。[④]

《通典》"鹘提悉补野"勘同传说中的蕃王' *o-lde spu-rgyal* 自无疑义，但二者的对音却令人颇费猜详——"悉补野"可以解释作 *s-pu-*（*rg*）*ya*（*l*），"窣勃野"可以解释作 *s-pur-*（*g*）*ya*（*l*），"不夜"可以解释作（*s*）*pur-*（*g*）*ya*（*l*），这明显与已知的藏语读音习惯有不小的差距。第一个音节的上加字 *s-*（悉/窣）在当时是否发音尽管还不能完全论定，但毕竟在我们当前的讨论中无伤大局，重要的是第二个音节——无论是"野"字还是"夜"字，都表明 *rgyal* 的声母是下加字 *y-*，而关键的基字 *g-*竟然是不发音的。应

---

① 常凤玄、黄振华：《西夏字书〈文海〉所见吐蕃名称考》，《民族语文》1997年第1期。

② （宋）王钦若等：《册府元龟》，中华书局1960年影印明刊本，页11733。

③ 李方桂著，吴玉贵译：《唐蕃会盟碑（821—822年）考释》，《国外藏学研究译文集》8，西藏人民出版社1992年，第77—78页。

④ （唐）杜佑：《通典》，浙江古籍出版社1988年影印上海商务印书馆万有文库"十通"本，页1022。"弃苏农"下疑脱"赞"字（*khri-srong-brtsan*）。

该承认汉文史籍的翻译必定有一个我们至今还不知道的古怪来源。[①] 事实上 *rgyal* 的声母不但在现代藏语诸方言里只能读作塞音，而且在唐宋时代似乎也大都如此——例如“唃厮啰”（*rgyal-sras*）的“唃”也表明 *rgyal* 应该带一个舌根塞音声母。西夏建国之初与唃厮啰的接触甚为密切，这时的西夏人应该不会不知道 *rgyal*（唃）这个词的实际读法，而他们仍然坚持用“托税”（不夜）来指称藏区，[②] 就只能说明西夏“托税”一词的来源不是藏语，而是汉语。

“水”和“托税”这两个汉源词进入西夏语的时间肯定在西夏正式建国之前，因为“水”和“托”在字形上存在显而易见的关联——据西夏人自己解说，“托”字就是利用“水”字的左半边造成的，[③] 这表明西夏人在 1036 年创制本民族文字的时候就通过中原汉文献了解到“蕃”和“不夜”这两个词了。

另外西夏还有一个“堕”字，我们始终不能圆满解释。这个字读若 tśĭei，[④] 在《文海》里也与“水”形成“互训”关系。[⑤] 常凤玄和黄振华曾经提出它来自吐蕃的古称 *gtsang*，并举“谐拉康碑乙”上的 *gtsang-stod*（藏堆）和敦煌《吐蕃赞普传记》上的 *gtsang-tod gtsang-smad*（上藏下藏）为证。[⑥] 不过，*gtsang* 与“堕”（tśĭei）在语音形式上毕竟分歧过大，这使我们感觉后者应该另有来源。就目前所知，“堕”字在除字典之外的西夏文献中基本没有使用过，用它组合成词的例子仅见于西夏字典《同音》的第 36 叶右面，写作“水堕”，李范文译为“羌藏”。[⑦] 这两个西夏字读若 phə

---

① 同样的译例还有《新唐书》卷 141《吐蕃传》中的藏语人名“坌达延”，相应的藏文形式是 *'bon-da-rgyal*，其中的“研”字表明 *rgyal* 实读 yal（-l 〉-n），参看王忠《新唐书吐蕃传笺证》，科学出版社 1958 年，第 62 页。

② 不夜，《新唐书》卷 216 上《吐蕃传》作“弗夜”：“论赞生器宗弄赞，亦名弃苏农，亦号弗夜氏。”我们这里之所以认定西夏“托税”的来源是“不夜”而非“弗夜”，主要是考虑到了二者的声母对应关系。假如西夏人看到的汉文献记载是“弗夜”，那么他们照例就会用西夏的晓母合口字（hu-/xw-）来表示（龚煌城《西夏语中的汉语借词》，《“中央”研究院历史语言研究所集刊》第 52 本第 4 分，1981，参看龚煌城《西夏语文研究论文集》，《语言暨语言学》专刊丙种之二（上），台北：“中央”研究院语言学研究所（筹备处），2002，页 349—350），而不会使用现在的帮母字，一如读“分”（fan）为 xwên。

③ 史金波、白滨、黄振华：《文海研究》，第 271 页。

④ M. B. Софронов, *Грамматика тангутского языка*, кн. 2, с. 285.

⑤ 参看史金波、白滨、黄振华：《文海研究》第 194 页“水”字条和第 218 页“堕”字条。

⑥ 常凤玄、黄振华：《西夏字书〈文海〉所见吐蕃名称考》，《民族语文》1997 年第 1 期。

⑦ 李范文：《同音研究》，宁夏人民出版社 1986 年，第 376 页。

tśĭei，我不知道是否可以视为藏文 *bod-rgyal*（蕃王）的另一种音译——与上述从中原汉文献转译的“托税”（不夜）相比，“水堕”（phə tśĭei）显然相对接近于标准的藏语读法。不过使人疑惑的是，“堕”（tśĭei）带有舌面前音声母，与藏文 *rgyal* 在口语中的舌面中音声母毕竟不是完全切合。

西夏中晚期以后，佛教作品的题记中多次出现了另外一个指称吐蕃地区的西夏词。这个词写作“碟繕”，字面意思是“中国”，前面有时还可以加上“水”字，称作“水碟繕”（蕃中国），明确显示它应该被理解为西藏。① 进一步说，这个“碟繕”可以勘同藏语的 *dbus-gtsang*（卫藏、乌斯藏），② 指的是西藏腹地。我们知道，西夏文献对汉源词一般采用音译，对藏源词一般采用意译，③ *dbus-gtsang* 意译为“碟繕”（中国），符合这个规律。

二

据《宋史》卷485《夏国传上》载，西夏景宗元昊“晓浮图学，通蕃汉文字”，④ 这里所说的“蕃文”必是指的藏文。事实上现存的所有资料都表明，不但西夏开国君主通晓蕃文的媒介是“浮图学”，而且佛教几乎是吐蕃文化影响西夏的惟一途径。当然，我们目前还不能确切地知道党项人最初是在什么时候、以什么方式接受藏传佛教的，不过却可以肯定地说，尽管学术界有不少人认定藏传佛教进入党项地区是在12世纪中叶，⑤ 但实际的时间恐怕要远早于此。比如在译自汉文的西夏佛经中我们看到，佛祖名号“如来”总是被译作“窺絨”，字面意思是“实来”，相当于藏语的 *de-bzhin-gshegs-pa* 而不同于汉语的“如来”，再比如三藏之一的“经”总是被

① 在此前的学者中，克恰诺夫把“中国”理解为中原汉地（Китай），见 Е. И. Кычанов, *Каталог тангутских буддийских памятников*, Киото: Университет Киото, 1999, с. 542，陈庆英理解为西夏，见陈庆英《西夏及元代藏传佛教经典的汉译本——简论〈大乘要道密集〉（〈萨迦道果新编〉）》，《西藏大学学报》2000年第2期，这都是不准确的。

② 沈卫荣：《序说有关西夏、元朝所传藏传密教之汉文文献——以黑水城所见汉译藏传佛教仪轨文书为中心》，《欧亚学刊》第7辑，中华书局2006年。

③ 聂鸿音：《西夏的佛教术语》，《宁夏社会科学》2005年第6期。

④ 《宋史》，中华书局点校本，页13993。

⑤ 史金波：《西夏佛教史略》，宁夏人民出版社1988年，第50—52页。

译成“𗡶𗘂”，字面意思是“契经”，相当于藏语的 *mdo-sde* 而不同于汉语单音节的“经”。[①]“如来”和“经”都属于佛教徒最早接触到的基本词语，然而值得注意的是，在整个西夏时代，即使翻译佛经依据的是汉文本，译者也始终在一成不变地使用这两个藏源词，这无疑表明藏传佛教早在西夏建国之前就在党项人群中间传播了。

据著名的西夏史诗《夏圣根赞歌》说，西夏皇族的始祖啰都（迪纠）曾娶美丽的蕃女为妻，然后繁衍出了兴盛的嵬名氏族。[②] 尽管这仅仅是个未经史书印证的传说，但它毕竟告诉我们，在汉、藏两个比邻民族中间，党项人认为自己的民族与后者更相近一些，甚至可能带有某种姻亲关系。11世纪30年代以后，部族间的联姻加强了西夏和周边吐蕃地方政权的军事联盟，例如历史上记载有吐蕃首领裕勒藏喀木（禹藏花麻）娶西夏宗室女、[③]西夏重臣梁叶普（梁乙逋）之子娶吐蕃首领鄂特凌古（阿里骨）女，[④] 等等。不过这些都是西夏上层贵族的政治行为，未见得能为吐蕃文化在西夏社会带来多大的影响。真正促使西夏国民了解吐蕃的应该是出于各种缘故进入河西地区的蕃僧，[⑤] 这一大批人从一开始就与西夏王室保持着密切的联系，其中有些人还进入了西夏的政府，成了中央和地方各级部门的主管官员。[⑥] 有了民众精神导师和朝廷大臣的双重身份，僧人们对西夏社会文化的影响力当非世居沙州一隅的藏族平民可比。

也许是通过僧人们带有佛教意味的宣传，西夏党项人的民族起源神话中隐约出现了吐蕃文化的影子。俄罗斯科学院东方文献研究所收藏的《大

① 聂鸿音：《西夏的佛教术语》，《宁夏社会科学》2005年第6期。

② Е. И. Кычанов, “Гимн священным предкам тангутов”, *Письменные памятники востока*, 1968.

③ （宋）李焘：《续资治通鉴长编》卷228，熙宁四年十二月戊辰条。上海古籍出版社1985年影印清浙江书局本，页2131。

④ （宋）李焘：《续资治通鉴长编》卷406，元祐二年十月乙酉条。页3840。

⑤ 关于蕃僧在西夏的活动，迄今所知最早的记载是在1045年，当时元昊曾“遣僧吉外吉法正谢赐藏经”（《续资治通鉴长编》卷156，庆历五年闰五月甲辰条，上海古籍出版社影印清浙江书局本，页1442）。从名字上看，“吉外吉”应该是吐蕃人。

⑥ 关于这方面的概述见 E. I. Kychanov, “The State and the Buddhist Sangha: Xixia State (982-1227)”, *The Journal of Oriental Studies*, 10 (2000)。应该指出的是，现存有关西夏藏传佛教僧人的资料绝大多数都不早于12世纪中叶，所以学界一般认为大批蕃僧进入西夏的时间应该在仁宗朝以后。这些蕃僧的宗教活动已经完全融入了西夏的政治文化生活，他们是西夏人了解邻国吐蕃的重要途径，尽管他们并不代表吐蕃本身。

诗》是一部著名的党项神话史诗，目前人们还没有能力对其做出完美的解读，[1] 克恰诺夫曾经发现里面经常提到一个"赤面猴"，并由此而联想到藏族古老神话中猴子和岩魔女 *klu* 繁衍出人类的故事，而那个猴子乃是观世音菩萨的化身。[2] 克平则进一步指出，西夏的"唆"（猴）与"插"（人）在《文海》中是一对同音字，这无疑为二者的同一性提供了确证。[3] 现在让我们看看另一首党项史诗《夏圣根赞歌》里的叙述，以作为对克恰诺夫假设的补充：

耶则祖，彼岂知，
寻牛而出边境上。
其时之后，灵通子与龙匹偶何因由？
后代子孙渐渐兴盛。[4]

西夏的"䘐"（龙）读若 we，[5] 在词义上与藏语的 *klu*（龙）相应，[6] 这更使我们相信两个民族的神话讲的是同一件事情。[7] 另外，考虑到吐蕃僧人在西夏所做的大量文化宣传，我们应该判定这则神话的传播方向是由吐

① 原件照片及全文俄译见 Е. И. Кычанов, *Море значений, установленных святыми*, Санкт-Петербург: Центр《Петербургское Востоковедение》, 1997, с. 217-236。

② 克恰诺夫、李范文、罗矛昆：《圣立义海研究》，宁夏人民出版社 1995 年，第 2 页。顺便指出，原汉译文中的"阿瓦洛基捷什瓦尔"是 *Avalokitesvara*（观世音）的误译，至少应该依汉译佛经改作"阿缚卢枳低湿伐罗"。

③ K. B. Kepping, "The Black-headed and the Red-faced in Tangut Indigenous Texts", B. Aleksandrov ed., *Ksenia Kepping: Last Works and Documents*, St-Petersburg: ? Omega?, 2003, p. 133.

④ 聂鸿音：《西夏文〈夏圣根赞歌〉考释》，《民族古籍》1990 年第 1 期。这里面提到的"耶则祖"和"灵通子"目前还不知道实际所指，也许仅仅来自党项族的历史传说。克恰诺夫对这两个词的翻译均采用西夏语音构拟形式（Е. И. Кычанов, "Гимн священным предкам тангутов", *Письменные памятникии востока* 1968），西田龙雄对前者使用音译，对后者使用意译"天日子"（《西夏语〈月月乐诗〉の研究》，《京都大学文学部研究纪要》25，1986，页 21）。

⑤ М. В. Софронов, *Грамматика тангутского языка*, кн. 2, с. 282.

⑥ 劳费尔认为与藏语 *klu*（蛇魔）对应的西夏语形式应该是"蛆虫"（bolu）的第二个音节 lu，本文没有采用这个说法。参看 B. Laufer, "The Si-hia Language, a study in Indo-Chinese philology", *T'oung Pao*, vol. 17 (1916)，中译文见孙伯君编《国外早期西夏学论集》1，民族出版社 2005 年，第 206—208 页。

⑦ 藏文史书对这则神话的一种表述是："由观世音菩萨的化身神猴菩萨和度母的化身岩罗刹女生出西藏的人类。"参看蔡巴·贡嘎多吉《红史》，东嘎·洛桑赤列校注，陈庆英、周润年译本，西藏人民出版社 1988 年，第 29 页。

蕃到西夏而不是相反。由此可以进一步证明，党项人认为自己民族的起源与藏族接近而与汉族稍远。当然，这里说的仅仅是民族的起源而非世界的起源。克恰诺夫曾经指出，在党项的神话里经常提到一块神石，这块神石最终形成了党项人的圣山，造成了人类繁衍的条件，在西夏建国后还有政府组织的祭祀神石的盛典。对石头的崇拜与四川羌族的风俗是一致的，这说明党项的神话并非只有一个来源。①

三

居住在汉藏地区之间的纳西、白、彝、普米等少数民族都喜欢把汉族、藏族和自己本民族说成是同胞兄弟，只是后来像兄弟分家似的分开了。这也许来自一个古老的文学传统，因为我们在西夏宫廷诗《造字诗颂》里也读到了同样的描述：

蕃汉番三一母生，语言不同地所分。
愈西愈高蕃人国，蕃人国内蕃文字；
愈东愈低汉人国，汉人国内汉文字。
自己语言自己爱，各个文字各个敬。②

从这里可以看出，西夏党项人认为他们与藏族的最显著区别在于由居住地域不同而导致的语言文字分歧，与汉族的区别也在于此。另一个比较容易觉察到的民族特征是风俗习惯的不同，西夏识字课本《新集碎金置掌文》对党项及周边民族有这样的介绍：

---

① 克恰诺夫、李范文、罗矛昆：《圣立义海研究》，第6页。

② Е. И. 克恰诺夫：《献给西夏文字创造者的颂诗》，载白滨等编《中国民族史研究》（二），中央民族学院出版社1989年。本文对原来的汉译文有改动，下同。

弥药勇健行，契丹步履缓。
蕃多敬佛僧，汉皆爱俗文。
回鹘饮乳浆，山讹嗜荞饼。①

其中谈到藏族人（蕃）礼佛，这即便不是当时西藏佛教的全面概括，至少也是西夏人对本国境内藏族的实际印象，② 也正是在这一点上，藏族和喜欢阅读非佛教文献（爱俗文）的汉族在党项人心目中形成了鲜明的对照。

作为一种模糊的历史记忆，西夏晚期的人们似乎仍然知道吐蕃和汉人曾经跟他们有过一段不睦。例如重刊于夏乾祐十三年（1182）的西夏类书《圣立义海》里征引了两句党项民间诗歌：

兄弟合谋蕃汉服，父子同心羊马多。③

这里谈的是家庭和睦可以带来安定富裕的生活，其中“蕃”和“汉”被视为党项人的对立面。不过可以体会得出来，诗中仅仅是借用这两个民族来指代强敌，就像借用羊和马来指代财富那样，并不见得是表示12世纪末期的党项人还和吐蕃人、汉人有什么军事或者外交摩擦。当然，西夏的诗歌偶然也提到他们通过某种方式使吐蕃臣服于自己，例如《造字诗颂》中说：

不随吐蕃吐蕃服。④

《夏圣根赞歌》也说：

---

① 聂鸿音、史金波：《西夏文本〈碎金〉研究》，《宁夏大学学报》1995年第2期。原文译“水”为“羌”，这里改作“蕃”。

② 在周边地区的人看来，信佛教大概是藏族最显著的特点。在语言方面有一个有趣的例子，即今巴基斯坦巴尔蒂话里的*bod*（西藏）一词已经转义为“佛教徒”，参看黄布凡《从巴尔蒂话看古藏语语音》，《中央民族大学学报》1994年第4期。

③ 克恰诺夫、李范文、罗矛昆：《圣立义海研究》，第77页。本文对原来的译文有改动。另外需要说明的是，就像《圣立义海》的许多引文一样，这两句话前面也冠以“诗云”。目前我们还不知道这里的“诗”指的究竟是党项民间谚语还是历史上实际存在过的一部诗歌集。

④ Е. И. 克恰诺夫：《献给西夏文字创造者的颂诗》。

西主图谋攻吐蕃，
谋攻吐蕃引兵归。[1]

我们相信这不会是党项早期历史的真实写照，因为西夏党项的先民最初居住在今四川西北部和青海东部，那时他们频频受到吐蕃的攻击，在所有的大小战役中几无胜绩，于是不得不依附中原唐王朝而请求“内徙”。[2]在西夏人看来，这无疑不是一段值得夸耀的经历。相比之下，西夏建国之初在河西走廊的战绩要好些，虽然党项人为开拓疆土付出了惨痛的代价，但毕竟最终如愿把吐蕃人在甘肃和青海的一些世居地盘纳入了自己的版图。因此，如果说西夏诗歌中关于吐蕃臣服于自己的描写真是某段历史的反应，那么其背景事件就只能发生在这一时期。

不过更大的可能性是，这些诗句并没有什么真实的历史背景，而只不过是党项人的自我标榜。存世的这部西夏宫廷诗集尽管不署成书年代，但有迹象表明其中某些诗歌是 12 世纪晚期的作品，[3] 那时正值西夏仁宗在位期间，也是西夏近二百年历史上最为昌盛的时代。诗集中充溢着党项民族多少有些夸大的自豪感，做诗的西夏大臣们往往会吹嘘说汉、藏、契丹这些周边的民族都臣服于自己，这显然不像是二百年前的史实，而仅仅是大臣们要在讨得皇帝喜欢的同时满足一下自己的虚荣心而已。事实上从西夏中期以后就再没有发生过和吐蕃部落之间的战争，西夏境内的吐蕃人也早已经融入了党项、汉、契丹等民族构成的国民群体，它们之间像兄弟般地和睦相处，共同建设着辉煌一度的西夏文明。

作者单位：中国社会科学院民族学与人类学研究所

---

① 聂鸿音：《西夏文〈夏圣根赞歌〉考释》，《民族古籍》1990 年第 1 期。这里面提到的“西主”大约是指某个党项部落。

② 关于这一段史实的概略描述，参看周伟洲《唐代党项》，三秦出版社 1988 年。第 27—39 页。

③ 聂鸿音：《西夏文〈新修太学歌〉考释》，《宁夏社会科学》1990 年第 3 期。克平曾经估计这部诗集编成于西夏覆亡之后的 14 世纪末，参看 K. B. Kepping, “The Etymology of Chinggis Khan’s Name in Tangut”, *Studia Orientalia*, 85 (1999)。

藏文史书中的成吉思汗

张　云

成吉思汗是蒙古族历史，也是中国历史和世界上有重要影响的人物，由于史籍记载的缺乏，有关成吉思汗的许多问题都尚在悬疑之中，本文试图从藏文史书记载中进行一些分析和探讨。

一、成吉思汗的生卒年问题

成吉思汗的生卒年问题学术界长期存在争议，近年来逐渐形成比较近似的看法。由于早期文献资料的缺乏，蒙古史书对此记载又存在歧异，通过其他民族文字资料来相互勘比，以确认像成吉思汗这样一些重要历史人物的生卒年代问题，就显得极为重要。作为与蒙古族长期保持密切关系的藏族，其语言文字对考证蒙古和元朝历史有关问题，具有十分特殊的地位。对于成吉思汗的生卒年问题，藏文史籍也有零散记载，自然可以作为考证这一问题的有力旁证。

元朝时代著名藏族史学家蔡巴·贡噶多吉《红史》（1363 年成书）记载："也速该巴图尔与夫人诃额伦所生之子是太祖成吉思汗（ching gis）。成吉思汗生于阳水虎年（即 1182 年）。……三十八岁时，聚集百姓，登上王位，在位二十三年，于阳火虎年（按生年算应该是阳水猴年）秋七月十二日六十一岁时，在西夏噶地方升遐。”在如此描述的同时，作者也指出，这些记载是从《脱卜赤颜》（dpe ka thob chen）中摘要抄录出来的，[①] 也就是来自《蒙古秘史》。如果按照该书的说法计算，成吉思汗生于1182年，又享寿六十一岁，则应该卒于1242年，由于成吉思汗的卒年是可以确定的，即1227年，那么，生于阳水虎年（1182年）显然存在问题。至于《红史》所记载的成吉思汗卒年，也并不符合作者自己的计算，因为公元1242年是藏历“水虎年”，接下来的1243年是“水兔年”，而不是“水猴年”；至于“水猴年”，或者是公元1212年或者是1272年，这些都不符合成吉思汗“61岁”的说法，看来《红史》关于成吉思汗生卒年的记载，尽管抄自《蒙古秘史》，依然存在诸多错误。

释迦·仁钦德《雅隆尊者教法史》（1376年成书）记载，“也速该把秃儿与诃额伦之子太祖成吉思汗（thavi dzu jing gi rgyal po），诞生于水马年（壬午）年（即1162年）。……成吉思汗统一全国，在位二十三年。火猪年（丁亥）年（即1227年）七月十三日，于六十六岁归天。”[②] 该书同样声称“此系从《耶迦妥坚》（ye ka theb can）中录其主要者。”[③] 藏文中的“theb can”就是蒙古语中的“脱卜赤颜”或者“脱卜察安”的意译，意思就是“秘史”，而“ye ka”则是蒙古语“大”的意思。故此，我们知道，“ye ka theb can”就是《大秘史》，也就是说藏文的记载来自《蒙古秘史》这样的原始资料，有较高的可信度。与《红史》的记载相比，《雅隆尊者教法史》的记载没有自相矛盾的地方，也与其他史书关于成吉思汗卒于1227年的说法完全吻合。

随后的藏文史书，同样记载了成吉思汗的生卒年，但是歧异依旧存在。例如达仓宗巴·班觉桑布《汉藏史集》（成书于1434年）记：蒙古早期王统传十九代。“也速该把阿秃儿与其妃诃额伦之子是太祖成吉思汗，他生于阳木马年（即1174年）……成吉思汗三十三岁的阳土虎年，继西夏杰桂王后，又以武力从当时统治汉地、名叫托孜（tho rdzi）的国王手中夺取了都城。成吉思汗执掌蒙古、汉地之国政二十三年，于六十六岁的阴火猪年

---

① 蔡巴·贡噶多吉：《红史》，藏文本，民族出版社1981年，第30页；陈庆英、周润年汉译本，西藏人民出版社1988年，第27页。

② 释迦·仁钦德岱：《雅隆史》（《雅隆尊者教法史》），藏文本，西藏人民出版社1988年，第81页；汤池安汉译本《雅隆尊者教法史》，西藏人民出版社1989年，第50页。

③《雅隆史》藏文本，第84页，《雅隆尊者教法史》汉译本，第52页。

（即1227年）秋七月十二日，在木雅噶（mi nyag gha）地方升天。据说，由上天或者长命鸟的护佑而赐给的宝印，也是在此王之时出现的。”① 从这里的记载来看，《汉藏史集》作者同样对年代记载有一些失误，如果是1174年出生，如果享年66岁不误，则应该是1239年卒；而按照作者的计算，成吉思汗33岁应该是1206年（火虎年），而非土虎年（1218年）。如果认为成吉思汗享年66岁和1227年（火猪年）不误，则其出生年应该是1162年，这与《雅隆尊者教法史》的记载相同，只是卒年日期差了一天，很可能这里的“生于木马年”是“水马年”之误。

巴卧·祖拉陈瓦《贤者喜宴》（成书于1564年）对成吉思汗的生卒年也有记载，文谓“诃额伦之子太祖成吉思汗生于阳木马年，和萨班同一年出生。有兄弟五人，他是长兄。三十八岁的土兔年，依靠长生天的护佑和大福德的加持登王位，在位二十三年，六十一岁在木雅噶地方去世。他的儿子术赤、察合台、窝阔台、拖雷诺颜等九人。成吉思汗在世时，让两个大的儿子不要争夺王位，给以文书封给左右两翼地方。”② 这里也存在一些问题，“阳木马年”是1174年，“38岁”应该是1201年，但是这一年是“铁鸡年”，而“土兔年”则是1219年；享年61岁，则应该是1234年；至于文中说成吉思汗和萨班同年出生，同样存在问题：萨班出生于藏历水虎年（1182年），而非木马年（1174年），显然错误百出，不足为信。

综合以上记载，我们可以看出，《雅隆尊者教法史》的记载自身没有矛盾，更准确地反映出来自《蒙古秘史》的原文原意，是一种可信的说法，也就是说成吉思汗生于1162年，卒于1227年，享年66岁，他的丧葬日很可能就是《雅隆尊者教法史》所记载的日期，1227年七月十三日。

二、成吉思汗信仰佛教问题

藏文史料盛称成吉思汗信仰佛教，并以佛教治理国家二十三年。

班钦·索南查巴《新红史》（成书于1538年）记载，从孛儿贴那到成

① 达仓宗巴·班觉桑布著：《汉藏史集》，藏文本，四川民族出版社1985年，第254—255页；陈庆英汉译本，西藏人民出版社1986年，第153—154页。

② 巴卧·祖拉陈瓦：《贤者喜宴》，藏文本，下册，民族出版社1986年，第1413页。

吉思汗之间有二十二代王统，“其时除去统治边地疆土的人主之外，并未出现奉行佛法之王。此后，蒙古成吉思汗（hor jing gin rgyal po）出，于是汉地、吐蕃及西夏均置于其统治之下。二十三年间均以佛法保护国政。成吉思汗死于六十一岁的水虎年（1242 年）。此年萨迦法王也是六十一岁。成吉思汗之子阔端掌政六年，从此以后遂与萨迦巴结成供施关系。成吉思汗子贵由汗在位六个月。……”① 把成吉思汗生卒年与萨班等同之误是不言自明的，而将阔端、贵由当作成吉思汗的儿子更属错谬，至于该书下文对于蒙古王统世系的叙述同样破绽百出，可见其资料来源很成问题，对成吉思汗信仰佛教的叙述应属类似情形。而比该书更早成书的藏文史书，如《红史》、《雅隆尊者教法史》、《汉藏史集》等没有提及成吉思汗信仰佛教、并以佛法护持国政的史事。因此，有关成吉思汗信仰佛教及以佛教护持国政的说法难以成立。

三、成吉思汗与西藏的联系问题

在元明之际的藏文史书中，并没有关于成吉思汗和西藏地方发生联系的说法，《雅隆尊者教法史》、《红史》和《汉藏史集》等，都没有成吉思汗和西藏联系的任何信息。《新红史》只是增加了成吉思汗信仰佛教，并以佛法来治理国家的说法。

更晚时期的藏文史书，如《贤者喜宴》作者也许是利用资料全面的缘故，记述了西藏僧人与西夏政教界的联系，包含西夏仁宗仁孝曾迎请西藏噶玛噶举派僧人都松钦巴（vdus gsum mkhyen pa）的弟子格西藏布瓦（dge bshes gtsang po ba）前往西夏，并被奉为国上师的内容。该书还记载，与成吉思汗发生直接联系的是蔡巴噶举派僧人，该派高僧祥仁波且的弟子藏巴东库瓦（gtsang pa dung khur ba）师徒等七人曾先后来到蒙古和西夏地方，并在西夏担任翻译，讲授三宝密咒。此人在成吉思汗灭亡西夏，大肆毁坏寺院时，曾劝说成吉思汗，获得采纳，成吉思汗又修复了先前毁掉的寺院。② 西藏高僧通过在西夏地区活动与成吉思汗发生某种程度上的接触，应

① 班钦·索南查巴著，黄颢译：《新红史》，西藏人民出版社 1984 年，第 48 页。

② 《贤者喜宴》，藏文本，下册，民族出版社 1986 年，第 1410 页，第 1414—1415 页。

该是符合情理的。吐蕃与西夏的宗教联系由来已久，而且也比较密切。噶玛派或者蔡巴派的个别僧人云游西夏，并在那里与多次进兵西夏的成吉思汗建立直接或者间接的联系，存在很大可能性。

但是，这些记载到了17世纪的蒙古史学家的笔下就有了新的发展，直接增加了成吉思汗和西藏宗教界的联系的内容。

鄂尔多斯萨囊彻辰著《蒙古源流》（成书于1685年）记载："于是，岁次丙寅（1206年），年四十五岁，用兵于土伯特之古鲁格多尔济可汗，彼时，土伯特可汗遣名为尼鲁呼之官员，率三百人，进献驼只无算，为请降之使臣。君主嘉许，遂大赉可汗及其使臣而遣归焉。君主复致书并贽仪于萨迦察克罗咱斡阿难达噶尔贝喇嘛，遣尼鲁呼诺颜反致之，赐书云'欲聘请喇嘛，但朕滞于世务，未能聘请，愿于此处遥申信赖之意，汝于彼处为朕竭护佑之力。'由是收复阿里三部以东三区八十八万黑土伯特人众。"①

更晚一些时候，扎西彭错所著《水晶数珠》（成书于1774—1775年）记载"十一月，成吉思汗取了夏国中兴府。最初，成吉思汗闻唐古特萨迦寺之察克罗咱斡阿难达噶尔贝喇嘛为一善僧，季冬之月，遂命乌梁海之大臣者勒蔑，出使阿难达噶尔贝处，并致贽仪曰：'朕曾思召汝喇嘛前来，俾汝分掌佛法，朕则专理政务，全国人众，悉遵圣教，得享安乐。兹因朕政业未竣，愿暂延会期。朕自此处遥申信依之诚，愿汝于彼处常竭护佑之力。'于是喇嘛曰：'若然者，斯幸事也'，奉上佛像，诸多礼品，回敬大汗。此年，成吉思汗年六十五岁，岁在丙戌，在位第二十一年也。"②

这里将成吉思汗用兵西藏及西藏地方派遣使者的年代系于公元1226年，其所述事实，显然是阔端派兵进藏，西藏纳入大蒙古国治下之史事的移植。其非信史，已如前人所论。③ 看来，后代的历史累积痕迹还是十分明显的，由此也制造出诸多的混乱。

---

① 萨囊彻辰著，道润梯步译校：《蒙古源流》，内蒙古人民出版社1981年，第157页。

② 拉喜彭斯克（一作扎西彭错）著、胡和温都尔校译：《水晶珠》（一作《水晶数珠》），蒙古文，内蒙古人民出版社1985年，第130—131页。此段文字，请学长、中央民族大学历史系达力扎布教授核实，特致谢忱。

③ 冈田英弘著，邓锐龄译：《蒙古史料中的早期蒙藏关系》，原载《东方学》1962年3月第23辑，译文载中国社会科学院民族研究所历史研究室《民族研究译文集》4，1978年。

四、成吉思汗兄弟和子女人数问题

1. 成吉思汗的兄弟

藏文史书有关成吉思汗兄弟数目的记载，有两种说法，一是以《红史》、《雅隆尊者教法史》、《贤者喜宴》等为代表的“五人说”；《雅隆尊者教法史》还说“兄弟五人，彼系四弟”①。《红史》记“有兄弟五人”②。两书记载一致，也就是“五人说”。《贤者喜宴》还指出他是兄弟五人中的老大。③

一是以《汉藏史集》等为代表的“七人说”，该书谓：“也速该把阿秃儿王与其妃诃额仑之子是太祖成吉思汗，他生于羊木马年，有兄弟七人。”

前一种说法得到了波斯史家拉施特《史集》的印证，该书也记，也速该长妻月伦旭真生了四个儿子，他们分别是：长子与最优秀的儿子铁木真，第二个儿子拙赤·合撒儿、第三个儿子哈赤温，第四个儿子铁木哥—斡惕赤斤，第五个儿子为别里古台那颜，他由另一妻所生。④ 也就是说他有兄弟5人。

2. 成吉思汗的子女

关于成吉思汗的子女，藏文史书中比较流行的说法是“九人说”，而且是“九子说”，《红史》、《雅隆尊者教法史》和《汉藏史集》等均持此说。

《红史》记“成吉思汗的儿子有术赤、察合台、窝阔台、拖雷诺颜等九人。成吉思汗在世时，让两个大的儿子不要争夺王位，给以文书封给左右两翼地方。”⑤《雅隆尊者教法史》记“彼有术赤、察合台、窝阔台、拖雷等九子。成吉思汗在位时，敕书二长子不争王位，分任左右翼。”⑥《汉藏史

① 《雅隆史》藏文本，第81页，《雅隆尊者教法史》汉译本，第50页。

② 《红史》藏文本，第29页，汉译本，第26页。

③ 《贤者喜宴》，藏文本，下册，民族出版社1986年，第1413页。

④ 拉施特主编：《史集》，余大钧、周建奇译本，第一卷第二分册，商务印书馆1986年，第65—73页。

⑤ 《红史》藏文本，第29页，汉译本，第26页。

⑥ 《雅隆史》藏文本，第81页，《雅隆尊者教法史》汉译本，第50页。

集》记："成吉思汗的儿子，有术赤、察合台、窝阔台、拖雷诺颜等九人。成吉思汗在世时，让两个年长儿子立了不争王位的文书，封他们为左翼和右翼之首领。"① 藏史的说法很难得的一致，即认定成吉思汗有九儿子，但是只列出了长妃所生且十分知名的四位王子，但是，九子之说可以聊备一说，可供成吉思汗研究者参考。

五、成吉思汗灭西夏与定国号问题

成吉思汗进攻并灭亡西夏，是其晚年的重大军事活动之一，又因为西夏与吐蕃存在着宗教、文化等方面的密切联系，藏文史家对此也颇为关心。《红史》记："西夏国王取自其父亲格胡神名字中的格字，起名为格祖王（Gavi rtsu rgyal po）。由他下传六代为杰桂王（rgyal rgod），他在位时，有流言说将有一个在黑心山（sems nag povi ri）出生的人在任国王的大臣时要杀死国王，杰桂王听说后，向格胡山神请问将此山的人全部杀掉是否可以免祸，格胡神因崇信佛教，没有同意。因此，无法在都城居住，迁移到嘎（vgav）地方。后来果然有一个当时没有被找到的、在那座山出生的人当了大臣，他杀死了杰桂王，此后，王统断绝。后来，当另一个叫做托季（thvo ji）的国王出世时，成吉思汗夺取西夏，西夏国王是火命，成吉思汗是水命。故西夏无论怎样也敌不过成吉思汗。……以上是依据西夏禅师喜饶益希（mi nyag tsan rtse shes rab ye shes）所说而记录下来的。"②《雅隆尊者教法史》、《汉藏史集》等书的记载与《红史》几乎完全相同，③ 应该出自同一个史源。《贤者喜宴》记载，西夏王统从斯乌（sevu rgyal po）下传七代，最后一位是脱吉（tho ji），他继承杰桂（rgyal rgod），杰桂被大臣所杀，而他本人则被成吉思汗所杀。阔端被认为是杰桂的转世，他在杰桂被杀的地方建立了寺院。④《汉藏蒙历史概论》（rgya bod hor sog gi lo rgyu nyung dur brjod pa）则称，西夏第九代国王多吉贝（rdo rje dpal）是最后一代，他被

---

① 《汉藏史集》藏文本，第255页，汉译本，第154页。

② 《红史》藏文本，第27—28页，汉译本，第24—25页。

③ 《雅隆史》藏文本，第36—39页，《雅隆尊者教法史》汉译本，第26—27页；《汉藏史集》藏文本，第120—121页，汉译本，第75—76页。

④ 《贤者喜宴》藏文本，下册，民族出版社1986年，第1410页。

成吉思汗所杀。从此西夏纳入蒙古国治下，成吉思汗灭亡西夏当月便被称为“喜宴月”（dgav ston gyi zla ba），西藏即以此为阴历正月，也就是“霍尔月正月”（hor zla dang po）。[①]《萨迦世系史》记载，八思巴从萨迦返回元大都（今北京），在朝见薛禅汗（忽必烈）时，献上他受命创制的蒙古文字，皇帝大悦。即将西夏杰桂（又译作“甲郭”）的印改为六棱玉印，封为“皇天之下、大地之上、西天佛子、创制文字、化身佛陀、辅治国政、诗章之源、五明班智达八思巴帝师”，并赐给专门的诏书以及众多物品作为供养。[②]

藏文史书中还提到大蒙古后来改国号为“元”的史实，并把它与成吉思汗联系起来。《汉藏史集》称：“蒙古成吉思汗皇帝，将国号定名为‘大元’，其义为《易经》一书中说，‘乾元’二字为‘广大、增长’，引申为‘真实、坚固’。”[③] 显然把忽必烈取《易经》“大哉乾元”之义，定国号为“大元”的史事，误加在成吉思汗身上。

综上，我们可以看到，藏文史料对于研究蒙元早期历史，特别是解决像成吉思汗这样一些伟大人物的生平事迹等问题，具有重要的参考价值，值得重视。同时也应该注意到，即使是引用或者保存有诸多原始资料的这些史书，其中也不乏传说和杜撰成分，必须认真勘比对证才可以作为证据。

作者单位：中国藏学研究中心

① 瓦芒·班智达：《汉藏蒙历史概论》（藏文），青海民族出版社 1990 年，第 59 页。

② 昂旺·贡噶索南：《萨迦世系谱》（即《萨迦世系史》），藏文本，民族出版社 1986 年，第 212 页，陈庆英、高禾福、周润年汉译本，西藏人民出版社 1989 年，第 147 页。

③《汉藏史集》藏文本，第 269—270 页，汉译本，第 164 页。

试述八思巴在元朝的历史地位

蔡志纯

八思巴本名罗追坚赞，是后藏昂仁的鲁孔地方人，出身于萨迦款氏家族。1235 年（第四饶迥木羊年）诞生。其父名桑擦索南坚赞，其母玛久衮吉。八思巴自幼颖悟，九岁能在法会上为僧众讲经，被人们称为八思巴，意即“圣者”。在十岁时（1244）在大昭寺出家，受沙弥戒。1251 年（宪宗元年），萨班在凉州逝世时，“决定将掌管教法的重任委付于他，于是将自己的法螺及化缘钵传给他，将众弟子托付于他，并嘱咐说：由你来做利益教法和有情众生之事业的时刻已到，你要牢记先前所发的誓愿”①。八思巴遂继为萨迦派的法主。宪宗五年（1255）在河州（今甘肃临夏）受比丘戒。他佛学造诣很深，是一个宗教活动家，同时他以高僧参政，成为元朝的高级官吏，是一个政治活动家。在特殊的历史时代造就了八思巴这一杰出的人物。他的一生活动，对元代政治、宗教、思想文化等方面都有很大的影响，特别是元朝统一吐蕃，成为元朝不可分割的行政部分。显示出他的重要历史地位和作用。本文简要的勾画如下。

---

① 阿旺贡噶索南著、陈庆英、高禾福、周润年译：《萨迦世系史》，西藏人民出版 1989 年，第 106 页。

八思巴为元朝实现大统一所起的作用

吐蕃社会从10世纪进入农奴封建社会，形成各封建领主割据的地方势力，在封建领主积极倡导下，吐蕃佛教势力开始复兴。各割据势力内的佛教势力，由于经济的发展，在经济基础之上产生的社会意识形态的佛教，在教义、仪式上的不同门户，呈现出不同的教派。11世纪中叶以后，各教派在卫藏地区形成了僧俗结合的地方势力。13世纪前期，蒙古军事力量强大，威震四方。当时的吐蕃各宗教集团拥有各自的势力范围，有土地、牧场、牲畜、农户，各自依靠的政治势力而形成互不统属的局面，有宁玛派、噶举派、噶当派、萨迦派等。“佛教逐渐在民间得势，甚至有的僧人爬上了统治者的地位。”[①] 当时卫藏地区，以噶当派的寺院为最多：达垅噶举教派的法王最有德行；止贡噶举派的京俄大师很有法力；萨迦派的萨迦大师学问最高[②]。蒙古第一个与教派首领发生臣属关系的是阔端，窝阔台即汗位后，将甘、青和河西地区交给其儿子阔端为封地。蒙古军灭西夏后，征服了今甘肃的河西、临夏、静宁、会宁、兰州等地，阔端占领凤翔路、临洮路，开始将注意力转向吐蕃。太宗十一年（1239）阔端从凉州（今武威）派大将道尔达（亦称多达纳波）率军进入吐蕃，很快到达拉萨，遇到一些较小的武装抵抗，并攻占了热振寺，屠杀僧众数百人，烧毁了热振寺、杰拉康寺。阔端交给道尔达的一个使命，“就是访寻、物色一位有代表性的人物，前来会谈西藏归顺事宜，并作统治其他的代理人”。[③] 道尔达在吐蕃收集有关政治、宗教等地方势力的资料，详细了解各地方势力和教派紧密结合的情况，向阔端作了报告，提出只有萨迦派教主能担任这一重任。其原因是：道尔达到吐蕃时，烧毁了噶当派的两座寺院（热振寺、杰拉康寺）。杀害了五百余僧俗人众，自然就不会选噶当派的人，达垅派势力相对较弱，不能与其他教派相抗衡，也不予选择，而具有实力的是必里公派，由于曾与蒙古军发生冲突，道尔达曾逮捕其行政首领官巴释仁，蒙古军曾要求必

① 王森著：《西藏佛教发展史略》，中国社会科学出版社1987年，第208页。
② 参见五世达赖喇嘛著、刘立千译注：《西藏王臣记》，民族出版社2000年，第62页。
③ 樊保良著：《蒙藏关系史研究》，青海人民出版社1992年，第19页。

里公派首领官巴释仁归降未成。所以认为只有萨迦派的班智达声誉最隆，成为选择的对象。阔端选择了萨班，决定迎请萨迦班智达来凉州，主要是利用宗教为其政治服务，利用萨迦班智达的声望和地位，来号召吐蕃各派势力归顺蒙古。太宗后三年（1244）阔端遣使送信给萨班，邀请其来凉州，“望汝不辞道路艰难前来。若是汝以年迈（而推辞），那么，往昔佛陀为众生而舍身无数，此又如何？汝是否欲与汝所通晓之教法之誓言相违？吾今已将各地大权在握，如果吾指挥大军（前来），伤害众生，汝岂不惧乎？故今汝体念佛教和众生，尽快前来！吾将令汝管领西方众僧”。[①] 萨班接受了阔端的邀请，一方面是迫于形势，在困境中求得生存和发展；另一方面，是知情达理，高瞻远瞩，认准了归顺蒙古，才能为吐蕃带来安定，免于战争之涂炭。于是同年携带着他的两名侄子八思巴和恰那多吉，从后藏萨迦寺出发，途经拉萨，让八思巴兄弟二人先赴凉州，自己留下来同一些当地上层人物仔细磋商有关归顺蒙古的大事。萨班于定宗元年（1246）抵达凉州。定宗二年（1247）与阔端举行有历史意义的会见，共同达成了吐蕃归顺蒙古的协议。萨迦派的首领萨班归顺蒙古，并给吐蕃各教派首领及各地方割据头目写了一封信，即著名的《萨迦班智达致蕃人书》，晓谕吐蕃僧俗各界，顺之者则昌，逆之者则亡。蒙古的强大军力是不可抗拒的，凡是归附者，官仍原职，地位不变，原归地方官员的姓名及属下百姓户口数目，按规定交纳贡赋。此信得到了吐蕃地方各僧俗首领的响应，表示愿意接受归顺条件，履行臣民义务。阔端与萨班建立的政治关系，迈出了吐蕃臣服于蒙古汗国的第一步，为蒙古统治吐蕃奠定了基础。

八思巴的伯父萨迦班智达处在吐蕃社会分裂动荡时期，以63岁的高龄，长途跋涉数千里，不计个人安危，到达凉州，与阔端建立起吐蕃臣服蒙古汗国的政治关系，顺应了当时历史发展潮流。八思巴年龄虽小，也经历了这一过程，对八思巴的思想上产生极其重要的影响。同时阔端对在凉州的八思巴特别喜爱，八思巴在汉地与蒙古贵族的接触中，增进了对汉、蒙地区的了解，感到归服于蒙古，有利于吐蕃的发展。八思巴决心沿着其伯父开创的事业，巩固发展吐蕃地方同蒙古汗国的臣属关系，只有臣服于蒙古汗国，得到蒙古汗国的支持，萨迦派在吐蕃地位才能得到保证。1251年70岁的萨班圆寂于凉州，八思巴成为萨迦派的法主，同时蒙古大汗从窝

① 《萨迦世系史》第80页。

阔台一系转入拖雷系，蒙哥即汗位。八思巴接受蒙哥汗的指令，宪宗二年（1252）二月，以萨迦派的教主八思巴致信卫藏地区高僧大德："蒙哥汗即位之诏书，已向各方宣布，境内各处平安。尤其是向各地方宣布了对僧人免除兵差、劳役、贡赋，使臣们不得在僧舍住宿，不得向僧人们摊派乌拉。使僧人们依照教法为朕告天祝祷，所有僧人之事俱由萨迦派掌领之良善诏书。皇帝（汗）并宣谕我：已派金字使臣去吐蕃各处清查户口，划定地界，汝可遣僧人同往。为此，我已派遣格西多吉周与格西松布等率领随从前往，详细情形可询问彼等"。[①] 这说明蒙哥汗继承了阔端对吐蕃的政策，利用萨迦派来建立对吐蕃的统治。八思巴受命派人协助，以萨迦派的首领来支持蒙古对吐蕃实施的各种政策。

蒙哥汗为了巩固自己的统治，寻求发展，对吐蕃地区，一方面以武力征讨吐蕃未降之部，同时派人进入吐蕃地区进行人口调查，与各教派直接接触，确定归属关系，欲将吐蕃完全纳入蒙古势力范围之内，对吐蕃实行蒙古的分封制，将吐蕃的主要地区分配给自己和同胞兄弟忽必烈、旭烈兀、阿里不哥。"旭烈兀封给帕竹派属民二千四百三十八户，蒙哥汗封给止贡派属民三千六百三十户，忽必烈封给蔡巴派属民三千七百户，旭烈兀封给雅桑派属民三千户，阿里不哥封给达垅派属民五百户，阔端汗封给萨迦派除了阿里三围以外的拉堆南北、古莫曲迷、襄、夏鲁、羊卓等七个万户的地区、属民一万零八百八十五户。"[②] 对蒙古诸王在吐蕃份地的划分，并对在份地上的教派也结成施主与福田的关系。分封之后，诸王在自己的封地内按照蒙古投下制度，委派达鲁花赤（守官）官员管理。这种分封制，事实上在某种程度上是对吐蕃教派分立状态的承认，因而在某种程度上加剧了各教派和地方势力的矛盾和冲突。同时吐蕃各教派为自身的存在和发展，为与蒙古各诸王建立联系，或积极派使节朝见皇上，请求封号，以求得合法性等。这样就造成某一蒙古王控制吐蕃的某一教派，"这种分封制同时也是对西藏教派分裂状态的承认，再加上蒙古王室各系成员在藏区势力范围的你争我夺，就不但无法解决，而且是加剧了各教派地方势力的矛盾和冲突"[③]。这对八思巴如何加强萨迦派在吐蕃的突出地位，来管理吐蕃，十分

① 王辅仁、陈庆英编著：《蒙藏民族关系史略》，中国社会科学出版社 1985 年，第 22 页。
② 东嘎·洛桑赤列著，陈庆英译：《论西藏政教合一制度》，民族出版社 1985 年，第 38 页。
③ 王启龙著：《八思巴评传》，民族出版社 1998 年，第 129 页。

担心。蒙哥汗在吐蕃实行分封制度，导致吐蕃地区分属蒙古诸王。八思巴深感蒙古统治者在利用萨迦派的同时，也在扶植其他教派势力，“这种分封打破了以前蒙古皇室处理西藏事务都要经过萨迦派的办法，动摇了萨迦派原有的在西藏佛教各教派中的领先地位”①。

蒙哥即蒙古大汗后，命其弟忽必烈总领漠南军事，吐蕃地区转属忽必烈统辖。蒙哥命忽必烈率军征讨云南大理，以控南宋后背，忽必烈大军到达六盘山时，即将要进入吐蕃地区，忽必烈派人到凉州召请八思巴到六盘山军营，以备咨询。八思巴由阔端之子蒙哥都陪送到六盘山，忽必烈询问八思巴关于吐蕃历史和宗教以及吐蕃地区的情况，八思巴做了回答。忽必烈十分喜欢八思巴，“给了凉州一百名蒙古骑兵，留下了八思巴”。② 因八思巴在凉州还有许多事情要处理，而回凉州。忽必烈征大理过程中，沿吐蕃边地行进，忽必烈要求军队在途中，如遇原未归降的吐蕃部落或原降而复叛者进行武力征服。并且可以吸收吐蕃人入伍。大将兀良合台“遂入土番，其酋惧而出降。土番有民三十万户。兀良合台签发土番军为前锋，进取其他诸部”③。使用吐蕃军为前锋，进军顺利，应该说与八思巴介绍吐蕃情况，支持忽必烈有密切的关系。

当时吐蕃地区一些教派与贵族们趁此时期争权夺利，一些地方的割据势力，维护自己的权势，撕毁了与蒙古汗国的协议。拒绝交纳双方同意的贡品。“吐蕃部分地方势力乘蒙古汗位转易之机，发起反叛。次年，忽必烈分兵三路南下，其中一路进入康藏地区，对那些反叛势力进行了武装镇压。”④ 这时吐蕃的形势，使八思巴深感萨迦派的地位的不稳固，有被其他教派取代的可能。他仔细分析了当前的政治形势，要努力保持和发展萨迦派的地位，不能再依靠阔端系来维护在吐蕃的领先地位，自然就想起他不久前与忽必烈在六盘山相见，认为投奔掌管吐蕃地区的忽必烈，是一次重要的机遇。于是南下与忽必烈相会，忽必烈奉蒙哥汗之命北还，八思巴随忽必烈北上。

宪宗三年（1253）年初，忽必烈召请噶玛噶举派首领噶玛拔希相见，噶玛拔希幼年时跟从噶玛噶举派的创始人都松钦巴的再传弟子崩扎巴，随

① 王辅仁、陈庆英著：《八思巴传略》，载1987年《中国民族史研究》，第60页。
② 《汉藏史集》第203页。
③ 《多桑蒙古史》，上海书店出版社2001年，上册，第267页。
④ 樊保良著：《蒙藏关系史研究》，青海人民出版社1992年，第48页。

他出家，由于他神通广大，被认为是都松钦巴的转世，被迎入拉萨之西北的噶玛噶举派的主寺楚布寺，继承都松钦巴的地位，这是藏传佛教史上采取活佛转世制度来解决宗教领导人的一种办法。他在当时藏传佛教界是一个很有影响的人物。噶玛拔希到达忽必烈处，备受忽必烈尊崇，噶玛拔希“同萨迦派的八思巴为了获取蒙古人的信任有过激烈的斗争”①。忽必烈提出要噶玛拔希留侍左右，噶玛拔希并不愿意，离开了忽必烈，而投向蒙哥汗，备受蒙哥汗的重用。噶玛拔希的离开忽必烈，给了八思巴一个很好的机会，忽必烈认为他投靠自己是忠心不二，以后成了忽必烈“金莲川幕府”的谋臣。八思巴在与忽必烈的相处中，向忽必烈宣传藏传佛教、为以后元朝的宗教政策及治理吐蕃，都有很大影响。宪宗四年（1254）忽必烈赐给八思巴谕令，这份谕令是保护萨迦掌握的后藏地区的佛教寺院和僧人。忽必烈以萨迦派施主的身份对后藏地区的僧人提出要求，要他们依照释迦牟尼的教规学经、修习。确定了当时萨迦派的地位和前途。八思巴对这份谕令十分重视，这是表明萨迦与蒙古汗室关系的一份重要文件。

宪宗八年（1258），八思巴在上都期间，参加了“佛道之争”的辩论会，佛教与道教在蒙古统治者的心目中都有一定的地位，但是佛教与道教互相攻讦，各不相让，都强调自己的教义最正确。忽必烈奉蒙哥汗之命在上都主持召开的道教和佛教的辩伦大会，规模之大，人数之多，都属空前。僧人有三百多名，道士有二百余人，还有儒士和官员二百余人参加大会。八思巴是当时参加辩论的佛教代表人物之一，他以严密的思辨，出色的雄辩，批驳《老子化胡经》，将道士驳倒。佛、道两家的辩论，是两种不同的宗教为争夺思想阵地进行辩论，实际上是反映了佛教与道教在政治和经济利益上发生的冲突，通过辩论全真道地位下降了，佛教占了上风。八思巴在辩论中崭露头角，使他在汉地佛教界声望大振。②

八思巴以佛教首领的身份，进入忽必烈的“金莲川幕府”。在忽必烈的信任之下，八思巴与忽必烈及其左右谋臣的关系进一步加深，他每年还给忽必烈以及全家写祝辞恭贺新年。蒙哥即汗位后，任命忽必烈总领漠南汉地军庶事，忽必烈在汉地实行“新政”，成效颇著，很得汉民人心，但不免

---

① 邓锐龄著：《元明两代中央与西藏地方的关系》，中国藏学出版社1989年，第11页。

② 蔡志纯著：《从佛、道之争看蒙元统治者的宗教政策》，载《历史与民族》，社会科学文献出版社2005年。

侵害了惯于肆意征索的贵族们的利益，大臣们向蒙哥不断进谗言，引起蒙哥与忽必烈之间的矛盾，通过“钩考”钱谷来审查和迫害忽必烈的力量，解除了忽必烈的兵权。八思巴在忽必烈营帐内为施主向上天祷告，并进行祭神，为忽必烈求福消灾等宗教活动。八思巴在忽必烈危难之际的表现，更增加了忽必烈对他的信赖。

宪宗八年（1258），蒙哥大汗以三路大军进攻南宋，东路军失利，命忽必烈指挥东路军，向鄂州进攻，蒙哥大汗率军进入四川，在合州钓鱼城病逝于军中。没有留下遗嘱，发生诸弟争夺汗位，忽必烈于中统元年（1260）在开平即大汗位，八思巴是忽必烈的支持者。其弟阿里不哥也在和林即大汗位。忽必烈战胜阿里不哥，当上了皇帝，这时追随忽必烈七年的八思巴地位也发生了很大变化。忽必烈需要一位宗教首领管理宗教事务，遂封八思巴为国师，“授以玉印，任中原法主，统天下教门”①。八思巴成为全国佛教僧人的首领，管理全国的佛教事务。在此以前，蒙哥汗曾封授海云、那摩两位国师，其职能仅限于宗教领域，为国主告天祈祷，讲经说法。八思巴为国师，其职能有所不同，除为最高释教首领外，还具有世俗权力，是藏传佛教上层人物，政治代表，掌管吐蕃。

忽必烈登上皇位后，改变蒙古在吐蕃地方实行的分封制，由于蒙哥汗病逝，其在吐蕃的封地随之无主，而阿里不哥与忽必烈争汗位，阿里不哥战败，忽必烈成了主人。拥有吐蕃封地的还有旭烈兀，忽必烈虽与他关系密切，但他远离吐蕃。忽必烈调走乌思藏地方的蒙古军队，对旭烈兀在乌思藏封地采取限制措施。防止吐蕃出现分裂割据的局面，为八思巴在吐蕃地区建立了行政管理制度，加强对吐蕃地区的管理，具有十分重大的意义。从此以后，吐蕃在元朝中央政府的管理下，有了新的发展。

忽必烈迁都燕京，改年号为至元，在至元元年（1264）建立释教总制院，简称总制院，“总制院者，掌浮图氏之教，兼治吐蕃之事”②。命八思巴领院事。这个机构，一方面负责处理全国的佛教事务；另一方面又管理吐蕃地区军政事务，是一个有双重职责的机构。总制院的设立，在中央有了专门管理吐蕃的机构。在总制院的参与下，达门携忽必烈诏书和八思巴的法旨到吐蕃地区，调查户口及物产，依照路途情况设置驿站，从内地至吐

① 《佛祖历代通载》卷32。

② 《元史》卷205《桑哥传》。

蕃地区，建立乌思藏、朵甘思、朵思麻三路驿站，“总计设置了二十七个大驿站。若分别叙述，由朵思麻站户（支应的）七个大站，在朵甘思设立了九个大站，在乌斯藏设置了十一个大站。乌斯藏的大站中，由乌斯地方（前藏）的人支应的大站有：索、夏克、孜巴、夏颇、贡、官萨、甲哇等七个，由藏地方（后藏）之人支应的大驿站有：达、春堆、达尔垅、仲达等四个。”① 元朝在吐蕃建立驿站制度，是元朝加强对吐蕃地方的统治而实行的一项重要措施，由于军事上的需要，还设置了兵站，用军队来保证驿道的通行。这不仅在政治、军事上有重要意义，而且对各民族之间的往来，也极其重要。元朝中央政府在吐蕃建立地方行政机构、设置驿站，消除割据局面，使中央政府与吐蕃地方之间紧密地联结起来，元朝皇帝的敕令、诏谕和总制院处理吐蕃事务等公文，通过驿道及时传到吐蕃各地，吐蕃各地的情况，通过驿道亦及时上奏朝廷。“对巩固元朝的政治统一，加强对吐蕃的管辖，密切吐蕃与内地的经济文化交流等方面，无疑都有着极其重要的作用。”② 八思巴在吐蕃建立健全驿道中起了重要的作用。

八思巴随侍忽必烈左右时，常与之讲论佛理，并劝忽必烈皈依佛祖，信奉佛教。蒙古军队在征战中，铁骑所到之处，往往滥行杀戮讨伐，出现目不能睹的惨景。八思巴劝告忽必烈令蒙古军队不要滥杀无辜，改变蒙古军队的形象，以“仁慈的王者”面貌出现，这样蒙古军队才能为汉族人民和其他各族人民所接受。在八思巴的努力下，忽必烈终于皈依佛教，接受“灌顶”，多次下诏禁止屠杀无辜。八思巴对不满于苦难现实生活的各族人民劝慰他们“听天由命”、“安分守己”，祈祷国泰民安。八思巴支持忽必烈的统一全国的战争，伯颜出兵时，由尼泊尔工匠阿尼哥建一佛殿，内塑护法神麻哈噶剌像，脸朝江南，八思巴亲自为神像开光，并祈愿元军胜利。

至元四年（1267），必里公派起而抗拒萨迦，忽必烈派出蒙古军进入乌斯藏“摧毁了这类抵抗力量，为在乌思藏建立完整的行政体系夷平了道路”③。从这里看到八思巴只有依靠忽必烈的支持，才能巩固萨迦派的地位，忽必烈通过八思巴来统治吐蕃地区。八思巴把自己的前途和命运与元朝兴衰紧密相连。蒙古大军渡江灭南宋，统一全国时，元军渡江南下，势如破

---

① 《汉藏史集》第168页。

② 蔡志纯著：《元代吐蕃驿站略述》，载《西藏研究》1984年，第四期。

③ 沈卫荣著：《论元代乌思藏十三万户的建立》，载《元史论丛》第五期。

竹，捷报传来，八思巴为忽必烈写《贺平江南表》指出：“因蒙古第五传大皇帝忽必烈之福德，所有国土终成一统，尤其立国已久、王统未尝断绝、国政稳固、疆土广大之蛮子国归降于人主脚下之莲台，使皇帝福德之光遍照于直抵大海之大地坛城”。[1] 这是八思巴对元军消灭南宋，统一全国的事业积极支持、拥护并祝贺。他赞颂忽必烈统一事业取得成功。忽必烈把投降元朝的南宋的小皇帝赵显遣送到萨迦寺学佛，借助吐蕃僧人加以控制。可见八思巴以吐蕃佛教的思想作为元朝统一的精神支柱，尽了自己的力量。

八思巴重视培养佛教人才，并为朝廷举荐官吏，如胆巴，初名功嘉葛刺恩，12岁出家，更名胆巴，24岁升座演习密法，后得到八思巴向忽必烈举荐，被召至大都供职，封为国师，死后追封为帝师。桑哥，是八思巴在返回吐蕃时的侍从，后被派到忽必烈身边办事，颇受忽必烈的赏识，成为元朝大臣，擢总制院使，主管佛教和吐蕃事务。阿鲁浑萨理，畏兀儿人，经八思巴举荐，深受忽必烈器重，官至集贤馆学士，平章政事。刘容，青海人，经八思巴举荐，入侍皇太子真金于东宫，专掌库藏。沙罗巴，元代吐蕃高僧，积宁（今青海）人，著名译经僧，自幼从帝师八思巴剃度出家，善吐蕃文字，担任过忽必烈向八思巴学法时的翻译。他所译八思巴名著《彰所知论》，是八思巴为真金太子讲授佛学之教科书。阿尼哥，尼婆罗（今尼泊尔）人，八思巴为他剃度，收为弟子。他擅长画塑，及铸金为像。八思巴推荐，得到忽必烈赏识，大都、上都寺庙之像，多出其手，大都圣寿万安寺（今白塔寺）的佛塔是他仿自尼婆罗塔式修建的。忽必烈命他任诸色人匠总管府总管，他还为元朝培养了一批建筑工艺人才。八思巴为元朝以及吐蕃选用和推荐了许多人才，为元朝和吐蕃发展起到了极其重要的作用。

八思巴的弟弟恰那多吉朝见薛禅（忽必烈）皇帝，“蒙古薛禅皇帝封他为白兰王，赐金印及左右同知两部衙署，并将公主墨麦卡顿嫁给他，此外还让他穿蒙古服装，任命他为藏地三区法官”[2]。由于他娶了蒙古公主，成为宗室驸马而得到的封号，当上了吐蕃地方行政首领。至元二年（1265）八思巴奉旨与恰那多吉一同返回乌思藏，建立管理乌思藏地方的行政机构。以恰那多吉为吐蕃最高行政长官，建立行政权力系统。创建本钦制度，划

① 《八思巴评传》第216页。

② 《萨迦世系史》第112页。

分十三万户，建立完整的管理民政的行政组织系统。为此，八思巴与乌思藏各地政教首领商谈，划分了贵族管辖下的民户，称为米德，为俗民户，是世俗领主所占有的农奴，农奴依附于世俗领主，世代保持这种人身依附关系。乌思藏的米德要向领主承担劳役和贡赋等封建义务，还要为元朝政府承担维持驿站等劳役和缴纳税赋。元朝几次派人进乌思藏清查登记户口，所登记的也主要是米德。乌思藏十三万户、千户等机构管理的人也主要是米德。寺庙和宗教首领管辖之下的民户称为拉德，是寺民户，是佛教寺院和宗教领袖所占有，世代要向佛教寺院和宗教首领承担各种封建义务，有着人身依附的农奴。在元代佛教寺院和僧侣是免除兵役、劳役和赋税的特权阶层，甚至寺院的寺属户和佃户也往往是免除差税，行政机关不向僧人摊派乌拉，寺属民户不承担差役赋税，但寺属民户的任务是供养僧人和寺院。因为划分米德与拉德牵涉到各派僧俗领主的经济利益及各万户对元朝的经济负担。“八思巴还曾向皇帝请求将拉萨四部的米德划给止贡作拉德，皇帝回答说，上师何必讨要米德，没有同意。”① 八思巴在划分十三万户时，由于某种原因白兰王恰那多吉仅执政三年逝世。至元四年（1276）经八思巴举荐，忽必烈任命萨迦派的释迦桑波为本钦，以接替恰那多吉的权力和位置，本钦遂成了乌思藏地区的首席官员，元朝政府授预“三路军民万户”。他成为元朝中央政府之下乌思藏地方官吏。“八思巴又主持划分十三万户，调整和确定各个万户的辖区，委任万户长和千户长，建立万户和千户的管理机构。”② 释迦桑布按八思巴指示，将卫藏地区十三万户的区划和万户长人选拟定，上报朝廷，八思巴于至元五年（1268）遵旨任命了十三万户长。从而建立一套完整的管理吐蕃地区的行政组织系统：从总制院到萨迦本钦，以及万户长、千户长等。确定了每个万户应交纳的贡赋品种和数量。八思巴使吐蕃地区归附元朝，做了大量工作，并使萨迦派在吐蕃的地位得到加强，消除了分裂局面，使社会得到发展，人民生活得到安定。

八思巴是一位杰出的社会活动家，首先是为吐蕃实现统一，使萨迦派在藏传佛教中居于首要地位，结束长期分裂割据局面，冲破地区间的隔阂，清查户籍、建立驿站、主持和参与在吐蕃地区建立军政机构和地方行政体制。促使吐蕃地方归属于元朝中央，元朝政府对吐蕃实行了有效的管理。

---

① 《元朝帝师八思巴》第 113 页。

② 陈庆英、高淑芬主编：《西藏通史》，中州古籍出版社 2000 年，第 194 页。

八思巴多次朝见忽必烈，商议处理吐蕃地方的有关事宜。吐蕃纳入元朝行政管辖之下，是顺应了历史发展的潮流，是历史的进步。但是在吐蕃的上层贵族中，仍有一些不满而反抗，如至元二年（1265）四月戊午，“赏万户晃里答儿所部征吐蕃功银四百五十两”①。五年（1268）八月己丑“命忙古带率兵六千征西番”②。这些叛乱的上层，他们想开历史的倒车，违背了历史潮流，是不得人心的，很快就被元军平定了。八思巴得到忽必烈的支持，站在维护元朝的统一，反对分裂，进行了一系列的实际活动，推进了吐蕃地区与元朝的政治、经济、文化联系，为西藏纳入元朝行政管辖下做出了不可磨灭的历史贡献。他有远大政治抱负，完成了伟大的政治使命，是藏族所公认的首领，是一位政治家，在中国历史上得到人们颂扬的杰出历史人物。

八思巴在弘扬藏传佛教中的贡献

八思巴是萨班的弟弟桑察索南坚赞之子，桑察索南坚赞是萨迦派的大学者，著有著名的《西藏王统记》。八思巴自幼聪明，“七岁，诵经数十万言，能约通其大义，国人号之圣童，名八思巴。少长，学富五明，故又称班弥怛”③。八思巴在拉萨，从萨迦班智达和苏浦巴受沙弥戒出家，起法名追坚赞贝桑树布，成为学经僧人。到达凉州以后，他跟从萨迦班智达学习显宗和密宗的各种经典，他勤奋学习，取得了很好的成绩。很快就掌握具有教主必须具备的知识。萨迦班智达逝世，按照萨迦派的传承关系，是由款氏家族的父子或兄弟叔侄世代相传，八思巴继萨迦班智达成为萨迦教主。忽必烈从云南带回一佛牙舍利，八思巴看到佛牙舍利，十分喜欢，并向佛牙舍利顶礼，并使忽必烈相信，要平天下，君王必须争取佛教的保佑。这加深了八思巴与忽必烈的密切关系。

八思巴向忽必烈传教，使忽必烈信仰吐蕃佛教，并接受喜金刚灌顶，王妃察必在其中起了很大的作用。王妃察必对汗王说：萨迦有一种甚深密

① 《元史》卷6《世祖本纪》三。
② 《元史》卷6《世祖本纪》三。
③ 《元史》卷202《释老传·八思巴》

法灌顶，为其他教派所没有，应向八思巴请求传授之。忽必烈说：你可先请求授之，如果有功效，我也求之。王妃受喜金刚灌顶后十分信仰。汗王说：可照此而行。遂向上师请求，八思巴说："恐汗王不能遂守法誓。……汗王问：要守什么样的法誓？八思巴说：受灌顶之后，上师坐上座，要以身体礼拜，听从上师之言语，不违上师之心愿。汗王说：此事不可。王妃调解说：听法及人少时，上师可以坐上座。当皇子、驸马、官员、百姓聚会时，慈不能镇服，由汗王坐上座。吐蕃之事悉听上师之教，不请于上师绝不下诏。其余大小事务因上师心慈，如误为他人求情，恐不能镇国，故上师不得讲论及求情"①。忽必烈接受萨迦派特有之吉祥喜金刚灌顶。这个过程据忽必烈言，"八思巴坐在一个高高的金座上，其右边排列了许多佛像，前而摆设了许多上等供品，在法座底下左方由俱舍论师为头，许多格西和官员依次环绕，右方供品跟前有二十四人环绕，后面就授灌顶师多人，里面一层有近侍和献供仆役多人。在中心，即上师宝座的跟前铺有座垫，让我坐在上面。发放供养等均先从我开始，上师的所有灌顶仪式也是先从我开始，而且时间比别人都长。除了把法螺、法轮、弓箭放到我手上以外，所有灌顶的事务皆未分派到我头上，都是上师亲手作的，其他杂事都分配给他的侍从去作。有时，上师的许多教诫和回向都对我讲，就像专对着我一人进行的。最终仪轨做完"②。这样八思巴成了忽必烈的宗教老师。忽必烈赐八思巴"黄金、珍珠镶嵌的袈裟、法衣、大氅、僧帽、靴子、坐垫、金座、伞盖、全套碗盏杯盘、骆驼及乘骡、全套金鞍具"③ 等。在阳铁马年，至元七年（1270），"当皇帝再次请求八思巴传授灌顶之时，改西夏甲郭王的玉印为六棱玉印，连同诏书一并赐给，封八思巴为皇帝之下，大地之上、西天佛子、化身佛陀、创制文字、辅治国政、五明班智达八思巴帝师"④。以后八思巴为宫中皇帝、后妃、宗王、皇子们传法授戒、灌顶。在他的影响下，忽必烈宫中生活逐渐充盈佛教的内容。

八思巴对吐蕃地区各教派基本上采取了平等相待的态度，根据藏文史籍记载，约在至元七年（1270）忽必烈曾打算下令，"在整个吐蕃地方只准修习萨迦派教法，不准修习其他教派。法王八思巴说：无论如何也要让各

① 《萨迦世系史》第 108 页。
② 《萨迦世系史》第 127 页。
③ 《萨迦世系史》第 111 页。
④ 《萨迦世系史》第 147 页。

派修自己的教法”。[1] 八思巴提出允许自由传教和习教的建议，由于八思巴能正确认识到吐蕃的历史情况，从吐蕃的现实矛盾出发，看到当时教派并立，不同教派各有自己的优势，由一个教派兼并或统一其他教派是不可取的。对有广泛群众基础的宗教信仰问题，用禁止或取缔的办法是很难达到目的，只能让其自立共存，自由信仰。忽必烈接受了八思巴的意见。这体现了八思巴妥善处理藏传佛教各教派之间的关系，说明他头脑清醒，顾全大局，对稳定各地方势力有一定的积极影响。于是忽必烈与八思巴共同下令，准许各派僧人修习自己的教法，并为皇帝长寿祈祷祝愿。这样才有利于保持吐蕃地区的安宁，并显示了八思巴的政治远见，善于团结各教派的僧人宏大气度。藏传佛教各教派的首领积极到内地或朝廷活动，从主观上是扩大自身权势，同时也应看到，这是元朝大统一局面而出现的现象，在客观上是密切吐蕃地方与元中央王朝的关系，促进了民族之间的友好往来.

至元七年（1270）忽必烈皇帝封八思巴为帝师。帝师在朝廷的地位是崇高的，百官会集，举行朝会时，皇帝还给他设专座。利用宗教势力加强其统治，以宣扬帝师的法力以扩大帝师的影响，加强帝师的地位。为避邪保平安，听“以帝师八思巴之言，于大明殿御座上，置白伞盖一，顶用素段，泥金书梵字于其上，谓镇伏邪魔，护安国刹。自后每岁二月十五日，于大明殿启建白伞盖佛事，用诸色仪仗社直，迎引伞盖，周游皇城内外，与云与众生祓除不祥，导迎福祉”[2]。这说明皇帝的宝座，在佛教的信仰的白伞盖之下，表现了帝师对皇帝在精神上的影响。游皇城的大型佛事活动，有帝王后妃、百官民众、军匠僧人参加，朝廷有关重要衙门都直接参与组织，规模宏大，是在宣传元王朝在佛法的护佑下兴盛。在遇到天灾人祸时，为保皇帝的平安和国家的兴盛，请帝师率领僧众作佛事，祈祷平安。

八思巴成为帝师，开创了元朝独有的帝师制度。忽必烈设置总制院，管理全国佛教事务和吐蕃事务，由帝师领之，其用人则军民通摄，僧俗并用。“帝师之命与诏敕并行于西土”[3]。这是皇帝利用帝师的宗教地位和影响，加强对吐蕃地区的管理。他领总制院事，对吐蕃地区的许多官员，如都元帅、达鲁花赤、万户长等官吏，帝师可以荐举，由皇帝任命。帝师成

① 《萨迦世系史》第112页。

② 《元史》卷77《祭祀志》六。

③ 《元史》卷202《释老传·八思巴》

为元朝的制度，皇帝登基都要受佛戒，举行帝师灌顶仪式。“累朝皇帝先受佛戒九次，方正大宝”[①]。就是皇宫中的皇后、皇子、公主等也要受戒。帝师要带领僧众作佛事，为皇帝及其家族祝延圣寿，禳灾祛难，祈祷国泰民安，对帝师的迎送，以皇帝的半驾仪仗以及重要官员迎送。其衣、食、住、行都有特殊的安排。帝师嗣位，皇帝要赐给玉印或金印，帝师逝世归葬舍利，命百官出郭祭饯。“元兴，崇尚释氏，而帝师之盛，尤不可与古昔同语”[②]。元朝设立帝师制度，是从统治吐蕃需要出发，蒙古统治者，扶植和利用萨迦佛教首领，帝师的继承主要由萨迦派所独享，使萨迦佛教首领在元朝具有帝师的地位，有利于对吐蕃地区的统治，并且起到了积极的作用。

成吉思汗建立的大蒙古国，允许本民族和其他被征服民族自由信仰宗教，并予以保护。并优待宗教职业者，奠定了政策基础，阔端、忽必烈等信仰佛教，特别是忽必烈使吐蕃佛教进入蒙古宫廷，忽必烈尊八思巴为帝师，于是帝师制遂为元朝历代皇帝沿袭。同时还有许多佛教上层相继进入宫廷，受到尊崇，一些宗王也把藏传佛教上层奉为上师，受封赐。皇帝、后妃、公主、皇子、诸王等受戒，皈依佛教。宫中大作佛事，广设道场，如元世祖为祖先及父母荐福于太庙。元朝皇帝、诸王贵族崇信佛教，喜作佛事。中统三年（1262）十一月丁亥，“敕圣安寺作佛顶金轮会”。至元六年（1269）十二月戊寅，命国师“作佛事于太庙七昼夜”[③]，赐银万五千两。至元元年（1264）四月，因东平、太原、平阳旱灾，朝廷还“分遣西僧求雨”。这种作佛事，诵经祈祷，念经习法的宗教活动，以佛治心，促使蒙古贵族信仰藏传佛教，“使蒙古国土众生俱入大乘之道，释迦牟尼之教法如太阳之光辉，普照大地”[④]。蒙古信仰佛教，八思巴起了很大的作用。虽然藏传佛教得到朝廷和封建贵族阶层的崇奉和支持，然而佛教的主要活动范围，是在元朝宫廷和一些城市及部分蒙古地区，使蒙古封建贵族和官员信仰藏传佛教。八思巴弟子却吉衮布在元朝灭南宋后到江南传法“一年之中为九百四十七人授戒剃度，由这些弟子又传出无数比丘、僧伽，使得佛教在江南大为兴盛”[⑤]。八思巴及其门徒在江南传教，有利于汉藏佛教的

① 《南村辍耕录》卷2，第20页。
② 《元史》卷202《释老传·八思巴》。
③ 《元史》卷6《世祖本纪》三。
④ 《萨迦世系史》第147页。
⑤ 《汉藏史集》第205页。

交流。

八思巴主持皇室的宗教事务，并且在都城修建寺庙。如中统年间，在大都（北京）修建白塔寺，建成后，元世祖以后的许多影堂设在该寺，帝后多次临幸，而且是“百官习仪之所”，白塔寺名声远播，成为大都著名的大寺。在大都建有雄伟壮观的寺庙，有大兴都寺、大天寿万宁寺、大天源延圣寺、大承天护圣寺、大崇恩福元寺、普庆寺。至元八年（1271）修建大护国仁王寺、九年（1272）修建大圣寿万安寺、十一年（1274）修建护国仁王寺及昭应宫。1271年八思巴到临洮，他派四大弟子把朵思麻南部地区的苯教改宗萨迦派。八思巴的弟子达温波奉命在临洮创建香究大寺。八思巴派弟子喇嘛格西在卓尼土司的资助下，兴建卓尼禅定寺。八思巴通过一系列的传教建寺，扩大了萨迦派在甘青藏族地区的势力，同时也使元朝对甘青地区的统治进一步巩固和加强。十六年（1279）建立万安寺。在蒙古地区建的寺庙，如上都有龙光华严寺、大乾元寺、开元寺、八思巴寺等。八思巴接受忽必烈皇室所赐金银财宝用来修建装饰萨迦寺，“大金顶殿，修建了几座金刚界诸天神之吉祥果芒塔，并为七座纪念先辈教主的灵塔建立了宝盖、金铜合金铸成的法轮，还特为各灵塔建了金顶”[①]，并用金汁写造显密经典及般若经，共二百余部等。特别是兴建萨迦南寺，动用了很大的财力和物力。萨迦南寺外形为城堡，中心为佛殿，是一个总面积达14760平方米的城堡式宏大的佛寺建筑群，四周坚固的围墙面全部涂有萨迦派寺院特有的红、蓝、白三色条纹标志，是萨迦官邸的重要象征，是元朝中央在吐蕃行使政治权力的机构所在地。同时，萨迦北寺也得到大规模的扩建。这不仅对萨迦派的发展有重大意义，而且具有重要的政治意义。

八思巴兄弟至元元年（1264）五月出发，从大都返回离开20多年的萨迦，可以说是荣归故里，衣锦还乡，沿途有随从护送，在途中不断地为僧俗群众讲经传法，“当八思巴一行到达噶巴城（亦称噶哇隆巴）时，受到盛大欢迎。在该地举行了盛大法会，聚集僧俗信徒达一万多人，八思巴升座讲经说法，传授灌顶”[②]。作为萨迦派的教主，深知宗教与政治的密切关系，只有扩大宗教影响，才能扩大自己在藏族地区的政治影响。当八思巴路过甘南的卓尼地方时，他发现此地风水很好，便确定在此建卓尼寺，并让精

---

① 《萨迦世系史》第122页。
② 《元朝帝师八思巴》第103页。

通经典、有功德的萨迦派格西管理寺庙，卓尼寺此后成为甘南东部大寺。在八思巴的关注和支持下，萨迦派的尕藏寺发展很快。八思巴还派其弟子兴却仁增却仲到称多南部歇武地区的多干寺将该寺改宗萨迦派。为加强其宗教政治地位，八思巴在途中传授萨迦派教法，扩大萨迦派的影响，广收门徒，建立萨迦寺庙，并联络各教派的地方势力首领，以宣传西藏纳入元朝行政治下的政策。经过拉萨大昭寺，到达萨迦，萨迦派和乌思藏僧俗为他举行了隆重的宏大而壮观欢迎仪式，各地的僧俗首领和上层人士纷纷求见。八思巴并不因为自己身居高位而稍有傲慢，相反，他很热情地接待众多高僧大德，并从大都携回的财物布施给他们。他还向许多高僧大德学法，宣传萨迦派与元朝中央政府的臣属关系。

八思巴回到萨迦后，为着工作的需要，建立了管理宗教事务的机构，称为拉让（藏语意为僧侣私邸），这个机构由十三种侍从人员组成，《萨迦世系史》载关于八思巴所设置的十三种侍从人员，名称为索（管理饮食的官员）、森（管理起居的官员）、却（管理宗教活动之官员）三者；可宾（负责招待之官员）、仲译（主管文书信函）、司库（管理财务）；司厨（管理厨房事务）、引见（负责引见事务）、营帐（负责安排座次）；管鞍具（管理驮畜，搬迁）、管马匹（管马匹和乘骑）、管牛（管理犏牛、奶牛）、管狗（负责管狗）。此是佛教上层人物才有的十三种侍从官员，这十三种侍从人员，是法王八思巴开始设置，有些侍官还能左右政教事务。这一系列的行政组织和措施，是适应在元朝管理吐蕃的形势下，作为佛教领导者所需要的处理行政事务的人。这一制度被以后承袭下来。

八思巴作为宗教活动家的面貌出现在历史舞台上，他是国师，并掌管汉、蒙古、西藏地区的佛教事务，因他的宗教活动，是一定时期政治、经济在文化形态上的特殊反映，与社会紧密相连。因此，当我们在论述八思巴的历史作用和贡献时，不得不涉及他的某些重大的宗教活动。1267 年忽必烈遣使至萨迦，召请八思巴回大都，于是八思巴在返回大都的路程中，各教派和地方首领在藏北当雄，为八思巴举行欢送仪式，在这里八思巴见到吐蕃各派的高僧。他与噶当派的吉浦寺堪布拉仁波且多次交谈，与噶当派僧人南喀本共处 7 天，与达垅噶举等派的僧人一起作静虑、随诵等法事，并为许多人传授灌顶。他不分教派，不论地位高低，平等对待，并且从佛教的作用叙述吐蕃统一于元朝，促进民族间的文化交流，共同发展。

八思巴请求再次返回乌思藏，忽必烈命皇太子真金率军护送他回萨迦寺。至元十四年（1277）八思巴在后藏曲弥寺（今日喀则县曲美区）地方举行了一次规模空前的大法会，“法王八思巴向七万多僧人供献丰盛的饭食，为每名僧人发放黄金一钱，每三名僧人发一套袈裟，并广为宣讲佛法。参加法会的有僧人七万，可以讲论几部经典的格西数千，加上一般民众，总数达十万人之多”①，这次大法会举行了 14 天，八思巴向广大僧俗官民除宣讲佛法外，还强调吐蕃地区统一于元朝的意义，强调蒙藏友好关系的发展。这次法会显示了元朝的经济实力，使吐蕃各教派的僧人更加拥戴八思巴和忽必烈皇帝。皇太子真金护送八思巴抵到萨迦。

不久，萨迦派发生内部斗争，其起因是：八思巴在赴京途中，于 1268 年底或 1269 年初举荐贡噶桑布任萨迦本钦。贡噶桑布是一位十分能干、有办事能力、胆识过人、敢作敢为的人，他继续修建萨迦大殿，据说他收买帕竹派在阿里领地的首领南萨拔希的侍从，毒死南萨拔希，将该领地从帕竹手中夺过来，使之归萨迦所有。他在与遥远的八思巴难以及时联系的情况下，有极大的自主权，作出一些未经八思巴许可或有违八思巴意愿的错误决定，有人将他独断专横等情况通报给了八思巴，至元十一年（1274）八思巴免去贡噶桑布的萨迦本钦职务。贡噶桑布离开萨迦退居甲若仓，但他在萨迦派中仍有一定影响，身边聚集了一批心腹，形成了一股势力，贡噶桑布的心腹强巴·意希桑布刺死本钦绛仁。真金太子护送八思巴到萨迦，主要协助和支持八思巴，巩固元朝中央对吐蕃地区的有效统治。八思巴与贡噶桑布的矛盾，特别是贡噶桑布被免职十分不满，与萨迦派中的人反对八思巴或忽必烈的一些重要安排，如萨迦教主继承人达玛巴拉、达尼钦波桑波贝的继承权等，都被真金太子察觉到了，他回到大都后，立即向忽必烈奏报，于是忽必烈派遣总制院使桑哥领兵前往查办。蒙古军攻打了甲若宗，处死了贡噶桑布。党羽也难免其祸，将喇嘛衮曼和贡噶被流放到江南。并且留下蒙古军在乌斯藏各地驻守。巩固了达玛巴拉萨迦教主的地位。萨迦派的权势迅速得到恢复。

八思巴是一位十分杰出的宗教活动家，他弘扬藏传佛教，以渊博的佛学知识，灵活的传教方式，诚朴谦虚的品德，使元朝皇室和蒙古贵族授受吐蕃佛教。他得到元朝皇室尊崇，而委任主持全国佛教。八思巴在修建佛教寺庙，建立寺院制度，举行法会，参加大型佛事活动，祈祷平安，国家

① 《萨迦世系史》第 148 页。

兴盛等一系列的活动中，弘扬佛教。吐蕃佛教从积极方面来看，成为元朝治理吐蕃地区的思想工具和精神支柱。具有强大的凝聚力和号召力，对增强各族团结，维护祖国边疆地区的安定和统一起着积极的作用。可以说“蒙古在政治上征服了吐蕃，却在宗教文化上被吐蕃佛教所征服”影响到元朝和蒙古社会历史的发展。在客观上，佛教对促进藏、汉、满、蒙古等民族的经济、政治、文化交流，起到了纽带和桥梁作用。有利于吐蕃社会的发展、祖国的统一和藏传佛教的传播。八思巴在藏族和中国历史上所弘扬佛教作出的贡献，有深远影响和不可磨灭的功绩。

八思巴在文化上的功绩

八思巴在历史上作用，突出的表现在创制蒙古新字上。在中统元年（1260）忽必烈即位后，感到以畏兀儿字书写蒙古语不便，要创制新的蒙古文字，由于“蒙古统治者建立元朝以后，其主要统治对象是汉族人民。元朝蒙古统治者在民族矛盾与阶级矛盾的极端复杂的情况下，想通过文字工具统一各民族的新文字”①。“中统元年（1260），世祖即位，尊为（八思巴）国师，授以玉印，命制蒙古新字。”② 将这一任务交给了八思巴。其伯父萨迦班智达在凉州时，曾为佛经译为蒙古语，而准备创制一种蒙古字，但没有能成功，且为八思巴创制蒙古新字提供了思路。八思巴在蒙古生活数年，懂得蒙古语言，并且掌握藏语和梵语知识，经过数年的探索和试验，在藏文字母的基础上，制作一套方形竖写的拼音蒙古字母。依据蒙古语音，参照汉字的方块字型，计有四十一个字母，一千多音节，拼写蒙古语。“其相关纽而成字者，则有韵关之法；其以二合三合四合而成字者，则有语韵之法；而大要则以谐声为宗也”③。至元六年（1269）新字制成，蒙古新字从开始创制到正式推行，共用八九年时间。由于这次创制的字与塔塔统阿所制的旧蒙古字不同，所以忽必烈在诏书中称为“蒙古新字”，由于新字是八思巴所创，后人称为八思巴字。至元六年（1269）二月，忽必烈正式下

① 蔡志纯、洪用斌、王龙耿编著：《蒙古族文化》，中国社会科学出版社1993年，第19页。
② 《元史》卷202《释老传·八思巴》。
③ 《元史》卷202《释老传·八思巴》。

诏书说；“朕惟字以书言，言以纪事，此古今之通制，我国家肇基朔方，俗尚简古，未遑制作，凡施用文字，因用汉楷及畏吾字，以达本朝之言。考诸辽、金，以及遐方诸国，例各有字。今文治寖兴，而字书有阙，于一代制度，实为未备，故特命国师八思巴创为蒙古新字，译写一切文字，期于顺言达事而已。自今以往，凡有玺书颁布降者，并用蒙古新字，仍各以其国字副之”①。这种新字除用于书写蒙古语外，还可以用于书写汉语、藏语、畏兀儿语和梵语既可以按口语语音拼写，也可以按书面语音转写。有两个书写符号，一个是字头符，用于字首的元音字母前，一个是连接符，用于连接同一个书写单位中的诸要素。字序自上而下竖写，行序从左至右。书体分正体、篆体、双钩体等。正体最常用，篆体一般只用于官印和碑额，双钩体很少用，仅见于个别碑刻。

忽必烈为了在全国范围内推行蒙古新字，“至元七年（1270），诏制大元国字。师独远摹画，作成称旨，即颁行朝省、郡、县遵用，迄为一代典章，升号帝师大宝法王，更赐玉印，统领诸国释教”②。在全国推行蒙古新字。规定以新字为国书，用它来释写一切文字，凡颁降玺，并用新字。新字颁行的至元七年（1270）七月，忽必烈下诏，“立诸路建立蒙古字学”。次年又诏“设诸路蒙古字学教授”。至元八年（1271），忽必烈下诏，将“蒙古新字”改为“大元国字”，复下诏“天下兴起国字学”③，选蒙、汉贵族子弟入国子学学习，可见元朝政府推行“大元国字”，是很认真的，突出“国字”地位，成为官方法定的文字。大元国字是元朝统一的文字。这种文字遂成为蒙古、汉官员及其子弟所必须学习的一种通行于全国的文字。在当时的条件下，因元朝的统一，全国共同使用，然而普遍推行这种文字仍有许多困难。统治者借助政治力量，采取“免差役”、“授官职”等办法招募学员，在各地普遍设立了学习国字的机构，以强制手段推行这一文字，并使其逐渐应用到各个方面。在忽必烈的坚持推行下，大元国字在元代得到广泛使用。大元国字从搜集的资料，可分为碑刻、印章、牌符、图书等，此外还有公文、案牍、货币、经笈等。帝师八思巴就亲自翻译，“敕镂板印造帝师八合思八（即八思巴）新译戒本五百部，分降诸路僧人”④。八思巴

① 《元史》卷202《释老传·八思巴》。
② 《佛祖历代通载》卷21。
③ 《元史》卷7《世祖本纪》四。
④ 《元史》卷11《世祖本纪》八。

呈献忽必烈用蒙古新字“写了优礼僧人诏书作为字样进献”[①]。使用大元国字翻译过许多书籍，有“《萨迦格言》印本片断；在《八史经籍态》中记载了元代曾用八思巴字刻印《蒙古字孝经》、《大学衍择文》、《忠经》、《蒙古字百家姓》、《蒙古字训》等书籍”[②]。现有留下元代的资料，有利于对元代政治、经济、文化、社会、历史、民族关系等方面进行研究。大元国字是第一次用标音符号来书写汉文，为古代中国文字的一大创举，八思巴成为我国历史上杰出的语言学家。

八思巴在元朝政府机构里，设有专门翻译梵经的局所，八思巴及其弟子们亲自参加翻译，还把大量的梵经介绍进来。扩大佛教的影响，在宫中把诵经、刻经、译经作为宣传佛教事业来做，如当时在朝廷中有一些精通多种文字的人才，他们能通晓“三藏”，曾受命于帝，把梵经译成畏兀儿、藏、汉三种文字。在朝廷内的翻译官有畏兀儿人，许多佛经用畏兀人文译成蒙古语。“大都妙善寺比丘尼舍八哈，高昌人，历四朝，事三后，以赐之钱物写经文，以黄金缮写蕃字藏经般若八千颂，五获陀罗尼十余部及汉字华严楞严（经）、畏兀字法华金光明经等经二部”[③]。佛典中的哲学、论理、文学、语言、医学、天文、历算等知识翻译成蒙古文，使蒙古贵族们增加许多新的概念、观念、大力扩展佛教的精神因素。

八思巴在收集整理藏文古籍和佛教经典方面作出了贡献。在朵甘思的赞多新寺，以近侍顿楚为首的众人在一天之内就向八思巴奉献了1500函珍贵经籍为主的文书。八思巴在萨迦时，给印度、克什米尔、尼泊尔等僧人讲经，同时八思巴也看他们带来的经籍。八思巴每得到一种新的书籍，总要命人抄写，保存在萨迦寺，对重要的佛经，要用黄金、宝石研成粉末和汁书写，以求长期保存。“在朵甘思书写金汁佛经一百一十五部，在达托细莫切书写金汁佛经四十部。”[④] 至元八年（1271）八思巴为写《大藏经·甘珠尔》115函，用去纯金4271两3钱。皇子真金在萨迦寺出资写金汁书写佛经。元代的萨迦寺成为规模宏大的藏书中心，在许多殿堂都有“经墙”藏书。据说现在保存的书有两万多函。八思巴在萨迦寺保存各种经书以及重要的典籍付出了很多的心血，对弘扬藏族文化做出了重大贡献。

---

① 《萨迦世系史》第122页。

② 《八思巴评传》第179页。

③ 《大藏经·佛祖通载》第36卷。

④ 《萨迦世系史》第150页。

八思巴弘传藏传佛教，写了许多弘扬佛教的著作。据《萨迦世系史》记载撰写著作大约近四百篇，“这些著作都是词句流畅、意义清晰、动听悦耳之作品，直到现在还广为传颂”。[①] 八思巴赴五台山巡礼，这是藏、汉佛教并重寺院，他就写了49篇作品。他还写了许多贺信和祝词。至元十五年（1278）八思巴在萨迦寺写完了《彰所知论》，此书是八思巴在返回萨迦，太子真金护送八思巴，他向太子真金讲解佛教基本教义，在萨迦寺将宣讲的内容整理写出了《彰所知论》。这是一部融佛学和历史为一体的教科书，也是简要的佛教纲要，并且是一部叙述了蒙藏王统世系等方面的重要典籍。此书的汉文版，是八思巴弟子沙罗巴根据藏文原版翻译，收入汉文大藏经中。在宣传佛教经书中，是一本重要的著作。

八思巴除讲法、著述等弘扬佛法外，还收了继承教法事业的弟子。“他的弟子犹如大地上的土粒，不可计数。其中主要的有：继承讲经的东、西、上三部的大弟子和亲炙弟子扎巴俄色、喇嘛扎西贝、玛译师等许多出家人；继承修习的有，随从上师获得教诫并修习而得到验证的众多弟子，学完全部经咒和修习法的，有喇嘛钦波尚究却贝和比丘究洛二人；此外还收了拉如瓦、年钦巴、苏垅巴、塞拉哇俄色本和卫巴桑树本等传承教法弟子，使善逝教法的全部和各种分支都如同如来佛在世时一样弘大光明。”[②] 八思巴教化弟子，弘扬佛法，业绩显著。

汉、藏、蒙古的文化交流，特别表现在寺庙建筑方面，如根据八思巴的意见修建萨迦寺，其建筑规模和风格也是他直接授意和策划的，采取吐蕃寺院建筑和汉族城镇建筑相结合的形式，外形为城堡，中心为佛殿，这是吐蕃寺院建筑与内地城镇建筑巧妙结合的产物，得到了内地建筑工匠的协助和支持，是汉藏经济文化交流的成果。在内地寺庙的修建，塑造佛像和制作法器上，吐蕃寺庙的建筑、美术、工艺等也传入内地。大批工匠到内地制作法轮、铜佛像、金佛塔等。八思巴的弟子阿尼哥，深得忽必烈赏识，“帝命取明堂针灸铜像示之曰：……岁久阙坏，无能修完之者，汝能新之乎？对曰：臣虽未尝为此，请试之”[③]。他修复了明堂针灸铜像，其技之巧，莫不令人愧服。在大都、上都的寺庙之像，很多是出于他之手。他前

① 《萨迦世系史》第155页。

② 《萨迦世系史》第155页。

③ 《元史》卷203《方技》。

后建大寺九座、塔三座、其中大都圣寿万安寺的白塔造型艺术可称绝艺。他在大都还培养工艺专门人才，最著名的刘元“至元中，凡两都名刹，塑土、范金、转换为佛像，出元手者，神思妙合，天下称之”①。八思巴从佛教文化艺术上吸收不同民族风格，促使各民族文化交流做出了成绩。

医学和文化艺术也伴随着佛教传入内地，以医学为例，吐蕃医学与神学结合，佛教的法师很多都通晓医学，八思巴和他的伯父乃至祖辈，世代都精通医术，萨迦班智达给阔端大王治疗过病，八思巴受萨迦班智达的密传和指授，亦精于此道。他在大都时期，曾多次给蒙古诸王妃治疗过各种疾病，都取得很好的效果。同时内地先进的科学文化也影响着吐蕃地区，例如内地雕版印刷术就经八思巴的随从子弟们之手，传入吐蕃，促进了吐蕃地区文化的发展，这些经济文化上的交流与影响，均与八思巴的活动分不开。

藏族在进行社会交往、感情传达时，往往赠送哈达。哈达是藏语音译，为日常生活中迎送、馈赠、敬神及日常交往中的礼品。相传元朝时由八思巴传入吐蕃。萨迦派法王八思巴返藏时曾带回由忽必烈赠给的一条有“吉祥如意”字样的白色丝巾，两边有万里长城图。以后在藏族中成为赠送的礼品，象征纯洁、吉祥，是最最隆重的礼品。一般为白色，亦有浅黄和蓝色②。

元朝中央政府统一吐蕃地区，把分散割据变成为一个统一稳定的地区，政治上的统一，有了比较安定的环境，有利于吐蕃社会经济的发展。各地僧俗统治者对其土地和属民的封建关系被固定下来，吐蕃与内地有驿站相通，物资交流频繁。封建经济和文化在这种条件下得到了新的发展，使经济、文化及技术交流，在统一的中央政权之下，各族人民彼此友好交往，互通有无，互相促进，经济文化和技术交流日益频繁。“例如：内地的印刷器材和印刷术、木渡船及造船术，建筑技术等等，就是在这一时期先后传入西藏的；藏族形式的塑像、造塔、用具、工艺等技术，也是在这一时期自西藏传入内地的”③。以经济文化为纽带，促进了汉藏、蒙藏之间文化交流和联系，为共同发展文化起了积极作用。

---

① 《元史》卷203《方技》。

② 高文德主编：《中国少数民族史大辞典》，吉林教育出版社1995年，第1629页。

③ 《西藏佛教发展史略》第76页。

八思巴在文化方面，有许多重要的贡献，他是蒙古新字的发明者，他还把吐蕃的宗教、文学、史学、天文历法、医学、文化艺术、建筑技艺介绍到内地，同时他还将内地的文化介绍到吐蕃。由于元朝的大一统，使汉蒙藏各民族的文化交流进入一个新的时期，大大地促进了汉、蒙古、藏各族之间的经济文化交流。

八思巴于至元十七年（1280）11月22日在萨迦南寺的拉康拉章逝世，享年46岁。萨迦派为他举行了盛大的法事，修建灵塔。其弟子扎巴俄色到京报丧，忽必烈为他建八合思八舍利塔。“赐号皇天之下，一人之上（开教）宣文辅治大圣至德普觉真智佑国如意大宝法王、西天佛子、大元帝师”①。

元代首任帝师八思巴虽英年早逝，但他的功绩永存史册，堪称元初政治、宗教、文化领域的杰出代表人物。

作者单位：中国社会科学院民族学与人类学研究所

① 《元史》卷202《释老传·八思巴》。

明朝“以茶驭番”政策试论

罗贤佑

在我国民族贸易发展史上，茶马贸易是一项重要的内容。茶马贸易又称茶马互市、茶马互易，主要是居住在北方和西北方从事畜牧业经济的少数民族，用马匹等牲畜及畜产品与内地换取茶叶以及布帛、铁器等生活必需品的比较集中的大规模集市性贸易活动。我国古代汉、藏之间的茶马贸易，起源于唐，形成于宋，兴盛于明，而衰落于清，持续长达一千余年。有明一代，明王朝曾广泛地同周边少数民族开展贸易活动，这是明朝边政的一个重要组成部分。茶马贸易集中体现出明朝边政的特色。同明朝政府在东北、北方边境所开设的互市相比较，其与西番诸族的茶马贸易无论是在规模大小、持续时间长短及管理制度完备程度等方面都要远远过之。从明朝初年开始，就将茶马贸易纳入了政治的轨道，把它变成了从政治上分化、控制西北地区少数民族的手段，从而形成了所谓“以茶驭番”（或“以茶治边”）的政策。

一

明初茶马贸易的迅速兴起和趋于繁荣，有其特定的社会环境和历史背景。除了以榷茶和易马增加财政收入来“充裕国用”外，明王朝主要是企图利用这一经济手段“因其利而利之”：既交易番马，加强军事力量；更以此来羁縻、控制西北番族，孤立和打击蒙古势力，从而巩固国家的统一和边疆的稳定。

元朝覆亡之后，蒙古皇室、贵族撤退到北方草原地区，仍保持着自己的政权，史称“北元”。他们仍然拥有强大的军事实力，“引弓之士，不下百万众也；归附之部落，不下数千里也。资装铠仗，尚赖而用也；驼马牛羊，尚全而有也”。[①] 不下百万的兵力，几乎与明朝总兵力相当，加之辎重与粮饷都很充足，从而对明朝的北部边境造成了严重的威胁。在隆庆五年(1571 年)“俺答封贡”之前，蒙古一直是明廷北方的大患。长城的增修、九边的设置、屯田的开垦以及驿传制度的建立，都是为了构筑起北方的严密边防体系，抵御蒙古南下。明太祖朱元璋曾多次遣兵出塞讨伐蒙古，时有胜负；明成祖朱棣更是五次动用数十万大军亲征漠北，虽然打击了蒙古的实力，但明方也损失相当，付出了沉重的代价。

由于蒙古远居漠北，明朝大规模的军事进攻只能削弱其实力，却无法占领蒙古所控制的广阔地带。蒙古骑兵一旦南下，一次决定性胜利就可能会对明帝国造成致命的冲击。因此，明王朝面临的最大政治问题就是“备虏”，即防止蒙古人南下。除了不遗余力地加强、巩固北部边防外，还吸取历史上的经验教训，对与蒙古相邻的“西番”诸部采取怀柔政策，目的是孤立蒙古。汉武帝曾采取阻隔匈奴与西羌联系，以“断匈奴之右臂”的策略，收到了显著效果，为后世历代中央王朝所重视。明王朝始终担心“北虏”与“西番”联手，即蒙古人冲越河西走廊与藏人联合起来，共同对付明朝。万历时，巡茶御史李时成在其奏疏中表述得很清楚：“俺答今求茶市，意不在茶，在得番人耳。夫洮西一线，抵嘉峪、金城，绵亘数千里，番族星罗。西寇之不敢长驱而南，以番为之蔽也。顾番人须茶最急，一日无茶则病且死，是番人之命悬于中国，俾世受约束，藩我西土。脱以茶市假之，俺答逐利，而专意于番。番求生，而制命于俺答，彼此合一，其遗患可胜道哉!”[②] 如应蒙古之请开设茶市，“将使番人仰给于虏，彼此势合，贻患匪细”。[③] 明王朝为防御蒙古与藏人联袂为敌，效仿汉朝“严羌胡之

① 《明史纪事本末》卷 10，《故元遗兵》。
② 谷应泰：《明史纪事本末》卷 60，《俺答封贡》。
③ 《明神宗实录》卷 47。

防”的故伎，则成为顺理成章的事情了。

“西番”在明代是对藏族居住地区的泛称，包括今西藏、青海及甘、青、川交界地区等广大的地域。明代文献将分布在今西藏及青海大部分地区的藏族称为“生番”，明廷对他们实行间接统治，在其地设立了都指挥司、宣慰司、招讨司、万户府等机构，以当地首领充任各级长官，管理所辖民众，并负责定期向朝廷朝贡。居住在今青海东部及甘、青、川交界处的河州、湟州、洮州、岷州等地的西番诸部大都在明廷直接控制之下，故历史上称为“熟番”，对于“熟番”地区，明朝主要施行“土流参治”的管理方式。

明朝初年对西番地区的经略，最初是为了防止西番诸部与北方蒙古势力结合起来，对新兴的明王朝造成更大的威胁。洪武十年（1377 年），明太祖派遣卫国公邓愈为征西将军，发兵征讨西番。明军兵分三路，进军直至昆仑山，“斩俘甚多”。次年，因“西番寇边”，再命沐英为征西将军，征服了在今青海境内的朵甘纳邻七站之地。在明朝军事打击之下，“西番”诸部纷纷投降。明王朝遂停止了大规模军事行动，在所征服的“番地”设立了一些羁縻卫所，计有两个都指挥使司，一个指挥使司，三个宣慰使司，六个招讨司，四个万户府，十七个千户所。以归附的本族首领分别担任都督、指挥及千百户等官。为加强对这些地区的控制，明太祖诏令在河州、洮州、岷州、松潘设立卫所，建筑城堡，驻扎军队，其控制地区大致相当于今青海与甘肃及川西北的藏区。

这样，明王朝就以甘州、河州、洮州为中心，构成了连接西北部、西部的边防线。明太祖朱元璋在以军事力量平定西番诸部的同时，多次遣使招抚，尽量以和平手段使更多的番部归附。洪武二年（1369 年）五月，“遣使持诏谕吐蕃。……吐蕃未即归命，寻复遣陕西行省员外郎许允德往诏谕之”。[①] 洪武三年（1370 年），在西番之地用兵的徐达、邓愈又奉朱元璋之命，分次招谕西番诸部。当年六月，“故元陕西行省吐蕃宣慰使何锁南普等，以元所授金银牌印宣敕诣左副将邓愈军门降，及镇西武靖王卜纳剌亦以吐蕃诸部来降”。朱元璋甚为喜悦，随即封授何锁南普为河州卫指挥同知，且许其世袭。

然而，无论是武力征服还是遣使招抚，都只能是权宜之计。要巩固并

---

① 《明太祖实录》卷 41。

不断加强西番诸部与中央王朝的统属关系，从根本上杜绝西番与蒙古联手与明朝为敌的隐患，就必须寻求一项长治久安的国策。为此，明王朝继承了宋王朝羁縻“诸番”的传统作法，即利用西番“嗜茶如命”的特点，通过官营控制茶叶对西番的供应，使西番诸部受制于中央王朝，而不至产生离心倾向。于是，“以茶驭番”的政策便应运而生了。

二

对于“以茶驭番”的具体含义，明朝君臣曾多次有过表述，对于这种政策所要达到的政治目的，也是直言不讳。如洪武三十年（1397 年），明太祖朱元璋谕蜀王朱椿云：“夫物有至薄而用之至厚者，茶是也。始于唐而盛于宋，至宋而其利博矣。前代非以此专利，盖制驭戎狄之道，当贱其所有而贵其所无耳”。[1] 嘉靖时首辅大臣杨一清指出，西北番族必须赖茶而生，所以“志向中国，不敢背叛，且如一背中国，则不得茶，无茶则病且死，以是羁縻之，贤于数万甲兵矣。此制西番以控北虏之上策，前代略之，而我朝独得之也。……中国之茶，真足以系番人之心，而制其命”。[2] 御史刘良卿说：“国家设三茶马司收茶易马，虽然所以供边军征战之用，实所以系番人归向之心。……番地多马而无所市，吾茶有禁而不通，其势必相求，而制之机在我”。[3] 户部尚书梁材亦说：“盖西边之藩篱，莫切于诸番；诸番之饮食，莫切于吾茶。得之则生，不得则死，故严法以禁之，易马以酬之。禁之使彼有所畏，酬之使彼有所慕。所以制番人之死命，壮中国之藩篱，断匈奴之右臂者，其所系诚重且大，而非可以寻常处之也”。[4] 类似议论尚多，兹不赘举。由此可见，在明朝统治者看来，茶马贸易不是单纯的商贸关系，而是对西北番族“行其羁縻之道”，以增强其“藩篱”作用的有效手段。以供应茶叶换取马匹这样的经济手段，来达到番族效忠朝廷和西北边疆稳定的政治目的，是明王朝所以高度重视茶马贸易的最主要原因。正如左都御史王廷相所说：“是则山林草木之叶，而关系国家政理之大，经国君

① 《明太祖实录》卷 251。
② 《明经世文编》卷 115，杨一清：《为修复茶马旧制以抚驭番夷安靖地方事疏》。
③ 《明经世文编》卷 108，刘良卿：《为修复茶马旧制以抚驭番夷安靖地方事疏》。
④ 《明经世文编》卷 106，梁材：《议茶马事宜疏》。

子固不可不以为重而议处之也”。[①] 茶叶这种原本极为普通的物品，就这样被赋予了重大的政治使命。

基于以上原因，明朝统治者非常重视茶马之政，将它视为“国家要务”、“西鄙重事”而严加管理。在“以茶驭番”思想指导下，明廷对与西番的茶马互市控制得极为严密。史载：“番人嗜乳酪，不得茶，则困以病。故唐宋以来，行以茶易马法，用制羌戎，而明制尤密。”[②] 所谓“明制尤密”，说明在我国边疆茶马贸易史上，明代是控制最严、制度最为完备的时期。

首先，明廷将茶法、马政视为军国要事，逐步建立了一套相关的庞大官僚机构，分别管理茶的征收、加工和储运，以及以茶易马和马匹分配等事宜，以保证茶马贸易的正常运转。对于明朝严密的茶马贸易官营体制，史书中有如下记载：“凡中茶有引、由，出茶地方有税，贮放有茶仓，巡茶有御史，分理有茶马司、茶课司，验茶有批验所。岁遣行人赍牒文于行茶所在，悬示禁约私茶，出境拨官军把守巡视。”[③] 对茶叶的产销、收贮、输送，以及茶马交易、督察等各个环节，都设官置吏，统一管理。其中，最主要的是设立管理茶马互市的专门机构——茶马司。《明史》记载：“茶马司，大使一人，副使一人，掌市马之事。洪武中，置洮州、秦州、河州三茶马司，设司令、司丞。十五年改设大使、副使各一人，寻罢洮州茶马司，以河州茶马司兼领之。三十年改秦州茶马司为西宁茶马司。又洪武中，置四川永宁茶马司，后革，复置雅州、碉门茶马司。”[④] 由文献记载可知，在洪武年间设置的茶马司情况是：

秦州茶马司，洪武五年，后以距藏区较远，移设西宁。

河州茶马司，洪武七年置。

洮州茶马司，洪武十二年置。

永宁茶马司，洪武十六年置，十九年罢。

碉门茶马司，洪武十九年置。

雅州茶马司，洪武十九年置。

西宁茶马司，洪武三十年由秦州移设。

---

① 《明经世文编》卷149，王廷相：《严茶》。

② 《明史》卷80，《食货志》。

③ 《明会典》卷37，《茶课》。

④ 《明史》卷75，《职官志》。

史书记载；“西宁等三茶马司为贮茶以易番马而设”，[①] 即茶马司的职责主要是收贮内地运来的官、商茶叶，定期招番互市，严禁通番私易，以保证官市贸易的正常进行，并将每年所用茶及所易马的数量册报朝廷。永乐年间，翰林学士解缙关于河州等茶马司有以下述语：“……先是民商夷虏，利相售易，或相杀害，而中国之货马贵。中国之货，以茶茗为上。盖夷人肥膻潼，则群聚穹庐中，置釜煮茶茗，调以潼酪，而济其肉食，其俗非一日矣。……先太祖文皇帝因其利而利之也，置茶马司河州，岁运巴、陕之茶于司，官茶而民得以马易之。夷人亦知有法，禁忌畏，杀害之风帖息，而茶之谬恶亦少，数年之间，河州之马如鸡豚之畜，而夷人亦往来慕知识、效信义，有侍为臣者，不但茶马之供而已。”[②] 解缙将河州茶马司设立的由来和茶马贸易的效果，尤其是对“夷人”即藏族所产生的“教化”作用讲得十分清楚。

为了储存收购茶叶以备易马，洪武末年曾设立成都、重庆、保宁（今四川阆中）、播州（今贵州遵义）四所茶仓。为运输茶叶前往易马，又设置了巩昌府、临洮府两个茶运司。为专管马匹繁殖、牧养事务，在中央设有太仆寺及苑马寺；为了就近管理易得之马，设立甘肃行太仆寺，寺有卿、少卿及寺丞主簿；又设甘肃苑马寺，设立领监六、苑二十四。

明代茶马贸易的特点之一，是建立了完备的巡视监察制度。为监督检查茶法、马政，朝廷派遣专门官员赴各茶马司，督理茶马事务。洪武、永乐年间定制派遣行人定期巡视，禁绝私茶出境，如史载：“旧制以茶易马于西戎，岁二次遣行人于陕西、四川宣谕禁约私贩者。”[③] 但以官居八品的行人担当此任，事重而权轻，难以禁绝私茶贸易，正如成化三年（1467 年），巡抚陕西右副都御史项忠所奏：“西宁、洮州、河州俱有茶课司，市易番马以给甘肃、宁夏、延绥三边征戍之用。旧制再遣行人巡视，今势家及射利之徒往往交通守备官，私贩入番，于是茶马之政遂坏。行人职卑言轻，难以禁制。乞依巡盐事例，暂遣风力御史一员，往督其事，俟茶马既通之日，仍准旧制行之。”[④] 朝廷遂罢行人巡视之制，暂派品级较高的御史“往督其事”。成化十四年（1478 年），正式确定了御史巡视制度。后来一度取消该

① 《明孝宗实录》卷 40。
② 《明经世文编》卷 11，解缙：《送习贤良赴河州序》。
③ 《明宪宗实录》卷 94。
④ 《明宪宗实录》卷 45。

项制度，凡一应茶法悉由马政御史兼理。正德二年（1507 年），总制三边军务右都御史杨一清奏准以巡茶御史兼理马政、茶法二事，三岁更代，著为永例，最终确立了御史巡督茶马制度，成为以后相沿不替的定规。

明朝初年，为在西北地区开展茶马贸易，还推行过一项重要制度，即金牌制。“金牌”亦称“金牌信符”，为明王朝颁发给各“番族”用作以茶易马的凭证。明廷所以采行“金牌信符”之法，一则为了禁绝私茶入番；二则为了确保名为“差发马”的马匹来源；三则为了杜绝诈伪现象，以便保证官茶在贸易中的垄断地位，实现“以茶驭番”的政治目的。“金牌制”最早推行于洪武五年（1372 年）。据嘉靖《河州志》记载：“洪武五年，设立茶马司，抽分商茶，比对金牌易马。”又据《明会要》记载：“洪武五年，立茶马司于川、陕，听西番纳马易茶，赐金牌信符以防诈伪。”“金牌制”所以产生于洪武五年，是有其历史原因的。首先是出于军事需要，明朝与北元战事正酣，急需大量战马。史载：“高帝（即朱元璋——引者）时，南征北讨，兵力有余，唯以马为急，故分遣射臣以财货于四夷市马。”①正是在这样的背景下，明太祖朱元璋便在其控制的西北各地推行带有某种强制性的“金牌制”，力求以茶叶等物换取战争急需的马匹。其次是为了安定西北局势的需要。史载：“帝（即朱元璋——引者）绸缪边防，以茶易马，固番人心。”② 即是说，朱元璋认为应该“以茶驭番”，将茶马贸易作为羁縻少数民族、安定西北边疆地区的重要措施。再次是由于元末明初的战乱，官茶不再输运到西北“番地”，私茶乘机大量涌入，在双方贸易活动中占据着主要地位。朱元璋决心重新整顿茶马贸易，保证官茶在其中的垄断地位，于是“立茶马司于陕西等处，听西番纳马易茶，降金牌信符赐番族，以防诈伪”，③ 并派遣曹国公李景隆“赍金牌勘合”，到西北各少数民族地区“令其酋领受牌为符，以绝奸欺”。④ 可见，明初时设立并推行“金牌制”，是为了保证战马的来源，安抚西北少数民族，并禁绝私茶，保证官茶在贸易活动中的垄断地位。

虽然早在洪武五年“金牌制”即开始推行，但由于西北局势未定，当时只限于秦州、河州等局部地区。洪武十六年（1383 年）后，明朝已经控

---

① 嘉靖《河州志》卷 2，《官厅志・公署》。

② 慕寿祺：《甘青宁史略》卷 11。

③ 《陕西通志》卷 42，《茶马》。

④ 《明经世文编》卷 294，归有光：《本朝马志》。

制了整个西北地区，于是开始全面实施“金牌制”。朝廷所颁发“金牌信符”为铜制，“每副两面，颁降西番诸族，令钳制其党，纳差发马匹，给以茶斤”。[①] 金牌每副都一式两份，上面镌有字号，上号贮存内府，下号发给“番族”，易马时比对金牌字号，验证无误后予茶取马。在“金牌制”实行之初，收效明显，私茶得到禁绝，官茶垄断地位确立。由于能得到生活中急需的茶叶，“诸番皆感恩意，争出马以献，于是得马万三百四十余匹，以茶三十余万斤给之，诸番大悦”。[②] 茶马贸易空前繁荣，在西北“番地”出现了“诸番咸稽首奉约，茶法大行”[③] 的局面。

三

然而，积久弊生。“金牌制”推行数十年后，由于种种原因而趋于衰落式微。永乐时，曾一度“停止金牌信符”。[④] 正统十四年（1449 年），终于由明朝中央政府正式宣布废止。

“金牌制”所以废止不行，除了蒙古对西番之地的侵扰，即史称“其后西海为北虏所据，套虏又岁加侵掠，诸番所领金牌散失”[⑤] 所造成“不能合符”等困难外，还有以下三个主要原因：

一是在“金牌制”下，明朝政府与西番诸部的茶马贸易是以“差发”的形式进行，即如史书所说：“国初散处降夷，授以官秩、金牌，令其如期纳马酬之以茶，名为‘差发’。”[⑥] 西番诸部在“金牌合符”后所缴纳之马皆为“差发马”，视同向政府缴纳的“土赋”。政府受马则“酬之以茶斤”，即以茶叶回赐，双方并无对等交易，而有臣属贡赋、朝廷赏赐之意。自洪武二十六年（1383 年）起，明朝政府明确规定了茶马比价为“上等马茶百二十斤，中等七十斤，下品五十斤”。[⑦] 这种官定价格体系，使明廷获取了

① 王世贞：《弇山堂别集》卷 89，《市马考》。
② 王世贞：《弇山堂别集》卷 89，《市马考》。
③ 《明经世文编》卷 461，《西番考》。
④ 《明史》卷 80，《食货志》。
⑤ 《明世宗实录》卷 369。
⑥ 《明世宗实录》卷 354。
⑦ 《弇山堂别集》卷 89，《市马考》。

可观的垄断利润。明代的茶马比价，大大低于宋代。宋代也与西番诸部实行茶马互市，在熙宁时期（1068—1077年），宋朝在河湟地区以茶一驮以上易马一匹。良马则需易茶二驮，即二百五十斤茶。后来马价日涨，北宋崇宁时期（1102—1106年），一匹马可易名山茶三百五十斤。南宋时期，因马源发生危机，在双方交易中，每匹马便需要一千斤茶了。明朝的官方定价显然违背了等价交换的原则。由此，官府“捐山泽之毛收駷牝之种，不费重资而军实壮”,① 获取了大量的垄断利润。

明代茶马互易的形式是以物易物，理应对等，价值相当，但事实却不然。这是因为：茶作为一种日常生活之必需品，缺茶饮用，虽不致立即对性命有伤，但久之必因消化不良而影响健康，所以番人需茶是必要性的、经常性的；而青康藏高原并不产茶，必须求之于中原内地，所以说茶在他们的生活需要中无可替代，其对茶的需要弹性小。马匹则主要用于作战。战争并不常有，纵有战争亦必有终战之时，没有战争便不需要大批战马。因此，中原对于马的需要是偶发性的、间歇性的。大致上说，汉族对马的需求弹性大。正因为这样，明朝可以“以茶驭番”，藏人则不能“以马驭汉”，互易的基础就不平等，自然难望其互易价格平等。一般说来，中原政权常以茶为要挟，贵茶贱马，交易时任意提高或压低茶马比价，可用一千八百余斤茶易马一匹，亦得以一百二十斤茶易马一匹，相差极为悬殊。西番对此只有任听宰割，少有制衡能力。对于西番诸部而言，主要重在得茶，此外皆属次要。金牌约束下的不平等易马制度，在朝廷强盛时尚可实行，一旦朝廷驭边力有未逮，也就无法继续维持了。

二是由于官茶质量的下降。不少明朝守边将校、官吏为了中饱私囊，往往以次充好，为此明成祖曾诏谕兵部：“河州、洮州、西宁诸处与西番易马，朝廷本推诚抚纳远人，皆与好茶。闻近时守边头目人等，多用恶缪茶欺之，甚者侵损其财物。彼虽淳厚不肯陈告，然心未必能平。来年其遣金牌信符给西番为验，使比对相同即纳马，如洪武中例，不可后期。仍榜谕边地官民以朝廷怀远之意，今后马至，必与好茶，若复欺之，令监察御史采察以闻。”② 类似诏谕以后又多次颁发，可见是屡禁不止，问题已发展到相当严重的地步。这种情况，自然严重损害西番诸部的利益，致使他们极

① 康熙《洮州厅志》卷16，《番族·茶马》。

② 《明太宗实录》卷49。

力规避与明朝官方的茶马交易。

三是私茶的冲击，这是最主要的原因。自明初时起，“私茶入番”便屡禁不绝，就是在“金牌制”鼎盛时期，私茶仍很盛行。为此，朱元璋曾颁发敕令：“巴茶自国初征收，累年与西番易马。近因私茶出境，致茶贱马贵，不独国课有亏，殆使戎羌放肆，生侮慢之心。”① 朱元璋清楚认识到，如不禁绝私茶，则难以保证官茶在茶马贸易中的垄断地位，其“以茶驭番”政策也就难以收到成效。为此，从洪武朝开始，明廷严禁私商贩运茶叶出境入番。洪武三十年（1387 年）诏：“榜示通接西番经行关隘并偏僻处所，著拨官军严谨把守巡视。但有将私茶出境，即拿解赴官治罪。”永乐六年(1408)，“谕令各关把关头目军士，务设法巡捕，不许透漏缎匹、布帛、私茶出境”。② 同时派出巡茶御史督察，发现有“私茶出境与关隘失察者，并凌迟处死”。③ 为了防止私茶出境，即使是皇亲国戚犯法也严惩不贷。例如史载：“洪武末，茶禁方严，（驸马都尉欧阳伦）数遣私人贩茶出境，所至绎骚，虽大吏不敢问。有家奴周保者尤横，辄呼有司科民车至数十辆。……以闻，帝大怒，赐（欧阳）伦死，（周）保等皆伏诛。”④ 对贩运私茶实行如此严酷的惩罚手段，朱元璋曾加以说明：“巡禁私茶之出境者，朕岂为利哉！制驭夷狄，不得不然也。”⑤ 可见严禁私茶，经济利益还在其次，主要是从政治上着眼，是为了保证“以茶驭番”政策的实施。对朝廷实行茶禁的政治意义，在嘉靖十五年（1536 年）巡茶御史刘良卿奏疏中得到充分反映：“陕西设立三茶马司，收茶易马，虽以供边军征战之用，实以系番夷归向之心。考之律例：私茶出境与关隘失察者，并凌迟论死，一何重也！盖西边藩篱，莫切诸番。番人恃茶以为生，故严法以禁之，易马以酬之。禁之使有所畏，酬之使有所慕，此以制番人之死命，壮中国之藩篱，断匈奴之右臂，非可以常法概视也。”⑥ 尽管如此，但受巨大商业利润的驱使，甘冒风险以身试法者，仍大有人在。茶禁愈严，则茶利愈厚，严刑峻法终难以遏止私茶出境。私茶质量往往优于官茶，而茶价又远比官茶低廉且给

---

① 《明太祖实录》卷 251。
② 《万历大明会典》卷 37，《茶课》。
③ 《明史》卷 80，《食货志》。
④ 《明史》卷 121，《安庆公主传》。
⑤ 《明太祖实录》卷 251。
⑥ 《明世宗实录》卷 188。

茶量多，番人自然乐于同私贩交易，而不再愿意接受明朝“贱马贵茶”政策的约束。

以上诸种原因，使得“金牌制”难于继续推行下去。以后虽屡有倡复“金牌制”者，但均未成功。如弘治十七年（1504 年），当时受命督理陕西马政的都御史杨一清曾向孝宗建议，提出恢复金牌信符制，朝命虽颁，但终究未能恢复这项制度。据《明史》记载：“（杨）一清又言金牌信符之制当复，且请复设巡茶御史兼理马政。乃复遣御史，而金牌以久废，卒不能复。”[①]“金牌制”终于退出了历史舞台。“金牌制”废止所造成的后果是严重的，如杨一清所言，不但军马无从获取，更为重要的是致使“西番离心”，[②] 即影响到明廷“以茶驭番”政策的实施。

四

“金牌制”废弛以后，由于各种社会因素的作用，官方茶马贸易趋于萎缩不振，而私贩大为盛行。正如嘉靖二年（1523 年），户部奏疏中所说：“自金牌制废，私贩盛行，各番不中马而自得茶，边吏不能禁，顾私委所属抽税焉。且贩者不由天全、六番故道，私开小路，径通嗒葛。而松茂黎雅私商尤多，自是茶禁日弛，马政日坏，而边方日多事矣。今宜严禁私茶……仍以大明会典及律例所载申明榜示。”[③] 尽管朝廷屡颁禁令，但形同具文，私茶盛行的趋势如同决堤的江水，已是难以遏止。王廷相以下一番话，很可说明问题的严重性：“……近年以来，法弛人玩，虽有禁茶之名，而无禁茶之实。商旅满于关隘，而茶船遍于江河，权要之人，每私主之以图利。迩者巡按卢公稍一盘诘，即得十数余万，则其平日可知也。夫茶可以利朝廷也，今利归私门矣；可以制番之命也，今仰望于商人矣！”[④] 这种状况已是积重难返，以至“私贩盛行，虽有抚谕之官，卒莫之能禁，坐失茶马之利垂六十年”。[⑤] 明朝中后期国力衰落，朝政败坏，法纪凌夷，茶马之弊日

① 《明史》卷 80，《食货志》。
② 《明经世文编》卷 258，杨一清：《赠唐郎中幼真出守广平序》。
③ 《明世宗世录》卷 24。
④ 《明经世文编》卷 149，王廷相：《严茶》。
⑤ 张萱：《西园闻见录》卷 72。

甚。官营茶马贸易由于众多因素的冲击和制约，无法照旧继续运行，明廷只得调整榷禁制度，实行招商开中与买运制度。但这种不得已的非常之举又产生新的弊病，更加动摇了国家的茶马贸易垄断权。弘治十二年（1499年），监察御史王宪奏言：“国家于河州等处设茶马司，收茶以易番马，大得制御之道。比来抚臣建议，从权开中粮茶，遂令私茶难禁而易马不利，今关辅岁稍稔，而粮茶未见其益，只见其弊，请自今停粮茶之例。”①“未见其益，只见其弊”正道出了这种措施，只能是雪上加霜，使问题更加严重。招商买茶虽解决了茶马司无茶的窘境，但又使得茶马司茶积如山，而又无马可易。嘉靖二十五年（1546年），针对巡按陕西御史胡彦“洮、河、西宁三茶马司堆积年久不堪易马茶斤”的奏报，朝廷下旨：“茶马系西鄙重事，先朝榜禁甚严，何节年浥烂至十数万计？经该官员俱当追究，但年远人众，姑从宽宥，今后务必严禁。”② 官市的颓势由来已久，岂是一纸空文所能遏止？朝廷对此只能徒唤奈何。

就在官营茶马贸易受到多方面的冲击，日益衰落之时，民营茶马贸易日趋活跃，走私活动也更加猖獗。正统年间，朝廷“革陕西甘肃茶马司”，原因是“初，设茶马司收茶，招商纳马给边，以茶偿之。其后商贩私茶自足获利，不复以马来易官茶，由此官茶积久浥烂”。③ 正德朝之后，更是每况愈下。正如时人乔世宁所说：“自正德后，废给银之令，行抽分之法，于是官商皆得易马，而善马尽易于商茶矣。”④ 在这种情况下，官茶无人问津，堆积愈多。嘉靖十一年（1532年），西宁、洮州、河州三茶马司“积茶至二十九万一千五百一十五篦，散块私茶亦十余万斤”。⑤ 由于茶商有利可图，纷纷买运茶叶到茶马司交讫，而“茶马司官吏，每于茶商运到茶斤，不以时验收，或以滥恶贮库，比及支放，新陈错出，无复调理，以致陈茶充积，朽弃无用”。⑥ 仅嘉靖十三年（1534年），因堆积过久已不堪饮用的陈茶，“烧毁者三茶马司共二千万二千余斤，以价计之，则不啻数万两之多”。⑦ 数

---

① 《明孝宗实录》卷157。
② 《明世宗实录》卷317。
③ 《明英宗实录》卷88。
④ 乔世宁：《丘隅意见》。
⑤ 《明世宗实录》卷137。
⑥ 《明世宗实录》卷147。
⑦ 《明经世文编》卷106，梁材：《议茶马事宜疏》。

目之庞大，确实令人咋舌！

官营贸易的弊端愈显，则私贩茶叶之风愈盛。不仅内地私贩趋之若骛，而且“茶司居民，窃易番马以待商贩，岁无虚日，及官易时，而马反耗矣”。[①] 甚至许多茶户也纷纷加入贩卖私茶的活动，正如史载：“茶户每采新茶，晒成方块，潜入番族贸易，致官市阻滞。”[②] 边镇守将、官吏人等往往利欲熏心，从卖放关节、以次充好到私自兴贩，无所不为。史书记载：“洮、河、西宁等处专以不堪马匹冒顶番名中纳，或参（将）游（击）等官自中（茶），并纵容其子孙冒中及将茶斤辗转兴贩通番。”[③] 此外，朝贡番僧除获得赐茶外，还在朝廷允许下沿途私易茶货，带回藏地牟利。例如史载：“武宗宠番僧，许西域人例外带私茶，于是茶法遂坏。”[④] 礼部屡次议奏：“茶马禁列至重，今必欲敛而货之，以为下番之利，损民居之资、壅税商之法、妨易马之政，弊源一开，恐不可止。”[⑤] 但武宗无动于衷，不予采纳。这些番僧所贩易私茶的数量往往很大，有多至数万斤者，这也是导致茶禁日弛、马政日坏的重要因素之一。

总之，明王朝开展茶马贸易的目的，除了垄断茶利与获取战马外，非常重要的一点就是以此羁縻西北边疆少数民族，加强对他们的控制，即实行“以茶驭番”、“以茶治边”政策。这一政策再加上“因其俗尚，用僧徒化导为善”的多封众建、以教固政的抚绥政策，构成了明王朝治藏政策的主体，进一步密切了内地与边疆地区的政治、经济联系，对巩固明朝在藏区的统治，使“西陲晏然，终明世无番寇之患”[⑥] 发挥了巨大作用。嘉靖年间，兵部臣奏称：“西番自古为陕西患，与北虏等。入我朝百余年来贡献不绝，未尝敢犯边者，以制御有道也。”[⑦] 明朝对西番的所谓“制御有道”，很大程度体现在其“以茶驭番”的政策上。

但还应看到问题的另一面，即在“以茶驭番”思想指导下的茶马互市活动，对汉、藏两族也具有消极影响。正如有的学者所说：明王朝利用西

---

① 《明史》卷80，《食货志》。
② 《明世宗实录》卷147。
③ 《明世宗实录》卷328。
④ 杨时乔：《马政记》卷12。
⑤ 《明武宗实录》卷162。
⑥ 《明史》卷331，《西域三》。
⑦ 《明世宗实录》卷164。

番人民嗜茶如命的特点，使西番受制于中央王朝的“以茶驭番”政策，借此要从番民手里换取大量的军马，又在一定程度上把番民当作安宁西北的“藩篱”，显然官营茶马贸易体制发展到了明代，已应用了过多的封建王朝强制干预经济的行政手段。由此，明代官营茶马贸易体制对汉藏经济造成了一些负面影响。[①]“以茶驭番”具有极强的专制性。官营茶马互易作为一种特殊形式的民族贸易，自始至终都在政府的严格操控之下，从茶树栽植，到茶之采取、制造、储存、运输、销售，均在政府掌握之中，实行专买专卖。在明初国力强盛之时，朝廷垄断着茶源，即使茶马比价不合理，西番各部只能束手听命，茶马贸易还能照常进行。但在明中期以后，贱马贵茶的“差发马”制度愈来愈受到西番各部的抵制，他们宁可与私商交易也不愿与官方互市。随着茶马走私的日益严重，官营茶马贸易体制越来越受到致命的冲击，由明王朝控制的茶马贸易，随着其统治力量的逐渐削弱而走向衰落。到了清代乾隆中期以后，由于商品经济不断发展，在民间茶马贸易的巨大冲击下，由朝廷高度垄断的官营茶马贸易终于退出了历史舞台。

作者单位：中国社会科学院民族学与人类学研究所

① 参见王晓燕：《试论官营茶马贸易的历史作用和意义》，《中国藏学》2002年第4期。

对松巴堪布及其《如意宝树史》的研究

陈庆英　张子凌

松巴堪布，全名松巴堪布·益西班觉（Sum pa mkhan po ye shes dpal vbyor1704—1788 年），青海蒙古族，是青海佑宁寺的五大囊[①]活佛之一的松巴活佛的第三世。他在青年时于 1723 年到西藏学佛，入哲蚌寺郭莽扎仓，以成绩优异被称为松巴班智达，又因在 1727 年的前后藏贵族之间斗争中支持得胜的颇罗鼐一方，曾经带头阻止前藏贵族阿尔布巴等人征召哲蚌寺僧人从军的计划，因此在事件平定以后，受到被清朝封为郡王的颇罗鼐的敬重。颇罗鼐奏请朝廷任命他为锡金境内的吉蔡寺（skyid-tshal-dgon）的堪布[②]，因此人们通常称他为松巴堪布。1731 年他从西藏返回青海，同年即应乾隆皇帝的召请赴京，被任命为内蒙古多伦寺院的堪布。他在汉地居住约九年时间，期间受到清乾隆帝的厚遇，并授予他内蒙古诸旗王公精神上的上师的地位，但是实际上他主要是在北京、多伦、五台山等地的寺院中活动，迄今为止未发现他在内蒙古某个旗居住的记录。[③] 松巴堪布 1739 年

① 囊，藏语 nang 的音译，意为家、内部等。青海佑宁寺以此词称活佛在寺内的住宅院落，有如西藏寺院中活佛的住所称为拉章（bla-brang），佑宁寺五大囊活佛，是指佑宁寺的章嘉、土观、松巴、却藏、王佛等五大活佛系统。

② 见《如意宝树史》，藏文版，本书作者介绍，甘肃民族出版社 1992 年，第 2—3 页。

③ ［日］佐藤长：《西藏古代史研究》，姜镇庆译。本文出自《国外藏学研究译文集》第一辑，西藏人民出版社 1985 年，第 8 页。

返回青海，1749年出任佑宁寺法台。此年章嘉国师若必多吉从北京回佑宁寺，松巴堪布主持接待事务。当时安多地区藏传佛教的主要活佛如二世嘉木样活佛、三世土观活佛、四世却藏活佛等都到佑宁寺会见，成为佑宁寺历史上最为兴盛的场面①。此后松巴堪布又曾出任青海几座藏传佛教寺院的法台，专心著述，教授门徒。他的著作文集共有九函六十八部，涉及佛学、历史、语言文字、历算、藏医、文学等各个方面，其中最为著名的即是《如意宝树史》。

由于松巴堪布的民族出身、所属寺院、活佛身份及其在西藏学佛和在北京、多伦任职的经历，使得他与雍正、乾隆两朝青海、西藏、内蒙古和北京等各地的蒙古、藏、土、汉、满各民族的历史文化发生过多方面、多层次的纠结，同时他的著作又连接到藏传佛教、蒙古佛教、汉地佛教，涉及蒙古、藏族、土族、汉族和满族的历史文化的一些重要内容，因此，他可谓是当时中国多民族统一国家的历史和宗教文化的一个重要的代表人物。对他本人以及他的重要著作《如意宝树史》的研究应该是藏学、蒙古学、藏传佛教史和青海地方史研究的一个重要课题。不过，由于近年来这几个学科的深入发展，各自需要研究的课题很多，作为这些学科的一个重要连接点，即对松巴堪布本人以及他的重要著作《如意宝树史》的研究反而有些停滞不前，以前的一些研究成果还未受到应有的重视。有鉴于此，本文拟将这些研究成果作一整理，以期引起学界同仁的关注。

一

到目前为止，对松巴堪布本人的研究主要集中在他的族属问题上。关于松巴堪布的族属问题国内外学术界观点不一，迄今仍未取得一致的意见。《藏传佛教高僧传略》一书中作如下概述：“（松巴堪布）族属有土族、藏族、蒙古族几说。均待考。”② 我们把这些不同的观点归纳阐述如下：

一、蒙古族说：蒙古国的著名学者比拉在其著作《17—19世纪藏文蒙

① 土观·却吉尼玛著，陈庆英、马连龙译：《章嘉国师若必多吉传》，中国藏学出版社2007年，第140—146页。

② 杨贵明、马吉祥：《藏传佛教高僧传略》，青海人民出版社1992年，第324页。

古族历史著作》中写到他依据松巴堪布的《自传》中所掌握的新资料断定松巴堪布为蒙古族。并且比拉在此书中断言伯戴克与意大利的著名藏学家图齐都认为松巴为藏族，但是他却未说明图齐见解的出处。实际上图齐于1959年在德里出版的松巴《编年图表》原文的序中结尾处言“松巴是把自己的命运与中国紧密相连的蒙古喇嘛集团的代表”。[①] 另外，蒙古的学者策·达木丁苏荣、达·昌都主编的《蒙古文学概要》、中央民族大学教授乌力吉巴雅尔的《益西班觉尔及其作品》[②]、德·孟克巴特尔的《松巴堪布·益希班觉尔及其著作》[③]、才仁巴利的《松巴堪布·益西班觉尔族属与出生地考》[④] 和《青海蒙古族历史简编》等书和论文都持松巴堪布属蒙古族的观点。

二、藏族说：1889年印度的达斯为松巴堪布立了一个简单的传，立名《编年表的作者松巴堪布·益西班觉的一生》，其中认为松巴为藏族。徐国琼先生在《文学评论》1959年第六期发表的《关于格萨尔王传》、上官剑壁的《林国与林·格萨尔》[⑤]、佟锦华的《格萨尔研究的新开拓》[⑥]、邓珠拉姆的《格萨尔其人及降生年代探讨》[⑦]、《民族辞典》[⑧]、《安多藏族史略》[⑨]，以及中央民族大学编撰的《藏族文学史》、杨恩洪所著《格萨尔王传》等书中都持松巴堪布为藏族的观点。

三、土族说：路易斯·施拉姆的《甘青边界蒙古尔人的起源、历史及社会组织》中的第二部分《他们的宗教生活》[⑩]、杨和瑨先生所著《松巴堪布青海史译注》中视松巴堪布为土族。[⑪] 谢健、谢伟汉译的《青海历史》

---

① 房建昌：《西藏学研究在俄国和苏联》，中国社会科学院边疆史地研究中心1987年，第75页。

② 载《蒙古语言文学》，1990年第5期。

③ 载《西北民族研究》，1991年第2期。

④ 载《青海民族学院学报》（社会科学版），1997年第3期。

⑤ 载《民族文学研究》，1981年第一、第二合刊。

⑥ 载《民族文学研究》，1987年第6期。

⑦ 载《贡嘎山》，1984年第1期。

⑧ 《民族辞典》，上海辞典出版社1981年，第663页。

⑨ 黎宗华、李廷恺：《安多藏族史略》，青海人民出版社1992年，第177页。

⑩ Louis Schram《Monguors of Kansu-Tibet frontier. Their origin, history, and social organization》，载《美国哲学社会学报》新丛书，47卷，第一部分，菲拉德尔菲亚1957年，第32—33页。

⑪ 杨和瑨：《松巴堪布青海史译注》，向红笳、陈庆英译，载《国外藏学研究译文集》第一辑，第218页。

中，作者虽在松巴堪布简介上记他是蒙古族，但在括号里附上了有些人认为他是土族的说法，并建议待考。[1] 中国少数民族简史丛书之一的《土族简史》中，作者们用相当的篇幅介绍松巴，并认为他是土族。认为松巴堪布是土族的说法，很可能是因为佑宁寺所在地是青海省互助土族自治县，寺院的僧人绝大多数都是土族人，故推测松巴堪布也是土族。

此外，《藏汉大辞典》、《宗教辞典》等工具书中，只扼要地提到松巴堪布的生活年代、主要著作，并介绍他为藏传佛教格鲁派大学者，未指明族属。已故著名蒙古学学者韩儒林先生在他的《青海佑宁寺及其名僧》一文中也没有说明松巴的族属。

综合了以上学者们的观点，笔者经过严谨的思考，认为从松巴堪布《自传》中获取其族属信息的正确性比较高，因为作者本人所记载自己的生平，应该是比较可信的。各种资料显示，认为松巴是蒙古族的学者也大都依据他的《自传》，而藏族、土族族属的说法并没有提供特别可靠的依据。

现摘录松巴堪布《自传》的其中两段，予以说明：

> 据说，很早以前，从下边的汉蒙地区，来了一群打猎者危害人民。巴特德氏人把此事给卫拉特汗报告并领着英雄好汉雅布干墨日根杀了那些打猎人。后来巴特德氏迁往准噶尔居住，生息繁衍成为巴特德氏部落。我的姓氏属于著名的四个卫拉特中的巴特德部落台吉后裔。[2]

> 蒙古卫拉特法律规定，围着蒙古包围墙外面的红色细木条，除蒙古包周围的喇嘛、王室家族的近亲贵族可以拿之外，其它家族的人不允许拿。记得小时候我的近亲贵族是可以拿的。所以，从中可以看出我的家族是属于诺颜家。[3]

有关历史文献记载，第一段所说巴特德部落是很早以前已经形成的蒙古部落，而第二段所记载的这个习俗也有旁证可查。此外其他文献也有一

---

① 载《青海民族学院学报》，1983年第4期。

② 乌力吉：《益西班觉尔及其作品》，载《蒙古语言文学》1990年第5期。

③ 乌力吉：《益西班觉尔及其作品》，载《蒙古语言文学》1990年第5期。

些佐证可以证明松巴堪布是蒙古族。比如佑宁寺第三十五任堪布洛桑却吉尼玛在他所著的《佑宁寺志》中写道："第三十二任堪布是我的上师堪钦益西班觉尔，彼生于青海王公家族。……上述这些均为我的随从所知。"[①] 在青海所谓王公，乃蒙古旗所独有。另外，《安多政教史》也记载："松巴堪钦·益西班觉尔于第十二饶迥的木猴年（公元1704年，清康熙四十三年，甲申）生于固始汗法王之孙——青海额尔德尼台吉仓巴扎部之旗"。[②]

综合上述资料我们可以得出这样的结论：松巴堪布诞生于青海卫拉特蒙古巴特德部落贵族家庭。又据松巴堪布《自传》中记载，其父亲系卫津台吉道尔吉扎西，母亲系蒙古准噶尔部人巴拉西措。他们共育七个儿女，松巴堪布是第四子。确定松巴堪布的族属为蒙古族。松巴堪布虽然是创建拉卜楞寺的一世嘉木样活佛认定的，但是他最早出家的寺院是塔秀寺（thar-shul-dgon），他的第一个老师即是塔秀活佛却迥嘉措（chos-skyong-rgya-mtsho）。[③] 塔秀寺在青海海南藏族自治州黄河南面的贵南县，因此松巴堪布应该是出生在塔秀寺附近的黄河岸边。俺答汗时期土默特蒙古就曾长期占据这一称为茫拉川的地区，与明朝相争；在雍正、乾隆的时代，这里是青海蒙古的几个旗分布的地区，因此他是蒙古族家庭出身也可以理解。

国内外研究松巴堪布的文章著作主要有：

1. 西北民族大学历史文化学院的才让教授有一篇论文《十八世纪藏传佛教高僧——松巴堪布·益西班觉》，发表在1990年的《藏学研究论丛》上。论文主要依据《松巴堪布自传》，另外参考了土观罗桑曲吉尼玛的《佑宁寺志》和智贡巴的《安多政教史》，对松巴堪布这位高僧的生平事迹作了简要论述，采用年谱形式来记述松巴的一生。

2. 同是西北民族大学的尹伟先教授也有一篇《松巴堪布生平及著述略考》的论文，发表在《西北民族学院学报》1990年的校庆专辑上。论文主要探讨的是关于松巴堪布的族属问题。由于客观因素，此论文笔者还未能有机会看到，所以在此不予更多介绍。

3. 另外德·孟克巴特尔的论文《松巴堪布·益希班觉尔及其著作》发表在1991年第2期的《西北民族研究》上，论文共分为三大部分，第一部

① 《佑宁寺志》（三种），青海人民出版社1990年，第69页。
② 吴均等译：《安多政教史》，甘肃民族出版社1989年。
③ 见《如意宝树史》，藏文版，本书作者介绍，甘肃民族出版社1992年，第1页。

分论述了松巴堪布的族属；第二部分同样采用了年谱的形式介绍了松巴堪布的生平事迹，但是相对于才让教授那篇论文的介绍要显得简单许多；第三部分介绍了松巴堪布的著作及其价值，这一部分论述得十分详细，几乎涵盖了松巴比较著名的全部著作。

4. 贵荣在1993年第2期的《蒙古学信息》上发表了《松巴堪布·益希班觉及其〈佛教史〉》一文，本文除同样介绍了松巴堪布的生平之外，还有一个比较有价值的方面，即介绍了由内蒙古人民出版社1991年出版的《如意宝树史》蒙古文铅印本，这部蒙古文本根据由内蒙古图书馆收藏的竹笔写成的译本而出版，书名叫做《松巴堪布·益希班觉佛教史》。贵荣是本书的责任编辑。

5. 青海民族学院少语系蒙古文教研室的才仁巴利也有一篇论文《松巴堪布·益希班觉尔族属与出生地考》，发表在1997年第3期的《青海民族学院学报》（社会科学版）上，才仁的论文认为关于松巴的族属与出生地问题，学界尚无定论。该文在考证文献资料和社会调查的基础上认定了松巴的族属和出生地。论文分为三部分，第一部分论述松巴的族属；第二部分论述松巴的旗属与出生地；第三部分为结束语，阐述准确，对确定松巴的民族成份有重大意义。

6. 国外学者的著述与论文中关于松巴堪布也有相当多的研究成果，现作一简单介绍。在下列著作与论文当中都对松巴堪布进行过研究：图齐的《西藏画卷》第一卷，罗马，1949年；比拉的《17—19世纪蒙古的藏语文史学家》，第17—34页，乌兰巴托，1960年；比拉的《有关松巴堪布·益希班觉的某些新材料》，《蒙古研究》第三卷，第20册，1975年；戴琼的《松巴堪布和他的世界》，《哈佛亚洲学报》，第27卷，第208—217页，1967年；普巴耶夫的《松巴堪布历史著作（意识树）中的佛教宇宙观》，《中亚历史语文学资料集》，第3册，乌兰乌德，1969年；普巴耶夫的《18世纪西藏学者叙述的中国古代史和中世纪史》，《中国社会和国家》，第三编，莫斯科，1978年；K. M. 格拉西莫娃的《东方美学思想文献·西藏的匀称标准》，乌兰乌德，1971年。

二

《如意宝树史》藏文全称 phags yul rgya nag chen po bod dan sog yul du dam pavi chos byun tshul dpag bsam ljon bzan zes bya ba bzugs so，可直译为《印度汉地西藏蒙古圣教来源史如意宝树》，这是松巴堪布·益西班觉在乾隆十三年（1748 年）撰写的佛教史著作。它系统、完整地对亚洲东部佛教流传最广泛的四大地区——印度、汉地、西藏、蒙古的政教历史作了精辟的记述，内容极为丰富，叙事扼要，汇总了大量的史料，纠正了年代等方面的不少错误，对现今研究印度佛教史、藏族历史、藏传佛教史、蒙古史等都具有重要的参考价值。除《如意宝树史》外，松巴堪布还有《青海历史梵曲新音》（1786 年）、《书信集》等已经为学术界所熟知。此外松巴堪布在《自传》和《布谷鸟之妙音颂》等著述中写下了很多优美的诗词，受到国内外研究者的推崇。

《如意宝树史》现存库仑木刻版，430 叶。印度著名学者达斯在 1908 年将英文译注本与原文一同印行出版于加尔各答。印度学者罗克什·钱德拉教授在 1959 年编写《松巴堪布·益希班觉著“如意宝树”，即中国与蒙古佛教史》（见印度《百藏丛书》，第 8 卷，新德里，1959 年）一书刊布了《如意宝树》藏文影印本。达喇嘛于 1964 年以《松巴堪布的印度史》之名出版了《如意宝树史》的第一部分。

客观地说，对于《如意宝树史》的研究，国外的学者要远远早于国内的学者，自 19 世纪下半叶以来，就已经有不同国家的许多学者翻译、注解、研究过《如意宝树史》和松巴堪布的生平及其著作。比较著名的像瓦西里耶夫（В. П. Василъев）、迪尔基诺夫（Г. Ж. Дылгыров）、普巴耶夫（Р. Е. Пубаев）、达斯（S. Ch. Das）、伯希和（P. Pelliot）、图齐（Tucci）、罗克什·钱德拉（Lokesh-Chandra）、伯戴克（L. Petech）、达喇嘛（Ta-bla-ma）、比拉（Ш. Бира）、达木丁苏伦、阿拉坦格日勒、沃斯特利科夫（А. Н. Востриков）、戴琼（J. W. De Jong）、佐藤长、巴考（J. Bacot）、哈尔（E. Haarh）、韩伯诗等国外知名学者都对《如意宝树史》进行过比较深入细致的研究。而在我国最早研究《如意宝树史》及其作者的是已故著名蒙古学家韩儒林先生。此后在国内主要是蒙古族学者和藏族学者对《如意宝树史》及松巴堪布其人有不少论文和专题研究，但都稍显凌乱和分散，缺少系统综合性。所以相比而言，较早且更为珍视其价值的似乎还多是国外学者，尤以俄国学者的研究最显深入。他们的主要论文著作有：

1. 瓦西里耶夫（1818—1900 年）是迄今我们知道的最早翻译、研究《如意宝树史》的作者。1855 年他在《喀山大学图书馆中的若干佛教书籍》一文中首次对松巴堪布的佛教史作了极高的评价。之后，瓦氏参照《如意宝树史》中的有关史料，编写了《西藏佛教史》一书。这部书分前言、松巴呼图克图著作摘要、编年表三部分，基本上是《如意宝树史》有关西藏政教史的译注。《西藏佛教史》开创了俄国西藏佛学研究的先河。可惜，这部著作未能正式出版，至今尚以稿本形式库藏于俄罗斯科学院东方学研究所。另外，瓦氏的另一稿本《松巴呼图克图年表》，是专门讨论松巴书中 1027—1746 年间的编年表格的一部著作，现存有两个副本，一是手抄本，一是打印本，打印本长达 96 页。在这本书中，瓦氏将编年表中的藏历纪年换算成了西元纪年。但对前后较为复杂的部分未予译释。

2. 继瓦氏稍后翻译、研究《如意宝树史》的是印度学者达斯（1849—1917 年）。1902 年达斯出版的、被世界藏学界长期奉为基本参考书的《梵文对照藏英大辞典》中所收的许多历史词汇便来自于《如意宝树史》。1886 年他将松巴的编年表译成英文发表在《孟加拉亚洲学会报》上，定名为 The Tibetan Chronological Table "Reu humin" from the original work Chos Jong jon sang（《如意宝树史》中的西藏编年表），1889 年达斯进一步评品《编年表》时，将藏历换算成了西元纪年。可惜的是，他的换算错了一年，本应是 1027—1746 年，他换算成了 1026—1745 年。同年达斯又为松巴堪布立了一个简单的传，立名《编年表的作者松巴堪布·益西班觉的一生》，也发表在当年的《孟加拉亚洲学会报》上。由于达斯掌握的资料有限，所以这个传中有一些明显的错误，譬如说，关于松巴的族属问题。1908 年，达斯将《如意宝树史》中的印度和西藏部分译成英文并加注刊布于加尔各答，书名为《印度、西藏佛教史》。达斯的译本虽非全译原文，但对藏学界有很大影响，至今西方很多治蒙藏学学人仍大量引用此书。另外，达斯还利用《如意宝树史》的资料，写下了《蒙古统治下的西藏》、《末代汗王统治下的西藏》、《达赖喇嘛的教阶制度》等重要论文。

3. 另一位研究《如意宝树史》的学者是居住在外贝加尔布里亚特地区楚果尔藏传佛教寺院的僧人迪尔基诺夫，他是用 18 世纪以来该地区所通用的文字——老蒙文来译释《如意宝树史》的，其水平也高于瓦氏和达斯。迪氏的译本不是全译，而是摘译、复述，其中不乏自己的创见。译本分两册：第一册是印藏历史和宗教史部分，名为《器世界之起初形成及其概况》；第二册是蒙古历史和宗教史部分，名为《奉天命而降生之成吉思汗传说》。此二译本都是在1869年完成的，在布里亚特蒙古地区流传甚广，在乌芦斯的知识阶层中亦很受欢迎。

4. 1913年法国著名学者伯希和（1878—1945年）发表的研究西藏历法的论文《六十年循环编年表》指出了达斯推算松巴《编年表》的错误，此论文的发表成为一个新的研究《如意宝树史》热潮的开始。意大利的图齐教授于1949年出版的《西藏画卷》第二卷651—656页中记述的1179—1748年的西藏史便是《如意宝树史》有关部分的翻译和复述。印度的罗克什·钱德拉教授在1959年刊印了《如意宝树史》的第三、四部分，并附有年表，形成了《汉地和蒙古佛教史》（见印度《百藏丛书》，第8卷，新德里，1959年）一书。再就是达喇嘛于1964年以《松巴堪布的印度史》之名出版了《如意宝树史》的第一部分。

5. 另外从文献价值角度研究《如意宝树史》，比较典型的是蒙古国的藏学家比拉，他于1960年在乌兰巴托用俄文出版了《17—19世纪蒙古的藏语文史学家》。该书把松巴堪布·益西班觉作为十个最伟大的用藏文写作的蒙古作家之一，在第二章第二节（21—28页）便专门对《如意宝树史》作了评说，盛赞其文献价值。苏联藏学家沃斯特利科夫在1936—1937年间完成了一部名为《西藏历史文献》的巨著，1962年此书在莫斯科由罗列赫整理出版。这部书把《如意宝树史》作为一部重要的历史文献加以介绍，对它在西藏佛教史上的地位作了中肯的评价。

6. 对《如意宝树史》所叙史实加以订正、补充，并运用这些丰富的资料来研究西藏政教历史的有日本藏学家佐藤长所著的《古代西藏史研究》、法国学者巴考著的《西藏历史导论》、丹麦学者哈尔的《雅隆王朝》。这些著作都采用了《如意宝树史》的有关史料，并同其他西藏历史文献中的记载做了比勘，从而在局部范围内订正了松巴堪布的某些失误。

7. 截至目前，国际上研究《如意宝树史》最为透彻、也最具权威的是前苏联学者普巴耶夫（1928—1991年），他生前是布里亚特社会科学院东方研究部教授、博士。他早年毕业于列宁格勒大学东方系。从1969年以来，普巴耶夫发表了大量研究松巴堪布及其《如意宝树史》的论文：《松巴堪布的史学著作〈如意宝树史〉中的佛教宇宙观》（载《中亚历史和语文材料》，乌兰乌德，1969 年）、《松巴堪布〈如意宝树史〉的版本考订诸问题》（载《藏学、藏学讨论会材料》乌兰乌德，1971 年）、《松巴堪布〈如意宝树史〉的翻译》（载《中亚历史和语文材料》，乌兰乌德，1971 年）、《益西班觉著作〈如意宝树史〉中的蒙古史资料》（载《有关蒙古的材料与考察》，乌兰乌德，1974 年）、《松巴堪布〈如意宝树史〉的原文特点及其译释》（载《中亚历史和语文材料》，乌兰乌德，1978 年），同在 1978 年发表的《十八世纪藏族学者所述中国古代史与中世纪史》即言松巴此书。此外还有《松巴堪布著作所述佛教“宗”的历史》（载《佛教和中世纪中亚民族文化》，1980 年）。1981 年他出版了专著《〈如意宝树史〉——十八世纪的西藏历史文献》，全面、深刻、系统地对《如意宝树史》作了探究。学术界有人评论其为“国际上研究此书（指《如意宝树》）的集大成著作”。普巴耶夫也因此获得史学博士学位。

在我国的学术界，也有一些学者对《如意宝树史》进行过研究，主要的有：

1. 国内最早研究《如意宝树史》及其作者的是已故著名蒙古学家韩儒林先生。1943 年，韩先生在《边政公论》上发表了《青海佑宁寺及其名僧》一文，较详细地介绍了松巴堪布和他的《如意宝树史》，另外论文中还介绍了佑宁寺和罗卜藏丹津事件，并附有相当丰富且详细的史料。这篇论文当时在国内已经具有相当的学术深度。

2. 此后很长一段时间，国内研究《如意宝树史》的学者非常少，直到 1986 年，内蒙社会科学院历史所蒙古族学者乔吉在《内蒙古社会科学》上发表了从历史文献学的角度介绍《如意宝树史》的一篇文章，文章比较全面地介绍了《如意宝树史》的作者、版本、内容梗概、史料价值和国内外研究概况。特别是介绍了关于蒙古文版《如意宝树史》的版本和内容，具有非常珍贵的学术价值。

3. 《如意宝树史》1994 年汉文译注本的译者之一，原青海社会科学院的蒲文成先生有一篇名为《松巴堪布·益西班觉及其佛教史名著〈如意宝树史〉》的文章，发表在 1991 年第二期的《民族古籍》上，其中详细记述了松巴堪布的生平、著作和关于《如意宝树史》内容的一些概况，论述比较全面。

4. 另外中央民族大学蒙语系教授乌力吉巴雅尔在 2005 年 1 月在《青海

民族学院学报》上发表了一篇探讨关于《蒙古源流》、《如意宝树史》、《土观宗派源流史》所共同记载的一段相同内容的文字的论文。文章分别罗列了三部著作各自关于这一段内容的记载，而后把它们加以比较，同时引用其他一些材料予以说明它们之所以形成共同记载的原因，从而达到论文的研究目的。这篇论文在一定程度上也操用了文献学的研究方法。

《如意宝树史》的版本、译本众多，所以，无论从文献学还是历史学的角度而言，各种版本、译本的《如意宝树史》都有系统梳理、精细研讨的必要。加之由于有部分《如意宝树史》的译本并未包含全部内容，所以对于这些译本也应该予以足够的重视。

从比较研究学的角度而言，研究《如意宝树史》的意义在于：在有针对性的参照西藏历史文献、蒙古历史文献和汉文历史文献的基础上，与《如意宝树史》做出比较研究，探寻《如意宝树史》的史料来源与价值；澄清《如意宝树史》与汉文史籍中所记载某些事件的异同或源流，从而进一步解析《如意宝树史》的史料特征。

从历史编纂学的角度而言，研究《如意宝树史》的意义在于：与当时的时代背景相结合，肯定《如意宝树史》在蒙古历史编纂学中的重要地位，探寻其学术价值。

作者单位：中国藏学研究中心

清代西藏封爵考述

赵云田

有清一代，满族统治者以军功、姻亲、归附等不同原因，封蒙古、青海、新疆、西藏少数民族王公贵族以各种爵位，并给予相应的政治、经济待遇，用以巩固对这些地区的统治。这是清朝对边疆少数民族的重要政策，在不同时期的《大清会典》、《大清会典事例》及有关典籍中都有记述。但是，在这些记述中，有的彼此矛盾，有的详略不同，有的缺漏太多，有的明显错误，尤其是关于西藏封爵的记述。有鉴于此，本文根据档案、清实录等资料，考述清代西藏的封爵情况，不妥之处，敬请方家指正。

一、光绪朝《大清会典事例》等典籍中关于西藏封爵情况的记述

比较详细记载西藏封爵情况的典籍，有光绪朝《大清会典事例》，《钦定外藩蒙古回部王公表传》、《钦定续纂外藩蒙古回部王公表传》，以及民国年间修成的《清史稿》等。

光绪朝《大清会典事例》卷九七二载：唐古特闲散札萨克衔一等台吉一人。雍正六年，诺颜和硕齐始授今爵。乾隆元年，弟车臣哈什哈袭。五年，弟齐旺多尔济袭。十年，诺颜和硕齐子旺对袭。三十一年，子索诺木

喇什袭。五十七年，子策棱旺舒克多尔济袭。道光八年，子敦珠毓杰袭。又载：又闲散札萨克衔辅国公一人。先于雍正八年，封珠尔默特策布登为札萨克一等台吉。九年，晋辅国公。十一年，晋镇国公。乾隆十六年，次子珠尔默特旺札勒降袭札萨克辅国公。四十三年，长子诺尔布朋素克袭。四十八年，诏世袭罔替。五十九年，长子额淋沁彭楚克袭。嘉庆二十一年，子策旺珠美袭。道光二十七年，子札什热布丹袭。由上可见，光绪朝《大清会典事例》只记载了清代西藏的两个爵位，显然，这与清代西藏封爵的实际情况相差太大。此外，在具体内容上，对袭爵者的卒年等也没有明确记载。

《钦定外藩蒙古回部王公表传》、《钦定续纂外藩蒙古回部王公表传》对清代西藏封爵情况亦有比较系统的记述。两书中卷十二、表十二和卷十分别以表的形式，记述了清代西藏的封爵情况：

西藏部札萨克一等台吉。《钦定外藩蒙古回部王公表传》载：初授，诺颜和硕齐，雍正六年，授札萨克一等台吉。乾隆元年卒。一次袭，车臣哈什哈，诺颜和硕齐弟。乾隆元年，袭札萨克一等台吉，五年卒。二次袭，齐旺多尔济，车臣哈什哈弟。乾隆五年，袭札萨克一等台吉。十年卒。三次袭，旺对，诺颜和硕齐子。乾隆十年，袭札萨克一等台吉。三十一年卒。四次袭，索诺木喇什，旺对子。乾隆三十一年，袭札萨克一等台吉。四十八年，诏世袭罔替。五十七年卒。五次袭，策棱旺舒克多尔济，索诺木喇什长子。乾隆五十七年，袭札萨克一等台吉。《钦定续纂外藩蒙古回部王公表传》道光十九年本卷十载：五次袭，策凌旺楚克多尔济……道光八年卒。

西藏部札萨克辅国公。《钦定外藩蒙古回部王公表传》载：初封，珠尔默特策布登，雍正八年，授札萨克一等台吉。九年，晋辅国公。十一年，晋镇国公。乾隆十五年，为其弟珠尔默特纳木扎勒所戕。一次袭，珠尔默特旺扎勒，珠尔默特策布登次子。乾隆十六年，降袭札萨克辅国公。四十二年卒。二次袭，诺尔布朋素克，珠尔默特旺扎勒嗣子。乾隆四十三年，袭札萨克辅国公。四十八年，诏世袭罔替。五十八年卒。三次袭，额淋沁彭楚克，诺尔布朋素克子。乾隆五十九年，袭札萨克辅国公。《钦定续纂外藩蒙古回部王公表传》道光十九年本卷十载：三次袭，额淋沁彭楚克……嘉庆二十一年卒。该书咸丰朝本卷十载：四次袭，策旺珠美，额淋沁彭楚克子。嘉庆二十一年袭。道光二十七年因病开缺。

西藏部辅国公。《钦定外藩蒙古回部王公表传》载：初封，索诺木达尔扎，雍正七年，封辅国公。乾隆九年卒。一次袭，恭格丹津，索诺木达尔扎次子。乾隆九年，袭辅国公。三十八年卒。二次袭，扎什纳木扎勒，恭格丹津子。乾隆三十八年，袭辅国公。四十八年，诏出缺后世袭一等台吉，罔替。五十六年卒。三次袭，奇雅多尔旺瞿，扎什纳木扎勒长子。乾隆五十七年，袭一等台吉。《钦定续纂外藩蒙古回部王公表传》道光十九年本卷十载：三次袭，奇雅多尔旺瞿……嘉庆二十二年卒。四次袭，色纶彭苏，奇雅多尔旺瞿子。嘉庆二十二年袭。道光十一年卒。

西藏部辅国公。《钦定外藩蒙古回部王公表传》载：初授，喀锡鼐色布登喇什。初授阿里总管。雍正五年，以击逆贼阿尔布巴等阵殁。六年，追授一等台吉。一次袭，噶锡巴纳木扎勒色布腾，喀锡鼐色布登喇什长子。雍正六年，袭一等台吉。九年，晋辅国公，诏世袭罔替。乾隆四年卒。二次袭，班第达，喀锡鼐色布登喇什次子。乾隆五年，袭辅国公。五十四年，以老罢。三次袭，丹津班珠尔，班第达子。乾隆五十四年，袭辅国公。五十七年，以罪削。四次袭，敏珠尔索诺木班珠勒，丹津班珠尔子。乾隆五十七年，袭辅国公。

西藏部札萨克一等台吉。《钦定外藩蒙古回部王公表传》载：初授，车凌旺扎勒，雍正六年，授札萨克一等台吉。二十八年卒。一次袭，索诺木旺扎勒，车凌旺扎勒孙。乾隆二十九年，袭札萨克一等台吉。四十八年，诏世袭罔替。五十三年卒。以罪停袭。

《钦定外藩蒙古回部王公表传》、《钦定续纂外藩蒙古回部王公表传》在封爵的数目上不但比光绪朝《大清会典事例》的记载有所增多，而且，在具体内容上，也增加了卒年等内容。

《清史稿》中的“藩部世表三”对清代西藏封爵情况也有比较系统的记述，内容如下：

西藏部札萨克镇国公，今袭辅国公。初封，珠尔默特策布登，雍正八年，授札萨克一等台吉。九年，晋辅国公。十一年，晋镇国公。乾隆十五年，为其弟珠尔默特纳木扎勒所戕。一次袭，珠尔默特旺扎勒，珠尔默特策布登次子。乾隆十六年，降袭札萨克辅国公。四十二年，卒。二次袭，诺尔布朋素克，珠尔默特旺扎勒嗣子。乾隆四十三年，袭札萨克辅国公。四十八年，诏世袭罔替。五十八年，卒。三次袭，额琳沁彭楚克，诺尔布朋素克子。乾隆五十九年，袭札萨克辅国公。嘉庆二十一年，卒。四次袭，策旺珠美，额琳沁彭楚克子。嘉庆二十一年，袭。道光二十一年，病免。

五次袭，札什热布丹，策旺珠美子。道光二十七年，袭。六次袭，那木济勒错布丹。光绪十三年，袭。

西藏部辅国公，今定世袭一等台吉。初封，索诺木达尔扎，雍正七年，封辅国公。乾隆九年，卒。一次袭，恭格丹津，索诺木达尔扎次子。乾隆九年，袭辅国公。三十八年，卒。二次袭，札什纳木扎勒，恭格丹津子。乾隆三十八年，袭辅国公。四十八年，诏出缺后世袭一等台吉罔替。五十六年，卒。三次袭，奇雅多尔旺瞿，札仁纳木扎勒长子。乾隆五十七年，袭一等台吉。嘉庆二十二年，卒。四次袭，色纶彭苏，奇雅多尔旺瞿子。嘉庆二十二年，袭。道光十一年，卒。五次袭，加木参乌珠，色纶彭苏子。道光十一年，袭。

西藏部辅国公。初封，喀锡鼐色布登喇什，初授阿哩总管。雍正五年，以击阿尔布巴等阵殁，六年，追授一等台吉。一次袭，噶锡巴纳木扎勒色布腾，喀锡鼐色布登喇什长子。雍正六年，袭一等台吉。九年，晋辅国公，诏世袭罔替。乾隆四年，卒。二次袭，旺第达，（按旺应为班）喀锡鼐色布登喇什次子。乾隆五年，袭辅国公。五十四年，以老罢。三次袭，丹津班珠尔，班第达子。乾隆五十四年，袭辅国公。五十七年，以罪削。四次袭，敏珠尔索诺木班珠勒，丹津班珠尔子。乾隆五十七年，袭辅国公。

西藏部札萨克一等台吉。初封，车凌旺扎勒，雍正六年，授札萨克一等台吉。二十八年，卒。一次袭，索诺木旺扎勒，车凌旺扎勒孙。乾隆二十九年，袭札萨克一等台吉。四十八年，诏世袭罔替。五十三年，卒。

西藏部札萨克一等台吉。初封，诺颜和硕齐，雍正六年，授札萨克一等台吉。乾隆元年，卒。一次袭，车臣哈什哈，诺颜和硕齐弟。乾隆元年，袭札萨克一等台吉。五年，卒。二次袭，齐旺多尔济，车臣哈什哈弟。乾隆五年，袭札萨克一等台吉。十年，卒。三次袭，旺对，诺颜和硕齐子。乾隆十年，袭札萨克一等台吉。三十一年，卒。四次袭，索诺木喇什，旺对子。乾隆三十一年，袭札萨克一等台吉。四十八年，诏世袭罔替。五十七年，卒。五次袭，策棱旺舒克多尔济，索诺木喇什长子。乾隆五十七年，袭札萨克一等台吉。道光八年，卒。六次袭，敦珠毓杰，策棱旺舒克多尔济子。道光八年，袭。七次袭，汪青彭错，光绪三十二年，袭。

和《钦定外藩蒙古回部王公表传》的记载相比，《清史稿》记述的也是五个爵位，只是爵位名称有的不同，具体到每个人的内容上，亦比较详细。

二、《清史稿》等关于西藏封爵记述的缺误

前面我们所以比较详细地引述了光绪朝《大清会典事例》、《钦定外藩蒙古回部王公表传》、《钦定续纂外藩蒙古回部王公表传》、《清史稿》等典籍中记载的西藏封爵，那是因为，如果我们接触到更多的史料，比如档案和《清实录》等，就会发现，上述诸书不但在清代西藏封爵整体数量上的记载有缺漏，而且在每个爵位具体个人的记述上，亦有严重的缺误。下面，我们就以光绪朝《大清会典事例》、《钦定外藩蒙古回部王公表传》、《钦定续纂外藩蒙古回部王公表传》、《清史稿》等的上述记载为底本，按《清史稿》所记的清代西藏五个爵位为序，对照档案和《清实录》的有关记述，加以说明。

西藏部札萨克镇国公，今袭辅国公。先看爵职名。光绪朝《大清会典事例》卷九七二载：又闲散札萨克衔辅国公一人。因此，《清史稿》中的“西藏部札萨克镇国公，今袭辅国公”，爵名应改为“闲散札萨克衔辅国公”。

再看爵位中每个人的内容。初封，珠尔默特策布登。《清实录》中有关记载是：《清世宗实录》卷一〇三，雍正九年二月庚子……贝子颇罗鼐……著封为贝勒。伊子一等台吉珠尔嘛特册登……著封为辅国公。《清高宗实录》卷二五六，乾隆十一年正月甲戌……珠尔玛特策卜登，因从前带兵，在边境出力，曾施恩封为辅国公。今虽有残疾，不能效力，并著加恩封为镇国公。卷三五八，乾隆十五年二月己卯……谕军机大臣等：据拉布敦、策楞、岳钟琪奏称，接准纪山札称，珠尔默特车布登已于上年十二月身故……卷三五八，乾隆十五年二月庚辰，……又谕：据驻藏办理事务副都统衔纪山奏称，珠尔默特车布登举兵侵藏，已于去年十二月十八日病故。案珠尔玛特策卜登、珠尔默特车布登、珠尔默特策布登、珠尔嘛特册登，为同音异译。由上述记载可以看出，珠尔默特策布登晋镇国公时间是乾隆十一年正月初七日（甲戌），而不是“雍正十一年”。珠尔默特策布登卒年是乾隆十四年十二月十八日，而不是“乾隆十五年”。因此，珠尔默特策布登的表述内容应增为：雍正八年封札萨克一等台吉。九年二月初七日（庚子）晋辅国公。乾隆十一年正月初七日（甲戌）晋镇国公。十四年十二月十八

日为其弟珠尔默特纳木扎勒所戕。

二次袭，诺尔布朋素克。《清高宗实录》卷一〇五三，乾隆四十三年三月壬午，谕：据留保住奏，辅国公珠尔默特旺扎勒病故，其原给敕书并无世袭罔替字样。今可否仍令伊子诺尔布朋苏克承袭，请旨遵行等语。珠尔默特旺扎勒之父车布腾原系镇国公，因被伊弟珠尔默特那木扎勒无故戕害，是以特加恩将伊子珠尔默特旺扎勒赏给辅国公。今珠尔默特旺扎勒病故，著加恩仍令伊子诺尔布朋苏克承袭辅国公。案诺尔布朋素克，诺尔布朋楚克，为同音异译。所以，诺尔布朋素克的表述内容应增为：珠尔默特旺扎勒子。乾隆四十三年三月二十二日（壬午）袭札萨克辅国公。四十八年诏世袭罔替。五十八年卒。

三次袭，额琳沁彭楚克。《清高宗实录》卷一四四八，乾隆五十九年三月辛卯，以西藏札萨克辅国公诺尔布朋楚克子额淋沁彭楚克袭爵。因此，额琳沁彭楚克的表述内容应增为：诺尔布朋素克子。乾隆五十九年三月初四日（辛卯）袭。嘉庆二十一年卒。

四次袭，策旺珠美。一史馆藏国史馆全宗档案368号：西藏辅国公额璘沁彭楚克病故后，嘉庆二十一年十一月初六日，奉旨：喜明奏，西藏辅国公额璘沁彭楚克病故一折，所遗公爵系军功赏给，著加恩即以额璘沁彭楚克之子策旺珠美承袭。钦此。《清仁宗实录》卷三二四，嘉庆二十一年十一月辛亥，以故唐古忒辅国公额琳沁朋楚克子策旺珠美袭爵。台北故宫档《续纂外藩蒙古回部王公表传》咸丰朝稿本卷十：策旺珠美……道光二十七年，因病开缺。

可见，策旺珠美因病开缺时间不是“道光二十一年”，而是“道光二十七年”。策旺珠美的表述内容应增为：额琳沁彭楚克子。嘉庆二十一年十一月初六日（辛亥）袭。道光二十七年病免。

五次袭，札什热布丹。《清宣宗实录》卷四三八，道光二十七年正月戊申，以因病告替西藏辅国公策旺珠美子扎喜热布丹袭爵。故札什热布丹的表述应增为：策旺珠美子。道光二十七年正月二十八日（戊申）袭。

六次袭，那木济勒错布丹。《清德宗实录》卷二四五，光绪十三年七月戊辰，以故辅国公扎喜热布丹子那木济尔策布丹袭爵。案：那木济勒错布丹、那木济尔策布丹，为同音异译。那木济勒错布丹的表述应增为：札什热布丹子。光绪十三年七月十三日（戊辰）袭。

西藏部辅国公，今定世袭一等台吉。初封，索诺木达尔扎。《清世宗实录》卷八十二，雍正七年六月丁丑，理藩院奏：达赖喇嘛之父索诺木达尔扎，奉表进贡方物。得旨：索诺木达尔扎乃达赖喇嘛之父，指教达赖喇嘛学习经典，保护达赖喇嘛，勤劳多年，西藏之事毫不干预，甚属可嘉。著封为辅国公。所以，索诺木达尔扎的表述应增为：七世达赖喇嘛之父。雍正七年六月初四日（丁丑）封辅国公。乾隆九年卒。

一次袭，恭格丹津。《清高宗实录》卷二二一，乾隆九年七月辛卯……索诺木达尔扎……今已溘逝……著加恩令伊子恭格丹津仍袭辅国公之职。因此，恭格丹津的表述应增为：索诺木达尔扎次子。乾隆九年七月十六日（辛卯）袭辅国公。三十八年卒。

二次袭，札什纳木扎勒。《清高宗实录》卷九三一，乾隆三十八年闰三月甲申，以故西藏辅国公恭格丹津子锡纳木扎勒袭爵。案：锡纳木扎勒、扎什纳木扎勒、札什纳木扎勒，为同音异译。据此，札什纳木扎勒的表述应增为：恭格丹津子。乾隆三十八年闰三月二十五日（甲申）袭辅国公。四十八年诏出缺后世袭一等台吉罔替。五十六年卒。

四次袭，色纶彭苏。一史馆藏国史馆全宗档案368号：西藏札萨克头等台吉卡多尔旺缀病故后，于嘉庆二十二年，将伊独子色纶彭苏仍袭头等台吉。这条档案材料印证了《清史稿》中的记载。

西藏部辅国公。一次袭，噶锡巴纳木扎勒色布腾。《清世宗实录》卷一一三，雍正九年十二月壬辰，谕理藩院：西藏一等台吉噶锡巴那穆扎尔色卜腾具奏谢恩，进献方物。从前因伊父噶锡鼐于阿里地方阵亡，经颇罗鼐奏请，将噶锡鼐赠为一等台吉，令伊子噶锡巴那穆扎尔色卜腾承袭。闻噶锡巴那穆扎尔色卜腾甚是勤劳效力，伊又系康济鼐之兄子。康济鼐诚心效力，始终不懈，并无子嗣。今将噶锡巴那穆扎尔色卜腾格外施恩，封为辅国公，世袭罔替。案：噶锡巴那穆扎尔色卜腾、噶锡巴纳木扎勒色布腾、噶布什巴那木扎勒色布腾，为同音异译。因此，噶锡巴纳木扎勒色布腾的表述应增为：喀锡鼐色布登喇什长子。雍正六年袭一等台吉。九年十二月初三日（壬辰）晋辅国公，诏世袭罔替。乾隆四年卒。

二次袭，班第达。《清高宗实录》卷一二〇，乾隆五年闰六月癸卯，以故辅国公噶布什巴那木扎勒色布腾之弟台吉班第袭爵。故班第达的表述应增为：喀锡鼐色布登喇什次子。乾隆五年闰六月初四日（癸卯）袭。五十四年以老罢。

三次袭，丹津班珠尔。《清高宗实录》卷一四三〇，乾隆五十八年六月己巳，……又谕……丹津班珠尔所袭公爵，既系伊祖父奋勉出力，屡次晋封，今若因伊获罪，遂不准承袭，不惟没其前代勋劳，朕心亦有所不忍。但伊从前私与廓尔喀讲和，此次又被廓尔喀诱去，若将应袭之爵，仍留伊本身，不足以示警戒，著加恩将噶济奈从前所得一等台吉，令丹津班珠尔之子承袭。由上述可见，丹津班珠尔削爵时间，不是“乾隆五十七年”，而是乾隆五十八年六月初八日（己巳）。故丹津班珠尔的表述应增为：班第达子。乾隆五十四年袭。五十八年六月初八日（己巳）以罪削。

四次袭，敏珠尔索诺木班珠勒。一史馆藏国史馆全宗档案368号：西藏头等台吉敏珠尔索诺木巴拉珠尔于乾隆五十八年承袭后并无事故。台北故宫档《续纂外藩蒙古回部王公传》道光十九年稿本卷十：敏珠尔索诺木班珠勒……嘉庆十年，授噶布伦。加之前述《清高宗实录》卷一四三〇、乾隆五十八年六月己巳记载，可知敏珠尔索诺木班珠勒袭爵时间不是“乾隆五十七年”，而是乾隆五十八年六月初八日（己巳）。所以敏珠尔索诺木班珠勒的表述应增为：丹津班珠尔子。乾隆五十八年六月初八日（己巳）袭。嘉庆十年任噶布伦。

西藏部札萨克一等台吉。初封，车凌旺扎勒。《清高宗实录》卷七〇〇，乾隆二十八年十二月辛卯，……以故札萨克头等台吉噶布伦车凌旺扎勒孙索诺木旺扎勒袭职。由此可知，车凌旺扎勒的表述应增为：雍正六年授札萨克一等台吉。任噶布伦。乾隆二十八年卒。

一次袭，索诺木旺扎勒。《清高宗实录》卷一一六六，乾隆四十七年十月戊寅，谕：……噶布伦员缺，著札萨克台吉索诺木旺扎勒补授；索诺木旺扎勒员缺，著伊什旺对补授……加之《清高宗实录》卷七〇〇，乾隆二十八年十二月辛卯所载，可见索诺木旺扎勒袭爵时间不是“乾隆二十九年”，而是乾隆二十八年十二月初九日（辛卯）。故索诺木旺扎勒的表述应增为：车凌旺扎勒孙。乾隆二十八年十二月初九日（辛卯）袭札萨克一等台吉。四十七年十月十五日任噶布伦。四十八年诏世袭罔替。五十三年卒。

西藏部札萨克一等台吉。三次袭，旺对。《清高宗实录》卷二五五，乾隆十年十二月甲寅，……札萨克头等台吉齐旺多尔济病故……赏给伊侄旺对……承袭札萨克头等台吉。又见《清高宗实录》卷七六五、乾隆三十一年七月丙戌载，故旺对的表述应增为：诺颜和硕齐子。乾隆十年十二月十七日（甲寅）袭札萨克一等台吉。任噶布伦。三十一年卒。

四次袭，索诺木喇什。《清高宗实录》卷七六五，乾隆三十一年七月丙戌，以故西藏札萨克一等台吉噶布伦旺对子索诺木喇什袭职。所以索诺木喇什的表述应增为：旺对子。乾隆三十一年七月十八日（丙戌）袭札萨克一等台吉。四十八年诏世袭罔替。五十七年卒。

六次袭，敦珠毓杰。一史馆藏国史馆全宗档案368号：西藏札萨克头等台吉策凌旺楚克多尔济病故后，于道光八年四月初八日，奉旨：惠显等奏，西藏札萨克头等台吉策凌旺楚克多尔济病故，遗缺请旨以伊子敦珠毓杰承袭一折，著照惠显所请，策凌旺楚克多尔济所遗札萨克头等台吉员缺，准其伊子敦珠尔毓杰承袭。钦此。案策棱旺舒克多尔济、策凌旺楚克多尔济，为同音异译。故敦珠毓杰的表述应增为：策棱旺舒克多尔济子。道光八年四月初八日袭。

三、《清史稿》等未载的西藏封爵

光绪朝《大清会典事例》、《钦定外藩蒙古回部王公表传》、《钦定续纂外藩蒙古回部王公表传》、《清史稿》等典籍中记载的西藏封爵不仅有缺误，而且还有许多封爵未载。这里根据档案和《清实录》等有关记述，加以补充。

顾实汗。一史馆藏蒙文老档：奉天承运皇帝敕谕：帝王经纶大业，务安劝庶邦，使德教加于四海。庶邦君长能度势审时，归诚向化，朝廷必加旌异，以示怀柔。尔厄鲁特部落顾实汗，尊德乐善，秉义行仁，惠泽克敷，被于一境，殚乃精诚，倾心恭顺，朕甚嘉焉。兹以金册印封为“遵行文义敏慧顾实汗”。尔尚益矢忠诚，广宣声教，作朕屏辅，辑乃封圻。如此则带砺山河，永膺嘉祉。钦此。顺治十年三月初三日。《清世祖实录》卷七十四，顺治十年四月丁巳，……封厄鲁特部落顾实汗为“遵行文义敏慧顾实汗”，赐之金册、金印，文用满、汉、蒙古字。又据马汝珩、马大正《厄鲁特蒙古史论集》“顾实汗生平述略”（青海人民出版社1984年版，第1—18页），顾实汗的表述应为：本名图鲁拜琥，厄鲁特蒙古，元太祖弟哈巴图哈萨尔十九世孙。明万历十年生。崇德七年进控西藏。顺治十年四月二十二日（丁巳）以金册、金印，汉、满、蒙三种文字封“遵行文义敏慧顾实汗”。十一年卒。

拉藏汗。《清圣祖实录》卷二二七，康熙四十五年十二月丁亥，先是……往封拉藏为“辅教恭顺汗”……《清朝文献通考》卷二五五：西藏辅教恭顺汗拉藏，康熙四十四年封，五十三年以准噶尔侵藏被害，嗣绝。所以，拉藏汗的表述应为：顾实汗曾孙。掌控西藏。康熙四十四年赐金印封“辅教恭顺汗”。五十三年以准噶尔侵藏被害。

札萨克郡王。初封，颇罗鼐。《清世宗实录》卷七十六，雍正六年十二月丁酉，谕内阁：从前西藏用兵之时，颇罗鼐甚为效力，蒙圣祖仁皇帝授为札萨克台吉。上年西藏噶隆等因嫉妒争权，彼此不睦，阿尔布巴、隆布奈、扎尔鼐暗结匪类，公然肆恶，将朝廷敕封贝子总理事务之康济鼐擅行杀害，并欲害及颇罗鼐。颇罗鼐受其逼迫，领兵为康济鼐复仇，将逆党罪状奏闻，是以朕特遣大臣等领兵前往，究问情由，以便分别治罪。颇罗鼐闻大兵将至，率众奋勇前驱，直抵藏地，阿尔布巴等力屈势穷，被各寺喇嘛等拘执献出。钦差大臣到彼，一一究问，尽得其悖逆妄乱之情，已将阿尔布巴等及逆党正法西藏。歼此渠魁，黄教可兴，番众可辑。颇罗鼐深知大义，讨逆锄奸，俾无辜受害者得雪沉冤，背旨肆行者早正刑辟，甚属可嘉。著封为贝子，以奖义勇，以昭国宪。卷一〇三，雍正九年二月庚子，谕理藩院：布鲁克巴部落人等互相仇杀，贝子颇罗鼐遣使解和，宣朕威德，甚属可嘉，著封为贝勒。伊子一等台吉珠尔嘛特册登，屡次领兵效力边疆，著封为辅国公。《清高宗实录》卷一〇六，乾隆四年十二月乙酉，封贝勒颇罗鼐为郡王。谕曰：西藏贝勒颇罗鼐遵奉谕旨，敬信黄教，振兴经典，练兵防卡，甚属黾勉。著加恩晋封郡王。卷二八九，乾隆十二年三月乙巳，……郡王颇罗鼐病故……即将伊子珠尔默特那木扎勒袭封郡王。综上所述，颇罗鼐的表述应为：初授札萨克台吉。雍正六年十二月二十一日（丁酉）封贝子。九年二月初七日（庚子）封贝勒。乾隆四年十二月十三日（乙酉）封郡王。十二年卒。

一次袭，珠尔默特那木扎勒。《清高宗实录》卷二八九，乾隆十二年三月乙巳，……郡王颇罗鼐病故……即将伊子珠尔默特那木扎勒袭封郡王。卷三七六，乾隆十五年十一月癸丑，……珠尔默特那木扎勒潜谋不轨，驻藏傅、拉二大人于十月十三日诱至通司冈衙门接见，遂将伊诛戮。《清朝文献通考》卷二五五，珠尔默特那木扎尔，颇罗鼐子，乾隆十二年袭，十五年以罪诛。案：珠尔默特那木扎勒、珠尔默特那木扎尔，为同音异译。综上，珠尔默特那木扎勒的表述应为：颇罗鼐子。乾隆十二年三月十五日（乙巳）袭封郡王。十五年十月十三日因叛被诛。

固山贝子康济鼐。《清圣祖实录》卷二九一，康熙六十年二月己未……抚远大将军允禵疏言：西藏虽以平定，驻防尤属紧要。现今留驻彼处者，札萨克蒙古兵五百名、额附阿宝兵五百名、察哈尔兵五百名、云南兵三百名，四川兵一千二百名，以公策旺诺尔布总统管辖。至空布地方之第巴阿尔布巴首先效顺，同大兵前进取藏；阿里地方之第巴康济鼐与准噶尔为仇，截夺准噶尔之人，又截准噶尔兵回路；第巴隆布奈亲身归附，应否授以职衔，伏候谕旨。得旨：第巴阿尔布巴、第巴康济鼐著俱授为贝子；第巴隆布奈著授为辅国公。《清世宗实录》卷五十一，雍正四年十二月甲申　颁给总理西藏事务贝子康济鼐印。《雍正朝满文朱批奏折全译》2690号：康济鼐凡事不奏闻皇上，随之骄傲，蔑视众人，是故，于六月十八日，以噶隆为首，众人同心杀死康济鼐……雍正五年八月十三日。《清朝文献通考》卷二五五：西藏固山贝子康济鼐，康熙六十年二月封，无袭。由上可知，康济鼐的表述应为：原为阿里地方之第巴。康熙六十年二月二十八日（己未）封贝子。雍正五年六月十八日遇害。

固山贝子阿尔布巴。见前《清圣祖实录》卷二九一，康熙六十年二月己未载。《清世宗实录》卷七十三，雍正六年九月丁丑，……查郎阿等奏……八月初一日至西藏，即……将阿尔布巴、隆布奈、扎尔鼐等审讯……即行正法。《清朝文献通考》卷二五五：西藏固山贝子阿尔布巴，康熙六十年二月封，以叛诛。综上，阿尔布巴的表述应为：原为空布地方之第巴。康熙六十年二月二十八日（己未）封贝子。雍正六年八月被处死。

辅国公隆布奈。见前《清圣祖实录》卷二九一、康熙六十年二月己未及《清世宗实录》卷七十三、雍正六年九月丁丑载。又《清朝文献通考》卷二五五：西藏辅国公隆布鼐，康熙六十年二月封，后以叛爵除。案：隆布奈、隆布鼐，为同音异译。故隆布奈的表述应为：原为西藏第巴。康熙六十年二月二十八日（己未）封辅国公。雍正六年八月被处死。

辅国公。初封，索诺木达什。《清朝文献通考》卷二五五：西藏辅国公索诺木达什，乾隆四十六年封。故索诺木达什的表述应为：乾隆四十六年授辅国公。

一次袭，喇布丹纳木扎勒。《清朝文献通考》卷二五五：喇布丹纳木扎勒，索诺木达什子。乾隆四十七年袭。故喇布丹纳木扎勒的表述应为：索诺木达什子。乾隆四十七年袭。

辅国公巴尔丹敦珠克。《清高宗实录》卷一二七七，乾隆五十二年三月辛卯，谕曰：据留保住奏，伊至后藏，将赏班禅额尔德尼呼毕勒罕之父巴尔丹敦珠克公爵谕旨宣示，并准照仲巴呼图克图代巴尔丹敦珠克所请，给予顶戴。……仍照所请，给予顶戴……因此，巴尔丹敦珠克的表述应为：班禅额尔德尼之父。乾隆五十二年三月二十九日（辛卯）授辅国公。

综上可知，《清史稿》等典籍中记载的西藏封爵，至少还可以补充八位。那么，清代西藏封爵是否到此就可以说完善了呢？还不能这么说，至少在人名的数量上，有可能还可以再增加。这需要再发现新的史料。

作者单位：中国社会科学院近代史研究所

西藏名称的由来

——从《西藏与西藏人》说起

李凤珍

近代以来，西藏地方一直是英俄帝国主义企图侵占并试图以其为跳板进入中国内地的重要地区。柳陞祺先生早年在西藏，对英帝国主义企图分裂中国的各种阴谋活动和歪曲西藏历史的种种言论，都有直观和深入的了解，故而希望通过自己的学术研究真实地反映西藏的历史。1953 年，柳陞祺先生在美国斯坦福大学出版了《西藏与西藏人》一书，充分反映了他维护祖国统一反对西方分裂西藏的思想。书名上的西藏系指西藏地方，西藏人是指生活在青藏高原上的藏族，将西藏的地理和民族两个不同的概念严格地加以区别了，其用意在于理清西方 Tibet 一词将民族与地理相混造成的误解。为此，在《西藏与西藏人》书中的第一部分中专设一节题名为西藏的三界：地理的、民族的、行政的界线，正确地阐释三者之间的区别和各自的内涵。

本文仅就《西藏与西藏人》一书中提到的西藏名称的由来进行较为系统的介绍，并以此文作为对柳先生诞辰一百周年纪念。

柳先生在《西藏与西藏人》书中载“最早提到西藏的文字记载来自汉文史料，即公元前约 2255 年舜驱三苗于‘三危’的记事。中国的史学家和地理学家一致认为，‘三危’就是西藏高原。后来中国编年史把这个地区归入羌族部落的居住地”。“第一个有关西藏和西藏地理权威性的记载，出现于公元7世纪。当时大唐帝国向西扩张与吐蕃发生冲突。唐朝第一次注意到这个强悍的邻居”。①

唐朝时，藏族自称“博（bod）”，作为部落名和地名概念，系指活动在雅鲁藏布江流域的人们共同体。在吐蕃王朝建立后，这一概念用作藏族先民的统称，其内涵也扩大了。“博”既指民族又指其政权所及地域。即把当时所有在“吐蕃”统治下的整个青藏高原地区，都叫做吐蕃。②

唐朝时期，吐蕃王朝把现在的西藏称为bod yul（播隅），把当时吐蕃王朝统治下的整个青藏高原地区叫做bod chen po（播青布），而把吐蕃统治下的人民称为bod pa（播巴），作为汉文音译的藏文bod字的本身也包括了地理的、政治的、民族的三个不同概念。

吐蕃强盛时期的地域，除了它的本土西藏之外，还控制了青海和西康地区，总称为曲喀松（意为三个方面），即包括上阿里三“郭”、中卫藏四“如”、下多康六“岗”，合起来称吐蕃十三部。上阿里三“郭”就是现在的阿里地区；中卫藏四“如”就是现在的前后藏；下多康六“岗”就是现在的青海、甘南、川西北、甘孜地区和昌都地区。青海、甘南、川西北在藏语中称为“安多（a mdo）”，现在一般称“安多藏区”简称“多（mdo）”。元明时译做“朵”，音同字不同而已。

甘孜地区和云南迪庆地区以及昌都地区在藏语中称为khams，读作“喀木”（现在一般称为康区），把当地藏族人民称为“康巴（khams pa）”。元明时读作“甘思”或读作“甘”。把青海和康区合起来藏语中就简称多康（mdo khams），元朝时期读作“朵甘”或“朵甘思”。③

唐代汉文史书称此时的藏族为吐蕃，在新旧唐书中主要指王朝政权，而在新旧《五代史》和《宋史》中作为吐蕃王朝已灭亡，西藏地区没有相对的统一政权，与内地的历代王朝没有直接往来，只留下吐蕃之名依然相沿，系指民族地理，对割据政权往往以人名、地名命之。吐蕃一词从它在汉文史籍上一出现就混淆了政治的、地理的、民族的三个不同的概念。④

“直到元代（1206—1367），历史上才又重新提到西藏，所列举的西藏行政区是由蒙古皇帝划分的。许多地理名称又一次大有出入，无法考证。

① 沈宗濂、柳陞祺著，柳晓青译：《西藏与西藏人》，中国藏学出版社2006年，第4页。
② 陈庆英、高淑芬主编：《西藏通史》，中州古籍出版社2002年，第1页。
③ 徐华鑫编著：《西藏自治区地理》，西藏人民出版社1986年，第4页。
④ 徐华鑫编著：《西藏自治区地理》，西藏人民出版社1986年，第4页。

但毫无疑问的是，元代编年史家首先使用‘喇嘛’一词，后广为传播，世界这才把喇嘛与西藏联系在一起。当蒙古人进入西藏时，他们看到的不再是一个骁勇善战的武士之国，而是喇嘛之国，或是精神导师之国了。”①

元朝统一中国后，西藏地方正式成为中国的一个行政区划。使西藏数百年来的割据混乱局面得以结束，统一于元朝中央的管辖之下。元朝中央政权对整个藏族地区，仍然沿用唐朝时期的旧称，叫“吐蕃”。元朝“郡县吐蕃之地”，从《元史》开始不再为“吐蕃”列传。元朝中央设立总制院（后改为宣政院）来管理西藏和其他藏区及相关地区的行政事务，设吐蕃三路宣慰使司都元帅府。即把当时称吐蕃的故地划分为三个行政区域：

一、吐蕃等处宣慰使司都元帅府，管理现今青海、甘肃南部及四川阿坝地区北部一带；

二、吐蕃等路宣慰使司都元帅府，管理现今四川西北部及与云南毗连的地带；

三、乌思藏纳里速古鲁孙等三路宣慰使司都元帅府，管理以雅鲁藏布江流域为中心的整个地带。

上述元代的三个吐蕃宣慰使司都元帅府，原本是可以排除政权的概念，只是在地理民族方面来定称谓的。当时把传统音译三个地区名称 dbus、gtsang、mnga-ris skor gsum 对译为“乌思、藏、纳里速古鲁孙”无疑是正确的；但同时又碍于传统，而把现今甘、青的藏族地区（a mdo）译为“吐蕃等处”，川、滇的藏族地区（khams）译为“吐蕃等路”，这就把五代、宋以来的“吐蕃”这一不确切的称谓错误地接了过来，而且有时还把乌思、藏、纳里速地方又混称为“吐蕃”。②

总之，西藏及藏族两个名称，正如柳先生所指“西藏、藏族两个名称，是比较晚期才通用。唐代典籍所称的吐蕃既指其族，又指其政权所及的地域；至五代、两宋，以迄元、明的部分记载中，虽然原来的吐蕃王朝政权早已崩溃不存，但仍习惯沿用吐蕃，后来亦用西蕃，泛指其族，并兼指其分布地域和某些分散的政治势力。所以吐蕃一称是既包含有民族的概念，又含有不同历史时期、不同地域和政治组织的概念”。③

---

① 沈宗濂、柳陞祺著，柳晓青译：《西藏与西藏人》，第4页。

② 常凤玄：《吐蕃名义小议》，载《藏学研究文选》，西藏人民出版社1989年。

③ 柳陞祺、常凤玄：《西藏名义辨析》，《中国藏学》1988年第2期。

吐蕃一词从它在汉文史籍上一出现，就混淆了政治的、地理的、民族的三个不同概念。虽然如此，但是它仍是中国领土的一部分。这是因为古代国家和近代国家概念不同。吐蕃王朝是一个古代的“国家”概念，它是与唐朝对等存在的“分治”政权，虽然不是归唐朝管辖，却也不是近代意义上的独立国家，其历史自然是中国历史的有机组成部分；这又是因为这些边疆地区在今天都是中国的一部分，所以他们在各个历史时期所建立的政权，当然都是中国历史上的一部分，是那个时期中国的一部分。

另外，从民族和国家的关系看，国家是以地缘为基础逐渐形成的，而民族则是以血缘为基础发展起来的。民族和国家是两个有联系又完全不同的概念。没有一个国家只有一个民族，或者一个民族就应是独立建立国家。我国历史上任何时候都不存在单一民族的政权，更不存在单一民族建立的国家。①

明承元朝建置，最初时，还是笼统泛指藏族各个聚居地区为吐蕃，到后来在各地正式建置时，将地方官职及地名按照藏文的读音重新定名，改称西藏地方为“乌思藏”和“俄力思”。称甘、青、川、滇藏族聚居区为“朵”（mdo）、“甘”（kham），吐蕃一词正式退出历史舞台。但仍承认“朵甘”和“乌思藏”就是以前的吐蕃地区。② 其官职名为乌思藏都指挥使司和俄力思军民元帅府。

清代沿明旧制，将明时乌思藏（dbus gtsang）的汉译名改为接近拉萨藏语的汉文译名，称卫藏，即藏文 dbus 的读音由乌思改为卫，分称卫（前藏）和藏（后藏）；将纳里速或俄力思（mnga ris skor gsum）改译作阿里，再加上喀木（康区）的一部分，最后定名为西藏。从康熙开始全面经营西藏，西藏这一名称就出现于官方文书、圣旨等文献上，西藏一称专指地域范围。康熙把西藏作为一个政治区划的名称已确定。清朝末年西藏的名称已代替其他称谓成为固定的专用名词。③

经柳先生研究，清初崇德、顺治二朝最早同卫藏首领交往时，并不称其地为西藏，而每称之为图白忒（土伯特）、唐古忒，有时称之为“国”，有时称之为“部落”。清初已把图白忒部落同青海和硕特部蒙古控制下的其

① 拉巴平措、格勒主编：《当代藏学研究的12个理论问题》中国藏学出版社2002年，第198页。

② 常凤玄：《吐蕃名义小议》，载《藏学研究文选》，西藏人民出版社1989年。

③ 柳陞祺、常凤玄：《西藏名义辨析》，《中国藏学》1988年第2期。

他唐古忒即藏族地区明确区别开了，与蒙古各部落分别看待。所称的“图白忒”实际上指的是卫藏地方，亦即明代所称的乌思藏和俄力思的这一地域范围。清代文中的图白忒和唐古忒这两个名词有时交替使用，区别不严，往往是人、地不分。唐古忒一词，乃从党项一词演变而来，为当时泛指一切藏人，故有唐古忒人、唐古特语、唐古忒文等称，而图白忒则是专指一定的地域而言，到康熙时，图白忒一称便逐渐被西藏二字所代替。[①]

民国时期，西藏为唯一专有名称指西藏地方，其辖区略小于今西藏自治区所辖，一部分地区归当时的四川省和后来的西康省管辖。西藏可简称藏，民族称为藏族。

中华人民共和国诞生以来，先后在藏族聚居地区成立了自治州、自治县和西藏自治区，并把藏族居住的高原地带定名为青藏高原。这样就把行政区划、民族分布和自然地理三种不同的含义和概念区别开了。

西藏地方作为一个单一的行政区划及其地理范围，是根据长时期以来的历史沿革并充分考虑了解放时的实际情况而定的。但是通常译英、法文之 Tibet 为西藏，实为错误。西藏二字为我国之行政区划名称，始于雍正时其所指为宁静山以西，青海以南之康、卫、藏、阿里四部，而 Tibet 所指之西藏系为民族地理概念。

关于 Tibet 一词，柳先生早已在其著《西藏与西藏人》书中指出：“吐蕃（博）是一个很像英语 Tibet 的汉名。一个似乎言之有理的解释称：‘吐’是藏语‘高原’的音译；而‘蕃’是西藏人对自己的称呼。约在 7 世纪的梵文手稿中，西藏被称为博特（Bhota）。英语中的 Tibet 源于突厥语，是两个音节的讹误”。[②] 汉文吐蕃一词与其承认 Tibet 等称源于汉文吐蕃，毋宁说是汉文吐蕃更上源于西域某个族部的称谓。[③]

又据载“现在欧美国家把西藏叫做‘Tibet’，是从阿拉伯文‘Tibbat’演变而来的。公元 9 世纪中叶，唐朝后期，有一名叫苏雷曼的阿拉伯商人到过中国，回去后他写了一本《东方旅行记》（公元 851 年发表），在那本书里，他把‘吐蕃’拼作‘Tibbat’（土伯特）。日本出版的《东洋史讲座》一书中指出，阿拉伯人把西藏叫‘Tibbat’，显然是根据唐朝人把西藏叫做

① 柳陞祺、常凤玄：《西藏名义辨析》，《中国藏学》1988 年第 2 期。

② 沈宗濂、柳陞祺著，柳晓青译：《西藏与西藏人》，第 4 页。

③ 常凤玄：《吐蕃名义小议》，载《藏学研究文选》，西藏人民出版社 1989 年。

“吐蕃”（播）而学来的。马可·波罗是公元13世纪（元朝）来到中国的欧洲人，在他的法文版《马可·波罗游记》一书中，把西藏叫做Tibet。法文译者沙里依在注解中说：‘Tibet’一名无疑是古代阿拉伯旅行者由中国学的，即指Toupo（吐蕃）地方，Toupete（土伯特）为吐蕃之音变”。① 上述史实证明了柳先生在《西藏与西藏人》书中所论述的英语Tibet是阿拉伯语Tibbat的两个音节的讹误。

关于英文Tibet一词的含义柳先生作了解释。Tibet一字乃土伯特之音译，土伯特为西欧各民族加之于藏族的称呼，同时施于其所分布之地。故凡今卫藏、青海、西康之地，西方人皆称之为Tibet。英人所称Tibet“西藏”一词，乃一“民族地理”意义上之名词，凡属藏族为多数居民之地区，皆为彼所称之“西藏”地方。甚至有人认为凡为“西藏”之地，皆非中国。如“十九世纪末和二十世纪初，当我国面临一个被帝国主义列强瓜分的危机时刻，一些西方出版的中国地图，把我国长城以南的部分标为‘中国’，但把东北三省标为‘满洲’，长城以北标为‘蒙古’，现今的新疆是‘东土耳其斯坦’，整个青藏高原统称为‘西藏’（Tibet），这就是有意要把我国领土化为若干地理名词，使一个完整的中国不复存在，以企图实现其瓜分中国的蓝图”。②

总之，西藏与藏族、青藏高原这三个相互联系却又内涵不同的概念，分别代表行政区划、民族称谓和自然地理单元。柳先生在他著的《西藏与西藏人》书内，将西藏的地理、民族和政治的划界命名为西藏的三界，可见其意是指三者不能相混，因此，他在该书中专门作为一节详加阐述：

“从地理上来说，西藏拥有众多山脉，走向都是从西北延伸向东南。山群间由深浅不一的山谷组成了无数的沟壑，而这块山地又被世界上几个最高的山脉环绕着。无论从任何方向来的旅客，都要先经过外围的那些跌宕起伏的山道，才可到达多风的山口。山口的所在地，常常是分水岭。山口的背后是许多山谷和峻崖，有些还覆盖着植被。往前看，则是另一番地貌，浩瀚的地平线上勾勒出低矮的山丘，令人感到乏味的、光秃秃地裸露着，这就是苍莽的西藏高原。”

---

① 徐华鑫编著：《西藏自治区地理》，西藏人民出版社1986年，第4页。

② 柳陞祺：《评范普拉赫先生的西藏历史观及其他》，见迈克尔·C·范沃尔特·范普拉赫著、中国社会科学院民族研究所翻译组译：《西藏的地位——从国际法角度对西藏历史、权利与前景的分析》，1991年（内部资料），第6页。

“地质学家告诉我们，这片高原曾经是特提斯海（Thetys）的海底。它可不像台球桌面那么平坦，根本无规律可循，特别是东南地区。大自然的反常现象，使西康省南北走向的山脉横阻着东西的通道。喜马拉雅山脉沿着南部边界伸展，被冠以富有诗意的名字‘雪域’，它形成了不可逾越的边界。”“另一山脉，即喀喇昆仑山横亘于拉达克山脉的北部。再往北，就是被称为世界上最古老的山脉之一的昆仑山脉。就像喜马拉雅山组成了西藏的南部屋脊一样，昆仑山形成了西藏的北部屏障。昆仑山由两大山脉组成，内脉为阿斯腾塔格（Astin Tags），外脉是阿尔金塔格（Altin Tags）。阿尔金塔格的最东头位于青海湖边，青海湖是青藏高原上最大的湖泊。地理学家从甘肃的秦岭向南，沿岷江到西康省会康定以南的木雅贡嘎（Minya Konka）山划了一条直线，这就标出了高原东部的边缘”，即后定名为宁静山划界。

“西藏的民族界线与地理上的边界多少有些相似，但其范围要广阔得多。藏人从岷江以西的基地向东迁移，直至远离家乡的四川腹地成都平原。向南，他们冲破了喜马拉雅山这道障碍，构成不丹、锡金、尼泊尔人口中的重要组成部分。沿喜马拉雅向西，他们散布在喀瓦尔（Garhwal）、古鲁（Kulu）、斯必梯（Spiti）、拉合尔（Lahul）以及拉达克这些山区。不论是地理的还是民族的西藏，它们的西部边界都在左给拉（Zo-Gi-La）山口，海拔11580英尺，被认为是所有喜马拉雅山口中最低的一个。它位于克什米尔首府斯利那加（Srinagar）以东35英里稍远的地方。所有喀喇昆仑山脉和巴尔蒂斯坦以东的山谷里都居住着藏人。所以，这地区的许多山峰都有藏语名称。喀喇昆仑以东的大片土地是无人之境。再往东是广漠的羌塘（北方平原）。在那儿，藏族和蒙古这一游牧民族混居在一起。沿黄河拐弯处向东北移动，藏人的定居点远至安多（Am-do）地区，位于此地的两侧是喇嘛教的两座重要前哨寺院：塔尔寺（Kum-Bum）和拉卜楞寺（La-Brang）。”①

今西藏自治区，如柳先生所描述，卫与藏是西藏文化的摇篮，东部是富饶的西康，西部是荒芜的阿里。历史上，西藏被划分为十三个行政单位，它们又隶属于卫、藏、康、阿里。这四个主要区域的划分，基本上原封不动地保留至今。

柳先生在《西藏与西藏人》书内所阐述的西藏三界地理界线、民族界线，是针对西方对Tibet一词混淆民族、地理概念的澄清，并详加论述。正

① 沈宗濂、柳陞祺著，柳晓青译：《西藏与西藏人》，第14页。

如后来柳先生所言，“就西藏这一名称的由来涵义及其所指的地域界线，根据史实，试加辨析”，就能“有助于我们澄清认识，免滋误会，不再给人以可乘之隙”。

作者单位：中国社会科学院民族学与人类学研究所

浅析达赖亲政与活佛摄政

曾国庆

众所周知，近三百年来作为藏族地区最重要的精神领袖——达赖喇嘛，享有着至高无上的宗教、政治大权，掌管着广袤的青藏高原的僧俗事务。不仅如此，其深刻的宗教影响力和号召力以及格鲁派（俗称黄教）势力还远远地扩展到了漠南、漠北及漠西蒙古（今内蒙、外蒙和新疆蒙古族聚居区）等地。然而，达赖喇嘛并非从一开始就过问藏区政治事务的，更不是人们想象的达赖喇嘛自清初迄20世纪50年代就一直掌握着西藏的政权，历任达赖喇嘛统治西藏的年限也并非有数百年之久。其实，达赖转世灵童未成年亲政之前，清政府在西藏地方实行了摄政制度，而大部分的时间里是由他们掌握着政教大权……

一

谈及"达赖"一词，并不是藏民族首创的，它是蒙语，是公元16世纪下旬，黄教高僧索南嘉措在蒙古等地传教期间，成吉思汗的第十七世孙、被明朝册封为"顺义王"的土默特部汗王俺答汗，于1578年在青海湖边的仰华寺会晤了他，由俺答汗为之尊封了"圣识一切瓦齐尔达喇达赖喇嘛"的尊号后才有的。（"圣"在佛教中表示超出凡间；"识一切"是普遍通晓之意，是对显宗方面取得最高成就者的赞誉;“瓦齐尔达喇”是梵文,意为执金刚,是对密宗方面有最高成就的人物的尊称;“达赖”是蒙语大海之意;“喇嘛”是藏语上师之意。全句合起来说,就是在显宗和密宗两方面都修炼到最高成就、超凡入圣而学识渊博犹如大海一样的大师。)索南嘉措得到“达赖喇嘛”的尊号后,格鲁派寺院集团的上层僧侣立即将索南嘉措定为第三世达赖喇嘛。追认格鲁派创始人宗喀巴大师的高徒根敦朱巴为第一世达赖喇嘛,宗喀巴大师的另一位高徒根敦嘉措为第二世达赖喇嘛。此时,根敦朱巴圆寂已104年,根敦嘉措圆寂也36年了,也就是说这两位高僧生前并不知道自己是达赖喇嘛,他们终生以修炼佛法为业,是地道的苦行僧。其后,三世、四世和六世达赖喇嘛也以修习佛学、建院筑寺、弘法传经、授戒广收僧徒等宗教活动为己任,并未参政,有的达赖喇嘛甚至成了政治斗争的牺牲品,早早的退出了西藏政治舞台。在此期间,由于当时噶玛噶举派和藏巴汗对格鲁教派采取压迫摧残的政策,迫使五世达赖和四世班禅商议,于1641年(明崇祯十四年)派人赴青海邀请蒙古和硕特部汗王固始汗率兵进藏,推翻了噶玛地方政权的统治,帮助黄教逐一消灭了敌对势力,最后在其支持下,翌年(崇祯十五年)建立了“甘丹颇章”地方政权,自此,格鲁派宗教势力逐渐发展壮大。然而,蒙古和部势力却掌管着青藏高原的政治大权。

清朝建国后,中央政府承认了这种既成事实。一方面顺治皇帝邀请达赖喇嘛赴京朝觐,上敕其长达24个字的封号:“西天大善自在佛所领天下释教普通瓦赤喇怛喇达赖喇嘛”(意思是在祖国西边最好的、在释迦牟尼领导下的普遍通晓佛法、知识渊博如大海且执金刚的上师)。从封文中我们得知,清政府就是让达赖喇嘛做“所领天下释教”的宗教领袖,这时并未将政治大权交给他。另一方面,清政府将西藏地方政府的世俗行政大权交由固始汗(以后是其子孙达延汗、达赖汗、旺扎尔和拉藏汗)操掌着。是时,从清政府给固始汗的“益矢忠诚,广宣声教,作朕屏辅,辑乃封圻”①的封文中,可以明白无误地充分印证:大清皇帝要求固始汗做好其保卫边疆的助手,将所敕西藏封地治理得和睦安宁。可见,当时固始汗和五世达赖之间一位掌政、一位理教,二人职权范围分明,权限清晰。清朝初年在西藏实行的政治与宗教权力分开的政策,无疑对西藏的发展和政局的稳定是有利的。理论上虽然如此,但实际上

① 见《清世祖实录》卷七四,转引自《西藏研究》编辑部编辑:《清实录·藏族史料》第一册,西藏人民出版社1982年,第26页。

五世达赖还是参与了西藏地方许多政治事务的，且握有一定的实权。例如，固始汗去世后，达赖喇嘛夺回了高级官吏的任免权，于1660年（顺治十七年）首次委任了高级行政长官——第巴，这应该看做是历辈达赖喇嘛过问政治事务的开始（或者说，至少从这时起，五世达赖已经参与到西藏政治事务当中了）。再如，其后达赖喇嘛不仅授给许多有名的寺院以自行管理寺属庄园和属民的权力，以皇帝的名义对下分封土地，而且交给他们独立司法的特权……诚因如此，西藏各教派的上层人士就变成了既是信教者，又是执政官员的双重身份的出家人，一些老百姓称之为“喇本”，意思是僧官或喇嘛官长。

1720年（康熙五十九年），清朝正式颁发给七世达赖格桑嘉措金印、金册等物品，这时他才13岁，西藏一切事务由其父索南达结代为处理。7年后（雍正五年）西藏几位噶伦之间为了争夺权力爆发了内讧事件，索南达结参预其谋。清政府为防止不测，遂将七世达赖移驻西康泰宁惠远庙保护。同年，清政府首次直接派官西藏，于拉萨建立了驻藏大臣制度。其间，雍正帝诏索南达结进京，面斥其干预藏政的错误。为安抚达赖喇嘛，雍正帝加封其父为“辅国公”。[①] 几年后，七世达赖返拉萨，其职权仅限制在宗教事务方面。西藏一切行政事务，驻藏大臣监督之，仍由颇罗鼐全权办理。1747年（乾隆十二年），毕生对祖国、对人民忠心耿耿，励精图治，改革时弊，整饬藏政，颇著成效，俾西藏“社会安定，生产发展，仓廪丰实”的郡王颇罗鼐去世。据其生前卓著功绩，清廷允准其子珠尔默特那木扎勒世袭父位。然珠氏多行不义，勾结蒙古准噶尔叛军，与达赖喇嘛构衅，敌视驻藏大臣，阴谋发动叛乱，在这千钧一发之际，驻藏大臣傅清、拉布敦临危设计擒杀之，遏制了叛乱事件的发生。然两位驻藏大臣不幸被其党羽亲信所戕害。事发后，乾隆皇帝勃然大怒，下令立即废除了郡王掌政制，西藏政务嗣后拟由继任之两位驻藏大臣决断，并将这一旨意通报了自己的上师章嘉·若必多吉。据史载，章嘉大师当即立起奏曰：“大皇帝的圣旨不能违抗，但是若依此次圣旨，将西藏权力全部授予两名驻藏大臣，他们虽处理政务干练，但对宗教事务并不熟悉，那就会使达赖喇嘛、班禅大师、三大寺在宗教上的影响大大衰落。陛下在北京、驻藏大臣在西藏，藏地情势全靠两位大臣向陛下奏报，陛下并不能详察西藏实情，若驻藏大臣执掌西藏全权，随意行事，势必使藏地百姓怨怒于陛下。今欲使藏地百姓对达赖喇嘛、班禅大师及陛下信仰热爱，则请收回此项成命。如此，对今后藏

① 清代六大爵位之一，位于贝子之后、镇国公之前。

汉双方的前途、藏地政事、宗教事务俱大有利益……”①乾隆帝反复斟酌了上师的坦诚进谏确为社稷边陲着想，就采纳了他的建议，于1751年（乾隆十六年）颁布了清政府整饬西藏官制、兵制等方面的第一个重要文献——《酌定西藏善后章程》十三条。在此章程内明确授权七世达赖参与政治事务，其下设立四噶伦（一僧三俗）组成噶厦地方政府，由达赖喇嘛和驻藏大臣共同领导。

二

七世达赖格桑嘉措的亲政，标志着格鲁教派最高领袖由中央政府正式册封，名正言顺地既管理西藏宗教事务、又管理政治事务制度的建立，即过去人们常说的“政教合一”制度的建立。其实，此时“政教合一”的提法并不十分准确。何谓“政教合一”？革命导师恩格斯是这样解释的：“……在新教的国家里，国王就是总教主，他把教会和国家的最高权力集于一身；这种国家形式的最终目的是黑格尔所说的政教合一”。② 说得再具体明确一点，“就是指世俗国王和教主由一个人来担任。”据此得出结论，七世达赖亲政之时，世俗政治大权并不是由他一人掌管，与之平行共同掌政的有两位代表封建王朝至上皇权的钦差驻藏大臣（以后还有班禅额尔德尼）。应该可以这样认定，他们是共同磋商、执掌西藏地方政治事务的。因此，我们只能客观公正地说，达赖喇嘛及班禅额尔德尼既是黄教寺院集团的总寺主，又是西藏地方政府的首领之一。当然不能否认，两位高僧大德以“神”的名义行使宗教、政治统治权。在前后藏地方政府的机构中，僧官噶伦（“协摆”）或强佐（“札萨喇嘛罗门罕”）奉二位寺主之命不仅是黄教各寺院的代表而且在地方政府中掌政办事。从黄教高僧的政治特权和地方政府中的组成人员分析，也可以进一步说明政教制度的情况：

——世代达赖喇嘛和班禅额尔德尼都是藏区最大的农奴主，其家族由于清政府的封敕（如七世达赖之父被封为“辅国公”），赏给大片“谿卡”（庄园）、众多奴隶等成为大贵族并世世代代承袭继承着；

① 土观·洛桑却吉尼玛著、陈庆英译：《章嘉国师若必多吉传》，民族出版社1988年，第211页。

② 见恩格斯：《普鲁士国王弗里德希——威廉四世》，《马克思恩格斯全集》第1卷，人民出版社1976年。

——总揽西藏政教大权的摄政王必须由黄教寺院高僧担任，并从七世达赖起，黄教寺院的许多上层高僧在地方政府机构中均有名誉职位；

——哲蚌、甘丹、色拉等前藏三大寺的赤巴、堪布等人开始例行参加噶厦政府的扩大会议，直接过问政事；

——地方政府中的许多官职或对半、或多半由僧人（取得僧籍，毕业于僧官学校者）担任；

——前藏三大寺有权直接派遣各级官吏赴所辖地区任职，且权力等同各地方同级官吏，受所派寺院和地方政府双重领导；

——在法律上“寺庙百姓的纠纷由寺庙自理”，“寺庙判决案件和政府判决的案件均有法律效力”，等等。

综上可见，自七世达赖亲政以后，西藏地方上层社会中的政治、宗教事务二者已紧密相连，难舍难分了。

纵观百余年达赖喇嘛亲政的历史，从1660年（顺治十七年）五世达赖与和硕特部蒙古汗王、第巴、噶伦等共同管理政权，实际参政这一历史时期起，至1959年西藏发生叛乱、十三世达赖喇嘛出走国外、西藏政教合一制度的结束，在这整整三个世纪的历史长河中，共有10位达赖喇嘛转世，有7位达赖亲政，共执掌西藏政权101年，人均亲政14年多，占整个掌政时间的三分之一。在历辈达赖喇嘛中，亲政时间最长的是十三世达赖土登嘉措，达38年之久。他本人在晚清至民国前期内忧外患的国际国内政治形势下，左右逢源，竭力摆脱英俄等帝国主义的觊觎，力改西藏时弊，鼎力为民造福，在藏族人民当中赢得了极佳的口碑。因此，为褒奖其业绩，迄今保存于布达拉宫的历代达赖喇嘛灵塔中，为之建造的灵塔也最为辉宏奢华，由此也可见一斑。

然而，六世、九世和十世三位达赖一天也没有掌政，还有两位达赖亲政仅三年。究其原因，一是由于长年蒙藏上层统治者为争夺权力钩心斗角，内部矛盾尖锐，已经“坐床”的达赖喇嘛（如仓央嘉措）也被迫早早地离开了西藏的政治舞台；二是达赖喇嘛享有崇高的政治地位，显赫的宗教声望，可以号令方圆数万公里、横跨东西南北的蒙藏数个地区，以及在经济上丰厚的回报：中央政府的巨额赏赉，臣民信徒源源不尽的上贡施舍，所属谿卡领地的不菲收入等等，使之在各方面享有巨大的权力和利益……凡此种种，难免使一些心怀叵测之人垂涎欲滴，绞尽脑汁加害尚处于青少年时代的达赖喇嘛，或贿赂“护法神”，妄指与自己有族属姻亲关系的人为达赖转世灵童，或图谋摄政职位，最终导致九世至十二世共四位达赖喇嘛频频英年早逝。

为了一目了然相关情况，见下表：

附表一：历世达赖喇嘛亲政状况一览表

世系	姓名	生卒年	出生地	亲政岁数	亲政时期	亲政年数	享年	圆寂地方	备注
一世	根敦朱巴	1391—1474	后藏萨迦		未亲政	0	84	扎什伦布	
二世	根敦嘉措	1475—1542	后藏达纳		未亲政	0	68	哲蚌寺	
三世	索南嘉措	1543—1588	前藏堆龙		未亲政	0	46	漠南蒙古	
四世	云丹嘉措	1589—1616	内蒙土默特		未亲政	0	28	哲蚌寺	英年早逝
五世	罗桑嘉措	1617—1682	前藏琼结	43	1660—1682	22	66	布达拉宫	实际参政
六世	仓央嘉措	1683—1706	藏南门隅		未亲政	0	24	青海湖畔	蒙古汗王掌政
七世	格桑嘉措	1708—1757	康区理塘	43	1751—1757	6	50	布达拉宫	清廷正式授权
八世	强白嘉措	1758—1804	后藏托布加	23	1781—1804	23	47	布达拉宫	
九世	隆朵嘉措	1805—1815	康区邓柯		未亲政	0	11	布达拉宫	英年早逝
十世	楚臣嘉措	1816—1837	康区理塘		未亲政	0	22	布达拉宫	英年早逝
十一世	凯珠嘉措	1838—1855	康区泰宁	17	1855．1—12	1	18	布达拉宫	英年早逝
十二世	成烈嘉措	1856—1875	娘布沃噶	17	1873—1875	2	20	布达拉宫	英年早逝
十三世	土登嘉措	1876—1933	达布朗敦	19	1895—1933	38	58	罗布林卡	
十四世	丹增嘉措	1935—	青海湟中	15	1950—1959	9			出走印度

三

1757年（乾隆二十二年），七世达赖亲政后仅仅六年就不幸圆寂。西藏地方一时政教首领阙如，是时驻藏大臣伍弥泰及萨拉善二人应噶厦政府的请求，转奏清中央政府，建議迎请第穆呼图克图代办政教事务。乾隆皇帝考虑到当地的具体情况，如果没有一人代理达赖喇嘛行使掌握西藏政教大权，众噶伦等“日久恐不免妄擅权柄”，遂赏黄教“四大林”[①] 之一的丹吉林六世第穆呼图克图“诺们罕（蒙古语，法王之意——作者注）名号，俾令如达赖喇嘛在日，一体掌办喇嘛事务。除明降谕旨外，再谕伍弥泰等，留心遇有一切事务，俱照达赖喇嘛在时之列，与迪穆（第穆）呼图克图商办，毋令噶伦等擅权滋事”[②]。自此之后，不仅第穆呼图克图成为清代第一位、也是藏族历史上第一位握有政教大权的摄政，而且在以后历辈达赖的“转世灵童”在18岁亲政之前，由一名活佛代理其职，掌握政教两方面的大权作为摄政王成为定制。

摄政（regent），藏文写作 rgyal-tshab；rgyal-po-sprul-sku，汉译为“杰曹”或“杰波朱古”，意为“代理国王”或“国王活佛”；清代官方文献将摄政称之为“掌办商上事务”。“商”即藏语 phyag-mdzod-pa“商卓特巴”的简称，近人音译为“强佐”，其字面含义为库房，名义上是管库房的人，相当于内地管理财政收支的人。但西藏财政收支，系各地方缴来的实物，其实权涉及西藏行政和宗教的各方面，权力很大。[③]

所谓摄政制度，顾名思义，即代理达赖喇嘛行使政治之权（当然包括宗教等其他权力），这是清代至民国时期在西藏地方实行的一项重要的政治制度。但并不是说摄政的权力源于达赖授权，而是由清中央政府授权掌政

---

① 所谓“四大林”又称四大“喇让”（私人修行公馆），即前藏地方功德林、锡德林、策默林和丹吉林活佛修行及处理行政事务的机构。这些活佛都具有“杰波朱古”（意为“国王活佛”）的称号，其地位极高，在西藏仅次于达赖和班禅。“四大林”不仅建筑规模宏大，各富特色，代表了一代建筑艺术的发展水平，同时伴随着主人的历史脚步，同清代西藏许多有声有色的历史事件紧密联系。

② 《清高宗实录》卷五三五，转引自西藏研究编辑部编辑：《清实录·藏族史料》第三册，西藏人民出版社1982年，第1275页。

③ 王森：《西藏佛教发展史略》，中国社会科学出版社1987年，第202页。

的。这是因为无论是达赖喇嘛还是摄政，他们都是清代皇帝的臣民，他们的择选、认可、敕封甚至废黜都决定于中央政府。对上，他们要直接向清政府负责。在这一体制中，清政府不仅通过达赖喇嘛或者摄政，还通过驻藏大臣及四位噶伦组成的噶厦地方政府共同管理地方事务。

摄政制度的出现看似偶然，其实它是客观现实的反映，也是不得已而为之的权宜之计。1757 年，七世达赖岁及中年突然圆寂，执掌西藏地方政教大权的人空缺，此时如果从寻访、认定达赖转世灵童，到坐床、受戒、漫长的经学教育直至最后亲政，至少还要 18 年甚至更长的时间，这样就形成了长时间权力上的真空，若不及时解决这个棘手问题，势必造成西藏地方上层贵族之间的权力之争，给当地政局带来新的动荡。例如，1727 年（雍正五年）由于噶伦之间争夺权力，发生的“阿尔布巴事件”，爆发了流血冲突的卫藏战争就是很好的教训。殷鉴于前，乾隆皇帝经过慎重考虑之后，为了稳定地方形势，保持此前六年（1751 年）制定、颁行的《酌定西藏善后章程》十三条款行政体制的延续，决定于当年（1757 年）实行摄政制度。由此不难得知，摄政制度的实施是历史的必然。

附表二：清代—民国西藏地方政府历任摄政一览表

顺序	姓名	生卒年	所属寺院	摄政岁数	摄政时间	摄政年数	享年	备注
1	阿旺绛贝德勒嘉措	1722—1777	哲蚌寺罗色林扎仓	35	乾隆二十二年——四十二年（1757—1777）	20	56	六世第穆活佛
2	萨玛第巴克什阿旺楚臣	1721—1791	哲蚌寺罗色林扎仓	56	乾隆四十二年——五十一年（1777—1786）	9	52	一世策默林活佛、61 任甘丹赤巴
3	益西罗桑丹贝贡布	1759—1810	哲蚌寺果芒扎仓	32	乾隆五十六年——嘉庆十六年（1791—1811）	20	52	八世济咙活佛
4	阿旺罗桑土丹济美嘉措	1778—1819	哲蚌寺罗色林扎仓	33	嘉庆十六年——二十三年（1811—1818）	7	42	七世第穆活佛
5	萨玛第巴克什阿旺绛贝楚臣	1792—1860	哲蚌寺罗色林扎仓	47	嘉庆二十四年——道光二十四年（1819—1844）	25	69	二世策默林活佛、73 任甘丹赤巴

续表

顺序	姓名	生卒年	所属寺院	摄政岁数	摄政时间	摄政年数	享年	备注
6	丹必尼玛	1782—1853	扎什伦布寺	62	道光二十四年——二十五年(1844—1845)	1	72	七世班禅额尔德尼
7	阿旺益西楚臣坚赞	1816—1863	色拉寺结巴扎仓	29	道光二十五年——咸丰五年(1845—1855)	10	48	锡德林高僧、三世热振活佛
8	阿旺益西楚臣坚赞	同上	同上	同上	咸丰五年——同治元年(1855—1862)	7	同上	同上(连任)
9	夏扎·旺曲杰布	1797—1864		65	同治元年——三年(1862—1864)	2	68	世俗贵族、噶伦
10	德珠·罗布藏钦绕旺秋	？—1872	哲蚌寺罗色林扎仓		同治三年——十二年(1864—1873)	9		木鹿寺高僧、一世第朱活佛、76任甘丹赤巴
11	阿旺贝丹确吉坚赞	1854—1886	哲蚌寺果芒扎仓	21	光绪元年——十二年(1875—1886)	11	32	十世济咙活佛
12	阿旺洛桑赤列绕杰	1856—1900	哲蚌寺罗色林扎仓	30	光绪十二年——二十一年(1886—1895)	9	45	九世第穆活佛
13	阿旺洛桑丹贝坚赞	1861—1919	哲蚌寺罗色林扎仓	49	光绪三十年——宣统元年(1904—1909)	5	58	三世策默林活佛,兼86任甘丹赤巴
14	阿旺洛桑丹贝坚赞	同上	同上	同上	宣统二年——民国元年(1910—1912)	2	同上	因达赖出走连任
15	强白益西丹贝坚赞	1912—1947	色拉寺结巴扎仓	22	民国二十三年——三十年(1934—1941)	7	36	锡德林高僧、五世热振活佛
16	达扎·阿旺饶松丹贝坚赞	1874—1952	聂塘寺	67	民国三十年——1951年(1941—1951)	10	79	活佛

通过上述简单分析达赖喇嘛英年早逝的原因后，就不难了解从清代前叶至20世纪中叶几百年的漫长岁月里，为什么由摄政王执掌西藏政权达到了三分之二的时间，而达赖喇嘛亲政的时间仅有三分之一了。那么，什么人有资格担任摄政，其地位如何呢？有清一代，摄政一职通常是由前藏格鲁派哲蚌、甘丹、色拉三大寺的住持及功德林、锡德林、策默林和丹吉林“四大林”的活佛公馆的主人担任。活佛是藏族社会一个非常特殊的阶层，拥有一定的特权和较高的地位，尤其是“四大林”的活佛非同一般，地位仅次于达赖喇嘛、班禅额尔德尼。为了抬高他们的政治、宗教地位，清政府不仅要为历任摄政赐以银印，授以其统治西藏政教的大权，还封敕为“诺门罕”名号，以示皇帝恩宠。一些“四大林”的活佛掌权后，有兼任达赖喇嘛经师的，还有的担任了藏传佛教重要的寺院甘丹寺的主持——甘丹赤巴，可谓权倾一时，如日中天。

据统计，自1757年（乾隆五十二年）六世第穆活佛摄政开始，至1951年达扎活佛卸任，在近两百年的时间里，西藏地方政权的掌管者更迭频频。其中“四大林”活佛任摄政王执掌政教大权的时间也非常漫长，他们是：功德林八世、十世济咙活佛共摄政31年；丹吉林六世、七世、九世第穆活佛共摄政36年；策默林一世、二世、三世（连任）策默活佛共摄政41年；锡德林三世热振活佛（连任）、五世共摄政24年，共计132年之久，人均摄政13年多。除外，七世班禅曾摄政近1年；噶伦夏扎·旺曲杰布摄政2年；木鹿寺第朱活佛摄政9年；聂塘寺荣增达扎活佛摄政10年，共计22年，人均摄政5年多。

综上我们可以得知：从1660年—1959年，在这整整300年中，历辈达赖喇嘛共亲政101年，占33.67%；蒙古汗王掌政45年，占15%；其余为班禅大师、高僧活佛和世俗贵族等摄政达154年之久，占51.33%。

作者单位：中央民族大学藏学院

清乾隆年间第二次金川战役几个问题的探析

齐德舜　洲　塔

金川（今四川省阿坝藏族羌族自治州金川县、小金县），清代分为大、小金川，为嘉绒①藏族生活区，当地百姓自称“革如”。② 发生在清朝乾隆年间的大小金川战争，让金川地区名扬全国，也彻底改变了这一地区的历史进程。这两次战争，分别指的是乾隆十二年（1747 年）二月至乾隆十四年（1749 年）正月和乾隆三十六年（1771 年）六月至乾隆四十年（1775 年）二月清政府发动的两次对四川大小金川地区的战争。两次金川之役，最保守的估计耗资也超过九千万两，历时三十余年，可以说是乾隆帝“十

① 嘉绒，亦称甲垄。据《平定两金川方略》卷 51 载，儹拉、鄂克什、杂谷、丹坝、革布什咱、绰斯甲布布拉克底、巴旺、瓦寺等土司管辖地区，其男妇俱跣足披发，步行山箐，统称为甲垄部。对嘉绒这一名称有不同的解释，据藏文古籍《墨尔多神山志》记载，这一名称出自嘉绒神山（在丹巴，为这一地区最高的神山）。台湾学者庄吉发考证认为“甲垄”即嘉绒，是汉语的“各”字（见庄吉发:《清高宗十全武功研究》，中华书局 1987 年版，第 109 页）。对这一说法国内学者大多并不认同。而据马成富在其论文《二百多年前名扬京城的番中傩戏与当今的嘉绒藏戏渊源考》考证，嘉绒，全称“嘎尔嘉尔木察瓦绒”，意为“东方嘉尔木墨尔多山系的热带农区”，简称为“嘉尔木绒或嘉绒”。对“嘉绒”的地理位置，具体说就是东起成都市的都江堰市和阿坝州汶川县、雅安地区的宝兴县，西至四川甘孜州的炉霍县、雅砻江一带地区，南起四川凉山州冕宁县和雅安地区的石棉县一带，北至四川省阿坝州壤塘县与红原县界，与青海省的果洛藏族自治州班玛县接壤。南北长约 840 余公里，东西宽 650 多公里，总面积为 15 万余平方公里。

② 对“革如”名称的解释，据实地调查当地百姓，普遍认为就是藏族的意思。而据一些学者考证，认为这一词是吐蕃驻军的意思。但其对应的是藏语中的哪个词并不能还原出来。

全武功[①]”中历时最久、耗资最大的战争。就连乾隆皇帝自己也不无遗憾地说：“予赖天恩，平伊犁，定回部，拓疆二万余里……然费帑不及三千万，成功不过五年。兹两金川小寇，地不逾五百里，人不满三万众，而费帑至七千万，成功亦迟至五年……”[②] 特别是对第二次金川之役，清军到底胜在何处？大小金川土司缘何落败呢？清军何以会付出如此惨重的代价呢？金川战役对清王朝和金川地区的历史走势到底产生了什么样的影响呢？下面我们对这些问题进行逐一的分析。

一、清军获胜的策略分析

第二次金川战役，尽管清军付出了惨重的代价，但毕竟还是取得了胜利。清军缘何取胜，其原因是多方面的，其中有主观和客观两个方面。主观方面包括战争开始之前和开始之后双方的斗争策略以及对战争的准备和艰苦性的认识等等，客观方面则包括双方的形势以及财力、物力、人力等诸多方面。

首先，在对战争的认识和双方对战争的准备方面，清乾隆皇帝有了清醒的认识并做好了充分的准备。在金川这一方，与第一次金川战役时相比，它的优势并没有变化，恶劣的地理环境，易守难攻的战碉等等是金川土司能够在第一次金川之役中保全自己的资本。在第一次金川之役时，乾隆皇帝及其前方统帅并没有认识到金川的地理、气候等条件，尤其是对恶劣的天气和“一夫当关，万夫莫开”的战碉缺乏清醒的认识从而犯下了轻敌的错误。而在第二次金川之役打响之前，乾隆皇帝对此保持了清醒的头脑，对战争的残酷性也作了充分的准备，并制定了正确的策略方针，那就是先取小金川，然后再打大金川，各个击破。“朕意总宜先办小金川，擒其凶渠，治以重罪，则金川自然闻风畏惧……且小金川介众土司之间，势非强盛，又非若金川有险可凭。前此进剿金川时，我师曾取道小金川经行，并无艰阻。况自用兵至今不过二十余年，从前随征弁兵必有存者，路径自所

① “十全武功”：二平准噶尔，一定回部，再扫金川，一靖台湾，降缅甸、安南各一，两次受廓尔喀之降，合为“十全武功”。

② 《清高宗实录》卷1004，乾隆四十一年四月己巳。

熟识，即可用为向导，官兵更无难深入。”① 可见清政府已经对战役的残酷性有了充分的认识并做好了必要的准备。

除此之外，在第一次金川之役中，莎罗奔凭借石碉给清军以很大的杀伤，给乾隆皇帝留下了深刻的印象。为寻找到破战碉的方法，乾隆皇帝苦思冥想，参酌清军入关前与明军作战的经验，在北京组建了一支精锐的攻碉部队。“因于京师香山石碉，造云梯”，“其筑碉者，即金川番兵也”。② 但是随着第一次金川之役的结束，这种攻碉的方法并未付诸实践。战争结束后，由于当地的小金川、革布什咱、巴旺等藏族土司带兵协同作战，因此就有一部分士兵被吸收到清军中，再加上在战争中的俘虏和用重金收买的一些当地百姓，这批人在战后不便在原地安置，遂被清军带回了北京。由于乾隆皇帝并没有放弃彻底平定大小金川的打算，认为“已习之艺不可废，已奏之绩不可忘，于是合成功之旅，立为健锐营，并于寺之左右，建屋居之，间亦依山为碉，以肖刮耳勒歪之境”。③ 可见，清政府把这批人充实到攻碉部队中，专门在香山组建了“健锐云梯营”，并模仿大小金川的地形和石碉筑造了石碉。《清史稿》也记载“乾隆十四年，设健锐营，驻香山”。④ 后来证明正是这支部队在第二次金川之役中发挥了巨大的作用，“金川用兵，京城之健锐、火器二营，功绩最多”。⑤ 由此可见，为了彻底平定金川，乾隆皇帝做了充分的准备。这就与大小金川的仓促应战形成了鲜明的对比，可以说战争尚未开始，金川方面先输一着。

其次，是财力方面。清朝自第一次金川之役后经过几十年的发展，经济上已进入全盛时期。第一次金川之役时，清朝户部存银只有区区三千万两，而经过几十年的发展，到了乾隆三十六年，“户部银库实存银七千八百

---

① 《清高宗实录》卷888，乾隆三十六年七月壬子。

② （清）魏源：《圣武记》卷7，《乾隆初定金川土司记》，中华书局1984年。但是对在第一次金川之役后，清政府在北京香山所组建的健锐云梯营的情况，陈庆英在其论文《关于北京香山藏族人的传闻及史籍记载》（《中国藏学》1990年第4期）中考证认为其最初的兵将构成是曾在金川作战的清军自己的将领，并没有金川降兵，魏源说的“金川番兵”应是指后来的情况。但是刚组建时到底有没有金川降兵，到现在为止还没有发现明确的记载，有待进一步考证。

③ 《实胜寺碑记》，见张羽新辑注：《清代喇嘛教碑文》，《西藏学汉学文献汇刻》第二辑，西藏社会科学院汉文文献编辑室编辑，1991年2月，第123页。

④ 《清史稿》卷111，《职官志四·火器健锐神机虎枪诸营条》。

⑤ 《清史稿》卷139，《兵志十·训练条》。

九十四万零一两”。[①] 因此战争打响后，乾隆皇帝显得底气十足，不惜重金，声称“此时部库所积多至八千余万两，朕每以存积太多为嫌”，[②] 并且表示“但能扫荡擒歼为一劳永逸之计，即使再多费一千万两，朕亦不靳”。[③] 至乾隆三十八年六月，金川之役开战仅仅一年多一点的时间，就已拨饷银2900万两，占国家积聚的36%以上。而战争打响以后，清政府又是不断地增兵添饷，没有一丝一毫吝啬之意。甚至直到战争即将结束之时，在大小金川的储备仍然非常丰富，“以上统计为十余万石，除供支两路前敌、后路兵夫及应付凯旋官兵外，勒乌围、美诺两处尚可余米三四万石，询之将军阿桂，促浸、儹拉地方留防兵六七千名，以此核计，足敷防兵二年有余之粮，已属充裕”。[④] 从这些记载中，足可见清军在这次战役中的后勤保障体系是非常完备的，物资方面极其充足。与此相反，战争的另一方大小金川的情况与此正好相反，自第一次金川之役结束之后，金川地区的战事就一直没有停止，这大大影响了该地区的经济状况。更加上清军对大小金川地区采取了严密的封锁政策，九土司多年的进攻，在清军进攻的那一年又是金川的荒歉之年，更使得金川地区的经济陷于几乎崩溃的状况。据在战争中抓获的藏民交代“小金川粮少食乏，力量已不能支”。[⑤] 而据在前线的兵士也称“贼众乘间出寨，掘草根食之，饥饿窘迫如此”。[⑥] 粮食供应的大量缺乏使得大小金川的战斗力大为削弱，大量的人员因饥饿而不得不投诚到清政府一方，从而又使得兵源大为减少，这也是清军能够获胜的一个重要的原因。

其三，武器方面的差距。清军为了平定大小金川，不惜动用巨大的人力、物力、财力，甚至在前线专门设置了造火药的军需局来负责火器的供应和制造，特别是对威力无比的大炮的制造更是不断改进，并从全国各地不断地运送火药和其他物资，确保前线对火药的供应充足。“至兵械内，枪炮最为便捷，而于攻打碉卡，更为利器。各营现存火药十万九千余觔，枪子五百二十八万余颗，火绳六万盘，业经陆续赶运，阿尔泰现在军营就近

① 《清史编年》第六卷，《乾隆朝》下，第141页。

② 《金川案·上谕并灭金川》。

③ 《清高宗实录》卷九三六，乾隆三十八年六月辛卯。

④ 《清高宗实录》卷九九九，乾隆四十年十二月庚申。

⑤ 《清高宗实录》卷九〇五，乾隆三十七年三月乙卯。

⑥ （清）王昶著，张羽新校注：《蜀徼纪闻》，乾隆三十七年二月十三日，见张羽新主编：《中国西藏及甘青川滇藏区方志汇编》，第四十三册，学苑出版社2003年。

制造。”[①] 为对付坚固的战碉，清军不断地改进火炮，从最初只能食药十一二斤到食药十六斤再到二十斤，威力大为增加。“前在约咱，因见寻常炮位不甚得力，是以赶铸大炮。今已铸成，日逐轰打，以大炮之力，原能打透碉墙。第贼匿碉内，炮势一过，旋即在内填补。今复用靖远、劈山等炮，随同大炮，一齐迸发，使贼番不及补苴。且贼碉受炮处既多，被击时复久，修筑虽坚，必归倾塌。”[②] 除此之外，阿桂还奏请朝廷，请求铸造西洋式冲天炮以助战。乾隆皇帝即命侍卫阿弥达运带炮子及炮式并测量之人前往。以后又派侍卫德保带领被授为三品京堂的欧洲传教士傅作霖前往助战。[③] 实践证明在战争中冲天炮也起到了巨大的作用。与清军装备精良形成鲜明对比的是大小金川地区装备落后，且火药奇缺。大小金川地区在战斗中使用的仍然是石头和原始的弓箭、简单的火器等武器，这自然是又输一截。而即使是这些简单的火器，其供应也是十分有限的，甚至于到战争后期之时，“火药将次用完，土司分付头人，每家要交一斤硝，二两磺”。[④] 以如此的后勤装备来对付几乎武装到牙齿的清军，其结局也是不难想象的。

其四，战略战术上的原因。在第二次金川之役刚刚打响之时，清乾隆皇帝就制定了正确的战略战术，那就是先打小金川再打大金川，各个击破，分头出击。并且在战争中坚决地贯彻了这一指导思想。除此之外，清政府还充分利用了九土司与金川土司之间的矛盾，让其他土司站到了自己的一边。对九土司，清政府从一开始就采取了两种手段，一方面是威胁，一方面是利诱。特别是在“木果木之败”后，战争进入一个关键时刻，清军的做法和金川土司索诺木的做法形成了鲜明的对比。在乾隆皇帝这一边，“他一方面接连嘉奖支持清军的布拉克底、巴旺、明正、革布什咱、丹坝等土司及梭磨土妇，另一方面，向各土司宣称现在已调兵数十万，要殄灭区区金川地区易如反掌，各土司应抓住机会，同心协力配合清军剿灭金川，不要错失良机”。[⑤] 与此相反的是大金川土司索诺木时刻都没有忘记吞并其他土司的土地，一再声称等官军一撤就要报仇，这更让本来就与大小金川有矛盾的众多土司大多都站在了清军一边。另外，对大小金川的头人及普通

---

① 《清高宗实录》卷八九五，乾隆三十六年十月辛卯。

② 《清高宗实录》卷八九六，乾隆三十六年十一月甲辰。

③ 陈小强：《金川之战后清军中的藏族将领》，《中国藏学》1994 年第 4 期。

④ 《清高宗实录》卷九七五，乾隆四十年正月庚午。

⑤ 彭陟焱：《乾隆再定金川战争钩沉》，《西藏民族学院学报》，2004 年第 2 期。

百姓，清政府也采取了不同的态度，尽量地争取他们站到自己的一边来。为争取更多的番民的支持，清政府曾多次发表檄文，声称“汝等助逆违天，将来捣穴擒渠，万无生理。今可将此遍示头人百姓，共知现在小金川肆逆，罪在僧格桑一人。汝等本属胁从，如有能擒逆呈献者，即令各安乐业。倘复仍前抗拒，大兵到处，玉石俱焚，毋孰迷不悟，自取灭亡”。[①] 对众多的投降过来的番民，清政府除了在木果木之败后进行了一次大规模的屠杀和在战争后期大局已定的情况之下杀害了一批之外，一般都采取了安抚的政策，只要不是罪大恶极的头领，一概不杀，只是把他们分头安置而已，甚至还有一些留在军营中效力，“投诚之人……应即赏给职衔，留于军营量力差遣……其余番众，见天朝施恩于投诚之人，愿降者必众”。[②] 而索诺木对待投降的番民却是残酷无情的，“金川番民归顺后复被逆酋擒获，抉去两目精糁以石灰”。[③] 索诺木的做法与清政府的做法产生了强烈的对比，从而也使得清军招降的这一政策起到了很好的效果，极大的分化了大小金川土司的力量。许多投降过来的番民由于熟悉金川地区复杂的地形，给清军以极大的帮助，例如在重新收复小金川的战事中阿桂之所以在短时间内取得胜利，就是因为采纳了投降过来的小金川头人木塔尔的意见，并使用了木塔尔绘制的地图。大金川头人札克塔尔曾密献出入的路径图，并随官军平定金川之乱，因功被擢为守备，后来又随军进京被擢为二等侍卫，乾清宫行走，兼正白旗蒙古副都统。还有像桑吉斯塔尔、阿木穰等等均为清军的胜利立下了战功。[④]

二、清军付出惨重代价的原因分析

如前所说，清军在第二次金川之役中无论在哪一方面都占了上风，从兵力上和后勤保障上都占绝对的优势，兵力方面几乎是四十比一。兵力如此悬殊，优势又是这样明显，但是清军却难以取得速胜，前前后后共用了

---

① 《清高宗实录》卷八九七，乾隆三十六年十一月丙寅。

② 《清高宗实录》卷九〇四，乾隆三十七年三月丙午。

③ （清）李心衡：《金川琐记》卷三·金川往事十三则，见（清）王锡祺辑《小方壶斋舆地丛钞》，第八帙。

④ 陈小强：《金川之乱后清军中的藏族将领》，《中国藏学》1994年第4期。

五年的时间，付出了七千余两白银和阵亡近一万五千人的惨重代价，这又是我们不能不深刻反思的一个问题。为什么这场战争打得这样艰苦，为什么这场战争付出这样惨重的代价，魏源曾把原因归结为“天时之多雨久雪，地势之万夫莫前，人心之同恶誓死，兼三难而有之”。① 这固然是一个重要的方面，但是细细分析，应该还有以下几个方面：

其一，政治方面的因素。清朝发展到乾隆年间，政治上的腐败已是非常的严重，官员之间的尔虞我诈、钩心斗角几乎是无处不在，无孔不入。作为最高统帅的乾隆皇帝对大臣也是充满了不信任，令其互相监督以加强控制。这一切反映到军事指挥上则直接影响着清军的作战能力。

早在第一次金川之役时，前线指挥官张广泗和讷亲就因为“劳师靡饷”、“畏难不前”而导致被杀，并最终使得第一次金川之役没有取得实质性的胜利。同样的情况也出现在第二次金川之役中。乾隆皇帝曾多次谕令前线将士以大局为重，“上轸念将士在行间久，颇劳瘁，戒相国（温福）毋过于严厉，致失人心，且以阿公（桂）本旧人，而伍公（岱）往时部曲也，令每事调护之”。② 但是乾隆皇帝对前线将士并不是完全信任，所以又让其互相监督，“以阿公为参赞大臣，且命密陈相国治军状，始知参赞伍公已劾相国拒人言，失人心，及性情燥急，驭下过苛诸事，故昨有旨告诫”。③ 可见，前线将士争权夺利，互相弹劾，并不专心于军事，而乾隆皇帝也有意地令他们互相监督，从而加强自己对全局的控制。这在很大程度上抵消了清军本来十分明显的优势。

在战役之初，前方的战事本来进行得非常顺利，小金川平定，大军应该一鼓作气进取大金川，或许可以取得胜利。但是就在此时，清军遇到了大金川全线阻击，前线指挥官温福对形势做出了错误的判断，并且不思进取，“钮于易胜，不复调檄各路兵马，惟日与董提督天弼辈置酒高宴”。④ 温福的轻敌最终酿成“木果木之败”这样的结局，自己也因兵败而被杀。除了温福之外，桂林在军营中“日亲曲蘖，食饫珍馐，止图己身安逸，不能

① （清）魏源：《圣武记》卷七，《乾隆再定金川土司记》，中华书局1984年。

② （清）王昶著，张羽新校注：《蜀檄纪闻》，乾隆三十七年二月初十，见张羽新主编《中国西藏及甘青川滇藏区方志汇编》，第四十三册，学苑出版社2003年。

③ （清）王昶著，张羽新校注：《蜀徼纪闻》，乾隆三十七年二月十一日，见张羽新主编《中国西藏及甘青川滇藏区方志汇编》，第四十三册，学苑出版社2003年。

④ （清）昭梿著：《啸亭杂录》卷七，《木果木之败》，中华书局1980年。

与士卒同甘共苦，且北山梁损伤兵丁数目，并不查明据实陈奏，意存掩饰”。[①] 将官如此，士兵亦所难免。“绿营兵丁平时不训练，军中赏罚不明，拒派健锐营，不重用汉土官兵，木果木惨败与绿营兵畏敌溃逃有直接关系。”[②] 特别是绿营兵根本无战斗力可言，与金川兵刚一交锋，就四散而逃跑，一点战术素养也不具备。以这样的将领，再加上这样的士兵，清军妄图在短期内取得胜利无异于痴人说梦。

其二，宗教方面的因素。众所周知，乾隆皇帝一直都对金川地区的苯教持有偏见，视其为邪教，必欲除之而后快。这种思想贯彻到军事进攻上则是大批的苯教寺院被毁，大批的苯教僧人被俘虏、屠杀。而大小金川藏民对苯教的虔诚信仰对这种行为产生一种强烈的逆反心理，对这种镇压也必然群起而反抗。清军对苯教的打击实际上已经冲击到了大小金川地区传统的社会秩序，引发了更为广阔的也更为复杂的宗教文化冲突。而这种冲突引发的反抗能量是绝对不能忽视的。这也正是大小金川土司能够联合的一个重要的原因。保护苯教的信念也成为金川地区“土司头人是一个心的标志”。[③] 两种文化心理和两种价值观的冲突围绕着征讨与反征讨的轴心展开，保护苯教的生存权使得金川地区的土司头人和百姓构筑起了一道抵御征讨的天然心理屏障，尽管衣食温饱都难以解决，但是这种民族凝聚力足以让清军在进攻中困难重重。再加上金川土司在战斗中多次乞降，并声称自己绝无反抗朝廷的意思，但是乾隆皇帝却是不准投降，不给金川土司以任何出路。这种赶尽杀绝的政策，迫使金川土司、苯教喇嘛与民众联合起来，用打卦祈祷作为一种动员和组织民众的思想武器，坚决自卫反击。苯教喇嘛激发的这种宗教激情，极大地增强了其战斗力。也正是“在这种宗教激情的催化下，将土司家族、普通百姓和喇嘛所分别体现的社会力量，集中到了民族生存这一共同目标之上，导致了以普通藏民为主体的金川藏民反征讨怒潮的迸发”。[④] 也正是在这种精神的激励之下，金川战争的双方力量悬殊的差距得到了一定程度的弥补，从而也加大了清军取胜的难度。

其三，各民族支持所致。如前所言，在中国境内，金川土司所占地方仅是一弹丸之地，人口五六万，用于一线作战的兵力仅三千人。而清军仅

① 《清高宗实录》卷九一五，乾隆三十七年八月癸未。

② 曹启富：《略论乾隆年间大小金川之役》，《四川师范学院学报》1999 年第 6 期。

③ 庄吉发：《清高宗十全武功研究》，中华书局 1987 年，第 174 页。

④ 徐铭：《苯教与大小金川战争》，《康定学刊》，1997 年 3 月。

用于一线的兵力就有十几万，后勤保障人员超过了四十万，即使是如我们前面分析的清军在政治方面的失误和宗教方面的因素，以区区三千人来对付十万之众，又怎能一战数年，乃至使清军大本营倒灭，将帅阵亡？单就金川的物产资源，是根本不可能支撑旷日持久的战争的，那么又是什么使金川以区区弹丸之地、些微兵力而苦撑五年之久呢？这不能不从各民族的大力支持中去寻找答案。

在昔日金川的战地，至今还有一些因这次战争而留下的地名。从这些活化石中，我们可以看到金川之役中，清军面对的绝不仅仅是一个小小的金川土司，而是各民族的联合抵抗，特别是在战争刚开始时，胜负的结果很难预料的情况下，大部分的从征土司都担心清军如果再像第一次金川之役时那样不能取得胜利，其结果必然是自己在战后要受到大金川土司的报复，因此在战争伊始他们大多采取了观望的态度，出兵而不出力。而广大汉族百姓，由于同情金川藏民的遭遇，对金川土司采取了支持的态度。在金川地区，有一处地方叫“西瓜闹”，当时是在粮台与木果木之间的一处军事要隘。据考证，当时“清军大营驻扎其地，四川汉区运夫运来大批西瓜，西瓜内注入毒药，官兵食用后，中毒身死不少，今在其山侧沟谷岩洞中有成堆的白骨，传说就是这次西瓜毒死官兵的尸骨”。[①] 还有如“避瘟沟”，“位于万里城梁子[②]左侧山谷平衍暖和地方。传说清军吃了从汉区运来的肉类和大米，都患痢症，直打寒颤，死亡甚多，以为染上了瘟疫，只好从卡子上撤退下来，住在这地方治疗，故得名‘避瘟沟’。其实也是汉族弟兄运输时投毒所致”。[③] 其他还有诸如“万人坟”，则指藏兵奇袭木果木，清军惨败，死伤万计，埋葬清军将士的地方而得名。又如藏语方言“打巴坚”，询问当地人则说是指分面粉的地方。据传说当时汉族弟兄见金川藏民连年战火不息，兵民缺粮，就偷运一些粮食转交给金川藏兵，各山头守兵又按通知在僻静地方去分灰面（面粉），故而得其名。

从这些留下来的地名我们可以想见，当时对清军战斗的金川藏民，绝不是在孤军作战，是有广大的汉民作坚实的后盾。如前所说，除了汉族之

---

① 雀丹：《乾隆两度金川平叛是一大历史冤案》，载《地方史志文集》，转引自李涛、李兴友主编：《嘉绒藏族研究资料丛编》，四川藏学研究所1995年，第249页。

② 金川之役中藏民所建依山顺峰而成的防御工事，至今尚存残垣，被俗称为“万里城”。

③ 雀丹：《乾隆两度金川平叛是一大历史冤案》，载《地方史志文集》，转引自李涛、李兴友主编：《嘉绒藏族研究资料丛编》，四川藏学研究所1995年，第249页。

外，其他从征的土司由于害怕清军不能取胜而危及自身，从而对金川明征暗通，据当地传说像绰斯甲和丹坝土司的随军土兵，在火药枪里不装铅弹，空枪相战，大小金川藏兵也开空弹枪，而对清军却毫不客气，进行实弹出击。由此可以看出，金川藏兵正是由于得到了各方面的大力支持，才在极端艰苦的情况下能够以仅数千名未受正规训练的“土兵”对付十万之众的清兵而长达五年之久了。

三、从金川战役看清王朝和金川地区的历史发展

金川战役耗费了清王朝巨大的人力、物力和财力，充分暴露出了尚处于盛世的大清王朝已存在着诸多弊端，繁华的背后隐藏着众多的不稳定因素，也可以看出此时的清王朝开始走向下坡。从金川之役全过程的分析中，我们就可以理解为什么在清王朝所极力标榜的“康乾盛世”结束仅仅四十年后，英帝国主义就用枪炮打开了清王朝的大门；我们就可以理解清王朝在以后的鸦片战争以及后来的八国联军入侵中为什么会一败涂地。而这些实际上在它最辉煌的时候就埋下了伏笔，1840 年鸦片战争的惨败是其历史的必然。但是，任何事件都有它的两面性，尽管清朝在金川战役中付出了惨重的代价，但毕竟还是取得了这场战争的胜利，这一点是毫无疑问的。清政府通过战争的方式，维护了对川西土司的统治，确保了中央王朝的权威。就全国的形势来说，金川地区的特殊的地理形势使它处于一个比较敏感的位置。确保了这一地区，清政府就确保了自己在西藏、青海、四川、甘肃等几个地区的统治，正所谓牵一发而动全身，所以尽管清乾隆皇帝在这一战争中饱受非议，但是从当时全国的形势来说，这次战争也是有它的历史功绩的。尽管这种功绩的取得是以巨大的代价为依托的。

对于大小金川地区来说，这两次战役彻底改变了这一地区的历史进程。金川之役使得金川地区的百姓饱受战争的痛苦与折磨。人员上死伤惨重，两万多人被杀，两万多人被俘并被强制迁徙、流放，远离家园，留在本地的大部分是老弱病残。在经济上因为战争也使得大批耕地难以耕种，良好的植被被破坏。而在政治上政教合一的土司制不复存在，代之而来的是中央政府委派的流官统治下的郡县制。清政府在金川事件的处理上，“从沿袭明朝的土司制度到‘以番攻番’，‘剿抚兼用’及最终实行的‘改土归流’

政策，是清中央集权专制高度发展的必然结果。"[①] 这种中央集权的发展与大小金川土司势力的膨胀形成了一对不可调和的矛盾，而解决这种矛盾的方法在当时是采用了残酷的战争来解决的，清军伤亡了几万人，金川百姓在战争中也付出了惨重的代价。可以说，金川地区的百姓是不幸的，他们是这次战争最大的受害者，在这次战争中充当了金川土司和清政府的牺牲品。然而，在战后，随着金川土司的不复存在，战争的一个策源地消失，从而使得金川地区换来了较为长时期的安定团结的局面，在客观上又对金川地区的发展创造了有利的条件。而随着越来越多地与外界的交往，金川地区在各方面都开始了一个飞速的发展。在此之前的那种封闭、落后的社会被较为开放的社会所取代，民族之间在经济上互相学习，文化上互通有无，在宗教上也由单一的宗教向多元化发展。总之，大小金川地区因为这场战争而彻底改变了它的社会进程，旧的一切一去不复返了，尽管这种改变是以付出巨大的代价所换来的，但毕竟还是一种进步。

作者单位：兰州大学西北少数民族研究中心

① 刘源：《从清代档案看清政府对金川土司的政策》，《中国藏学》1993年第4期。

军机处满文夷使档所录熬茶档选译

赵令志　郭美兰

中国第一历史档案馆所藏军机处满文《夷使档》，满文称“elcin takūraha baitai dangse”，是专门记载清朝与准噶尔部使者交往历史的原始档案，反映准噶尔部数次遣使赴北京、拉萨、肃州等地朝觐、纳贡、和谈、熬茶和贸易等情况。全档簿计18册，2745页，系汇抄有关奏折、上谕、寄信、奏书等文件而成。该档案的时间为雍正十二年（1734年）至乾隆十九年（1754年），是记载对准噶尔两次大规模战争之间歇期内使者往来的原始档案。档案中所反映的清政府与噶尔丹策零、策旺多尔济那木扎勒、喇嘛达尔扎等进行划定边界、赴藏熬茶、使者贸易、使者迎送、接待礼仪等交往内容，对深入研究准噶尔蒙古及西北政治、经济、军事、宗教及清代的治藏政策、蒙藏民族关系等方面的历史，都具有重要史料价值。

熬茶是指在藏传佛教寺庙发放布施。清代熬茶通常由熬茶者向众喇嘛发放银两等，众喇嘛则为之唪经祈福。现中国第一历史档案馆另藏有《熬茶档》档簿，乃抄录乾隆五年（1740年）至乾隆十三年（1748年）间，准噶尔部首领噶尔丹策零及策旺多尔济那木扎勒经奏请乾隆帝，获准遣使赴藏，分别为策旺阿喇布坦和噶尔丹策零熬茶唪经。该档簿系记录熬茶过程中形成的各类往来文书而成的专档。而《夷使档》中，亦有部分准噶尔于此段时间遣使赴藏熬茶的档案，其中多与《熬茶档》内容重复，但也有《熬茶档》中阙如者，故研究此段时间之准噶尔熬茶历史，应参考利用这两部档案。

2006年，整理翻译军机处满文《夷使档》，被列入中央民族大学985工程项目，目前笔者已完成翻译工作，预计2009年出版。今恰逢史学前辈柳陞祺先生诞辰百年，民族史学界同仁撰文编集纪念，便选几份噶尔丹策零为父策旺阿喇布坦遣使赴藏熬茶的档案译文，滥竽充数。好在柳先生治学，素喜原始资料，以此类文字纪念，先生或无怪后学不敬也。

01　大学士鄂尔泰等奏报侍郎玉保与准噶尔使臣吹纳木喀商议赴藏路线片

乾隆七年十二月十二日

大学士・领侍卫内大臣・伯臣鄂尔泰等谨奏。

前日，准噶尔使臣吹纳木喀等邀见侍郎玉保，告称，令吾等瞻觐圣明之日，颁降谕旨曰：将尔等赴藏三百人仍为一路一同前往，倘若拟于西宁贸易，同至西宁贸易毕，由尔等所请多伦鄂罗木路赴藏。尔等或入噶斯卡伦，由彼即行赴藏，或于西宁贸易毕赴藏之处，即由噶尔丹策零酌定后，遣往尔等之人。钦此。盖我等之噶尔丹策零，定照大皇帝谕旨，将遣往藏地人等作为一路，同赴东科尔贸易毕，再行赴藏。然我等为使之人，不可即定噶尔丹策零之意。噶尔丹策零若免于东科尔贸易，由彼行经麻勒占库察路，径直赴藏，则将我等拟留人畜，宜留何处等候之处，需先预定。再，虽令我等之人于东科尔贸易毕再赴藏，然将拟留人畜，仍留东科尔地方等候，由藏返回时，再绕经东科尔，不如将所留人畜，带至我等返程附近卡伦等候。可否之处，请准预先商定。臣等窃思，彼等由藏返回时，若复准行经东科尔，路远曲折，耗时日久，我等照看官兵亦多辛劳。就近由哈济尔、得卜特尔卡伦所属地方径行，似两相皆益。将东科尔地方所留人畜，计其由藏返回时日，遣往哈济尔卡伦，令我等之人照看等候亦可。臣等明日前去送别，提及此事，告知彼等，尔等瞻觐圣颜之日，将尔等赴藏人等未便分两路行走缘由，降旨尔等之后，因尔等奏请准至东科尔地方贸易，并请约见我等之照看大臣。已奉旨准尔等于东科尔地方贸易之处，我等照看官兵现于西宁备办各项事宜。尔等之噶尔丹策零，倘若不在西宁贸易，由彼赴藏，务必预先来报。将我等照看官兵遣往卡伦地方，沿途护送，将尔等所留人畜，安置于卡伦附近亦可。再，尔等之人虽于西宁贸易毕赴藏，返回时不必行经东科尔，由彼径行至卡伦，将所留人畜，遣往哈济尔、得卜特尔卡伦等候者，亦为可行之事。尔等之噶尔丹策零究竟如何确定，俟其来请，即晓谕我等之边界大臣，计其可行办理可也。

等因，乾隆七年十二月十二日奏入，奉旨：可。钦此。

02 大学士鄂尔泰等奏请令照看大臣进呈熬茶使与寺庙喇嘛来往书稿片
乾隆七年十二月十三日

大学士·领侍卫内大臣·伯臣鄂尔泰等谨奏。

查得，使臣吹纳木喀等两次前来，先是我等之大臣夺过齐默特等具呈衮布木庙喇嘛等之文，其回文亦未给彼等。此次赴藏，若仍照前例，将进呈达赖喇嘛、班禅之呈文抢来，恐无回文，彼等屡屡以此为事言之。熬茶之礼，必为请喇嘛等念经修善事而呈文，喇嘛等亦给回文。若当彼等面取其文，不给回文，未便妥当。相应交付伴送大臣等晓谕颇罗鼐，将接取其呈文、给予回文之处，皆照例办理，取其呈文、回文之底稿呈览。取其文之情形，毋令使臣等知晓。俟有旨下，除密付将军乌赫图、侍郎玉保外，亦密寄副都统索拜知晓。

等因，乾隆七年十二月十三日奏入，奉旨：著依议。钦此。

（十二月二十日缮文钤印后，交付兵部主事六格，缄封驰递将军乌赫图、副都统索拜去讫）

03 大学士鄂尔泰等奏闻备办伴送准噶尔使臣等赴藏熬茶事项折
乾隆七年十二月十三日

大学士·领侍卫内大臣·伯臣鄂尔泰等谨奏，为议奏事。

准噶尔噶尔丹策零遣吹纳木喀等为使，将先前齐默特等造谣悖行之处，归咎于己，恭请圣安，进献马匹等物，为赴藏熬茶，虔心恭谨具奏，蒙圣主施恩，降旨照请施行，准所遣三百人由噶斯路至西宁之东科尔地方，俟贸易毕，由彼入藏。相应就此理应备办事项，臣等详加酌议，逐款开列，恭呈御览。

一、为拓展卡伦事。查得，兹由西宁至伊克柴达木、得卜特尔，设卡十三处，由青海蒙古兵二百名，绿旗兵一百名，分别驻守。现准噶尔赴藏人等，既行经噶斯路，理应将卡伦酌往远处拓展至哈济尔。皂哈、巴哈柴达木等卡伦，仅驻蒙古兵，并无绿旗兵，相应于使臣往返之前，由西宁总兵所属绿旗兵中，再增派一百名，交付副都统莽古赉，酌情编派至卡伦驻守。青海蒙古之游牧，依照原议，预先妥加迁移，待使臣等通过，再照常游牧。俟撤卡伦，仍旧驻守，将增派之百名绿旗兵遣回。再，使臣等抵达时，倘有经历卡伦之新满洲、乌拉齐侍卫、章京，于事有益，且伴送准噶尔人等入藏，亦需熟练之人。去岁，为伴送准噶尔入藏熬茶人等，经臣等会议，拣选曾经过往新满洲、索伦、乌拉齐侍卫、章京四人遣往。此次伴送准噶尔人等，仍照前例，由新满洲、索伦、乌拉齐蒙古侍卫、章京内，拣选四人带领引见，分别遣往哈济尔、得卜特尔二处卡伦，等候使臣等。俟使臣等抵达，伴送至藏。

一、为遣派伴送使臣等之官兵事。查得，总管伴送，已钦差将军乌赫图、侍郎玉保。往来与使臣等传话，关照杂事，需有部院章京，相应拣选理藩院贤能章京一员，笔帖式二员，领催二员带往。其护送至藏之兵丁，仍拣派庄浪、凉州之满洲官兵五百名护送，将马畜、撒袋、鸟枪等物，皆妥加办理。此等派往五百名满洲兵，倘若调遣至噶斯等候使臣等，护送至东科尔，又从东科尔入藏，返回时送至边界，则人畜均皆不支，显现邋遢，有碍观瞻。仍应养精蓄锐，于东科尔地方歇息等候。前次将齐默特等，由哈密带至东科尔时，自李绳武处派出三百兵护送前来，相应将西宁总兵所属绿旗兵三百名，酌情派员率带，于四月内起程，计使臣等将至，前往哈济尔卡伦等候。俟使臣等抵达，会同部院章京、侍卫、官员，伴送至东科尔，交付伴送满洲兵后，仍行遣回。使臣等抵达前，设置卡伦及迁移蒙古游牧之事，皆需预先办理，相应令侍郎玉保、章京、官员等，年后二月起程，前往西宁，将一应办理事项，会同副都统莽古赉商议，妥善办理。使臣等来时，侍郎玉保带领章京、官员等，迎至卡伦地方接受使臣等，带至东科尔照看贸易，会同将军乌赫图率领官兵，伴送入藏。俟熬茶事毕，由原路送出边界后，除乌赫图带领官兵返回任所外，玉保率部院章京、笔帖式、新满洲、乌拉齐侍卫、章京返回。再，噶尔丹策零倘若不令熬茶人等赴西宁东科尔贸易，奏请经卡伦取道麻勒占库察径直入藏，亦未可定。如果预先派人至卡伦报称由彼就近前往，则侍郎玉保等即一面奏闻，一面咨文将军乌赫图，带领满洲官兵前往卡伦，护送使臣等由彼入藏，自卡伦地方守候三百名绿旗官兵内，酌留照看使臣等存留人畜者外，其余绿旗兵，则遣回原处。由索伦、乌拉齐侍卫、章京内，酌留一人，会同绿旗官员看守，仍敕副都统莽古赉稽查办理。晓谕伴送大臣等，沿途示以和睦之道，毋令妄自见人，其防范之处，暗加防范，断不可令其知觉。俟至藏，示以敬奉达赖喇嘛之道。准噶尔人等倘若提请延聘喇嘛，或带往额木齐等不可行之事，则以颇罗鼐等倘未奉旨，不可擅断，等语抚慰。咨文驻藏办事副都统索拜，将一应预备、防范、办理事项，皆依原先奏准之例核查，会同颇罗鼐商议，妥善备办。亦咨文总督马尔泰、巡抚黄廷桂，预先备办。

一、为办理接续牲畜、盘费，照看其留存牲畜事。噶尔丹策零为其父遣人入藏熬茶，除仍照原议，自备资斧前往外，仰蒙圣上施恩，降旨酌情补赏牲畜、盘费。相应饬令该总督、巡抚，依照原奏，备办廪给牛羊、米面等项，由东科尔地方起程前往藏地时赏赐外，事毕返回时，于青海附近地方再赏一次。使臣等之马畜倘有疲乏者，将军乌赫图、侍郎玉保令地方官员由原先备办马驼内支取，晓以圣恩，酌情赏补。彼等若请留疲瘦牲畜、零碎什物，则酌派官兵，择水草之地牧放。若请留其人，亦酌情赏补盘费等项。我等官兵之马畜倘有疲瘦者，将军乌赫图、侍郎玉保等由备办之驼马内支领，给予调换。所换牲畜，交付地方官员，好生牧放，以备返回时更换。再，依原议，我等之官兵入藏时，照原奏之例，由颇罗鼐处带马牛来迎，相应将多余马畜、零碎杂物，留于喀喇乌苏，酌留官兵，会同颇罗鼐之人一起看管。藏路迥远，我等官兵之马畜不能径行到达，故经前议，为于路途接济马匹、盘费，拟带往银二万两，业经奏准。继该总督为接济口粮，祈请再增带银一万两，奏准在案。将此仍照原议，由总督处备办银三万两带往，交付将军乌赫图、侍郎玉保，计足敷接济我等之官兵在途疲乏之马畜、盘费，及使臣等之朝拜，酌情补办，俟返回核销。

一、为办理派出之官兵事宜事。将军乌赫图所派五百名官兵，皆已按出征例办理起程外，侍郎玉保等于明年二月即自京城起程前往西宁迎接使臣等，带至东科尔地方，由彼伴送至藏，熬茶事毕，伴送使臣等出界后，始方返回。备办不足，显得邋遢，准噶尔人观之，亦有不便。相应令侍郎玉保，所派章京、笔帖式、拨什库、新满洲、索伦、乌拉齐侍卫、章京等由京城起程前往西宁时，由驿遣往外，由西宁起程前往藏地时，赴藏使臣、大臣、章京等，按例办理起程前往。

为此谨奏。请旨。

等因，乾隆七年十二月十三日奏入，奉朱批：依议。著赏乌赫图银一千两，玉保银二千五百两，供在途使用。钦此。

（将此交付内阁中书姚鹏，由军机处领银赏给玉保。咨文将军乌赫图、副都统莽古赉、索拜。由军机处选取侍卫、章京外，交付户部，咨文应行之处，将应办事项从速办理，不可延误。亦交付兵部、蒙古衙门去讫。十二月二十日，缮文钤印，交付兵部主事六格，缄封驰递将军乌赫图、副都统莽古赉、索拜去讫）。

04　大学士鄂尔泰等奏请恩赏玉保等片
乾隆七年十二月十三日

大学士·领侍卫内大臣·伯臣鄂尔泰等谨奏。

臣等窃思，侍郎玉保乃钦差伴送准噶尔熬茶人等入藏之大臣，明年二月即起程前往西宁，办理一应备办事宜，伴送使臣等至藏，熬茶事毕送至边界，始方返回。道途迥远，往返行走，照管外藩人等，且沿途尚需每每款待使臣等用餐，应酌拨物件。再，入藏后，示以敬奉达赖喇嘛、班禅额尔德尼之道，进献礼物，所需颇巨，未便自理，如若短缺，亦有关碍。若蒙圣上施恩稍加赏赐，则侍郎玉保伴送使臣等，益为宽裕，相应亦于事有益。再，其如何赏赐将军乌赫图之处，亦一并请旨。

乾隆七年十二月十三日奏入。

（此事之旨，已批于赴藏熬茶事中）

05 理藩院左侍郎玉保奏报转降敕谕给班禅额尔德尼并返抵前藏折
乾隆九年正月十八日

臣玉保谨奏，为奏闻转降敕谕给班禅额尔德尼情形事。

臣于十一月初三日由前藏起程，率准噶尔使臣吹纳木喀等前往后藏熬茶之处，前已奏闻。是月初八臣抵达后藏之日，班禅额尔德尼遣百余名喇嘛出迎于三里外，排列仪仗，迎接敕谕。臣赍敕谕至班禅额尔德尼所住拉布楞后，班禅额尔德尼下床接奉敕谕，恭请圣上万安。臣抵达之前日，班禅额尔德尼之商卓特巴罗布藏策旺派多尼尔颇章告称，班禅额尔德尼年甫六岁，依我等之例，避讳远道而来之人，概不准会见，倘令准噶尔使臣及其随行一百二十余人，概准入谒班禅额尔德尼，班禅额尔德尼年尚幼，不便久坐，且我等亦极惶恐。兹因准噶尔台吉噶尔丹策零虔心笃请文殊菩萨皇帝，文殊菩萨皇帝始方施恩，准照其请来谒班禅额尔德尼。倘若见而不准拜谒，亦似作难。可否请大臣告知准噶尔使臣等，仅令二十余人进谒，其余人等嗣后再令陆续叩谒。等语。臣告知班禅额尔德尼之多尼尔颇章曰，尔等之此情，尔等可告知准噶尔使臣喇嘛、宰桑等，我亦言之。是月初九日，使臣宰桑吹纳木喀等来至臣之住处告称，昨日我等抵此，与此处喇嘛商卓特巴言及叩谒班禅额尔德尼之处，据商卓特巴称，不便令我等之人尽数拜谒班禅额尔德尼。经我等之噶尔丹策零奏请大皇帝之恩，前来拜谒班禅额尔德尼，而此处喇嘛商卓特巴只准我等之近二十人拜谒，其余概不准拜谒，则我等均皆哀怨。倘蒙大臣代为说服，可否准令我等来人尽数拜谒。臣告知使臣吹纳木喀等称，此处喇嘛商卓特巴并非不准尔等叩拜，缘在班禅额尔德尼年幼，按其本地习俗，避讳远道而来之人，不准叩拜，此处喇嘛商卓特巴始称只准尔等之近二十人拜谒班禅额尔德尼，其余人等，嗣后可相继拜谒，尔等缘何言称怨恨不准拜谒班禅额尔德尼耶。本大臣只是护送尔等而已，倘若彼等本地习俗即如此，我等亦不便勉强。言毕，使臣吹纳木喀等称，大臣之言甚是，我等猜测抑或只准我等之近二十人叩拜，其余人等便不准叩拜，故而如此言之，大臣现既言准令其余人等嗣后相继进谒，我等不胜欣感。言毕散去。初十日，使臣喇嘛、宰桑等近二十人进谒班禅额尔德尼，进献礼品。十三日，又有喇嘛、宰桑等近二十人进谒班禅额尔德尼，献礼祈福。其余人等，分为三起，陆续进谒班禅额尔德尼。十六日，郡王颇罗鼐之子公珠尔默特车布登、札萨克头等台吉车凌那木扎尔来至臣之住处告称，据准噶尔使臣喇嘛尚卓特巴、宰桑吹纳木喀等至我等住处告曰，我等至此，业已拜谒班禅额尔德尼，并进献礼品，我等所来之事，均皆得以善终。我等来时，我等之噶尔丹策零交给我等银两携至，用于在后藏建房二三十间，令喇嘛等居住，倘有毁坏庙宇，亦稍事修葺。我等如若建房，能否获准。等语。彼等行抵前藏，亦曾告知我等之王，拟建房屋令喇嘛等居住，倘有毁坏庙宇，亦加以修葺。我等之王以本地喇嘛等不仅不缺住房，亦无毁坏庙宇，现天已寒冷，亦非建房时节等因，不曾应允。兹至后藏，复又告请修建房屋，故而我等经与班禅额尔德尼之商卓特巴会商，告知使臣喇嘛、宰桑等，现如今班禅额尔德尼年幼，不能为尔等建房之事动土，何况天已寒冷，不宜建房，等因未曾接受。等语。臣告知公珠尔默特车布登等称，准噶尔之噶尔丹策零凭借何能在藏地修建房屋令喇嘛等居住耶。此次为来藏熬茶，以彼等使臣难以抵达，祈请我等之圣上施恩，资助马畜盘费，经圣上恩赏马驼盘费，其使臣始得抵藏熬茶。噶尔丹策零果真欲于西藏地方修建房屋令喇嘛等居住、修葺毁坏庙宇，彼岂能不奏请我等圣上之谕旨。即便不曾奏请，亦不告知我等乎。观其并未奏请，亦不告知者，并非诚心盖房，而是使臣等明知尔等不允，图谋博得众喇嘛之心，故而如此言语而已，尔等不予接受者甚是。公珠尔默特车布登等称，大臣之言甚是，我等所见略同。是故，臣于十月十九日率使臣等由后藏起程前来前藏时，喇嘛尚卓特巴、宰桑吹纳木喀等在途中告知臣曰，我等前来时，我等之噶尔丹策零吩咐我等由藏延请通经好喇嘛一名、懂医好额木齐喇嘛一名带回。我等抵达后藏看得，班禅额尔德尼年幼，班禅额尔德尼之各项事务，均由喇嘛商卓特巴办理，料想即便我等请求，焉能应允，故而不曾提请。我等意欲俟抵前藏，求之于达赖喇嘛、王颇罗鼐。大臣与我等原本相识，是以表露心迹，将其能否准行之处，与大臣商议。等语。臣称，是，我等原本相识。兹宰桑、喇嘛等既然恳切与我商议，我亦推心置腹告知尔等，尔等之浑台吉策妄阿喇布坦之时，曾经遣派策零敦多卜，破坏寺庙，扰累土伯特人众。尔等准噶尔之人，拟来西藏地方熬茶，土伯特人众甚是厌恶。经尔等之噶尔丹策零虔心奏请，我等之大皇帝准为其父修善事熬茶，始蒙我等之大皇帝恩准遣往西藏。尔等此次前来熬茶，是否出自至诚，土伯特人等尚不明确，岂能依照尔等之请，当即给予通经好喇嘛及懂医好额木齐。以我之见，尔等不如不请。言毕，宰桑吹纳木喀称，我等前来时，我等之噶尔丹策零如此吩咐，无论给否，我等不能不加告请。我等厄鲁特有一比喻，汗者之使，不可半途而废；吩咐之言，不可不详尽转达。闻此，臣曰，果真如此，则尔等之齐默特等前年前来时，缘何半道而回。使臣喇嘛尼尔巴等笑答，彼并非他故，贵大臣及我等之宰桑吹纳木喀前来，成事乃理所当然，无可奈何之事，随之而去。无论如何，容许我等告请王颇罗鼐一试。言毕散去。是故，臣率使臣趋行，于是月二十四日抵达前藏。是月三十日，据王颇罗鼐前来告称，准噶尔之使臣吹纳木喀等告请延请本地通经及懂医好喇嘛，我答曰，尔等欲请通经及懂医好喇嘛，噶尔丹策零理应奏请我等之文殊菩萨大皇帝恩准，尔等之噶尔丹策零既未奏请我等之文殊菩萨大皇帝之旨，我何敢擅自给付。等因。未曾应允。

为此谨具奏闻。

乾隆九年正月十八日奉朱批：知道了。钦此。

06 驻藏办事副都统索拜奏报准噶尔使臣等进献达赖喇嘛等礼物数目折
乾隆九年正月十八日

副都统兼武备院卿索拜谨奏，为奏闻准噶尔噶尔丹策零等进献达赖喇嘛等礼品物件之数目事。

臣索拜适才奏称，准噶尔使臣等在前藏熬茶事毕，已于十一月初三日起程前往扎什伦布熬茶。其噶尔丹策零等进献各寺庙供佛之物件、进献达赖喇嘛之礼品、熬茶燃灯所献布施银数目，因未得确数，未经具奏，容俟得有确数，另行呈览。等因具奏。兹准噶尔使臣等熬茶已毕，郡王颇罗鼐处将其所献各项物件、布施银数目，均加核查分析开列，呈送前来，相应照其所呈，敬谨另行缮折，恭呈御览外，准噶尔使臣等事毕于十二月初五由藏起程返回之日，经臣索拜仍照原奏，遣派唐古忒第巴斋桑兵丁，交付札萨克头等台吉乌米那木扎尔，暗中善为防范，尽力不走漏任何消息，护送至藏界喀喇乌苏。等因严饬遣往。

为此谨具奏闻。

乾隆九年正月十八日奉朱批：知道了。钦此。

附件：噶尔丹策零等进献达赖喇嘛等物件数目折

噶尔丹策零等进献达赖喇嘛等物件数目折

噶尔丹策零以请达赖喇嘛安之礼，献礼哈达一方、宗喀巴史经一函、衣冠一袭、缎二匹、铺垫一个。

噶尔丹策零为其父母，以向达赖喇嘛祈福礼，进献哈达一方、金十两、银一百两、缎三十匹、金丝缎一匹、俄罗斯毡二十三块、熏牛皮十三张、水獭皮十张、回子地方绸十匹、白布七匹。

噶尔丹策零进献大昭之佛大哈达二十三方、五色哈达三方、银曼达三个、塔齐勒七个、奔巴一个、法轮一个、燃灯银六百七十一两、燃灯银盅五只、大珍珠念珠一串、澈琚念珠一串、玻璃念珠二串、银钵一个、青金石钵二个、铁禅杖一根、佛缎衣七袭、冠一顶、伞三把、缎幡七个、金钱九枚、镜子二面、珍珠五个、耳饰一个、银质如意一个、银夹一个、鸟枪四支、矛一支、撒袋一个、虎皮二张、银嘎布拉一个。

噶尔丹策零进献小昭之佛大哈达四方、五色哈达一方、燃灯银三百六十九两、白珊瑚念珠一串、小珍珠念珠一串、佛衣二袭、铁禅杖一根、钵一个、铜镀金七珍八宝、伞一把、缎幡七个、镜子四十六面、银嘎布拉一个、铁剃刀一把、鸟枪四支。

噶尔丹策零进献布达拉之罗济索喇佛大哈达五方、小哈达七方、银法轮一个、珍珠念珠一串、佛衣二袭、燃灯银一百零九两、伞一把、缎幡二个、小珍珠念珠十串。

噶尔丹策零进献哲蚌寺之佛大哈达十九方、小哈达十八方、燃灯银五百六十六两、回子地方缎一匹、绸一匹、白布一匹、伞三把、缎幡三个、系有五色哈达镜子六面、银碗一个、银嘎布拉一个、银杖一根、银绳一根、鸟枪六支、铁剃刀一把、俄罗斯毡一块、熏牛皮一张。在此寺熬茶二十五次，每熬茶一次用银十五两，共用银三百七十五两。喇嘛五千八百七十三人，人各散给布施银五两；堪布喇嘛七人，人各散给布施银二十五两。

噶尔丹策零进献色拉寺之佛大哈达三方、燃灯银二百一十九两、伞一把、幡三个、系有五色哈达镜子三面、银嘎布拉一个、银制莲花一个、回子地方缎一匹、绸一匹、白布一匹、鸟枪二支。在此寺熬茶二十五次，每熬茶一次用银十两，共用银二百五十两。喇嘛三千四百七十八人，人各散给布施银五两；堪布喇嘛四人，人各散给布施银二十五两。

噶尔丹策零进献甘丹寺之佛大哈达四方、燃灯银七百三十四两五钱、伞二把、幡五个、铜镀金七珍八宝、金法轮二个、挂佛前廊子之缎饰四条、系有五色哈达镜子九面、银嘎布拉四个、剃刀二把、杖一根、银绳一根、回子地方缎一匹、绸一匹、白布一匹、鸟枪九支、腰刀二把。在此寺熬茶二十五次，每熬茶一次用银十两，共用银二百五十两。喇嘛二千八百五十二人，人各散给布施银五两；堪布喇嘛六人，人各散给布施银二十五两。进献甘丹池巴诺们罕银一百五十两。

噶尔丹策零进献热依定寺之佛大小哈达七方、燃灯银二百五十一两四钱、伞三把、幡三个。在此寺熬茶三次，每熬茶一次用银三两，共用银九两。喇嘛三百五十七人，人各散给布施银一两。

噶尔丹策零进献齐齐克塔拉寺之迈达里佛大哈达二方、伞一把、燃灯银五十两、幡三个。此寺喇嘛八人，人各散给布施银五钱。

噶尔丹策零进献净寂寺之佛燃灯银一百五十两、佛衣一袭。在此寺熬茶三次，每熬茶一次用银二两五钱，共用银七两五钱。

噶尔丹策零进献珠木札勒寺之佛燃灯银五十两，喇嘛六十六人，人各散给布施银一两。

噶尔丹策零在吉当甘丹吹库尔寺熬茶二次，每熬茶一次用银三两，共用银六两，喇嘛二百人，人各散给布施银一钱。

噶尔丹策零进献上温都孙寺之佛回子地方缎一匹、绸一匹、白布一匹，该庙喇嘛五百五十人，人各散给布施银五两。

噶尔丹策零进献下温都孙寺之佛回子地方缎一匹、绸一匹、白布一匹，该庙喇嘛五百人，人各散给布施银五两。

噶尔丹策零以请班禅额尔德尼安之礼，献礼哈达一方、宗喀巴史经一套、衣冠一袭、铺垫二个、钵一个、禅杖一根、铃一只、银丝缎一匹、俄罗斯地方缎一匹。

噶尔丹策零为其父母，以向班禅额尔德尼祈福礼，进献哈达一方、金十两、银一百两、金丝缎一匹、银丝缎一匹、俄罗斯地方缎二匹、蟒缎四匹、锦缎二匹、妆缎二匹、缎十五匹、俄罗斯毡二十四块、熏牛皮十二张、水獭皮十张、回子地方缎二匹、绸二匹、白布八匹。

噶尔丹策零进献扎什伦布寺之佛大哈达一方、金一百两、伞八把、幡四个、系有哈达银镜五面、金丝缎一匹、银叉一个、银嘎布拉四个、鸟枪四支、杖一根、剃刀一把、熏牛皮二张、白布一匹。在此寺熬茶二十五次，每熬茶一次用银十五两，共用银三百七十五两。喇嘛三千人，人各散给布施银五两；堪布喇嘛四人，人各散给布施银二十五两。

噶尔丹策零进献班禅额尔德尼之塔宝石二块、金二百两、银二千两。

噶尔丹策零进献色赖卓特巴寺之佛哈达一方、伞一把、幡二个、系有哈达镜子三面、鸟枪二支、杖一根、银绳一根、燃灯银一百八十三两五钱、熏牛皮三张、水獭皮一张、白布二匹。在此寺熬茶一次，熬茶一次用银二两。喇嘛一百三十一人，人各散给布施银五两。

噶尔丹策零进献鲁木布泽寺之佛系有哈达镜子三面、伞一把、银嘎布拉三个、杖一根、腰刀一把、鸟枪二支。在此寺熬茶喇嘛一百四十五人，共给布施银二百九十两。

噶尔丹策零进献纳木灵寺之佛哈达一方、伞一把、燃灯银七十五两八钱。

噶尔丹策零进献鞥衮寺之佛哈达四方、燃灯银一百七十四两、伞二把、系有哈达镜子四面、银嘎布拉一个、剃刀一把、鸟枪三支、水獭皮一张、熏牛皮二张、缎二匹、白布三匹。在此寺熬茶二十五次，每熬茶一次用银一两五钱，共用银三十七两五钱。喇嘛一百二十一人，人各散给布施银五两。

噶尔丹策零进献荣扎木沁寺之佛伞一把、燃灯银五十八两。

噶尔丹策零进献阿迪沙佛之塔哈达四方、伞一把、幡八个、燃灯银一百一十两。

噶尔丹策零进献拉穆吹忠哈达四方、金一两、鸟枪一支、回子地方缎二匹。

噶尔丹策零进献哲蚌吹忠哈达四方、金一两、鸟枪一支、回子地方缎二匹。

噶尔丹策零以问郡王颇罗鼐安之礼，携来礼物哈达一方、回子地方缎二匹、绸三匹、俄罗斯毡二块、鸟枪一支、腰刀一把、白布五匹、哈萨克地方马五匹。

噶尔丹策零寄给班禅额尔德尼之商卓特巴礼品哈达一方、俄罗斯地方缎一匹、毡一块、回子地方绸二匹、白布四匹。

噶尔丹策零之子策旺多尔济那木扎勒进献拉穆吹忠伯勒克哈达一方、嵌金披甲一副、撒袋一个、鸟枪一支、腰刀一把、矛一支、金一两。

噶尔丹策零之子策旺多尔济那木扎勒以请班禅额尔德尼安之礼，进献礼品哈达一方、经一函、衣帽一袭、铺垫一个、金轮一个、曼达一个、钵一个、铃一只。

噶尔丹策零之子策旺多尔济那木扎勒为其母，以向班禅额尔德尼祈福礼，进献哈达一方、金二两、银三十两、蟒缎一匹、缎二匹、俄罗斯地方缎一匹、毡四块、水獭皮三张、熏牛皮一张、回子地方缎一匹、绸二匹、白布二匹。

噶尔丹策零之子策旺多尔济那木扎勒为自己进献班禅额尔德尼哈达一方、金十两、银丝缎一匹。

大策凌敦多布之孙达克巴进献迈达里佛哈达二方、佛衣一袭、幡二个。

大策凌敦多布之孙达克巴进献哲蚌吹忠哈达一方、撒袋一个、鸟枪一支、腰刀一把、矛一支、金一两、银二十七两、缎二匹、俄罗斯毡一块、熏牛皮三十六张、貂皮九张。

噶尔丹策零之后又为熬茶进献哲蚌寺银一万七千四百四十六两六钱，进献色拉寺银一万二千六百零九两一钱，进献甘丹寺银一万二千一百二十两一钱，进献扎什伦布寺金一百两、银一万五千九百六十五两。

噶尔丹策零为给熟谙经典之喇嘛，由哲蚌、色拉、甘丹、扎什伦布、二温都孙此六寺喇嘛内，挑选谙悉经典者四百五十人，人各给银十五两。

以上除噶尔丹策零等进献物件外，金共四百三十六两、银共十五万六千一百六十七两九钱。

07　副都统索拜奏闻准噶尔使臣请求修庙延请喇嘛颇罗鼐未允折
乾隆九年正月十八日

副都统兼武备院卿臣索拜谨奏，为奏闻事。

查得，适才臣及郡王颇罗鼐拟告准噶尔使臣等称，仰仗文殊菩萨大皇帝之恩，宗喀巴佛教较前益加兴广，土伯特人等均皆安居乐业等语，缮折具奏请旨，奉朱批：如此回复，甚善，在理。惟交谈之语，岂能现即确定，即便此等之意，据使臣等之言语，料颇罗鼐亦能回复。著将此旨晓谕颇罗鼐。钦此。钦遵前来。臣索拜召至颇罗鼐，颁降圣上训谕毕，又复饬告颇罗鼐称，准噶尔人等极为狡诈，彼等抵藏后，言谈话语间，挑拨蛊惑，询问此处消息，在所难免，尔须留意于此，彼等所问，尔之所答言语内，除闲话外，但凡稍涉关碍，皆好生牢记，告知于我。等语。兹颇罗鼐至臣处告称，十月初四日，准噶尔使臣喇嘛尚卓特巴、宰桑吹纳木喀等至大小庙拜佛，顺便来我家闲聊，据尚卓特巴等称，我等之噶尔丹策零由拉达克地方闻知土伯特之黄教大为兴盛，特为熬茶虔诚奏请大皇帝，获准遣派我等前来。我等至此看得，黄教委实较前兴盛，毫不虚传。颇罗鼐回复曰，我等土伯特地方不仅黄教较前兴盛，而且民各安乐，此皆源自文殊菩萨大皇帝广兴黄教，安乐众生之慈意。尚卓特巴等称是。十月初八日，颇罗鼐我以准噶尔使臣等远道而来，为尽地主之谊，设宴款待。喇嘛尚卓特巴等告知颇罗鼐曰，我等此次来时，我等之台吉噶尔丹策零吩咐，俟尔等抵藏熬茶事毕返回，我即遣派使臣等前往叩谢圣恩，进献礼品。尔等此去，凡事均应依理而行，恭顺敬谨，如此则日后我等再拟赴藏，易于奏请。是故，我等此次凡事均与钦差大臣等商议，遵奉指示而行。等语。颇罗鼐听其语气，意欲日后复行来藏熬茶，一时不知所措，遂以他言抚慰。十月二十二日，喇嘛尚卓特巴、宰桑吹纳木喀等特来颇罗鼐处告称，噶勒招穆伦河边之策地方，原有一座温都孙喇嘛等坐禅之庙。兹闻此庙毁坏不曾修复，我等前来时，我等之台吉噶尔丹策零意欲裨益温都孙之喇嘛等，拟于此地复建庙宇仍行坐禅，令我等携带银两而来。我等熬茶事毕即行返回，不便在此督建庙宇，可否将银两交付贵王，代我等之噶尔丹策零修庙。等因告请。颇罗鼐回复曰，策地方原有一座温都孙喇嘛等坐禅之庙，毁坏已有六十余年，我本人尚未得见，诚于此处复建庙宇，有利于温都孙喇嘛等，我仰赖大皇帝洪恩，岂不能修一庙宇。惟喇嘛等坐禅，常在山上盖房者众，故而策地方未再复建庙宇。而况尔等之台吉噶尔丹策零，专为熬茶屡屡奏请我大皇帝遣派尔等而已，并未奏请在策地方修庙，不曾奉我大皇帝谕旨，我岂敢擅断，此断不可行。喇嘛尚卓特巴等遂称如此则罢。十一月二十六日，第巴喇嘛、宰桑巴雅斯瑚朗、多尔济等来至颇罗鼐处问安闲聊，据第巴喇嘛、宰桑巴雅斯瑚朗等告颇罗鼐称，我等至此，到大小昭、各寺庙熬茶，留心细看，宗喀巴佛之黄教实属比前兴旺，众喇嘛亦觉齐整，成就甘珠尔经、丹珠尔经甚是灵应。此皆我等所亲眼目睹，谨乞贵王将汝诚心扶助黄教所行一切事体，写明交付我等携回，转交噶尔丹策零阅览。颇罗鼐我答称，我本土伯特地方一卑微台吉，仰蒙文殊菩萨大皇帝隆恩，连连擢用，封为郡王。其振兴黄教，成就甘珠尔、丹珠尔，安乐土伯特人众者，均皆仰赖大皇帝之恩，并非我力所能成就。我若将振兴黄教之功，归为己有，寄与尔等之噶尔丹策零，犹如骄矜自夸，无地自容。第巴喇嘛、宰桑巴雅斯瑚朗等言称，尽管如此，贵王亦曾扶助黄教矣。第巴喇嘛、宰桑巴雅斯瑚朗等又称，我等前来时，我等之噶尔丹策零曾吩咐我等，我等地方并无好额木齐，尔等抵藏熬茶事毕返回时，延请好额木齐及通经大喇嘛各一位带回。兹熬茶之事已毕，回返在即，请贵王顺遂我等之噶尔丹策零所请，择好额木齐及通经喇嘛各一名随同我等遣往。颇罗鼐答称，问尔等之台吉噶尔丹策零奏请熬茶之时，可将由藏延请好额木齐及通经喇嘛各一位之处奏请大皇帝。答称无。尔等并未奏请，既未奉我大皇帝之旨，我岂可择额木齐喇嘛及通经喇嘛遣往尔等地方，非我所能专主者也。第巴喇嘛等称，我等之噶尔丹策零料想或可能行，故而吩咐我等，诚然不可行，又奈之何，不请则罢。自准噶尔使臣等抵藏以来，与颇罗鼐交谈话语间，稍有关系者，即为此等几项，其余均为闲聊。等语。

为此谨具奏闻。

乾隆九年正月十八日奉朱批：知道了。颇罗鼐所办一切事务均属得体，甚属可嘉，著传旨奖谕。钦此。

08　副都统索拜等奏闻筵宴准噶尔使臣等赠送缎匹等物情形折

乾隆九年正月十八日

副都统兼武备院卿臣索拜谨奏，为奏闻筵宴准噶尔使臣等赠送缎匹等物情形事。

本年正月初八日，准噶尔使臣喇嘛尚卓特巴、宰桑吹纳木喀等，派噶尔丹策零之近侍阿喇布斋等，来至臣处告称，我等之喇嘛、宰桑等问大臣好，派我等前来将我等地方本地马五匹，作为礼品赠送大臣。等语。臣索拜告阿喇布斋等曰，尔等之喇嘛、宰桑等，念吾为驻藏办事大臣，送来马匹，甚是感谢，此即如同收纳，尔等可带回问喇嘛、宰桑好，转达谢意。言毕，阿喇布斋等复告称，按我等蒙古之礼，呈献礼品，乃表款待之意。倘若收下，我等之喇嘛、宰桑等甚是欣喜。等因屡屡请求，臣故而纳之，以遂其款待之意。

查得，先前据纪山奏称，准噶尔使臣等抵藏，倘献礼品给臣等，酌情回赠缎匹等物加以筵宴。等因具奏。兹准噶尔使臣等抵藏以来，极为恭顺，且又向臣献礼品，故此理应遵照原奏准之例，回赠礼品，加以宴请。相应臣索拜将准噶尔使臣喇嘛尚卓特巴、喇嘛第巴、宰桑吹纳木喀、巴雅斯瑚朗、多尔济等召至臣之住处，昭示和睦之道，顺其习性，宰杀牛羊，备办蒙古筵席，饮以奶酒、酸奶等物。宴毕，送为首使臣尚卓特巴、吹纳木喀等五人大缎、锦缎、小刀、火镰、小荷包、鼻烟壶、茶、烟等物各一份。使臣等极为欣喜，告称，我等前来时，蒙大皇帝施恩赏给我等马驼盘费，抵藏复蒙大臣垂爱，为利裨我等，奏请大皇帝之恩，赏给喂养我等马畜之草料、柴薪，兹又召至我等盛宴款待，赠送多种珍品，实属极为仁爱我等。我等此次承办之事，毫不劳累，得以圆满，均皆仰仗大皇帝之恩。我等返回，定将屡施之隆恩告知我等之台吉噶尔丹策零。等语。

为此谨具奏闻。

乾隆九年正月十八日奉朱批：知道了。钦此。

09　凉州将军乌赫图等奏报率准噶尔使臣等由藏起程情形折
乾隆九年正月十八日

臣乌赫图、玉保谨奏，为奏闻率准噶尔使臣等由藏起程情形事。

查得，先前臣等奏称，观满洲官兵、使臣等骑用至藏之马驼，骆驼尚可骑用，马匹皆已疲惫，虽经喂养，并不见起色，堪用者甚少。倘若仍照原奏赏给使臣等马驼，不惟需用牲畜过多，且使臣等将不能带回及疲惫马畜，请求以高价出售，亦难逆料。臣等以副都统索拜、郡王颇罗鼐所备马一千二百匹、驼一百峰，替换满洲官兵之疲惫马驼，补拨银两办理外，免给准噶尔使臣等马驼，亦照满洲官兵之例换取疲惫马畜。等因具奏。臣玉保十一月初三日率使臣喇嘛尚卓特巴、宰桑吹纳木喀等一百二十人前往后藏熬茶，于是月二十四日返抵前藏。二十五日，宰桑吹纳木喀等来至臣等住处告称，我等之噶尔丹策零奏请大皇帝准为其父赴藏熬茶讽经，蒙大皇帝恩准施行，赏补马驼，又接济盘费，且于我等前往后藏、甘丹等寺熬茶讽经之际，均官为拨给钱粮，雇给马畜，故而我等熬茶之事得以圆满，不仅我等不胜感激，即便我等之噶尔丹策零亦欣感不已。我等之事既已善终，相应拟于十二月初五日起程返回游牧，惟我等携来骆驼仅有一半尚可使用，马匹皆已不能使用，若蒙大臣等垂恤，可否拨给我等马匹。等语。臣等回复喇嘛尚卓特巴、宰桑吹纳木喀等称，尔等之噶尔丹策零虔诚奏请我等之大皇帝准为尔等之前台吉赴藏熬茶，蒙我大皇帝恩准其请，又为便利尔等之噶尔丹策零之父事，施以殊恩，使尔等之事得以善终，而尔等又以马畜羸瘦不能行，请求拨给马匹者为何言，此断不可行。等语。宰桑吹纳木喀等称，大臣等之言甚是，我等之噶尔丹策零为其父熬茶之事，蒙大皇帝施恩提供便利，故而我等之事得以善终，即便我等徒步返回游牧，亦属在理，惟我等之马畜委实难以返回游牧，故而报请大皇帝之恩，诚能返回，岂敢如此告请。等语。臣等告斋桑吹纳木喀等称，而今为尔等之马匹之事，尔等屡屡告请我大皇帝之恩，相应由藏起程时，尔等仍用尔等之马匹，俟至喀喇乌苏，实难前行之时，再行商议。等语。使臣吹纳木喀等称，大臣等既言如此，我等即用我等之马畜至喀喇乌苏。等语。宰桑吹纳木喀等又告称，我等由哈坦和硕起程前来时，经告知大臣等，将我等之四十六人及马驼留于哈济尔、得卜特尔地方。该项马驼内，料想既有恢复者，亦有未恢复者。我等现既由阿哈雅克纳马噶路返回，相应派人前往哈济尔、得卜特尔，由我等所留马驼内挑取其膘壮堪用者，由彼前往噶斯与我等会聚。其余尚未上膘马驼，即令我等所派之人卖给尔等之卡伦之人。等语。臣等告吹纳木喀等称，哈济尔、得卜特尔系卡伦地方，尔等来藏时，以此等马驼皆已疲惫，全然不能前行，与其白白毙命，不如在此牧养等因，再三祈请，故而我等遣派我等之侍卫官兵会同尔等所留之人照料，尽数撤回我卡伦人等，而今卡伦地方又有何人收购尔等之羸瘦马匹。倘令尔等留于哈济尔、得卜特尔人等及马驼赶赴噶斯，可咨文尔等所留之人，我等可代为派人送达。我等亦可吩咐我等之侍卫等，将尔等所留人马送出卡伦，遣往尔等所经之路。等语。吹纳木喀等称，大臣等既言卡伦地方无人收购马驼，相应我等不再派人，可撰文送交大臣等转达，将我等所留人马由彼携至噶斯。等语。臣等观准噶尔使臣等之马驼，虽喂养近两月，然因均属疲惫牲畜，其骆驼三分之二尚可勉强使用，而马匹仅有三分之一尚可使用，若不拨给马畜，实难返回游牧，倘若由藏即行拨给马畜，俟抵喀喇乌苏，又请拨给马畜，亦难逆料。是故，经臣等商议，由藏起程时，仍用彼等之马畜，俟至喀喇乌苏，再行斟酌。及至十二月初五日，臣等率使臣等由藏起程，抵达喀喇乌苏后，计使臣等勉强能够抵达噶斯，并以所留马畜接济，再晓以圣恩，予以调拨马畜。为将使臣等留于哈济尔、得卜特尔之人马遣往噶斯，业经咨文守护侍卫官兵等之处，均已咨行川陕总督公庆复、甘肃巡抚黄廷桂、驻西宁办事副都统莽古赉。

为此谨具奏闻。

乾隆九年正月十八日奉朱批：所办者可嘉。知道了。钦此。

10　凉州将军乌赫图等奏报护送准噶尔使臣等出界情形折

乾隆九年正月三十日

臣乌赫图、玉保谨奏，为奏闻护送准噶尔使臣等出界情形事。

查得，适才奴才等奏称，臣等率使臣等于十二月十六日自喀喇乌苏起程，拟由麻尔占库察路出卡。其使臣等来藏时，留于哈济尔、得卜特尔地方之四十六人、马畜及零碎物件，依照使臣等之所请，准由彼处出卡遣往噶斯等因，交付驻守护军副参领赖格、游击马跃林之处，查得前已奏闻。是故，查得率使臣等于是月二十二日渡过麻尔占库察木鲁乌苏之源，二十六日抵达阿哈雅克南口、绷甘、里麻尔卡伦，歇一宿，臣等以告别礼，宴请准噶尔使臣等。言及出卡情形，宰桑吹纳木喀等告称，因我等之噶尔丹策零为其父熬茶之事，蒙大皇帝施恩予以便利，得以完满。我等本欲在藏过冬，正月间聆听众喇嘛集聚诵经，喂养马畜，待来年返青之时再起程返回游牧，大臣等以藏地入春之后出痘者众，亦有现即出痘者，故而我等匆忙起程而来。臣等称，尔等意欲在藏过冬，有何不可，惟尔等所来二百余人内，生身者极多，倘若传染尔等之人，开始出痘，将对尔等之人极为不利。故将藏地人众出痘之处告知尔等，尔等果欲在藏过冬，亦可在藏过冬。言毕，使臣吹纳木喀等称，大臣等所言甚是。据喇嘛尚卓特巴告称，大臣等曾在喀喇乌苏地方每二匹给换马一匹，我等岂敢认为大皇帝恩寡，惟由此至噶斯，需时十七、八日，此数日天降暴风雪，观我等之马畜之情形，焉能抵达噶斯，而况我等对此阿哈雅克、纳马噶路一无所知，请大臣等拨给我等向导，带至噶斯。等语。臣等称，由此至噶斯，不需十七、八日，我等虽每二匹给换马一匹，然尔等亦有以之羸瘦马驼换取之马畜，尔等足可抵达噶斯，以尔等之所留马畜接续。尔等若言不识阿哈雅克、纳马噶路，尔等之噶尔丹策零又缘何奏请自阿哈雅克、纳马噶路而行耶，不便给尔等以向导。吹纳木喀等称是，我等不过乘便提及而已。吹纳木喀称，大臣等前曾告知我等大皇帝临幸盛京地方行围，何时返回。臣等称，我等之大皇帝临幸盛京地方行围，料于十一月初返回。吹纳木喀问道，我等之噶尔丹策零处所派使臣于何时抵达京城，可有消息。臣等称，尔等地方是否派有使臣，不曾听闻消息。等语。是故，臣等于二十八日照料准噶尔使臣等出卡，起程前往其游牧。

臣乌赫图率满洲官兵沿拜图路前往任所外，臣玉保率章京、笔帖式等，起程前往京城，乾隆九年正月十一日入哈丹和硕卡伦，十四日抵达柴达木地方。是日，护守使臣等所留人畜零碎物件之护军副参领赖格、游击马跃林前来报称，其使臣等留于哈济尔、得卜特尔地方之人畜，依照大臣等之吩咐，正月十三日已自哈济尔卡伦起行。等因来报。

为此谨具奏闻。

乾隆九年正月三十日奉朱批：知道了。钦此。

11 副都统索拜奏报郡王颇罗鼐答复准噶尔使臣话语折

乾隆九年二月初二日

副都统兼武备院卿臣索拜谨奏，为奏闻事。

本年十二月初六日，郡王颇罗鼐来至臣处告称，准噶尔使臣第巴喇嘛、宰桑吹纳木喀于起程前日，以告别礼来见。致谢闲聊间，据吹纳木喀等告称，我等此次来藏，所有前往大小昭及各寺庙熬茶、修布彦诸事，因有王尔指教，均得圆满，实出意外。料想嗣后我等之台吉噶尔丹策零及大皇帝彼此顾念和睦之道，阐扬黄教，不仅兵戎全消，众生亦可安生。而今虽已和好，但求王尔将如何可得大皇帝深信，益加和好，永久不渝之处，推心置腹告知我等，俟我等返回告知我等之噶尔丹策零。尔乃尊奉黄教，兴广经法之人，尔之劝告之言，料想噶尔丹策零惟有以之为是，断不致以之为非。等语。卑微颇罗鼐答称，文殊菩萨大皇帝者统驭天下，天地般仁爱，日月般圣明，无分内外，各部人众，一视同仁。譬如，尔等此次来藏熬茶，蒙大皇帝格外施恩，赏给马驼、盘费，俾极充裕。尔等将还，又加恩赐。尔等熬茶之事得以完善者，悉因尔等之台吉噶尔丹策零在文殊菩萨大皇帝前恭顺有加、诚心恳请所致。若非如此，焉能抵藏。此即眼前明显极为利裨尔等之事，尔等可信之乎。既然要我提醒嗣后如何方能益加和好，相应尽我所知告知尔等，是非之处，尔等尽可细加掂量。据我所闻，尔等之台吉噶尔丹策零极为尊崇黄教，嗣后惟有敬戴宗喀巴佛，虔心供奉，事黄教之大施主益加恭谨，一切悉遵谕旨训诲而行，则福祥无与伦比。现举一获益之处为例告知尔等，我土伯特之卫藏虽为黄教福地，此前并无如此繁昌，唐古忒人等亦从未如此安乐，后因中国大皇帝意欲兴广黄教，逸养众生，故自五世达赖喇嘛、班禅额尔德尼、拉藏汗，直至颇罗鼐我，悉数赏印授封，不分内地与土伯特地方，叠沛圣恩，故今受益，远过从前者，所有蒙古、唐古忒人等无人不知。此皆我之肺腑之言，特此陈告，尔等返回，可将我此等粗俗之言转告噶尔丹策零，是非之处，听其自便。第巴喇嘛、宰桑吹纳木喀闻后皆称是。吹纳木喀又告颇罗鼐曰，前曾听闻来藏人言，尔等本地唐古忒人等不善骑马，兵械亦不齐整。我等此次行抵喀喇乌苏，见尔之子札萨克台吉珠密纳木扎勒率兵迎接将军、侍郎，此地兵丁之骑术及兵械皆优，颇罗鼐我答称，此处乃衍兴黄教之地，故而向不以武备为事。

自尔等之前台吉发兵袭扰藏地始，我唐古忒人等即重武备，奋起练习。且蒙文殊菩萨大皇帝加恩，令颇罗鼐我总理卫藏事务，故我尽力操练兵丁，整治兵械，如今无论何方兵戎犯我边圉，料想我所预备之蒙古、唐古忒兵丁，仰仗大皇帝福威，足资抵御。等语，吹纳木喀称，防守地方，整治武备者甚是。

是故，谨将吹纳木喀等所问、颇罗鼐所答言语缮折奏闻。

乾隆九年二月初二日奉朱批：著降旨颇罗鼐，其应答言语，极为得体。据此观之，彼平日感朕之恩，实心报效，极为虔诚，是以所言皆合朕意，实属可嘉。钦此。

12　副都统索拜奏闻郡王颇罗鼐办理准噶尔熬茶事宜尽心竭力折 乾隆九年二月初二日

副都统兼武备院卿臣索拜谨奏，为奏闻事。

臣索拜适才会同郡王颇罗鼐议奏预先备办赏给准噶尔使臣等之盘费、遣派官兵防守等情一折，奉朱批：所办极是。著降旨颇罗鼐，其所有筹办事项，更为可嘉。俟事善终，朕仍施恩于彼。钦此。钦遵。本月十三日接此，臣索拜当即传至郡王颇罗鼐，令其跪聆圣旨毕，颇罗鼐跪地告称，颇罗鼐本系土伯特地方卑微台吉，仰蒙文殊菩萨大皇帝施恩，连连擢用，封为郡王，如此天地般高厚恩德，无论如何奋勉，亦难还报于万一。此次准噶尔使臣等熬茶之事，颇罗鼐虽尽己之愚忠，预先详加筹办，亦属分内之事，兹又悯念卑微颇罗鼐所办各项可嘉，颁旨仍行施恩，委实感激不尽。惟有将此慈旨告知子嗣，竭诚尽力，勤谨奋勉外，欣忭之余，无言以奏。言毕，摘帽望阙叩头讫。自臣索拜抵藏办事，已近两年，经留心观察，郡王颇罗鼐平素尚能感激圣恩，言称今世焉能还报，然因未曾遇有大事，其感恩之心无以深鉴。此次准噶尔使臣等进藏熬茶，颇罗鼐顾念国家养育之恩，竭力奋勉，暗加兵备，拓展哨卡，唯恐走漏土伯特地方之消息，管束所属蒙古、唐古忒人等，训导各寺庙众喇嘛，戒备森严，且于表面示以和睦之道，凡事尽心竭力，预先备办乌拉、马骡、草料、柴薪等物，甚是丰裕，故而无所耽搁。自准噶尔使臣等抵藏直至起程，期间平静无事，所有事项皆照敕令之例，妥善办理，毫无怠忽之处，委实感戴圣恩，尽心竭力。是故，臣索拜谨将颇罗鼐奋勉之处据实奏闻。

乾隆九年二月初二日奉朱批：知道了。钦此。

13 副都统索拜奏请酌赏办理准噶尔熬茶事宜出力公班第达等人折
乾隆九年三月初二日

副都统兼武备院卿臣索拜谨奏，为请专特颁旨奖赏事。

去年准噶尔使臣等来藏熬茶，郡王颇罗鼐为报国家养育之恩，凡应防范之处，均照敕谕之例，妥善办理，仰蒙圣鉴，专特颁旨著俟事毕仍行恩施颇罗鼐。臣索拜已将卡台奋勉出力人等另折请旨奖赏，此外又有奋勉人等，理宜一并奏陈请赏。查得，郡王颇罗鼐之长子公珠尔默特车布登，邀截准噶尔贼之来路如托克努热路，曾率阿里克地方五千兵防守数年，去年因其腿疾，为加诊治，奏准召回藏地，行抵扎什伦布，恰遇准噶尔熬茶之事，臣为便于公务，未准回抵前藏，令其留驻后藏办理准噶尔熬茶之事。公珠尔默特车布登病不见痊愈，尚能遵照指示，妥善办理准噶尔熬茶之事，又从扎什伦布护送使臣等至前藏。颇罗鼐之次子札萨克头等台吉珠密纳木扎勒，为邀截阿哈雅克路，于喀喇乌苏等地率兵六千驻守，准噶尔人等抵达喀喇乌苏前，珠密纳木扎勒由其所率驻守兵内拣选五百名往迎，照料使臣等暗中防范护送至藏，使臣等事毕返回时，复又率兵由藏护送至喀喇乌苏界。珠密纳木扎勒技艺娴熟，带兵严厉，即便准噶尔人等，亦皆赞赏其所辖兵丁齐整。办理噶伦事务公班第达、噶伦札萨克头等台吉车凌旺扎勒、布隆灿、色玉特塞卜腾、札萨克头等台吉齐旺多尔济，彼等均系协助颇罗鼐办事之人，以准噶尔人等前往各寺庙熬茶时，与喇嘛等言语离间，妄加挑唆，探听消息，亦未可料，颇罗鼐从中酌加派遣，外示和睦之道，暗加防范，随之而行，故未出事，且彼等办理供给五百名满洲官兵、准噶尔人等之乌拉马匹草料柴薪等事务，毫无差池。再，戴绷罗布藏达尔扎、章鲁扎布、达彦台吉、巴扎拉尼，皆为带兵之人，因准噶尔使臣等来藏熬茶，彼等各皆操练兵丁，整治兵械，暗中备兵，奋勉于公务，不无辛劳。臣窃思，公珠尔默特车布登等均系藏地显贵，彼等感激圣恩，纷纷奋勉效力，且于嗣后之严固卡台、坚守地方等处，更需有人，相应计其职级，酌赏公珠尔默特车布登等十一人以蟒缎等物，则彼等倍感圣恩，感激奋勉，且于地方防守事宜亦有裨益。臣之愚思者如此，可否之处，谨请圣鉴。倘若可行，请专特颁旨奖赏。

为此谨具密奏。

乾隆九年三月初二日奉朱批：著军机大臣等议奏。钦此。

14 大学士鄂尔泰奏报准噶尔人等未携噶尔丹策零父尸至藏做擦擦片
乾隆九年二月二十日

大学士·领侍卫内大臣·伯臣鄂尔泰等谨奏。

查准噶尔之噶尔丹策零将其父尸骨送藏做擦擦之处，去年五月，副都统索拜以倘若准噶尔人等赴藏熬茶之时，噶尔丹策零请求准令携往其父尸骨做擦擦，如何处置。等因奏请。奉旨：噶尔丹策零倘若请求将其父尸骨带往藏地做擦擦，著即照其所请施行。钦此。钦遵。等因咨文索拜前去。此特为索拜预行具奏备办者，而后准噶尔人等抵藏，其办理事项，详查索拜、玉保等数次具奏之折，并未提及携噶尔丹策零父之尸骨至藏做擦擦之处。

为此谨具奏闻。

乾隆九年二月二十日奏入，奉朱批：著俟玉保抵达后，加以询问。钦此。

15 副都统索拜奏闻访查喇嘛等是否以为准噶尔所献系大布施折
乾隆九年三月初日

副都统兼武备院卿臣索拜谨奏，为奏闻事。

查得，去年准噶尔使臣吹纳木喀等来藏，前往各寺庙熬茶，谒见达赖喇嘛、班禅额尔德尼等，虽属恭顺，并无事端，惟彼等于哲蚌寺等大寺庙大加熬茶，每寺所有数千喇嘛，各皆散给布施银五两，且又从各寺庙选取喇嘛四百五十名，嘉其谙于经典，另各奖给银十五两。吹纳木喀等由藏起程前，嗣后拟为噶尔丹策零熬茶，于哲蚌等四大寺留银数万两者，均属可疑。窃思，准噶尔系贫穷部落，且又极其奸诈，为熬茶献银十五万余两，不可谓无心。彼等持有或借熬茶之机，窥视藏地情形及唐古忒人等生计；或大献布施，换取众喇嘛之心，以感激噶尔丹策零之恩；或炫耀自己及蒙古供佛之心虔诚等情，均难逆料。是故，臣传至郡王颇罗鼐，将此等可疑之处加以询问。据颇罗鼐告称，准噶尔乃贼也，不可深信，大臣所虑极是。

彼等散给众喇嘛人各布施银五两，选取谙于经法之众喇嘛奖励银各十五两，吾亦觉可疑，故加留心。观喇嘛等之情形，听其言语，并无感言噶尔丹策零献大布施者，反以散给此各五两布施银者居心为何，料系诱骗我等之计，等因疑虑者极众。吾之审慎者，恐无知小喇嘛等以五两银为大布施，妄加议论。颇罗鼐我已嘱令各寺庙堪布喇嘛等，尔等皆为管教众弟子之年长之人，经历事情，先前策旺阿喇布坦派兵潜入藏地，谋杀拉藏汗，占据土伯特地方，破坏佛教，毁坏寺庙，杀戮众喇嘛，扰害唐古忒人等，故蒙文殊菩萨大皇帝垂爱，利裨佛教，拯救众生，不惜国帑，遣派数路大军，征讨准噶尔之贼，平定藏地。此后土伯特地方仰赖皇恩，始得安谧。此等渊源，年轻喇嘛等如若不知，则以准噶尔所给五两银为大布施，妄加议论，亦未可料。倘有如此者，尔等务必加以教导。语毕，据众堪布喇嘛称，准噶尔性善蒙骗，无论彼等如何利裨黄教，献大布施，全然不可信。因其先前至藏，屠戮喇嘛、破坏佛教者，皆为我等经历之事。此次噶尔丹策零虽散给哲蚌等大寺众喇嘛人各五两布施银，然总计方为十五万两余，我等记得，酉年喀尔喀哲布尊丹巴呼图克图派贝勒车木楚克那木扎勒等为使至藏，作法事熬茶，共献布施银三十万余，噶尔丹策零所献银两数目，与此比较，尚不及其半，可称其为大布施乎。故而惟以年轻喇嘛等未曾经历旧事，不知准噶尔之狡诈，称其所给五两银为大布施，亦未可料。我等遵照贵王之嘱咐，铭记于心，倘有如此言语之人，我等必陈原委加以教导。等语。

经臣索拜复又留心访查，与郡王颇罗鼐所告之言无异，是故，臣饬告颇罗鼐，勿计准噶尔人等居心之善恶，尔但严饬所辖地方驻卡头目，勤蹑贼踪，妥加防固地方，不可怠忽。等因。

为此谨具奏闻。

乾隆九年正月二十日。

等因，乾隆九年三月初二日奉朱批：所虑者善哉，著即如此不时防范为好。钦此。

16　大学士鄂尔泰奏闻护送准噶尔熬茶使支过银两尚未奏销片
乾隆九年四月十七日

大学士・领侍卫内大臣・伯臣鄂尔泰等谨奏。

查得，此次准噶尔使臣赴藏熬茶，甘肃巡抚黄廷桂奏请拨给所有备办、使臣等贸易所需、路途供给等处使用银两，经户部议，拨给银二十万两；又调任四川巡抚硕色，奏请一并多备使臣抵藏后供给之（原档残缺）及驻藏官兵所需钱粮，由户部共拨银二十四万两，均皆在案。奏销此项支过银两，系甘肃巡抚所办者，则由甘肃巡抚奏销。驻藏副都统所办者，则转行四川巡抚奏销。其实在用过银两数目，而今尚未奏销。再，为沿途接济马驼，乌赫图、玉保携往银三万两，即在拨给甘肃省二十万两银内，将此询据玉保称，为调换我等前往护送官兵及使臣等之马匹增补银两，给雇马畜、赏给使臣等盘费马匹等处，共用银一万四千余两。此等用过银两数目，已造册咨行黄廷桂，俟经彼处查核，一并奏销。等因咨文外，其余银五千余两，已缴回甘肃布政司库。等语。

是故，将核查之处谨具奏闻。

乾隆九年四月十七日奉朱批：知道了。钦此。

译者单位：中央民族大学
中国第一历史档案馆

五世达赖喇嘛执政时期南征不丹战事考述

扎　洛

成功地运用宗教和军事两种政治手段，五世达赖喇嘛阿旺罗桑嘉措（1617—1682）与和硕特蒙古首领固始汗（1582—1656）于1642年联合推翻了第悉藏巴政权。虽然形势远未平静，但蒙藏联军东征西讨，平叛镇乱，所向披靡。以大元帝师和薛禅皇帝自比的五世达赖喇嘛和固始汗渴望获得将“藏地木门人家”完全纳入治下的辉煌。然而，出人意料的是在喜马拉雅山南麓的不丹，他们的军事征服受到了顽强的抵抗，“伟大的五世”虽然先后五次征调蒙藏军队南征，却屡遭败绩，无功而返。不仅如此，屡征不丹还激起了与之同样信奉竹巴噶举派的拉达克王的不满，结果使甘丹颇章政权南、西两线受敌，一时为之所患。

与不丹的战事时断时续，成为五世达赖喇嘛执政时期（1642—1682）对外关系中重大的难题，然而迄今为止学术界尚未对此进行过深入的探讨。本文即利用相关史料，试图对五世达赖喇嘛执政时期西藏屡次发兵南征不丹战事进行考证和梳理。需要指出的是，本文的材料主要来自《五世达赖喇嘛自传——云裳》（以下简称《云裳》）等传记性史书，而藏文传记作品中通常对战争等世俗事务用笔极为简略、隐晦，因此在相关的档案文献公布之前我们尚难以对这些战事进行细致入微的研究。

一、历史遗产：西藏与不丹之间的传统关系模式

不丹位于喜马拉雅山东段西半部的南坡，在藏族人的传统区域划分中属于“门（mon）”地，早期文献中多称“洛门（lho-mon）”或“洛门卡希（lho-mon kha-bzhi）”①。7世纪中叶，吐蕃松赞干布征服了包括今天不丹在内的喜马拉雅山南麓大片地方。作为吐蕃版图组成部分的重要象征，在松赞干布兴建的12座镇魔寺中就包括不丹本姆塘（bum-thang）的强巴拉康（byams-pa’I lha-khang）和帕罗（spa-gro）的吉曲拉康（skyer-chu lha-khang）。② 此后许多藏裔族群南迁进入喜马拉雅山南麓，逐渐成为当地的主要居民。

12世纪以后，西藏藏传佛教各大教派渐次形成，教派之间互相竞争日趋激烈，为寻求新的“化宇”，许多教派的高僧先后到达不丹，宁玛派、噶举派、萨迦派都有一些支系在不丹获得传播。宁玛派在不丹主要有从康区噶托寺（ka-thog）传出的“洛门噶托（lho-mon ka-thog pa）”派、由隆庆饶绛巴传播的“佐钦巴（rdzog-chen-pa）”，以及由众多的掘藏师组成的掘藏师派（gter-ston）。噶举派在不丹一直最具影响力，由尼·拉囊巴（gnyos lha-nang-ba1164-1224年）传出的拉巴噶举（lha-pa）、由巴拉哇·坚赞巴桑（’b’-ra-ba rgyal-mtshan dpal-bzang1310—1391）传出的巴拉噶举（’b’-ra-ba）、由著名铁桥建造者唐东杰波传出的铁桥派（lcags-zam-pa）以及由藏巴

---

① ［不丹］那多克上师（slob-dpon gnag-mdog）著《不丹政教史——白龙》（’burg rgyal-khab kyi chos-srid gnas-stangs—‘brug dkar-po）称：之所以称不丹地方为“洛门”，因地处西藏南方故名“洛（lho）”，意为南方；因无佛法传播，人们不能辨别苦乐因果，如处黑暗之中，故称“门（mon）”，意为蒙昧，其地称“门隅（mon-yul）”，其民称“门巴（mon-ba）”。见不丹塔尔巴林寺1986年藏文版，第2—3页。［不丹］白玛次旺（slob-dpon pad-ma tshe-dbang）著《不丹王统世系明鉴》（’brug gi rgyal-rabs slob-dpon pad-ma tshe-dbang gis sbyar-ba‘brug gsal-ba’I sgron-me）则称：当初莲花生大师视其地形称为“洛绒（lho-ron）”，又以其地尚无佛法传世，又称为“洛门”。见不丹国家图书馆1994年藏文版，第45—46页。而阿瑞斯（Michael Aris）认为，藏语“门（mon）”一词可能来自汉语“蛮”字，因其内涵接近。见 *Bhutan: The Early History of A Himalayan Kingdom*, Aris & Phillips Ltd., Warminster-England, 1979. Pxvi..“洛门卡希”可译为“南方四门之地”，言其地有四个可出入的通道，即：东方卡林（Kha-Gling）、南方噶达卡（Gha-Ta-Kha）或巴散卡（dPag-bSam-Kha）、西方达林卡（brDa-Gling-Kha）、北方达孜卡（sTag-rTse-Kha），实指当时不丹国家的四至界限。

② 藏文各教法史中对本姆塘强巴拉康和帕罗吉曲拉康在镇魔图中的位置记述不一。

嘉热·意希多杰传出的竹巴噶举派（‘brug-pa），在西不丹都有广泛的信徒，其中尤以拉巴噶举和竹巴噶举势力最为强大。萨迦派的俄尔寺（ngor-pa）系统和格鲁派的奈宁巴（gnas-rnying-pa）[①] 支系，虽属较晚传入的派系，但在后来的政治斗争中地位举足轻重。

从吐蕃王朝灭亡到17世纪初，整个不丹历史的主流就是上述各个教派争夺宗教和世俗权利的历史。由于西藏本土的萨迦、帕竹等政权疲于应付内部的纷争，对包括不丹在内的喜马拉雅山南麓的控制力较弱，仅是在某些时候选派一些低级的官员如“米本（mi-dpon）”、“吉本（spyi-dpon）”、“嘉本（brga-dpon）”等到不丹的某些地方。[②] 因而不丹对于西藏的归属关系主要是通过宗教纽带来实现的，即以寺院为核心的各实力集团与他们在西藏的“母寺（ma-mgon）”保持从属关系，定期为“母寺”交纳不丹特产大米等产品作为承担的义务。事实上，这种通过为西藏的“母寺”承担义务而实现对西藏地方政权的归属，是从吐蕃王朝灭亡到17、18世纪喜马拉雅诸国建国之前该地各民族与西藏关系的主要模式。西藏与不丹间的这种关系模式直到17世纪初竹巴噶举派阿旺南杰（ngag-dbang rnam-rgyal 1594—1651）[③] 流亡不丹后才发生变化。

阿旺南杰本属于竹巴噶举派主寺热龙寺（ra-lung）“嘉（rgya）”家族的后裔。该家族始自竹巴派祖师、热龙寺的创建者藏巴嘉热·意希多杰，因而在热龙寺享有出任主持的世袭权利。其祖父米旁曲杰（mi-pham chos-rgyal1543—1606）和父亲丹贝尼玛（bstan-a’I nyi-ma 1567—1619）先后任热龙寺第15、16任主持[④]。在阿旺南杰出生前两年（1592年），前世竹巴活佛、著名高僧白玛噶波（padma dkar-po 1527—1592）圆寂，其转世灵童

① 奈宁巴的历史可推到吐蕃赞普热巴巾时代，后弘期初属噶当派，14世纪奈宁寺主持其梅热杰师从宗喀巴大师，随改宗格鲁派。有关该派历史可参见达热那他《年地教法史》（《后藏志》），西藏人民出版社余万治译本。

② Michael Aris. *Bhutan: the Early History of A Himalayan Kingdom* , P. 199.

③ 怀特（J. Claude. White）将阿旺南杰的生卒年确定为1534—1592年，早算了一个饶迥（即60年），图齐采用了他的观点同样出现错误。见J. Claude. White. *Sikkim and Bhutan*, Cosmo Pub. New Delhi, 1984. P. 101. 及［意］图齐为古瑟普·M·托斯卡诺（Giuseppe M. Toscano）所著《西藏最早的天主教传教会》第六章所做的第24条注解，见伍昆明、区易柄译本（书名《魂牵雪域》，中国藏学出版社1998年），第300页。

④ 达垅·阿旺曲杰著《达垅教法史》（藏文），西藏藏文古籍出版社1992年，第687页。而阿瑞斯（Michael Aris）认为是第17、18任主持。

迟迟未能确定。阿旺南杰出生后几年，其父丹贝尼玛宣称在其隐修期间得到许多祥兆预示白玛噶波将转生在“嘉”家族，暗示阿旺南杰就是白玛噶波的转世灵童。不料，与此同时，颇具实力的琼结首领霍尔（hor）家族也宣称第巴杜布（rtor-bu）的儿子可能是白玛噶波的转世，并请丹贝尼玛前去测试。丹贝尼玛测试的结果是否定的，但他为幼童剃度并起名巴桑旺布（dpag-bsam dbang-po1593—1641）。

其后，阿旺南杰在祖父和父亲的扶持下登上热龙寺竹巴活佛的宝座，并成为新任主持。而琼结霍尔家族也未放弃努力，他们积极寻求竹巴噶举派另一活佛却杰拉孜哇·阿旺索巴和第悉藏巴朋措南杰的支持。双方为此经常发生摩擦。事关一代名僧白玛噶波的转世，而争执的双方又是地方实力集团，能够裁决纠纷的只有当时的西藏首领第悉藏巴了。在各方的努力之下，在藏历木兔年（1615 年）21 岁的阿旺南杰，应邀到日喀则桑主孜宫，与年仅 17 岁的第悉藏巴·朋措南杰会晤，会谈并无成果，而就在阿旺南杰的归途中，其随从与洛扎的巴卧活佛（dba’-bo sprul-sku）的随从在雅鲁藏布江达主卡（stag-gru-kha）渡口为谁先渡江发生争执，结果洛扎方面的数人被淹死。巴卧活佛是第悉藏巴的联盟成员，第悉藏巴对此岂能袖手旁观，而琼结的对手也乘机向阿旺南杰发难，结果第悉藏巴要求阿旺南杰承担“过失杀人罪（mi-stong)”。作为赔价要求热龙寺移交所藏竹巴噶举派的古老圣物。热龙方面推测此举的目的是为了帮助巴桑旺布，因为有了这些圣物他的转世地位就名正言顺了，阿旺南杰拒绝服从命令。于是第悉藏巴准备武力进攻热龙寺，迫其就范，阿旺南杰事先得到消息，自知无以抗衡，便带领众多随从向南翻越喜马拉雅山逃亡不丹，是年为藏历火龙年(1616 年)。

阿旺南杰之流亡不丹，虽属被迫，却也有其必然的原因，这就是竹巴噶举派在不丹具有的雄厚实力。竹巴噶举派在其祖师之后，由弟子们分别传出三个支系，最先来到不丹的是下竹巴（sMad-‘Brug）的创建者洛热巴·旺秋尊追（1187—1250），他在西不丹的本姆塘建了曲扎寺（chos-brag），[①] 随后上竹巴（sdod-‘brug）派也传到不丹，有果仓巴的弟子吉噶巴（spyil-dkar-ba）在帕罗创建了现在被称为吉噶卡（spyil-dkar-kha）的寺

---

① 果仓巴·公保多杰著：《法主洛热巴传——甘露宝串》（藏文），青海民族出版社 1993 年，第 102 页。

院，其后裔即是在帕罗颇具实力的萨尔钦曲杰（gzar-chen chos-rje）家族。以热龙寺为主寺的中竹巴派（bar-‘brug），因为靠近不丹而为该派的向南发展提供了有利条件。13 世纪初热龙寺高僧帕觉·主贡希格布（pha-jo ‘brug-sgom zhig-po1208—1276）前往不丹，在廷布（thim-phu）修建了马头金刚寺（rta-mgrin），并委派他的四个儿子分别管理哈（ha）、廷布、普纳卡（spu-na-kha）等地，后来西不丹的许多贵族都自称是他的后裔，其中最著名的是胡然巴（Hum-ral-pa）家族，他们一直保持着送子弟到热龙寺学习的传统。[①] 14 世纪中期，热龙寺第 7 代主持贡噶僧格（kun-dga’ seng-ge1314—1347）来到不丹，他开创了该寺主持到不丹传教的先例，此后该寺许多主持都到过不丹。到 16 世纪，竹巴噶举派不仅在西不丹的教派竞争中逐渐占优，而且其势力已扩展到东部地区。

作为热龙寺的主持和年轻的竹巴活佛，阿旺南杰的到来得到了不丹竹巴噶举派诸多权贵家族的欢迎，他们以阿旺南杰为领袖，“请求”他做“南方（即不丹）”的上师，试图建立一个以竹巴噶举派为主导的统一政权，而阿旺南杰则急需依靠那些竹巴噶举派盟友的支持，尽可能地积聚力量以对抗随时可能到来的第悉藏巴军队。

统一的过程就是逐步兼并其他教派势力的过程。在不丹除竹巴噶举之外的众多教派中拉巴噶举派最具实力，他们几个世纪以来一直与竹巴噶举派相抗衡，而奈宁巴后来居上，也已成为竹巴噶举派的劲敌。然而，阿旺南杰的领袖身份和政治能力，使竹巴噶举派内部空前团结，实力大增。其他教派面对竹巴噶举派的日渐强大，无以应对，便只好寻求联合，于是就形成了由拉巴噶举、奈宁巴、巴拉噶举、铁桥派（嘉散巴）、洛门噶托巴等组成的所谓“五部僧人（bla-khag-nga）”，他们不仅坚持以武力与竹巴噶举派对抗，还积极地在西藏活动，劝说第悉藏巴发兵救助，以制止阿旺南杰的宗教压迫行为。

从阿旺南杰南逃不丹到 1639 年间，第悉藏巴政权曾先后三次发兵南征，前两次西藏军队均遭失败，1639 年（土兔年），第悉藏巴丹迥旺布在“五部僧人”的配合下发兵南征，战争的结果虽然有利于第悉藏巴，但也难以彻底摧毁阿旺南杰的实力。为了避免格鲁派和不丹腹背夹击，丹迥旺布接受了和平协议，不丹方面的实力家族都送一个男孩到西藏作为人质，并

---

① Michael Aris. *Bhutan: the Early History of A Himalayan Kingdom*, P. 173-177.

向西藏交纳大米税（'bras-khral）。但据不丹的文献称第悉藏巴也承认了阿旺南杰为“洛门卡希”之王。

阿旺南杰对不丹的统一及其与第悉藏巴的抗衡，开始从根本上改变了西藏与不丹之间传统的关系模式。阿旺南杰的宗教高压措施，使许多教派在不丹销声匿迹，即使有些许残存，他们与西藏“母寺”的联系也被迫疏远，过去对于“母寺”的义务转变成为对以“夏仲（zhabs-drung）”自封的阿旺南杰的义务。对于西藏的统治者来说，阿旺南杰的自封为王，意味着他们在不丹权利的丧失，不丹不再是他们通过控制各教派领袖而实施统辖的臣民，而是试图与其并肩的异邦，即使不丹在1639年的战争中因为战败而同意交纳大米税，但其统治集团仍然努力保持自主权利。因此，重新将不丹纳入治下、恢复传统的关系模式就成了西藏统治者的政治目标，第悉藏巴两代统治者三次南征就是这种努力的具体体现，而其后甘丹颇章政权的政治领袖五世达赖喇嘛、固始汗、第巴索南群佩等作为强力统治者，必然对第悉藏巴时代的两地关系现状心存不满，因而才有发兵南征之举。

二、复归传统的努力：甘丹颇章政权三次南征不丹

1642年初，格鲁派和固始汗联手推翻第悉藏巴政权，固始汗在日喀则桑珠孜宫将藏地十三万户献给五世达赖喇嘛作为佛法属民，五世达赖喇嘛以驻锡地哲蚌寺甘丹颇章宫为名，建立了甘丹颇章政权。作为新兴的统治者，固始汗和五世达赖喇嘛并不仅仅满足于统治卫藏十三万户的辖地，而是渴望获得将“藏地木门人家”完全纳入治下的光荣，于是开始将其统辖区域向边地扩展。不丹成了他们第一个试图征服的目标。

1. 第一次南征

甘丹颇章政权首次南征不丹，其直接原因是1642年噶举派噶尔巴（mgar-pa）师徒在靠近不丹的洛扎一带策划叛乱时，得到了同属噶举派的阿

旺南杰的支持。[①] 关于这一点五世达赖喇嘛在其自传《云裳》中虽然说得较为隐晦，但仍可辨其端倪。其中言："（1642 年）4 月，我（五世达赖喇嘛）离开扎什伦布寺返回拉萨……有一拉巴（噶举）的后代古云巴（sku-gzhon-pa）去到门隅地方，发动'五部僧人'起兵作乱。……他向我说明来意，向第巴（指索南群佩）也同样陈述缘由。接着，他请示说：'如今增兵救援想必没有困难'。第巴讥讽道：'后藏人伤害了我们，我们只能用兵，你连这样一点见识都没有。'正如俗语所说'星星之火不扑灭，死灰复燃成燎原'。在第悉藏巴之时，南方竹巴送其子到后藏做人质，我们将其全部释放，不想他们却恩将仇报，反而心生仇恨。"[②] 五世达赖喇嘛没有说明古云巴求救的具体原由，但指责"后藏人"和"南方竹巴"却是明确的。也许正是因为噶尔巴师徒与不丹串通一气，才使"五部僧人"找到了说服甘丹颇章发兵南下打击阿旺南杰的借口。图齐也指出"显然噶尔巴曾经在西藏南部避难，因为在那里可以依靠不丹的援助。……对于一场结局无论为何总会影响其命运的斗争，不丹不能置身局外"[③]。

噶尔巴与不丹的暗中联合，给能征惯战的固始汗和第巴索南群佩提供了借口，当时正值蒙藏联军所向披靡之时，因此在清除盘踞洛扎的反叛力量后，就势发兵不丹，试图彻底恢复过去第悉藏巴时期开始丧失的对不丹地方的管辖权利。然而，他们并未从第悉藏巴时代南征不丹的失败中吸取教训，低估了在炎热、潮湿、地形复杂的喜马拉雅山南麓作战对于生活在高寒地带、惯于纵马驰骋的蒙藏军队所带来的困难。

《云裳》载，在 1644 年（木猴年），"由七百多人组成的蒙藏联军急速开到门隅地方，因这支部队人数过少，作战失利。囊索欧珠（nang-so dngos-grub）、仲孜鼐（'brong-rtse-nas）和都迥鼐（'dus-'byung-nas）等被俘，遭到监禁。那支零星的蒙古军队虽然逃脱回来，但是他们失魂落魄，显得

① 辛哈（A. C. Sinha）则认为此次战争与西藏和不丹在达旺地区的争端有关（A. C. Sinha. *Bhutan: Ethnic Identity and National Dilemma*, Reliance Publishing House. New Delhi, 1991, P. 83.），因为笔者未见相关藏文材料，暂存疑。

② 五世达赖喇嘛阿旺罗桑嘉措著：《五世达赖喇嘛自传——云裳》（藏文），西藏人民出版社 1989 年，上册第 223 页。汉译时参考了陈庆英等译本，中国藏学出版社 1997 年，下同。

③ ［意］图齐（G. Tucii）著：《西藏中世纪史》，李有义、邓锐龄译，中国社会科学院民族研究所民族史室、民族学室（内部资料），1980 年，第 123 页。

晦气不堪”①。有关战争的细节《夏仲·阿旺南杰传》② 云：“在一段时间，山居噶丹巴（格鲁派）虽以诱骗之法夺得噶旺（ka-wang 此地确切位置不详——作者）宗，但未造成重大损失。我方挥师前往，对方（指西藏军队）只好献出数千铠甲及大量武器、大帐篷、骡马等，体念至尊萨迦法王和圣观世音悲悯雪域有情众生之心，对俘虏未加伤害，只把军官扣作人质，其他军人被送往不丹和西藏的边境遣返，安全地返回本土。”③

到 1646 年，四世班禅罗桑却坚和萨迦达钦索南旺秋（bsod-nams dbang-phyug）二人出面进行和平调停。由四世班禅和萨迦派领袖出面调解，显然是精心考虑后的选择。四世班禅罗桑却坚于 1612 年、1628 年两次到不丹传教④，在不丹颇具威望。而萨迦派历代法王中有多位曾往不丹传法，特别是 1632 年（水猴年）萨迦派图道旺秋（mthu-stobs dbang-phyug）应邀前往不丹传法，在本姆塘与阿旺南杰会面⑤，建立了良好的关系，后来阿旺南杰之子降白多杰（’jam-dpal rdo-rje）还娶萨迦派俄尔·鲁顶巴（ngor klu-sdings-pa）之女为妻，萨迦派在不丹的存在也得到阿旺南杰的首肯。⑥ 调停最终达成协议，双方保持过去的边界和友谊：过去在第悉藏巴时期，不丹进贡的大米，今后奉献给甘丹颇章；战时所捕人质立即释放等。和平协议的最后实施对被俘在不丹的藏军来说具有侮辱的性质，阿瑞斯引不丹文献《丹增饶杰（bstan-‘dzin rab-rgyas）传》指出，当时藏军的指挥官不得不向阿旺南杰公开表示屈服，并被迫自己将武器、铠甲等送到普纳卡的护法神殿。⑦

双方保持了两年的和平相处，期间于 1646 年（火狗年），五世达赖喇嘛确认了于 1641 年圆寂的竹巴活佛巴桑旺布的转世。这回在两个后选灵童中五世达赖喇嘛否定了由觉扎活佛（lcog-gra sprul-sku）确认的琼结家族

---

① 五世达赖喇嘛阿旺罗桑嘉措著：《云裳》（藏文），上册，第 252 页。

② 原书名《圣竹巴活佛阿旺丹增南杰传——大法云梵音论》，藏堪钦·嘉样班丹嘉措（'Jam-dByangs dPal-lDan rGa-mTsho 1610-1684）著。

③ 转引自夏格巴·旺秋德丹著，中国藏学研究中心译：《藏区政治史》（内部资料），1992 年，上册，第 243 页。

④ 五世班禅罗桑益喜著：《四世班禅传》（藏文），西藏人民出版社 1990 年，第 90—91 页、第 129 页。

⑤ 贡噶洛追著：《萨迦世系史续编》（藏文），民族出版社 1991 年，第 271—274 页。

⑥ Michael Aris. *Bhutan: the Early History of A Himalayan Kingdom*, P. 245.

⑦ Michael Aris. *Bhutan: the Early History of A Himalayan Kingdom*, P. 225-226.

（五世达赖喇嘛出自该家族）贝觉饶丹（dpal-‘byor rab-brdan）的儿子，而认定了由竹巴派拉孜活佛确认的洛扎拉康的孩子。五世达赖亲自为其剃度，并为其取法名米旁旺布（mi-pham dbang-po1641-1717）。由米旁旺布开始的竹巴活佛转世系统被称为“杰旺竹钦（rgyal-dbang ‘brug-chen）”，并公认其为北竹巴派（byang-‘brug）的首领。而阿旺南杰则是南竹巴派（lho-‘brug）的首领。不丹方面也通过实际的行动试图缓和双方的关系，《云裳》记载：“主巴法嗣向第巴报告说他和琼结巴二人通过绛巴达波（byang-pa bdag-po）建立了亲密的关系，希望从这里派去一个人，给南部北部的僧众订立以后不产生罪过的规程，禁约那些阻挡洛巴人前来的人们，以便按第悉藏巴时代的例规交纳大米税。他们说在猴年得罪了蒙藏联军，洛巴人甚感不安，请设法让门巴人和藏人得到安宁”①。然而，和平的基础依然脆弱，1648 年双方再次陷入战争。

2. 第二次南征

1648 年（土鼠年），就在双方维持两年的和平之后，西藏再次发兵不丹。战争的起因与不丹内部的教派斗争有关。《云裳》称“这一年里，如从前所述‘奈宁巴与竹巴之间互相蔑视，拉巴与竹巴之间心存芥蒂’，奈宁巴与拉巴两派声称要从洛（指不丹）中退出，请求归顺藏王，以福田施主（指五世达赖喇嘛和固始汗）作为靠山。”② 可见在不丹内部“五部僧人”与竹巴派的对抗仍在持续，作为“五部僧人”集团的首领奈宁巴和拉巴派依然使用他们过去惯用的手段，利用卫藏的力量反抗、牵制竹巴派在不丹对其他教派的兼并行为。“五部僧人”的计谋很快取得效果，西藏与不丹之间矛盾再起。《云裳》记载：“（1647 年）汗王施主福田（指固始汗与第巴索南群佩）去后藏之前……有人向第巴报告，以班禅大师为首的中间人正在调解后藏与绒（rong 原意为峡谷或农耕地区，藏文中有时候称南方门隅地区为绒——作者）地的矛盾。……因此，除了按历年常规举行的供奉护法和退敌天女法事外，进军门地时期，不必举行广泛的诵咒法事。”③ 可见在 1647 年，发兵再次南征不丹已经确定，固始汗与第巴索南群佩已前往靠

① 五世达赖喇嘛阿旺罗桑嘉措著：《云裳》（藏文），上册，第 274 页。
② 贡噶洛追著：《萨迦世系史续编》（藏文），第 368 页。
③ 五世达赖喇嘛阿旺罗桑嘉措著：《云裳》（藏文），上册，第 282 页。

近不丹的后藏备战。

战争于1648年再次爆发。“这一年，卫地（前藏）军队直抵距离首邑普纳卡有半日路程的地方。后藏军队包围了洪热卡（Hum-ral-kha）地方。萨迦、卓木（今亚东）、日喀则、扎什伦布寺的四支军队一齐向第巴报告说，一月之内他们的计谋就会成功。但是，第巴诺布（sde-pa nor-bu）坚持不住，为谣言所惑，丢弃大部分帐篷和武器，仓皇逃到帕里，只扎起一顶中军帐，实在难以言状。由于这场失败，使前藏军队连撤回本土都非常困难，也使仲（drung）、切（che）、欧（’or）感到忿忿不满。”①阿瑞斯还指出，后藏军队曾攻下廷布的森姆多卡城（srin-mo-rdo-kha），而另外一支蒙古军队一度包围了帕罗宗城。②

《夏仲·阿旺南杰传》对战争的细节作了如下描绘：“（前一年）对所有被扣为人质的西藏官员发给川资后遣返回本土，并达成了较好的和解协议。但是，第二年派来了比过去更为强大的军队，用许多炮和火器攻击了三个月，但举行莲花生大师修行大法的陈设及天王画像等并未受到任何损伤，实乃得神力加持所致。因为没捞到什么便宜，（西藏）军队如同逃兵一样撤回。他们自己纵火焚烧在藏地边境的营寨遗物，突然，在烟云翻滚中，显现出不丹军队的面孔，响起了‘竹巴军队来了’的喊叫声，于是，西藏军队纷纷夺路而逃，将兵器甚至糌粑等军需食品都丢弃。把铠甲、火枪等大量物品上交管家，将一些军人和定本（lding-dpon）抓捕投监，宣告了战争的胜利。”③

萨迦派首领阿旺贡噶索南（ngag-dbang kun-dga’ bsod-nams）从战争一开始就“在恻隐之心的驱使下前去调停”，他见证了战争的整个过程。“十月里大军出动……在帕里，固始汗之子和甘丹颇章的大总管等福田施主会晤时说，应将部队集中，倘若不丹顺从（调解），便依令而行，但不丹并未同意。随后，大师前往帕罗地方，但没有找到机会对藏洛双方进行详细的调解时，藏军已经秘密地进行了集结。由于骑兵和步兵快慢的区别，当骑兵大部分到达帕罗‘东（stong）’地时，一千多名步兵虽声称到达了帕罗，却

---

① 五世达赖喇嘛阿旺罗桑嘉措著：《云裳》（藏文），上册，第284页。阿瑞斯认为仲（Drung）、切（Che）、欧（’or）是西藏军队指挥官的名字缩写，笔者认为尚难以确定，暂存疑。

② Michael Aris. *Bhutan*: *the Early History of A Himalayan Kingdom*, P. 227.

③ 转引自夏格巴·旺秋德丹著，中国藏学研究中心译：《藏区政治史》（内部资料），1992年，上册，第243页。

遭到不丹的军队的追击，洛内的人倾巢出动，开始屠杀藏军。”①

没有材料说明战争最终在萨迦法王的调停之下达成了怎样的协议。但是五世达赖喇嘛对于战争失利耿耿于怀。根据《云裳》的记载，战事失利后，针对不丹的镇伏法事接连不断，到1650年（铁虎年）还“下令在帕里山上设置制造纠纷的风轮（一种使对方内乱的法事活动——作者）。此后，过了四个月，夏仲·阿旺南杰在曲参喀（chu-tshan-kha）地方患上脑溢血或是中了毒，说法不一。总之，他气息奄奄，用轿子抬到普纳卡地方，旋即亡故”②。不丹方面匿丧不发达数十年，而政局由“竹第悉（’brug sde-srid）”掌握。阿旺南杰圆寂之后，其身、语、意分别转世，形成了三个“夏仲”活佛转世系统。而五世达赖喇嘛则忙于进京陛见顺治皇帝，无暇顾及不丹之事。

3. 第三次南征

不丹再次引起五世达赖喇嘛的关注已经到了1656年，根据《云裳》的记载可以发现，这一年初始，针对不丹的镇伏法事又在政府的要求和资助之下在各地举行，第巴诺布还拿了别人贡献给五世达赖喇嘛的全套金刚橛法器去制造远征不丹的军队用的火炮，可见战事准备早就开始了。当年五月，在修镇伏法事时，“第巴（索南群佩）指示要以不丹第悉丹增竹扎（bstan-‘dzin‘brug-grags）为对境，或许是巧合，不久，丹增竹扎即泻痢而死”③。虽然，发兵之前在桑耶寺、乃穷寺必不可少的打卦占卜显示此次出兵凶多吉少，但依然于七月发兵南征。

此次战争的起因是不丹第悉丹增竹杰（bstan-‘dzin‘brug-rgyas）诛杀了与西藏关系密切的曲杰南喀仁钦（nam-mkha’rin-chen）。《云裳》记载，当时不丹曲杰南喀仁钦欲投靠西藏，在与第巴诺布（时任日喀则宗本）之间传递情报时出现差错，被不丹方面察觉，曲杰南喀仁钦及家人20多人被杀，情报传递者扎西岗人次仁也因此被罚做仆役。④

---

① 贡噶洛追著：《萨迦世系史续编》（藏文），第369页。

② 五世达赖喇嘛阿旺罗桑嘉措著：《云裳》（藏文），上册，第310页。

③ 五世达赖喇嘛阿旺罗桑嘉措著：《云裳》（藏文），上册，第495页。《云裳》记载似乎有误，丹增竹扎系不丹第二任第悉，1656—1667年在位，1656年去世的当为第一任第悉丹增竹杰（bstan-‘dzin‘brug-rgyas 1651—1656在位）。

④ 五世达赖喇嘛阿旺罗桑嘉措著：《云裳》（藏文），上册，第516页。

不丹杀害曲杰南喀仁钦成为战争再起的导火索，1656年6—7月，包括卫藏、蒙古、康区、工布等地的蒙藏联军，在盛夏时节发兵南征。《云裳》提到了包括第巴诺布和蒙古官员玛玖台吉（ma-gcig tha'i-ji）、达赖巴图尔（da-la'i pa'-thar）等几位军事首领的名字。而不丹文献则指出，此次南征分为五路大军，“帕罗方向有岗波鼐、代本扎西孜巴、贡喇嘛德确工布（此人系投诚于西藏的不丹北方噶尔萨地方人氏——笔者）；岭昔（gling-bzhi）宗方向有贡噶仲佑、擦古鼐等；本姆塘方向有第巴索南旺杰、栋纳波（此人亦系投诚西藏者——笔者）等；东部扎西岗方向有拉嘉热巴（lha-rgya-ras-pa）；帕里方向有嘉古鼐等”。[①] 五世达赖喇嘛显然对战争结局抱有积极期待，然而却再次事与愿违。《云裳》称“是年，由于有西藏、蒙古、康区、工部等地军队的浩荡声势，如果毫不迟疑猛烈围攻洪热卡，本可使敌人弃城，然而第巴诺布不能按照规则办事”[②]，加之麻疹、暑热等疾病盛行，第巴诺布请求撤回，但玛玖台吉和达赖巴图尔不愿意丢下大军而独自返回。“后来玛玖台吉突然间去世了，人们说大约是因为门地的酷热，但是多数仲尼（mgron-gnyer官名）和侍从私下里说，玛玖台吉深恨第巴，他的死似乎是供食方面的差错”[③]。可见军中指挥官之间的不和对战争结局产生了负面影响。不丹文献并未记述其获胜的过程，而是强调国家保护神玛哈噶拉的灵验与威猛护佑。但指出战争中贡喇嘛德确工布因“遭遇煞星”而亡故，代本扎西孜巴等30位头目、300多名定本士兵被不丹俘获。

后来由萨迦上下法王为首，由扎什伦布寺、几雪巴（skyid-shod-pa）、俄尔寺（ngor）共同出面调解。几雪巴出任调停人可能与阿旺南杰的母亲属几雪巴家族有关，而属于萨迦派的俄尔寺出任调停人是因为该派在不丹与竹巴噶举保持着良好的关系。《萨迦世系史续编》记载，从火猴年（1656年）十月初三日至第二年四月，萨迦法王阿旺贡噶索南一直在帕里、帕罗、

① ［不丹］白玛次旺著：《不丹王统世系明鉴》，不丹国家图书馆1994年藏文版，第203页。不丹文献《圣竹巴世系——使佛法从洛门卡希到太阳升起之地得到弘扬之历史明鉴》〔藏文，阿旺（ngag-dbang）著，木刻本〕，记载了西藏军队通过错那、达旺向扎西岗的军事行动，西藏军队在那里得到信奉格鲁派的门巴人的支持。1680年五世达赖喇嘛发给达旺寺的法旨中也有记载。见扎洛：《〈五世达赖喇嘛1680年发给门隅、珞渝地方之法旨〉考释》，《中国边疆史地研究》2003年第4期。

② 五世达赖喇嘛阿旺罗桑嘉措著：《云裳》（藏文），上册，第507页。

③ 五世达赖喇嘛阿旺罗桑嘉措著：《云裳》（藏文），上册，第508页。

洪热卡等地周旋于两军之间。① 而四世班禅则“为第巴强佐巴（指索南群佩）和竹巴世系及军中官员赠送哈达100条，白银1000两，绸子100匹，缎子100匹，黄金3两，璁玉数块等多种物品，派群则索南朋措、噶钦措索巴(dka'-chen tshogs-gsog-pa)、曲觉勒巴(chos-'byor legs-pa)等前往议和”②。最终双方签订了为期五年的和平协议，“并放火烧了监牢，使众人欢喜。自南方战事之初，奈宁法主等大小人等已在双方监牢中关押多年，悉数交换释放回归故里”。③

在此次战争之后，西藏由于第悉索南群佩的去世而引发了严重的内部矛盾，第巴诺布与两位舅父盖喀萨巴（gad-kha sa-pa）和郭那夏巴（sgo-sna shag-pa）在后藏拥兵自重，欲向五世达赖喇嘛发难。可能是因为第巴诺布系索南群佩侄子的缘故，固始汗之子达延汗并未急于出兵镇压，直到后来第巴诺布在南方与不丹联合，鼓动不丹撕毁以前商订的协议向帕里进犯，达延汗才派兵镇压。叛乱很快得以平息。

三、扩张与遏制：围绕锡金的两次南征

在1656年战争之后，西藏与不丹保持了近12年的和平。期间与不丹最为关联的事件是拉达克王德丹南杰（bde-ldan rnam-rgyal 1642—1694）④ 与五世达赖喇嘛就竹巴噶举在卫藏地区的命运进行交涉并达成某种协议。《云裳》记载，1661年末，“在竹巴噶尔巴('brug sgar-pa)的暗中策划之下，阿里、拉达克派遣一名叫其古（khyi-gu）的大臣为使，此人佯装威风，给福田施主带来了言辞粗鲁、出言不逊的信，指望对竹巴有所帮助”⑤。伯戴克（L. Petech）通过考证指出，信奉竹巴噶举教法的拉达克王派出阿觉其古（A-jo khyi-gu）等三人的政治使团，意在重申自甘丹颇章派遣香扎西孜巴（shangs bkra-shis rtse-pa）访问拉达克以来（约在1652年），格鲁派在阿里

① 贡噶洛追著：《萨迦世系史续编》（藏文），第379—384页。

② 五世班禅罗桑益西编著：《四世班禅传》（藏文），第279—280页。

③ 五世班禅罗桑益西编著：《四世班禅传》（藏文），第280页。

④ 17世纪中后期的拉达克王统排序由于《拉达克王统记》和《颇罗鼐传》记述不一而存有分歧，本文从《拉达克王统记》及伯戴克确定的生卒年。

⑤ 五世达赖喇嘛阿旺罗桑嘉措著：《云裳》（藏文），上册，第619页。

得到平等对待，拉达克王恪守了诺言。同时强调，如果竹巴噶举在卫藏境遇恶化，将产生严重后果，不利于双方关系。为了证明竹巴噶举在卫藏得到了善待，甘丹颇章也派出了包括竹巴活佛米旁旺波的代表在内的使团到拉达克。① 在内部改善了与竹巴噶举派的关系，在外部与拉达克互守承诺，使西藏与不丹的关系也得到缓和，《云裳》在1666年的记事中也称"如今对于不丹没有什么不放心的"。然而1668年烽烟再起，这回不再是甘丹颇章的主动进攻，而是由于不丹第悉米居丹巴（mi-'gyur brtan-pa 1667—1680年在位）的扩张所致。

不丹第三任第悉米居丹巴本是终萨宗（krong-sar dpon-slob 后期汉文史籍根据英文译写称汤萨宗）宗本，他"曾致力于将不丹的边界向东推进，在他就任宝座后开始将视线转移到西部边界，生活在锡金南部的雷布查人（Lepcha）第一次感觉到来自不丹方面的影响"②。米居丹巴借口"哲孟雄门巴首领阿确巴（a-chog-pa/A-lcog-pa）原本为不丹属下，后来反叛投靠了甘丹颇章"③，于是出兵意欲征服。米居丹巴的扩张活动自然引起西藏的注意，同时他似乎也得到了拉达克王的支持。根据《云裳》记载，1667年3月，阿里拉达克德丹王（指德丹南杰）再次派阿觉其古为使到拉萨会见五世达赖喇嘛，试图对不丹有所帮助。④

面对不丹的入侵，锡金南部雷布查人的首领阿确巴无奈之下前往拉萨寻求五世达赖喇嘛的帮助。《云裳》记载，五世达赖喇嘛于九月会见了阿确巴并为其传授了六臂观音随许法，阿确巴还敬献了服装、松耳石、珊瑚耳饰等礼物。然而，阿确巴的北上之行并未能阻止不丹人的扩张。《云裳》记载，（1668年）十一月，"不丹人征伐门巴阿觉（即阿确巴）等属部后前来

---

① Luciano Petech. *The Kingdom of Ladakh C.* 950-1842 *A. D.* Roma, Istituto Italiano per Medio ed Estremo Oriente, 1977. P. 61-62.

② Michael Aris. *Bhutan: the Early History of A Himalayan Kingdom*, P. 248.

③ ［不丹］白玛次旺著：《不丹王统世系明鉴》（藏文），第215页。关于门巴首领阿确巴的品行锡金的史籍中也颇有微词。曲旺（chos-dbang）《哲孟雄王统明鉴》（sbas-yul 'bras-mo-ljongs kyi chos-srid dang 'brel-ba'I rgyal-rabs lo-rgyus bden-don kun-gsal me-long zhes-bya-ba-bzhugs-so）中言："执事僧阿确巴，受到狂妄、狡诈之徒的教唆挑拨，后来不丹军队大举而来，因为阿确巴的恶行与出言不逊，哲孟雄绒普河（rong-phug-chu）与扎西查河（bkra-shes-brag-chu）之间的土地多数落入不丹人手中。"见岗托克南杰藏学研究所2003年藏文版，第131页。

④ 五世达赖喇嘛阿旺罗桑嘉措著：《云裳》（藏文），中册，第57页。

进犯（西藏），考虑对此不能不加理睬，派出四支部队迎击”[①]。其中，达东罗桑才丹（star-sdon blo-bzang-tshe-brtan）率军从东部的错那进攻；达如瓦南冈（ltag-ru-ba gnam-gang）向帕罗的珠杰宗（’brug-rgya rdzong）进攻；而梅恰巴（mas-chags-pa）、博鼐（bhu-nas）、密克巴（dmigs-pa）等则向中部的本姆塘进攻；《云裳》未说明第四支军队的方向，根据不丹文献应该是在岭昔宗方向。

不丹文献则记载此次南征的军事总指挥官是岗波鼐（sgang-po-nas）。西藏军队最初的军事行动似乎较为顺利，在本姆塘方向占领了恰噶（phya-dkar）宗，但是，不丹第悉米居丹巴派遣“英勇善战”的喇嘛阿旺饶丹（ngag-dbang rab-brtan）前往，很快夺回了恰噶宗。旺堆颇章宗本根登群佩被派往岭昔宗，然而，出师不利，险些丧命。不过战局最终还是向有利于不丹的方向发展，“玛桑寺（ma-gsang sgrub-sde）地势险要，被敌所围。（我方）用雹雨倾泻般的炮火猛攻，宗城外的敌军纷纷逃向城内，引起极大混乱，宗城丢失在即。此时，第悉米居丹巴从本姆塘恰噶尔宗调遣阿旺饶丹及剩余的贡（dgon）地军队支援岭昔，战而得胜。恰噶尔得胜堡（bya-dkar gyul-rgyal-rdzong）、岭昔得胜堡（gling-bzhi gyul-rgyal-rdzong）之名即由此而来”。[②]

关于战争的结局，《云裳》中言“以三位代本为首的大军未能拯救出属部，勇士断了后援”，可见战事并不顺利，因此准备派出另外两支部队以作后援。而此时，萨迦法王贡噶扎西、扎什伦布寺强佐、台吉几雪巴等再次出面居间调解。在他们的努力下，双方都派出谈判代表。西藏方面派出卓尼嘉古鼐（mgron-gnyer skya-gur-nas）等为代表，不丹方面则派出帕罗吉喇（spyi-bla）[③] 阿旺曲扎、赞栋翁则、森本等作为谈判代表。谈判最终达成协议，结立了有效期到木兔年（1675）的和平条约。[④] 从《云裳》的记载来看协议于1669年（土鸡年）签署。

但是在条约期未满之前，不丹准备率先发起进攻。《云裳》载：当时，“地方施主阿散（A-bsam）投靠了不丹，不丹要他送儿子做人质，立誓服

---

① 五世达赖喇嘛阿旺罗桑嘉措著：《云裳》（藏文），中册，第135页。

② ［不丹］白玛次旺著：《不丹王统世系明鉴》（藏文），第217—218页。

③ “spyi-bla”可译为总管。不丹各宗的首脑一般都称为宗本，只有帕罗、终萨、达噶三宗首脑称为吉喇，其地位比其他宗本要高。

④ 五世达赖喇嘛阿旺罗桑嘉措著：《云裳》（藏文），中册，第135页。

从，由于对领地丧失了自主权，遂变心回意投降我方。不丹准备在有关阿觉的条约到期之前秘密发起进攻。被阿觉察觉，派密使传递信息，于是里应外合，抢先下手，于（1675 年）正月二十五日放火烧了登东（steng-gdung）宗。造成极大破坏”[①]。但是，第二年，不丹偷袭锡金，不仅强行占据门雪瓦（mon-zhol-ba）300 户人家，而且偷袭达岭安（rDa-Ling-Am）牧场，仲尼多勒（rdo-legs）和阿沃次仁（A-bo tshe-ring）等领兵杀了阿觉巴，将其首级带回不丹。为此，西藏派出擦古尔瓦（tshag-sgur-ba）、正代本策旺、副代本策松巴（tshe-gsum-ba）、孜巴阿旺（rtsis-pa ngag-dbang）、图噶瓦达哇（thugs-dkar-ba zla-ba）等带兵南征，[②] 以示惩罚。

就在西藏与不丹矛盾激化之时，拉达克王再次声援不丹。先是在 1669 年“当地竹巴噶举派以地方不富裕”为由，不愿意接受西藏派去的官员。1675 年，德勒南杰（bde-legs rnam-rgyal）继任拉达克王位，“因为南竹巴是拉达克王的上师，为表示支持（不丹），给西藏方面写信”[③]。

战争进入僵持阶段，照例需要中间人的调停。于是 1676 年（火龙年），萨迦上下寺院、扎什伦布寺和德钦寺等方面的庞大代表团，前往帕里。不丹方面也派出邦宗·根顿群佩（spungs-rdzong dge-‘dun chos-‘pel）和喇嘛却扎（chos-grags）作为谈判代表。根据《萨迦世系史续编》记载，谈判持续了 18 个月，还涉及到东门隅地区，虽然谈判一波三折，最终还是达成了协议。但《云裳》记载“（1676 年）闰六月初七日，那些签约人从南方来到帕里，讲述基本情况，不丹人要求把阿觉地方划给他们管辖，将岗托克（sgang-tog）、哲孟雄（’bras-gshongs）也划为共同管理的区域”[④]。五世达赖喇嘛致书拒绝了不丹方面的要求。到九月，“西藏与不丹缔结的条约，最终因为不丹人没有履行……于是切断了以盐、羊毛等物为主的通道，动用从协噶尔（Shel-dKar 今定日县）至错那之间驻防的军队”[⑤]，边界再次陷入紧张，但并未发生大规模的战争。

此后，已入暮年的五世达赖喇嘛，一方面要求西藏各大寺院持续进行

---

① 五世达赖喇嘛阿旺罗桑嘉措著：《云裳》（藏文），中册，第 455 页。

② 五世达赖喇嘛阿旺罗桑嘉措著：《云裳》（藏文），下册，第 21 页。这是战后 1676 年 6 月 6 日五世达赖喇嘛会见进军不丹的卫藏军队将领的一份名单。

③ 《拉达克王统史》（藏文），西藏人民出版社 1987 年，第 58 页。

④ 五世达赖喇嘛阿旺罗桑嘉措：《云裳》（藏文），中册，第 486—487 页。

⑤ 五世达赖喇嘛阿旺罗桑嘉措：《云裳》（藏文），中册，第 508 页。

针对不丹的镇伏法事，另外一方面在不丹本土之外采取行动以打击、限制不丹或竹巴噶举派的势力。其一，于 1679 年派噶丹才旺（dga’-ldan tshe-dbang）远征阿里，击败拉达克军队，在该地大力弘扬格鲁派教法，这不仅限制了竹巴噶举派的发展，也使拉达克无以援助不丹，解除了甘丹颇章在南部和西部两线受敌的局面。其二，在不丹东部门隅地区的错纳、达旺一带大力发展格鲁派势力，任命梅热喇嘛洛追嘉措（me-rag lba-ma）修建达旺寺（噶丹南杰林 dga’-ldan rnam-rgyal gling）等多座格鲁派寺院，加强了对该地部族的控制和对格鲁派寺院的支持，其目的是限制不丹的向东扩张。

1682 年 2 月，五世达赖喇嘛在布达拉宫圆寂。终其一生未能实现将不丹重新纳入治下的愿望。

四、简短的结语

在整个五世达赖喇嘛执政时期，西藏与不丹的关系处于激烈动荡的状态，这种动荡体现出重建两地关系新秩序的艰难过程。两地之间旧有的关系模式业已打破，而新的关系模式尚未形成。也就是说，这一时期西藏与不丹之间的政治关系处于转型时期，我们可以把它概括为从“一体型（即西藏与不丹同属一个政治单位——西藏）”向“宗藩型（即不丹则成为中国西藏的藩属）”的转型。这种变化始自阿旺南杰 1616 年流亡不丹并自封为王，直到 1730 年颇罗鼐应邀平息不丹内乱、使不丹成为西藏的“藩属”才告结束。在此转型时期，双方对两地关系的现实状态和未来期待存在认识上的分歧：五世达赖喇嘛一直以恢复对不丹的绝对权威为已任，希望不丹能“服从管束”；而不丹的统治阶级即竹巴噶举派上层由于在历次战争中多少保持着对西藏的军事均势甚至优势，因而希望能够自主，摆脱西藏的控制。于是，在没有强大的第三方介入的情况下，军事力量直接较量就很自然地成为解决分歧的简便办法。虽然不丹与西藏相比，在军事、经济等综合实力上存在显著差距，但是，我们从这些战事的过程中看到，至少有三个方面的因素制约着西藏一方优势实力的发挥。1. 不丹所处的自然环境成为其与西藏抗衡的天然武器，惯于纵马驰骋的蒙藏军队难以适应在不丹湿热峡谷、原始密林中的军事行动。2. 西藏内部的权力斗争包括率军将领之间的恩怨矛盾削弱了南征军队的战斗力。3. 对甘丹颇章强权政治的担忧与提防，使整个喜马拉雅山地区的政治环境有利于不丹，除了拉达克的支援之外，在不丹赢得胜利后包括库奇比哈尔（Cooch Bihar）在内的喜马拉雅诸小邦纷纷向不丹派出使节表示祝贺便是例证。

如果放眼于西藏与不丹关系的未来发展，可以看到这些以统治阶级之间的利益斗争为核心的战争，并没有从根本上瓦解不丹与西藏之间在种族、宗教、文化方面悠久而深厚的关系。因此，当1730年不丹内部因为“夏仲”转世之争而发生内乱时，其统治阶级仍然请求西藏地方政府给予公正裁决，颇罗鼐因之介入不丹内部事务，确立了中国西藏与不丹之间的宗藩关系，这才使双方之间长达百年的军事对峙最终结束。

作者单位：中国社会科学院民族学与人类学研究所

对拉达克在不丹与拉萨的战争中支持不丹的背景分析

［德］迪特尔·舒著　肖君　刘洋译

拉达克（Ladakh）地区位于中亚高原，主体属于包括蒙古和大部分中亚地区的藏文化圈。社会学、文化人类学以及相关学科对拉达克地区的兴趣大多因其自身原因促成了这些学科与语文学、历史研究等学科的交流，通常，后者往往因研究角度与方法自成一体而被社会学及文化人类学研究人员所忽略。我认为，拉达克从文献角度而言也创造了高度发达的文明这一事实即使在社会学和文化人类学的研究中也从未完全被忽略，哪怕仅仅是用于对自身方法学的界限进行严格的定义，例如，该文化有自己的历史记录，有作为直接历史见证的文献和文字以及大量丰富的反映宗教和文化历史的文献等。

尽管如此，我仍然不能苟同斯耐尔格罗夫（D. Snellgrove）的观点。斯先生建议每一位研究藏文化圈的人类学者同步学习藏学，正如他所写到的那样：

“因此，用欧洲主要语言记载的有关他感兴趣的那个民族的历史、宗教和民间法的良好知识便似乎是他应当具备的另外一种重要素质，最理想的情况是，如果存在当地的文献和参考资料的话，他能够借此审查自己的研究结果。”[①]

我却认为，基于多年来对语文学、文学史及历史的研究，这样一种短期课程，相对于具有文献意义的文化作品的多样性以及使用方法、专业知识和经验的复杂性，通常只会导致对有关历史或者社会结构演变等所谓事实进行的伪科学复述。这就意味着，我认为，就上述从方法学上讲至少像同步或反向语言分析那样加以区分的各种学科而言，严格、透明地将其限定在自己的方法并基本了解他人的研究方式更为重要。

作为与会的唯一一位藏学家，接下来我将主要运用一些实例进行阐述，看看提供了有关拉达克历史情况的越来越多的一手或二手材料带来了哪些问题与困难。出发点是文化人类学者都知道的事实，即藏传佛教的竹巴派（竹巴）在拉达克地区有两个分支。其中一支以赫弥（He-Mis）寺为中心，另外一支以达纳（stag-sna）为其主寺。

我们首先来考察一下达纳寺的源起。意大利著名历史学家伯戴克的《拉达克王国》一书中提到，法王穆晋巴（chos-rje sMu-rjins-pa）可能是达纳寺的始建者。[②] 著名的拉达克研究学者弗兰克（A. H. Francke）则称，人们认为这座寺乃僧格南杰（Sen-ge rnam-rgyal）国王的兄弟阿旺南杰（Nag-dban rnam-rgyal）所建，其依据显然是口耳相传的资料。[③] 在藏文编年史《拉达克王统史（La-dvags rayal-rabs）》的诸多版本中，有一个版本认为该寺是僧格南杰国王建造的。[④] 拉达克的僧侣吐登贝丹（Thupstan Paldand）则在其用藏语撰写的《拉达克历史、寺院、城堡和佛教导论》中断言，达纳寺大约是在1580年由嘉木样南杰（Jam-dbyans rnam-rgyal）国王应法王嘉木样白噶（chos-rje jam-dbyans pad-kar）之邀建造的。[⑤] 海尔加·赫尔施贝格（Helga Hirschberg）在她的旅行指南中也提到了达纳寺的源起[⑥]，说“建造者是不丹著名学者法王穆晋（Chosje Munzin）”。法王穆晋（即前面提及的法王穆晋巴）其人，除了伯戴克在《拉达克王国》[⑦]、格尔甘（Y. Gergan）

① 斯耐尔格罗夫：《藏语言地区社会学研究》，中亚学刊（1966年第11期），第209页。
② 伯戴克：《拉达克王国——公元前950年至公元1842年》，1977年，罗马，第42页。
③ 弗兰克：《印藏古物》，第一部分，1914年，加尔各答，第67页。
④ 弗兰克：《印藏古物》，第二部分，1926年，加尔各答，第40、110页。
⑤ 吐登贝丹：《拉达克历史、寺院、城堡和佛教导论》，1977年，瓦拉纳西，第27页。
⑥ 海尔加·赫尔施贝格：《拉达克，别样西藏》，1978年，慕尼黑，第198页。
⑦ 伯戴克：《拉达克王国——公元前950年至公元1842年》，第42、62、169页。

在其所著、其子小格尔甘（S. S. Gergan）出版的藏文书《拉达克历史》[①] 中零星提到过以外，没人知道他是谁，也没有任何史料能支持这位学者来自不丹的推定。此外，安·凯尔豪厄和彼·凯尔豪厄的旅行指南中关于达纳寺的记述，更是把很多信息都混杂在一起，激发了人们很多丰富联想，令人瞠目。[②]

“1580年左右，阿旺南杰奉著名的红帽喇嘛上师白玛噶波（Gurus Padma Karpo）之命修建了达纳寺。据说阿旺南杰可能是‘狮王’僧格南杰的继兄弟。达纳寺后来与南杰王朝家族史有着密切的关系。阿旺在寺院建成后，可能由于家族内部纷争离开拉达克到了不丹。由于红帽派遭到西藏黄教派迫害不得不远走不丹，不丹遂成为竹巴噶举派新的中心。阿旺南杰在不丹获‘夏仲’封号（Shab-drung，Zhab-drun），成为中南竹巴噶举派的首领，这一派又称为不丹竹巴派。”

我首先想说明的是，有关达纳寺的大量信息只能说明一点，那就是我们现在还不掌握有关该寺源起的任何可靠信息。这种知识水平只能通过将来发现可靠的史料来源才会有所改变。

前面曾引用安·凯尔豪厄与彼·凯尔豪厄的观点，即一位拉达克王子建立了不丹国，这种说法出自对两个人身份的确认，而这两个人除了姓氏有关联以外，再无瓜葛。不丹形成的基本事实早已得到披露，尽管是通过从某种程度上讲非藏学家更难接触到的一些文章，比如美国藏学家史密斯（E. G. Smith）为白玛噶波撰写的西藏编年史[③]所写的导论以及英国历史学家阿瑞斯（M. Aris）[④] 的相关论述。阿瑞斯记载了不丹的详尽历史，我们由此掌握了对有关不丹立国[⑤]的历史事件的详尽介绍。

首先要强调的是，不丹立国以及竹巴派在不丹的传播与格鲁派（又称藏传黄教）和其他藏传佛教派系之间的冲突毫不相干。不丹立国更多是竹巴派内部矛盾斗争的结果，竹巴派是藏传佛教噶举派的一支，因位于西藏

① 格尔甘：《拉达克历史》，导言和注释出自小格尔甘（S. S. Gergan），斯利那加，1976年。

② 安·凯尔豪厄和彼·凯尔豪厄：《拉达克和桑噶——一个位于印度与西藏之间的国家的喇嘛教寺院文化》，科隆，1980年，第348页。

③ 白玛噶波：《西藏编年史》，前言，新德里，1968年。

④ 阿瑞斯（M. Aris）：《雷电舞会的劝诫及其在不丹新年节庆中的地位》，载于伦敦大学东亚非洲研究院院刊，第39期，1976年，第611页。

⑤ 阿瑞斯：《不丹：一个喜马拉雅王国的早期历史》，沃敏斯特，1979年。

中部的竹（'Brug）寺得名。这场争端因为著名的白玛噶波活佛转世灵童的寻找和确定而起，白玛噶波被视为竹巴派创始人藏巴嘉热（gCan-pa rgya-ras 1161—1211）的转世灵童。1606年，来自西藏竹巴热龙寺世袭主持家族的阿旺南杰（Nag-dban rnam-rgyal）作为该家族的直接继承人被任命为西藏一座大寺竹巴热龙寺的住持，该家族将其视为白玛噶波活佛的转世灵童，但竹巴派内部又形成了另外一个派别，他们支持琼结家族之子巴桑旺波（dPag-bsam dban-po1593—1641年），将其奉为转世灵童。在这场关系到竹钦仁波切职务与荣誉的斗争中，"藏"的统治者站到了琼结候选人一边，他后来被视为格鲁派最强劲的对手之一。这种状况使得"藏"统治者第司藏巴与热龙寺之间的争夺越来越激烈，最终导致阿旺南杰逃亡不丹。①

这场逃亡最终不仅使不丹成为政治上特殊的实体，而且也使中竹巴派分为南北两支，南部的一支叫做洛竹（Lho-brug），这一支主要是不丹和热龙寺，北部一支以巴桑旺波及其继承者为主，称竹钦（'Brug-chen）。

我们再回到开始时提到的在拉达克林林总总的竹巴门派，有的，比如达纳寺属于南部的竹巴派；有的，比如以赫弥寺为首属于北部的竹巴派和竹钦仁波切派。拉达克王室与竹巴派南部这支关系密切。伯戴克在关于拉达克与中部西藏1669年至1773年战争起因的文章中写道：

"根据洛竹（不丹）的说法，有关那场战争最常见的起因源自不丹同拉萨之间发生了争执。拉达克国王乃所有竹巴派系的支持者，他在给西藏的信函中声称将为不丹的竹巴统治者提供帮助。"②

但是，在此我就想提出一点质疑，正是由于17世纪竹巴教派发生了分裂，我觉得伯戴克有关拉达克国王（"作为所有竹巴教派的支持者"）立场的分析过于笼统和不加区别。

我首先想提出下述问题，即拉达克竹巴派的南北两支形成的历史渊源是什么，先简单说明一下伯戴克在他的《拉达克王国》一书中对此问题的阐述。在此之前，声明一点，伯戴克的记述不同于安·凯尔豪厄和彼·凯尔豪厄以及赫尔施贝格的记述，这几个人的记述并不具备科普读物的水平，从藏学研究的角度看，不值得重视。伯戴克的记述则建立在大量经过严谨考证的一手资料基础之上，是一流的具有开创性的科学成果。我接下来将

---

① 阿瑞斯：《不丹：一个喜马拉雅王国的早期历史》，第205—212页。

② 伯戴克：《拉达克王国——公元前950年至公元1842年》，第71页。

对伯戴克就该题目所做的部分阐述提出质疑，这旨在让大家认识到由于大量起源尚未澄清，因此拉达克的历史研究颇为复杂。换句话说，我想用更容易理解的方式把历史演变讲清楚，而我的论述所依据的大部分史料是伯戴克无法接触到的。[①]

前面提到的《拉达克王统史》[②] 编年史记载了竹巴派与拉达克国王之间的早期接触。嘉木样南杰国王向热龙寺送去礼物，并派遣了信使，邀请竹巴活佛到拉达克。伯戴克[③]认为这里被邀请的是1593年生于琼结的巴桑旺波，前提是大约卒于1616年的嘉木样南杰在白玛噶波转世的争端中想必做出了反对1616年逃亡的热龙寺候选人的决定。但是，伯戴克的记述中普遍忽略了这样一个问题，即拉达克的统治者是否以及在多大程度上卷入了白玛噶波转世的争端，这又给这一派系及其分支在拉达克的传播带来了怎样的影响。

伯戴克关于竹巴派传播的记述更多是围绕一位名叫达仓热巴（sTag-chan ras-pa）的僧侣的影响展开的。达仓热巴无疑曾帮助竹巴派取得关键性突破，使该派成为17世纪拉达克最重要的、占据统治地位的藏传佛教的派别，由于相关史料更为有利（有关这位僧侣的传记内容翔实），我们对其影响的了解更多。达仓热巴阿旺嘉措（sTag-chan ras-pa Nag-dban rgya-mcho）是西藏一座大寺竹巴寺德钦曲阔（bDe chen chos khor）转世活佛拉孜巴阿旺桑布（Iha-rce-ba Nag-dban-bzan-po）的学生。伯戴克说，这位老师在白玛噶波死后支持巴桑旺波，反对热龙寺的候选人提出的要求。[④] 竹巴派支持巴桑旺波成为竹钦，达仓热巴归属正在形成中的竹巴派北部分支，达仓热巴从拉达克返回中部西藏地区后与巴桑旺波会晤也印证了这一点。[⑤] 1622年，达仓热巴回到西藏西部，回到拉达克，成为僧格南杰国王的上师。1624年至1632年，达仓热巴所代表的竹巴派分支获得大力支持，赫弥寺院遂得以修建，德钦曲阔寺院和竹钦巴桑旺波获得大量礼物和派驻人员。

由此可以看出，僧格南杰国王与竹钦反热龙寺转世派以及德钦曲阔寺

① 以《拉克克王室与竹巴派南部分支早期关系》为题发表本演讲稿时，我同时也在其他地方发表了对这些史料所做的评论。

② 弗兰克：《印藏古物》，第二部分，第39页和第104页。

③ 伯戴克：《拉达克王国——公元前950年至公元1842年》，第34页。

④ 伯戴克：《拉达克王国——公元前950年至公元1842年》，第35页。

⑤ 伯戴克：《拉达克王国——公元前950年至公元1842年》，第42页。

院之间存在着明确的联系，有鉴于此，伯戴克关于达仓热巴活动的描述有失精确：

“他逐渐让王室转而信奉竹巴派的热龙分支”。[①]

嘉木样南杰是第一个想邀请达仓热巴的拉达克国王，但是没能成功。这位僧侣在桑噶（Zans-dkar）停留时收到了这份邀请，他在1616年至1617年的朝圣旅途中来到了具有传奇色彩的乌德亚那（Udyana）。从有关他在桑噶逗留的记载中可以看到，在嘉木样南杰统治期间，竹巴派就想在西藏西部站稳脚跟。图齐（Tucci）认为，达仓热巴应伟大的悉达第巴嘉措（bDe ba rgya-mcho）之邀，在主人经常修练的地方桑噶逗留了两个月。此后，达仓热巴又前往巴尔丹（Bargdan），与达仓热巴告别，然后继续前往拉合尔（Lahul）。[②] 伯戴克对达仓热巴的旅行是这样描述的：

“他出游时，应第巴嘉措之邀访问了桑噶，第巴嘉措是竹巴派南部（不丹）分支的一位著名悉达，他于1618年创建了桑噶主要的寺庙巴尔丹（Bar-gdan）。”[③]

伯戴克这些信息来源于Y. Gergan所著的拉达克历史，书中还有以下记载：

“在巴尔丹寺生活着30位喇嘛，这座寺院是属于竹巴派南部分支的一位叫做第巴嘉措的桑噶的大成就者（grub-chen）创建的，与赫弥（He-mi）寺的旧殿同时期建成。”[④]

“在阴水牛年，即1567年（实为1613年!），达仓热巴动身离开西藏，游历了贾兰达拉等24个国家的名胜之后，留在桑噶过冬。”[⑤]

格尔甘还在该书的其他地方提到过巴尔丹寺是1618年前后建成的。[⑥]

这些关于巴尔丹建成年份的记载依我看并不可靠，尤其是格尔甘在该书第376页写道，赫弥寺的旧殿是1592年建成完工的。事实上，伯戴克对格尔甘书中给出的有关那个时期的所有年份注解基本上予以否定是不无道理的。除此之外，伯戴克认为，第巴嘉措是竹巴派“不丹分支”的人，对

---

① 伯戴克：《拉达克王国——公元前950年至公元1842年》，第53页。

② 图齐（G. Tucci）：《西藏朝圣者的斯瓦特山谷之旅》，罗马，1971年，第410页。

③ 伯戴克：《拉达克王国——公元前950年至公元1842年》，第53页。

④ 格尔甘：《拉达克历史》，第310页。

⑤ 格尔甘：《拉达克历史》，第360页。

⑥ 格尔甘：《拉达克历史》，注解9，第310页。

此应做如下理解，即第巴嘉措归属热龙寺或者另外一座归属 1616 年开始形成的竹巴派南部分支的寺院。

要回答竹巴派在桑噶立足这个问题，就有必要进一步探究巴尔丹寺的源起。格尔甘对此也有不同的说法：

“库鲁（Kulu）的部队进来后，摧毁了穆尼（Mu-ne）寺。接着他们又毁了建在泰拉（Thal-la）山山脊的巴尔丹寺，将这座镀铜的寺庙连同其他战利品一道掠走。人们说，现在农底（Nun-ti）堡垒顶部的寺庙就是那座寺庙。在这之后，第巴嘉措在河边重新修建了一座寺院，相当于一座堡垒。”①

吐登贝丹（Thupstan Palden）② 的记载与此相似，他同样提及巴尔丹寺乃第巴嘉措所建，并写道自建寺时起已经过去了四百年，这就意味着巴尔丹建于 1570 年左右。吐登贝丹也提及位于泰拉山顶的一座年代更为久远的寺庙，这座寺庙想必存在于新的类似堡垒的巴尔丹寺庙之前。时至今日仍可看到今天的巴尔丹寺之上的泰拉（Thar-la，thar-lha，thal-la）寺的院墙遗址。③

在此尚须批评性地插一句话，即除了该地区存在过两座寺庙这一假定之外，采用 Y. Gergan 所做的其他说明时须极为谨慎，因为格尔甘在他那本书的第 493 页曾再度提及巴尔丹寺遭到摧毁，但他对此所做的解释却是库鲁人摧毁了这座第巴嘉措修建的寺庙，认为是库鲁军队在 18 世纪末 19 世纪初的一次入侵中将该寺摧毁了。

为确保完整性起见，还应该引用 H. 赫尔施贝格对巴尔丹寺创建进行的论述。她写道，巴尔丹寺的创建与西藏喇嘛巴热哇坚赞巴桑（Barawa Gyaltsan pasang）16 世纪的那次访问有直接的关联。④ 不幸的是她所说的巴热哇坚赞巴桑生活的时代在此之前两百年，即 1310 年—1391 年之间⑤。

那么，位于今天的巴尔丹寺之上的年代显然更为久远的泰拉寺究竟是藏传佛教中的哪个派别所建呢？显然，只有参考原始材料才能回答这个问题。

---

① 格尔甘：《拉达克历史》，第 310 页。

② 吐登贝丹：《拉达克历史、寺院、城堡和佛教导论》，第 36 页。

③ 参见海尔加·赫尔施贝格：《拉达克，别样西藏》，第 244 页；吐登贝丹：《拉达克历史、寺院、城堡和佛教导论》，第 36 页。

④ 海尔加·赫尔施贝格：《拉达克，别样西藏》，第 244 页。

⑤ 参见 M. 阿瑞斯，引文出处同上，注解 11，第 181 页。

在有关桑噶历史的已发表的原始文献中，最重要的当属弗兰克出版并翻译的题为“桑噶编年史”的那篇文章。[①] 弗兰克这一版本的依据是 Rev. G. Hettasch 让人为弗兰克所做的桑噶的迪达（sTe-sta）地区的一部手稿的副本。对这部手稿，弗兰克写道：

“正如我们从该手稿最后的一则注释中获悉的那样，迪达编年史只是从一部曾经存在于普泰（Phug-thal）的（或许目前仍存在的）巨著中摘录的一部分。普泰的这本书名为博佑（Bo-yig，更为准确的名称应当是 Hbo-yig），意为‘标准函’。看起来像是一本记有附属村庄的每个农民每年都要向普泰寺进贡的蒲氏尔数量目录的书。因此，该书的历史部分集中围绕普泰展开，讲述了有关不同时期向这座寺庙进贡的历史。”[②]

正如弗兰克正确推断的那样，事实上，这部桑噶编年史只不过详细记载了普泰这座格鲁派寺院在其历史上作为神职人员薪俸而获得的土地。这篇记载见于对桑噶历史所做的更为翔实的描述，这反过来又说明了将其归类为桑噶编年史的理由。在划归普泰寺的地区中，也提到一个叫做泰拉（Thar-la）的地方[③]，或许就是此处所指的泰拉。如果是这样，那么这些土地后来如何被竹巴派占有了呢？莫非泰拉寺竟然是格鲁派所创建的？

1975 年，在其对外开放之后，我来到了桑噶，那次旅行的目的是寻找历史资料与文献。我可能是这样做的第一个中亚研究者。在此次旅行中，8 月 2 日和 3 日我与陪同人员一起在普泰寺过夜，我们看到了三份文件，其中一份是弗兰克编辑的那篇文章的一个版本。另外两份文件虽然也属于同样的体裁，但它们同弗兰克所编的桑噶编年史的最大区别在于其中包含了大量那部著名的桑噶编年史中所没有的后来发现的事实。需要强调指出的是，这两篇文章中特别记述了没收普泰大量寺庙财产的情况，由此记载了泰拉寺的创建。今年我将编辑并翻译出版上述三份文件，因此，这里可以仅限于概括地复述一下这些文件对泰拉寺创建情况所做的描述。

根据此处援引的文件，桑噶国王波哥妥索（’Bo-go-to-so，第二篇文章写作 Bho-go-so-to）成为信奉格鲁教派的僧侣。这位僧侣国王前往西藏旅行，其间也参拜了扎什伦布寺，但他最终成为归属竹巴教派的热龙寺的僧侣。

---

① 弗兰克：《印藏古物》，第二部分，第 151—162 页。

② 弗兰克：《印藏古物》，第二部分，第 151 页。

③ 弗兰克：《印藏古物》，第二部分，第 155 页，第 16 行。

国王与热龙的这层关系使得王后沃勒（'Od-lags，第一篇文章写作 jo-mo rNam-rgyal mjes）皈依了热龙所属的竹巴教派。归属竹巴教派的僧侣扎晋嘉措（Grva-'jin rgya-mcho）为王后举行了剃度仪式。热龙所属的竹巴教派由此得到提携，其结果是对信奉格鲁派的普泰寺的庄园和土地进行了征收，这些庄园和土地转归扎晋嘉措所有。首先被征收的是达克喀（rTags-kha，亦作 rTags-ka）和坦玛（Than-dmar，亦作 Than-mar）地区，将其交由这位眼下受到追捧的竹巴派僧侣。这样做是为了在达克喀创建一所竹巴教派的寺庙，但这一建寺计划未能付诸实施。最后，又征收了同样属于普泰的泰拉，在那里修建了一所竹巴教派的寺庙，这座寺庙想必是前面提及的位于巴尔丹之上的那座泰拉寺。如果达仓热巴 1616 年—1617 年前后在巴尔丹停留过，这个时间就必定是在前面描述过的事件之前。

综上所述，可以得出如下结论，即竹巴教派的热龙寺在 16 世纪时在桑噶站稳了脚跟，并且显然是以牺牲当时业已存在的格鲁派的普泰寺为代价才做到这一点的。

如果对此处进行分析的有关普泰的两份文件作为原始资料的价值加以评估，需要说明的是，两篇文章都是历史编纂性质的文件，就其编纂时间而言，我们只能说它们写于嘉木样南杰国王（伯戴克①认为大约是在 1595—1616 年之间）执政后期或者在此之后。由于两份文件中均提及这位国王，称其为统治者，因此其执政期必定是在这些原始文件撰写之前。所以，这些原始文件的初次撰写及其中所描述事件之间至少相隔 50 年的可能性是相当大的。此外，引人注目的是两份文件中提到想必曾提携过竹巴教派的桑噶王后时用了不同的名字。最后，迄今为止对文件中提到的那位国王尚一无所知。

因此，若想认定这两份有关普泰的文件中的描述具有历史可靠性，至少需要通过其他独立的原始文件对其中所描述的重要事件加以确认。在此，可以参考白玛噶波（1527—1592）的自传②，从中亦可印证桑噶王室与竹巴教派之间的早期关系。例如，在这部传记中（Bl. 80r1-4），我们可以读到有关应当发生在 1557 年前后的一次事件的记载：

---

① 参阅伯戴克，《拉达克王国——公元前 950 年至公元 1842 年》，第 171 页。

② 《勇识大师白玛噶波传 · 大悲歌舞（Sems dpa' chen po padma dkar po'i rnam thar thugs rje chen po'i zlos gar）》，木刻本，第 132 叶，白玛噶波全集，第 Kha ja 部分。

“当时，属于上部阿里桑噶的‘南方人’的国王因为被我的学生格西仁旺（dge-bses Rig-dban）苦行僧式的生活方式所吸引而放弃了统治。他转而信奉宗教戒律，经过不断的（旅行）到达了那里（rGyal -byed chal）。这位国王说：‘由于我当时（活着的时候）按照人法的标准衡量是一个勇敢无畏的人，所以曾犯下许多罪恶。’由于其深深的悔过之意，他无法再抛却宗教戒律，于是进行了剃度，受沙弥戒，被称作 gZan-phan bzan-po。”

白玛噶波在自传中写道，桑噶王患了腿水肿（rkan-'bam），37 岁时终因此病而死，未能实现重返桑噶弘扬佛教的愿望。由于桑噶国王大约卒于 1561 年，由此可以推测这位僧侣国王大约出生于 1525 年。

自传中的这段记载不仅证实了普泰那些文件中所提到的重要事实，而且也解释了为什么并非国王本人而是王后支持桑噶信奉竹巴教并下令修建了泰拉寺。因此，该寺想必在国王去世后不久即得以修建，可能在 1570 年之前就已经修建了。

看一看 16 世纪末期拉达克的情况，根据西藏和拉达克的原始资料，我们便可以确定这两个地区的发展情况与桑噶类似。在阿旺桑波（Nag-dban bzan-po）为白玛噶波自传所写的补充集里，对这位神职人员的生平进行了补充性描述，其中可以看到有关竹巴教派与拉达克王室之间关系的具体描述。① 就白玛噶波认可的竹巴教派同拉达克王室之间的关系来说，阿旺桑波有过如下描述：

“作为施主的玛域（Mar-yu，即拉达克）国王（和他的）祭司僧侣为新寺庙的密宗奠定了基础。由于提出了需要一位授课的阿阇黎的请求，（白玛噶波）认为对密宗进行过较深入研究的比丘旁德热佩（dge-slon Phan-bde rab-'phel）适合担任阿阇黎这一职务，后者遂带着委任书被派遣到该寺，受到国王和大臣们的追捧，在实践中引入了密宗教师一职。”②

这里所描述的事件发生在 1577 年，可惜该记载没有说明此处所指的是哪座寺庙。因此，也无法断定竹巴在 17 世纪分裂之后，这座寺庙究竟归属其中的哪个分支。

不过，16 世纪末在热龙的竹巴教派与拉达克王室之间明显开始出现的

① 《圣竹巴派遍识大师白玛噶波传·信仰之播（dPal 'brug pa thams cad mkhyen pa chen po'i rnam par thar pa rgya mcho lta bu'i phros cha sas cam brjod pa dad pa'i rba rlabs）》，木刻本，第 74 叶，白玛噶波全集，第 Kha na 部分。

② 注解 36 所引著作第 8v 卷。

联系的规模与重要性可以从另外一组原始材料中看出来，这些原始材料对历史研究普遍具有特殊的重要性。我指的是藏区占据行政和法律文件的一大部分的法律证书。在拉达克和其他藏区，转让土地及提供税赋优惠等行为始终通过制作统治者颁布的证书进行，如果没有这些证书，日后如果发生争议，将很难证明已经发生的财产转让行为。这些证书通常在报告部分包括一个有关被视作证书确认的法律行为完成的前提与理由的事件的历史报告。这些报告作为原始资料具有极高的历史价值，因为它们是直接的历史见证。

1978 年，我到了克什米尔，从格尔甘全集中将某些证书拍成胶片以备日后发表之用，其中一份文件对于本文探讨的问题具有极为重要的意义。那是一份尼玛南杰（Ni-ma rnam rgyal）国王执政期间制作的经过官方认证的一组国王证书的副本，其中年代最久的一份是根据僧格南杰国王的命令制作的。

首先，从该文件第 15—16 行中可以看出，嘉木样南杰和热龙的竹巴寺之间就存在着施主与祭司僧侣的关系，由此创建了该教派的寺庙，拉达克诸位国王亦在其统治区内分封了土地。文件中可以看到的僧格南杰国王 1610 年制作的证书便清楚地表明了这一点。作为拉达克诸位国王分封的受益者，在获得分封的属于竹巴人中，提及一位伟大的宗师（bla-chen-pa）和竹巴的噶尔本（sgar-dpon）。在僧格南杰国王统治时期，法王穆晋巴巩固并加强了该教派在拉达克的影响。在这份文件中，有如下记载：

“为了确保光荣的竹巴派寺庙热龙雄（Ra-lun gzun）自伟大的法主嘉木样南杰和法王僧格南杰时代起从上部阿里三围维系祭司僧侣与施主之间的良好关系，作为举行宗教仪式的薪俸，逐渐在寺院和寺院庄园将（位于）上中下部地区的主寺和副寺进行了让与。

“特别是法王穆晋巴和僧格南杰国王呼唤上帝作证，他们以下面的话就其真诚的意愿指天发誓：‘只要高高的冈底斯（雪山）不融化，只要玛旁雍湖不干涸，我们，祭司僧侣和施主，便愿意共享福祉，每个人都将为对方做（正确的事情），放弃（不正确的事情）！’就所怀愿望指天发誓之后，逐渐颁布了时间早晚不等的国王证书……”

无疑必须做出下述推定，即达仓热巴穆晋巴的活动使得竹巴教派在藏北地区的分支作为主流教派在穆晋巴去世后在拉达克王室获得了成功，[①] 但这显然并未对南部的竹巴教派的寺庙和其所占有的财产产生任何不利影响，因为我们收集的文件中的一份证书再次明确强调了王室与热龙教派之间在德丹南杰（bDe-ldan rnam-rgyal）统治期间的密切联系，因为德丹南杰颁布的这份证书中有如下记载：

“为使伟大的竹巴寺热龙雄（Rva-lun-gzun）和伟大的法王德丹南杰，父亲、儿子和兄弟之间在宇宙存在之时永存今世和来世的祭司僧侣与施主之间的关系，作为对其所作贡献及带来吉祥的宗教仪式的根基（即薪俸），（在此重新确认如下）……”

达纳寺在德丹南杰统治时期仍确实归属竹巴的南部分支，这同样可以从上述文件所确认的将土地赋予达纳寺这一点上得到证明，在不丹世俗和精神领袖夏仲仁波且代表在场的情况下，将土地转让给该寺。

综上所述，可以确认，从历史上看，拉达克王室同后来被称作南部竹巴派的热龙竹巴派之间的密切联系比王室同北部竹巴派的联系年代更为久远，北派后来在拉达克占据了主导地位。但这一主导地位并未削弱同热龙派以及同不丹的夏仲仁波且之间传统的密切联系，因此，后来拉达克的统治者在 17 世纪下半叶不丹同西藏发生的那场战争中支持不丹的具体原因便理应由此寻找。

作者单位：中华人民共和国外交部

① 按伯戴克的说法，穆晋巴卒于 1627 年之前或当年，见《拉达克王国——公元前 950 年至公元 1842 年》，第 43 页。

清代治康政策调适与瞻对问题

卢　梅

清朝中央政府对瞻对的统治理念以羁縻怀柔为核心，但是并未收到预期的效果。瞻对地区的动荡和混乱局面，长期困扰着清政府对康区的统治。19世纪后半期，瞻对问题从地方性的冲突逐渐衍变成为对瞻治理权问题。在中国近代转型过程中，瞻对问题更被赋予了主权、疆界、行政区划的新内涵。本文试图以这一衍变过程为线索，考察清政府在处置土司问题中的政策调适。

一、瞻对土司与清政府的早期关系

瞻对，原名呷绒（藏语“鱼之河谷”之义），位于今四川甘孜藏族自治州新龙县，早在元代就设立了土司。元初有呷绒僧人喜饶降泽随八思巴进京，在朝拜元世祖忽必烈时表演了将一根铁条挽成疙瘩的技能，因而受到忽必烈的赞赏，被封为呷绒地方的管理者。当地人称其家族为“占对本冲”或“瞻对家”，意为因挽铁疙瘩而得到官位的官家。喜饶降泽成为第一代瞻对土司，其领地呷绒被称为瞻对。①

清代以前关于瞻对土司家族的文献资料很少，有关具体情况在不同史籍的记载中有模糊或矛盾之处，只可以肯定瞻对土司在康熙朝以前已经分裂为上下两部。有关下瞻对土司的情况，据《清实录》记载，康熙四十一年（1702），下瞻对土司策冷滚布与喇滚土千户沙克嘉布木，“带领所属人口投诚，缴明代印信”。清廷授予他们“五品安抚使之职，换给印信，仍令管理瞻对、喇滚之地”。② 而嘉庆朝《四川通志·土司志》中记载下瞻对土司策冷滚布于雍正六年（1728）投诚，清政府颁给其印信号纸，似应有误。光绪朝《打箭炉厅志》记载，下瞻对土司所管土民340户，不纳夷赋。上瞻对土司索诺木诺尔布于雍正六年（1728）向清军投诚，被授予长官司之职，但《四川通志》与《打箭炉厅志》两处史料中所记载长官司名称有所不同。上瞻对土司所管土民428户，每年认纳马二匹，折征银16两，解打箭炉同知衙门上纳。③

瞻对土司分为上下两家后，上瞻对家住大盖，下瞻对家住热鲁。下瞻对土司为扩张势力与当地强大的阿呷家族结亲，生兄弟二人称大班格、小班格。二人成年后因继承权问题发生争执，小班格争权失败被迫迁往上、下瞻对之间的卡娘地方，其后代自霸一方，当地人称甲日本穷（意为甲日小官），又称瞻对聂格家。于是在上瞻对大盖、下瞻对热鲁之外，又出现了中瞻对。④ 嘉庆《四川通志·土司志》记载，中瞻对土司于乾隆十年（1745）投诚授职，颁给印信号纸，驻牧茹色，所管土民200户，不纳夷赋。

经过康、雍、乾三朝的册封授职，加之土司之间的分裂兼并，瞻对地区成为五土司分治之地，即：上瞻对撒墩土千户、上瞻对峪纳土百户、上瞻对茹长官司、中瞻对茹色长官司、下瞻对安抚司。⑤ 下瞻对安抚司还管辖云多、仪盖两个土百户。由于其核心部分分为上、中、下三部分，清代汉文史籍中也常称之为三瞻。

---

① 昔绕俄热：《新龙贡布郎杰兴亡史》，《甘孜州文史资料》（第三集）；另见任新建：《论清代的瞻对问题》，《四川历史研究文集》，四川省社会科学院出版社1987年。

② 《清实录藏族史料》康熙四十一年闰六月甲午条。

③ 嘉庆朝《四川通志·土司志》。

④ 昔绕俄热：《新龙贡布郎杰兴亡史》，《甘孜州文史资料》（第三集）。

⑤ 《清史稿·兵志五》卷一三四，志第一〇九。

瞻对地方接受清政府册封后，仍然延续着传统的部落制狩猎生活，保持了以善战、劫掠为荣的社会风尚，经常在川藏南北两路抢劫政府和商旅物资，称"夹坝"，并且不听官员劝导，不服武力镇压，成为难以解决的顽疾。

康熙五十八年（1719），清政府为平定准噶尔叛乱，从打箭炉、里塘、巴塘、察木多一线进军西藏，并在沿途设立粮台、塘站以运输粮饷，川藏南线成为重要的军事补给线。因为政府台站塘汛皆设于此，官吏出入西藏及公文递送也假道与此，川藏南线又称官道。川藏北线则多为商贾往来，所以又称商道。瞻对正处于南北两路之间，土司恃其险阻，屡为夹坝，扰害地方，并抢劫驻防台站撤回兵丁行李、银两等物，使川藏交通常年受到威胁。同治四年（1865）瞻对赏藏以前，清廷曾先后五次用兵瞻对，但成效甚微。瞻对地方屡剿屡叛，成为清王朝"三千余里地方，一百余年边患"。[①]

由于瞻对地方自雍正六年时曾"啸聚抗官"，[②] 夹坝问题愈演愈烈，雍正八年（1730），四川总督黄廷桂"调遣官兵次第调抚"。[③] 这次军事行动共"派汉、土兵一万二千人，支给米面、军需等项为数浩繁"，[④] 但"办理未妥，草率完结"，不久瞻对"又故智复萌，劫掠无忌"。[⑤]

乾隆九年（1744），西藏江卡汛撤防官兵在把总张凤带领下返回四川，行至里塘海子塘附近被瞻对夹坝"抢去驼马、军器、行李、银粮等物"。[⑥] 清政府命四川巡抚纪山"示之以威而革其心，首犯务获，以警刁顽"。[⑦] 但下瞻对土司班滚拒"不将首犯擒献、赃物全交"，[⑧] 随后又有夹坝抢去里塘渣吗隆和额哇奔松塘的文书和牧民帐房、牲畜等。清政府认为情况严重，"不得不示以兵威"，[⑨] 计划"以建昌镇总兵袁士弼为总统，于川省标各营及杂谷、瓦寺各土司内，共派出汉、土官兵一万二千名，遴选干练之员带

① 《清实录藏族史料》同治四年十二月乙巳条。
② 《清实录藏族史料》乾隆十年四月戊午条。
③ 《清实录藏族史料》雍正九年七月己巳条。
④ 《清实录藏族史料》乾隆十年四月甲子条。
⑤ 《清实录藏族史料》乾隆十年五月丙子条。
⑥ 《清实录藏族史料》乾隆九年十月庚午条。
⑦ 《清实录藏族史料》乾隆九年十二月壬申条。
⑧ 《清实录藏族史料》乾隆十年正月壬寅条。
⑨ 《清实录藏族史料》乾隆十年正月壬寅条。

领进剿。并拨附近瞻对之西宁镇汉、土官兵一千，西藏郡王颇罗鼐所属江卡番兵，德尔格土兵各一千，联络声援，巡逻侦探”，[①] 进剿班滚。四川巡抚纪山负责大军之军需供应，另于理塘、巴塘、章谷、甘孜、德格等处设立粮务官，沿途安设军台转运军需。乾隆十年（1745）七月，四川提督李质粹率领汉、土官兵分三路向下瞻对进攻，川陕总督庆复亲往前线督师，但在实际的军事行动中并没有真正消灭班滚的势力。班滚在与清军长时间对峙之后自焚官寨以掩人耳目，清军将领则不辨真伪，而且不顾乾隆皇帝的置疑，以班滚被烧死向朝廷邀功。乾隆十二年（1747），新任川陕总督张广泗奏报，班滚父子重新出现，庆复、李质粹假报战功的真相被揭露出来。此时清政府正在全力解决金川问题，无力再过问瞻对，班滚也表示并无与清政府对抗之意，这次事件遂告结束。[②] 乾隆征瞻对之役，是清政府治理藏族土司过程中规模仅次于平定大小金川的一次重大军事行动，但在历时一年的军事行动中，清军劳师糜饷，无功而返。川陕总督庆复、四川提督李质粹、总兵宋宗璋等大员在战后均遭到乾隆皇帝的严厉处分。

嘉庆十九年（1814），中瞻对土司洛布七力在与霍尔章谷土司的争斗中误伤麻书汛外委邓起龙，川督常明派员前往查办，洛布七力“并不认罪，且敢遍处设卡，施放枪炮，显有抗拒情形”。[③] 总兵罗声皋奉旨调汉、土官兵近万人剿办。次年，常明向朝廷报告洛布七力被火烧死，战事告捷。清政府遂将中瞻对地方分为四段，分赏上下瞻对土司及其出力有功之头人。但是洛布七力之死是班滚的故技重演。道光时，洛布七力与其子工布朗结掀起更大规模的反对清王朝的战争时，此事的真相才被揭露。

工布朗结又称布鲁曼（意为瞎子娃娃，传说他的左眼在一次争斗中被打瞎），素有勇武之名。其出身有多种传说，是否确为洛布七力之子也尚存疑。[④] 工布朗结成年后积极扩张势力，统一了三瞻，并不断侵扰吞并周边其他土司领地。道光二十七年（1847），驻藏大臣琦善调任四川总督，行经里塘时受到工布朗结的怠慢轻侮，遂以工布朗结“出巢滋事，侵占里塘”为由奏请清政府发兵征剿，得到允许。在之后数月的战争中，琦善根本未能

① 《清实录藏族史料》乾隆十年四月己巳条。

② 陈一石：《清代瞻对事件在藏族地区的历史地位与影响（一）》，《西藏研究》1986 年第 1 期。

③ 常明：《中瞻对奏疏》。

④ 郑勤：《试论贡布郎吉其人》，《康定民族师范高等专科学校学报》1987 年第 6 期。

进入瞻对境内。为掩饰失败，琦善不仅夸功邀赏，还奏请赏给工布朗结以六品长官司虚衔。[①] 但工布朗结并不领情，将顶戴衣帽全抛入河中。[②]

在与清军的作战中，工布朗结的扩张野心进一步膨胀，逐步侵占了霍耳章谷、孔萨、麻书、朱窝、白利、纳妥、林葱、东科、革什咱、绰斯甲、明正、德格等诸土司地，以及西宁所属二十五族、察木多、乍丫等地，致使驿路梗塞，商贾不通。新任驻藏大臣景纹被阻不能进藏。[③] 工布朗结阻断川藏交通，致使清政府与西藏的联络受到严重影响。清廷驻各台、汛的防兵粮饷断绝，严重影响中央王朝对地方的控驭。而且“番民必须之茶叶，商贾亦不获贩运发售，汉番均有饥馑之虞”。[④] 另外，工布朗结强力打击康区的佛教势力，更进一步扬言要进攻西藏，引起了达赖喇嘛和噶厦的不满。当时四川的各级官员正忙于堵剿石达开所率太平军，同时要镇压兰大顺起义，无力顾及瞻对。直到同治二年（1863），清政府决定川、藏会剿瞻对，噶厦对此表现十分积极，在清政府尚未做出动作之前，噶厦已调兵13000人，分别从巴塘、德格两路进攻瞻对。这时，清廷方命四川派兵进剿，并节制藏军。同治四年（1865）七月，藏军攻克瞻对，工布朗结被烧死，其亲属或被杀，或被俘至西藏。[⑤]

战事平息后，“藏番攘为己功，诡言花兵费三十万，奏求国库赏给，后少至十六万”。清政府在四川总督骆秉章的奏请下，将“瞻对上中下三处地方，即着赏给达赖喇嘛，派堪布管理，建庙焚修”。[⑥] 同年十二月十四日上谕即按照骆秉璋的意见将瞻对划给达赖喇嘛管理，从此，瞻对成为噶厦在四川境内掌控的一块飞地。

---

① 《清实录藏族史料》道光二十九年五月庚戌条。

② 昔绕俄热：《新龙贡布郎杰兴亡史》，《甘孜州文史资料》（第三集）。

③ 《清实录藏族史料》同治元年十月丙戌条。

④ 《朱批奏折·民族类》全宗号1335号，《同治元年十二月二十一日满庆奏》，中国第一历史档案馆藏。转引自陈一石：《清代瞻对事件在藏族地区的历史地位与影响（二）》，《西藏研究》1986年第2期。

⑤ 上官剑壁：《瞻对土司布鲁兵变杂议》，《西南民族学院学报》1980年第1期。

⑥ 刘廷恕：《打箭炉厅志》。

二、瞻对赏藏与噶厦的统治

关于瞻对赏藏的原因，需要考虑两层因素，一是对噶厦的安抚和补偿，二是清政府有利用藏传佛教教化瞻对地方剽悍民风的潜在用意。

“瞻对赏藏”之议，最早出现于乾隆时期。乾隆十二年（1747），据战报已经被烧死的瞻对土司班滚重新出现，而且各土司均同其结好，引起乾隆皇帝震怒，命正在对金川作战的将领尽快结束战役，然后回师重征瞻对。鉴于多次武力征剿不能奏效，乾隆对金川、瞻对等地善后事宜提出了划其地归西藏管束的设想，认为这样既可以不致劳动官兵，又可以使其受达赖喇嘛化导，改变其勇狠好斗的民风。乾隆这一计划由于金川战役旷日持久而未能实施。同治将瞻对赏藏，目的应该也不外乎这样的考虑。将瞻对赏给达赖为香火地，既可解决对瞻对的管理问题，又可以怀柔手段笼络西藏地方政府。

这种将某一地方赏给达赖管理的事例，并不只瞻对一个。在雍正三年（1725）平定青海后，清政府就应川陕总督岳钟琪之请，将原非达赖所管的罗隆宗、嚓哇、坐尔刚（左贡）等地赏给达赖喇嘛管理。站在清朝统治者的立场上，瞻对土司之地无论属藏属川，都为自己属土，因为西藏早入清朝版图，可以无分畛域。

四川总督是“瞻对赏藏”方案的积极支持者。从经济负担的角度考虑，咸、同以来，四川连年用兵，不仅要对付兰大顺起义军余部，还要担负援剿陕、甘等处捻、回义军的任务，参与镇压滇、黔少数民族的反抗，财力物力早已捉襟见肘。正是在这种财穷兵尽的情况下，川督常年难以派兵进剿瞻对。当工布朗结阻断川藏大道时，川督骆秉章仍将这一严重事件定位于“蛮触相争”，不愿出兵。当其得知藏军出兵征剿瞻对后，又竭力奏请朝廷将藏兵撤回，其中的重要原因就在于怕藏军藉口向内地索饷。噶厦提出赏给兵费16万两的要求，四川当然无法偿付。而且瞻对一向不服从管理，将其地赏给达赖，既能够甩掉包袱，又能节省开支，是一举两得之计。

同治四年，清政府在将瞻对赏给西藏的谕旨中，明令达赖喇嘛“派堪布管理，建庙焚修”，同时责成驻藏大臣“宣示该喇嘛等，派堪布妥为管理，毋任再有构衅”，“以期久安长治”。[1] 但是噶厦并未遵旨建庙管理，而是由领兵攻取瞻对的代本彭饶巴率兵镇守其地。光绪十六年（1890）之前，驻瞻对的藏官一直是由噶厦在代本中拣派。

达赖喇嘛不以宗教力量控制瞻对，是受到宗教派别上的分歧和对抗的影响。达赖的格鲁派势力统治瞻对，遭到了瞻对本教势力与宁玛派的反抗，使黄教影响难以渗入。瞻对地方原本盛行本教，宁玛派也有很大影响。宁玛派以修习密法为主，僧人无正规的学经制度，平时不脱离生产，组织涣散，教徒分散，特别是在政治上与中央政权的联系较少，但在民间具有强大的影响力。据《定瞻厅志略》载，光绪二十三年（1897）时，瞻对以及被藏官强占的理塘三坝地区共有寺庙47座，其中红教即占37座，本教占6座，黄教4座。其中黄教4座寺庙除曲幽一个20人的小庙外，其余全在理塘三坝。此时瞻对已归达赖喇嘛管辖30多年，仍无法使黄教在其地建成一座像样的寺院，由此可以想见宁玛派和本教对黄教的排斥。藏官对人民的苛虐更使这种宗教上的对立激化，噶厦只有依靠武力来进行统治。

瞻对归藏后，藏官征收全瞻赋税交达赖。“每户每年收粮二斗，洋钱数元，此为正供外，又发盐茶藏货与民，其价较市价多至数倍。秋收则纳之，无钱则折算牛马，查抄家产。每年调民为乌拉千余匹，驮运私货，不用者每匹折洋钱二三元不等。每年出巢派调民兵数千名，不止自备粮马，经年累月有伤亡者，毫无抚恤。私自派人挖金，不予工价。民间挖得之金，不准私卖，以小半价买之。挖金者均与纳税，自三两至二钱不等，尽充私囊。每户必要一二人当差，不来者折洋钱五元。各牛厂每年上奶渣酥油各二日，又抽杂税牛三头，洋钱一元，；一马作二牛，征收羊五头，征洋钱一元。猎者所打猞猁狲皮三张抽一，狐皮五张抽一。虎豹皮如之。值百金之茸，以茶数包易之，麝亦然。又每年以四月起至八月止，假意封山，有犯者除收去麝茸，更倾家重罚。词讼则视其人之家何如，必倾而后已。见民家好妇女，则调以当差。”“男女议婚必禀告，富者各取银数十两，贫者数两，不与者不准有自行嫁娶者，谓之私婚，必将男女充军而罚其家赀，重者治死。”[2]

这些赋税在彭饶巴统治时即已初定，当时税额尚属公允，“每岁除杂费

---

① 《清实录藏族史料》同治四年十二月乙巳条。

② 《定瞻厅志略·苛政篇》。

不过数千金"，后来横征暴敛日甚一日，加至数倍。西藏地方政府官员以守瞻为优差，需经贿赂才能充任。① 驻瞻藏官因要贿赂上司，于是"岁入之不足，苛取于民又不足，则不顾法纪出巢而侵扰及土司矣"。② 光绪年间，驻瞻藏官索康色更强迫西北两路的孔撒、朱窝、鱼科、德格及理塘之阿坝三村、(巴塘之) 竹巴笼五村纳赋当差。朱窝每月为瞻对守碉，纳卢比九十元；麻书、孔撒、白利每月各为瞻对守碉，各纳卢比七八十元不等；东谷每年为瞻对守碉，纳纹银六秤。除此之外，驻瞻藏官还对各土司地方"估支乌拉，搕索茶豆"。"纵放夹坝，肆行抢劫，又袒庇为之护符。"③ 面对驻瞻藏官的所作所为，"台员、土司等虑开边衅，不敢过问。即或禀报，咨藏行查，不但累月经年，毫无端绪言，并敢抗词推诿，奸狡不承"。因此，瞻官愈加跋扈强横，成为川边藏区之霸。"川边土司弱者，慑其威而甘于输纳；强者，怙其势而恣为奸横，几若只知有藏，而不知有川。"④

在驻瞻藏官的残暴统治下，瞻对人民曾多次向打箭炉官员投递"夷察"。凤全查阅档案后称"光绪十六年，番官青饶策批纵子苛虐，肆为无道，民不聊生，因而叛藏归川，诉呈至百余件之多"。⑤ 藏官的横征暴敛，激起了民众的反抗。光绪十五年（1889），瞻对人民不堪藏官的苛虐，爆发了以撒拉雍珠（三那攸珠）和巴宗喇嘛为首的起义。驻瞻藏官青绕策批被逐，逃往理塘，瞻对藏官官寨被焚毁。撒拉雍珠等驱逐藏官后，迎工布朗结之子工布确邛回瞻对主政，并向清政府递"夷察"，表示愿意像川边各土司一样臣属于大皇帝，归四川管辖。"川督不欲开边衅，委阜和协徐占奎办理"，"占奎武人不知大计，杀数人模糊了事"，⑥ 仍将瞻对责成噶厦管理。从这时起，噶厦才添派堪布一名，藏兵八百来瞻助守，但一切行政事务仍由驻瞻代本掌管，继续实行高压统治。

---

① 《定瞻厅志略·苛政篇》。

② 《定瞻厅志略·叛逆篇》。

③ 任新建：《论清代的瞻对问题》，《四川历史研究文集》，四川省社会科学院出版社 1987 年。

④ 吴丰培编：《清代藏事奏牍》，中国藏学出版社 1994 年，第 1023 页。

⑤ 《朱批奏折》全宗号 125 号，《凤全致驻藏大臣有泰函》，中国第一历史档案馆藏。转引自陈一石：《清代瞻对事件在藏族地区的历史地位与影响（三）》，《西藏研究》1986 年第 3 期。

⑥ 《定瞻厅志略·总志》。

三、瞻对问题在近代的性质衍变

19世纪末，正是帝国主义疯狂侵略西藏之时。英国侵占了和西藏关系密切的不丹、锡金等地后，进而武装入侵西藏，对西藏的安定造成了巨大的威胁。清政府对侵略者屈膝投降和对藏族人民的抗英斗争百般压抑，引起了十三世达赖喇嘛的强烈不满。这种由不满而引起的对立在噶厦内部亲英派的鼓动怂恿下日趋尖锐。十三世达赖虽然没有公开反对中央政府，却乘机扩大自己的势力范围，目标之一就是要把原属四川总督管辖的藏族土司纳入噶厦的管辖范围。为此，驻瞻藏官或以宗教关系笼络康区的上层人士，或趁机强行占据土地。瞻对作为插入川边的桥头堡，深受十三世达赖的重视。驻瞻对藏官的活动也由经济掠夺进而转向政治目的，使川边局势更加动荡不安。

光绪十九年（1893），瞻对藏官首先称兵越界，侵占了原属于明正土司的瓦述那珍三村，双方发生了武装冲突，又阻挠四川派往查办的官员进入官寨，并称川督办事不公，拒绝以更换驻瞻官员的方式解决问题。次年，朱窝、章谷土司因为争袭发生矛盾，瞻对藏官率兵越境干预，开枪打伤清军官兵。在对这一系列冲突的处理上，西藏地方政府表现出越来越明显的离心倾向，加上此时英印政府提出划界要求所造成的压力，使得瞻对问题的性质复杂化。在"英俄交窥藏地"，"达赖妄自尊大，一切专政"，驻藏大臣"受其挟制"，"威令不行"的情况下，瞻对的行政归属问题也就有了不同的意义。如果延续瞻对为噶厦管理的局面，英国有可能因侵占西藏而获得对瞻对的权益，从而将手深入土司内部和中国腹地，致使川省门户大开。

四川总督鹿传霖是晚清政府内部一位对国际形势变化比较敏锐的官员。光绪二十二年（1896），他在派兵查办瞻对藏官干涉朱窝土司争袭案时，深感瞻对问题的严重性以及有可能产生的连锁反应，首发收瞻之议。

鹿传霖认为，"瞻对为川省藩离，其地本系川属土司，去藏远而距川近，杂处各土司中"。当初将瞻对划拨噶厦管理，只是一时权宜之计。数年以来，驻瞻藏官依靠噶厦势力，乘清政府管理松懈的机会，"连年侵占明正土地，寻衅构兵"，更借章谷、朱窝土司争袭之机，"竟敢纠应赴章谷勒令投彼”。在瞻对藏官的威胁下，周边的巴塘、里塘及霍尔、瓦述等十余土司，“皆以川省威令不行，相率依附瞻对”。瞻对问题之所以棘手，“实由达赖之顽抗。惟其有藐视汉官、违背朝廷之心，故敢出此。今收回瞻地，以示薄惩”。[①]

鹿传霖最为担心的是列强会以瞻对为跳板，侵占国土。“英兵入藏议约，将来必清查川藏地界。”如果继续保持瞻对属藏的状况，“不趁此时早为设法速将瞻对收回川属，撤去番官”，“一经英人清界，则瞻必属英”。不仅如此，瞻对“距川边打箭炉甚近，且将德尔格忒土司隔于外，”一旦有事，瞻对以西的广袤国土“势必全为（英国）占有。是自弃千数百里之地，逼近川疆，为患实非浅鲜”。[②] 为避免局势的进一步失控，鹿传霖提出：“我若自行整顿，使之畏威听命，则界务或别了结，外人自无辞干预。若不使之稍知畏惧，致划界始终梗阻，英人必借词生事，彼又将远结俄人以为援，则藏之危亡可立而待。藏亡若瞻对属藏，亦即与之俱亡，而川省直无门户可守”，[③] 所以将瞻对收回内属，设流官妥筹善后，才能够“安土司”、“防边患”。鹿传霖分析认为，“论我之兵力，御他人则不足，制藏番则有余”。[④] 改土归流后，“内可以安各土司向化之心，外可以夺藏番藐抗之气。一旦藏中有事，此地已归川属，亦有门户可守”。[⑤] 另外，“瞻对地素产金”，“岁得之金，已约值银二万有余。除自供支外，每岁输之达赖者约银万余两”。“若失今不取，而仍派番官”，显然属于“自失地利”。[⑥] 因此收回瞻对对于财政上早已捉襟见肘的清政府来说也是经济上的利好。

对于当时川边的各土司，鹿传霖认为，在康区的土司中，离内地最近而且为诸土司领袖的是明正土司，最远而且辖地最广大的是德格（也写作叠盖、德尔格忒）土司，地最险、人最强的是瞻对，因此主张如果经营川边就要先收回瞻对，然后再逐渐将其他土司改流，最终达到“固川图藏”、“固川即以安藏”的目的。他计划把瞻对收归内属，将德格土司改流，这样

① 《鹿传霖密陈瞻对亟应收回改设流官疏》，《清末川滇边务档案史料》，中华书局 1989 年，第 15 页。

② 《军机大臣鹿传霖致外务部筹办瞻对疏》节略，《清末川滇边务档案史料》，第 14 页。

③ 《鹿传霖密陈瞻对亟应收回改设流官疏》，《清末川滇边务档案史料》，第 16 页。

④ 《鹿传霖密陈瞻对亟应收回改设流官疏》，《清末川滇边务档案史料》，第 15 页。

⑤ 《军机大臣鹿传霖致外务部筹办瞻对疏》节略，《清末川滇边务档案史料》，第 14 页。

⑥ 《鹿传霖密陈瞻对亟应收回改设流官疏》，《清末川滇边务档案史料》，第 15 页。

就可以解决滋扰、梗阻川藏交通的问题，同时又可以预防土司外附或被英国势力占据的危险性。[①] 鹿传霖收复瞻对归四川管辖的计划最初得到了驻藏大臣文海、驻藏帮办大臣讷钦的支持。文海提出，在收回瞻对后，为安抚达赖，由朝廷“酌赏银两，以去其疑贰之心，以化其不平之气，自不致驱之外向，而隐患可以消除”。[②] 讷钦也认为“瞻对归川属无可疑虑”，“若仍将瞻地赏给，不独劳师动众，无以拯瞻民于水火之中，而取而复还，似亦有伤政体”。[③]

鹿传霖的主张获得了朝廷的认可，“因留心边事”被委以筹办藏务的重任。他借查办瞻对藏官干预朱窝、章谷土司承袭事件的机会，派提督周万顺、知县张继率兵出关，着手开始在川边的改革。

光绪二十二年九月（1896 年 10 月），清军攻取瞻对，收缴了章谷土司的印信，又将德格土司夫妇羁押到成都，征讨瞻对的军事行动历经三个月告捷。鹿传霖借此机会再次上奏朝廷，重申在瞻对改设汉官的主张，得到了左都御使高燮曾的支持。高认为“瞻对关系川藏大局”，“万不可再委之西藏，一任番官恣意妄为”，而且英国人一直在寻找深入西南地区的突破口，“于滇边地方测量道路，所过土司俱胁令归附，惟遇有汉官驻扎处，则止不复前”，正是因为有朝廷官员管理地方，“以其正名为中国地界，彼虽贪狡亦无词阑入也”，因此坚决主张“为固圉计，非于边界设官不可”。高还提出：“四川徼外各土司，疆宇袤远，实有鞭长莫及之势”，“打箭炉厅只设同知一员，职分未崇，难资控驭”，建议在“里塘、巴塘、江卡、察木多等处，安设台站粮员”，“于厅城设分巡道一员，统辖理、巴、江、察各粮员，兼管炉关及矿务茶务”，“再于里塘以南与云南中甸接壤处设文武官员一二员，永远驻守”，“将阜和营副将改设总兵”，以资震慑，这样可以“无事则羁縻勿绝，有事则声息亦通”，“杜英人窥藏之路”。[④]

鹿传霖受到高燮曾等官员的支持鼓舞，提出了一套经营川边的比较完整的设想。他把筹边诸事划分为“应及时急为经营者”和“应稍缓逐渐推广者”两类。需要及时查办的事务是将瞻对和打箭炉都改设直隶厅，归属

---

① 《鹿传霖藏事奏牍·序》，吴丰培：《清代藏事奏牍》，第 968 页。

② 《瞻对收复宜筹办法折》，吴丰培：《清代藏事奏牍》，第 1045—1046 页。

③ 《讷钦驻藏奏稿》，吴丰培：《清代藏事奏牍》，第 944—947 页。

④ 《高燮曾侍御稟请收回瞻对建置汉官疏并请改设文武各员片》，吴丰培：《清代藏事奏牍》，第 1026 页。

建昌道，并将建昌道移至打箭炉；将章谷、朱窝两土司仿金川五屯之制改土归流，设屯官；麻书、孔撒、白利三土司分别隶属于两屯官，归瞻对直隶厅同知管辖；添设游击，与同知同城；在德格设屯官、都司，隶属于瞻对；派员将各处疆域、赋税、户籍等分别勘定，抚绥羁縻，以收人心。①

在鹿传霖积极准备以瞻对、德格为基础将川边土司次第改流的时候，中枢内的政策导向发生了变化。这一变化首先是因为受到驻藏大臣文海的影响。文海原本支持鹿传霖收瞻归川的主张，但是此时态度却发生了逆转，向朝廷反映达赖喇嘛对瞻对问题的不满，而且暗示瞻对问题是因为鹿刚愎自用导致的结果，并非出于对国家社稷安全的忧虑。他还专门上《德格土司改流一节请作罢折》，指摘德格土司改流之议完全是鹿传霖"将错就错"、"决不认过"的结果，将"大有后患"。② 与鹿传霖一直存在矛盾的成都将军恭寿也提出了反对意见，抱怨鹿在奏陈土司改流的问题上未曾与其会商，"竟将衔名列入折内，事后始行移知，从来无此办法"。③ 恭寿建议由此时正在打箭炉的驻藏大臣文海就近办理德格、章谷、朱窝改流的问题。

受到文海和恭寿的影响，清政府转而批评鹿传霖"偏执己见，以致难以约束"，不合朝廷"从来办理边疆重务，总以持平稳慎为主"的作风。④ 十三世达赖喇嘛看准时机，通过理藩院直接奏请赏还瞻对地方。清政府原本已经预计到噶厦绝对不会就此放弃对瞻对的控制，虽然暂时支持了鹿传霖以武力收回瞻对的计划，但一直担心会引发达赖喇嘛的不满，由此"激生事端"而导致"驱令外向"的严重后果。⑤ 由于对"卫藏情形仍无把握"，所以清政府对"事定之后应否仍设番官"犹豫不决，想"从缓再办"，⑥ 这时更打消了收瞻的念头，下令"改土归流一节，着毋庸议"，调鹿传霖回京，以李秉衡接任四川总督。鹿传霖对朝廷的这一决定深感痛心，一面申诉实情，一面恳求新任川督继续收瞻事宜，然而结果却是朝廷决定让恭寿代署川督职权，由文海负责调查德格、朱窝、章谷等土司情形。文

① 《复奏统筹川藏全局增移镇道并瞻对等处改流疏》，吴丰培：《清代藏事奏牍》，第1023页。

② 《德格土司改流一节请作罢折》，吴丰培：《清代藏事奏牍》，第1051页。

③ 《成都将军恭寿为德格改流未先会商请旨嗣后边务即着川督办理折》，《清末川滇边务档案史料》，第21—23页。

④ 《清实录藏族史料》光绪二十三年九月辛卯条。

⑤ 《清实录藏族史料》光绪二十二年九月丙申条。

⑥ 《清实录藏族史料》光绪二十二年八月庚辰条。

海称，德格土司无故改流，人心不服，引起各土司疑惧，达赖喇嘛也深感不平。对朱窝、章谷、瞻对也不必改流，应仿照懋功五屯设立屯官。[①] 恭寿在汇报对瞻对的调查情形时，再次否认鹿传霖收回瞻对的必要性，说瞻对并不在川藏大道之上，仅为入藏的支线，其地矿产有限，不足以作为开源富强之本，达赖并无叛逆情形，最好筹议赏还。[②]

在文海、恭寿等人的竭力鼓动下，光绪皇帝将“所有三瞻地方，仍着一律赏给达赖喇嘛授受，毋庸改土归流”，命噶厦“慎选番官，严加约束，毋得再有酷虐瞻民、侵扰邻近事”，“一切善后事宜，着恭寿妥为经理，以期永远相安”，[③] 同时放回了羁押在成都的德格土司。次年又下旨将章谷、朱窝、瞻对三处屯官裁撤，“用示开诚布公抚绥藏卫至意”。[④] 只有章谷土司因绝嗣无人承袭，改设炉霍屯，成为此次改流仅存的硕果。至此，鹿传霖等人围绕瞻对归属问题而引发的川边经营计划遂告终结。

这次改流的破产，根本上看是由于清朝政府的中枢内部此时将边疆防卫的重点放在“保藏”之上，竭力避免任何方面借口生衅而导致边疆局面动荡采取的保守政策。在鹿传霖军事行动告捷之后，光绪皇帝及军机大臣等对如何处理后续问题一直心存疑虑，认为“三瞻虽已全克，或收回内属，或赏还达赖，均于大局颇形窒碍，实属势处两难。即使酌赏银两，能否令其心服，亦无把握。向来藏内军饷归番商汇兑接济，兵米亦资商上。倘达赖因此觖望，诸事掣肘，将来印藏勘界一事更难著手。是收回一说谈何容易？然使竟赏还达赖，又恐藏番生心，威胁邻境各土司，以致出关路阻，将来驼只无人供应何以入藏？是径行赏还，亦有不可。此事鹿传霖力主改设汉官，惟以上窒碍情形不可不熟思审处”。[⑤] 所以当文海、恭寿等人攻讦鹿传霖对瞻对问题处置失当时，唯恐轻启边衅的清政府对改流计划的态度立即发生了全面逆转。虽然当时西南边疆已经承受了英国侵略的巨大压力，但是大部分官员仍然对类似瞻对这样的荒蛮之地属川还是属藏有可能带来的连锁反应缺乏认识，从另外一方面也导致了这次改流的失败。

---

① 《文海遵旨查办德格土司献地案办理情形及朱窝、章谷、瞻对改设屯员折》，《清末川滇边务档案史料》，第27—29页。

② 《川督恭寿查明瞻对用兵缘由请将瞻地赏还折》，《清末川滇边务档案史料》，第33—36页。

③ 《清实录藏族史料》光绪二十三年十一月甲午条。

④ 《清实录藏族史料》光绪二十四年七月丁巳条。

⑤ 《清实录藏族史料》光绪二十二年十月己丑条。

瞻对重新赏藏后，藏官声势更大，川边土司无不仰其鼻息。鹿传霖收瞻虽失败，但并未放弃其主张。数年后他升任军机大臣，借入主中枢之机再次提出收瞻计划，又利用他的权力积极支持赵尔丰对川边地区的改流，最终实现了将瞻对收归四川的目标。

瞻对问题在晚清一直是困扰清政府治藏政策的严重问题。自鹿传霖收瞻失败，瞻对的归属问题被搁置起来。凤全在巴塘推行屯垦时，瞻对问题被再度提上日程。当时清政府中一些官员提出“西藏情形危急，请经营四川各土司，并及时将三瞻收回内属”的建议。清廷认为达赖已革，正是收瞻的好时机，便令新任驻藏帮办大臣凤全于赴藏途中，就近办理收赡之事。凤全檄文打箭炉厅，令派员“告谕三瞻，觇觇向背”。驻瞻藏官表示“必俟藏中檄调，始肯离瞻”。西藏闻讯，“具合藏公禀，仍请照旧管理”。驻藏大臣有泰懦怯，惧引起藏中动荡，也上疏反对收瞻。川督锡良折衷，建议“酌赏兵费二十万两”，“令商上等缴回瞻地，调回瞻官”，但事未及行巴塘变乱已发生。凤全被杀，收瞻之事遂被搁置。凤全被杀从表面上看，是由于他强行推广垦荒并限制喇嘛寺人数而激起了民变，但在事件的背后是有瞻对藏官的阴影的。

光绪三十四年（1908），驻瞻藏官侵占章谷屯、理塘夷村等地村落，进而更占据了革什咱土司全部土地。“瞻番竟敢知会德格土司争袭之事不必听汉官之语，应遵彼处断。且近来该番欲干涉各土司词讼，其蛮民之黠者，遂皆赴瞻兴讼，彼即偏袒，而土司亦无如之何，是土司亦渐失管理之权。”①直到此时，瞻对改流仍然一直遭到驻藏大臣联豫反对。清廷“盲于事情，恐惊外人，酿交涉，仍不决”。

赵尔丰认为，“瞻对近在肘腋，归藏究属不宜，如不收回，终成大患。且边境已次第收服，仅一瞻对，梗阻其间，于情于势，均不相宜，且瞻距藏遥远，藏方不能遥控，一任藏官施为，无人管束，亦非长策”。为了避免重蹈鹿传霖覆辙，他采取孤立之法，“暗迫赡酋，令其遁去”，以达到“不居攻瞻之名，而可坐收其地”之效，先谕令瞻官不准干预各土司事务，再令各土司不准给瞻对纳赋支差；继之又勒令瞻对藏官补缴理塘三坝地区四十年应缴差银，退出强占的那珍三村。但是噶厦仍不表示放弃瞻对。直到

① 《电军机处为瞻对番官恃势侵占川边各地拟勒令退还或酌予赏项收回否则不惜于用兵请伐奏》，《清末川滇边务档案资料》

宣统三年（1911）六月，赵尔丰已被任命为四川总督后，感到再不收回瞻对就再难有机会，不经奏准率兵直入瞻对，饬驻瞻藏官巴登郎加交出瞻对户口粮册，并将其逐走，[①] 之后召集百姓公议改良赋税之则，以苟国华为委员，设怀柔县（后因与河北怀柔县重名，改称瞻化县），隶邓科府。延续多年的瞻对问题，终以改流而告终。

结　语

瞻对在清代之所以产生如此重大的影响，首先是因为它作为川藏之门户的地理位置。瞻对位于康区中部，北接甘孜、炉霍；南连理塘、雅江；东界道孚，与明正土司接境；西北抵白玉、德格，与德格土司毗连，境内地势险要。由于康区负有保障川藏交流通畅的责任，瞻对“夹坝”影响到了官民人员物资往来的安全性，因而成为政府必须解决的问题。

清政府为解决瞻对问题，采用了羁縻土司、武力威慑、宗教化导、改土归流等几种对策，体现了中国历代中央政府在管理边疆少数民族事务中“修其教不易其俗，齐其政不易其宜”的基本原则。到清朝末年，随着边疆危机的加剧，瞻对问题由局部的区域性冲突转化为对国家安全构成威胁的因素。瞻对问题的彻底解决，是赵尔丰在改土归流过程中的一大功绩，使川边、卫藏在管理地方上不再有穿插，为统一康区的行政建制扫除了一大障碍。

作者单位：中国社会科学院民族学与人类学研究所

① 《札瞻对藏官将户口粮册交专差携回限期回藏》，《清末川滇边务档案资料》，第933页。

五四运动与西藏事务

喜饶尼玛　李婷轩

1919 年 5 月 4 日爆发的五四爱国运动是中国近代史上具有转折意义的重大事件，对中国未来的发展产生了深远的影响，而这场运动对西藏事务的解决也产生了重要的影响，可以说，五四运动也是西藏问题的转折点，正是五四运动的爆发使得中国西藏的走向出现了转折。

一

1911 年辛亥革命爆发，以“五族共和”为根本大法的中华民国应运而生，有着悠久历史的多元一体的中华民族在新的国家体制下获得新生，然而，以英国为首的帝国主义国家却没有放弃对我国西南边疆的觊觎，他们趁民国初立的特殊时期，利用西藏地方与祖国关系暂时出现的不正常状况，阴谋将西藏地方从中国领土中分裂出去。他们积极策划西姆拉会议，从而企图将西藏事务的解决纳入他们预设的轨道。

面对英帝国主义的侵略，民国政府却因软弱无力而不得不在西藏问题的对外交涉上采取妥协甚至是媚外的做法。先是依靠列强支持窃取辛亥革命果实的袁世凯出于镇压革命党发动的“二次革命”的需要，屈从于英国的压力，派代表参加了英国一手策划的西姆拉中英藏三方会议。会议中英方代表麦克马洪图谋一举实现“缓冲国”和“战略边界”计划，在三方会议上提出划分内外藏以解决西藏问题的方案，而中国代表为了不开罪英国，数度委屈迁就，不断让步，但最终会议因麦克马洪野心太大，超过了袁世凯所能接受的限度而破裂。然而，北洋政府在拒绝承认西姆拉会议草约的同时又怕拒签结果将引起英方采取行动，于7月14日即西姆拉会议破裂后仅十余日便又积极致电各国公使，表明愿意继续谈判藏案的立场，而此时英方态度十分强硬，拒绝了中国的请求。而后1914年8月间日本对德宣战将山东省黄河以南划为战区并随后在此采取了军事行动。面对这一侵略行径，软弱的袁世凯政府无力反抗，仍只能求助于英国，于是在西藏问题上的妥协又成了袁世凯“贿赂”英国人的工具，由是9月间，袁世凯向英国方面提出重开谈判解决西藏问题，但仍因遭到英国的拒绝而作罢。至1915年6月间，袁世凯称帝野心日炽，在他看来，妨碍他复辟帝制的外部条件只剩下悬而未决的西藏问题，于是在外务部拟定的与英国交涉藏案的几项原则中做出妥协，而其中最大的让步就是将以往争议的焦点——昌都划入外藏。此次交涉最终因英国陷于第一次世界大战再被搁置。至此，袁世凯时期有关西藏问题的交涉虽于西姆拉会议后由于种种原因而基本处于一种停滞的状态，但袁世凯对西藏问题所持的妥协，甚至是主动以牺牲中国在西藏地方的主权来换取英帝国主义在某些方面支持的媚外做法却是有目共睹的，充分暴露出了袁世凯政府反动、软弱的本质。

1916年6月袁世凯病死，随后中国历史开始经历更加黑暗的军阀混战阶段，不同派系的军阀在各帝国主义国家的支持下为争夺地盘而混战不已，中央政府的总统、执政也频频换人。1918年，一战临近结束，英国的战略重心发生转移，开始不停地催促中国与其重开关于西藏问题的谈判。自1918年2月至12月，英国公使朱尔典先后九次催逼北京政府重开谈判。面对这多次的催促，我们不敢想象陷于军阀混战的孱弱的北京政府会对西藏问题采取怎样的处理办法，但历史就是历史，正是五四运动的爆发改变了北京政府，也改变了中国人民，最终更是改变了中英关于西藏问题交涉的格局，成就了中国在西藏事务上的初步胜利。

二

五四爱国运动是一场以救国爱国为目的的全国性的群众运动，在运动中民众所迸发出的爱国热情和力量是巨大的，对北京政府的打击和教训无疑更是巨大的。人们高呼的“内惩国贼，外争主权”、“反对秘密外交”的口号给北京政府上了重要的一课，奉行秘密外交出卖国权者的下场也足以令北京政府中欲步曹汝霖等人后尘的人胆寒却步，而遍及全国20多个省100多个城市的全国性的请愿游行运动、三罢运动、抵制日货运动、拒签合约运动等的打击更是使北京政府意识到了民意不可违的道理。于是，北京政府在西藏问题的处理上开始注意民众的意见，而不敢擅让领土，因为他们深知五四运动已引起了国人对国家主权领土的关注，而如果再对西藏事务做出妥协，迎接他们的又将是一场不可遏止的“五四运动”。由此，北京政府在与英国就西藏问题的交涉中开始不得不将五四风潮纳入对西藏问题的考虑中，不敢轻言妥协。

5月4日五四爱国运动爆发，掀起了澎湃的爱国风潮，而其后的中英非正式交涉中，北京政府便明显表现出了因慑于五四运动引起的风潮而不敢再谈及西藏问题的心态。5月10日，英国公使朱尔典与中国外交部次长陈箓会谈，当朱尔典问及何时再谈判西藏问题时，陈箓答复道：“因青岛问题，已引起国人对领土问题注意，西藏事务，恐难办理。”① 直接道出了五四风潮对政府处理西藏问题的影响。至5月20日，当朱尔典又问及该问题时，陈箓的回答一如既往：“今年以来，贵使又向本次长迭次催办，而本次长愿望能解决西藏问题之心，当较贵使为愈切，惟以本国现状观之，实难预料，该问题关系重大，中央得负责与否，本次长实难预料，以为政府所处地位困难之实在情形也。”② 这里陈箓所指的“本国现状”无疑是指自5月4号以来的轰轰烈烈的群众运动，正是鉴于这种现状北京政府意识到“该问题关系重大”而不知“中央得负责与否”，可见正是五四运动所激起

① 《民国八年五月十日陈箓与朱尔典会谈纪录》，《西藏议约案》第7函，第30册。转引自冯明珠：《近代中英西藏交涉与川藏边情》，第379页，台湾，”国立“故宫博物院1996年。

② 《民国八年五月二十日陈箓与朱尔典会谈纪录》，《西藏议约案》第7函，第30册。转引自冯明珠：《近代中英西藏交涉与川藏边情》，第379页。

的关于领土主权问题的爱国热情使北京政府感到畏惧，而不敢在西藏问题上继续独断专行，卖国求荣。5 月 30 日，在英国政府的一再催促下，“外交部以边藏停战期限将次届满，再予拒绝，难免藏番借端重行内侵，川边军备久虚，深恐遭其蹂躏”①，于是以民国四年的旧议提出界务四条：“（一）打箭炉、里塘、巴塘三土司地仍归川省；（二）察木多、八宿、类乌齐各呼图克图及三十九族土司所属划归外藏；（三）瞻对、德格及昆仑山以南当拉岭三十九族、德格土司以北青海南部之地划归西藏；（四）滇、新省界仍旧。”② 这些条款照抄 1915 年顾维钧向朱尔典提出但为英国拒绝的条件，可以看出北京政府心态，面对英人的多次催逼不得不提出议案，但照抄已被拒绝的条件，实因受逼过甚、敷衍搪塞，以免英人以此支持西藏地方再行东进。在这次交涉中，北京政府虽有所妥协，但我们仍可看出五四运动对解决藏案态度的影响。陈箓表示：“此事本国政府渴望解决与贵公使具有同心，惟体察全国民意，对于本问题亦不能不有相当之斟酌。”③ 可见正是考虑到民意，软弱的北京政府才没有在西藏问题上走得更远，而尊重民意无疑是五四运动给北京政府带来的最大教训。很自然的，英国政府对此提案仍十分不满，给予了拒绝。8 月 13 日，朱尔典带着英、印商妥的解决西藏悬案的办法，再度拜会陈箓，进行讨论。当讨论到昆仑山以南当拉岭以北之地如何划分时，朱尔典认为该地应划归外藏，表示：“此处离拉萨太近，不愿中国在彼驻兵，致起冲突，必须划归西藏。且该处系不毛之地，不知中国力争，何所取义？”陈箓回答道：“该地系青海辖境，政府无权变更领土，以故不能不有所坚持，但为预防冲突起见，中国可以保证将来在该地一切维持现状。”④ 可见，北京政府在与英国的交涉过程中，态度虽无明显变化，但立场则很鲜明，以“政府无权变更领土”拒绝了英人过分的要求。而北京政府的“无权变更领土”的意识无疑是从五四运动中得到的教训。回顾民国建立以来关于领土问题的交涉，包括青岛、西藏在内，哪一次不

---

① 外交部政务司编：《藏案纪略》，1919 年铅印线装本，第 31 页。

② 《外交部为五月三十日与英使会议川藏界务情况事致驻英使馆电》，中国藏学研究中心等合编：《元以来西藏地方与中央政府关系档案史料汇编》第 6 册，第 2448 页，中国藏学出版社 1994 年。

③ 《陈箓五月三十日口述节略》，《西藏议约案》第 7 函，第 30 册。转引自冯明珠：《近代中英西藏交涉与川藏边情》，第 380 页。

④ 外交部政务司编：《藏案纪略》，第 31 页。

是“政府亲自变更领土”，而恰恰是五四运动，使北京意识到了政府无权擅让领土而要遵从民意的道理，从而不敢在领土问题上做出让步。

而后当外交部把会谈结果提到国务会议讨论时，则遭到强烈反对。“嗣统计局长签注，以察木多、乍丫等处清末划归边务大臣管辖，民国以来业经设有县治，参议院选举区表亦经列入，并载在职员录，如划归西藏，恐激起全国反对。查各处前清旧制，本设有粮员、塘汛，此次如照旧界归藏，应与英使声明，我设有粮员、塘汛当一如旧制，庶中央稍可以谢全国。”① 于是8月26日，国务会议决定暂从缓议。而致使北京政府做出这一决定的主要原因就是“恐激起全国反对”，害怕如果就西藏界务问题妥协而必将招致反对风潮。所以可以说正是五四运动给北京政府留下的巨大的心理阴影，使其没有就西藏问题对英国妥协。随后，当朱尔典问及中国方面突然中止谈判的原因时，陈箓的话语表达得更为明确，“国务院担心公众对待西藏问题像对待山东问题一样愤怒”，显然是因为“民众对领土问题的关注在山东问题中已被唤起，那么中央政府在其他有关领土问题上的任何异常举动都会立即引发人民对政府的不满”，而“中国政府却没有强大到可以站在山东问题所引发的社会风潮的风口浪尖上再去对付另一个全国性的风潮”。② 这就更加清楚地道出了山东问题所引发的五四风潮给政府造成的“担心”，是这种“担心”使得北京政府无法就西藏问题继续谈判。

三

西藏问题交涉因民国政府国务会议大多数人反对，于8月26日决定暂从缓议后，中英两国的交涉就开始不再纠缠于具体的界务问题，而是中国方面以要考察民众意见为由，一再表示“缓议”，从而使英国企图迅速解决西藏问题的幻想完全破灭。面对中方缓议的态度，朱尔典仍不死心，于8月28日面见民国总理龚心湛希望得到一线缓机，但总理的态度仍旧让他失望了。龚心湛表示：“自5月30日中国提出建议以来，情况发生了变化，

---

① 外交部政务司编：《藏案纪略》，第32页。

② E. L. Woodward and Rohan Butler (eds.), *Documents on British Foreign Policy*, 1919-1939, *Ser.* 1, *Vol.* 6, (London, Her Majesty's stationery office, 1956), No. 479, pp. 693-694.

公众和国会的意见使推迟谈判成为必要。”[①] 9月3日，朱尔典又面见了总统徐世昌，但得到的答复大同小异，都以要考察民众意见为由拒绝了朱尔典。徐世昌指出：“欧战的结束在各地引起了不安的情绪，中国陷入一片愤怒的混乱之中，且目前虽然与西藏有密切关系的四川与中央政府的联系中断，但政府必须咨询四川的意见，鉴于此，政府要考虑以下三个条件才能更好地解决藏案：（一）须电四川、川边派员来京接洽；（二）向国会报告会谈进展情况；（三）在签字前协定提交国会通过。”[②] 徐世昌所提出的议约三原则开始正式地将从五四运动中得到的教训，即尊重民众、尊重国会作为对英交涉的根本原则，并开始在这一原则下处理西藏问题。随即9月5日，外交部通电全国，征询各相关省份对藏案的意见。而这一通电是自西姆拉会议以来北京政府首度将与英国交涉藏案的始末，及中英相持不下的疆域之争公诸于世，通电的最后表示：“所称界线较前次之会议实已大有进步，若不乘此议结，中藏势必日益隔阂，将来恐无恢复之日。”[③] 以此了结藏案的办法来探寻民众的意见。

歌电一出，舆论哗然。各阶层人民或集会或通电，声讨英国分裂中国，并斥责北京政府妥协退让。四川、云南、甘肃、青海等地的地方大员立即发表通电坚决反对北京政府与英人议和。甘边宁海镇守使马麒援引历史地理上之证据，力证西藏为中国领土，并声明：“西藏本中国属土，年来川边构怨，譬犹兄弟阋墙，自应由兄弟解决，万不能任他人从旁干涉。吾国苟有一息生气，所有划界会议，应从根本否认，此约一签，终古难复，大好河山，一笔断送，凡属五族，谁不解体。”[④] 川边镇守使陈遐龄、云南督军唐继尧、四川督军熊克武、四川钟体道师长也都纷纷通电指出西藏事务为中国内政，不容外人干涉：“前与藏番休战拟定暂时退兵地点，系一时权宜之计，川边划界不能以此为凭”；“川边行政区域早经改土归流，且地属西康，不得认为藏地；西藏为中国领土，能否许以自治，中国自有主权，无

---

① E. L. Woodward and Rohan Butler (eds.), *Documents on British Foreign Policy*, 1919-1939, *Ser.* 1, *Vol.* 6, No. 480, p. 696.

② E. L. Woodward and Rohan Butler (eds.), *Documents on British Foreign Policy*, 1919-1939, *Ser.* 1, *Vol.* 6, No. 488, p. 710.

③ 《北洋政府外交部通电》,《西藏地方历史资料选辑》，第309页，三联书店1963年。

④ 《甘肃督军张广建转报马麒反对与英使会商议定西藏划界电》，中国藏学研究中心等合编：《元以来西藏地方与中央政府关系档案史料汇编》第6册，第2451—2452页。

庸他人代为要求，尤不得以川边、青海、新疆各地划入西藏自治区域；民国四年将察木多划归外藏之案，不能援以为据；川边与藏番商议停战，系一时权宜之计，北京对于所定条件并未承认，则其划界办法尤可置之不理”；“西藏自治，部商未决，万不能认为事实，中国派兵入藏，非他国所得干涉”；[①]“西藏属我领土，其民族为组织民国之一部分，自治与否，统属内政，绝不容人干涉，损我主权”。[②]

与此同时，全国各界团体也纷纷致电北京政府，强烈反对英国插手藏事，并反对政府做出妥协。云贵川陕协会谴责道：“西藏为吾国屏藩，幅员广数千里，年来外因欧战复政争，英人乘间思逞播弄藏民脱离祖国。西米拉会议英藏提议中国当认西藏有完全自主自治权，西藏一切内治外交不受中国政府之掣肘，又西藏与中国以打箭炉为界云云。是直视西藏如我藩封且划我川边若干地方为彼所有也。夫民国成立，积五族组织共和，英人思启封疆，恒以我驻边军士虐待藏民为词意图煽惑，启其奸谋。”[③] 川滇黔陕四省协会也通电全国：“西藏交涉之为英人播弄，骎骎乎成藩属关系矣。”于是他们发出了“国民外交”的号召：“际此一发千钧，尚望联络一致，急起直追，严密监视政府对藏之行动，勿许断送。一面直接间接，用种种良法鼓动民气，誓死力争，以国民外交，作政务后援，务期博得最后之胜利而后已。须知兄弟阋墙，外御其辱，内争为一事，外敌又为一事。幸勿遗误机会，……前途庶其有豸。”[④] 四川省议会议案也指出：“边藏幅员百倍于青岛，利害关系亦远过于青岛”，并援引众多历史现实依据，反对英人干涉我国内政：“查川边原系内地领土，藏番不过土匪内乱，平定内乱系我内政范围，无外人置喙余地，藏既属我，何有于边。如承认其划界，不啻默认西藏与中国脱离关系，藏番与中国立于对等，英国为第三者之干预，损权辱国莫此为甚。且光绪三十二年中英新定藏印条约第二款，亦曾声明英国国家允不占并藏境，不干涉西藏一切政治，据此条约西藏内政英人且不能干涉。西康系川边境内，英人更无过问之权。”因此要求“通电南北政府，尽力一致拒绝英使干预川边划界事。……此为外交先决问题，宜与全国一

① 《舆论反对藏约情形》，中国藏学研究中心等合编：《元以来西藏地方与中央政府关系档案史料汇编》第6册，第2458页。

② 《西藏交涉详纪》，1919年10月17日《国民公报》。

③ 《四省协会对于藏事之呼吁》，1919年10月31日《晨报》。

④ 《川滇黔陕四省协会通电全国》，《西藏地方历史资料选辑》，第309—310页。

致反对，并匡救北庭外交之错误。”[①] 江苏省教育会及其他十一团体也联名致电北京“谓关于西藏问题英国条件悉侵犯主权，幸勿让步为要”。[②]

社会各界舆论更是掀起一片关注西藏事务的浪潮，一股“西藏政治热”在全国范围内迅速蔓延。《晨报》、《国民公报》、《时事新报》等进步报刊自歌电发出后就密切关注西藏问题交涉的进展情况，不断发出跟踪报道，并对西藏问题产生的始末也作了专题报道，如《晨报》的“西藏问题之前因后果”、《时事新报》的“藏中近状之谈话”等都对藏人背叛之原因和中英交涉之由来作了详细报道。《晨报》9 月 16 日更是以较大篇幅发表专论，反对政府与英人议和：“西藏之为中国领土，殆数百年于兹矣，垂诸史乘，载在约法，固我国唯一主权之支配，而不容他人有所干预于其间也。”因此“西藏自治问题，乃容许英人干涉，而与开中英藏委员之会议，已为根本上之错误，乃至划界一节之争议。”因此告诫北京政府：“我政府当自觉敷衍之不可为国也”，[③] 反对政府继续与英人谈判。此时，面对政府的议和之意国外的留学生也沸腾起来了。留日学生发来通电并运用现代的外交理论斥责英国：“夫西藏者，中国之版图也，领土主权，自始属我。故满清时，曾设理藩院统治全藏事务。……民国创造之初，宣布五族共和，旗成五色，政尚平等，于各番属地，均一视同仁，无阶级之分。内载吾国约法，外告东西友邦，国内国外，欢跃赞同。当时各友邦之承认民国，对于汉、满、蒙、回、藏五族组织民国之宣言，以及汉、满、蒙、回、藏五族人民所据有之地域，纯为吾国领土之布告，未闻有何等之异议，亦未尝提出何项之限制。即英人亦无否认西藏为我领土之论。”同时他们还告诫政府万不可妥协：“此事关系我国存亡，万不可轻为让步，以造将来无穷之巨祸。盖英人侵略西藏之目的一达，则可以侵入四川。倘四川归英掌握，则可顺大江东下，而图谋各省矣。呜呼，瓜分之祸已兆边陲，蚕食之患将及内部。”于是呼吁道：“诸公果欲保全西藏，拥护国权，则对英交涉，不宜稍让。对于边藏，速取决然之处置，切不可敷衍迁延，致蹈外蒙以往之覆辙。遂使大好河山，逐渐分裂，浩浩神州，受制异族也。”[④]

我们看到，民众对西藏问题的意见在歌电发出后的第一时间内就进入

---

① 《四川省议会议案》，《西藏地方历史资料选辑》，第 310 页。
② 《西藏问题之呼吁》，1919 年 9 月 16 日《晨报》。
③ 叶秉诚：《西藏交涉之研究》，1919 年 9 月 16 日《晨报》。
④ 《留日学生通电》，《西藏地方历史资料选辑》，第 311—312 页。

高潮，颇具广泛性和深刻性。而民众之所以会对西藏问题反应如此强烈则与五四运动有很大关系。

五四运动留给人们的精神财富首先就是使民众心目中大一统的多民族国家观念得以强化，主权意识高度觉醒。五四运动爆发的直接导火索就是中国在巴黎和会上关于山东问题交涉的失败。中国民众为了山东的主权与民国政府的媚外政策进行了殊死的斗争，因为中国人民是无论如何都不能容忍疆土分裂的耻辱的，而声势浩大的五四运动中人们又以现代的主权理论据理力争，更是使现代的主权观念得以大范围传播，并最终促使广大人民的主权观念高度觉醒，决不容忍领土丧失。

此外，五四运动不仅使得人们的主权观念高度觉醒，更是使人们的国家责任意识全面觉醒，激发了人们政治参与的热情。五四运动前，中国民众的国家责任意识是极其淡漠的，只有少数精英分子在为国家命运而奔走呼号。虽然中国近代也出现过三元里抗英、太平天国、义和团等斗争壮举，但也只是一部分人在自身利益受到侵害时才起来的反抗，而大多数民众对国家事务都是“事不关己，高高挂起”，对国家兴亡较为淡漠。而五四运动这场全国性的政治风潮却确实起到了振聋发聩的作用。一方面五四运动的成功使得参加这一运动的人民以更加积极的心态投身于日后的斗争运动，承担起了天下存亡的历史重任；另一方面，运动中的爱国主义宣传和全国性爱国运动的推进更是深深地触动了广大民众，不仅使广大民众意识到了国家的危机，更是意识到了国民对国家的责任，于是“天下兴亡，匹夫有责”的国家责任意识开始植根于更广泛的民众心里。于是，当国家再次面临危难时，这种在五四运动中得到锤炼并广泛扎根的国家责任意识自然会强烈喷发，化成更广泛的民众政治热潮。

另外，五四运动中国民外交的胜利更是为日后国民参与外交政治斗争确立了榜样。五四运动之前，外交事务仅仅是少数政治家和当权者的事务，而五四运动中全国人民都成为了外交的主体，他们积极参与国家外交事务，对内要求政府维护民族利益不可妥协退让，对外极力谴责西方列强的强权行为，用自己的力量去影响政府的外交决策，并最终促使中国取得了巴黎和会外交上的胜利。这种斗争手段的胜利所带来的示范和引导作用都是无限的，它极大地鼓舞了人民参与外交的积极性。从而在日后的国家外交事务中，民众的积极参与成为必然，以国民外交来影响政府决策也成为了人们首选的外交斗争的基本形式。

再有，五四运动丰富了国民外交的实战经验，提高了斗争的水平。五四运动前，民众往往强调“为政府后盾”，而五四运动中人们对帝国主义的本质都有了更深刻的认识，将内除国贼和外争国权结合起来考虑，不仅严厉斥责帝国主义，要求外争主权共御外辱；同时也坚决反对媚外的本国政府。由此，经过五四运动的实践和锻炼，全国人民的斗争水平也得到了提高，从而在日后的各种斗争中可以从一开始就直入主题，斗争目标明确，具有相当的深刻性。

总之，经过五四运动的洗礼，中国民众面对领土主权危机这一看起来与个人利益关系不大的国家事务，愿尽义务作出自己的贡献。可以说，五四运动留给人们一笔巨大的精神财富，那就是使国民承担对国家的责任成为自觉。五四运动以其空前的规模极大地触动了广大国民国家责任意识的全面觉醒，更刺激了人民在实践层面的政治参与的积极性，不断地把责任意识转化为实际的斗争实践。而国民对国家的责任要化为哪一种具体的政治参与形式，五四运动中国民外交的胜利又提供了一个示范，鼓舞国民继续以此形式进行斗争。

由此，当面对同是有关中国领土主权的西藏问题时，经过五四运动洗礼，爱国热情空前高涨，主权意识和国家责任意识也已高度觉醒的中国人民必然不能坐视帝国主义国家的任意宰割，听任政府的妥协退让，于是纷纷为国家命运做出自己的努力，希望通过自己的努力可以影响政府的外交决策。这样，民众对西藏问题的关心和向政府提出关于藏事处理的意见便在歌电发出后一触即发，形成了一次举国瞩目的“西藏热”。而民众的反应之快、认识之深刻、斗争目标之一致也是与五四运动的经验密切联系的。正是五四运动这一斗争实践为发生在其后仅几个月时间的西藏问题的斗争提供了宝贵的经验，决定了民众在西藏问题上的斗争形式和斗争技巧。由此，我们可以说“西藏热”的形成就是五四运动的连锁反应，正是五四运动的洗礼为民众如此关心西藏问题形成的“西藏热”作了浓墨重彩的铺垫，使得“西藏热”与五四运动具有一种深层次的联系性。

于是，在民众的一致反对声中，10 月 22 日，陈箓以更加充分的理由回复了朱尔典：“中国政府还未准备恢复西藏问题的谈判，四川和云南的电报证明民众强烈反对谈判”，“西藏问题现在在中国被视为是比山东问题更重要的问题，现在关于西藏问题所达成的解决方法都将招致公众的愤怒且造成排英风潮”。[①] 面对这一状况，朱尔典也不得不承认“山东问题继续吸引公众的注意，在山东问题未解决的情况下触及西藏问题，公众有一种强烈的不安情绪”。[②] 此时，国民舆论的力量确实发挥了作用，成功地影响了政府的外交决策，而北京政府又成功地运用了国民外交作为与英国周旋的手段，使民众的意见成为左右交涉进展且又使英国无可奈何的关键因素。

四

由此，在一片支持政府挽救西藏命运的呼声和对英国插手西藏事务的斥责声中，北京政府对外交涉的立场变得强硬起来。12 月 3 日，朱尔典会见陈箓，陈箓坚定地表达了中国政府的立场：“中国不明白大英帝国为什么要插手中国和西藏地方之间的事务，这是中国的内政，中国有自己的解决方法。……而如果英人不再干涉，中国就能直接与西藏解决问题。”[③] 态度和立场都表现得极为强硬。同日，中国外交部还给驻英公使施肇基发出通电，以正式公文的形式向英国表达了中方对藏案的处理态度。通电指出：“盖全国人民视藏案较山东问题尤重，现因山东问题以激起排斥日货风潮，若同时提议藏事，必又惹起激烈反对。前此与朱使不正式接洽，各方面已纷电诘责，可见一斑。英国在华商务极盛，倘因此发生同样风潮，不将非中国之愿，抑亦非英国之利。况西藏情形与外蒙相类，现外蒙已自请取消自治，对于藏事，政府方在与英议定条约，尤难邀国民谅解。”[④] 虽然北京政府婉言拒绝了英人继续议约的要求，但立场却异常坚定，甚至提出了取消西藏自治和西姆拉条约的要求。这些事实与 1919 年之前的中英交涉中中国的一次次的妥协退让形成了鲜明的对比。而这一转变无疑是来自五四运动的冲击，使政府意识到“若同时提议藏事，必又惹起激烈反对”，从而不

---

① E. L. Woodward and Rohan Butler (eds.), *Documents on British Foreign Policy*, 1919—1939, *Ser.* 1, *Vol.* 6, No. 549, pp. 796-797.

② E. L. Woodward and Rohan Butler (eds.), *Documents on British Foreign Policy*, 1919-1939, *Ser.* 1, *Vol.* 6, No. 595, p. 845.

③ E. L. Woodward and Rohan Butler (eds.), *Documents on British Foreign Policy*, 1919-1939, *Ser.* 1, *Vol.* 6, No. 601, p. 868.

④ 《外交部为以藏案不愿即行解决系为顾全中英邦交婉达英外部事复施肇基电》，中国藏学研究中心等合编：《元以来西藏地方与中央政府关系档案史料汇编》第 6 册，第 2453 页。

得不考虑全国人民的意志，同时，五四运动中所凝聚起来的广大民众的力量更是在歌电引发的“西藏热”中被充分表达出来，使得孱弱的北京政府可以以民众为后盾挺直腰杆，最终在西藏问题上没有屈服于英人，坚持了自己的严正立场。

面对中国政府的强硬态度，朱尔典在任期间续议之事只好作罢。但英人却没有就此罢手，至1921年华盛顿会议召开前夕，英国外交大臣寇松于8月26日再次提出西藏问题，他拿出一份备忘录，再次催逼北京政府开议藏事并许诺在边界划分上拟采纳中国的主张：“英政府现拟请中政府在伦敦或北京重行开议，勿在迟延。……此事如不从速续议，英政府以为对于西藏为自治国一层不便再稽承诺，嗣后对藏拟以自治国待之。……果能重新开议，当可根据一九一四年草约加以修改，以求合于一九一九年中国提案内所表示之意愿，英政府允竭力设法，使西藏对于中国能满意之解决为之承认。”① 面对英人的让步，以民众作后盾的北京政府的答复一如既往：“嗣国内各方面对于此事颇表反对，据段督办意见，此案较青岛尤为重大，国内风潮甫平，此时如必续议藏案，恐不免牵动全局，阁员亦多数主张缓议。……致政府主张缓商，实因国内朝野上下多持异议，恐酿风潮，不能不出以慎重。”② 同时“各方面均有牵涉，非得全国充分谅解不能率尔定义”③，于是决定华盛顿会议之后再议。以民众反对，政府只能尊重民意为由拒绝了英国“来之不易”的让步。显然，英国的让步为时已晚，如果在袁世凯统治时期提出，袁世凯也许会迫不及待地与英人签约，但是在五四运动之后，北京政府的立场已发生根本性转变，一方面已不敢冒天下之大不韪再与英人进行任何谈判，因为他们深知经过五四洗礼的中国人民已不会容忍政府在西藏问题上的任何妥协，而同时歌电事件中民众的强烈呼声也使孱弱的民国政府可以与英人周旋，既不直接得罪英国，又守住了原要坚持却又无力坚持的底线。

中英关于西藏问题的交涉因中方拒绝了寇松声明，而使英国以《西姆

---

① 《顾维钧为英外相催促了结西藏问题并提出书面节略事致外交部电》，中国藏学研究中心等合编：《元以来西藏地方与中央政府关系档案史料汇编》第6册，第2459—2460页。

② 《外交部为朝野反对已告英使缓议事致驻英使馆电》，中国藏学研究中心等合编：《元以来西藏地方与中央政府关系档案史料汇编》第6册，第2462页。

③ 《外交部为答复英使缓议节略内容致英使馆电》，中国藏学研究中心等合编：《元以来西藏地方与中央政府关系档案史料汇编》第6册，第2464页。

拉条约》为借口作最后挽救的企图破灭后就不了了之了。此后英国意识到以传统的外交手段压迫中国放弃西藏地方的方式已成为过去，于是开始了“武装西藏”的新政策，继续对西藏进行殖民主义侵略。显然，使英国被迫完成的侵略手段的转向的重要因素就是民国政府对外交谈判的一次次的拖延和拒绝，而此种举动又是与中央政府外交立场的不断坚定相联系的。中国政府这种一改往日作风的强硬立场使得英国企图把西藏分裂出去的幻想成为泡影，也使中国在西藏事务上渡过了最危急的时刻。而寻根探源，民国政府外交上的不断强硬又是以五四运动为内在动因的，正是民众的爱国热情和力量使民国政府在处理同是有关领土主权的西藏问题时望山东问题引起的五四运动而畏，慑于民众风潮而不敢做出任何妥协，由是，在对外交涉上不断表示“山东问题已酿风潮”、“西藏问题比青岛问题尤为重大”从而“恐再酿风潮”，回绝了英人，而其后由于歌电遭到了全国人民的一致反对，民国政府更是有了充足的证据，“国内各方面对于此事颇事反对”、“阁员亦多数主张缓议”，理直气壮地回绝了英人。由此，我们可以说正是五四运动这场全国性的民众运动的打击使民国政府望而生畏，从此开始接受教训，懂得要尊重国会，尊重民众，而不敢再擅自割让领土出卖国权，在外交上立场也因以民众做后盾而日趋强硬，最终改变了中英关于西藏问题交涉的格局。

结　语

英国人一手策划的“西藏问题”最终得以顺利解决，正是源于五四运动这一具有转折意义的全国性政治运动。一方面，五四运动使民国政府受到重创，从而因慑于波涛汹涌的民众运动的打击，已不敢再做出妥协。另一方面，五四运动对中国人民的启迪和鼓舞更是巨大的，它对人们主权意识的强化、国家责任意识的开启与国民外交斗争形式的树立，以及对人们在边疆问题上的反应和斗争都起到了重要的影响，经过五四运动洗礼的中国人民，此时已不可能坐视北京政府在西藏问题上的任何妥协。而最终民众这种巨大的力量又成功地影响了政府的外交决策，使孱弱的民国政府无论如何也不可能放弃在西藏的主权。由此，两方面因素的合力使自民国建立以来关于西藏问题交涉中，中央政府处处妥协退让的外交格局得以改变，成就了中国在西藏事务外交上的巨大转折。可以说正是五四运动这一全国性风潮引起了人们对西藏问题的热度，改变了政府，也改变了人民，最终使得西藏的命运没有按照英国人预设的轨道滑落，改写了“西藏地方史”，更是改写了“中国近代史”。

时值西藏打砸抢烧事件以及奥运圣火传递所发生的种种风波引起今年的“西藏热”之际，回顾历史上的“西藏热”不乏现实意义。1919 年的“西藏热”是与五四运动的全面爆发密切相关的，正是这一具有广泛性和深刻性的国家大事的影响使得原本处于人们传统视野边缘的西藏地方一下子跳入人们视野的中心，形成了广泛的“西藏热”，而正是这种“关注”使得民国政府不得不谨慎处理西藏问题，而最终改变了西藏问题发展的轨迹。由此，可以说，西藏事务永远是和国家大势紧密关联的。而目前“西藏热”产生的原因虽极为复杂，但也值得我们继续深思。

作者单位：中央民族大学

民国初年的筹藏建议论析

——以 1912—1915 年间报刊舆论为中心

孙宏年

民国初年，西藏地区受到国内革命运动的影响，局势一度动荡。英国又乘机侵略、干涉，策划西姆拉会议前后，妄图把西藏从中国分裂出去，致使西南边疆形势严峻。为了筹藏固边，无论是担任各种公职的爱国官员，还是身处民间的普通知识分子，各界人士通过多种形式向中央政府献言献策。这些筹藏建议对政府决策的影响各有不同，其中许多建议有很强的针对性、可行性，对当时政府决策产生了一定的影响。但是，长期以来学术界对此较少关注，即使是报刊中的西藏资料都很少使用，也较少有学者进行研究。①

那么，当时各地、各界爱国人士在各个时期的筹藏建议主要包括哪些内容，主要有哪些影响？考虑到这些建议的提出者涉及朝野各界人士，学术界、舆论界又是其中的最主要力量，且多以报刊作为表达意见的阵地，故本文拟以报刊中的论文为中心，兼及著作和条陈，对 1912—1915 年间国内各界的筹藏建议试作梳理，并分析其特点、影响，恳请方家指正。

---

① 就笔者所见，刘永文、德萨的《〈神州日报〉与中国西藏》（《西藏大学学报》2005 年第 2 期）是目前较为少见的专题研究论文；王尧、王启龙、邓小呤著《中国藏学史（1949 年前）》（民族出版社、清华大学出版社 2003 年）在第三、四、五章介绍 1840—1949 年的中国藏学研究情况时对于相关的论著有所涉及，又主要从藏学发展史的角度进行论述，未对各个时期的筹藏建议进行专门梳理。

一、关于藏事严重原因的分析

民国成立之初，面对西藏严峻的形势，许多人都在分析西藏变乱的原因。总体上看，人们把清王朝治藏的失策，达赖借助外国力量对抗中央，宗教的影响和西藏地区的迷信、落后等视为内因，又把英、俄的侵略作为外因。史悠明的《条陈治藏策》、吴抱一《西藏独立始末之报告》、马吉符《藏政撷要》，1913 年 5 月《言治》所载《蒙藏风云种种》等都是很有代表性的作品。在西姆拉会议后，还有一些人批评中央政府所派代表无能，贻误大局，造成西藏形势恶化。

1912 年 5、6 月，西藏局势仍处于动荡之中，许多人开始思考西藏局势不稳的原因，西藏江孜关监督史悠明向中央呈递《条陈治藏策》，指出“西藏远在边徼，人民鲜游内地”，每天除念经供佛之外“别无事事”，近年“虽设有小学数所，而就学番子多系强迫使来，非所昏愿”，实因“风气未开，不知此道学作何用”；而且，“如开矿务则谓惊动山神，安电线则谓不利于番，设理事则谓侵夺事权，兴警察则谓曾窃民财，驻陆军则谓反扰地方，种种情形，殊难措治”；1911 年驻藏大臣联豫派人“往迎达赖”，达赖则要求“撤退陆军警察，照前安设制营”。[①] 在他看来，西藏地区人民沉迷于宗教，思想守旧，以达赖为首的西藏地方上层担心失去权力，有意对抗中央，都是清末民初西藏难于接受新事物、难以治理的重要原因。

吴抱一，即吴梅生、吴松年，清末曾任西藏亚东关监督、江孜商务委员，[②] 1912 年底向中央政府报告“西藏独立始末”，认为西藏“在前清时代设有驻藏大臣，照例三年更替”，1908 年以前驻藏大臣到任后“除奉旨在各厅布施熬茶外，尸位素餐，毫无所事，至于藏中风俗、政治、人民向不

---

① 《西藏江孜关监督史悠明条陈治藏策》（六月二十八日），吴丰培辑《民元藏事电稿》，西藏人民出版社 1983 年，第 14—16 页。

② 1911 年，驻藏大臣联豫给亚东税务司张玉堂的札文中称，“前江孜商务委员吴松年即吴梅生”于光绪三十四年九月二十四日“到江孜商务差”，宣统元年十二月十四日“因病请假销差，二年四月内札委亚东商务，五月初六日到差，十月二十日交卸”。（见《西藏亚东关档案选编》，中国藏学出版社 2000 年，第 1173 页）结合这份档案和《西藏独立始末之报告》，笔者认为吴松年、吴梅生就是吴抱一。

过问”；前藏、后藏、达木、三十九族等处“所设军营大半老弱衰羸，积习难除，加之驻藏时久，与番人联结婚姻，感情日密，久之并汉话而不能说，番衣番语”，几乎与“番人”无异；自从福康安入藏以后，“汉人在藏之势力陵夷衰微，一至于此”。他强调，达赖以“专掌教务之主”得以“兼掌全藏政治”，而“现今达赖掌权而必欲兼掌政权”，都是“由于前清政府对于边陲藩属向不留意，向无政策，而历任大臣无不草率敷衍，放弃利权”所致。1908 年夏天起，清政府对西藏“始知渐次改革新政，注意边陲”，驻藏大臣联豫决心“以收回政权为急务”，达赖“以为历任大臣向无此种行为，而联大臣遇事干涉，实为非分”，又由于夏扎等的挑拨，他开始对驻藏大臣心生不满，萌生“反对汉族、不受羁牵之心”，后逃亡印度，形成“达赖联英之密约”。及至内地发生辛亥革命，西藏便也发生了变乱。①

马吉符清末也曾在西藏任职，民国成立后又在蒙藏事务局任职，1913 年 3 月出版《藏政撷要》。他在书中介绍西藏的地理、种族、宗教、历史、政治经济和社会风俗等状况，并以进化论、“地理环境决定论”等理论为指导，专门论述“西藏所以不能进化之原因”。他认为，地理、宗教和“外缘”都影响西藏的发展，强调地理、宗教、外缘“三者之祸不能同时发生”，使西藏“千百年不能进化”。他认为西藏“地处高台，气候寒冽，空气稀燥，童山万重，动植不蕃，交通险阻”，虽有雅鲁藏布江横贯其中，但水浅流急“可航者少”，气候影响动植物的生长和农作物的种植，从而影响“谋生日困”，而交通险阻“则识见必寡”、“思想愈卑”。所以，西藏人民从表面看“无不各呈困苦游离之状”，“自其神智验之，无不昏庸疑惧之思，其生可悯，其愚可悲”，这恰好说明“天事盛于中，而人事必归于劣败”。至于宗教，他认为由于西藏人民深受宗教影响，心智受到束缚，“愚民则顺受其祸”，僧侣又“鼓簧其辞”，以致“众无斗志，身若浮沤，自甘劣败，即使天心好善，特别矜怜，亦不能苟图幸进”，所以西藏“欲图进化，则必自破坏宗教始”。关于“外缘”，他认为昆仑山、喜马拉雅山形成天然屏障，使西藏数百年间并无外患，英、俄两国在近几十年间“虽阴怀叵测，思欲染指”，可是“外顾吾国保护之名，内用愚弄番民之策”，也“未遽加威力，有失倾心”。外患对军事、工商、学术都有害，但客观上能促进“其群

① 《西藏独立始末之报告》，《震旦》第 2 期，1913 年 3 月。

之团结，且因而得他族之文明”。[1]

如果说《藏政撷要》侧重从宏观角度分析西藏社会长期停滞的影响因素，那么《蒙藏风云种种》则把内、外两方面的具体因素结合起来，综合分析藏事难以处置的症结。此文介绍了当时蒙藏地区的形势，强调“蒙藏之有今日”是“亡清之流毒于边圉”所致。清朝入关后“以儒术治汉人，以奴隶待满人”，用“宗教羁縻蒙古、西藏”；拉萨出现变乱后，“达赖借外跳梁”，因为外有列强干涉，内有西藏人民深受宗教影响，“智识闭塞，不知共和为何物”。清朝还“不知有殖民政策”，内地人民不能大量移民边疆，不利于维护国家统一。因此，“亡清种因于二百年前，而食其祸者乃在中华民国开国之第一年”，而且将来形势更严峻。[2]

除了上述分析外，人们还对西姆拉会议上中国代表陈贻范的无能提出了批评。1914 年 12 月，有人发表《西藏问题》，指出：“西藏问题自西模拉会议不谐之后，欧洲战争踵起，遂悬而不议。但外间轰传三国草约签字后，闻肃政史江绍杰有弹劾陈贻范丧地辱国之弹章，政府虽未加罪陈贻范，而江肃政之呈文已批交外交部核办”。此文还强调，江绍杰“弹劾陈贻范之措词，比于有泰、崇厚亦妙文也”，而后节选了呈文的主要内容。其实，该呈文是这年 7 月由肃政史夏寿康、江绍杰联合呈递的。他们强调陈贻范身为议约专员，不能“保全领土”，又“不考疆界，不遵权限，一味媚外，将英人开出条款，未经政府训示，遽行私自认可画行”；对西藏“历史地理全不加以研究，贸然从英人杜撰内藏、外藏之谬说，轻掷我土地人民于异域”，危及川、滇、陕西等省安全，应参照清末严惩崇厚、有泰的事例，将陈贻范“按律治罪”。他们还指责外交部用人不当，强调陈贻范“于外交上本无名誉，且在上海交涉使任内办事亦不得力，不知外交部是何居心，保为专使，酿此丧地辱国之奇祸？”在节选该呈文时，此文有意突出了弹劾陈贻范的内容，对外交部仅仅是讲“保荐人员亦负连带责任”，并希望中央政府“命外交部慎选使才，凡驻英、俄公使，务须添派蒙藏掌故者为随员，部中亦宜物色研究蒙藏历史、地理之人以备任使，勿使舌人滥竽充数，则民国幸甚！”[3]

---

① 马吉符：《藏政撷要》，1913 年铅印本，第 161—178 页。

② 《蒙藏风云种种》，《言治》第 1 卷第 2 期，1913 年 5 月 1 日。

③ 《西藏问题》，《正谊杂志》第 1 卷第 6 号。见中国第二历史档案馆藏北洋政府政事堂档案，《元以来西藏地方与中央政府关系档案史料汇编》，中国藏学出版社 1994 年，第 2426—2427 页。

二、各界人士提出的筹藏建议

这一时期，各界人士提出的筹藏建议，涉及很多方面，大致可以分为七个方面：

（一）出兵西藏，稳定西藏局势；加强军事建设，稳固西南边疆。

1912年春，西藏发生变乱，危及云南、四川等省，鉴于严峻形势，许多人提出的建议，又多是在民国中央政府迁往北京、内地局势稍稍平稳之后，向以袁世凯为临时大总统的北京民国政府提出的。云南、四川地方政府和民间各界人士对此更为关切，要求出兵的呼声更高，以致各地都督成为官、民呼声的共同代表。4、5月间，云南都督蔡锷致电袁世凯，蜀军"驻重庆总司令"熊克武、江西都督李烈钧和四川正、副都督尹昌衡、张培爵等纷纷致电中央，陈述西藏危急，指出"西藏为我国雄藩，外人垂涎已久，非亟早经营，则藏卫终非我有，西防一撤，后患无穷"；强调西藏与川边如有闪失，"内何以辑抚他族，外何以应付列强"，呼吁中央早定"筹边良策"，主张由川、滇两省派军勘定变乱，稳定西南边陲出兵，为此呼吁中央"早为规划，以固边圉，而毖后患"。① 在国内爱国舆论的压力下，中央政府6月正式命令云南、四川派军西征，此后在不到三个月的时间内，尹昌衡率川军迅速西进，控制了里塘、巴塘、昌都、德格等地，进抵通往拉萨的战略要地太昭（今江达），并平定了定乡之乱；蔡锷所派滇军一部则控制了盐井，从而稳定了原川边地区的局势，并为进军西藏做好了准备。9月，由于英国的干涉，西征部队停止了进军，国务院决定改前清的"川滇边务大臣"为"川边镇抚使"管理原川边地区，任命尹昌衡兼任川边镇抚使。1913年6月把川边镇抚使改为了"川边经略使"，1914年1月又改川边经略使为"川边镇守使"。

西征前后，许多人也在思考如何加强军事建设，才能持久地稳定西藏

① 《蔡锷电政府汉藏交战关系甚巨请早规划》（四月三十日）、《熊克武电政府等藏卫为西方屏藩拟派蜀军前往经营请示》（五月四日）、《蔡锷通电请拨兵救藏》（五月六日）、《尹昌衡等电汇各处电讯请统筹藏务》（五月十一日）、《李烈钧通电拉萨危急请滇蜀苏拯》（五月十六日）、《蔡锷电政府藏事危迫请派川滇边务将领专任办理》（五月十六日），见吴丰培辑《民元藏事电稿》，西藏人民出版社1983年，第1—9页。

局势、巩固西南边疆，璋的《筹藏》、史悠明的《条陈治藏策》、达生的《经营西藏之借箸》都是很有代表性的文章。《筹藏》先是发表在南京的《中华民报》，4月被《共和言论报》第1期转载，是西征之前较早地提出筹藏建议的文章之一。此文强调，中国自南北统一后“大患不在内讧，而在外侮，故中国之守备不在腹地，而在边疆”，关注时局的爱国人士应加紧研究“满、蒙、回、藏之问题”；西藏“僻在西隅，道路辽远，交通不便”，自1903年英军侵藏以来“已入英国之势力范围，及今不自规划”，就会重蹈外蒙古的覆辙！如何筹藏呢？作者提出了“对藏警告”、“招回喇嘛”、“渐分政教”、“设特别裁判所”、“移兵屯藏”、兴修川藏铁道、成立汉藏协会等一系列和平地处置藏事的建议，同时又强调“移兵屯藏”。他认为，光复以来全国兵力多达百余万，既顾虑军饷难筹，又难于解散，不如“移兵于蒙、回、藏，以消隐患而实边防”；移兵西藏后，既可在印度河、雅鲁藏布江、哈喇乌苏河流域屯田，又可利用草原屯牧。①

史悠明在《条陈治藏策》中向中央建议，军事方面要注意“练兵保藏”、“重兵戍藏”，对西藏驻军“优给饷糈”。他指出，清朝驻防西藏官兵“向由川省各处绿营拨派，逐年抽换，官军大都真实民籍，均以身家所系，无敢妄作非为”，但1910年后进驻西藏的川军“半系流氓，籍贯住址多不确实，犯事脱逃无从详究”，刚进藏时“尚守营规”，西藏发生变乱后“不服约束，自由行动，目无法纪，胆大胡为”，公然强行入室抢劫百姓财物，滥杀无辜，对他们的“种种无理作为，番族怨恨极深，人人脑中有仇汉思想”。因此，如果要重兵驻藏，就非得招募籍贯住址明确的“真实土著”不可。而且，西藏地处高寒，粮食产量有限，青稞以外的稻米等粮食多是从内地或从印度运进，运费高昂，如果中央“欲驻重兵保守西藏，尤需广筹军需”，优待驻藏官兵，让他们“内顾无忧，方能安戍极边”。②

1912年以后，许多人仍关注西藏的军事建设问题，甚至有人仍建议进军西藏。如1914年达生在《经营西藏之借箸》中就强调“军政”建设同民政、法律、教育、交通、财政等各项工作一样，都是西藏建省的内政规划的重要部分。他首先回顾了清代西藏的军事力量情况，认为辛亥革命发生

---

① 璋：《筹藏》，《共和言论报》第1期，1912年4月。此文又刊登于1912年春的《中华民报》。

② 《西藏江孜关监督史悠明条陈治藏策》（六月二十八日），吴丰培辑《民元藏事电稿》，第14—16页。

后“钟颖逃溃，尹昌衡经营边藏不得要领，致中藏华兵绝迹，一任英人之恣意横行”，建议中央政府谨慎选派将领，调派四川精锐部队两个师“以临前敌，即以滇、黔为之后援，务期直捣中坚，规复旧地”，而后以一个师驻扎在拉萨，另外一个师的兵力分别驻扎在扎什伦布（今日喀则）、江孜、察木多、阿里等战略要地；原来藏兵一概遣散，驻藏川军战时调往前线，“无事则示威以镇反侧”，待“日久事平则实行屯田，寓兵于农，以裕饷源，而谋同化”。[①] 很显然，达生和《筹藏》的作者都主张派军进驻西藏，巩固国防，又主张借鉴历史上军队屯田戍边的传统经验，希望驻藏部队能把戍边与屯田结合起来，而史氏则强调中央政府提供充足的军需，让驻藏部队安心戍边。

（二）反对单纯地、过度地使用武力，主张联络、加封达赖、班禅，嘉奖西藏政教上层人士，抚慰西藏民众，保护西藏宗教传统和爱国上层，通过政治途径解决西藏问题。

1912 年春，民国成立不久，内地尚未获得西藏变乱的准确消息时，有人就主张通过和平方式解决西藏问题。《筹藏》的作者就极力主张和平处置藏事。他认为，西藏人民“程度甚底，能识藏文者为数无几，识汉文者更乏其人，见前清官吏之念虐，以为汉人待我”也不过如此，便认为应乘辛亥革命、各省宣布脱离清王朝之机，“离脱中国羁縻，尚何共和主义之信哉”？因此，中央政府除遣使宣抚外，应将“革命之原因、共和之大旨译成藏文，遍布全藏”，让普通的藏胞知道“汉人革命实大有造于西藏，而共和国民之权利非他国藩属所能享者”，并劝告西藏“速派代表来京，并组织全藏议会，以示与汉人毫无轩轾”。对达赖，他认为“藏人仰之如神”，可是“前清驻藏大臣等不善处理，使达赖潜逃，以致失藏人之心，而与外人以奇货”，达赖现在虽在印度，英、俄两国都加紧拉拢他，他也频频派人回西藏，“藏人闻之，莫不欣喜”，如果让达赖在外国支持下返回西藏，“西藏必危”，因此中央政府不如派人与达赖交涉，在承认共和的条件下，允许他返回西藏，“以绝隐患而顺舆情”。他还提出，清代驻藏官吏都“以剥削藏人为事，藏人衔之刺骨，而无所控告”，导致汉藏民族关系和中央与西藏地方关系恶化，因此主张民国政府应设立“特别裁判所”，只要藏人对于官吏“所为不平者，及对于其他汉人及满、蒙、回纷争”，都到这个裁判所控诉，

① 达生：《经营西藏之借箸》，《谠报》第 10 期，1914 年 4 月 1 日。

如果不服它的判决可以向上级裁判所上诉，从而“使藏人不致有屈抑之苦，则藏、汉感情日孚矣”。此外，他强调“经营西藏非独政府之责，人民亦与有责”，应成立这样一个组织，承担汉、藏之间“言语之交通、智识之互换、经济之相助、宗教之统一”等任务，目的在于“谋汉、藏两族之亲睦，图汉、藏两族之发达”，因为“法令不能奏效者，感情得而达之”。①

川、滇部队西征期间，许多人呼吁派军征讨，不少人则反对过度使用武力，主张通过政治方式、通过商谈恢复中央与西藏关系。他们既包括民间的普通知识分子和一些民间组织，也有刚辞去临时大总统之职的孙中山。1912年6月，在西征开始之时，蒙藏政治统一改良会就向中央政府报告，称达赖喇嘛现在印度，已经派遣一名“堪布达喇嘛浮海东来，将往内外蒙古别有事件”。该会得知后即“设法婉留在京”，希望能派他返回印度，向达赖介绍“中华民国共和情形，请达赖赞成共和，并由其自请东来，为大总统祝贺”，并请达赖从印度经香港、上海晋京，“不须中国派人到印，以免中外交涉”。该会愿意联络、接待达赖，达赖到达上海后，“即请大总统命令给还达赖名号”，到北京时中央政府再派人欢迎，谒见大总统后“再加给名号”。② 7月，藏卫团团长李新琪向中央政府提出解决藏事的相关建议：一是应“以言语联络感情”，因为“自古征讨不庭，重在武力”，但“示威示德，各殊应用”，这次西藏变乱，“实由前已革达赖主张，一般藏人皆系被其煽惑”，如果“专主用兵，无论险远艰难，终恐时服时叛”，不如“以开导联络为入手办法”。二是“以官职归还土司”，主张恢复清末改土归流时被剥夺职权的土司的原有地位，从而“解释群疑”，孤立西藏的分裂势力。三是“以保教结合僧侣”，建议派人宣传民国政府尊重宗教信仰自由，安定西藏僧侣。四是“以兵队辅助进行”，主张把和平的开导与武力的震慑结合起来，在派出人进藏宣传的同时，再从青海、四川、云南三个方向同时进军，做好武力稳定西藏局势的准备。

作为与蒙藏地区关系密切的两个民间组织，蒙藏政治统一改良会和藏卫团显然都希望以和平方式解决西藏问题，1912年下半年杨芪臣、丁慕韩等人也提出类似的建议。其中，杨芪臣在8月致电大总统、国务院，“陈各

---

① 璋：《筹藏》，《共和言论报》第1期，1912年4月。此文又刊登于1912年春的《中华民报》。

② 《蒙藏统一政治改良会陈达赖喇嘛等来京祝贺共和招待事宜概由本会办理》（六月七日），吴丰培辑《民元藏事电稿》，第13—19页。

省进兵攻藏之害”。他强调，“藏民肇乱，固宜威之兵，惟用兵多寡，贵在审情；发号施令，贵乎统一”。四川出兵后云南、甘肃准备派兵，又听说湖南、湖北、江苏也将“派队入援”，这样“固足以威藏民”，但又有许多害处：一是各省军队多是新招募的部队，“训练既未完全，军纪难望恪守”，一旦同时进藏，“进兵越多，结怨藏民愈深，藏民离我愈甚”。二是川、滇邻近西藏派军方便，湘、鄂等省路途遥远，沿途恐怕骚扰地方，又容易延误行动。三是用兵太多，军饷难筹。四是各省同时进军，指挥难以统一，进藏后策略、行动不一，又容易发生冲突，降低战斗力，还“令藏民惶惑无措”。五是此次西藏变乱“明出外人指使，苟无人以总其成，则外交方针易致矛盾”。因此，杨氏建议，此次仅由四川出兵即可，云南、甘肃“令其防边”，其他各省不必派军参战；要在所派军队中任命一位“声望素著”作为总司令，统一指挥；派遣“素得藏民信仰”的人，前往西藏宣慰，与进军部队配合行动，恩威并用，这次变乱不难平定。①

丁慕韩曾随尹昌衡进军西藏，10月向中央呈递条陈，根据西征中的感受，提醒中央政府不宜轻率地派军深入西藏，而应采取武力镇摄与派员宣慰相结合的方式解决。他从“共和告成，五族一体”的角度出发，建议对西藏用兵“直谓平边，不宜用征藏及西征等名目”。同时，鉴于尹昌衡率军西进时“好大喜功”，“亟欲克西藏，以图媲美”张骞、班超，建议密饬在川边、西藏的一切举动和来往电函都要“以镇静和平处之，勿事夸张”。因为当时的边患是由外国侵略、干涉中国内政引起，“今日对于西藏一切举动，总宜以镇静和平处之，不动声色，著著进行，决不可好大喜功，致遭外人之忌，而益离藏人之心”，“致中央及各省电文，措词尤宜慎”。他还强调，要把军事行动与政治上的安抚结合起来，即在川藏交界地区派驻重兵，“以资镇摄，而不可轻率入藏”；同时派人到已控制的各地宣慰，“结合感情，利用宗教分别招抚”，再在巴塘、里塘一带移民垦荒；对于西藏的其他地区，应“妥派宣慰使前往安抚，切实联络，暂复旧观”，安抚不成再“继之以兵”。②

当时，孙中山的观点也与上述观点相近，反对专以武力解决藏事，主

---

① 《藏卫团团长李新琪呈议藏事办法》（七月十七日）、《杨荩臣电政府陈各省进兵攻藏之害》（八月十七日），吴丰培辑《民元藏事电稿》，第17—19页。

② 丁慕韩：《藏事条陈》（一九一二年），张羽新、张双志编纂《民国藏事史料汇编》第14册，学苑出版社2005年，第24—25页。

张应与达赖及早联系，通过和平谈判的方式恢复中央政府与西藏地方的政治关系。1912 年 8 月孙中山同袁世凯两次谈话时，都明确表示反对过度使用武力的立场。当袁氏询问“西藏独立，近有主张以兵力从事者，先生以为然否”的问题时，他表示“极端反对以兵力从事，一旦激起外向，牵动内地，关系巨大”，主张迅速颁布《待遇西藏条例》，并派尹昌衡为宣抚使，“只身入藏，宣布政府德意，令其自行取消独立”。[①] 9 月 2 日，他与袁世凯进行谈话时，曾就“达赖背叛事”表示：“达赖背叛纯系外人运动所致，我如诱以爵位、饵以重金，或就可我范围”，如果“专恃正式讨伐”，不但无济于事，还会更加坚定“其外向之心”。[②] 不久，他又在与袁世凯谈话时表示：尹昌衡率军“进藏迄今数旬，虽无失利，然伤人耗财，究属得不偿失”，况且“达赖背叛”的原因一大半是受到外国的“运动”，所以“收拾西藏亦须由运动着手，施行种种政策，如诱以高爵，饵以重币等”，如果“专恃征伐，不惟无济，且恐坚其外向之心”。[③] 这些谈话与他以往的表态一样，为如何“平西藏”问题提供了答案，即单纯地、过度地使用武力，只能加剧达赖等人的“外向之心”，不如对西藏各界“广收人心，施以恩泽”，对达赖等西藏上层人士应“诱以爵位、饵以重金”。

上述建议，无论是“息兵”宣慰，或者少派兵、多用和平手段，还是恩威并用、武力与宣慰相结合，都受到北京民国政府的重视。比如对于杨荩臣的建议，8 月 19 日国务院就把《大总统令》告知杨氏，表示他“所论指陈利害，颇有见地，足征关怀大局。现在川边失地过多”，尹昌衡率军刚到康定，又因川滇交界地区形势紧张，已经让他与云南都督蔡锷会商如何出兵，并求“收以剿为抚之效”；川、滇两省部队相距千里，不致发生冲突。[④] 由于此时英国向袁世凯施加压力，北京民国政府正准备停止西征，同时宣布派人进藏宣慰。1912 年 10 月下令恢复达赖名号，1913 年春加封九世班禅，褒奖包括班禅代表在内的西藏上层爱国人士，恢复、加强中央政府与西藏地方的联系，以和平方式解决西藏问题。

（三）在西藏设立行省，加强对西藏的管理。

---

① 《在北京与袁世凯的谈话》（一九一二年八月），《孙中山全集》第 2 卷，中华书局 1982 年，第 427—428 页。

② 《在北京的谈话》（一九一二年九月二日），《孙中山全集》第 2 卷，第 437 页。

③ 《与袁世凯的谈话》（一九一二年九月上旬），《孙中山全集》第 2 卷，第 451—452 页。

④ 《国务院电杨荩臣所论颇有见地》（八月十九日），吴丰培辑《民元藏事电稿》，第 30 页。

西藏建省是清末的重要筹藏建议之一，民国成立之初又成为中英藏事交涉和西姆拉会议上的重要议题之一，[①] 因此国内各界人士给予高度关注，一些人希望能够在西藏改建行省，还提出建立行省的相关建议。达生的《经营西藏之借箸》、陈去病的《西藏改建行省议》都是重要的代表作。

达生在《经营西藏之借箸》中认为，要想经营西藏，就要从外交、内政同时着手，外交方面“重在修明条约”，内政方面“亟宜改建行省”。西藏建省问题在“前清胜诸舆论，见之奏章”，惜未能实施，现在应仿效沙俄在远东地区、英国在锡兰（今斯里兰卡）设总督的办法，“特设西藏总督一职，改建行省而统治之，划分道县区域，设官分职以治理之”。他接着分析说，西藏建立行省面临着“地方财政之难于独立”、“中央法律之难于施行”、“西藏官吏之难于位置”等多种困难，尽管这些困难无法回避，但只要“抱唯一之宗旨，精心毅力，以求达到改革之目的”，就能实现西藏建省，而且要坚持“政教分离主义”、“种族同化主义”两大原则。西藏的政教合一制度耗费大量社会财富，不利于生产发展，还使藏民生活颇为贫困；喇嘛占了西藏人口的很大比例，致使人口总数“日就减少”；西藏民气在政教合一制下却日渐消沉，人们普遍“无奋勉之志”，因此西藏改革“必自政教分离始”。关于“种族同化主义”，达生指出汉、满、蒙、回、藏五大民族都同为中国国民，民国建立后“五族共和，固已新成为一种之中国民族，而无所歧视”，但与其他民族相比，西藏的语言文字、风俗习惯独特，“散居内地者”和“从事政治而为官者”都“未闻有一藏人”，故“藏人仍为一族，而未能如满汉蒙回四族之渐渐同化者”。他认为，“西藏乃中国之一部领地，藏民乃中国之一部人民”，中国不能像法国对待殖民地那样，希望“谋所以同化者不可不早为之计”。

在这两大原则指导下，达生建议，西藏改设行省过程中还要对军政、民政、法律、教育、交通、财政等各项工作有所规划。比如在民政方面，他认为西藏过去在政教合一制下没有“治民专官”，察木多“以土司治民”，前藏、后藏是“以军政治民”、“以宗教治民”，因此应从政教分离的原则出发，西藏必须“设民官，专理民政，而不可以治民之事委之喇嘛”，原来担任营官的喇嘛都解除职务，“由达赖、班禅委用”。又考虑到西藏地

---

① 参见孙宏年：《20世纪初英国对中国西藏的侵略与西藏建省问题研究》，《西藏研究》2004年第3期。

广人稀，他主张选择“民多而地要”的地方设立道、县，把西藏划分为察木多、前藏、后藏、阿里四大区域，各设一个道，设一个观察使，每个道下面设置若干个县，各县所辖区域由各道观察使“禀承总督分划”；道的观察使受总督的管辖，负责考核各县的成绩；各道各县都设助理官、通译官若干名，负责办理“道、县巡警、学务、裁判、征收及关于民政一切事务，有紧要事件，得会同附近驻扎军官办理”；各县民政办理情况与县官的能力关系很大，对县官应根据业绩如何分别奖惩；对于原来的“土司及俗人之为官者”，已经设县的地方“暂留其名，并委之以助理官或通译官之任”，未设县、人口稀少的地方即使“留之亦无碍”。[①]

在《西藏改建行省议》中，陈去病首先强调，蒙、藏建省“议者久矣，惜终未实行，致外蒙几非我有。今藏事又急”，若再不建省“将恐不可收拾，为蒙之续”，从而指出了这一举措的迫切性。接着，他回顾清末民初边疆各地建省的过程，即“昔清室亦尝走画蒙藏矣，其意欲辟蒙地为北三省，曰热河、开平、绥远；辟藏地为西三省，曰青海、西藏、川西”，现在北三省“将见实行，而康卫一隅，自尹昌衡撤归后前功尽去”。他建议，鉴于康、卫、藏、阿里四部的不同情况和当时西藏变乱，英人“乘机阑入，肆意要求”的形势，“今为藏计，拟先就康卫两部，力图开拓，而略择后藏、青海要地，加以整顿，则西藏大局自可观矣”，一定时期后“物力稍增，治道稍进”，再建立青海、西藏、川西三省。至于西藏建省的范围，他主张“应尽复喀木故壤，断自旧雅州境”，雅州以东属于四川省，以西属于新成立的西藏省。他还建议，以拉萨城作为西藏省的省会，西藏都督驻于此地；在西藏相关地方分别设立府、县，如太昭府、恭布（或称为工布）县、嘉黎府、雅中府、江孜县、噶尔渡（或称为噶大克）府等；同时还要在康区、青海进行改革，设置郡县。[②]

（四）反对在西藏急于改建行省，暂时维持清前期形成的西藏政治体制，逐步改革，建立形同内地行省的管理体制。

在西藏建省之说颇为流行之时，戴季陶、丁慕韩等明确表示反对。戴氏以“天仇”为笔名，撰文提出：“改西藏为行省，此说久矣。然改西藏为行省遂足以治藏乱乎？”他认为，西藏过去以达赖主管前藏、班禅主管后

① 达生：《经营西藏之借箸》，《谠报》第10期，1914年4月1日。

② 陈去病：《西藏改建行省议》，《夏星杂志》第1期，1914年6月20日。

藏，现在“二者皆远遁，必权酋纷争无疑”，如果一旦宣布西藏改建行省，“一般土酋既恐失势而纷争，达赖、班禅亦以惧罪而思乱，则西藏之危则更甚矣”。现在中央政府命令尹昌衡率军进兵西藏，可是成都距拉萨需要 80 天的路程，去了也未必就“能维持治安”，“藏事危极矣，何能救急”？因此，他主张现在要想保全西藏，应当及早召回达赖、班禅“复其教权，去其土酋之跋扈者，减其势力”，同时在拉萨、扎什伦布、靖西等重要地方“设重要行政机关以主其治”，并派驻军队，实行“完全之警察政策”，防止西藏内部的冲突和英军的入侵。他还强调，“今日而欲全西藏，省制万不可急施”，尤其不能急于实行“名义上之省制”，但“收回政权以作改省之准备，则万不能不急行”。①

丁慕韩也建议中央政府，在重兵驻防川边的前提下，先“妥派宣慰使前往安抚，切实联络，暂复旧观，而不必遽言改西藏为行省”。他认为，西藏人分为僧俗官吏、喇嘛、百姓三级，官吏“桀骜不驯，咸有独立自雄之心野心”，喇嘛“迷信佛教尚易笼络，百姓蠢无所知、暮四朝三、当无不可”；过去“英人对于藏人官吏则用倔强压服使其驯服，百姓则取和平手段招致来归”，沙俄对于喇嘛采取“优礼、宠遇、隆重佛法”的办法进行笼络，这三级人的性情就发生了变化，可以“忘昔日之怨，易为今日之感”。西藏是极端专制的政治体制，官吏的命令“虽至暴虐，无敢违者”。现在虽然西藏与内地关系紧张，只要能派贤能使者随带教民代表，再派精通藏语的人前往宣慰，“分别表里，善为操纵，暂使事实属我，不更究其意念之谁属”，以后“徐图整理之方，广布恩威之信，齐民易俗，默化潜移，不必遽改其地为行省，而不可不以治行省之道治之”。他强调，当今之计是“恢复主权，分别整顿”，表面上要“镇静和平”，实际上要按计划“兼程并进”，待条件成熟时再宣布西藏改为行省。②

（五）修筑铁路，移民垦荒，发展近代交通、工商业、采矿业；发展教育，改良西藏社会，让西藏子弟到内地读书，以加强西藏与内地的文化交流、情感沟通。

修筑铁路、公路，发展邮电、电信，移民垦荒，开办工厂，开采矿山，

---

① 天仇：《西藏去了》，《民权报》1912 年 6 月 11、12 日。

② 丁慕韩：《藏事条陈》（一九一二年），张羽新、张双志编纂《民国藏事史料汇编》第 14 册，第 24—25 页。

发展近代工商业，兴办文化教育事业，都是清末以来人们提出的治边建议的重要内容。民国初年，这些仍然受到人们重视，同时有人又主张改良西藏社会，通过教育等手段加强西藏与内地的文化交流、情感沟通。这些建议大多是在同一篇文章中与其他建议同时被提出来，比如丁慕韩的《藏事条陈》、任斌略的《详陈西藏情形较巴塘尤要急宜戡定》等都是如此。丁慕韩建议川藏交通“亟宜切实经营，以便移民而施教养”，主张重视交通、移民、经济、教育、政治等之间的关系，提出首先发展交通，而后才能促进经济、教育的发展和政治的统一。丁氏还提出，“今日对于西藏之问题亟宜先之以移民，继之以教养”，如果顾虑移民与原有居民的感情还不融洽，就设立演说会晓之以理；如果担心共和观念还不深入，就编印文字浅显的报纸进行教育，“痛陈利害，沟通隔膜”；让内地进入西藏的移民多娶藏族妇女为妻，以求“婚姻既偕，亲爱自挚，移种同化”；再兴办学校，“奖励游历，推广实业，增设厂所”。总之，改良政治、提倡教育、发展经济、建设交通、振兴实业，都要根据轻重缓急，“划分先后，多方进行”，才能百废俱兴；日后“藏族同胞发扬智识，各抒技能，荷国家之艰巨，奠共和于磐石”，正是移民实边、共享边疆地区幸福的本意。①

在《详陈西藏情形较巴塘尤要急宜戡定》中，任斌略则强调：1. 西藏土壤肥沃，“可耕可牧”，而西藏人口较少，“现值我民国开辟西藏，可移民垦耕”，甚至认为西藏适于种植棉花，整个西藏的96%以上都是无主荒地，政府可以组织移民屯垦。2. 大江大河较多，水利资源丰富，建议凿通山脉，把怒江、雅鲁藏布江和“冈葛江”三江合一，再疏浚河道通行轮船，并在大河沿岸“振兴树艺，广植谷棉，遍采各矿，大兴制造”，建设城镇。3. 西藏“矿务之富冠绝亚洲”，根据“平原泥土之地俱无矿产，有矿产者率峻岭崇山，喜马拉雅山之高全球推为第一”，又绵延万余里，一定有金、银、铜、铁、石油、煤等诸多矿藏，甚至根据四川商人的某些说法，认为将来西藏能成为天下第一的石油出产地，建议加紧开采。4. 西藏靠近四川，便于移民，建议政府命令四川富人出资，让该省的贫民移民西藏，“既足以拯饥寒于沟壑，而救全亿兆之生灵，而逼者坐收其利，复可捍御边廷”。②

---

① 丁慕韩：《藏事条陈》（一九一二年），张羽新、张双志编纂《民国藏事史料汇编》第14册，第24—25页。

② 《贵州任斌略详陈西藏情形较巴塘尤要急宜戡定》（八月十七日），吴丰培辑《民元藏事电稿》，第25—29页。

有些论著还就某一问题进行了专门论述。农业、商业方面，如《藏文白话报》刊登过的《藏地宜种棉花》、《说商业关系以告蒙藏及内地之人民》。前者认为西藏的气候、地理条件适宜种植棉花，还说四川商人在西藏时曾经在后园开荒种棉，竟然大获成功；强调西藏“湖泽甚多，滨湖诸区沙地亘长，倘购棉子耕耘，则利益当千百倍”，“前清待遇西藏颇极冷淡，故不以课藏民种棉为事”，现在“中华共和，五大族合为一家”，建议民国政府应“设法教导藏民”，种植棉花，广开富源，让藏胞以此致富。① 后者则指出“现今世界各国皆以商业为立国之本，国家以之为经济之政策，人民以之为竞争之利器”，强调商业在国家经济发展、人民生活中的重要性；并包括西藏在内的蒙藏地区有发展商业的条件，其中西藏邻近四川、云南两省，这两省与“藏中时通贸易，西藏人民间亦有至川省者，将来川汉铁路成，彼此更便利矣！”文章还强调，中国应仿效欧美各国来华贸易的精神，蒙藏地区与内地人民往来贸易，互通有无，进而“联络感情，泯化界限”。②

兴修铁路方面，孙中山辞去大总统之职后一度积极奔走呼吁，西藏的铁路也在他的范围之内。1912 年6 月25 日，他在接受《民立报》记者采访时就表示，他主张全国修三条干线铁路，其中南路的“起点于南海，由广东而广西、贵州，走云南、四川间，通入西藏，绕至天山之南”。③ 此后，他多次阐述上述观点，对于包括西藏在内的边疆地区修路的意义更是多次强调。7 月20 日他在上海的中华民国铁道协会发表演说时就强调：“今日之世界，非铁道无以立国，中国地大物博，如满洲、蒙古、西藏、新疆、青海等处”都物产丰富，只因“交通未便，运转不灵，事业难以振兴，蕴华无由渲泄”，比如“新疆之土质、西藏之矿产，不亚于新旧金山，只以铁路未能建造，遂令货弃于地”。他认为如果能在蒙古、西藏等地陆续修筑铁路，则“蒙古二三日可达，西藏三四日可达，新疆亦四五日可达。此次蒙藏变乱，即可运兵往剿，近若咫尺，无濡滞之患!”④ 9 月初，他在讲演中再次强调“今当国疾民贫之时，我国立国之本当以建筑铁路为第一政策”，主张“十年内修二十万公里铁路，借六十万万外债以为资本，实救国之要

① 《藏地宜种棉花》，《藏文白话报》第2 号，1913 年2 月。
② 《说商业关系以告蒙藏及内地之人民》，《藏文白话报》第6 号，1913 年6 月。
③ 《孙中山先生之谈话》，《民立报》1912 年6 月26 日。
④ 《孙中山先生赴本会欢迎会之演说词》，《铁道》第1 卷第1 号，1912 年10 月10 日。

着”；当今“强邻环视，我国若不急急将铁路修成，则俄人必欲夺我之蒙古铁道路线，日人必欲夺我之闽浙铁道路线，英人必欲夺我之西藏铁道路线，法人必欲夺我之云贵铁道路线”。“铁道为人所夺，国即为人瓜分！”①

至于发展教育，改良西藏社会，也有一些专题文章。《论蒙回藏宜速遣子弟来内地读书》指出，“国家富强的根本最紧要的是教育”，汉族、满族文化教育水平较高，但“我蒙回藏地方向来风气不甚开通”，所设开通学校很少，“这三族的子弟聪明本是一样”，如果因无处读书，学问赶不上汉族、满族，的确是一大憾事！文中还表示，蒙藏事务局已创办蒙藏学校，呼吁包括西藏、蒙古、青海、回部等子弟赶快到该校读书，毕业后“在内地或蒙回藏等处办事必有成效”，将来“同肩国家重任，人才辈出，富强之效可期”！②《蒙藏社会亟须改良说》则指出，社会改良是“开化进步”中的世界潮流所致，主张蒙藏社会的改良主要包括：一是“文字改良”，世界民族“各有其自己之语言文字”，但应“舍难就易”，进行改革，主张蒙藏教育政策首先注重汉文汉语。二是“生计改良”，蒙藏地区人民虽然“渐有耕种贸易等事，然大多数仍以游牧为主”，应“利用农工商业上之技术，濬疏其利源”，使蒙藏人民生活充裕，“生计若裕，知识易启，对于物质自然注意”。此文还强调，文字、生计的改良仅仅是蒙藏社会改良的一部分，中央政府有关部门都会有所规划，而蒙藏人民“对于自己尤须亟图改良”，从而使“中央政治收统一之效，双方社会同化之风，五族一轨，趋于大同”。③

（六）巩固川边（西康），有的还希望在川边建立行省，作为稳固西藏的后方基地。

这一时期，有人就强调“治藏先治川（边）”，认为巩固川边是解决西藏问题的重要基础。陆兴祺就曾向中央政府呈文，“请巩固川边以维系西藏”，认为“藏局未定，所有关系筹办藏中各事宜无从措手，不得不暂置缓议”，当务之急“惟有以巩固川边为维系西藏之根本”。④ 而且，一些曾经

---

① 《孙中山昨日莅会之名言摘要》，《民主报》1912年9月3日。

② 《论蒙回藏宜速遣子弟来内地读书》，《藏文白话报》第10号。

③ 梦蓬：《蒙藏社会亟须改良说》，《藏文白话报》第11号。

④ 《呈大总统请巩固川边以维系西藏文》，陆兴祺编《西藏交涉纪要》（下编），1931年8月刊本，第143—147页。按：查此文中有“中英藏”三方的“会议已开，藏事似可解决”，又有“川边经略使似以移驻察木多为宜”，而1913年6月13日民国政府改川边镇抚使为川边经略使，1914年1月13日下令裁撤川边经略使，改为川边镇守使，可见此文应是1913年6月13日至1914年1月13日之间呈递的。

到川边调查或者关注川边的人士发表论著，如高劳的《西康建省谈》、杨光锡的《分川改省问题》和李明榘《筹藏政策》等，希望在川边建立行省，作为稳固西藏的后方基地。其中，《西康建省谈》简要介绍了川边地区的历史、地理和土司的情况，回顾了清末改土归流和设立州、府、县的经过，从政策、“规制”、地理、时势、现状、军事等方面强调了“西康宜建立行省之理由”，强调西康建省可达到一举三得的效果，即“守康地，扞川圉，援西藏”。清末岑春煊就建议在西康建省，傅嵩炑又有西康设省的规划，是因“武昌事起，政府未及核议”，现在民国成立，应乘西征胜利的余威，“谋建省之伟业”，这不仅可以巩固西康一地，而且“内足以固川、滇之屏藩，外足以儆藏人之携贰”，关系重大![①]

如果说高劳等人的文章提出川边（西康）建省，重点在于论述今后西康的发展方向，而周文藻的《意见书》、李明榘《筹藏政策》重在针对1914年前后川边地区的现状，为这一地区巩固、整顿提出具体的方案。周、李都是北京筹边高等学校毕业生，曾经前往川边、西藏调查，调查后都向中央政府呈递了一份筹藏意见书。其中，李明榘在1914年在川边调查时就发现，边军的吏治腐败、军纪败坏，作为地方官的一些县知事“或出于某营官之录事，或缘于某私人之私人，其学问、经验全然没有”，而“军士日诈金钱夜事奸淫，逼成藏人反叛之心”，亟须肃清吏治、“正重官人”、严正军纪、免轻差役、严禁豪赌等。[②] 为此，民国政府在1915年1月指出川边地方“知事多出营官录事，及私人差役繁重派及女子，驻兵则日诈金钱夜事奸淫激成乡城之乱，知事则好赌成习威逼边民”，以及官吏苛刑滥罚、敲诈商民等情况，为此要求川边镇守使张毅切实整顿，“慎选知事，严约军队，其有贪酷营私、敲诈商民、贻害地方者，应即行严行参办，万勿稍有瞻徇，致误边局!”张毅为此不得不表示要“饬营、县加意抚绥汉夷，体恤民艰，力除苛扰”。[③]

（七）反对英国侵略，通过外交途径解决西藏问题时要维护国家主权和领土完整，并提醒政府谈判中应在西姆拉会议注意主权和领土问题。

民国成立后，由于推翻清王朝和全国革命运动的发展，国内各界反对

① 高劳：《西康建省谈》，《东方杂志》第9卷第11、12号，1913年5月1日、6月1日。

② 李明榘：《筹藏政策》，北京正蒙印书局1915年。

③《川边镇守使张毅缕陈抚绥夷汉整饬边治办理情形请训示文并批令》，《政府公报》第978号（民国四年一月二十八日）呈。

外国侵略、维护国家主权和领土完整的呼声一再高涨。《民立报》、《申报》、《东方杂志》、《蜀风》、《地学杂志》等各种报刊不断报道包括西藏在内的边疆地区的危急形势，强烈反对英国侵略我国领土。这些报道、文章在风格上，往往是介绍情况和提出建议并重，甚至是重点在于回顾史实、介绍情况，或者是以长篇大论的文字回顾1912年以前英国侵略西藏的历史，或者是重点地介绍民国成立以来中英藏事交涉的情况，并及时介绍当时中英关于西藏问题交涉的情况，特别是跟踪报道西姆拉会议进展情况。各界人士还对西藏的未来走向都充满忧虑，希望中央政府采取政治、经济、军事、外交等多方面的措施，以维护主权、保卫西藏、巩固边疆。他们还就中英藏事交涉提出了许多的意见或建议，主要包括选取谈判地点、注意谈判方式、维护主权慎重划界等。

在反对英国侵略方面，《经营西藏之借箸》就是其中的代表作。此文认为，如果根据国际公法，有关西藏地位的学说可以借鉴四种，即纳贡国说、被保护国说、教皇说和一部领土说，认为西藏不是中国的“纳贡国”和“被保护国”，把达赖、班禅比作罗马的天主教教皇也不符合事实，强调清代“设驻藏大臣而后，西藏不得谓之曰国”，而“为中国之一部领土”。该文章强调，既然西藏为中国之一部领土，则“主权自在中国，他国即不能无故侵入领土之内”，所以我国外交部门应“据公理，依公法，本旧约先例，而严重交涉，修明条约，务使主权不失，利益不丧”，英国再强，“当无如万国公法何”！①

对于谈判方式和地点，丁慕韩主张，中英藏事交涉可在伦敦或在北京，但不能在印度和西藏。他还强调英、俄争夺西藏，中国应利用他们之间的“互相忌惮之时急起直追，整理西藏之内政，恢复在藏之主权”；英国政府与英印总督在侵略西藏问题上有分歧，中英藏事交涉最好在伦敦进行，或者由我国政府与英国驻华公使交涉，但决不能在印、藏进行；还要选派“关怀边藏熟悉藏情之外交人材为驻藏代表，以期交涉藏事不致失败”。② 吴抱一也注意到英国政府与英属印度当局在西藏问题上有分歧，提醒中央政府，“英国对于藏事分两派，伦敦政府主和平派，印度政府主急进派，此次

---

① 达生：《经营西藏之借箸》，《说报》第10期，1914年4月1日。

② 丁慕韩：《藏事条陈》（一九一二年），张羽新、张双志编纂《民国藏事史料汇编》第14册，第24—25页。

对藏各种布置，皆由印度政府主持”，在交涉地点、方式的意见上却与丁氏相反。他建议中央政府令外文部与驻京公使，或派重要人员前往印度，直接与印度政府交涉，提出按照国际公法，中国政府官员“有通过权利”，要求印度政府承诺中国官员以后再由印度到西藏，印度当局不得阻拦。①

关于在中英谈判中维护国家主权与领土完整，1913 年当西姆拉会议开始不久，萧飏曾等人在《条陈西姆拉会议事宜意见致大总统袁世凯呈》中有详细的建议。他们认为，西姆拉会议关系到国家领土主权，“稍一未慎，尤悔实多”，提出上、中、下三策，建议应力争上策。上策是“对于藏人，应仍以规复前清旧制，坚持到底，必挟其依旧隶于我中央统治之下，完全为民国领土，并予以种种优待权利，则藏中僧俗自可帖然无事”，即使达赖“孤持己见”也无法阻拦。上策如果难以实现，就争取中策，即“承认达赖有自治权而我仍旧设长官于其地”，自治的范围仅仅限定在达赖的“固有区域前藏以内”，已经“翊赞共和”的后藏和“已投诚于我且向不归达赖”的三十九族达木、波密等处都不在“前藏范围之内”，甚至也可以让班禅和三大寺的代表参加这次会议，以证明达赖不足以代表全藏。如果上、中两策都难以实现，就只能退而求其次，就是根据旧有范围划分卫（前藏）、藏（后藏）、康辖区的疆界，除了允许达赖旧日所辖卫区外，必须明确地仍将康区划入川边，三十九族、达木、波密、瞻对，班禅所辖的后藏等地和各土司地方仍是中国领土。② 对于这些建议，蒙藏事务局呈报大总统时曾表示，这份条陈“于边藏疆域沿革及区划情形尚称详赡，其胪举办法亦洞中窍要，于藏事会议不无裨益”。大总统随即批饬“西藏会议查照办理”。③

除了上述建议外，一些人还建议政府、社会各界向西藏民众宣传民主、共和观念，呼吁西藏人民拥护中央、反对分裂。当时，民主、共和、自由、平等观念不断深入人心，许多人改变了以往统治阶级重视扶植上层、轻视普通民众的做法，建议要重视西藏人民在稳定西藏局势、进行西藏治理中的作用，并力图向西藏各界民众宣传民主、共和，呼吁他们拥护中央、维护统一。无论是

① 《西藏独立始末之报告》，《震旦》第 2 期，1913 年 3 月。

② 中国第二档案馆藏北洋政府蒙藏院档案《蒙藏事务局转呈萧飏曾等条陈西姆拉会议事宜意见致大总统袁世凯呈》（一九一三年十一月十九日），张羽新、张双志编纂《民国藏事史料汇编》第 14 册，第 31—32 页。

③ 《蒙藏事务局据萧飏曾等条陈西藏会议应行注意事宜呈请采择案》，张羽新、张双志编纂《民国藏事史料汇编》第 14 册，第 32 页。

1913 年 5 月前孙中山领导的革命派及其创办的各种报刊，还是蒙藏事务局及其主办的《藏文白话报》都是这一建议的提出者和实践者。为了稳定边疆局势、促进国家统一，孙中山在各种场合积极宣传“五族共和”，如 1912 年 9 月 1 日在蒙藏政治统一政治改良会的欢迎会上发表演说，就强调民国成立后，过去受到压制的“蒙、藏、青海、回疆同胞”现在都成了“国家主体”和共和国的主人，都能“取得国家参政权”；现在共和初建，“各种政治条理尚未发生，将来国家立法，凡有利于已者，我同胞皆得赞成之，有不利于已者，同胞皆得反对之”，不会像清代那样“于蒙、藏部落视之”，还希望该会人士对人民应“力为劝导”，让他们了解“共和之真理”，与“内地同胞一致进行，以共享共和之幸福”。[①]《藏文白话报》从 1913 年元月创刊，到 1914 年 7 月停刊，共出版 18 期。该报每期都有图画、法令、社说、文牍、答问、小说、专件等栏目，刊登了很多宣传共和、民主观念的文章、法规、消息，在对西藏人民进行相关宣传方面做了大量工作。比如，第 1 号刊登《论中国政府为西藏的患难弟兄》，结合清代平定准噶尔、廓尔喀侵藏的历史事实，强调“中国政府对于西藏”素来就是“有福同享有难同当”，现在民国成立，“五族共和”，“好比同胞兄弟五人齐心合意共振家业”，劝告西藏各界“若听了外人的指使，自己里头先扰乱起来”，岂不是自讨苦吃？

三、1912—1915 年筹藏建议的特点及影响

综上所述，这一时期筹藏论著及其相关建议呈现出如下特点：

1. 由于形势的变化，这一时期提出筹藏建议有很大差别，总体上可以分为两个时期。1912 年初至 1913 年 5 月间，由于革命运动的胜利进行，国内政治气氛较为宽松，政党、社团、议会等的活动都较为频繁，各种报纸杂志大量出现，舆论空气较为自由。在这种形势下，人们普遍关注边疆局势，各界人士都提出了大量的筹藏建议，特别是各种政治力量都以高度的热情，为筹划边事、巩固边疆出谋划策，如辞职后的孙中山为筹藏提出意见，民间成立了一些专门组织，为处理藏事出谋划策，志愿进藏为国分忧。当时，除了藏卫团、蒙藏统一政治改良会外，川鄂云贵四省的爱国人士设立了“藏事研究所”，表示

① 《九月一日孙先生欢迎会记》，《民立报》1912 年 9 月 8 日。

“专以研究藏事为宗旨，冀抒一得，以效曝献”。有人表示愿意前往西藏联络、宣慰，如蒙古族喇嘛那木勒吉、四川前参谋长王裿昌都称愿意入藏“安抚藏众”。[①] 周文藻、李明榘等不少爱国志士自愿自费前往边疆地区调查，为国分忧，为民请命。

1913 年 6 月至 1915 年，即在二次革命发生后，由于袁世凯加紧推行专制统治，而后大搞“洪宪帝制”，革命党人或被逮捕、杀害，或者逃往国外，议会被解散，各种激进的报纸杂志被查封，一时间国内的政治气氛迅速转为沉闷，再加上西姆拉会议召开后，北京民国政府基本上封锁了相关的消息，国内关于筹藏的建议便大大减少。即使如此，人们关注西藏、维护统一的热情并非专制统治所能完全阻止、扼杀的，一些报刊仍然刊出了相关消息、报道和文章，从川边、西藏调查返回的周文藻、李明榘又呈递意见书，或出版了专著，使人们在沉闷的政治气氛中得以了解西南边疆的形势，更加关注筹藏守边。

2. 许多人都在反思历代治藏得失，特别是在总结清代治藏经验教训的基础上，结合古今中外的事实，又借鉴近代西方的相关理论，提出的建议内容较为丰富，有一定的深度。

首先，一些人从共和、民主、平等、自由等近代民主观念出发，结合古今中外的事实和情况，对西藏历史、现实的诸多问题有了新的认识，特别是有不少人认识到清代后期治藏效能下降、藏事混乱的原因，就与封建统治者的民族歧视、民族压迫政策，与清代一些驻藏官吏对藏胞的剥削、治藏的失策等关系密切。比如《筹藏》一文就明确提出清代驻藏官吏都“以剥削藏人为事，藏人衔之刺骨，而无所控告”；达赖被“藏人仰之如神”，可是“前清驻藏大臣等不善处理，使达赖潜逃，以致失藏人之心，而与外人以奇货”。这些反思是比较深刻的，在当时是颇有见地的。又如达生在《经营西藏之借箸》中分析西藏政教合一制的发展过程、弊端时，就比较准确地回顾了政教合一制在元代以来的历史，结合欧洲历史上的政教合一，提出了很有见地的观点，并由此出发提出了终结西藏政教合一制、实行政教分离的主张。

其二，一些清末曾在西藏任职的人士，如史悠明、马师周、马吉符、吴抱一等，有感于当时在西藏推行新政的受挫，注意总结经验教训，提出了具有可行

① 《蒙藏事务局咨称川鄂云贵四省人士设藏事研究所已由本局电准》（八月十一日）、《阿穆尔灵圭代呈本旗章京各陈藏事意见》（八月十五日）、《四川前参谋长王裿昌呈请派员入藏以资宣慰》（九月二十五日），吴丰培辑《民元藏事电稿》，第 21—22、72—73 页。

性的整体治藏方案。其中，西藏江孜关监督史悠明的《条陈治藏策》就是一个代表，他注意到西藏上层关心现实权力，人民由于沉迷于宗教对新事物难于接受，又考虑到民国成立之初西藏的复杂局势，他主张采取循序渐进的方式，加强对西藏的管理。如果除去他建议中对“番”不“开化”的民族歧视，就这一建议的实质性内容而言，意在强调改善交通状况，增强西藏、内地的经济往来，增进汉藏人民的相互交流、信任，促进西藏的风气开通和社会进步，在此基础上进行改建行省、移民垦荒、开矿办厂、举办学校，显然具有可行性，倘若能够实施，也有利于西藏人民生活的改善和社会的发展。

其三，一些爱国人士虽然未曾在西藏任职，但长期关注藏事，或经历过西征等重大事件，能够比较全面地分析问题，并提出具有可行性、较为系统的建议。丁慕韩就是其中的代表。他参加过西征，对尹昌衡率军西进时的“狂行虚张”深有感受，对中英藏事交涉的核心问题有所思考，所以提出了一系列有针对性的建议，不仅内容包含政治、军事、外交等各个方面，而且论述深刻。论及进军西藏时，他强调“五族一体”、各民族人格平等，“征西”或“征藏”都带有民族歧视意味，又易引起外国干涉，故不宜再用；进军时要“实力进行”，一切举动和来往电函都要“以镇静和平处之”。论及中英藏事交涉时，他建议中国应利用英、俄争夺西藏的矛盾，“急起直追，整理西藏之内政，恢复在藏之主权”；英国政府与英属印度总督在侵略西藏策略上有分歧，交涉最好在伦敦，或者与英国驻华公使交涉，决不能在印、藏进行；还要选派“关怀边藏熟悉藏情之外交人材”参加交涉。这些建议都切中要害，后来的失利也从反面证明了它们的重要：尹昌衡西征时“狂行虚张”，甚至与云南方面的盟军发生冲突，对进军产生了负面影响；袁世凯政府在中英藏事谈判的参加者、地点方面步步退让，最后把中英交涉变成了“中英藏”三方会议，地点竟定为英属印度的西姆拉，所派代表陈贻范也根本不了解川边、西藏情况，结果导致了西姆拉会议上的被动和失利。

3. 从实际的影响来看，这些建议当时不仅在社会上造成了很大的影响，而且对中央政府的决策产生实际的作用，一些建议甚至直接影响了中央的治藏政策。即使是完全相反的意见，在不同形势下都产生过各自的影响。比如1912 年 6 月前鉴于西藏局势的混乱和各界要求武力征讨的压力，北京民国政府下令川、滇两省同时出兵；待西征取得一定胜利之后，由于英国以不承认民国相威胁，国内也有孙中山、杨荩臣等人反对过度用兵、主张政治解决，北京民国政府即下令停止西征，计划通过政治谈判恢复与西藏地方的政治关系。

又如，李明榘指出川边地区当时存在的种种问题，并提出了具体的整顿建议。这些问题及建议由中央转发给川边镇守使，该镇守使不得不做出反应。1916年后，中央政府无暇顾及川边，这一地区也先后由各派军阀控制，他们的建议并未得到落实，待到1918年前后川边军队与藏军发生冲突后川边辖区大大减少，非但建省无法实现，而且导致西南边疆纠纷不断，也影响了西藏问题的解决。这又从反面说明了他们建议的影响和价值。

一些建议当时难以实施，大致有两种情况，一是建议本身很有价值，限于社会、物质或技术等方面的条件，在当时难以实施，但对此后仍有影响。比如民国初年许多人仍建议修筑进藏铁路、公路，由于当时英国的干涉、西藏地方与中央关系尚未完全恢复，又受当时物质、技术条件所限，这类建议就很难实现，此后仍一再被人们提出，影响很大。二是提出建议时对有关事实缺乏了解，影响了它们的可行性。比如对于达赖、班禅两大系统矛盾的加深，藏卫团对此并不清楚，向大总统呈递条陈时就建议"派人前往请班禅从中调和"，让班禅调解达赖与川军的矛盾，使达赖倾向中央。对此，蒙藏事务局很快做了回复，认为"班禅素与达赖不和，请其调和，有无流弊，须酌"。[①] 这表明，作为蒙藏事务的中央主管部门，蒙藏事务局认为达赖、班禅两大系统之间的宿怨颇深，让班禅方面去"调和"达赖与驻藏川军的矛盾非但难以实现，而且还可能产生其他消极影响，从而也反映这一建议缺乏可行性。

当然，这一时期一些论著及相关的筹藏建议也有明显的不足或者缺憾，主要有两个方面：一是尽管民族平等的文字已写进了《中华民国临时约法》，但是民族歧视和大民族主义等观念在各种论著中仍时有出现。比如马吉符在《藏政撷要》中分析影响西藏进化、发展的原因时，不时出现西藏人民"识见必寡"、"思想愈卑"和"无不各呈困苦游离之状"，而"无不昏庸疑惧之思，其生可悯，其愚可悲"等文字，明显地显露出对西藏人民歧视、贬低的意向。作为北京民国政府的官员，又曾长期在西藏任职，他的这种看法不能不说很有代表性。再如丁慕韩的《藏事条陈》在论述中也明显地带有民族歧视的倾向：说西藏官吏都"桀骜不驯"、"有独立自雄之野心"，显然有以偏概全的错误；说喇嘛"迷信佛教尚易笼络"，单单以"笼络"方式对待西藏宗教人士，就有忽视其中大批的爱国活佛、喇嘛的倾向；称百姓"蠢无所知、暮四朝三、当无不可"，显然有轻视、蔑视劳动人民的倾向。此外，《蒙藏社会亟须改良说》和达

① 吴丰培辑：《民元藏事电稿》，第22—24、30—31页。

生的《经营西藏之借箸》等都强调“民族同化”，认为西藏地区只有被“同化”了，国家才能强盛，边疆地区才能发展，至少在潜意识就带有大民族主义的某些倾向。

二是一些论著对于相关的事实缺乏足够的了解，或者为了说明自己的观点和主张而故意夸大某些情况，相关的论述就往往与历史事实不符，很大程度上影响了论述的严谨性。比如马吉符虽然曾经在西藏任职，对西藏的历史特别是1912年以前数十年的历史有一定的了解，但为了强调外患太少、西藏人民缺乏进化的外在压力，一再强调西藏数百年间没有大的外患，甚至对于清代廓尔喀对西藏的入侵、1888年和1904年英国的两次入侵都一字不提，反而大讲清代二百多年间即使“有时内乱外讧无不竭力肃清，使安禅静”，英、俄两国在近几十年间虽然“思欲染指”也“未遽加威力”。这显然不符合历史事实，影响了其论述的严谨性。又如在《详陈西藏情形较巴塘尤要急宜戡定》一文中，任斌略仅仅根据某些理论和听到的种种消息，提出了一些难以实现的建议，认为西藏适于种棉花，西藏的96%以上都是无主荒地，建议政府组织移民屯垦；建议凿通山脉，把怒江、雅鲁藏布江和“冈葛江”三江合一；根据“平原泥土之地俱无矿产，有矿产者率峻岭崇山，喜马拉雅山之高全球推为第一”，就认为西藏一定有金、银、石油、煤等矿藏，甚至认为将来西藏能成为天下第一的石油出产地。这些提法可能出于故意夸大西藏资源丰富的目的，并不符合西藏的实际情况，所提建议也很难具有可行性。

作者单位：中国社会科学院中国边疆史地研究中心

民国时期甘青藏区寺院创办新式教育的尝试

秦永章

甘青藏族地区位于青藏高原东北缘，地处偏远，交通闭塞，气候寒冷，人烟稀少，经济文化发展比较落后。近代以前，甘青藏区没有现代意义上的新式学校，宗教寺院既是这里的政治、经济中心，又是文化教育中心，教育几为寺院所控制，即“佛寺即学校，宗教即教育”。鸦片战争以后，西方殖民主义的大炮迫使中国社会开始了艰难的近代转型进程，无论在城市还是农村，无论内地亦或边疆，社会的各个层面都开始发生变革。同样教育也从少数特权阶层的专利逐渐向为大多数人共享转变。20世纪初，随着清政府施行“新政”，现代学校教育逐渐在包括藏区的中国大地上萌芽、发展，藏区传统的寺院教育中也注入了新的因素，新式学校教育悄然兴起。尤其在民国时期，由于受各种革新思潮的影响，加之政府倡导，藏区一些开明的宗教上层人士积极投身到发展本民族的教育事业中，依托藏传佛教寺院创办新式学校，取得了积极效果。佛教寺院新式教育的产生与发展，是民国时期甘青藏区的重大历史变革现象，也是我国藏区发生近代社会转型的一个具体表现，研究其理论与实践活动，对推进新时期的民族教育事业具有重要的历史借鉴意义。因此，本文主要以民国时期的历史档案及社会调查等第一手资料为依据，拟对民国时期甘青藏区宗教上层的寺院办学活动做一个考察，不妥之处，敬请雅正。

一、甘青藏区寺院办学的社会背景和条件

（一）近代新式教育的兴起和发展，为寺院创办新式教育奠定了基础

全民信教是藏族社会的一个主要特点，藏族历史上的传统教育主要是宗教寺院教育这一种形式。尤其是藏传佛教格鲁派形成之后，寺院教育在形式、制度、内容和方法上都逐渐成熟，形成了世界教育发展史上罕见的教育形式。寺院既是僧人们从事宗教活动的场所，也是信徒们顶礼膜拜的地方。历史上的统治者认为："演教之地愈多，则佛法之流布愈广，而番夷之向善者益众。"① 因此，历史上，尤其是元明清时期，在封建王朝的扶持下，地处西陲的甘青藏区，佛刹林立，僧侣众多。各寺都实行活佛转世制度，喇嘛尤其是转世活佛具有崇高的社会地位和巨大的政治影响力，广大藏族信教民众则"惟喇嘛之言是听"。② 由于僧侣在藏族社会具有较高的社会地位，"送子为僧"成为当地藏族民众的一种习惯和荣耀。据文献记载，清康熙时，青海地区藏民"无日不修庙寺，渐至数千余所。西海境诸民，衣尽赭衣，鲜事生产者几万户"。③ 及至20世纪三四十年代，这种情况无有改变。据1931年调查，青海省比较著名的喇嘛寺达315所④，1948年甘肃省境内的藏族寺院也在300座以上，喇嘛人数约15000人⑤。寺院控制了教育，宗教占据了藏族教育的统治地位，寺庙成了最集中的文化据点，藏传佛教成为广大藏族社会唯一的正统思想，广大僧侣也就成为藏族的知识分子。所谓"舍寺院外无学校，舍宗教外无教育，舍僧侣外无教师"之说，就是对历史上藏区社会教育状况的高度概括。

1840年鸦片战争以后，西方殖民主义者用大炮打开了中国关闭的大门，中国社会产生了新的因素，这迫使中国封建社会逐渐解体，中国社会开始了由传统向近代转型的艰难历程。当然各种形式的旧教育已经不能适应时

---

① 〔清〕雍正：《惠远庙碑文》，见《卫藏通志》卷首，西藏人民出版社1982年，第135页。

② 《清世祖实录》卷68。

③ 《清世宗实录》卷20。

④ 青海民政厅编：《最近之青海》，新亚细亚学会1934年刊印，第331页。

⑤ 谷苞：《甘肃番民的宗教生活》，见《西北民族宗教史料文摘》（甘肃分册），甘肃图书馆1984年编印，第375页。

代发展的需要，其变革亦在所难免。1898 年的戊戌变法，在教育方面提出变科举、办新学的主张，对中国近代文化教育产生了很大影响。1900 年八国联军战败中国，签订《辛丑条约》之后，中国陷入了殖民地的严重危机。在全国“救亡图存”的呼吁下，清政府被迫推行了包括教育、文化改革在内的“新政”。1902 年（光绪二十八年）下令废科举，设学堂，创办了一些新式学校，建立了新的教育机构与文化团体，出版了报纸、刊物，引进了西方资本主义文化、教育思想。由此，中国延续了几千年的封建文化教育体制开始走向瓦解，步入近代世界文化教育的历程。内地的教育改革风潮也迅速波及甘青地区，1905 年（光绪三十一年），甘青地区汉藏杂居区原有的儒学、书院、社学、义学均相继改成了不同级别的学堂，初开近代文化教育之风气。据《甘肃新统志》记载，自 1905 年起，当时甘肃所属青海东部的碾伯（今青海乐都县）、大通（今属西宁市）、贵德厅（今青海贵德县）及甘南的洮州厅（今甘肃临潭县）、西固分州（今甘南舟曲县）、文县（今甘肃文县）等 6 厅、县设立初等小学堂 27 所，有教习 29 人，每所学校学生 10—30 人不等。在大通、西宁、贵德、循化厅（今青海循化县）、巴燕戎格厅（今青海化隆县）、丹噶尔厅（今青海湟源县）、文县、洮州厅等藏区建立高等小学堂 12 所，共有正额学生 194 人。[①] 按照清政府颁布的《学堂章程》规定，初等小学堂学制 5 年，高等小学堂学制 4 年，均开设修身、读经、中国文学、算术、历史、地理、格致、图画、体操等课程。虽然当时藏族子弟上学者寥寥，但这些新式学校在宣传新思想、传播自然科学知识、提倡私人办学，以及改变甘青藏区锢蔽的社会风气等方面都起到了积极的作用。

1912 年中华民国成立后，民国政府相续颁布了一系列发展和扶持边疆少数民族教育的法令法规，在甘肃藏区又创办了一些新式学校，现代教育在藏区开始生根、发芽，并有一定程度的发展。1913 年国民政府在青海西宁创办宁海蒙番学校，1924 年该校易名宁海蒙番师范学校。另外，在大通县、贵德县各设蒙番学校 1 所。1922 年国民政府在甘南改一所卓尼私塾为卓尼私立高等小学，1928 年又改为卓尼公立小学。此外在岷县、宕昌（今舟曲县）、洛大（今迭总县）等藏族聚居地都办有初级小学。1927 年拉卜楞寺藏民文化促进会办了一所藏民小学，接着又设立了中山小学、夏河县

① 《甘肃新统志》卷三十八，《学校志·学堂》。

立小学、县立藏民汉语学校，这些学校在传播新思想、新文化和开通社会风气方面都起到了积极作用。1929年青海建省以后，省教育厅令各寺院创办小学，继在省垣成立蒙藏文化促进会，负责推进各县蒙藏教育。① 至1936年，青海蒙藏文化促进会在西宁、乐都、化隆、都兰、大通、互助、门源等七县设立初小18所，高校1所，学生总数629人，其中藏族441人，占学生总数的70%，② 由此可见藏族的民族教育得到了一定程度的发展。

抗日战争时期（1937—1945年）是甘青地区民族教育得到大力发展的时期。这一阶段国民党政府把战略中心从内地转到了西部，并将发展边疆教育视作开发边疆的重要措施之一给予大力扶持。同时作为大后方的甘青地区基本上没有遭到日寇的蹂躏，政局相对稳定，内地特别是沦陷区的许多知识分子流入西北，还有一些学校迁建这里，为包括甘青藏区在内的西北地区文化教育事业的发展起到了极大的推动作用，初等教育、中等教育、师范教育、职业教育、民族教育等各类教育均有了显著发展。关于这方面的研究成果较多，此不赘述。需要指出的是，由于经费拮据，大多数学校设施简陋，师资匮乏，教学质量不高。加之藏区社会风气锢蔽，藏民笃信佛教，多不愿入校读书，招收藏族子女入学一直是相当困难的事情，并且“雇读”现象突出。当时有学者调查后，云：“闻政府强制推行小学教育时，藏民常出钱雇汉民子弟前往如支应官差者。大致春季开学时就学者尚多，其后则逐渐减少，故俗谚有‘春满堂，夏一半，秋零落，冬不见’之语”。③ 此即是上述情况的真实写照。总之，自20世纪初开始，近代新式学校教育逐渐在甘青藏区兴起和发展，尤其在民国时期得到了显著的发展，这无疑为甘青藏区宗教上层以寺院为依托创办学校教育奠定了基础。当然，由国民政府兴办教育过程中其不可避免的不足和局限也急需寺院教育等其他教育形式予以补充。

（二）寺院新式教育得到民国政府的重视和支持

寺庙是宗教活动的主要场所，如果能使寺庙的作用有所改进，无疑将有助于边疆民族教育的发展。国民政府时期，为了进一步发展边疆教育，

---

① 《青海省边疆教育设施》，《边疆教育概况》第94页，1947年8月。

② 高长柱编著：《边疆问题论文集》，正中书局1948年，256—261页。

③ 王树民：《夏河日记》，《甘肃文史资料选辑》第28辑，甘肃人民出版社1988年，第241页。

把发展寺院近代教育作为社会教育的一部分，注意对僧侣的教育，并把其列入现代社会教育之中，加以推进。提倡寺院办学校，对僧侣进行现代科学知识教育，并把僧侣职业化教育作为“改良宗教的根本办法”。1931 年，国民政府全国内政会议上提出了僧侣职业化的提案，指出僧侣职业化是改良宗教的根本办法，其理由和办法如下：

“理由：僧侣不耕而食，不织而衣，几至自成一阶级，徒为社会之消费者，信教虽属自由，未可加以限制，然僧侣既为国民一分子，蒙藏僧侣尤较平民为多，自不能不尽国民之义务。按现在国民义务，不仅在纳税当兵，并应从事生产，故僧侣应当职业化。办法：1. 就各地寺庙之登记，而考察经济状况，筹设僧侣职业学校，训练僧侣职业技能。2. 僧侣得有相当技能后，再强令从事职业，并视各寺庙经济能力，举办工厂，总以无一僧侣坐视为原则。修正案：就各地寺庙经济状况，由官厅责令其单独或联合筹设僧侣职业机关（工厂、农场或职业学校），训练僧侣技能，俾能自食其力，并切实加以监督及奖惩……”①

根据上述提案和办法，于 20 世纪 30 年代创设了国立北平喇嘛职业学校和重庆汉藏教理院。此后国民政府也认识到利用宗教界人士兴办新式教育可以取得事半功倍的效果，云：“在不妨碍宗教教义之研习之原则下，能将国民必具之知识，职业训练及师资训练之主要课程，引进于寺庙教育之中，岂非无形中增加十百万所之国民学校、职业学校、师范学校？其数量之多，收效之大，决非政府之财力人力所能办到，而于改进宗教教育时唾手可得”。②

1940 年 7 月，国民政府教育部又颁布了《改进边疆寺庙教育暂行办法》③，对寺院兴办学校和僧侣新式教育都作出了具体规定，要求边疆民族地区各喇嘛庙和清真寺举办各种形式的教育活动，教育部则对他们所办学校给予经费补助。同时为了鼓励个人的捐资办学活动，国民政府曾制定了《捐资办学褒奖条例》14 条，详细规定了褒奖方法及标准。各省也依据本身实际情况制定了捐资兴学褒奖办法。颁布奖励办法，对热心教育人士捐资兴学给予承认和鼓励，这无疑会在一定程度上激发宗教上层投资教育事

① 《康藏前锋》6—7 合刊，第 35 页，1934 年。

② 《边疆教育概况·续编》（序），教育部边疆教育司编印，1947 年 8 月。

③ 《推进边疆教育方案》，见教育部蒙藏教育司编印《边疆教育法令汇编》第一辑，1943 年编，第 50—51 页。

业。正如政府人士所说的："惟近年来教中前进之士，颇有改进之议，故寺庙教育，日就开明，不复如昔日之深闭固拒。此种转变，实大有助于边教之推进发展。"①

（三）各种救亡图存爱国思潮的激荡与实践，激发了藏族宗教上层创办民族教育

1840年的鸦片战争中，帝国主义的坚船利炮将中国投入到半封建半殖民地的深渊之中，中华民族从此遭受着极大的灾难与危机。但进步的中国人从未屈服，面对帝国主义列强的欺凌与压迫，救亡图存、振兴中华的呐喊与实践从未停止。尤其是甲午战争惨败之后，帝国主义掀起全面瓜分中国的狂潮，亡国灭种的深重危机，激起不少有识之士不断寻觅和实践各种救亡图存的方案，各种救国救民的爱国思潮因此不断激荡于近代中国社会，如民族主义思潮、实业救国思潮、科技救国思潮、教育救国思潮等在城市中兴起，民主政治得到进一步推进。随后"五四"新文化运动极大地推动了各种新思想在西北藏区的传播，也或多或少对一些民族宗教上层有所冲击。加之这些民族宗教上层，由于公务或其他原因，他们与内地接触较多，相对一般民众而言，见多识广，容易接受新思想，并且认识到甘青藏区与内地在文化教育方面的差距，认为藏区之所以贫弱落后，主要是教育没有普及，文化科学技术落后。因此出于民族使命感，他们中的一部分人冲破一些宗教禁锢，主动适应社会潮流，利用宗教权威，向藏族民众宣传接受新式教育，而且身体力行，亲自主持或捐资兴办学校，有的直接利用自己主持的寺院，以寺院房屋为校舍，或招收附近藏族子弟，或直接以寺院青年僧人为对象，教授现代文化知识，以便通过这些途径达到振兴藏区的目的。当然，活佛等宗教上层在藏区信教群众中的威望，以及自身拥有的经济实力也为他们创办新式教育提供了必要的条件。

基于上述原因，民国时期甘青藏区出现了宗教上层纷纷创办新式教育的新气象，为西北藏区传统的寺院教育注入了一股新鲜血液。

---

① 《边疆教育概况·续编》（序），教育部边疆教育司编印，1947年8月。

二、宗教上层的办学活动

民国时期甘青藏区的寺院办学活动中，影响较大的有青海大通广惠寺的敏珠尔活佛、化隆古雷寺的喜饶嘉措大师，在甘肃地区有以创办卓尼喇嘛教国文讲习所闻名的宋堪布、创办拉卜楞寺青年喇嘛职业学校的五世嘉木样活佛、在祁连山北麓创办民族教育的顾嘉堪布等，他们均为甘青藏区民族教育事业的发展做出了积极贡献。以下按照他们创办现代学校的时间先后，依次进行介绍。

（一）大通广惠寺敏珠尔活佛及其办学活动

广惠寺位于今青海省大通县东峡乡衙门庄，原名果莽寺（或写作“郭莽寺”），因由西藏哲蚌寺郭莽扎仓学僧所创，故名。广惠寺一称是清雍正皇帝于雍正九年（1731 年）所赐“广惠寺”匾额名而得名。中华人民共和国建国前，该寺下辖有九座属寺，香火部落主要分布在今大通、互助、门源县一带的向化（阿藏）、新顺（加多合）、归化（班固）、兴马（夏吾来）、那童（那楞）等五族，总称为广惠寺的“九寺五族”。该寺历辈寺主均为敏珠尔活佛，敏珠尔活佛是清代青海的八大驻京呼图克图之一。

民国时期广惠寺寺主为七世敏珠尔多杰扎布（1905—1937），青海蒙古和硕特西右前旗人，1909 年在雍和宫掣签认定，1913 年民国政府加封“广慈弘教净照禅师”名号。1925 年到京供职，1932 年作为青海各大活佛代表到南京筹建青海八大呼图克图驻京办事处，担任处长。民国以来，七世敏珠尔活佛经常奔走于北京、南京、上海等城市，目睹了内地文化教育之发达，认识到在青海藏区兴办学校教育的重要性，他说：“吾辈边疆人，尤其愚昧的蒙藏人民，如不大自奋发，以教育入手提高知识程度，则难免淘汰之公例。”① 为了提高家乡的文化水平，他采取多种方式，一面大力宣传文化教育的重要性，一面积极办学。1931 年他在西宁创办三所汉蒙小学，受到国民政府的嘉奖。不久他又赴广惠寺兴办教育。因为藏族传统寺院教育是一种封闭、保守性的教育，同时也是一种机械和模式化的教育，学习的

① 李自发：《青海广惠寺小学的回顾与前瞻》，《新青海》第 1 卷第 1 期，1933 年 10 月。

内容则不能逾越佛法之范围。广惠寺的喇嘛们听说他要在寺内创办新式学校，便用各种方式百般阻挠，极力反对，而且当时大通县教育局和地方权势也以活佛办学史无前例，这样会扰乱教育行政为由，不予支持和批准。敏珠尔活佛顶着多方的压力，经过不懈的努力最终与教育局达成协议，同意广惠寺办学。1932 年元月，广惠寺蒙藏小学正式开学。

广惠寺蒙藏小学规模较大，建有 40 多间校舍，5 间礼堂。建校初期招收了 80 余名学生，大部分为藏族学生，后来得到当地群众的支持，学生数增加到 137 名之多。学校校长一职由敏珠尔活佛亲自担任，另设教学主任 1 名，教员 2 名。课程设有国语、藏文、算术、常识、习字、唱歌、体操等，内容上初步体现了近代化教育的要求。学校初创时，经费全由敏珠尔活佛一人捐赠。1933 年底，该校归属青海省教育厅以后，全年教育经费为 6200 元，由政府下拨的藏族教育经费中支付 2400 元，其余仍由活佛承担。由于敏珠尔活佛办学有方，广惠寺蒙藏小学不仅得到了当地群众的认可，也赢得了当地政府的赞誉，给他颁发了“热心教育”的匾额①。七世敏珠尔活佛是甘青藏区寺院新式教育的开创者，他为寺院教育走向现代化以及为当地民族教育的发展事业所作的贡献，一直被当地蒙藏群众所称颂。

（二）宋堪布及其创办的甘肃卓尼喇嘛教义国文讲习所

甘肃卓尼喇嘛教国文讲习所创设于 1939 年 3 月，1942 年改称是名。该讲习所的创始人是今甘肃卓尼禅定寺住持宋堪布。

宋堪布（1869—?）系今甘肃临潭县石门乡人，幼时被选为临潭侯家寺僧正，为卓尼五僧纲之一。后赴西藏求学，获得格西学位，并担任过色拉寺的堪布。返回原籍后，任卓尼禅定寺、侯家寺、阎家寺的总法台，兼理岷县多家寺院的佛教事务，还曾担任过中国蒙藏护国禅师都督、中国边疆问题研究会副主任、甘肃省参议会议员等职，他在洮岷一带享有很高的声誉，人们一般都称他为宋堪布或宋格西，其真名却被湮没无闻了。

对于宋堪布及其创办卓尼喇嘛教义国文讲习所的经过，曾与其晤谈过的著名史学家顾颉刚先生记到：“堪布，汉人，宋姓，今年（1938 年）六十九，不甚识汉字而精研藏文，自幼皈依喇嘛教，游学西藏，归住阎家寺；频年到江、浙、平、津诸地考察，去年卓尼土司杨积庆被杀，禅定寺无主，

---

① 李思明：《青海解放前的蒙藏教育概况》，《青海民族学院学报》1984 年第 4 期。

以堪布德望高，迎为住持……”“堪布思想开通，深感喇嘛不通汉文之不便，究欲在庙中设立半日学校，使喇嘛半日诵经，半日读书；然以事属开创，恐遭旧派反感，隐而未言。兹予来此，渠即嘱予演讲现代教育之重要，以激发其新机。如其欢忻领受，则下年即可开办学校，喇嘛即识汉文，具有现代知识，将来再由彼辈教育番民，番民皆惟喇嘛之命是听者，改造其思想生活自必顺利。”①

宋堪布创办的讲习所，“旨在培植一般年幼喇嘛，略识普通国文，粗具科学知识”，“能够养成汉藏通译人才”。② 学校设所董4人，所长1人，教务主任1人兼教国文，督导主任1人兼教藏文。学生分三个年级，采取复式教学。课程除加授藏文外，基本与国民学校设置相同，有汉文、唱歌、体育、常识、艺术等。招生规定，凡禅定寺15岁以下的童僧必须入学，修业期限为6年。讲习所经费，每月由教育部拨付1200元，其余经费由宋堪布集资捐助。但是，由于环境特殊，僧众拘于旧习，招收学生颇为困难。著名民族学家李安宅先生的夫人、学者于式玉（1904—1969）在当地考察后，赞誉卓尼喇嘛教国文讲习所使寺中的喇嘛“八至十五岁的，一律半日读经，半日读国语，真是西北方面一件了不得的事”。③

（三）七世顾嘉堪布及其主持的寺院办学活动

顾嘉堪布（1897—1943），法名洛桑青利嘉措，出身于今甘肃肃南县一个牧民家庭，其父为藏族，其母为裕固族。4岁时，被认定为当地藏传佛教寺院文殊寺的七世顾嘉转世活佛。9岁入马蹄寺学经，17岁到青海互助佑宁寺，拜著名高僧土观呼图克图学经。土观呼图克图授他为祁连山中部北麓的红湾、莲花、西藏、慈云、文殊五寺的法台，并正式坐床，成为堪布活佛。顾嘉堪布通晓藏语、裕固语、汉语、蒙古语、土族语等多种语言文字，熟谙经典，是祁连山北麓藏族、裕固族等信仰藏传佛教的少数民族共同的宗教领袖。

顾嘉堪布是一位开明的宗教人士，他因经常来往于祖国内地，深受新思想和汉文化的熏陶，逐渐认识到兴办教育的重要性。他指出：“大小事

---

① 顾颉刚：《西北考察日记》，甘肃人民出版社2002年，第215、220页。

② 朱解琳：《甘宁青民族教育史简编》，青海人民出版社1993年，第433页。

③ 于式玉：《黑错、临潭、卓尼一带旅行日记》，《新西北》第2卷第3、4期合刊，1942年。

业，皆以人力推动知。所谓改良畜牧，注重卫生，改善生活等项，皆藏人自身之事，非民智发达，难以推进。所谓团结互助，平等共和以及政治、经济、社会各方面之跻于平等，非先有教育均等之机会不为功。国家之扶植边民者，如扶植幼弟，扶助其幼弱时期，使之达于成年，自立为人，非必终身赖人扶植之，吾人在此被扶植时期，应努力上进。”① 但当时祁连山区的藏族、裕固族群众“公文不知缮拟，法规不知阅读，保境不知军事，谋生又无新策”，个别部落头人“忘情于世袭制度，恐子弟读书，濡染新时代之思想于己不便”；个别宗教上层思想保守，“恐子弟读书，醉心科学反对宗教”。甚至长沟寺寺主史喇嘛责备堪布，曰：“吾为尔之初师，知佛法最早，只知闭户诵经，未闻开门兴学。兴学非本宗教家之责任。且其学说是否与佛学相抵触，更不可不察”。② 鉴于这种情况，顾嘉堪布利用“众生平等”的佛教学说，苦口婆心地劝谕当地民众自强自立，兴学求知，正如他所说：“佛氏渡人，舍首舍眼，脑肝涂地，在所不计，吾亦以此精神兴学，劳怨不辞，以渡众生。佛说终身平等，人民康乐，培植人才亦为此也。在目的上言之，今日之教育说与佛学不二”。③

正是在这一思想指导下，他积极创办民族教育。首先团结了马罗汉等一批宗教界上层人士和部落头人，召集他们讲述发展文化教育的意义，还利用宗教集会、巡回宣传团进行广泛宣传，互相劝导，使祁连民众反对兴办教育的心理逐渐消除。在藏族和裕固族人民的支持下，在蒙藏委员会驻河西调查组的协助下，他们以寺院为校址，借用寺院房屋为校舍，自1939年至1943年共创办私立初级小学6所，有学生171人、教员6人。其中设在藏族聚居区的有：祁连山私立西藏寺小学，该校于1939年9月25日创立于西藏寺内，以酒泉南山三山口为教育区，当时有学生36人、教员1人，到1944年，有学生38人、教职员2人，经费年均4780元。祁连山私立马蹄寺小学，于1942年8月1日创立于马蹄寺，以张掖南山马蹄寺14族为教育区，1944年有学生36人、教员1人，1947年学生35人、教员2人，经费4780元。祁连山私立长沟小学，于1946年创立于长沟寺，以亚拉噶家为教育区，1947年有学生29人、教员2人，经费4780元。设在藏族、裕

① 马铃梆：《顾嘉堪布传》，《新西北月刊》，第7卷7—8期合刊，1944年，第45—46页。
② 马铃梆：《顾嘉堪布传》，《新西北月刊》，第7卷7—8期合刊，1944年，第45—46页。
③ 马铃梆：《顾嘉堪布传》，《新西北月刊》，第7卷7—8期合刊，1944年，第45—46页。

固族杂居区的有祁连山慈云寺小学，于 1939 年创立于慈云寺，以亚贺黑三部落为教育区。

以上学校，实行董事制，选举各部落头人为董事，顾嘉堪布为董事长。各校由董事会委任校长 1 人，由董事长、名誉董事长、校长三人联名聘任教员 1 名。设校务会员 1—2 人，协助处理日常校务，会计 1 人，均由董事委任或指定董事兼任。这些学校按教育部规定设课，主要课程有国文、藏文、算术、习字、唱歌、体育等，采用中华书局新编的小学课本以及生活书店编辑的战时读本。藏文教师由僧官、宗教领袖、大管家等人兼任，一般是义务授课。以上四所私立学校，办学主动灵活，较县立学校效果更佳，培养了不少合格的毕业生，因而受到当地藏族、裕固族人民的支持。据 1944 年统计，有 20 名毕业生送到国立肃州师范学校学习。

各校经费，主要由当地自筹，民国政府予以适当补助。筹款除私人捐资外，又以各项税捐为主。如西藏寺小学的教育基金为药、猎、草头税及租麦等；慈云寺小学教育基金为草头税、垦地租麦等。1939 年，蒙藏委员会补助西藏寺小学、慈云寺小学各 300 元，从 1940 年起，每校补助 8000 元。1943 年起，给各校补助 8000 元。1939 年，顾嘉堪布曾率民族代表团赴兰州筹集办学基金，用以购置教具和修缮校舍。

1943 年中秋节，顾嘉堪布在酒泉圆寂，临终前他为藏族、裕固族人民留下了感人至深的遗嘱，云："余主持宗教有年，近年以来，山中事务日繁，乏人推进，余乃兼兴教育，改良农牧，领导藏民，为山谋福，为国尽忠。辗转宣传，人民多所觉悟。今以旧病难愈，心力告罄。凡我祁连山中，僧俗人等，务须以保持优良习俗，接受现代教育为第一要事，团结互助，跻于平等，各尽天职，继续为国服务，与我国家永存于世，勿负余望！此嘱。"①

总之，顾嘉堪布是祁连山区藏族、裕固族现代教育的首创者和奠基人，是宗教界人士办现代学校的典型，他在发展民族文化教育事业方面，呕心沥血，做出了积极的贡献，所以也受到了当地藏族、裕固族人民的肯定和尊敬。"堪布因教育而永生"，是藏族、裕固族人民对他崇高的评价。

---

① 《新西北月刊》，第 7 卷 7—8 期合刊，1944 年，第 45—46 页。

（四）喜饶嘉措大师与青海喇嘛教义国文讲习所

喜饶嘉措（1884—1968），出生在今青海循化县道帏乡贺庄村的一个藏族家庭。幼年在家乡的古雷寺出家为僧，又先后到甘肃拉卜楞寺和拉萨哲蚌寺研修经典十余年。由于他勤奋好学，才智超群，于1916年33岁时在拉萨获得“拉仁巴”格西学位，以学识渊博蜚声全藏，并受到达赖喇嘛的赞誉和赏赐。此后奉十三世达赖喇嘛之命，负责校勘《布顿全集》，还担任重刻《大藏经·甘珠尔》的总校编工作。1936年底，应国民政府教育部和蒙藏委员会的邀请，喜饶嘉措大师离开西藏，回到内地，应聘担任国立五大学（中央大学、北京大学、清华大学、武汉大学、中山大学）“西藏文化讲座”教师，同年加入国民党，并当选过国民参政会参议员、蒙藏委员会副委员长等职。抗战期间，他写下了《白法螺的声音》等抗日文章，积极号召民众抗战救国。1942年，国民政府因其“劳瘁弗辞、护国精诚，深堪嘉尚”，明令颁予“辅教宣济禅师”名号。

喜饶嘉措大师不仅学识渊博，他还非常重视汉藏文化交流的重要性。1938年，他撰文《从沟通汉藏文化说到民族融合汉民族》①，提倡藏汉文化交流与民族团结。同时向国民政府呼吁兴办民族教育，云：“欲开发边疆，须有民族人才；欲培养民族人才，须先兴办地方教育”。② 1941年，喜饶嘉措大师向国民政府教育部呈请，在循化古雷寺设立藏族学校，批准后定名为“青海喇嘛教义国文讲习所”。1942年2月正式成立，并开始招收学员。该讲习所“以改进边疆教育，促进藏民文化，宣传三民主义，阐明抗建国策为宗旨”③。该所的经费除由教育部每月拨发3000元外，其余均由喜饶嘉措大师向各方及个人筹集。

青海喇嘛教义国文讲习所设所长1人，由喜饶嘉措大师亲自担任，下设教导、事务2处，各设主任1人。1942年有学生90余人，教师3人。学生分童僧和壮僧两班，凡年龄在8岁以上20岁以下的学生编入童僧班（50人），课程有国文、讲演、藏文拼音、因明初步等；凡年龄在20岁以上的学生编入壮僧班（40余人），课程除讲演外，一律学习藏文文法，并从般

---

① 《海潮音》第19卷第10期，1938年10月。

② 政协青海省委员会文史资料委员会编：《喜饶嘉措大师》（《青海文史资料选辑》第23辑），第42页（内部刊印，刊印时间不详）。

③ 朱解琳：《甘宁青民族教育史简编》，青海人民出版社1990年，第453页。

若、中观、俱舍、戒律、菩提道次第等五部经典中选习一种。[①] 因讲习所设于寺院之中，因此其学生皆系古雷寺僧侣，故在教学管理方面一仍寺院制度，对寺院清规戒律均须遵守，并在不违背宗教信仰的原则下，相机灌输内地良好的道德习尚，以期有“融合”之效，从而达到民族团结的目的。该讲习所无论管理理念，还是课程设置，仍未脱离传统寺院教育的局限性。但其办学思想和办学初衷对寺院教育形成了一定的冲击，在寺院教育近代化的历程中，留下了尝试性的足迹。

新中国成立后，该讲习所被改名为古雷学校。以后喜饶嘉措大师曾出任青海省人民政府副主席、西北军政委员会委员、西北民族事务委员会副主任、全国佛教协会会长、中国佛学院院长等职，为党和人民的事业做出了突出的贡献。因此，毛泽东主席等国家领导人称誉他是“藏族中有学问的人，是爱国老人”[②]。

（五）五世嘉木样活佛与拉卜楞寺青年喇嘛职业学校

在甘青藏区地区民族教育史上，1945 年由甘肃拉卜楞寺寺主、五世嘉木样丹贝坚赞（1916—1947）创办的拉卜楞寺青年喇嘛职业学校具有相当重要的地位。

嘉木样丹贝坚赞，汉名黄正光，原籍西康理化县（今四川省甘孜州理塘县），1919 年被选定为拉卜楞寺四世嘉木样活佛的转世灵童，1920 年 5 岁时，被迎请入寺坐床。1934 年，国民政府册封大师为“辅国禅化禅师嘉木样呼图克图”，并颁发册印。1937 年，22 岁时赴藏求学，历时三载，1940 年返回本寺。1947 年，因感风寒，继染痘症，医治无效圆寂，终年 32 岁。

五世嘉木样虽然英年早逝，但他对于弘扬佛法、整饬教务等方面都曾不遗余力，尤其在发展文化教育事业方面的贡献更令人称道。他既是一位虔诚的佛教高僧，又是一位博学多才，善于接受新思想、新文化的革新人物。大师早在少年时代就喜欢学习汉语文，尤其从拉卜楞地区僧俗群众与青海军阀马麒的斗争以及当时风云变幻的时局中深刻体会到，惟有沟通汉藏文化，加强民族团结，才能推动民族进步。加之受到革命进步人士、中

---

① 曹树勋编著：《边疆教育新论》，第 38—39 页，正中书局 1945 年印行。

② 习仲勋等：《爱国老人喜饶嘉措》，《人民日报》1980 年 12 月 19 日，第 4 版。

共党员宣侠父[1]等人的积极影响，他对兴办文化教育事业非常重视，曾明确指出："蒙藏地方，文化特别落后，应设法举办教育，以便沟通文化，扫除文盲。时代日益进化切不可故步自封，必须适应潮流，方配当现时代之国民"。[2] 嘉木样活佛之兄、夏河县保安司令黄正清成立"拉卜楞藏民文化促进会"之后，学校教育和社会教育的创办，无不得到他的赞助和支持。例如，1927 年，甘肃"藏民文化促进会"由兰州迁至拉卜楞时，由于历史的原因，当地广大藏族群众"视教育如畏途"，极少主动送子入学。关于此种情形，当时正在当地考察的著名学者顾颉刚云："（黄正清）曾历平、津、沪、杭、汉诸地，又曾在兰州教藏文，其思想甚开通，急欲畀番民以现代教育，创立藏民文化促进会，又立藏民小学读汉、藏文字，不收学费。惟番民濡染喇嘛教文化太深，以为唪经即是求学，令送子弟入校则嫌改趋异端，恒生疑虑；及督促之急，且按名征召之，则尽送入寺中披剃以相拒，遂无如何矣……""此间喇嘛深知新式教育发达则子弟出家者必日少，将危及寺院前途，故频施打击，学生之穿制服者恒夺而撕之，上山砍柴，又遭鞭扑。"[3] 鉴于这种情况，嘉木样大师积极动员本区"各部落头人参加该会"，并不耻下问，以一位大活佛的身份，聘请拉卜楞保安司令部参谋长劭光宇，学习国文国语，以示倡导。

1943 年秋，五世嘉木样鉴于"安多藏区之拉卜楞，东连三陇，南接四川，西通康藏，北近青蒙，地势既极险要，宗教亦至复杂；第以文化落后，交通梗塞，语文隔阂，习俗各殊，一切庶政，推行困难，为适应需要，兴学育才"[4]，向国民政府教育部报请成立拉卜楞寺青年喇嘛职业学校，其宗旨是"俾使青年喇嘛得以接受现代教育，以推动建边大业"。[5] 此建议立即

---

① 宣侠父（1899—1938），浙江诸暨人，曾留学日本。1922 年回国后加入社会主义青年团，同年转为中国共产党党员。1924 年参加黄埔军校第一期学习，1925 年参与创建甘肃第一个党组织——中共甘肃特别支部，任支部委员。不久帮助第五世嘉木样活佛及其兄黄正清在兰州成立了"藏民文化促进会"，随即又帮助成立了"甘边藏民大同盟"，与马家军阀进行斗争。九一八事变后，积极奔走于组织和领导各种抗日活动。1938 年 7 月 31 日，被蒋介石指派的特务秘密杀害。著有《西北远征记》等书。

② 《为宣传抗战告蒙藏同胞书》，甘肃省档案馆藏。

③ 顾颉刚：《西北考察日记》，甘肃人民出版社 2002 年，第 235、234 页。

④ 阴景元：《国立拉卜楞寺青年喇嘛职业学校之展望》，《边疆通讯》第 4 卷 10、11 合刊，1947 年 12 月。

⑤ 同上。

被国民政府允准。1945 年 4 月 1 日，拉卜楞寺青年喇嘛职业学校正式成立。嘉木样大师亲自主持开学典礼，“并即席开示僧众，认清时代，努力接受现代知识，语重心长，听众无不感动”。① 教育部聘请嘉木样大师担任校长，教员由校方就近聘请通晓藏语文的五名教师充任。学校设教导、事务两处：教务处下设教务、训导、体育、卫生等组；事务处下设文书、出纳、庶务等组，并附设工厂一所。初有学生 100 名，分甲、乙两班。普通课程有公民、国文、藏文（包括藏族传统的天文、历算、医药）、算术、常识、音乐、图画、体育、习字；职业课程有编物学、纺织学、漂染学及工厂实习等。1946 年春，学生人数有所增加，遂设丙班，并加授英文。学生年龄最小者 13 岁，最大者 20 余岁。学生来源最多是甘肃，青海次之，四川又次之。其教学与管理，因学生选自本寺，除参照普通学校外，还酌情保留僧人戒律。由于学员全是来自该寺的青少年喇嘛，“语文固属隔阂，习俗亦复各异”，一般教材很难适用，于是学校从学生实际出发，除编辑藏汉文各科教材外，还采用新法教学，取得了较好的效果。②

嘉木样大师对办好青年喇嘛职业学校非常重视，在治教之余，他经常莅临学校，检查学生的学习和生活情况。他还利用假期，亲自督导学生排演藏戏《松赞干布》，颂扬吐蕃赞普松赞干布在沟通藏汉文化、加强民族团结方面的丰功伟绩。

当然，任何一件新生事物的诞生并非一帆风顺，在闭塞落后的安多藏区更是如此。嘉木样五世在创办该校的过程中，同样遇到了许多困难。一是经费问题。1945 年春季开学后，因经费未落实，每天只上半日课，暑假时教育部曾发放学生食宿费一次，秋季开学后，遂按照一般职业学校编制，改为每日授课七小时。不料开学后不久，教育部电令收回先前发放的学生食宿费，移作教职工生活补贴费。从此，嘉木样活佛只得负责出资给学生供午茶饭。此后，为另建校舍与教育部交涉亦一直未果。另外，自开办该校以来，遭遇了来自寺院内部保守势力的攻击。寺方一些保守势力对所设学校和新式课程一直怀有成见，并加以诋毁和攻击。当学生们为纪念建校两周年，演出一些具有新思想的节目后，遂有一些僧人认为是邪教，颇表

① 《辅国阐化正觉禅师嘉木样呼图克图纪念集》（藏汉文版），第五世嘉木样活佛治丧委员会编印，1948 年。

② 《边疆教育概况》（续编），1947 年，第 58—60 页。

不满。嘉木样闻讯后，为减少不必要的摩擦，不得不将学校迁至离寺三公里的扎希塘。

1947年，教育部根据该校所呈改进校务意见书，遂决定将国立拉卜楞寺青年喇嘛职业学校改办示范。旋因嘉木样大师圆寂，由于拉卜楞寺和社会上保守势力的阻挠，学生被各扎仓收回，学校被迫停办。这不禁使时人慨叹："此不仅喇校之不幸，安多藏区之不幸，亦边教之大不幸！"[①] 嘉木样大师在弥留之际，仍"遗命僧俗恪遵政府法令，留意现行知识，建设安多藏区"。[②]

五世嘉木样活佛在笃信佛教的寺院内创办与宗教格格不入的现代化学校，这不能不说是一种大胆的尝试。虽然，该校仅存在了两年多时间，但是，嘉木样活佛这种大胆的创举，完全证明了他是一位具有远见卓识和革新精神的藏传佛教高僧。对于五世嘉木样活佛创办拉卜楞寺青年喇嘛职业学校，时人评价道："拉校校长嘉木样大师，天赋慧眼，思想新颖，眼光远大，认识时代，把握现实，对该校期望甚殷，诚属大有为之人"。[③]"各校中以国立拉卜楞寺喇嘛职业学校最为特殊。该校之设出于已故拉卜楞寺嘉木样活佛之自动请求，意将青年喇嘛除半日研究佛事外，半日施以职业训练，使有一技之长，能自食其力，实富有推进寺庙教育、改良喇嘛生活之理想与实验精神，该校近更呈准增设示范班级，培养推广寺庙教育之师资，苟实验有成，将来当能在我国寺庙教育上放一异彩。"[④]

除以上外，青海化隆县名僧国列多杰，1938年在其家乡建成一所藏族小学，学生毕业后，成绩优异者被推荐到西宁的几所中学继续学习；广惠寺七世先灵呼图克图[⑤]也于20世纪30年代，在广惠寺创办藏民小学一所。

---

① 《边疆通讯》第4卷10—11期合刊，第4页，1947年12月。

② 冒鹤亭：《嘉木样五世传》，《国史馆馆刊》1948年第1卷第3号。

③ 《边疆通讯》第4卷10—11期合刊，第4页，1947年12月。

④ 《教育杂志》第32卷第2号，第77页，1947年8月。

⑤ 寺主敏珠尔活佛驻京期间，一直由先灵活佛代理寺主事务。"先灵"系藏语"夏鲁"之变音，先灵佛源于西藏高僧夏鲁哇·勒巴坚赞。

三、结 语

总之，民国时期藏传佛教寺院新式教育的产生，并非历史的偶然，它是近代中国社会发展变化的必然产物，是藏族社会发生近代转型的具体表现。当然，教育是政府行为，宗教上层和寺院不可能有很大的力量在办学上解决政府该解决的问题与困难，更无法取代政府行为，它只能在特定地区对政府办学起一个补充作用。另外，社会转型的本质是由“现代”取代“传统”，传统势力不愿推出历史舞台，必然极力加以反抗。尤其在宗教寺院这个佛国世界里，守旧势力根深蒂固，因此宗教上层的寺院办学活动，都经历了一段曲折艰难的历程。虽然限于当时的各种客观条件，特别是遭到保守的宗教势力的反对以及宗教上层固有的世界观的影响，甘青藏区一些寺院开办的学校时间很短，规模不大，实施不彻底，成效有限，也未能完全脱离传统寺院教育的局限性，但我们并不能因此抹杀它的历史作用和意义，宗教上层寺院办学活动在藏族历史特别是藏族教育史上具有划时代的意义：

第一，开辟了普及藏族教育的新途径，为后来民族教育的发展奠定了基础。民国时期，在甘青藏区尤其是藏族聚居区的学校很少，社会上具有现代科学文化知识的人也寥寥无几，寺院兴办新式教育，改变了藏区的教育结构，加速了现代学校教育在藏区的推广和普及，一定程度上改善了甘青藏区民族教育落后的局面，为新中国甘青藏区教育事业的大规模展开奠定了历史基础。

第二，冲击了传统的寺院教育观念和旧的习惯势力的影响，促进了现代思想文化在藏区的传播和社会风气的转化。寺院兴办学校教育，使寺庙里的僧侣开始学习除佛经以外的科学文化知识，使传统的寺院教育观念受到了冲击，这给充满神圣气息的佛教寺院里注入了一股新风，并在一定程度上改变了藏民族不重视甚至歧视现代文化教育的心理。

第三，寺院兴办新式教育，培养、造就了一批既懂佛学知识又懂社会、自然科学文化知识的两用人才，他们为甘青藏区的文化和社会发展作出了贡献，从而推动了藏区各项事业的发展。

第四，加强了藏汉文化之间的交流，增强了中华民族凝聚力。通过兴办寺院新式教育，汉语文教育在藏区得到一定程度的普及，藏汉民族之间的相互了解和文化交流进一步加深，并通过各种形式向僧侣和学生灌输民族主义、国族意识，从而增强了中华民族的凝聚力。

总之，寺院创办新式教育，兴起和发展于近代化中国社会转型和教育变革时期，给中国近现代教育发展带来了深刻影响。甘青藏区的寺院办学活动仅仅是一种尝试，存在着种种不足，既留下了成功的经验，也留下了失败的教训，并给后人提供了宝贵的历史启示。

作者单位：中国社会科学院民族学与人类学研究所

1923年九世班禅出走内地事件检讨

郭克范

在西藏现代史上，地方政教领袖人物先后有过五次消极出走的事件，第一次，英属印度军队入侵西藏、到达拉萨前夕的1904年7月28日（藏历六月十五日）十三世达赖喇嘛出走内地，直到1909年返回。第二次，1910年川军进藏后，十三世达赖喇嘛出走印度，1912年底返回。第三次，1923年九世班禅出走内地。第四次，1950年底昌都战役结束后，十四世达赖喇嘛出走边境亚东，“十七条协议”签订后，于1951年8月返回拉萨。第五次，1959年3月至今十四世达赖喇嘛出走流亡印度。

另外还有几次可能出走的事件，影响较大的有，1905年11月九世班禅受英印驻江孜商务代表鄂康诺之逼，到印度见英王储之事（1906年1月11日自加尔各答返）；1956年底十四世达赖应邀赴印度参加释迦牟尼涅槃2500周年纪念活动（次年4月返回拉萨），企图滞留印度的事件等等，它们从一个侧面勾画出了西藏现代变迁的路径。

1923年11月九世班禅额尔德尼·曲吉尼玛秘密离开扎什伦布寺，前往内地，自此终其一生不得返藏；1952年十世班禅才回到西藏。这一事件的出现及影响长达半个多世纪，而其由来比事件出现本身更长：既有经济原因，也有政治原因；政治原因中既涉及英印，又及于西藏内部两大政教集团之间。对此进行描述和分析，可以从中透视出西藏变迁的一个重要的侧面。

这一事件有较多的记载。其中文献汇编有：《元以来西藏地方与中央政府关系档案史料汇编》之第六、第七册、[①]《九世班禅内地活动及返藏受阻档案选编》[②]、《九世班禅圆寂致祭和十世班禅转世坐床档案选编》[③]。论及此事的专著与文章共有三种：一是历史的当事人的回忆，有团康·洛桑德吉《九世班禅出逃内地前后》（成文于1981年）[④]、德森·班公次仁《迎请九世班禅转世灵童记》（成文于1981年）[⑤]、彭饶·仁青朗杰“据长辈们的传说”而记的《前后藏失睦初因》（成文于1983年）[⑥]、李苏·晋美旺秋的《噶厦政府与扎什伦布寺拉章之间矛盾的由来》（成文于1984年）[⑦]、牙含章《护送班禅额尔德尼返回西藏的回忆》[⑧]。二是史事编写者的描述，有《谢国梁入藏记》（1925年）[⑨]、朱锦屏《西藏六十年大事记》、白眉初的《西藏始末纪要》（1930年）[⑩]、刘家驹《班禅大师全集》和《西藏历代藏王及达赖班禅史要》[⑪] 一文（1935年10月5日成文）；九世班禅1937年12

① 中国藏学研究中心、中国第一历史档案馆、中国第二历史档案馆、西藏自治区档案馆、四川省档案馆合编，《元以来西藏地方与中央政府关系档案史料汇编》，中国藏学出版社1994年。

② 中国第二历史档案馆、中国藏学研究中心合编，《九世班禅内地活动及返藏受阻档案选编》，中国藏学出版社1992年。

③ 中国藏学研究中心、中国第二历史档案馆合编，《九世班禅圆寂致祭和十世班禅转世坐床档案选编》，中国藏学出版社1991年。

④ 收入西藏自治区政协文史资料研究委员会编，1985年2月出版的内部发行本《西藏文史资料选辑》第四辑的团康·洛桑德吉遗作，译文与原文有较大出入，笔者2002年9月请教何宗英先生厘正。团康先生，班禅堪厅四品官（仁希），“文革”后去世。

⑤ 同上，德森·班公次仁（班禅堪厅五品官，曾任日喀则地区政协委员）遗作，亦根据何宗英先生的指点进行了更正。

⑥ 同上彭饶·仁青朗杰文。彭绕先生，班禅堪厅四品官（仁希），1986年去世，时为日喀则地区政协副主席。

⑦ 收入西藏自治区政协文史资料研究委员会编，1985年6月出版的内部发行本《西藏文史资料选辑》第六辑的李苏·晋美旺秋（班禅堪厅六品官，2000年去世，时为区政协委员）文。

⑧ 见西藏自治区政协文史资料研究委员会编，1993年4月西藏人民出版社《西藏文史资料选辑——纪念西藏和平解放三十周年专辑》第181—208牙含章文。牙含章当时为中央护送班禅进藏的主要负责人之一，并协助班禅处理与噶厦的事务。

⑨ 见西藏社科院西藏学汉文文献编辑室编辑、中国藏学出版社出版的“西藏学文献丛书别辑”第十三函之《谢国樑入藏记》。谢国樑曾任清末驻藏大臣的随员，据言，与十三世达赖喇嘛的关系尚好，国民政府时期曾以专使身份赴藏，未及拉萨而病逝。

⑩ 白眉初，《西藏始末纪要》，北平建设图书馆1930年。

⑪ 刘家驹，《西藏历代藏王及达赖班禅史要》，载“现代佛教学术丛刊”76，第八辑第六册，《西藏佛教（二）——历史》，（台北）大乘文化出版社，1979年。

月 1 日在青海玉树去世后，蒙藏委员会撰写的《九世班禅大师传略》一文[①]；牙含章《达赖喇嘛传》（成稿于 1953 年）[②]、牙含章《班禅额尔德尼传》（成书于 1985 年）[③]、《藏族简史》（1985 年成书）[④]、英国人黎吉生的《西藏简史》（1962 年出版）[⑤]、恰白·次旦平措等《西藏通史——松宝石串》（1989 年成书）[⑥]、丹增主编《当代西藏简史》（1996 年出版）[⑦]、张定一《1954 年达赖、班禅晋京记略》（2005 年出版）[⑧]。三是研究人员的研究，这方面有喜饶尼玛的专述《九世班禅出走内地述略》[⑨]，综九世班禅一生的这一侧面而止；姚兆麟《班禅大师返藏与〈十七条协议〉》[⑩]、唐景福《民国时期历届中央政府维护西藏主权的措施》[⑪]、江平等《第九世班禅额尔德尼·曲吉尼玛传》[⑫]、阿沛·阿旺晋美《深切怀念班禅额尔德尼·确吉坚赞大师》[⑬] 等文章亦有所涉及。

历史文献和著述对此事件经过的描述，大同中有小异。在感情上主要倾向于扎寺方面，而且历史当事人中主要亦为同情扎寺或者即为扎寺方面的历史当事人。本文在“事件陈述”的几个部分尽可能按事件发生的顺序展示各方的看法和认识，在其他部分从不同方面作出分析。

---

① 见《九世班禅内地活动及返藏受阻档案选编》附录一。

② 牙含章编著，《达赖喇嘛传》，1984 年 9 月西藏人民出版社出版，成书时间据“序言”（“这本著作是我在西藏工作期间写的，时间是在一九五二年至一九五三年，到现在整整三十个年头了”）而定。

③ 牙含章编著，《班禅额尔德尼传》，1987 年 11 月西藏人民出版社出版，成书时间据作者撰写“序言”的时间而定。

④ 藏族简史编写组，“中国少数民族简史丛书”之一《藏族简史》，西藏人民出版社 1985 年。

⑤ 黎吉生，《西藏简史》（H. E. Richardson, *A Short History of Tibet* [*Tibet and its History*], New York [Oxford], 1962），李有义译，中国社科院民族研究所民族历史研究室、民族学研究室 1979 年“内部参考”，据译者介绍，该书 1964 年已译出，相关部分见该书 P108—116。

⑥ 恰白·次旦平措等著，《西藏通史——松宝石串》，陈庆英等译，西藏古籍出版社 1996 年，藏文版 1989 年 10 月由同家出版社出版。

⑦ 丹增主编，《当代西藏简史》，当代中国出版社 1996 年。

⑧ 张定一著，《1954 年达赖、班禅晋京记略，兼记西藏自治区筹备委员会成立》，中国藏学出版社 2005 年。

⑨ 见喜饶尼玛的论文集《近代藏事研究》，西藏人民出版社、上海书店出版社 2000 年。

⑩ 见《中国藏学》1991 年第 3 期。

⑪ 见《中国藏学》1997 年第 1 期。

⑫ 见《中国藏学》1997 年第 3 期。

⑬ 载 1989 年 2 月 14 日《人民日报》。

事件的最初起因

九世班禅出走事件可观察到的起因，一般的看法从十三世达赖第二次出走印度后发生的种种变故而致；实际上，远比这早，与清末国内危象纷生以及西藏地方政治上的变故有着直接的联系，19 世纪中期以后，西方列强对于中国的欺凌与瓜分，在甲午战争之后走向极点，衰败腐朽的清王朝已是大厦将倾。1895 年达赖亲政，此时前后藏之间的不和已经出现，光绪二十二年（1896 年）夏，四川总督鹿传霖的奏疏中即言，“后藏班禅素与达赖不睦”①。但这种不和的显性化则应该是 20 世纪初英印军队侵入西藏、达赖第一次出走内地后。

1903 年冬，英军侵入岗巴宗后，噶厦向扎寺拉让下令，抗击侵入岗巴地区（扎寺所辖）的英军。扎寺拉让派代表与英军交涉，英军答应撤退。但 1904 年英军又从亚东侵入西藏，噶厦怀疑其中扎寺拉让与英军有某种阴谋，而对班禅产生不满。黎吉生的《西藏简史》就这样认为，“扎什伦布的独立态度（指相对于前藏的、寻求在行政上自主权）见于 1903 年派一位高级僧官到康巴宗去见荣赫鹏。虽然他的目的和达赖喇嘛一样，是劝英国人撤退，但他表示了和达赖喇嘛不同的态度；达赖喇嘛既不答复信件也不派任何像样的代表去见荣赫鹏。”

1904 年英军侵入拉萨前，达赖出走内地。1904 年 8 月 26 日清廷上谕同意驻藏大臣有泰的意见，革去达赖名号，由班禅暂摄西藏地方政事。班禅为维护与达赖的关系，从扎寺给有泰回函，拒绝了此事：“后藏为紧要之区，地方公事需人料理，且后藏距江孜仅二日程，英人出没靡常，尤宜严密防范，若分身前往，西藏恐有顾此失彼之虞”。② 随后于 1905 年发生了九世班禅受胁迫赴印度事件，前藏对后藏的猜疑更甚。光绪三十一年十二月十三日（1906 年 1 月 7 日）张荫棠致外部电中谈到，“英深知班禅与达赖不睦，怂令班禅回藏，滋生事端，英藉保护进兵，则全藏危矣。若待变象

---

① 吴丰培编辑，《清代藏事奏牍》，中国藏学出版社 1994 年，第 1015 页。

② 中国第一历史档案馆、中国藏学研究中心合编，中国藏学出版社 2002 年，《清末十三世达赖喇嘛档案史料选编》第 89 页。

已见，即百计补救亦属无济”。张荫棠十二月二十一日（1 月 15 日）在“致外部电述印政府煽惑班禅情形”中说，“印报载印政府遣班禅先回后藏，再赴拉萨，胁令藏番拥立班禅为达赖喇嘛，如达赖回藏，决意不认等语。迭经韩税司密探大致，与十月东电（按即十月初二电：闻印政府乘达赖未回，遣人入藏诱班禅来印，藉迎英储为名，实密谋废达赖图藏）相同。英既不认我主权，又诱班禅请英保护，一旦有变，英必有宣布归英保护及代理政权等事，不可不虑。此时我能在藏先树主权，英人万无开衅之理”。实际上，这也正是英印企图挟制班禅以图西藏内乱而从中渔利的打算。

虽然班禅有意维护与达赖和好的关系，但英人对前后藏有所“区别”的举动却对班禅拉让的官员们产生了不好的影响。这在文献之中也有证明，查办藏事大臣张荫棠曾多有言及，1906 年 11 月 9 日致外部电中说，“然班禅与达赖仇隙已深，班禅久堕英煽惑术中，难保达赖回藏时不藉端挑衅，而英即乘机坐收渔人之利。昨班禅札萨克来见，语次颇有大志，恃英庇不讳”。1907 年 2 月 6 日电称，班禅“开春后拟亲赴北京援案吁请陛见，……商上闻班禅请陛见，集议数日，二十一日商上等来称众议。令达赖于班禅未到之先速行入觐云。棠查班禅素与达赖不睦，班禅所享权利皆由达赖赐给。达赖事败后，虽经有泰派班禅兼管藏事，亦不敢到拉萨接任，一切政权仍在达赖替身四噶布伦手。班禅到印京见英储后，志常鞅鞅，恃英援欲与达赖争权。英哄班禅立为印度等处黄教之主，意实图并春丕及后藏一带之地。棠虑达赖回藏后，英人从中调唆构乱，坐收渔人之利。前月班禅两次派员来谒，要求达赖赐伊以喀木湖前辈班禅降生之地，棠唯谕以朝廷恩德，当弃小嫌，同心以御外侮，不宜争私利而分畛域”。光绪三十四年九月“上外部条陈招待达赖事宜说帖”：“及棠奉命入藏，道经江孜，班禅差札萨克来迎。谈次，微露班禅有欲代理达赖之意。棠于是乘机即令转劝班禅呈请来京陛见。此当时噶布伦颇为惊惶，以为班禅来京后达赖必致失位，是以情急，乃电商达赖亦援请陛见。”①

班禅方面至少是扎寺官员中已经出现的造成失和的苗头应该是清楚的，这也成为许多人士谈到这段历史时常提到的一个原因，双方多指责对方（达赖和班禅）为“小人所误”。

---

① 《清代藏事奏牍》第 1304、1305、1314、1325—1326、1444 页。

民国初期达赖与班禅之间的“误解”

客观地说，上述原因还未正式提上台面，如果没有其他促动因素并导致班禅出走，也许就此被历史淹没。随之而来的是十三世达赖刚从内地返回西藏不久，川军进藏，达赖再次出走，这次选择的是印度。达赖在此次出走期间，国内局势发生重大变化（辛亥革命），而且经过前后两次出走，所见所感，加上英人的极力拉拢，对他的思想产生了很大的转变性影响。

1910 年“达赖出奔大吉岭，驻藏大臣联豫奏请褫夺达赖徽号，尊班禅为教主。班禅出任调停，仍请达赖回藏。协商未妥，联豫接班禅来拉萨，尊礼甚优，达赖愈怀猜忌，致生恶感”。①

李苏的文章，认为造成事件的原因有几方面，其一即是 1910 年达赖又一次出走后，驻藏大臣联豫将班禅请到拉萨，“请他住在罗布林卡的格桑颇章，还挂起班禅和驻藏大臣合影的照片”。正月十五日灯节，联豫命班禅摄西藏地方政事，虽然班禅以才能不具而谢绝了，只是观看了节日灯火。但班禅拉让的一些人却以此生事，风言风语大起。“达赖及噶厦不作任何判断，一概当真，因此双方产生矛盾”。

黎吉生《西藏简史》以为，“在达赖第二次逃亡——1910 年到印度——后，中国人经常和班禅保持接触，虽然他自己避开了他们的请求，拒绝接受官方职位，但他的部属就不是那样明显了。这样在 1913 年达赖喇嘛恢复了权力以后，就产生了一种不安的疑虑”。

1910 年达赖再次出走，班禅也欲追随，先派人送信给已经到达印度的达赖喇嘛，达赖回信中也表示欢迎班禅到印，“达赖及其随从官员们的本来意图是：若班禅也来印度，就可以向中央政府上告驻藏大臣联豫破坏政教，迫害藏民的罪过”，但这一目的没有实现。班禅却被驻藏大臣接到拉萨主持新年庆贺仪式，引起达赖恼怒。达赖返回拉萨后，噶厦给扎寺方面下令承担军费和支应骡马差役的要求，局面遂往不可收拾的方向发展。②

1912 年达赖自印返回西藏，到热隆寺时，“接受了班禅大师奉献的欢迎

---

① 1925 年 2 月 8 日谢国梁所上的条陈，页九。

② 见彭绕·仁青朗杰《前后藏失睦初因》。

哈达和许多礼品，并与班禅大师会晤畅谈，但由于达赖对班禅大师的一些作法持有不同意见，因而加深了双方的矛盾”，回到拉萨后，“达赖喇嘛与班禅大师之间的关系也在恶化”①。

辛亥革命后，国内局势处于混乱状态，消息传到西藏，驻藏官兵哗变，达赖急返拉萨，作出几件极大影响后来西藏地方与中央关系的事件：先是将中央驻藏人等驱逐，再是不让中央任命的驻藏官员进藏（这其中英属印度也起了很大作用），三是进兵康地。中央方面虽然也作了努力，但时处鼎革之际，鞭长莫及。此时（1913年3月）班禅致电中央，表示“倾心内向”，中央以总统名义加封班禅“致忠阐化”封号。班禅的作为与达赖方面的种种举动形成鲜明的对照，而中央对于班禅的礼遇也加深了达赖方面的猜忌。实际上，此时班禅方面已经感到了达赖方面日甚一日的逼迫。

1915年噶厦在后藏设立基宗（相当于内地的行政专员公署），是事件恶化的一个重要转折点。基宗除管辖达赖在后藏的所有宗豁外，也管辖班禅所属宗豁，这是班禅难以接受的。基宗设立以后，即向班禅所属的百姓征收与摊派军粮、税款与乌拉。特别是噶厦要班禅辖区的百姓每年承担25%的军粮（为1万克，约合28万斤），这是班禅辖区的人等不能接受，也是承担不起的。此事使班禅与达赖之间的关系更趋恶化。1916年班禅写信给达赖，申述扎寺之苦，要求面谈，达赖提议在次年见面，而到了1917年达赖又宣布要“闭关坐静”三年，期间不见任何人。1919年春班禅到拉萨见达赖，“拉萨政府极力用税务一件事压迫他，他们认为班禅欠拉萨政府的税太多了。班禅说达赖喇嘛的大臣，将对他不利，当他最近到拉萨时候，在他同拉萨政府中间，只能得到问题的暂告解决。这时，他似乎很觉失望……他表示他绝无力量可以供给拉萨政府所苛索的税，因为他管理的藏省，断难筹出这样大的款项”。②

《达赖喇嘛传》载，1920年10月，“为了征收羊毛、牛尾、羊皮和食盐的税收问题，扎什伦布寺派了仲苏堪穹噶热巴罗桑才仁、大业仓仁木细团康、小仲译当青罗桑坚赞（即王乐阶）、列赞巴同吉明马团柱、列赞巴札门团柱等人前来拉萨，与噶厦进行谈判，要求免征，噶厦不予接受，谈判

---

① 《西藏通史》第921。

② 《班禅额尔德尼传》援引英人麦克唐纳《旅藏二十年》的记载。

遂告中止”。次年，“噶厦成立军粮局[1]，达赖任命大仲译罗桑丹将、孜本龙夏二人负责，分配和征收全藏的军粮……更引起了班禅方面的不满。是年十月，班禅又派大仲译德来康萨、大马官德来热登二人前来拉萨，向噶厦要求免征军粮，噶厦又未予接受”。“班禅逃走以后，达赖……委派古觉大堪布罗桑丹增为扎寺札萨喇嘛，代替班禅管理政教两务。札萨喇嘛的任务是：（一）负责征收班禅辖区金银粮食，以供给佛前供养与寺僧口粮；（二）负责扎寺所属各宗、各谿卡百姓的乌拉分配与使用；（三）负责向扎寺辖区征收附加的军粮和羊毛食盐等税收，交噶厦以供军需。”达赖又派了五人协助札萨喇嘛，分别掌管扎寺各宗政权和寺内政教事务。

“为解决上述扩充藏军、建立工厂、邮政、学校、银行等所需财政开支，对税收制度进行改革，规定了对羊毛、食盐、皮革等新的征税制度。新税制引起了噶厦与寺庙之间的关系恶化，特别是与班禅属下扎什伦布寺之间的关系更趋恶化，因为自清朝起班禅辖区负担税款和土地税，对噶厦并不负担任何大的交税任务，西藏地方政府为了使扎什伦布寺拉章的辖区同达赖辖区一样服从统治，于藏历木虎年（1914），在日喀则增设后藏总管……总管后藏16宗，班禅所辖宗谿全包括在内，从各宗征收羊毛、皮革、食盐等税款，并于铁鸡年（1921）新建军饷局，下令扎什伦布寺每年交纳1万克青稞作为军饷。”[2]

唐景福认为，十三世达赖推行新政是导致两大集团之间关系紧张的主要原因，其他原因有英国人在噶厦上层人员中挑起达赖对班禅的猜忌，而致“在政治上和经济上迫使班禅就范，从而使两大活佛系统间的矛盾日趋恶化”。直接触发因素作者认为是两点：一是1915年达赖设立日喀则基宗，任命僧官罗桑团柱、俗官木霞为负责人，插手管理扎寺所管区域；向扎寺所属百姓派征税赋，干涉扎寺内部事务。二是1923年扎寺官员在拉萨以

① 拉鲁·次旺多吉在《回忆我的父亲——龙厦·多吉次杰》一文中写道，“当时地方政府正在扩充军队，因军粮不足，噶厦决定增加粮食征收，并成立了征粮检查局——‘包细勒空’。十三世达赖喇嘛直接任命罗桑丹穷秘书长和我父亲为这个机构的主要负责人。按照规定，包细勒空增加征收的对象和范围是：西藏的贵族世家、历代达赖家族、地方政府官员及寺庙领地以各种不合法方式获取的土地；另外，任命噶伦、代本职位时特意封赐的庄园；虽占有庄园但尚未在地方政府中任职的贵族。这一办法的实施，一般大的贵族所要缴纳的粮食达到四五千克，较小的贵族也不少于数百克。到十三世达赖晚年时期，征收的粮食已装满了地方政府所有仓库”。载《西藏文史资料》第二辑。

② 《西藏通史》第931页。

"亲汉"罪名被投入监狱。

1923年11月班禅出走

形势至此，已经使班禅感到难以立足于藏。1923年11月，达赖命令扎什伦布寺的几个负责官员前往拉萨，这几个官员到拉萨后，未经审问，即被投入监狱。其侍从逃回扎什伦布寺，向九世班禅作了汇报。1923年11月15日夜，班禅带着侍从人员15人向藏北方向出走；18日夜，扎寺官员及侍从百余人也逃走，赶上班禅一行。出走数日后，日喀则基宗发觉并上报噶厦，达赖命令进行追捕，未及。十三世达赖即派大堪布罗桑丹增为扎什伦布寺的札萨喇嘛，代理班禅的职务，管理扎什伦布寺的政教事务。

九世班禅临行前，留下嘱言："佛上虽有慈悲之心，但为左右蒙蔽，不按古法旧规办事，对扎寺强征军饷及新税、徭役。为支付军饷和额外差税，我不得不去蒙、汉地募化，求施主布施"。"班禅出逃一事于十一月十八日正式公布。噶厦发布命令：任何官员，不得跟随班禅出走。否则，没收全部家产。……但还是有人不顾一切，相率出逃。""很多事情证明两佛的关系始终是好的，只因下面一部分人，基于个人利益制造了很多事端，弄出了许多磨难。"①

其他方面的记述还有，达赖自印返回西藏后，集权于一身，班禅在后存身为难，达赖逼其出走，"中国之于班禅，只致尊崇之意，事实上不能援助，实与班禅以莫大之苦痛也"。②"达赖事事被属僚蒙蔽，疏隔日深，互相疑防，又传达赖有不利于班禅之谋，加之急索征款，班禅知已无法解释，竟于民国十二年十一月十五日，藉沐浴之期，连夜出藏，沿北路旷野荒径，备受辛劳，经甘州凉州而抵皋兰，次年往北平，面谒大总统曹锟，报告西藏政局，及整饬边防意见"③。《九世班禅内地活动及返藏受阻档案选编》所收"九世班禅大师事略"言："班禅大师为陈述藏情，巩固中藏关系，于民国十二年十一月十五日携带堪布等及随从人员取道北路甘藏路线，移锡

---

① 见李苏·晋美旺秋文。

② 白眉初：《西藏始末纪要》，第55—56页。

③ 见刘家驹文。

中土。”

黎吉生《西藏简史》认为，1923 年九世班禅出走事件是一种新的局面的开始，“它在十四个年头里构成了对西藏政府不断的威胁和焦虑，到更晚时候对中国共产党最后地控制西藏，起了一定的作用”。他也谈到了这一事件的历史原因，认为最初源自康熙皇帝有意识地利用班禅来分化达赖方面的权利以利于统治。十三世达赖时期，“拉萨决定把扎什伦布置于从属地位……但扎什伦布拒绝放弃他们过去一个多世纪以来所获得的所有权利，冲突终于发生了。……破裂发生在 1922 年，达赖坚持班禅的行政机构担负西藏军费，而班禅请求英国政府调解他和达赖之间的纠纷，不幸的是请求被拒绝了，理由是这会构成对西藏内政的干涉；于是班禅于失望中逃离扎什伦布”。他还认为，这一事件加强了西藏极端保守分子的势力，并认为由于担心班禅以武力回藏，而“不能获得三方协定的急躁和不满”，西藏与英国关系疏远了。

九世班禅在内地不得返

1923 年 11 月 15 日九世班禅悄然出走，经羌塘（藏北）过唐古拉山，进入青海境内。班禅出走后，达赖派罗桑丹增为扎寺的札萨喇嘛，管理扎寺的政教事务，班禅所属宗豁的官员，也换了噶厦派去的官员，其辖区由噶厦管理。

班禅一行 1924 年 5 月 4 日到达兰州，北洋政府总统曹锟派“迎护专员”，带卫队由北京到兰州欢迎，并册封班禅名号。1925 年 2 月赴京，因藏事解决为期尚远，4 月 5 日离京南下杭州。在南方一带及五台山进行佛事活动后，仍回到北京。1925 年 8 月 1 日段祺瑞临时执政颁给班禅“宣诚济世”名号，并批准班禅在京设立办事处。同时班禅派旺堆诺布往西宁、阿旺金巴往成都、福康安到印度，分别组织班禅驻青办事处、驻川办事处、驻印办事处，它们于次年先后成立。

1926 年 10 月开始，班禅离开北京往东部蒙古各地进行佛事活动。1930 年尼泊尔与西藏地方发生冲突，国民政府蒙藏委员会派谢国梁赴拉萨，借调解西藏地方与尼泊尔纠纷之机，与达赖商谈西藏地方与国民政府的关系问题。谢行前，国民党中央政治会议修正通过了蒙藏委员会拟的关于解决西藏问题的原则，其中提到：达赖应欢迎班禅回藏；达赖、班禅在西藏政教上之权利，概仍其旧。

班禅得知尼泊尔扬言进攻西藏的消息后，向国民政府提出发给枪支弹药回藏。国民政府为彻底解决西藏与中央的关系问题，提出了全面解决问题的方案，同意派兵护送班禅回藏。因康藏纠纷又起而搁浅。

1931 年 5 月班禅赴南京，参加国民会议，拉让在会上提出由中央护送班禅回藏的问题。7 月 1 日国民政府主席蒋介石封他为“护国宣化广慧大师”，定年俸，颁玉册玉印。随后班禅仍往蒙古地方进行佛事活动。1932 年 3 月，在归绥（今呼和浩特）设立班禅驻归绥办事处，在绥远省贝勒庙发表声讨日本侵略电；11 月再赴南京，12 月 24 日国民政府任命班禅为“西陲宣化使”。1933 年 2 月班禅返绥远。

当时蒋介石政府有意解决班禅回藏问题，因达赖、班禅双方均有代表在南京，南京政府要求双方提出解决问题的意见，不意双方竟大起攻击，历数对方“罪状”。1933 年初中央政府令班禅派遣扎寺安钦活佛和王乐阶前往拉萨，进行解释说服。安钦在拉萨受到达赖的“优礼延见”，达赖表示对班禅“切望早日回藏，共谋众生安宁”。但问题依旧被搁置下来。在 1932 年相互攻击时，班禅方面人员曾如是评价：“顾达赖之所以反对班禅者，非有不共戴天之仇，亦无你死我活之恨，症结所在，无非因班禅拥护中央，与达赖独立自主之主张根本不能相容也。”① 此论不全面，但有一定道理。

1933 年 12 月 17 日十三世达赖喇嘛去世。1934 年黄慕松入藏致祭达赖，并有相机解决班禅回藏的使命。1935 年 5 月班禅到青海塔尔寺，以为回藏准备，6 月国民政府也作出了护送班禅返藏的决定，随后任命了护送专使，组建了护送仪仗队；西藏方面也作出了准备，扎寺和三大寺派来了迎请代表。然而，第二次派赴拉萨的安钦、王乐阶 8 月到西宁向班禅报告：“藏政府亟盼佛早回，以派定僧俗官员及三大寺堪布不日来青欢迎，后藏代表……已首途东下，望佛不带蒙汉官兵，径回后藏，以免前藏政府之阻难”。事不遂。英国公使在 1935 年后多次提出“抗议”，递交“备忘录”，反对派卫队护送班禅进藏。多方面的因素最终导致了九世班禅终不得返藏，1937 年 1 月班禅在玉树去世。

---

① 《元以来中央政府与西藏地方关系史料汇编》第 2633 页。

九世班禅去世后，1939 年 10 月班禅方面为奉灵回藏问题与噶厦交涉提出了三种方案。第一种方案，“（一）大师在世时前藏所承认各条件，应继续有效；（二）后藏差务，照第七世达赖所定规章支应；（三）后藏民兵，应全数拨归后藏管理；（四）为求卫藏永好计，应将昔噶孜（日喀则）宗与附近数宗交后藏管理，年向前藏供纳差务；（五）札萨喇嘛及属员应在行辕入藏前撤回。”第二种方案，“（一）大师在世时前藏所承认各条件，应继续有效；（二）后藏差务，照第八辈班禅登必旺修时所有规章；（三）后藏民兵，八四制所招者，仍归后藏管理；（四）札萨喇嘛及属员应在行辕入藏前撤回；（五）后藏税务拨作教务费用，不再补助前藏用费。”第三种方案，“（一）大师在世时所承认各条件，应继续有效；（二）行辕未入藏前应将札萨及属员撤回；（三）后藏差务制，照第八辈班禅时所行税则。”第一种之二、三、四款未得噶厦同意，第二种之二款噶厦大体承认，三款未承认，六款噶厦同意减少。①

九世班禅去世后，问题依旧延续下来，而且还围绕着班禅转世问题，前后藏之间亦是纠纷迭起。噶厦多方阻挠堪厅方面对十世班禅的认定。国民政府在撤离大陆前夕，完成了对十世班禅的认定手续，而西藏地方政府则直到和平解放西藏谈判中才认可十世班禅。

问题的解决

问题要得到解决，取决于两个方面，第一是班禅回藏的方式问题，九世班禅终不得返包括其灵柩送回扎寺问题上一再拖延，关键一点就是噶厦方面不愿中央派员进藏，这一点说到底亦即西藏企图“独立”的另一层考虑：防止中央对西藏的任何与军事有关的介入；第二为恢复扎寺的“固有职权”问题。其中任何一点得不到双方认可的解决，问题就始终存在。

北洋军阀政府、国民政府统治时期，内战不断，“国本飘摇，愿无由偿”。而且，在帝国主义势力的影响下，西藏地方政府的“独立”梦想始终不灭，在这一事件的背后，隐含着噶厦试图联络后藏扎寺力量一致图谋

① 《元以来中央政府与西藏地方关系史料汇编》第 2796—2797 页。

“独立”的想法①。客观地说，这一事件间接地牵制了噶厦的行动。所以，和平解放西藏所提出“驱逐帝国主义势力出西藏”的原则，也就成了问题解决的一个先决条件。

其关系的恢复直到西藏和平解放时期才有可能。西藏地方政府和谈代表 1951 年 4 月到北京时，班禅一行也从青海到了北京。阿沛·阿旺晋美后来回忆说，和谈期间，他向出走到亚东观望的达赖和“亚东噶厦”请示，建议承认班禅的身份（当时扎寺的代表也到了亚东拜见达赖），他的建议得到了采纳，并最终在《中央人民政府与西藏地方政府关于和平解放西藏办法的协议》中得到确认。协议之第五、六条规定：“班禅额尔德尼的固有地位及职权，应予维持。达赖喇嘛和班禅额尔德尼的固有地位及职权，系指十三世达赖喇嘛与九世班禅额尔德尼彼此和好相处时的地位及职权。”

1952 年 4 月 28 日十世班禅到达拉萨，在拉萨停留了 43 天，此前（4 月 15 日—26 日）达赖方面派阿沛·阿旺晋美、堪仲绒朗色、孜本朗色林·班觉晋美等 3 人与班禅方面先期到达拉萨的札萨詹东·计晋美等 4 人，举行恢复“班禅固有地位与职权”的谈判。6 月 16 日（藏历水龙年四月二十三日）双方签订《西藏地方政府与扎什伦布寺拉让谈判备忘录》，以藏历第十五饶迥火鸡年（1897 年，清光绪二十三年）正月为双方和好的年限。（其时，十三世达赖二十一岁，九世班禅十四岁。噶厦与扎什伦布的日常政教事务，均受驻藏大臣的监督。）

关于九世班禅离藏后被噶厦接管的宗谿问题，“备忘录”规定全部归还班禅方面，指令有关人员办理移交；达赖派驻扎什伦布寺的札萨喇嘛，噶厦派驻扎什伦布寺所属各宗、各谿卡的官员，一律撤回，其职权交给班禅及堪布会议厅接管。双方有争议的谿卡，由双方共同调查，依照历史文件确定归属。噶厦方面说，昂仁宗境内的艾宁噶尔谿是“政府一家俗官凭以服任官职之基本庄园”，“无法归给喇章”；“住仓谿全部有待查明”；“昂仁居雍日切加桑谿、昂仁堪布法谿、达木喇嘛地区可归还扎寺管理”；扎寺夏则、郭日扎仓之“曲谿”夏疆塞巴等地区“不是政府接收”，须共同复查后

① 参见，驻藏办事处处长孔庆宗 1942 年 5 月 17 日电文：噶厦官员在班禅转世问题上表示，“前后藏之事，应自商妥善解决。班禅佛转世，勿任他人干预”。“由此推知，西藏当局意见，似在规避中央”。1949 年 5 月 15 日喜饶嘉措给蒙藏委员会电文：“至究其（班禅进藏）迟滞原因，乃系藏中一二不肖为遂其自私自利，因借真身待办为词，达其拒绝政府之实。”见《九世班禅圆寂致祭和十世班禅转世档案选编》第 216、353 页。

再说。

在免除与减少扎什伦布寺所属差巴的赋税与乌拉问题上，噶厦提出“水猪、火蛇年布告可作废或免于执行”，而以水牛年达赖颁布的决定为准。总计拉让应负担青稞32965.5克，藏银3872.8两，酥油2520克，“业经早已减免在案”，“今后常设军队粮饷开支四分之一等，则不得不提出请拉让负担”，遇外敌入侵，仍应按拉让属区面积与收入均摊负担等。关于扎什伦布应负担全藏四分之一的军粮问题，班禅方面认为那是火鸡年以后增派的，应予免除；达赖方面则强调那是为了抗击英帝国主义的侵略战争而增加的，属于国防费用的性质。今后西藏全区仍有巩固国防的任务，不论是达赖方面的差巴，或是班禅方面的差巴，均应承担一定的巩固国防的义务，不能免除。巩固国防的负担由达赖方面单独承担是不公平合理的。为解决这一问题，中央代表张经武根据中央指示说明，以后西藏地方巩固国防的任务，由驻藏人民解放军负责。有强敌压境时，按旧规办理。除此之外，常年军需粮饷，可以悉数免缴。根据这个原则，班禅方面负担的1/4军粮，也免除了。最后备忘录规定，“关于军用粮饷之负担问题，有关巩固国防的事宜，现由中央负责，故常年缴纳之军用粮食及款项，从今年起悉数予以蠲免”。

关于沿途差事，备忘录规定，双方商定将藏历火蛇年（1918年）噶厦的布告及水猪年（1923年）达赖的布告，予以废除，班禅属民不予遵行。按照藏历水牛年（1913年）达赖的布告执行。

关于金税及诉讼罚款问题，备忘录规定，将哲蚌寺原属班禅的拉孜、昂仁、彭措林三地区所收的黄金税，从本年起由扎寺拉让征收。班禅属民及其他方面人民，因诉讼而纳之罚款，其应归扎寺拉让者，可依旧归扎寺拉让。

至此，班禅恢复固有地位与职权的问题得到初步解决。

1952年6月23日班禅回到扎什伦布寺，自1923年九世出走到十世班禅回寺经历了29个年头。牙含章护送班禅返回日喀则后，用了半年多的时间帮助班禅恢复其固有地位和职权。工作进行是比较顺利的，达赖方面所占的主要宗豁，归还给了班禅方面，由班禅派官员管理。

但这次解决只是初步的，还有税收及个别豁卡归属问题未明确。真正的焦点还在双方的政治地位问题上。毛泽东曾对双方提出了这样的要求：“要达到西藏内部的真正团结，必须以互相信任、互相尊重、互相谅解、互相帮助的精神，来彻底处理未解决的问题。”

1954 至 1955 年达赖与班禅在京出席全国人大会议期间，对于未解决的问题还进行了一次重要的处理。西藏地方政府派阿沛和柳霞·土登塔巴与班禅堪布会议厅代表詹东·计晋美、德伦·次仁班觉就噶厦与堪布会议厅委员会的关系进行具体协商处理，最后形成了《西藏地方政府和班禅堪布会议厅委员会之间关于历史和悬案问题的谈判达成的协议》，并报请国务院 1955 年 3 月 9 日第七次会议批准。1952 年所谈未解决的一些具体问题得到了双方认可的解决。

1955 年 3 月 9 日班禅堪厅委员会主任詹东·计晋美在国务院全体会议第七次会议上的报告[①]中，就班禅返藏后与噶厦的关系的进展做了说明，“开始了协商，由互通信件，到互派代表，直接谈判的形式，解决了不少的问题，例如：火鸡年为和好界限问题，乌拉差事问题，全年军费问题，诉讼罚款问题，金税问题等”。对于这一次在中央的帮助下，双方很圆满地达成协议是满意的；存在的缺点之一是在团结方面：“在西藏内部问题上，缺乏互相信任，互相尊重，互相让步，互相帮助的精神，因而或多或少产生了一些问题”。

此后，双方仍然存在一些矛盾和摩擦。毛泽东主席在 1957 年 8 月 18 日给达赖的信中还提到：“西藏地方政府和堪厅间的关系问题，希望都能从团结愿望出发，双方好好协商加以解决。”[②] 问题的真正解决到了 1959 年之后。

九世班禅滞留内地时，成立有“班禅行辕”的办事机构，后改为班禅堪布会议厅。1953 年 3 月堪厅报请政务院批准任命了两名主任、3 名副主任、17 名四品以上的官员为委员，组成堪布会议厅委员会；詹东·计晋美、拉敏·益西楚臣任主任。该委员会受政务院领导。

1961 年 7 月 9 日国务院同意堪厅委员会结束其工作的报告。如十世班禅所言：“在毛主席英明领导下，完成了三十年来谁也不能解决，谁也没有办法解决的西藏（内部团结）问题。”

---

① 见西藏自治区党史办公室编，中国藏学出版社 1998 年 12 月出版的《周恩来与西藏》一书第 59—62 页。

② 见中共中央文献研究室等编，中央文献出版社、中国藏学出版社 2001 年 5 月出版的《毛泽东西藏工作文选》第 162 页。

费用问题

如前文所述，噶厦与扎寺之间的费用问题主要是军费负担问题和徭役差赋问题。

1791年（藏历铁猪年，乾隆五十六年）廓尔喀入侵西藏，攻占了扎寺，扎寺拉让请求噶厦救援，表示对来援部队所需军饷粮秣，尽所有财力暂行垫付。战争结束后，扎寺要求噶厦退还垫付的费用，但噶厦未置可否，多次催后，答复是扎寺方面应负担四分之一军费，究竟是多少没有公布，争执便延续下来。1888年（藏历土鼠年）和1904年（藏历木龙年），英属印度两次入侵西藏；1912年（藏历水鼠年）清驻藏绿营官兵与噶厦发生内部战争。噶厦便将这三次战争军费开支公布了一个总数——108万克青稞，要求扎寺方面承担西藏此前军费开支的四分之一即27万克。这就是噶厦一再坚持的所谓“旧规”，这是属于需要偿付给地方政府的“旧账”。在为扩充军备而成立征粮局之后，每年征收4万克军粮，其中扎寺方面担负四分之一。另外扎寺方面还要全力支应噶厦的官吏来往于后藏各地所需之骡马、民伕等差役。

对上述情况，李苏的文章评述得比较完整：“噶厦强令扎寺拉让支付1888年和1904年两次抗英战争和1912年驱逐清军所耗用的军费；还要支付增建新军的四分之一军饷。并说，这是早已在1789年和1853年廓尔喀两次入侵西藏时噶厦与扎寺订立盟约时规定的。噶厦多次严令扎寺拉让后，扎寺拉让复信说：‘抗击廓尔喀，是为了保卫西藏的领土和主权。在战争中，扎寺损失惨重。当时，扎寺拉让及所属大小寺院、贫富居民为赶走侵略者，所有人力、物力都投入战争，耗用的军费噶厦不偿付我们，我们也没有什么意见……至于要建立达赖喇嘛的警卫部队，我们愿尽力而为，除此以外，实无力支付所规定的四分之一的军饷。且拉让所属溪卡收入，仅能维持本寺费用，并无多余。五世、七世和八世达赖喇嘛对扎寺的供应差役，早有规定。此项规定关系到扎寺的兴旺盛衰，望噶厦切勿改变原定法规。’扎寺拉让多次上书请求免征新税，但噶厦充耳不闻”。噶厦少数人，怂恿一些当时的后藏十三宗代表向噶厦提出，扎寺的属民同噶厦属民一样完粮纳税。噶厦委派调查官到日喀则调查税收情况，扎寺拉让办事人员到拉萨，据理力争，但无结果。“噶厦步步进逼，除了要扎寺拉让承担四分之一军费外，还下令按‘水猪法令’支应马差，向后藏十三宗下达了文告。扎寺拉让属下的百姓更无力担负。拉让只好从自己的收入中减削，将每岗差地免去十克半青稞税。如不采取这一措施，其属民每年将有百分之五的人家破产。”

“军费”之外，如前所述，徭役赋税问题也是一个关键。七世达赖时的“水猴年协尔邦法令”说：“班禅佛爷……属民、牲畜和土地，不要说让其支差了，就是在扎寺属民前也不得高声喧哗。”1752 年 3 月 1 日（藏历水猴年，乾隆十七年正月十五日）《七世达赖颁给扎寺寺庙产权及支差纳税之重要文书抄件》[①] 强调，“除人、牲畜、财物三者，大中小三种常规和额外之劳役实物差徭外，不再负有一切，应全部豁免。教规中重要的个别寺庙，始终需要例外，犹如水渠中不能容纳鱼网”。从七世达赖时期起，班禅辖区的赋税、差役只向扎寺缴纳，无支应噶厦之例。

但后来却增加了负担，1793 年（藏历水牛年，乾隆五十八年）功德林济咙活佛任摄政时，订立了“水牛年汉藏决定”，规定：日喀则宗与宗之间的所应支的乌拉，马差 49 匹、驮牛差 99 头以下由噶厦百姓负担，超过部分的人、驮畜的住宿开销、伙食柴薪、饲料等，由扎寺方面负担超出部分的六分之一。

1793 年《驻藏大臣和琳为差税要按八世达赖喇嘛等的公文执行之批示和重申令》[②] 规定：“根据所辖地区的范围大小，若需要十四马的运输差时，则扎寺拉让出三匹，政府范围出七匹。……其余的寺庙豁卡不论新旧，都得沿袭以往规定，与政府辖民同样支差、平摊旅途应支的乌拉和差役，扎寺也不能将其应支差役转嫁他人，特别是日喀则汉官来往交通所需及康区、蒙古人士为政教安乐而祈祷，各集市等有关路牌开列的长期运输差，如需乘骑 14 匹、驮畜 49 匹以内由政府的百姓负担，马 15 匹、驮畜 50 头以上则按汉藏双方的牌票执行。无论轮到何处摊派，无论乘骑和驮畜或人夫苦力，政府的百姓负担四分之三，拉让的百姓负担四分之一。……汉族、西康和蒙古等人员在各地派短途运输差时，政府和拉让均按其所经营的岗数平均

① 载《西藏社会历史藏文档案资料译文集》第 40—42 页，中国社科院民族研究所、西藏自治区档案馆合编，中国藏学出版社 1997 年。

② 载《西藏社会历史藏文档案资料译文集》第 3—4 页。

分摊，拉让属民负担六分之一。”这就是后来噶厦坚持的班禅拉让承担负担的四分之一的根据。

关于噶厦对扎寺的差税的文告，还有1796年9月22日“济咙摄政颁给扎寺关于差税之文告”①：扎寺的谿卡承担和减免之差税问题，“今以战争为界限，对扎寺各寺庙谿卡的支差免税问题，……支、减、留三种（差税），仍按木虎年以前精神不变”。

到了1917年，噶厦公布“火蛇年法令”：江孜地区宗之间的对英支应徭役，属于额外差（称作“支援江孜帕里”），由各地以折合银等形式共同支应，如果马差超过100匹，驮牛超过300头时，扎寺所属庄园与百姓应共同承担江孜境内所应支的人伕、马匹、驮牛、住宿安排、饮食柴薪、饲料等总数的1/7。1923年（藏历水猪年）法令中规定扎寺所属庄园的百姓必须遵照《铁虎清册》的定额缴纳土地税和应支的徭役。按照《铁虎清册》，“岗”（一岗约合50亩地）、“顿”（两岗或四岗为一顿）的计算方法应该是统一的，但噶厦却故意夸大，甚至成倍扩大。班禅出走前，噶厦派到日喀则的两位基宗对寺院财产和耕地进行过清理勘测，制定了“增勘赋税粮办法”，规定测定后的土地新增税款，每年必须按期交清，所拖欠的军费不另行列出，汇总在新测定的增收税金内。这一方法要扎寺方面每年增缴三万克粮食，自1922年到1927年六年间计算出的税款总数相当巨大，无法缴清。

作为历史当事人、扎寺方面的人物团康·洛桑德吉，其文章虽然时隔半个多世纪，仍充满怨怼：“噶厦接着便以‘提取拖欠的军费’为由，将扎寺所属的拉孜宗、昂仁宗、彭措林宗、康巴宗、谢通门谿卡、美康谿卡、达那仁青孜谿、南伦饶谿、江孜查苦谿等分别予以接管，并勒令所有僧俗办事人员，不管愿去不愿去，均强制其前往，以示警戒。这样一来，扎寺各寺院的收入大为减少，以至于连敬神的供品、做佛事的用费都颇为困难，僧众们的衣食自然也就成了问题。”。

这其中折射出来的是政治与经济两方面的问题，这点在后文中分析。

① 载《西藏社会历史藏文档案资料译文集》第81—82页。

前后藏分治

这是一个在历史上时常以或隐或显的方式出现的一个“大问题”，需要对扎寺走上西藏政治舞台及管理的地域等方面的情况作一追溯。

扎寺真正在西藏的政治生活中占有一个相对重要的地位，始自四世班禅罗桑曲吉（1570年—1662年）在1601年就任扎寺第十六任法台之后。当时扎寺的曲谿很少，四世班禅向当地领主“讲经说法，进行劝捐，当地封建领土乃向扎寺捐献了一批谿卡”①。在17世纪中期格鲁派与藏巴汗的斗争中，罗桑曲吉发挥了举足轻重的作用，格鲁派取得胜利后，固始汗把后藏的数十个谿卡，献给扎寺以为供养。在他在世时，“僧侣五千余人，楼房三千余间，属寺五十一处，属寺的僧侣四千余人，扎寺本身庄屯（谿卡）十六处，牧区有部落十余处”②。

清初以降，扎寺与噶厦各自分理前后藏事务。1706年，拉藏汗将“达纳仁钦则全部牧区和列普的全部农牧区、涅日地区的庄园百姓等划归扎什伦布寺”③。1713年清康熙直接敕封班禅在后藏的单独管辖区，一切政教事务由“班禅朗玛岗”（班禅拉让）掌管，受驻藏大臣指导。1717年蒙古准噶尔部占领西藏时期，因藏王发布命令，将颇罗鼐在拉藏汗时赐的属民和塞地的仁钦则宗诸地及其属民没收，颇罗鼐将之给了扎什伦布寺④。1719年（康熙五十八年），入侵西藏的准噶尔部“把后藏仁钦则宗本的庄园、百姓和江孜章子宗本的庄园、百姓，一律赠送给（五世）班禅，班禅开始坚辞不受，策凌敦多布说，如你坚辞不受，恐怕准噶尔汗要生气。班禅才勉强接受了”。⑤

1727年西藏内乱，卫藏战争开始前，班禅喇嘛派人斡旋，颇罗鼐说，“康济鼐和我早已商定，卫藏交界的岗巴拉以上的土地，那是我们劲旅从准

① 牙含章：《班禅额尔德尼传》，第17页。

② “西藏学文献丛书别辑”第十六函之张伯桢述《西藏大呼毕勒罕考》。

③ 丹珠昂奔主编：《历辈达赖喇嘛与班禅额尔德尼年谱》，中央民族大学出版社1998年，第458页。

④ 多卡夏仲·策仁旺杰著：《颇罗鼐传》，汤池安译，西藏人民出版社1988年，第165页。

⑤ 牙含章：《班禅额尔德尼传》，第82页。

噶尔歹徒手中夺回来的，当划为班禅佛爷的供养地。现在，没有得到文殊大皇帝的圣旨，而后藏、阿里却被那班凶恶的敌人所据有，这是绝对不行的"①。

战乱结束后，1728 年（雍正六年）九月二十六日，率兵进藏平乱的左都御史查阿朗等人，在布达拉宫向班禅宣读圣旨：把扎寺以西（或说岗巴拉山以西）到阿里的地区全部划归班禅管辖。班禅表示，扎寺已有很多田庄和百姓，收入足够全寺僧众食用，不愿接受新赐的土地，请钦差转呈皇帝收回成命。后查郎阿提出把后藏拉孜、彭措林、昂仁、吉隆、宗喀和阿里全部划给班禅，班禅只接受了拉孜、昂仁、彭措林三个宗，其余不接受。作为回报，班禅把帕里、江孜和贝第湖给前藏，边界定在白朗宗以西。从此形成了西藏地方的两个政权：噶厦和班禅拉让，均归驻藏大臣领导。此前，后藏的作为一级行政单位的宗本及阿里的噶尔本都由西藏第巴管辖的，班禅拉让所辖的地域未设宗本。虽然五世班禅极力想维护与达赖方面的关系，不愿接受中央政府对他的封赐，最后勉强接受了三个宗，在前藏方面看来，最初不和阴影已经种下。

这是清廷实施"分而治之"政策的一部分。在此同时，将金沙江以东的巴塘、理塘、打箭炉划归四川省管辖；将中甸划归云南省管辖；把南称巴彦（今玉树）等处七十九族牧民地区划出四十族归西宁办事大臣管辖，其余三十九族（今西藏那曲地区与昌都地区交界地带）后归驻藏大臣直接管辖。对于边疆未实施行省制度的地区，中央对这些地区的社会控制采用的是通过地方领袖人物管理的方式，力度远不及行省制的地区，而且这种管理方式还要受到一些不确定因素的影响，因而"分而治之"政策不能简单视为封建皇朝对少数民族地区的压迫，毋宁说是一种妥协的、适宜的选择。

具体到本论，这也成了解决班禅回藏的一个争论点。班禅于 1931 年 5 月 16 日上书国民政府关于解决藏事意见书中言及，"西藏所谓地方情形者，即前后藏划分与藏务行政由办事长官掌理是也。前藏曰卫，后藏曰藏，卫藏图志灼然可稽，又有冈巴拉山为界，人情、风俗、言语截然不同，实难合而为一。……今既重订西藏地方制度，自宜参照前清成案，特派熟习边情、著有声望之大员二人，一驻前藏，一驻后藏，凡练兵、制械与夫用人

① 《颇罗鼐传》第 307 页。

行政，均须与长官会商而行，有大事则请命于政府”①。

1932年5月20日达赖驻京办事处呈行政院书则声言，“西藏政教两权，完全属于达赖喇嘛……班禅在藏中不过一宗教师，与一般教徒同隶于达赖喇嘛统属之下，初无若何特殊地位。上年中央以护国宣化广慧大师名号及印册、俸银等优给班禅，使其骤跻于与达赖喇嘛匹敌之地，藏人不胜其骇诧”。附“译录西藏三大寺僧俗官员及民众全体大会宣言书”中称：“扎什伦布庙及班禅原有香火赡养各地，悉前代达赖喇嘛所赐，例供西藏政府差役，与政府直属民户无异，乃班禅无故令其香赡各地众户，控不供应。”班禅驻京办公处1932年6月7日辩称，“青海顾实汗攻灭藏巴汗后，复以达赖、班禅分居前后两藏，各主其教，各治其民。惟因前藏地居三藏之中，达赖得利用以图发展。然而西藏人民对于达赖、班禅之崇拜信仰，初无二致……地位平等，无分轩轾，于此足以证明。……贡觉仲尼等谓班禅无政治权力，纯属捏造曲解”。②

1946年12月13日国民政府转后藏国大代表拉敏·益西楚臣、计晋美等人向政府提出要求致蒙藏委电，附计晋美等人报告称：“在国家领土与主权完整之前提下，前后藏应分别予以高度自治。前后藏之界限以冈巴拉山以东为前藏自治区域，冈巴拉山以西为后藏自治区域”。③ 1950年8月1日，班禅致敬代表计晋美等，经由西北军政委员会主席彭德怀向毛主席呈递的《解放西藏办法及政教组织方案》中，提出“西藏有整块的土地，同一的民族，适合区域自治的条件，组织一行政区而将前后藏分别自治”的意见。班禅方面对这一意见在很长时期内都未放弃。

十世班禅返回日喀则后，仍然发生了后藏班禅方面要求后藏地区先行

① 《元以来中央政府与西藏地方关系史料汇编》第2606页。
② 《元以来中央政府与西藏地方关系史料汇编》第2619—2627、2628页。
③ 《元以来西藏地方与中央政府关系史料汇编》，第3203页。

成立单独的自治区之事，在当时只限于内部讨论，因而外界所知甚少。[①] 1952 年 9 月 15 日，此事在日喀则分工委向西藏工委的一份请示中正式提出。

日喀则分工委认为，长期以来，达赖、班禅两集团处于分别治理前后藏的历史中，班禅集团形成了很深的分治思想，两集团之间的隔阂在这方面一直没有得到消除，反而在加深。和谈时，恢复班禅固有地位及职权问题，在和平协议中作了明文规定，实际上就是恢复到清朝时的“分治”局面，这是为了首先解决西藏民族内部的团结问题。“西藏内部行政上是要统一的，应该统一的，但如何统一，则需要经过一个较长时期的过程……必须等待西藏军政委员会成立了，达赖、班禅双方的负责官员都能参加进去，才能逐渐达到政策、法令以至地方行政的统一。如果今天就提出‘行政统一’问题，特别是要班禅在‘行政’上‘统一’于‘现在的西藏地方政府’……班禅集团不但不会接受，反而会认为我们偏向达赖集团，压迫他们向达赖集团屈服，其结果是不仅要搞坏我们和班禅集团之间的关系，而且会加深达赖、班禅两大集团之间的隔阂，因此我们请示工委、中央、西南局关于中央对于西藏行政统一的方针。”日喀则分工委的主要负责人，是与班禅一同进藏的西北方面的同志，他们对于班禅方面就“分治”上的看法是清楚的，分工委的请示函里实际上也反映了班禅方面的观点。

对于此事的处理，西藏工委有不同的看法。西藏工委认为，“中央政策是和平统一西藏的方针，中央人民政府和西藏地方政府签订的协议是包括班禅集团在内的，是要使达赖和班禅由分裂走到团结，由‘分治’走到统一，由落后走到进步，不是分裂分治和保守的方针。……恢复班禅的固有地位职权问题，我们应该保证实现，但不是承认过去满清所规定后藏的扎寺所管辖的地方有高度自治权利，我们就把他看成班禅后藏分治政府是不对的，即根据西藏历史扎寺所管辖地区仍须向噶厦负担而西藏政治行政在

---

① 在《光辉大事记·西藏卷》和《党史大事记》中略有提及。班禅返藏后，中央“对达赖集团妄图把班禅集团置于他的从属地位和班禅集团企图与达赖集团‘并列’的错误认识和做法（包括班禅集团曾想先搞分治），中央和西藏工委都及时予以纠正”（第 84 页）。这是笔者在正式出版物中见到少有论及之处。这件事情在当时只在极小的范围内知晓，2003 年 7 月笔者问询恰白·次旦平措先生时，先生甚至对此事的真实性表示了怀疑。他说，早在和平解放西藏谈判中，班禅就曾提出过前后藏由达赖、班禅分别治理的想法，就没有得到过认可，还是按照两大政治领袖和好时期的管辖范围进行调解，并写进协议；另，在筹委会成立过程中，班禅也提出过在筹委会组成人员中，前后藏各占一半的提议，最后采取的是前藏占一半，后藏和昌都解委会各占四分之一的解决办法。

形式上还是统一的，十三世达赖统治时期更加统一了，这是客观存在的事实。而班禅返藏后按旧规旧例除恢复过去的固有地位职权外，不能以后藏名义去统治全后藏，这点必须划清明确的界限。……如班禅集团要求分治，不承认达赖的领导地位，就不可能搞好达赖与班禅的团结，不团结就不能真正统一西藏”。

1952 年 10 月 27 日中央复电西藏工委，同意工委西藏统一方针的见解，不可采取先分治后统一的步骤，统一的西藏自治区是不可动摇的方针。至此，关于分治与统一的问题未再进行争论，但并不意味着对这一问题的认识的统一。1952 年 12 月 21 日日喀则分工委在给西藏工委的一份报告中反映，自班禅返回后，两集团的人员“在感情上仍很对立”，在后藏“发生了一些摩擦事件”，“班禅集团内部新旧派之间发生尖锐斗争”。

1953 年 10 月底至 1954 年 1 月中央指定中央统战部召集西藏工委部分领导张国华、范明、王其梅、慕生忠、牙含章等到京，召开西藏工作会议。会议主要是为了解决三个问题，其中之一就是西藏分治与统一问题，提出西藏只能搞一个统一的自治区，不能搞达赖与班禅、前藏与后藏的分治。①

这一问题在一些细节上还有所表现。1954 年 4 月底，就达赖、班禅出席全国代表大会第一次会议的代表名额等问题，班禅、计晋美在同意赴京出席会议的前提下，提出噶厦和堪厅应作为两个行政单位去开会，并要求在名额上缩小与噶厦方面的差距。在北京举行双方商谈中，班禅方面实质上将问题从解决历史悬案问题置换为双方地位的平列问题。最后采取的是一种妥协的办法：双方的隶属关系问题，不在协议中明确提出。

1956 年西藏自治区筹委会成立后，在西藏工委副书记范明的主持下，一度掀起了宣传民主改革、进行改革试点的活动，在工委向中央提出的报告中，曾从另一个极端提到了这一问题，就是在更大程度上建立西藏自治区的问题，事实上可以看做是这一问题的变形。

先分治后统一的思想，既有历史的渊源，也有眼界狭小、受制于非历史眼光的局限。但在大的方面，班禅方面始终明确地坚持了一个重大的前提，那就是一直是在中国这一国家范畴内考虑问题，与噶厦方面相比，这是一个原则性的区别。

---

① 另两个问题分别是西藏的社会改革必须分两步走的问题、西藏工委内部的团结问题。

扎寺拉让所辖

现在我们所说的后藏，是指日喀则地区而言，这是行政区划的概念。日喀则市以西拉孜、萨迦等地，在民间的看法中，一般不会视为后藏（而是称为堆巴）。年楚河流域乃西藏农业发达的主要区域，一般而言的后藏，其实就是指这一区域和雅鲁藏布江以北的部分区域，也就是包括现在在行政区划上的江孜、白朗、日喀则、谢通门、南木林等县市。

有一份1940年代的调查说，日喀则基宗官员管理十三个宗：帕里、定结、江孜、独穹、白拉、仁布、岭、岭噶、哈补、朗里、聂耳、汪邓、甲磋。此外驻代本一，统兵500，以备边防；古松如本一，统兵100多，维持地方秩序，但武装受噶厦和马基指挥；设粮员，隶于噶厦征粮局。扎寺拉让原管辖之地有四个宗：彭错林宗、拉孜宗、昂仁宗、岗巴宗，还有谿卡20多处，分于江孜以西、日喀则以东一带，“近年寺中政权既为前藏政府所垄断，凡出产丰富之庄田，均为彼等占据，班禅旧部大多穷若不堪，而一般人民仍照例向拉章供应外，又须依照前藏政府之规定，服从兵役，负担军需，支应差徭，双重压榨，尤为痛苦”①。牙含章《护送班禅额尔德尼返回西藏的回忆》谈到扎寺管辖地方，日喀则基宗“总管后藏十六个宗、班禅所辖的四个宗和三十多个相当于宗的独立的谿卡”。

1961年4月，堪厅正式结束前，班禅在一次与西藏工委领导谈话中，谈到了堪厅的宗、谿问题。主要意思是：一部分是“曲谿宁巴”，是四世班禅接管扎寺时的几个谿卡，属于寺庙的，一直到那时仍属扎寺的吉萨管；其他如连谿卡、谢通门谿卡，是两个大的谿卡，乃五世达赖给四世班禅的供奉地；拉孜、昂仁、彭措林、聂拉木、定结、宗噶六个宗，是康熙赐给五世班禅的。后三个宗因在边界地带，噶厦说以浪卡子宗进行交换，那三个宗噶厦要去了，也没给浪卡子。还有些谿卡，有些是贵族送的，有些是寺庙送的，有些因为班禅出生在前藏，担任班禅之后带给扎寺的。

在涉及后藏的治理权时，扎寺方面有意将其管辖地域夸大，将岗巴拉

---

① 戴新三：《日喀则鸟瞰》，作者根据其1944年4、5月到扎寺发放布施的调查写就，文载《边政公论》第四卷第9、10、11、12期合刊第52—62页，1945年12月出版。

山以西视为其管辖的范围；在涉及负担问题时，又强调管辖之有限。据了解，扎寺方面管辖之地有达木萨迦（1964年归入班戈县）、拉孜宗、彭措林宗（此二宗均归入现在的拉孜县，且比现在的拉孜县所管辖之地要小）、昂仁宗（小于现在的昂仁县）、岗巴宗等1个牧业宗和4个农业宗，以及谢通门、江孜查若等5个相当于宗的谿卡，和交叉分布于噶厦管辖内的63个大小谿卡、100多座寺院，和平解放前有约10万人。谿卡则有许多难以分辨之处，一是大小差距太大，二是个别谿卡之间还存在着相属关系。不过至少可以作出一点估计：当时其所属宗、谿卡涉及现在日喀则市、南木林县、萨噶县、谢通门县、聂拉木县、定结县、江孜县、白朗县等地。1958年时有一个调查，扎寺方面有4个宗（未将达木萨迦作为宗来计算）和45个谿卡、26个牧业部落，占有土地20多万克、牲畜2万余头；下属册封贵族37户，农牧奴3.3万多户，人口17万多；每年“剥削收入粮食21万余克（合588万余斤）、酥油2400余克（合24万余斤）；摊派各种乌拉差役107种，剥削量高达70%左右。扎寺有下属分寺230座，僧尼近万人”。[①]而《原扎什伦布寺拉章坚参吞波组织机构》则以为，到1959年扎寺，“政府直属县3个，与县相似的大庄园5个，中小庄园68个，土地20多万克，牧场26个，大牲畜2万余头（未包括贵族和寺庙的土地和牧场），下属寺庙约220个”。班禅拉让“直接管辖的宗包括拉孜宗、昂仁宗、彭措林宗三处，谿卡为谢通门、达纳仁钦孜、岗巴、间隆、典伦热、江孜查普、达木喇嘛等”[②]。

因为存在着细节上的出入，现在要将扎寺所辖完全弄清楚有较大困难，不过大的区域状态是比较完整的，这对于全面认识本论问题已经足够。

在历史上，西藏从来没有真正成为一个统一的行政区，这里有自然条件差异的原因，更主要的是西藏内部的区域性治理的问题所致。西藏的自然地理具有明显的地域性差别，也由此而形成了不同地域之间主导产业的不同：高海拔的藏北草原、阿里草原的牧业；雅鲁藏布江中流、拉萨河、年楚河流域河谷地带的农业（兼及牧业）；喜马拉雅山脉北侧、今山南地区和日喀则地区南部的高山地带的非草原性牧业（有若干农业成分）；藏东林

① 曹自强：《和平改革，区别对待——扎什伦布寺民主改革回忆》，载《中国藏学》1999年第1期。

② 载西藏自治区政协文史资料研究委员会编，《西藏文史资料选辑》第13辑第43页、第79页，民族出版社1991年。

业带。不同自然地理以及在交通不发达状态而导致的相对隔离状态，形成了相异的文化形态，泾渭分明。而旧西藏的行政区划主要依据地方性割据势力的不同而划分，而割据势力的形成与自然地理状况相吻合，在长期的发展过程中，不同的地域形成了属于经济地理学上的不同的自足性经济系统，即构成部分在相对封闭的区域范围内，经济对于外界的需要减少到最低限度，呈现出最大限度的自足性。这一点，在前现代社会时期的不利影响还不十分明显，但在现代社会对于自身的发展、对于整体经济的发展都是很不利的。这也构成了本论需要涉及的一个隐含问题。

生存性经济

西藏地方长期以来是一个相对封闭的经济体，是传统而原始的、自给自足的农牧业经济，在一个低水平比较稳定地运行；手工业依附于农牧业而存在，西藏地方内部经济上的交换主要是互补性的交换（如主要的盐粮交换），以此维系着经济整体的平衡。对于旧西藏的经济，有几种观点，其中之一是以为属于“宗教经济”，社会财富具有明显的向宗教寺院集中的倾向，这是从经济的主要服务目的来认识的。事实上也是如此，“寺庙控制着政府以及社会的经济活动，拥有全部耕地的1/3、大量的牧场以及许多农奴和奴隶”①。其时是一种生存性经济（subsistence economy），生存性经济在这里的含义有一点特殊性，仅有社会财富“剩余”主要向宗教方面和宗教场所聚集，提供宗教的巨大需要，社会基本上失去了对于发展经济的追求，宗教之外只提供人们的生存之基本所需，没有促进在经济上发展的基本动力。所谓西藏处于停滞状态的判断，其依据亦是在此，当经济状态长期得不到明显改善，社会的发展就缺少了一个必要的物质基础。

按照西藏自治区统计局公布的数据，1952 年时西藏人均粮食约为 135 公斤，考虑到西藏经济中一直缺乏促进因素，这一水平基本上可以反映本论所及的历史时期的粮食供给水平，“在 50 年代以前，西藏的粮食生产处

---

① 北京大学社会学人类学研究所、中国藏学研究中心编，《西藏社会发展研究》，1997 年，第 26 页。

于维持基本生存需要的水平”①。

进入本文所论的时期，西藏地方的情形发生了很大变化，笔者曾在有关的文章中略有所及，“（十三世达赖喇嘛）建立新式军队，举办新政，必然大量增加开支，在缺乏‘国富’观念的西藏地方只有增加税收”②。十三世达赖喇嘛自印度返回西藏后，开始了“新政”。对于被动地卷入现代性的社会而言，最能明显地想到的变革措施就是器物层面的，在军备上的着眼就是一个“自然的”选择（这点与清末内地的图强运动有相似之处），受到英印的支持，达赖进行了大规模的扩军备战。建立新式军队、扩大军备，对于这个将目的定位于宗教服务的地方经济体系而言，对于这个既稳定又脆弱的经济体而言，无疑是一个大大超出其负担能力的变数，并且是与其经济体制相冲突的。现在找不到确切的军费开支情况，而对班禅拉让所要求的负担可见一斑。

我认为，这一举动至少有两方面的作用，一是尽力保证军费开支，二是因为班禅集团对达赖集团的不顺从而借此打击班禅集团。更深的考虑是，整合西藏地区的行政管理权，试图把扎寺地位降低到拉萨三大寺的水平上。而此举对西藏经济造成了难以想象的困难，后来也确实在扩军的路上未能如愿，到西藏和平解放时期，藏军仍是一支装备和战斗力很差的军队，在经历了一段时间的停滞不前后，为了其不切实际的“分裂幻想”而重振军备，在40年代末50年代初也只是在装备上有所改进而已。

因而，也就不难理解，这样的经济体是远离现代经济形态的经济体，就是缺乏激励体系（incentive system）的经济形态，所具有的一点科技观念几乎全部淹没在宗教的光环之下。

1915年扎寺修建强康，殿内强巴铜佛像高26.5米，仅眉间便用了大小钻石、珍珠、琥珀、松耳石1400多颗；铜像由110名工匠化了4年时间建成，花费了6700两黄金、231000斤黄铜，其他珍宝不计其数。这是一个基本的例子，反映着宗教活动场所聚敛财富的表现。据了解，修建强康在前后藏矛盾中，不占有重要的位置。扎寺方面说，那些饰物主要是扎寺方面属民“自愿捐献”的；那么，那些黄金、黄铜呢？前藏对于后藏的指责，更多的是出于寻找口实的需要，社会财富向寺院集中的现象不唯后藏才有，

① 《西藏社会发展研究》第19页。

② 《本世纪上半叶西藏政事的现代性分析》，载《西藏研究》1999年第3期。

那是西藏社会的普遍现象。

旧时西藏两大政治、宗教、经济集团之间的费用问题，说白了是多种因素集中到一起所发生的，而根子是其抑制发展的经济制度和经济状态。

评　述

雅鲁藏布江以南、贡嘎县以上、岗巴拉山以西、阿里以东属于我们评述的大体范围。从清初藏传佛教格鲁派开始掌握西藏地方政权始，后藏逐渐形成两个管理系统，一为噶厦，一为扎寺。“在日喀则境域之内，有属于宗署（指日喀则基宗或曰藏基）管辖的村庄，亦有属于扎什伦布寺管辖的昔噶（即谿卡），错落其间，颇难辨清，即街市之中，亦有因管辖不同，而互生争执之事，素见不鲜。日喀则有此种奇异的历史沿革，于是造成特殊的复式行政系统”[①]。这种局面是造成关系复杂的主要原因之一。前后藏失睦的原因，不论多么复杂，前藏方面表现出来的却是将后藏视为一个另类的区域。

西藏现在的行政区域内的管理，1950 年之前没有统一过；以 1960 年初班禅堪布会议厅委员会结束工作而取消为标志，西藏才真正出现了不是由宗教集团控制的、而是在崭新的社会制度下的事权统一。这就是后人对这一事件评价时所指出的：这一事件在 1959 年西藏叛乱平息后得到了“自然的解决”。

更深层的原因，还表现为在进入现代期前，西藏的经济结构的不合理性——是一种难以适应现代社会所要求的经济结构。西藏在中央政府的大力扶持下，自格鲁派基本掌握了地方政权、政教合一的封建农奴制度基本完备（18 世纪中叶）之后，即进入了它的停滞状态，这一状态也是一种稳定态。

停滞而稳定，不过是说这种社会结构具备了消弭冲突的功能，但它也有一个致命的前提，那就是不能有引发社会发生成规模变化的因素引入。而西藏进入现代期本身就是被动的，现代性有着与传统性社会治理方式格格不入的力量，这种力量不是凭借宗教的力量可以完全抗拒的。从这个意

---

① 戴新三：《日喀则鸟瞰》。

义上说，即使西藏内部事权是统一的，也无法有效地应对自19世纪以来的外力的破坏性影响。只是这种历史事件的发生将之显化了而已。

生存性经济又可分为两个层次的小形态。低层次属于勉强维持状态的经济（主要对于生产者而言）；高层次则表示基本满足、接近于温饱概念。西藏地区与全国一体化发展的历史进程中，最具革命性的变化当属发生在20世纪末的“短缺时代”的结束，西藏是以基本消费品、耐用消费品悄然发生转变——卖方市场转变为买方市场——为标志的。这一时代的到来，就西藏而言，得益于全国大市场的形成，主要还不是西藏自身发展之功。在一个发展和收入（生活水平）提高主要依赖于国家和其他省市区支援情况的西藏（亦即我们常断言的“还不具备自我积累和发展的能力”），在20世纪末基本告别了生存性经济状态；民主改革之后到此前则是一个告别了生存性经济低层次的一个长期过程。

1923 年班禅出走事件，经济、政治原因结丛而生，且难分主次，事件随着历史情势的变化而变化，一路徘徊进入20世纪下半叶，因为政治形势的大变动才出现根本改观的可能。班禅一行在内地，客观上造成了一种局面，使噶厦不能在“非爱国主义”之路上走得太远，在国家处于动荡衰弱之时，西藏地方即使有了帝国主义势力的怂恿与支持，仍然基本维系着与中央的联系，这对于中华人民共和国成立之后，中央可能较为顺利地解决西藏地方长期与国家不正常关系，作用显而易见。这是历史的大是大非问题，就此而言，班禅方面是有历史贡献的。

西藏和平解放之后，到西藏自治区成立之前，不论前藏、后藏，都在中央的统一领导之下，如果双方都能将眼光放长远一些，双方地位问题应该说是容易解决的。之所以还是出现了那么多的争论，正如阿沛·阿旺晋美在1954年10月14日对中央统战部部长李维汉所说的：“现在达赖喇嘛和班禅额尔德尼两方面的关键问题是平列问题。……目前从噶厦方面来说，能看得远的、大的人很少；拉章方面也是如此。现在大家的注意力并不在今后的自治区问题上，而在目前过渡阶段的关系上，都想如何才能不起变化，甚至要往后退。”①

问题在政治上解决之后，彻底的解决还是要靠西藏地方及西藏地方内部各区域经济的发展，实现作为一个经济体的内部融合以及在全国经济一

---

① 转引自张定一：《1954 年达赖、班禅晋京记略》。

体化进程中的融合，这才是根本的出路。这一点远比政治上的解决要困难，不过20世纪90年代以后西藏发展的局面已经为这种前景的出现准备了足够条件。

作者单位：西藏社会科学院

柏斯尔·古德与英属印度的西藏政策

张永攀

柏斯尔·古德（Basil John Gould），1883年出生于英格兰，幼年曾以BJ作为昵称，就读于温彻斯特学院和牛津大学，1907年至印度外交部工作，1935年任锡金政治官，为英属印度的西藏政策的主要执行者，其个人活动与英国干涉西藏活动有密不可分的关系。古德的一生，在英属印度的西藏政策上主要有三个方面的影响：企图合法化“麦克马洪线”；阻挠吴忠信主持十四世达赖喇嘛坐床；破坏西藏地方与中央政府的关系正常化。但是，学术界一直未对此人做过研究。只有1957年英国地理杂志曾登载专门介绍古德生平的文章，但只有短短几页，并不能窥探出古德在西藏活动的全貌。[①] 本文以古德在西藏的活动为线索，探求他在英属印度的西藏政策制定过程中所扮演的重要角色的历程。

一

1912年，古德从印度外交部来到西藏的江孜，成为商务代办专员。从

---

① *Obituary*: *Sir Basil Gould*, *C. M. G.*, *C. I. E.*, F. M. Bailey, The Geographical Journal, Vol. 123, No. 2 (Jun., 1957), pp. 280-281.

此，古德开始涉足于西藏事务。在这个时期，他和十三世达赖喇嘛建立了良好的关系，并协助十三世达赖喇嘛将一些西藏的中小贵族子弟送往英国的牛津大学，还在达赖的要求下做这些孩子们的指导老师。1921 年，古德从印度回到英国。

1926 年，古德重返亚洲，被印度政府派往阿富汗的喀布尔任职，接着又来到俾路支省任职。1935 年，时年 52 岁的古德接任白蒂成为英国驻锡金政治长官。这个职位是 1890 年清朝与英国签订“中英会议藏印条约八款”确立了锡金为英国的保护国后特别设立的，在英印政府里可谓炙手可热。锡金政治长官的职务是负责丈量土地、管理矿产、征收赋税等。实际上，干涉西藏事务也成为其主要任务之一。

古德上任以后着手的最重要的工作，便是挑起“麦克马洪线”问题，为英属印度争取权益。实际上，“麦克马洪线”在 1936 年以前，一直未引起印度政府的关注，然而，自从华金顿率领考察队进入西藏南部地区受到噶厦的质问后，印度政府开始关注此事。其中，古德为印度政府积极出力出策颇多。

1938 年 4 月 26 日，当英国军官莱特福特率领第一批官兵进入达旺地区，引起错那宗官员的极大愤慨以后，西藏噶厦首先向时在甘托克的锡金政治官古德提出抗议，并且要求谈判。5 月 3 日，噶厦派遣官员会晤古德，对英印的侵略提出了抗议。

古德作为锡金政治官，抬出了 1914 年非法的《西姆拉条约》，他向噶厦官员反驳道：“根据 1914 年条约的精神，达旺地区已经割让给印度政府。阿萨姆政府经常派送官员在边境巡查是惯例，所以此次派遣官员前往达旺巡查也是理所当然的。西藏政府对之阻挡很不明智。”古德还威胁西藏噶厦：“只有当环绕达旺巡查完毕后，（莱特福特）才会返回，（西藏政府）采用武力是毫无用处的。”[①] 面对古德的谬论，噶厦官员针锋相对，毫不相让。古德只好向英印政府建议，要使噶厦公开承认英国在达旺地区的权益不太可能，但是如果莱特福特一直驻留在达旺地区，西藏政府则有可能默许既成事实。

---

① IOR. P. Z. 3507/38. Telegram No. 99. Dated 4th , May 1938, From Gould, Yatungto Foreigh Simla.

1940年1月18日，印度政府外务部秘书卡罗（Olaf. Caroe）[①] 向英国政府提交了一份名为《蒙古地缘带》（The Mongolian Fringe）的报告，对二战爆发后印度北部和东北边境的防务做了一个战略计划，所以也称为“蒙古地缘带计划”。这个计划明显是针对“麦克马洪线”部署的战略计划。古德对于卡罗的计划评价也很高，大力吹嘘。他说：“我们一直渴望西藏应该继续成为覆盖整个印度东北边界和尼泊尔北部边界的缓冲区……普遍认为，对此最好的解决办法是在中英藏三方关于麦克马洪线草案的基本原则上达成共同的理解，加上一个明确的汉藏边界（麦克马洪的‘内藏’与‘外藏’）则是公认的权宜之计。”[②] 同时，古德也很赞同卡罗在蒙古圈防御计划中提出给予西藏军事援助。古德认为由于“中国不可能和各方面都很弱小的西藏进行妥协的谈判”，所以目前英国应该在军事和经济方面对西藏开展援助，同时，对于印度的防卫来说，其战略缓冲区必须“依赖于西藏人自身的努力”，并且辅以“英国在外交上的支持和其他各种直接有效的办法”。古德还着重强调，在实施蒙古圈防御计划时“要考虑到该地区民族部落等因素和前人诸如贝尔、白尔利等人对西藏的研究”。[③]

1940年8月1日，英印政府在阿萨姆省的政治中心西隆（Shillong）召开会议。阿萨姆省督罗伯特·里德主持会议，古德与巴利帕拉边境政务官莱特佛特、萨地亚边境区政务官戈德夫瑞（R. W. Godfrey）等参加了会议。会议主要讨论了英印侵占“麦线”以南地区的步骤和策略，制定了侵略“麦线”以南的计划。但是，古德对此并不满意。他置疑道：第一，英印为何不在卡口、日嘎的更北方向建立哨所。第二，英国没有必要只在冬季驻军卡口和日嘎，而在夏季则撤军。令他遗憾的是，会议并未采纳他的意见。

8月2日，古德在西隆会议的第二日议程上又继续发言，针对1914年“麦克马洪线”的划法是否合理发表了自己的看法。古德认为：第一，1914年麦克马洪爵士在划定印藏边界线时，更多考虑的是“地图上的美观”，所

① 毕业于英国牛津大学，1923年到印度西北边境政治部任职，随后到白沙瓦边境县任副专员。1933年担任西北边境省首席秘书，一年后调到新德里任外交和政治事务部副秘书，后来任印度政府外交部部长。卡罗是英印侵藏分子中的强硬派。尤其在印藏边界问题上，卡罗多次洋洋得意地称，是他自己通过“华金栋事件”，偶然发现了“湮没”了20多年的“麦克马洪线”。

② IOR. Gould to Fletcher demi-offical letter No7（2）p/40，. Dated the 18th april，1940，From Gould to Fletcher，Additional Deputy Secretary to The Government of India in the External Affairs Department，Simla.

③ IOR. L/PS/12. 42000 Gould to Caroe.

以把“重要和颇有价值的达旺地区”划归英印，在该地建立印藏“种族和政治上的边界”。第二，由于西藏在达旺地区设有完备的统治，所以英印目前最好保持达旺地区的原状，“在打破达旺德让宗和噶拉塘地区的现状以前，最好在思昂和洛赫蒂地区取得进展”。

我们可以看出，古德对于英印是否能在达旺地区取得胜利进展而忧心忡忡，所以建议英印保持达旺的现状，而在“麦线”以南地区的东部开始谨慎的行动。实质上，古德早在西隆会议召开之前，就表明英国在占据“麦线”以南地区的行动上，英印的不利因素很多。古德甚至指出了印度政府在关于“麦克马洪线”问题上的弱势因素：（1）“印藏边界的划定并不是1914年西姆拉会议的最主要内容。相反，关于汉藏边界的普遍性讨论成为会议的主要议程”。（2）“边界线并没有在地面上划分，而是以一条红线标在地图上，然后被西藏民众大会和首席噶伦所签署。但是，在地图上签字的只有麦克马洪爵士和伦钦夏扎”。（3）“很多年来，条约几乎没有人注意到。现在才发现，从来就没有一个复制件送交西藏政府。在达旺和巴利帕拉西部的边界地区，伦钦夏扎声称明确地交与英国，但是因为第一次世界大战的发生，英国麦克马洪线的利益被人遗忘了，结果西藏政府不仅对达旺，还有德让和噶拉塘、思昂、日玛以南等地继续占据着。”① 可见，古德在西隆会议上发言，虽然没有指责麦克马洪爵士，但是已对这条边界线的划法非常不满了。

1940年8月1日，在西隆会议召开的时候，古德接到了阿萨姆政府的电报，该电报说：与印度东北高级林务官麦克尼斯（Mackarness）对不丹东部和达旺地区的林木砍伐事宜进行了交谈，计划用阿萨姆的山路运输达旺地区的树木，但不丹东部和南部的交通存在很大困难，只有“麦克马洪线”以南地区可以修建林间小道。阿萨姆政府要求不丹政府交纳通过“麦克马洪线”地区的过路费，每立方米的木材征收0.25Anna②。关于此事，古德在西隆会议上很关注，认为这是英国获利的大好机会。古德认为，“我们所要考虑的是印度政府、阿萨姆政府、不丹政府和西藏政府达成协议，从错那宗开始，经过达旺西部、塔西冈宗（Tshigong Dzong）、让吉亚（Rangiya）

---

① 古德1940年4月18日给印度外务部秘书福莱致电。IOR. Fletcher demi-offical letter No7 (2) p/40, Dated the 18th April, 1940, From Gould to Fletcher, Additional Deputy Secretary to The Government of India in the External Affairs Department, Simla.

② Aanna（安那），印度货币单位，一卢比合12安那。

修建商路，最终到达印度的火车站”，“从穿越西藏宽阔草原的廉价费用来说，通过塔西冈宗的路线对英国非常有利，并且还能削减西藏在噶拉塘地区和德让宗的利益”。古德不仅希望英国在林木贸易中获利，更为深层的意图是借此路削弱噶厦在噶拉塘和德让宗的利益，进而使英印顺利地向“麦线”地区推进。

卡罗于1943年3月25日，与英印总督维尔（Weir. J. L. R）爵士进行了一次会谈，古德也列席会议。古德在卡罗的授意下，提出在“麦线”附近建立一个由英印外交部直接领导、独立于阿萨姆政府的管理性机构，而这个机构应该由古德以锡金政治长官的身份兼任。[①] 但印度总督维尔并未同意，他认为如果任命省督秘书米尔斯（J. P. Mills）负责前进事宜，那么爱德华·克劳也许会采取激进措施。然而，在二人的取舍上，古德与卡罗发生了分歧。印督维尔和古德等人出于米尔斯有在部落地区的考察经验，举荐米尔斯出任色拉地区的长官。古德认为，尽管米尔斯的“政治经验有限”，但作为克劳的边界事务咨询顾问，深谙人类学知识，在边界事务的处理方面应该得心应手。而对于克劳而言，“在（英国）逐步渐进占领麦克马洪线地区上，克劳是缺乏想象力的，而如果按照现有策略执行，可能引起西藏人的怀疑和敌意”。古德还建议米尔斯推进到达旺地区后，积极采取讨好西藏噶厦的策略，让“西藏人在不丹的东部保持一小块部落地带，且英国在此建立一个独立于阿萨姆省督的部落管理机构”。然而，卡罗等人不同意米尔斯出任色拉地区长官，极力举荐阿萨姆省督克劳兼任此职，他表示“克劳和其他阿萨姆的官员在处理部落事务上经验很缺乏一说很难成立，我们如今的目的应该是激发起克劳的信心，并且在没有繁缛策略和争论的前提下，尽快执行我们的政策”。卡罗还准备近期会见克劳，并和他详细讨论部落地区的细节对策。[②] 为了支持米尔斯任色拉地区长官，古德决定从返回锡金的路上，特意途经达旺地区，考察这一带的部落实情。

1944年8月，英国为了使西藏噶厦在“麦线”问题上屈服，派遣古德访问拉萨。从当时的情况来看，英国并没有在达旺一带取得新进展，所以英国政府在给古德的训令明确指示：古德此行的主要目的是“争取中国政

---

① Alastair lamb, Tibet, *China and India* P475, 998.

② IOR. Ext, 1626/44 Extract from private letter from Lord Wavell to Mr. Amery Dated 29th March, 1944.

府和西藏噶厦能够按照《西姆拉条约》解决西藏问题，并同意英国占领麦线以南地区”。但是，印度事务部担心在达旺问题上引起英藏的激烈冲突，所以印度事务部还建议古德可以和西藏噶厦交涉后，在“不放弃英国政府在这个条约中所获得的利益”的前提下，考虑稍微调整达旺地区的“麦克马洪线”。

古德抵达拉萨后，首先以“补偿西藏的赋税损失”为条件，引诱西藏噶厦同意英国的要求。9月7日，古德会晤了噶厦成员，再次转达了印度事务部的意思。10月，古德又向噶厦提交一备忘录，其要点为：（1）英国政府将通过外交手段帮助西藏自治。（2）给予西藏军事援助，帮助解决汉藏关系。（3）在“麦线”以南保持英印的各项权利。（4）英国政府愿意改变边界，即从色拉（达旺南山脉）起向达旺以南延伸，塔湾以北的领土可属于西藏。至于色拉以南地区，西藏可以暂时征收一些寺院的布施（编者按：英国将税收篡改为布施）。（5）1914年边界线（“麦线”）以南的西藏私人土地所有权将不予干涉。（6）错噶波、咱日·萨巴等圣地的边界谈判，仍按照1914年的建议予以调整。（7）西藏政府官员不要在色拉以南行施权利，英印政府已建哨所不能撤退。[①] 可见，古德企图以“帮助西藏自治”诱惑西藏噶厦承认非法的《西姆拉条约》。对于这份备忘录，西藏噶厦于10月31日答复古德：十三世达赖喇嘛生前从未提起“麦线”问题[②]，且“麦线”也未经过噶厦全体僧俗大会（春都杰巴，Tsong Du）讨论，这在西藏是不合法的，英国应立即撤退进驻传统线以北的军队。古德被噶厦严词拒绝后，也不得不承认英印在“麦线”问题上的弱势。他向印度事务部沉痛地说：“关于在确定英国和西藏双方都希望实施行政管理的麦克马洪地区领土的权限方面，西藏噶厦不希望以任何方式去争论英印所享有的权利和资格及其有效性，自从1914年以后的30年里，西藏实际上实施了行政管理，并且在麦克马洪线以南地区，特别是明尼克莱以南地区、德让宗地区。近

① IOR. FO371/41589, Telegram No. 364 From B. C. Gould in Lhasa to the External Affairs Department in New Delh, Dated 1944.

② 1920年英国驻锡金政治长官贝尔会见十三世达赖喇嘛时，要求落实《西姆拉条约》，十三世达赖喇嘛说：“西姆拉缔结条约一事至今仍空悬之中，尚未得到解决”。参见拉鲁·次旺多吉：《德里秘密换文未曾得到原西藏地方政府的承认》，《西藏文史资料选辑》第十辑，第8页。

年来，德让宗还征收则让地区寺院的贡献物。”①

为了使西藏噶厦在“麦线”问题上让步，古德认识到“若无春都杰巴（民众大会）的支持，噶厦和摄政难以行事”，所以他在拉萨热衷于拜访民众大会的成员、噶厦官员、达赖喇嘛、热振活佛和摄政达扎活佛等，希望能得到他们的支持。但是，热振活佛坚决拒绝古德的要求，表示一旦条件成熟他自己将赴印进行谈判②。面对西藏“外交局”，古德或许稍微能宽心一些，因为他了解到“外交局”的亲英分子急于实现“西藏自治”，企图出席战后世界和平大会。古德希望利用“外交局”的这种心态，胁迫西藏地方政府。12 月 4 日，古德与西藏噶厦官员谈话时，又声称：“奉指示说，印度政府所派出的官员（按：指侵驻噶拉塘、瓦弄等地官兵）碍难撤回。因而还望西藏政府顾全大局而放弃细故，以远大为怀，指令错那宗等不得在当地征收政府差税”。

古德对于印度政府有时候在西藏政策上的犹豫和彷徨态度，也感到很不满意。例如，1945 年 4 月初，古德起草了将要递交西藏“外交局”的备忘录（AIDE，Memoier）并向英国外交部做了抄送。③ 古德在这篇备忘录的前言中，发泄了他自己对印度政府怠慢态度的愤恨之情。他强调，谢里夫于 1944 年 12 月与西藏噶厦会谈时，印度政府给予了明确的指导方针，但对于其在 12 月 4 日与噶厦的会谈内容却未做任何肯定，尤其是对于边界线的变更未做进一步讨论和指导，使得英国方面颇为被动。古德认为英印遭拒的主要原因是英印没有统一的行动机构，东北边境事务部委员会的四个机构各理其事。此外，来自西藏民众的阻力也是很重要的原因：“西藏人对于屈服感到羞耻；英国在该地有近三十年时间没有活动过；西藏怀疑我们是否诚心地支持他们抵制中国。”④ 古德曾多次在信函中强调，由于佛教的影响，西藏人并不看重利益，但对于民族与精神却相当地忠诚，拒绝收取英国提供的税收补偿金便是很好的明证。

面对古德的一些指责，印度政府也未给予谴责和批评。1945 年底，古

① IOR, 5009, 1944, SECRET 38596. From Government of India, External Affairs Department. to secretary of State for India.

② IOR. L/P&S/12/L194 EXT .137/45 from Gould to Foreogn, New Delhi. No. 409. Report 1944. 10. 12.

③ IOR. L/PS/12/4223.

④ IOR. No. D. 2644. C. A/45. From Government of India to Zenodotia, London.

德在锡金政治专员一职上退休，改由对藏政策比较温和的霍普金森接任。

二

1940年，国民政府派遣吴忠信主持十四世达赖喇嘛坐床典礼，于是古德在此期间，设法破坏吴忠信在西藏的活动，离间西藏地方与中央的关系。

1939年12月9日，在吴忠信还未到达拉萨时，英国政府指示古德出席十四世达赖喇嘛的坐床典礼。① 同时，噶厦也通知英国驻拉萨代表诺布顿珠（Norbhu Dondup），让其转告印度政府，拉萨不久将举行达赖喇嘛的坐床典礼。当时，噶厦在通知中并没有邀请英国代表参加典礼的用语。然而，古德竟把此话理解为向英国的正式邀请。1940年1月底，在斯丹顿（Staunton）和索纳姆·图伯登（Sonam Tobden）的陪同下，古德不惜冒着暴风雪前往拉萨。1940年2月5日，这个以古德为首的英国代表团抵达拉萨。

古德到达西藏后，暗中威胁西藏噶厦，要求吴忠信不得在拉萨久留，“如吴委员长不走，彼亦当长驻拉萨”，“《西姆拉条约》英藏双方既已签字，即应生效，此后如与中国谈判政治问题，应先告以内容”。他还在热振面前挑拨是非，声称“中国现为民国”，吴忠信等人为“党人”，“一切主张皆与贵族不利”②。

2月22日达赖喇嘛坐床典礼仪式的日子即将来临，古德等人得意洋洋地准备出席当天的仪式，也准备看吴忠信等人的洋相。然而，西藏噶厦却通知他们：“此典礼系中央对藏宗教主权关系，外国人不便参预。英国代表等定于次日偈祝。”③ 古德失望之际，多次要求噶厦改变主意，然而，他最终没有取得噶厦同意参加典礼。为了逃避英印政府的苛责，古德向英印政府辩解道，他本来以为2月23日才是正式的典礼日子，所以才没有出席22日的坐床典礼，他在报告中说：

---

① IOR. Minute pater. PZ. 2656/40/Political（Ext）department，Tel. No 1982.

②《黄慕松、吴忠信、赵守钰、戴传贤奉使办理藏事报告书》，吴忠信驻藏日记，中国藏学出版社1993年。

③ 吴忠信给蒋介石报告主持达赖坐床典礼情形电，1940年2月22日，国民政府蒙藏委员会档案，第141卷。

> 西藏政府建议英国代表团携带礼物在第二天（即2月23日）参加，并且询问我们是否希望在第一天呈献礼物。他们谨慎地指出：不存在不欢迎我们参加第一天庆典的问题，要考虑的问题是如果参加第一天庆典就没有呈献礼品的机会，就会贬低第二天更官方正式的、更亲密的效果。在庆典事上，听从西藏政府安排通常是可靠的。所以我们决定随同我们的好朋友扎什伦布寺代表和锡金代表一同出席第二天的典礼。①

英印政府对于古德的辩解，毫不客气地指责："在你看来，你曾期望过被邀请参加2月22日的庆典吗？你把这种排斥归咎于宗教偏见，或者归咎于摄政期望通过这种强调中国对西藏之特殊地位的方式，来抚慰中国人吗？"② 英国人期望参加坐床典礼，并实现在典礼中英国代表与中国代表平等地位的梦想终于化为了泡影。

但是，古德等人滞留在拉萨，继续寻求机会，希望在与吴忠信的交涉中得到好处。因为吴忠信在国民政府中威信颇高，又加之官高权重，全盘掌管西藏事务。这对于英印来说，在吴忠信的身上寻找西藏问题的突破口，是最为直接有效的。所以，早在吴忠信途经印度入藏时，印度政府便有意邀请其谈判西藏问题。吴忠信到达拉萨后，古德等人积极送礼，拜访吴忠信及其行辕，并且在印度政府面前不断说吴忠信的好话。

2月1日古德、福克斯（Fox）和吴忠信的幕僚、亲西方的奚伦③（Hsi Luen）在英国驻藏代表处德吉林卡进行了会谈。奚伦非常出色的英语水平引起了古德的好感。双方议论了苏联的斯大林主义后，谈到了西藏问题。1940年2月29日，吴忠信为了表示礼节，亲自赴英国驻拉萨代表居所德吉林卡与古德会晤。吴忠信表示他将于3月底离开拉萨，并且考虑将在拉萨驻留一国民政府的高级官员。据古德的报告说，吴当时表现出对西藏噶厦非常不满的情绪。④ 古德将会谈的情况电致印度政府后，印度政府希望邀请

---

① 见古德《关于第十四世达赖喇嘛的发现、确认和坐床报告》，转见兰姆《西藏、中国和印度》第297页，注619。

② IOR. From Foreign, New Delhi to Gould, Lhasa. 751 Dated 13th March 1940.

③ 时任蒙藏委员会委员长吴忠信行辕顾问及第二组组长。

④ IOR. Telegram xx . Dated (&recd.) 1th March 1940 from Gould, Lhasa. to Foreign , New Delhi.

吴忠信在返回中国内地途经印度时与印度总督会晤，并且要求古德继续打探吴忠信在西藏的一切活动。

3月14日，古德向英印政府回复了电文，该电文指出，自从十三世达赖喇嘛圆寂以来，“西藏政府所取得的主要成就是寻访、建立了西藏政权的继任者，并且避免了汉人在此事中的插手，尽管困难重重，西藏政府还是实现了其目的。他们成功的顶峰是汉人在达赖喇嘛坐床一事上毫无作为，我们、尼泊尔和其他外国也没有做什么。此外，吴忠信在参与新达赖喇嘛坐床典礼一事上也不太顺利，看起来他似乎对于2月22日西藏政府对待他的方式不太满意（古德当天没有在场），所以当2月26日汉人代表给达赖喇嘛送礼物时，他没有参加。由于此，与英国代表相比，吴忠信在拉萨的声望大为下降”。① 古德在这份电报中主要表明了两层意思：第一，中国政府在达赖喇嘛的坐床中没有插手。第二，吴忠信因不满2月22日噶厦对他的待遇，所以2月26日拒绝出席汉人给达赖喇嘛的赠礼仪式，因而他在西藏的声誉大为下降。

对于古德此处所说的第一个问题，吴忠信在西藏十四世达赖喇嘛坐床典礼上所处的地位、作用等，学界已有肯定的结论：22日的坐床大典基本上是按照清朝中央政府主持第十三世达赖喇嘛坐床仪式举行的，它表明了中国中央政府对西藏地方政权的主权。② 所以此处不再赘述。对于第二个问题，事实上，吴忠信并没有拒绝出席26日的赠礼仪式，吴忠信向西藏赠送的礼品有湘绣、福建漆器、杭绸、玉器等，由80人抬入布达拉宫，其中有4幅银质嵌金字挂屏，分别为林森款书的“光昭震旦”、蒋介石的“诚感诸天”、孔祥熙的“泽被众生”、吴忠信的“宏宣佛化”。事后热振在给国民政府主席林森的电报中也提到此事：“国历二十六日吴委员长代表中央致送达赖喇嘛珍贵礼品多件，隆仪稠叠，尤纫德意。谨电呈谢，敬祈睿鉴。”而同天英国代表也送了手枪数支及风琴、望远镜。古德的话纯粹为捏造而已。

1940年3月15日，吴忠信与古德在拉萨进行了会谈。吴表示，中国只是希望西藏走向和平与繁荣。古德向吴忠信转告了印度总督林立兹哥的话，说林立兹哥认为，与吴忠信会晤是改善西藏局面的良好机会，如果吴忠信愿意，他将邀请吴忠信在5月10日赴西姆拉进行会谈。但是，吴忠信表示，

---

① IOR. Chinese policy in Tibet and the Installation of The Dalai Lama, 2171/40.

② 周伟洲：《英国、俄国与中国西藏》，中国藏学出版社2000年，第528页。

出于内地战时紧急，无暇在印度逗留，最终决定不再与林立兹哥会谈而直接返回中国。

1940 年的上半年，古德在英印政府的指示下，活动主要有以下几点：

第一，古德列举中国政府对西藏的几大“罪状”：1. 在达赖喇嘛寻访和坐床中指使报纸进行“不真诚”的报道。2. 在青海灵童拉木登珠入藏赎金一事上的虚伪。3. 吴忠信行辕的极度奢靡浪费和无礼行为。4. 黄慕松的谈判和其他事例等。[①]

第二，古德积极督促英印政府增加对西藏的支持，拉拢西藏亲英派，对热振的爱国举动大加歪曲和诋毁，唆使少数亲英分子声称他们代表全西藏人的心声。例如，古德为了破坏汉藏团结，谎称汉族人对待西藏人残暴，若西藏人稍微反抗汉人，“他们将最终遭受更大的苦难”。古德认为西藏人的“这种心理是普遍存在的”。为了表示英国人对待西藏人“友善”，古德说：“而在过去的三年里，英国使团在英国和西藏的交往中，建立起来越来越多的友谊，这个良好的非正式交际圈已经体现了英国对西藏外交支持的价值。”[②] 此外，古德还到处造谣热振活佛贪财贪色。1940 年 3 月，古德在给印度事务部的电报中还说热振摄政贪恋钱财：“他拒绝接受汉人政府在达赖喇嘛一事赎金上的补偿，但是对于 40 万卢比的‘宗教援助’却接纳了，摄政表明，他被迫对汉人恭谦，因为他不能确定英国到底能给西藏多少支持。”

第三，古德又极力诋毁吴忠信，破坏汉藏关系。他说：“吴忠信因为要求享受满清驻藏大臣同等的待遇，以及拒绝内阁首相的私人真诚邀请等不民主的行为，引起了西藏人的不满和愤恨。”

第四，古德还企图利用单问枢事件，削弱国民政府在西藏的声誉。单问枢是吴忠信行辕的医疗官。由于拉萨医疗机构的匮乏，噶厦非常希望拉萨的医疗水平能够得到发展，于是同时要求国民政府和英国协助噶厦建立拉萨的医疗机构。据古德说：“西藏在西医方面表示出极大的兴趣，多次要求印度政府和古德协助西藏噶厦在拉萨建立固定性的医疗机构。”印度政府出于经费的考虑，最终只答应驻留江孜的英国医务官定期赴拉萨而已。在

---

① IOR. Telegram XX. No. 49 Dated 30th (recd. 31st) PZ. 2853. 1940. from Gould , Lhasa to Foreign, New Delhi, 30th March 1940.

② IOR. March 1940 Gould to Indian Foreign Affairs Delhi.

得到英国的婉言拒绝后，噶厦对于吴忠信行辕医生单问枢极为感兴趣，多次要求单问枢和其妻子留在拉萨，并且建立医疗机构。因为单问枢曾在德国进修医学，古德就借此事大做文章，说单问枢和德国法西斯主义者存在联系，[1] 指责中国国民政府在西藏问题上与法西斯德国保持联系。直到1940年4月，古德的朋友向英印政府汇报，“单问枢对于德国在战争中的目的做了很有深度的阐述，他强调德国最终还是会失败，因为德国太缺少资源”。[2]英印政府这才松了一口气，给英国政府报告的结论是：“他并没有对德国报以同情心”。吴忠信留置在拉萨的孔庆宗、单问枢等人因为都接受过西方教育，在文化礼仪上亲近西方。出于拉拢的目的，古德还特意希望他们能够和英国保持良好的合作。古德强调：“我非常希望看到孔博士和单问枢能够改变由吴忠信致使西藏人对汉人的恶劣印象，孔博士将按照中国外交部长声明的对藏基本政策而展开工作。”

古德在拉萨的积极工作得到了英国政府的认可，1941 年，英国政府赏赐给了他爵士头衔。

三

1944 年，中、英、美等盟军的胜利已是胜券稳操，在国际事务上也合作融洽。然而，英国政府仍然不断插手中国的内政——西藏问题，由此中英两国的外交部门争纷不断。国民政府考虑到中央与西藏地方之间的隔阂关系，决定派遣国民政府军事委员会委员长侍从室人员沈宗濂赴藏，担任国民政府蒙藏委员会驻藏办事处处长一职，并接替素与西藏噶厦不和的孔庆宗。沈宗濂精明干练，善于社交，深得蒋介石的厚望。国民政府对沈宗濂的期望也很高，要求驻藏办事处加强对西藏的宣传工作，“粉碎藏方对百姓之恶意宣传”，并且“防止达赖奔印”。1944 年 4 月 15 日，沈宗濂抵达印度加尔各答。5 月 6 日至 14 日间，沈宗濂应印度政府之邀请访问德里，与当时已升任为印度外交部长的卡罗进行了五次会谈。但沈宗濂表示他本人未经国民政府授权，该会晤为私人会谈，谈话内容也不代表官方意见。

---

① IOR. Telegram R. No. 1140, Dated 15th April 1940. from Foreigh, Simla, to Gould, Lhasa.

② IOR. Telegram R. No. 1140, Dated 15th April 1940. from Foreign, Simla. to Gould, Lhasa.

在这次会谈中，双方主要针对西藏的战略地位、西藏的政治地位和中印运输线问题进行了交谈。

在国民政府准备派沈宗濂入藏疏通中央与西藏的关系之际，英属印度政府派遣了“西藏通”——古德入藏，希望他与沈宗濂展开斗争。实际上，古德一直在关注着沈宗濂的行动，因为他肩负英国政府指示“对中国人破坏他们（西藏噶厦）的独立的活动采取强硬态度”，并争取“中国政府和噶厦能够同意按照《西姆拉条约》精神解决西藏问题”。[①]

1944 年 7 月初，沈宗濂和古德在甘托克进行了初次交谈，因为英国在沈宗濂签证一事上的掣肘，古德首先对签证一事表示歉意。古德说英国在此事上已经十分尽力，“只因印度与西藏有约，由印入藏人士非经藏方同意，不能签证，这次藏方只同意 14 人，故不能再加”。沈宗濂非常气愤地表达了以下两点：第一，西藏为中国的领土，中央派员入藏并不需要其同意，这次签证如此曲折实在难以理解。第二，大战期间中英并肩作战，战后两国经济也需合作，既然英国声称对西藏毫无野心，那么为何屡屡制造事端，而使中英两国关系蒙上阴影。然而，古德竟认为，在中英藏三方关系上，西姆拉会议已经奠定了良好的基础，劝告国民政府不要多管闲事，而且西藏是佛教地域，中国政府理应在此清净无为，则“藏事必然可解决”。[②]

古德与沈宗濂的辩论可谓各持己见，颇为激烈，古德千方百计想阻止沈宗濂在拉萨展开活动，要求其“清净无为”，而沈宗濂则在中国拥有西藏主权方面据理力争。沈宗濂提到将来要给予西藏高度的自治：“（国民政府）希望以给予西藏高度的自治来求得汉藏边界问题的解决。然而，最高统帅除了把西藏视为中国不可分割的一部分之外，决不能有其他想法，中国公众舆论也不可能容忍达成一项三方协定。……中国政府能够依照西藏的愿望来处理彼此间的关系。他本人相信，总司令会确立其他人今后不敢妨碍和阻挠的汉藏关系的基础。”[③] 不过，沈宗濂的个性，颇为古德欣赏，在古德后来给印度政府的电报中写道：“沈宗濂给我留下的印象是，他是一位能干的中国官员，他那坦率而且温和的态度可能会在西藏受到欢迎。”

---

① IOR. L/P&S/12/4317，印度事务部布莱尔 1944 年 4 月 21 日的指示。

② 《西藏历史资料汇编》，第八册，沈宗濂报告与古德交谈有关西藏问题情况致吴忠信函及附件，1944 年 7 月 8 日。

③ 英国外交部档案，371/41586，1944 年 7 月 4 日古德致印度政府的电报，237 号。

1944年8月，古德在甘托克结束了与沈宗濂的会谈，匆匆赶往拉萨。9月7日，古德和西藏噶伦们进行了会晤。会议一开始，古德就对西藏噶厦大发牢骚，认为噶厦在国民政府面前唯唯诺诺，不敢主动与国民政府进行谈判。古德说："我之所以严肃地对待此事（指西藏是否要求自治），是由于英国政府近来因西藏政府对中国采取了他们所谓苟且偷安的态度而十分恼火不安——例如，西藏政府发给蒋介石的贺电这种做法即是明证。假如西藏政府对此不加反驳，那么外界自然就会以为这些要求和主张是真实的。人们得不到他们所希望得到的东西，除非他们一致提出要求。"[①] 古德此处所指贺电一事，系指1943年6月西藏噶厦发给国民政府的电文"与中央保持感情，不应与中央西藏办事处断绝关系"[②]，以及1944年初噶厦电贺蒋介石就任国民政府主席事宜。本来地方政权对中央元首就任采取贺电是一惯例，而且是中国的内政事务，但在古德的污蔑下，就成了"苟且偷安"。西藏噶厦索康等人对古德的发怒很惶恐，马上向古德解释，西藏并没有改变"自治"的想法，也没有改变倚靠英国人的愿望。古德这才心平气和地告诉噶厦，如果西藏允许英国知道谈判的全过程，英国赞成西藏与中国进行直接的谈判。

实际上，沈宗濂非常期望西藏噶厦能与国民政府展开谈判，只是沈宗濂一直避免英国的插手而形成中英藏三方会谈。沈宗濂希望国民政府首先最好和英国之间展开单方面的谈判。为了顺利开展这一项工作，沈宗濂到藏后在工作中，尽量不涉及噶厦的内部事务，并约束汉人纪律，以赢得西藏官员的好感。此外，沈宗濂还利用各种场合宣传中央对西藏的德意。沈宗濂在西藏的这些活动，使得噶厦对他颇有好感，他积极主张抵制英印侵略西藏也赢得了西藏人的信任。同时，在另一方面，沈宗濂希望中英之间加强在西藏问题上的相互谅解和信任，召开没有西藏噶厦官员参加的中英会议来解决西藏问题。

然而，英国政府在舍弃自身利益的情况下，是根本不可能与中国政府合作的，沈宗濂多次友好致信印度政府，反而引起了古德的仇恨。我们从

① 英国外交部档案，371/41589，西藏外交局强俄巴·仁刚所写的备忘录，他在1944年9月7日锡金政治专员同噶厦成员的会晤中充当翻译，一周之后，古德寄出了关于这次与噶伦们会晤情况的一份正式备忘录。转引自戈尔斯坦：《喇嘛王国的覆灭》，第418页。

② 西藏社会科学院等编《西藏地方是中国不可分割的一部分》（史料选辑），西藏人民出版社1986年，第533页。

不丹人给沈宗濂赠送一条哈达的事件中，便可以看出。1944 年 9 月，不丹驻西藏代表看到沈宗濂为人热忱，便将一条丝织哈达献给沈宗濂。古德得知消息大为恼怒，在给印度政府的报告中说："不丹驻藏代表实质上做了一件比他对沈宗濂的前任代表孔庆宗还愚蠢的事情"。古德认为作为大英帝国藩属的不丹代表向沈宗濂进献哈达，按照国际关系惯例，是极不适合其身份的，作为英国藩属的不丹也没有义务这样做。而且这和 1934 年威廉姆逊提出的"英国不应该增长在藏汉人气焰的原则"是相违背的。[①] 实际上，不丹历史上一直是西藏的附庸，不丹驻藏代表被称作"洛基"，"洛"意为"南"，"基"意为管事，全意为（西藏）南部的管事。洛基在清朝末年至民国年间屡见于中外记载，并在达赖喇嘛接见外使时露面。由于与不丹关系一直比较稳定，因而该代表在西藏拉萨的作用不是很显著。

1944 年 9 月 16 日，在西藏"外交局"亲英派的一再要求下，西藏"外交局"与英国代表团举行了会谈。参加者有：古德、助手黎吉生、谢里夫（G，Sherriff）少校，以及西藏"外交局"的索康、翻译强俄巴（Chang-ngo-pa）等人。主要内容为：第一，"西藏外交局想知道'宗主权'的含义。英国代表解释，该词在英语里没有严格的定义，但是与该词相关的详细条目已经曾向噶厦解释清楚"。第二，"核查了 1914 年西藏方面的藏文版条约，该约解释此词时显然是不精确与模糊的，西藏外交局也不能给出该词的明确解释。它看起来应该理解为：'从外表看显然属于中国'。藏语'Nang don'在第二章出现，该词意义是'对西藏内部的管理权力'，这个词在英文版中从未出现"。第三，"西藏外交局没有意识到条约的一部分含义已经改动。其中最重要的一词'宗主权'，一般公认为是指西藏是组成中国的一部分"。

古德针对以上内容解释道："宗主权"（suzerainty）在"英语里也没有严格的解释语，根据权威人士意见，英文与藏文之间的差别并不是很大，且 1914 年条约中与此相关的详细条目已经解释很清楚"。[②] 关于此问题，笔者认为英国在此隐瞒了这个"宗主权"英藏文词汇的差异问题。从 1914 年开始，西藏噶厦从未注意此差异，英国政府也未提及。直到索康札萨仔细对照英藏两种版本的条约时才发现这个问题，但英国代表团的答复并非实

① IOR. CP2. 5081/34，extract of letter No，7（8）-p/31.

② IOR. L/PS/12/4194，Ext4710，1944.

情，因为印度外务部向古德秘密解释，藏文版本的"宗主权"的大体意义是"从表象上看来，西藏在中国之内"。而相应的英文本附件中则明确说明："西藏为中国领土之一部分"，二者略有差异。此外，甚至在藏文本《西姆拉条约》中用于表达"西藏完全拥有管理内部事务的权力"的"Nang don"一词，也未在英文本中相应译出。印度外务部官员就此得意地告诉古德："西藏人从前显然未认识到条约的附件，即承认西藏是中国领土的一部分。"

在这次会议结束后不久,西藏噶厦希望通过古德,要求英国支持西藏作为单列席位,加入国际事务组织,噶厦"外交局"对古德说:"为了使全世界都知道西藏是自治的,西藏政府渴望得到大英政府的帮助,以便西藏派代表出席战后的和平会议。"①同时,印度政府指示古德建议西藏购买英国的武器装备,以抵制国民政府对西藏的军事行动。英国外交部得知消息后,出于中英盟友关系考虑,向英国内阁建议,仅卖给西藏部分旧式武器即可。至1943年11月,西藏噶厦购得500万发子弹和1000发炮弹。②

显然,由于沈宗濂坚持国民政府对藏政策的原则,古德坚持英印在西藏的利益,"中英、英藏"之间分别要达成正式协议,并不是一件容易的事情。1944年底,古德也改变了当初希望西藏和国民政府谈判的意愿,主张必须有英国参加的"中英藏会谈"。

1944年10月,印度政府指示古德与国民政府驻藏办事处处长沈宗濂进行会谈,且郑重对古德指示③:英国政府主张"不介入汉藏谈判"是依据非法的《西姆拉条约》第五款:"中国和西藏地方政府约定,双方将不同第三方或任何别的政府举行有关西藏事务的磋商"。10月5日,古德与沈宗濂举行了会谈,沈宗濂表示:(1)西藏是中国的一部分,中国不能忍受除此以外的任何关系。此外,中国、西藏、英国之间关于西藏问题签订协议是不合适的;中国无意在西藏驻留军队和官员或者介入西藏的内部事务,除非西藏主动要求中央帮助。西藏蕴藏巨大的矿产资源,除非英国合作开发,否则得不到发展。这类似于印度的情况。西藏是不同于内地的特殊宗教地区。(2)如果将来中国同意西藏自身管理,"Autonomy"(自治)一词恐怕中国公众不能接受,更不要说

---

① IOR. L/PS/12/4194, Ext4710, 1944.

② IOR. L/PS/12/4317, *The instruction of IO*, 21, April, 1944.

③ IOR. L/PS/12, Ext s65 Telegram XX No 1360, dated 20th October 1944.

"Suzerainty"(宗主权)一词。(3)拉萨经商的汉人在出口货物时多次受到孟加拉政府约束和盘剥,希望得到英国政府的合理解决。(4)青海省的统治者准备侵入西藏的筹划已经被蒋介石的个人威信所化解了。[①] 显然,沈宗濂所表达的观点旨在加强中英友好,但从另外一个侧面却反映了他的软弱,这与咄咄逼人的古德形成了明显的对比。

10 月末,古德与沈宗濂再次正式举行了会谈。沈宗濂希望英国支持中国修建中印公路,但表示无权过问中英之间西藏问题,古德只好悻悻离去。1945 年 1 月初,古德准备返回印度,又约沈宗濂同赴印度商谈西藏事宜,沈宗濂表示"他不能去印度参加任何会谈,除非印度政府以卡罗的名义给他送来正式的邀请函……恢复中英间战时已有之密切团结"。[②] 因为沈宗濂非外交人员,蒋介石最终让其以私人名义作非正式会晤。而印度政府也没有对这次会谈抱多大希望,他们明白国民政府的意图是"希望在印度讨论西藏问题时避开西藏政府"[③],所以这次谈话也就毫无意义地草草了事了。

1945 年 6 月,古德接到印度政府的通知,其职务被霍普金森接任。古德的一生与西藏有着无法分割的关系,可以说是英国苦心经营西藏的马前卒,但随着 1947 年印度的独立,他的这些"工作"大多被扫进了历史的灰尘中。古德与西藏有关的主要著作有《荷花宝石:回忆印度的政治》(Chatto & Windus 出版,1957 年)、《藏语纪事》(tharchin 出版,1949 年)、《藏文》(与黎吉生合著,牛津大学出版社,1943 年)、《十四世达赖喇嘛的寻访、认定与坐床》(德里出版,1941 年)、《十四世达赖喇嘛的发现之旅》(《地理杂志》第 19 卷,1946 年 10 月)。

作者单位:中国社会科学院中国边疆史地研究中心

① IOR. From Government of India External Affairs department to secrtary of State of India, th October, 1944. ext,4437, secret 34600.

② 国民党蒙藏委员会档案(一四一)2625 号,沈宗濂拉萨亥齐电。

③ IOR. IORext 255,1945, Inward telegram Secret 1511,1945,January 15th.

关于四川甘孜藏区与西藏地区的民主改革

——学习1957年中央书记处两次会议纪要及五月指示的认识

秦和平

一、问题的提出

1957年3月初，为解决四川甘孜藏区及西藏地区的社会改革问题，在邓小平的主持下，中央书记处持续召开两次专题会议，形成态度鲜明、内容不同的会议纪要。5月14日，中共中央分别对西藏工委、四川省省委发出不同的指示：

甘孜藏区开展民主改革是“中央既定的方针，应当坚决进行下去”；必须真改，不能假改，假改不如不改；“打一些好仗，才能争取”，等等①。

西藏至少六年不进行改革，人员、机构、事业、财政等要大下马，以大下马为紧急任务，下马越快越好，人员内撤越快越好。要坚决地迅速地

---

① 编委会：《甘孜州州志》，四川人民出版社1997年，下册，第2333—2334页；迪庆州委党史征集研究室编：《封建农奴制度在迪庆的覆灭》，1993年，第124页。

下马，坚决地迅速地内撤。在这期间，做到五可为、四不可为。[①]

会议简报及中央的指示，成为尔后两地形势发展的转折点：四川藏区坚持及深入开展民主改革，摧毁封建农奴制度，改变不合理的所有制形态，农奴翻身做主，成为国家主人；西藏地区暂不改革，坚决下马，撤销机关，内调人员，精简部队，等等。

同为藏族地区，中央为什么会持截然相反的态度，采取不同的做法呢？这是基于历代中央政府对四川藏区与西藏不同施政方式的惯例而制定；是党中央认真执行协议，等待达赖喇嘛及西藏上层的思想觉悟、自动改革而采取稳定社会、发展经济、改善民生的措施。

有关中央对藏区民主改革的态度及相关措施，过去曾有人开展研究，也不乏积极的成果。然而，将四川甘孜藏区与西藏自治区的对比认识则少有人开展，本文有鉴于此，加以分析，认识这段特殊而富有意义的历史。

二、甘孜藏区民主改革与西藏地区准备改革

（一）民主改革的由来

1949 年，中国共产党领导各族人民推翻了“三座大山”的压迫，建立了中华人民共和国。接着，经过土地改革，及对农业、手工业和资本主义工商业的改造，完成了生产资料所有制的转变，中国从半殖民地半封建社会跨入社会主义社会。

受社会发育程度等的制约，一些少数民族尚停滞在原始制末期、奴隶制或封建农奴制阶段。当土地改革及“三大改造”完成后，国家主体的性质产生了质变，民族地区也将会发生相应变化，进行社会改造，适应新的国家建构。由于历史及民族等原因，这些地区的社会改造不能采取疾风骤雨的“革命”方式，而采取和平协商方式来展开，简称民主改革。

1950 年 6 月，在中共七届三中全会上，毛泽东指出：“按照《共同纲领》的规定，少数民族地区的风俗习惯是可以改革的，但是这种改革必须由少数民族自己来解决。没有群众条件，没有人民武装，没有少数民族自

---

① 西藏自治区党史资料征集委员会编：《中共西藏党史大事记》，西藏人民出版社 1995 年，第 74—76 页。

己的干部，就不要进行任何带群众性的改革工作。”①

次年5月，《和平解放西藏办法的协议》（简称十七条）正式签署。该协议规定：“有关西藏的各项改革事宜，中央不加强迫，西藏地方政府应自动进行改革。人民提出改革要求时，得采取与西藏领导人员协商的方法解决之。”②

这些指示或协议肯定了包括西藏在内的我国各民族地区必须开展社会改革，改革采取协商方式进行，但未确定改革的时间。

1954年9月，第一届全国人大召开，制定了《中华人民共和国宪法》，规定：“国家在经济建设和文化建设的过程中将照顾各民族的需要，而在社会主义改造的问题上将充分注意各民族发展的特点。”③ 宪法的制定及颁布，为民族地区开展社会改造提供了法理依据。

1955年初，云南省委选择六个边疆民族杂居县作为试点，开展了以和平协商的方式进行的土地改革，取得了积极的成效。同年5月，云南省委选择德宏傣族景颇族地区作为试点，实施了边疆民族聚居区的民主改革。依据取得的经验，云南省分别采取民主改革与“直接过渡”两种形式，对西双版纳、怒江、临沧、思茅等沿边民族聚居区进行了全面的社会改造。④

云南边疆民族地区改革的成功，对拟开展社会改造的四川等省起到鼓舞和借鉴作用，欲及时仿效，依据宪法的要求，采取类似措施。

（二）四川藏区

1. 民主改革的启动

1955年8月中旬，刘少奇、邓小平等接见西康省委书记廖志高（后任四川省委书记）等人时说：四川、西康共同研究，将两省的彝区与藏区合在一起，分别制订改革方案，搞好之后，两省联署上报中央。

刘少奇、邓小平等中央领导明确指示：社会改革一定要进行，从1953年春季起，我们就已经宣传，宪法也公布了，上层及民众早已知道，用不着回避；究竟什么时候开始，要看我们的准备情况，准备好就干，准备不好就慢；要根据民族地区的特点、具体情况等，考虑改革的方法；准备改

---

① 中央文献研究室等编：《毛泽东西藏工作文选》，中央文献出版社2001年，第17页。

② 《民族政策文献汇编》，人民出版社1953年，第195页。

③ 《民族政策文献汇编》，第2编，人民出版社1958年，第1页。

④ 关于云南边疆民族地区的民主改革，参见云南省委党史研究室编《云南边疆民族地区民主改革》（云南大学出版社1996年）相关部分。

革的重要条件是培养民族干部、训练积极分子；改革目的是将奴隶主统治权改变为奴隶统治权，解放奴隶，改变土地所有制。在改革过程中，应当考虑哪些可以让步，哪些不能让步；改革为了走社会主义道路，不是发展资本主义，不管奴隶社会也好、封建社会也好，完成民主改革后，即时直接走社会主义道路，等等。最后，中央领导语重心长地说：全国有1000多万少数民族，只有400万人还没有实施改革，他们集中在西南地区，云南肯定要改。四川有100多万少数民族，也要改革。①

根据中央领导的指示，8月21日—24日，四川省省委及西康省委召集凉山彝族自治州、甘孜藏族自治州、阿坝藏族自治州及西昌专区的有关领导，② 分彝族、藏族两组分组会议，商议改革的事宜。

与会人员均认识开展社会改造是彝族、藏族人民废除旧的社会制度、人民翻身做主、步入社会主义的必由之路；根据宪法的要求及中央文件的精神，改革通过和平途径，采取自上而下协商方式进行。

为了慎重行事，四川及西康省委特别邀请云南相关同志介绍经验，参与讨论，共同研究，草拟及修改改革的方案。③ 其间，甘孜及阿坝州等领导还到北京，与中央统战部等领导磋商相关事务。

从8月下旬到9月下旬，改革方案经过四次修改，于9月20日定稿，23日四川省省委及西康省委联署向中央报告，介绍了藏区的社会性质、阶层构成，力量对比，分析了上层人士思想的变化，以及广大民众期盼改革的愿望，强调“群众斗争的规模虽然大小不同，表现形式多样，但范围则是广泛的，这是一股巨大的洪流，一经发动、组织和领导，它必须会淹没封建主的城垣的。如果我们放任不管或阻止群众的这种积极性，则要严重地脱离群众，影响民族团结，使一切工作都不好进行”④。

---

① 四川省档案馆藏1955年8月21日—24日省委民族工作会议记录。

② 1952年10月，经政务院批准，将彝族主要聚居区从西昌专区划出，成立西康省彝族自治区。1953年3月，经中央批准，成立中共四川凉山工委，管辖西康省彝族自治区（党内为昭觉分工委）等地。1955年7月，四川与西康合并后，西康彝族自治区更名四川省凉山彝族自治州；但西昌专区仍有部分彝族聚居县。甘孜藏族自治州前身是西康省藏族自治区，合省后改为今名。阿坝藏族自治州前身是四川省藏族自治区，合省后更为此名，后改为阿坝藏族羌族自治州。

③ 黄觉庵：《往事片断》，2000年3月，第98—99页。据查阅相关档案初知，四川甘孜藏区农业区及凉山彝区的改革方案至少修改四次以上。

④ 四川省档案馆藏1955年9月23日四川、西康省委关于四川省藏族农业地区实行民主改革的初步方案。

四川藏区分为甘孜藏族自治州（原西康省藏族自治区）和阿坝藏族自治州（原四川省藏族自治区）两部分，其中甘孜藏区与西藏自治区接壤，交流频繁，关系密切，开展改革可能会产生影响。于是，我们以甘孜藏区为主，对比西藏情况，加以认识。

2. 甘孜藏区启动民主改革

1955 年 2 月，丹巴藏族上层王寿昌等人呈交书面报告，申请民主改革，废除封建剥削制度，愿意将土地、牲畜及枪支弹药交人民政府处理。10 月时，甘孜州人民委员会收到 57 封、289 名上层人士签名请求改革的报告或书信。

11 月底至 12 月初，在四川省第一届人代会第三次会议上，甘孜组提交在藏区实施民主改革的议案，请求大会讨论通过。期间，夏格刀登、降央伯母、阿旺嘉措等上层代表发言，拥护民主改革，愿意带头改革。大会讨论并通过了提议，做出开展民主改革的决议，完成了改革的法定程序。

会议之后，省民委召开了民族工作座谈会，省委领导出面与参加会议的甘孜藏族上层人士协商改革的事宜，商议并通过了《甘孜藏族自治州农业地区民主改革实施办法》（草案）、《甘孜藏族自治州人民委员会关于废除高利贷、调整债务关系实施办法》（草案）等改革措施，呈报省委及中央审查批准。

1956 年 1 月，甘孜州人代会及政协会相继召开。会议传达了关于甘孜藏区开展民主改革的决议，讨论《甘孜藏族自治州农业地区民主改革实施办法》（草案）等文件及相关措施。与会上层人士或宗教界代表学习讨论，举手表决，通过了改革实施办法等。

根据上层人士的意愿及群众的要求，甘孜藏区启动了改革工作。按照布置，康东、康北农业区发动群众，开展以清理债务、废除乌拉差役（劳役）、解放安置娃子（农奴）的改革（简称“三项改革”）；选择丹巴与泸定鱼通、孔玉两区为试点，待取得经验后，逐步推开；康南地区暂不改革。

应该说，甘孜藏区民主改革遵循了“稳重慎进”的工作原则，从步骤看，改革先实施于上层人士同意、有工作基础的康东地区，其次康北，暂不涉及康南；从内容看，乌拉差役、高利贷等过去曾在部分地方有所减轻、甚至取消，此次改革只是扩大规模、增加程度而已；康区农奴数量不多，解放及安置他们，涉及面不大。而且，之前有关部门曾与 900 余民族及宗教上层人士多次交流，交代政策，协商改革。他们没有表示反对或抵制的意见。

然而，民主改革还是遭到了少数人的反对。1956 年 2 月，色达及理塘相继发生武装叛乱，叛乱分子围攻政府，屠杀工作队员和积极分子等。

前面已叙，协商期间，康区多数上层人士是赞成并愿意接受改革的。当地政府根据这些反映，结合改革构想，也认为改革遵循了渐进方式，慎重稳进，而对少数反对民主改革的分子没有充分的估计，未采取措施预防破坏，因之面对突如其来的叛乱措手不及，难以及时应对。在分裂分子的策动下，武装叛乱从理塘迅速蔓延到 18 个县 45 个区，进攻工作队，绑架干部，杀害藏族积极分子，袭击解放军，抢掠财物等。到 1956 年 3 月底，遇害干部和积极分子多达 250 人，解放军战士伤亡 300 人。

叛乱打乱了改革的步骤，改变了和平协商改革的构想，此后改革在平叛中进行，边平叛、边改革。

1956 年 7 月 22 日，中央政治局为四川改革与平叛召开会议。毛泽东认为“民主改革是必要的，改革的决心是正确的”，指出平叛的性质是阶级斗争，而不是民族斗争，“从我们方面说来，战争的目的是为了解放少数民族中的大多数人民，使他们生产发展，生活改善。我们说阶级斗争，是有充分根据的”[①]，肯定改革必然坚持、平叛必须进行。

7 月 24 日，周恩来总理代表党中央，接见四川党政领导及少数民族上层代表，肯定了改革是民族地区的必由之路，指出：

> 党中央认为，四川甘孜藏族自治州和凉山彝族自治州的改革是必要的。我国各民族都要过渡到社会主义，少数民族地区都要进行民主改革和社会主义改造，消灭剥削制度，这是我国宪法规定了的，我们应该遵照宪法办事。当前进行的改革是要把奴隶、农奴从旧制度下解放出来，使他们都有土地耕种。这种改革是民主性质的改革。[②]

叛乱者的烧杀抢掠，危及干部及群众的生命财产，平叛是被迫的、不得已的。尽管如此，周总理要求当地党政部门：力争实现和平改革，地主、

① 中央文献研究室等编：《毛泽东西藏工作文选》，中国藏学出版社 2001 年，第 148 页。
② 中央统战部等编：《周恩来统一战线文选》，人民出版社 1984 年，第 323 页。

奴隶主多余的浮财（指多余的耕畜、农具、粮食及房屋，简称“四项浮财”）可以不征收，劳动人民如果缺乏而确实需要，可由政府出钱购买，转交劳动人民。停战和谈，来去自由；叛乱分子停止叛乱，一律宽大处理，一个不杀，十擒十纵、百擒百纵。组织慰问团进行慰问，搜集意见，总结经验，“凡工作中的缺点、错误要承认，工作的好经验要坚持，好的坏的，都让人民知道”①，改进工作，利于改革。

根据中央指示，甘孜藏区在改革中实行“更加宽大”的政策，采取多种方式，动员叛乱者下山和谈，十擒十纵，百擒百纵。有些地方还保留叛乱者的职务，送工资上山，期望争取……

（三）西藏地区准备改革，中央及时制止

1. 准备改革

1956 年初，四川甘孜藏区开展民主改革，考虑到藏传佛教在藏族社会的地位及力量，为避免影响西藏社会，中央要求改革不触动寺庙，“关于藏族农业区喇嘛庙占有耕地的处理问题，为了对西藏不致发生不利影响，以及在宗教问题上不致陷于被动地位，还是以不动为宜”②。尽管如此，改革仍对西藏社会产生了广泛影响，成为各阶层关心的话题。4 月 23 日，在自治区筹委会成立大会上，达赖喇嘛、班禅额尔德尼在发言中都谈到民主改革，接受并同意改革，但态度有所不同，要求也不一样。达赖喇嘛赞成改革，但要逐步开展。他说：

> ……社会主义是真正幸福美满的社会，西藏除了走社会主义的道路以外，别无其他道路。但是，社会主义和西藏现有的具体情况相距很远，我们必须逐步进行改革……我们现在应该首先考虑的还是如何团结一致，积极努力地把西藏自治区筹备委员会的工作做好，把西藏的工作不断地向前推进，以便在适当的时机通过和平协商的方式，自上而下地进行改革。③

---

① 《周恩来统一战线文选》，第 328 页。

② 四川省档案馆藏 1956 年 3 月 28 日中央批复四川凉山彝族自治州、甘孜藏族自治州农业地区民主改革实施办法。

③ 西藏自治区党史资料征集委员会编：《西藏的民主改革》，西藏人民出版社 1995 年，第 49—50 页。

班禅额尔德尼的态度则相当坚决，表示拥护改革，希望尽快开展，愿意以日喀则地区为试点，付诸实行。他说：

> 我代表堪布会议厅委员会的领导人及所属地区全体人民，完全拥护中央关于在少数民族地区采取和平协商的、从上而下的、逐步改革的方针和方法，我们愿意首先在所属地区试办，以便取得经验，然后推广西藏全区。如果大会同意这个意见，报请国务院批准，可以考虑在今后短短的时间内，在条件成熟的适当时机和地区，即行试办。①

鉴于形势的发展，尤其是邻近藏区正开展社会改革，以及达赖喇嘛、班禅额尔德尼公开表态，认同并赞成改革，工委个别负责人对上层集团的认识及民众的觉悟过高估量，对形势的认识过于乐观，对毛主席的谈话理解不够全面，② 认为西藏处于改革的前夜，趋向明确，非改不可：

> 西藏的民主改革已经提上了议事日程，由于达赖、班禅在自治区筹委会上提议，并经过会议全体通过，事实上已用法律形式固定下来。过去，我们对这个形势发展估计不足，现在必须抓紧这个机会，大力进行宣传和重点试办工作。③

要求各地将这项工作作为重点，发动头人及群众，主动深入地宣传，将改革政策与群众见面，提高觉悟，壮大声势，减少阻力。除采取个别访问、座谈会、大小会等多种形式，广泛宣传、积极动员外，工委还要采取措施，建立各级工委及工青妇等组织，大力培养藏族干部；积极发展藏族

---

① 《西藏的民主改革》，第52页。

② 1955年12月23日，毛主席接见西藏地区参观团负责人时，因噶雪·却吉尼玛谈到改革问题，毛主席予以回答；次年2月12日，毛主席同拉敏·益喜楚臣等藏族人士谈话时，也谈到西藏的民主改革问题。4月23日，达赖喇嘛在自治区筹委会成立大会上的发言，引用毛主席的相关谈话。详见《毛泽东西藏工作文选》及《西藏的民主改革》的相关部分。

③ 西藏自治区党史资料征集委员会编：《中共西藏党史大事记》，西藏人民出版社1995年，第65页。

党团员，建党建团；建立各类工厂，招收藏族工人；内地增派干部、招募青年，支援工作；计划在今冬明春在昌都及日喀则选择试点，开展改革。

7 月，大批内地干部及青年调入西藏，充实机关或学校；工委也招收大量藏族青年，成为职工及学员。外来人口急剧增多，拉萨供给短缺，物价上涨，银根吃紧，住房紧张……

2. 毛主席及时制止

尽管达赖喇嘛等人公开同意，还在自治区筹委会提出及通过改革决议，然并非真心诚心接受和拥护改革。事实上，无论从认识水平、社会发育程度，还是工作基础、民众组织发动来看，西藏还不具备开展改革的条件，欲速则不达！党中央对此有清楚的认识。

1956 年 4 月，康区改革及叛乱消息传入西藏，引起达赖喇嘛及贵族、僧侣的恐慌，时值自治区筹委会即将成立，陈毅元帅率中央代表团入藏祝贺，上层人士怀疑成立筹委会及中央代表团进藏祝贺是来搞改革的，态度骤变，从欢迎到冷淡，谣言四起，局势不稳……毛泽东在审阅了中央代表团的报告后，批转四川省省委，并明确指示：

> 此件发给你们参考。西藏方面前往康区的考虑（察）团，不久就会到来，你们应予以热情的接待，将叛乱原因、平乱情况、党的政策和工作办法老老实实地告诉他们，我们工作中的某些缺点错误也可以告诉他们，并请他们帮助你们做些安抚劝说工作。如果他们愿意到成都和北京走一趟则更好。①

针对西藏社会谣传“叛乱是由斗争上层、收枪、收税和破坏宗教等原因引起的”。毛主席要求：“请四川省委和西康党委注意：拉萨方面所说引起叛乱的四条原因，请按实情加以分析，对于即将到来的拉萨考察团予以符合情况的说明。”② 欢迎西藏方面派人参观，了解真实情况，积极解释，帮助四川作好安抚工作。

尽管如此，并没有消除达赖喇嘛和贵族及僧俗上层的疑虑，相反西藏

---

① 中央文献研究室等编：《建国以来毛泽东文稿》，中央文献出版社 1994 年，第 6 册，第 113 页。

② 《建国以来毛泽东文稿》，第 6 册，第 114 页。

工委对形势的不当估计及其作法，加剧了他们的不安。除了受噶伦索康、达赖副经师赤江等分裂分子策动的康区叛乱持续难平外，7月21日，在洛桑三旦（达赖之兄）的策动下，齐美公布纠众在江达发动叛乱，伏击川藏公路车队、袭击道班，与康区叛乱相呼应；[①] 江孜等地也发生了贵族、僧侣等挑动群众诬蔑或围攻藏族干部及爱国人士的事件。部分爱国上层人士思想波动，疑虑重重，情绪消极；局势紧张，分裂分子伺机活动，图谋不轨。

在这种形势下，党中央审时度势，采取措施，及时纠正。8月18日，毛主席复信达赖喇嘛，肯定自治区筹委会的相关工作，指出关于社会改革的议题，只是作思想准备而已，西藏的条件不成熟，还不是改革的时候。毛主席说：

> 西藏自治区筹备委员会已经成立，得到各族人民的拥护，大家满意。西藏社会改革问题已经谈开了，很好，现在还不是实行改革的时候。大家谈一谈，先作充分的精神上的准备，等到大家想通了，各方面都安排好了，然后再做，可以少出乱子，最好是不出乱子。[②]

9月4日，中央向西藏工委发出指示，明确指出西藏还不具备社会改革的条件，改革至少是几年，甚至十几年后的事情，目前主要工作是抓紧统一战线、培养藏族干部、发展生产、改善生活等，为尔后改革创造条件，而不是准备改革。指出：

> 西藏地区的民主改革，必须是和平改革，要做到和平改革，对西藏上层一定要作好准备工作，以后再去进行。这里所讲的准备工作，主要有两条：
>
> 一是同他们的各方面的领导人员协商好，要认真地反复地同他们协商，取得他们真正的同意，而不是勉强的同意。如果他们没有真正表示要改革，就决不要勉强进行。二是把上层安排好，即在不降低上层的政治地位和生活水平的原则下，把所有僧侣、贵族的工

① 《中共西藏党史大事记》，第65页。

② 《毛泽东西藏工作文选》，第150页。

作和生活，特别是他们的代表人物的政治地位和生活待遇，经过协商，作出适当安排。如果这两条没有做好，并没有取得上层的真正同意，勉强去做，就势必要出乱子……

从西藏当前的工作基础、干部条件、上层态度，以及昌都地区最近发生的一些事件看来，西藏实行改革的条件还没有成熟，我们的准备工作也绝不是一两年内能够做好的，因此实行民主改革，肯定不会是第一个五年计划期内的事，也可能不是第二个五年计划期内的事，甚至还有可能要推迟到第三个五年计划期内去。在西藏的民主改革问题，我们已经等待好几年了，现在还必须等待。应该说，这是对西藏民族上层分子的一种让步，我们认为这种让步是必要的、正确的，因为西藏民族至今对汉族、对中央，也就是说对我们还是不大信任的，而采取一切必要的和适当办法，来消除西藏民族的这种不信任的心理，乃是我们党的一项极其重大的任务。如果我们在改革问题上，作了适当的让步和等待，就能够大大地增加西藏民族对我们的信任，有利于西藏民主改革的顺利进行和改革后的各种工作。这样慢一些、稳一些，就会好一些，从实际效果上看来，反而会快一些……

当然，我们的等待不是消极的，相反的必须积极的进行工作，从现在开始到进行改革这个期间，必须抓紧上层统一战线、培养藏族干部、发展党员和团员、扶助群众生产，尽可能地改善群众生活（包括减轻某些负担）和逐步使自治区政权民主化等项重要环节，努力作出成绩，以便为改革做好准备条件。

在这道指示中，党中央明确命令：“至于你们提出的改革重点试验，现在肯定应当停止进行；关于改革的宣传工作，要适当的加以调整和紧缩。”[①]

9月20日，工委副书记张国华在中共八大上发言，介绍了六年来党在西藏工作取得的积极成绩是：加强了藏民族同祖国各民族的团结，解决了藏族内部的历史纠纷和悬案，发展了财经贸易和文教卫生工作，成立了自治区筹委会。提出了今后工作的任务，认为西藏还不完全具备社会改革的

① 《西藏的民主改革》，第56—58页。

条件，实施改革还需较长的时间。[①]

3. 中央明确表态，至少六年不改

实施改革是西藏社会加快发展、进入现代社会的必由之路，也是“十七条协议”规定的，但当时实施改革的主客观条件暂不具备。为了让达赖喇嘛和贵族及僧俗上层等放心，相信中央政府认真履行协议，开展改革会征得其同意才进行，1956 年 11 月，中央政府允许达赖喇嘛、班禅额尔德尼等人到印度参加纪念释迦牟尼涅槃 2500 周年的活动。周恩来利用访问印度期间，与达赖喇嘛会见三次，转告毛主席关于西藏改革的口信：

> 毛主席要我告诉你，可以肯定在第二个五年计划期间根本不谈改革。过了六年之后，如果可以改的话，仍然由你根据那时的情况和条件决定。将来如何改革，现在也不要讨论，因为讨论时反而容易引起不必要的误会和疑虑。现在主要是搞好建设，发展西藏的经济，改善人民的生活。只有经济发展了，人民的生活好过了，包括贵族、寺庙的生活水平都比现在有所提高时，看情况再谈改革，那时办法也就多了。现在，大家的心都可以安下来。[②]

周总理代表毛主席，三次向达赖喇嘛表明西藏至少六年不进行社会改革，六年之后是否开展，由达赖喇嘛根据当时情况决定。并向他解释康区的叛乱并非改革引起，而是另有原因：

> 至于西康的问题，有两部分地区：一部分地区是要求改革而先进行了改革的，那里并没有发生叛乱；另一部分地区是理塘等地，那里并没有改。可是有些不了解情况的人起来闹事，包围了我们一个部队，使干部、战士几天吃不上饭。为了保卫那个部队，我们才派空军去投粮，于是又发生了军事冲突。现在我们已派人去做善后处理……至于叛乱中跑出来的人，政府均应予以安置，使他们能够过得下去，但跑出来后搞叛乱是不允许的。[③]

---

① 张国华：《加强民族团结，建设新西藏》，《人民日报》1956 年 9 月 21 日。
② 西藏自治区党史办公室编：《周恩来与西藏》，中国藏学出版社 1998 年，第 149—150 页。
③ 《周恩来与西藏》，第 154 页。

这些明确肯定的言语，旨在稳定以达赖喇嘛为代表的上层人士的情绪，消除疑虑，表明中央政府恪守协议；更反映中央真心诚意帮助西藏大力建设，发展生产，消除贫困，改善生活，“这方面，中央完全帮助，是没有问题的”。

不过，对于分裂分子可能撕毁协议，发动叛乱，对抗中央，党中央也有估计，有所防范。11 月 15 日，针对西藏社会形势，在中共八届二中全会上，毛主席说：

> 要估计到达赖喇嘛可能不回来，不仅不回来，而且天天骂娘，说“共产党侵略西藏”等等，甚至在印度宣布“西藏独立”；他也可能指使西藏上层反动分子来一个号召，大闹起事，要把我们轰走，而他自己却说他不在那里，不负责任。这种可能，是从坏的方面着想。出现这种坏的情况，我也高兴。我们的西藏工委和军队要准备着，把堡垒修起来，把粮食、水多搞一点。我们就是那几个兵，横直各有各的自由，你要打，我就防；你要攻，我就守。我们总是不要先攻，先让他们攻，然后来他一个反攻，把那些进攻者狠狠打垮……①

12 月 16 日，在中央复西藏工委关于拉萨等地可能发生叛乱的电报中，毛泽东主席特别加上这样一段文字，对相关工作做出了进一步指示：

> 中央和毛主席历来认为改革一定要得到达赖、班禅和僧侣领导人的同意，要各方面条件成熟方能实行，现在无论上层和人民，条件都不成熟，所以目前几年都不能实行改革。中央认为第二个五年计划时期是不能实行的，第三个五年计划时期也还要看情况如何才能决定。但如果受外国指挥的反革命分子不通过协商而一定要通过反叛和战争破坏十七条协议，把西藏情况打烂，那就有可能激起劳动人民起来推翻封建制度，建立人民民主的西藏，目前应把在六年内不改革的方针在党内、在藏族上层普遍加以传达。工委可以在最近约自治区筹委会和噶厦的主要官员座谈，向他们说清上述中央的

① 《毛泽东西藏工作文选》，第 152 页。

方针。[①]

从毛主席致达赖喇嘛的信件、周总理与其三次交谈，以及党中央的相关指示，清楚表明中央政府对西藏社会是否开展改革的原则：鉴于西藏的现况，至少六年不改；若要改革，还得征求达赖及西藏上层人士的意见；倘若发动武装叛乱，立即改革。

从1956年8月到1959年3月近三年时间里，中央政府坚持上述立场。1959年3月19日，西藏上层集团不顾再三劝阻，宣布“独立”，发动武装叛乱、进攻拉萨解放军及中央代表驻地后，中央政府才下令平息叛乱，接着开始了西藏的民主改革。

三、对1957年两次会议简报及中央指示的认识

（一）西藏地区

1. 中央书记处召开工作会议的背景

1956年8月18日，毛主席致信达赖喇嘛，说西藏开展社会改革的条件不成熟，暂不改革。9月4日，中央指示西藏工委，停止试点工作，调整和紧缩改革的宣传等。然因多重因素的影响，欲刹车制止，需要一个缓冲时间。但症结是工委个别领导对西藏社会认识不全面，对中央相关指示的理解不准确、执行不力，继续保持培养藏族干部、发展党团员的力度，变相准备改革。如10月19日，工委在《1956年第三季度工作综合报告和第四季度工作安排》中说：

> 关于民主改革的宣传工作，各分工委都展开宣传，一般已普及到藏族各阶层中去。这次宣传做的比较广泛，影响很大，反映也很多，我们完全拥护中央九月四日关于西藏民主改革问题方面指示的精神，现已适当地收缩了宣传。但在各项准备工作上仍积极进行中，正筹备在第四季度召开自治区筹委会第二次全体委员会议，讨论在西藏实行民主改革前的准备工作……培养藏族干部已冲破了保

① 《毛泽东西藏工作文选》，第154页。

> 守思想，正在大力吸收，建团、建队工作已顺利地开展，社会上建党工作已经开始。在第四季度，继续反对在培养藏族干部工作中的保守思想，大力培养藏族干部，完成在1956年培养15000名藏族干部的计划，同时要完成发展2000名藏族党员和5000名藏族团员的工作。①

经毛主席、党中央多次指示的开导，尤其是12月16日毛主席特别增加内容的电报，工委领导才认识到问题的严重性，统一了思想，停止了改革的各种准备工作。

1957年2月，西藏工委总结了过去工作的得失，根据中央指示，制定了尔后的工作计划。在这份报告中，工委承认了失误，从思想深处检查失误的原因：

> 由于对中央指示认识不足，体会不深，坚持不够。主观上总想给西藏人民早些、多些，做些好事，以及金沙江以东改革的影响等原因，在慎重稳进方针的遵守和坚持上发生了偏差，产生了急躁冒进的情绪，在一九五六年任务中提出了不切实际的要求……提出在昌都与班禅地区今冬明春进行改革试点的意见。为了完成这些过高、过早、过急的任务，接踵而来的便是增加机构，扩大编制、增加人员。在培养民族干部上发生了强迫摊派、重量不重质的偏差，在全区形成了民主改革“山雨欲来风满楼”之势，因此使西藏出现了严重的形势。由于中央及时地宣布了六年不改，以及和平改革的方针和办法，工委也作了与此相应的收缩和收编工作，才使这一严重的局势有所缓和。②

于是，工委提出在1957年以稳定为主，工作思路是“适当收缩、巩固提高、稳定前进”。尽管如此，西藏工委的工作思路与中央关于西藏至少六年不改革的要求还有距离，必须调整，符合指示的精神；细化任务，落实相关要求。

---

① 《中共西藏党史大事记》，第68—69页。

② 《中共西藏党史大事记》，第73页。

2. 坚决地、迅速地“大下马”

3月5—6日，在邓小平的主持下，中央书记处召集工委负责人到京召开专题会议，找出存在的问题，确定调整的原则、采取的措施及紧缩的规模等。

在会议上，张经武代表西藏工委，检讨“未能很好掌握‘慎重稳进’的方针，对西藏情况未能很全面的向中央反映，在思想上急于想进行改革，在一系列准备工作方面，犯了急躁冒进的错误”。指出当前存在的突出问题：①机构及人员过多。现有各种机构406个，汉藏干部、工人及学员共45000余人。②财政开支浩大。1956年超支3000万余元（银元），今年预算的超支更多。③物价高涨，住房紧张，贵族及群众不满。④过快发展，人员不纯。为加快培养藏族干部，相关部门不断追加名额，层层分配，成了变相摊派，以至吸收了小孩、游民等充数，“这些人到学校后，时常打架滋事”，社会上产生负面舆论。

针对这些问题，张经武提出必须收缩，减少人员和机构，紧缩开支，妥善处理；继续争取达赖及其集团的大多数，继续做好团结班禅的工作，搞好班禅、达赖集团间的团结；继续办一些对西藏人民有利的和可能办的事情，等等。①

经过讨论，中央书记处负责人认为：西藏今后在六年内不改革是肯定的，这是对外已经宣布了的；内定不改的时间还要长，可能十一年不改。西藏的人员、机构、事业、财政要大下马。目前，西藏工作以大下马为紧急任务，下马越快越好，人员内撤越快越好。要坚决地迅速地下马，坚决地迅速地内撤。②

根据中央领导的指示，会议开展了广泛讨论，接受了“大下马”的方针，初步确定只留藏汉干部、工人及学员约4000人，安置上层人士2000人；部队只留1.3万人，分驻拉萨、昌都等12个点；将3个农业试验场、6个兽防队和医院、藏干校、小学、电影队、文工队，3个电厂、铁工厂、血清厂等交自治区筹委会；撤销山南、塔工、拉萨等3个分工委和所有宗工委，以及测绘局等单位。③

---

① 四川省档案馆藏1957年3月5日中央书记处讨论西藏工作简报（一）。

② 《中共西藏党史大事记》，第73—74页。

③ 四川省档案馆藏1957年3月6日中央书记处讨论西藏工作简报（二）。

之后，西藏工委贯彻会议精神，采取坚决措施，精简机构，压缩人员，除保留昌都、江孜、日喀则工委外，撤销了其他宗工委；已成立60余个宗级办事处，除昌都地区以外，基本上撤销；干部、学员及工人由45000人减至3700人。如江孜，分工委干部、职工，由1400多人减至100余人；除亚东中心县委外，其他5个宗党委均撤销；分工委及基巧办事处机构由30余个并为11个①。昌都地区，只保留昌都、江达、丁青、扎木和宁静5个点，分工委只有组织、统战两个部和一个办公室，企事业单位仅有银行、医院、兽医、书店及小学等，干部从10800余人减至550人。② 军队撤销了53师，数个团调归成都军区，官兵从5万减至1.3万，除控制青藏公路沿线和川藏公路岗托—怒江桥、林芝—拉萨两段外，仅保留拉萨、日喀则、昌都等地少量驻军。③

3. “可为”与“不可为”

根据专题会议确定的任务，以及中央领导指示的精神，西藏工委调整了计划，改变了任务，于1957年3月19日呈报《关于今后西藏工作的决定》，提出：

> 今后西藏地区的国防、外事和国防公路等事项必须继续坚持中央统一管理的原则和规定，不得变更。至于西藏的内部事务，都应当由西藏人自己管理，党对西藏内部事务的领导，应该是通过统一战线工作进行政治上、思想上的领导，而不应该直接干涉和包办代替……现在，西藏地方的工作机构和人员都过多，同上述的方针和任务不适应，并且已经造成国家在财政开支和物资供应方面的很大困难。工委根据上述的方针和任务，决定立即将西藏的党政机关和群众团体，以及各企事业单位的机构和人员，坚决加以精简，把大部分的汉族人员和一部分的部队调回内地……④

5月14日，中央批复西藏工委的报告，再次肯定了改革的必要与必须，“西藏的民主改革，是和平解放西藏办法的协议的重要内容之一，是迟早一

① 西藏日喀则地区江孜革命史编写组：《西藏江孜革命史》，1995年，第85—86页。
② 《苗丕一回忆录》，西藏人民出版社2005年，第247、252页。
③ 原来只保留12处驻军，后因西藏工委某负责人要求，多了两三个点，如丁青等地。
④ 《西藏的民主改革》，第64—65页。

定要实行的，西藏人民必须经过民主改革，才能获得政治的和经济的解放，造成逐步过渡到社会主义的前提条件”。但无论从上层人士的接受、民众的觉悟、干部培养，以及经济发展程度等因素考虑，还不具备实行改革的条件。基于这样，中央决定从1957年起，至少在六年内不进行改革。六年之后，是否改革，届时依据情况再定。尽管如此，相关工作还得进行，审时度势，量力而行，于是党中央明确提出了“可为”和“不可为”的要求，要求工委认真执行：

今后至少六年内，我们在西藏地区的工作有可为和不可为的两个方面：可为的方面，应当适当地继续进行；不可为方面，应当坚决地即时停止和改变。现在看来，我们可以做而应当做的，就是：一是继续进行和开展上层统一战线工作，并以达赖集团为主要对象；二是继续注意培养藏族干部，除在当地工作中培养一部分外，可以继续吸收少数青年到内地学习；三要继续办一些群众欢迎的、上层同意的，而我们又有条件办的，能够对群众发生积极影响的经济、文化事业；四是继续坚持在国防、外事和国防公路等事项置于中央管理之下；五是经过各种适当方式，向西藏上层和人民群众进行爱国主义教育，反对分裂活动。另一方面，我们应当坚决地执行：一停止和结束民主改革的准备工作；二不干涉西藏的内部事务；三不在社会上发展党员；四不办不是西藏上层和下层迫切要求和同意的建设事宜。①

为保障工作的有序开展，减少以至避免其他方面的干预，党中央特别强调“为了适应西藏情况，必须加强党的领导，决定今后在西藏实行党的一元化的领导，西藏工作统一由中央直接领导，中央和国务院各部门均不得直接向西藏指示工作，调动干部，否则西藏工委有权停止执行”，确保了党中央的一元化领导，以及中央政府对西藏工作的垂直指挥。

1957年8月18日，毛泽东再次复信达赖喇嘛，重申西藏至少六年不开展社会改革，说明过早提改革是工作中出现的缺点，现在已改掉缺点，做好相关工作：

① 《中共西藏党史大事记》，第75—76页。

西藏自治区筹备委员会在你领导下工作是做得好的，有成绩的。去年对实行民主改革提得早了，工作机构也太大了，这是缺点。现在决定在第二个五年计划期内不改革，并且把过大的机构作了精简，这就改正了缺点。

工作中发生缺点总是难以完全避免的。对缺点，我们的态度应该是正确分析，积极改正，记取经验，继续前进。我们改掉了缺点以后，工作就会做得更好一些。①

（二）四川藏区

1. 中央书记处召开四川藏区继续改革会议的背景

1956年7月22日，中央政治局召开专题会议，讨论四川民主改革。24日，周恩来总理代表中央，传达了会议精神，决定实行“更加宽大”的政策。

根据中央的指示，省委及省府调整政策，停战和谈，更加宽大，收到了明显成效。但也出现若干新问题，需要及时解决。如对甘孜县的改革经验，尤其在划分阶级成分，贯彻阶级路线、诉苦水、挖穷根，发动群众，分配土地方式及数量，以及是否彻底收缴地富枪支等问题上，党内存在不同意见，需要统一认识。还有，党中央既已确定西藏至少六年不改，甘孜藏区怎样办？继续改还是不改，怎么改等亟待明确，利于行动。②

1957年2月，四川省省委召开民族工作会议加以讨论，李井泉、廖志高等领导莅会，对改革政策、平叛缴枪等有所指示。③

3月5日，四川省省委根据会议精神，就甘孜藏区民主改革问题向中央报告，汇报该州共有48万人口，除牧区、农牧区间的缓冲地带和早已完成合作化的泸定县外，农业区（约32万人）的民主改革，有14万人的地区已经完成，其他地区正在进行和准备继续进行。“10个县的已改地区，农民每人平均占有土地4亩左右，产量约在400—600斤，这些地区1956年除灾害地区外，一般都有程度不同的增产，合作社的增产尤其显著，现在群众

---

① 《毛泽东西藏工作文选》，第162页。

② 中共甘孜州委党史研究室：《甘孜藏族自治州民主改革史》，四川民族出版社2000年，第68页。

③ 四川省档案馆藏1957年2月省委民族工作会议记录整理稿。

迫切地要求政府帮助他们发展生产和增办学校”。藏族群众初步发动起来，组建了自卫队、培养了干部、发展了党团员，群众优势已在部分地区得到树立，改革取得了积极的成效，因此省委认为，继续改革符合藏族人民的根本利益，理由是：

> 1. 有利于巩固已经取得的改革成果，保护和发挥干部、群众的积极性，发展生产，逐步改善人民生活，大量培养和提拔地方干部；2. 坚持改下去，将会教育藏族上层，认清前途，消除顾虑；3. 完成改革的地区，对寺庙迅速实行包起来的政策，给以长期维持，有利于社会治安和生产发展；4. 可以巩固公路交通，利于进藏物资的运输；5. 坚决完成这一地区的改革，必将促进整个藏族地区的发展和进步，增进民族团结，也可减少云南后顾之忧；6. 如果不坚持改下去，势必伤害干部，加深群众痛苦，助长上层右倾，甚至造成更加混乱局面，脱离群众，前功尽弃。①

毛泽东阅读该份报告后，批示“我认为应当同意这个方针”，肯定了四川省省委的相关作法及继续改革的理由，并要求刘少奇、周恩来、朱德及彭真等阅读，由邓小平、杨尚昆等负责指导继续改革等事项。②

2. 民主改革是既定方针，坚决进行下去

根据毛主席的批语，在邓小平的主持下，3 月 9 日中央书记处召开讨论甘孜藏区改革的专题会议，同意四川省省委继续改革的要求，坚决改、彻底改，“改就要真改，假改不如不改”。提出真改革就是要群众公开诉苦、就是倒苦水，“不诉苦，苦水都不倒，一定是假改。改革后，也要抓紧树立群众优势，提高群众阶级觉悟。没有进行过诉苦教育的还要进行，让群众把苦水倒了，假改也会变成真改。群众的发动必须包括思想发动，没有这个就不行。不要怕刺激地主，地主知道也好。使他知道群众反对他，我们协商才有基础”③。就是说，协商并非无条件的，也不是农奴主自愿接受的，是在群众拥护改革、反对旧制度的基础上，农奴主才会接受协商，也才能

① 《建国以来毛泽东文稿》，第 6 册，第 368—369 页。

② 《建国以来毛泽东文稿》，第 6 册，第 368 页。

③ 四川省档案馆藏 1957 年 3 月 9 日中央书记处会议对甘孜藏族自治州改革问题的结论纪要。

做到协商。

针对农奴主发动叛乱、抗拒改革，中央书记处认为“打仗怎么办？要准备。只要向上层表示江东要坚决改，就要打，建筑在大打上。仗越打得大，越打得彻底，越好，这条一点都不能放松。可能打几仗就解决问题，不要犹豫，越犹豫越坏，要会打，要打的狠，准备大打。要向上层说清楚方针，要打就打，现在也在打，你不打，人家气焰越高……不能说昨天他们未打，我们今天就不能打，应集中力量一块一块的搞，一片一片的平息。始终不要放松政治争取和军事打击，打一些好仗，才能争取”①。

有关收缴农奴主的枪支弹药，劳动人民掌握武装，实现“枪换肩”；培养干部民族化，以及开展“赎买”等问题，中央书记处均作出了明确的指示。

5月14日，中共中央在回复西藏工委《关于今后西藏工作的决定》报告的同一天，对四川省省委关于甘孜藏区继续开展民主改革也作了书面批复。

> 甘孜藏族自治州和云南藏族农业区必须进行民主改革，是中央既定的方针，应当坚决进行下去。在尚未进行民主改革的地区，应当按照各县的具体条件，有准备地分批完成。在改革中，和平改革的方针继续有效。有关民主改革的若干政策问题，仍须按照一九五六年七月中央和毛主席的指示办理。
>
> 充分发动群众，认真提高群众的阶级觉悟，树立群众的优势，是使民主改革取得胜利的基本条件。在今后的改革工作中，必须贯彻充分发动群众的工作路线。过去发动群众不够的地方，应当采取适当的方法补课。在依靠群众和充分发动群众的同时，又必须注意和上层进行充分协商，并做好上层安排工作，以便争取和中立一切可能争取和中立的人们，更好地实现和平改革的方针。②

为保障四川藏区民主改革顺利进行，维护西藏社会的稳定，中央决定修筑川藏公路南线，迅速运输物资，为康南地区平叛与改革准备条件；集

① 引自《甘孜州州志》，下册，第2333—2334页。

② 《封建农奴制度在迪庆的覆灭》，第124页。

中兵力，组织战役，对叛乱分子实施重点歼灭，平息叛乱。其间，昌都分工委等也采取措施，稳定本地者，孤立外来者，集中力量打击之；坚决收缴外来叛乱分子的枪支，俘虏外区俘虏，均送当地处理等，争取起到屏蔽的作用。①

四、在民主改革上为什么甘孜藏区与西藏地区不同步

（一）中央政府对康藏的统治有所不同，政策不一样

从元代以来西藏归为中国有效管辖之后，中央政府对其实施不同于其他藏区的统治方式。且以清代为例，揭示中央政府对西藏地区和四川藏区实施不同的治理方式。

清代，中央政府通过册封达赖、班禅，确立其宗教地位，授予行政管理权；任命驻藏大臣代表中央，与达赖、班禅等共同管理西藏。

再从西藏各地的治理状况看，颇能反映清政府分而治之的特点。当时，达赖喇嘛及噶厦主要是控制拉萨及拉萨河流域等地；日喀则及附近地区由班禅额尔德尼管辖；昌都地区主要由帕巴拉、察雅切仓罗登西绕等四大呼图克图统治；藏北三十九族地区（今那曲地区），由驻藏大臣直接掌握，居高临下，起到制衡的作用。至于四川到昌都、拉萨，拉萨和日喀则等的驿道及附近地方，还接受粮务委员等的领导。就连清季新辟的亚东关（靖西厅）也由四川总督派员管理。

民国初年，受多种因素的影响，主要是英印政府的阻挠及破坏，西藏地方与中央政府间关系一度出现隔阂。从30年代以后，中央政府与西藏地方恢复联系，派遣大员入藏致祭十三世达赖喇嘛；支付寻访及护送达赖喇嘛灵童的费用，特准拉木登珠免予抽签继任十四达赖喇嘛②；指派蒙藏委员会委员长到拉萨，与热振活佛主持第十四世达赖喇嘛坐床仪式，册封授勋热振等僧俗人士，设立蒙藏委员会办事处等，历史形成的隶属关系逐步恢复中……

① 《苗丕一回忆录》，第258页。

② 中国藏学研究中心等编：《十三世达赖喇嘛圆寂致祭和十四世达赖转世坐床档案选编》，中国藏学出版社1991年，第291页。

与西藏的施政方式不同，清政府对康区（四川甘孜藏区）[①] 基本上实施直接的统治。康区既有清政府册封的土司、土目统治，更为清政府直接管理的区域。从行政上讲，康区隶属四川省建昌道雅州府，由打箭炉厅同知管辖，“雍正八年，新设分驻打箭炉雅州府同知，管理口内沈边、冷边、明正司，口外新抚各土司地方”[②]。军事方面，由四川督标泰宁（阜和）协副将掌控；各地点分设塘、汛，任命守备、把总等，以资镇慑。

鉴于康区地域辽阔，人烟稀少，清政府将施政重点放在入藏交通线上，提纲挈领，辐射并控制周边，特在理塘、巴塘、昌都（察木多）、拉里、拉萨（前藏）、后藏（日喀则）设立粮台，任命粮务委员等，“粮务官一员，派州县官管理，供应差务，钤辖土司，支放汉土官兵粮饷；守备一员，统领汉土官兵，防守地方，查缉盗贼”[③]，以及把总、外委等各官员。

20 世纪初，清政府采取措施，加强统治。1903 年（光绪二十九年）底，将雅安府驻打箭炉同知改为打箭炉直隶厅，直属建昌道，管辖巴塘、里塘等处粮务委员；1906 年（光绪三十二年）8 月，设立川滇边务大臣衙门，任命边务大臣，废除土司、土目，建立道、府、县，改土归流；接着，筹建西康省，实施深入统治。

进入民国，康区政局虽有反复，但基本上在中央及四川省府管辖之下。1939 年底，国民政府从四川析出雅安、西昌，与原川康特区组成西康省，设省会于康定，中央政府对康区的统治得到了加强。

1950 年底，人民政府在甘孜藏区实行区域自治，设立西康省藏族自治区，用马克思主义民族理论实践现代国家的建制，这是新中国成立后建立的第一个州级自治区[④]，产生了积极的示范效果和带动作用。其后，康区之所以开展民主改革、实施社会改造，既是藏族干部及民众的要求，也是中国社会性质改变的必然，目的是使藏族广大民众当家做主，完成基层统治的替代和生产资料所有制的改变，落实民族区域自治的要求，实现国家制度构建的统一。

---

① 此处所言的康区，主要指四川甘孜藏区。当时康区还包括昌都地区，时属帕巴拉等呼图克图、德格土司等统治；中甸地区，由云南丽江府管理；玉树地区，为清驻西宁办事大臣管辖。

② 吴丰培辑：（乾隆）《打箭炉志略》，中央民族学院图书馆，1979 年油印，建置，第 1 页 B。

③ 陈登龙：《里塘志略》，中央民族学院，1979 年油印，卷上，职官。

④ 在 1954 年宪法制定前，我国各民族自治地方均称为“自治区”。是年，第一届全国人大召开，通过了宪法，确定了我国民族自治地区的区、州、县三级行政级别。

我们也注意到，在人民政府领导下，各地进行了民族识别，消除了“番”、“蛮”等歧视性称呼，以及那些带地域或生产方式的称号，接受并统一使用藏族称谓，冲破了隔阂，凝聚了民众。新中国成立后，人民政权消除了地缘隔阂，各省藏区再次实现并扩大了人员、物资及文化等的交流，拉萨因系西藏地区的首府和藏传佛教（格鲁派）的中心，优势地位得以凸显，增强了对各地藏族民众的吸引力。

的确，民族识别与身份确认统一并凝聚了藏族，强化了族属认知及心理认同，然而藏民族与藏族地区不完全是一回事，前者是民族称谓，后者系行政区域，不能等同。更不能因西藏是全国最大的藏族聚居区、达赖喇嘛是藏传佛教（黄教）的首领而涵盖或支配其他省份藏区。对此，中央领导有清醒的认识。如1956年2月，中央统战部部长李维汉在谈到藏区社会改造时，曾提出最好有个统一考虑、全面规划，但同时他有意识地辨析并强调藏区与藏民族有不同的内涵，不能等同：

> 第一是西藏和藏族。西藏不等于藏族，西藏就是前藏、后藏、阿里、金沙江以西，包括昌都地区，只有一百一十二万人；而藏族就牵连到青海、甘肃、四川、云南好几个省。西藏和藏族改造的规划，要统一起来考虑，只考虑青海藏族的改造规划，只考虑甘肃藏族的改造规划，或者只考虑四川藏族的改造规划，是不妥当的。需要有一个统一的考虑，全面的规划。我们设想，在青海、甘肃，在四川，作出一个和平改造的榜样，让西藏地区的群众、西藏地区的上层人物去看一看这个榜样。如果他们觉得很好，回去也愿意进行改革，这样就加速了西藏的和平改造。①

于是，他建议其他藏区先进行社会改革，以其效果形成示范，给西藏作出榜样，引导效仿，采取相同的行动。因而，在是否实施民主改革上，党中央审时度势，根据西藏地区与四川藏区的不同传统、统治方式及环境条件，作出了江东（金沙江以东，指甘孜藏区）坚决改，江西暂不改的决策。在对西藏工委的指示中，中央特别强调西藏与甘孜藏区同属中央政府领导下的不同行政区，互不统率。依照属地管理的原则，西藏不能插手康

① 李维汉：《统一战线问题与民族问题》，人民出版社1982年，第140页。

区，反之亦然！在“5.14 指示”中，中央要求工委负责人向达赖喇嘛及僧俗上层认真解释：

在西藏地区至少六年不进行改革，但是在四川和云南藏族地区则必须采取和平改革的方式继续进行和完成民主改革，这都是中央已经确定的方针。

过去，西藏一部分上层分子曾经反对四川省藏族地区的民主改革。估计今后他们还可能进一步提出反对在那里进行改革的意见。对于他们这种意见，应该严正地加以解释，必须向他们说清楚：西藏地区是根据宪法实行区域自治的，国务院根据西藏的历史情况已经决定西藏自治区包括昌都在内。在这个区域内，西藏人民有自己管理内部事务的权利。其他藏族地区和西藏的历史情况不同，分别属于省份，并且早已分别单独建立了自治地方。在这些自治地方的内部事务，也应该由那里的人民自己管理。四川省藏族地区的民主改革就是根据那里的实际情况和当地人民的意愿进行的，西藏人士不应该根据西藏地区的情况和沿用西藏的事例对四川省藏族地区的民主改革加以干涉。①

同日，中央也对四川省委及云南省委明确指示，坚持改革，改地换天，实现人民当家做主；抓紧政治争取，更好、更快瓦解敌人，迅速平息叛乱，稳定西藏地区的局势。

考虑到西藏地区在今后六年甚至更长的时间内不进行民主改革，而在甘孜藏族自治州又必须继续进行民主改革的情况下，叛乱分子可能更加猖獗，藏族上层中的反动分子还有可能挑起更大规模的叛乱，对此我们应当有充分准备，以便给以坚决打击，取得完全胜利。这对迅速平息叛乱、顺利完成民主改革，以及稳定昌都、西藏的局势，都有重要作用。在平息叛乱中，仍然必须继续抓紧政治争取工作，以便更好地分化瓦解敌人。②

① 《西藏的民主改革》，第 61 页。

② 中央统战部编：《民族政策文件汇编》，1960 年，第 371—372 页。

(二) 西藏地区与甘孜藏区的任务各有不同

1. 西藏：实现统一，建立自治区，发展经济，改善民生

推翻旧政权，建立新社会，改地换天，救穷人出苦难，实现人民当家做主，是中国共产党领导中国人民浴血奋战的主要目的，亦是中共依照马克思主义完成中国现代国家制度构建的基本任务，即使对于西藏这样通过谈判而和平解放的地区也不例外！鉴于西藏社会的特殊性，尤其是近代以来，受英殖民主义者的挑拨，西藏与内地交流受到阻碍，地方与中央关系出现了隔阂，分离势力形成并有所活动，中央政府才会考虑在西藏地方实施更和缓的政策，并预留时间，待达赖喇嘛及贵族、僧侣等上层人士思想转变、觉悟提高后，自觉开展社会改造。

的确，比较大陆其他地区，中共在西藏开展工作要晚得多。1951 年 10 月底，解放军才进入拉萨，实现了军事进驻；12 月中旬，西藏工委组建完毕，开展工作。当地民众几乎全是藏民，长期受三大领主的严酷统治，党的声音要传入基层民众中，需要一个时间过程。在民族、语言、习俗及观念等存在差别的社会中，党暂时缺乏开展工作的群众基础，"我们在目前不仅没有全部实行协定的物质基础，也没有全部实行协定的群众基础，也没有全部实行协定的上层基础，勉强实行，害多利少"①。只能循序渐进，争取团结上层，通过他们介绍或宣传党的政策，为群众所了解、所认识，逐步接触基层民众。于是，结合历史，依据现实，着眼未来，党在西藏的首要工作是：建立和巩固反帝爱国统一战线，争取团结达赖和班禅及其上层集团的大多数，促进达赖集团与班禅集团的团结，消除分裂现象，实现西藏的统一。"在中央人民政府的统一领导之下西藏（原注：指前藏、后藏和阿里地区，在条件成熟时还可包括昌都地区）地区的统一，对于建设和发展西藏，对于争取团结全国藏族都有利的"。因此，中央政府决定将昌都地区划入西藏，为统一奠定基础，"中央原则上同意昌都划归西藏地方政府管辖，也是为了争取达赖集团和考虑西藏地方曾经统治昌都地区近三十年的历史和民族关系，在条件成熟后解决统一西藏问题"②。

---

① 《毛泽东西藏工作文选》，第 63 页。

② 在 1918 年噶厦设立"朵麦基恰"（昌都总管）以前，昌都地区主要由帕巴拉等四大呼图克图管理，江达、西邓柯等地属于德格土司的辖地，噶厦实际控制的地盘相当有限。

接着，在前后藏的关系上，党采取措施，消除了班禅集团和达赖集团间的隔阂，促成他们的和解与团结。“党在西藏的方针是使西藏逐渐地走向统一，成立统一的自治区，而不是先实行分区自治而后走向统一”①，尽快完成西藏地区的统一，建立西藏藏族自治区，实践民族区域自治。

经过争取团结，达赖喇嘛及多数僧俗上层的态度发生了改变，倾向祖国，接受毛主席、中央政府的领导，表示“跟着毛主席、共产党走，就有前途”②。1954 年 9 月，达赖喇嘛、班禅额尔德尼赴京出席第一届全国人民代表大会，分别当选人大副委员长和常委。

1955 年，在中央政府的调解下，西藏地方政府与班禅堪布会议厅达到谅解，实现了团结。1956 年 4 月 22 日，由西藏地方政府、班禅堪布会议厅和昌都地区解放委员会联合组成自治区筹备委员会，筹委会主任和第一副主任分别由达赖喇嘛和班禅额尔德尼担任，党的争取团结工作取得了积极的成果。

开展改革、进入社会主义是西藏人民的必由之路，但限于社会发育的程度、上层人士的思想认识和广大民众的接受状况，当筹委会成立后，党在西藏工作的基本任务，是加强团结，发展经济，改善生活，消除贫困，“继续认真执行协议，加强民族团结和西藏内部团结，为西藏地方的进步和发展而努力”③，而不急于开展社会改革。否则，欲速则不达，还会滋生新的、严重的社会问题。

> 我们主张的民主改革，不管采取多么和平的方式，都不能不触及封建统治的根基，因为它的目的是要把农奴制的西藏改变为人民民主的西藏。如果没有上层领袖人物的真实的同意，没有基本群众的必要的支持，而去进行民主改革，就会变成我们强加于人，并且就会主要靠我们去进行改革。这是和“应当容许各民族人民群众，以及在各民族中同人民群众有联系的公众领袖们从容考虑，并按照他们的意愿去作决定”的原则不相符的，与《关于中华人民共和国宪法草案的报告》，与《和平解放西藏办法的协议》第十一条也

① 《中共西藏党史大事记》，第 51 页。

② 《毛泽东西藏工作文选》，第 129 页。此话是噶雪·却吉尼玛引用十四世达赖喇嘛的话。

③ 张经武：《为建设祖国、建设新西藏而努力》，《人民日报》1957 年 5 月 24 日。

不符合。如果我们一定要这样作，就很可能造成一种局势：不仅多数上层会反对我们，分离主义分子阴谋得逞，左派陷于孤立，而相当一部分劳动人民在上层分子的影响和控制之下，也会跟随在上层分子后面，暂时地反对我们，这样，和平改革就成为不可能。如果这种局面出现了，就逼使我们要么停止改革，让自己在政治上陷于被动的地位；要么进行战争，从战争中再来发动群众，推倒农奴制度。经过战争发动群众，实现改革，在少数民族地区是不得已才采用的办法。在西藏这个地方，由于上述历史的和现实的原因，加之远离内地，交通不便，从长远着想，采用这个办法进行改革，在政治上欠主动，在军事上不值得，因此，应当避免采用这个办法。至于帝国主义分子和叛国分子挑起的武装叛乱，以致不能不用兵讨伐叛乱，那是另一种情况。对此，中央过去已经有过不只一次的指示。①

2. 甘孜藏区：条件基本具备，开展社会改革

四川藏区与西藏的社会形势却有不同，从 1950 年实现解放，西康省藏族自治区创立，实现区域自治，建立和扩大了爱国统一战线，党的政策得到多数僧俗上层的认识与接受，逐步渗入基层，被民众所了解。数年来的工作，群众觉悟得到提高，涌现了一批拥护党的领导、靠拢党组织的积极分子。到 1955 年 8 月，当地培养出 3000 名藏族干部，发展了约 450 名党员、15000 名团员；并且经过“开荒和发展生产，开展银行、贸易工作，社会主义经济成分已有一定增长，人民生活得到初步改善”。②

随着生产的发展、民众觉悟的提高，农奴制度，尤其是差役及高利贷等已成为制约当地经济发展的障碍。上层人士认清形势，愿意接受改革；多数民众有积极要求，甚至有所行动，开展社会改造的条件初步具备。在这种形势下，当地政府仍坚持“慎重稳进”的方针，先从对社会触动较小、且有解决先例的差役、高利贷及农奴着手，从康东到康北，逐步推开。

正如周总理对达赖喇嘛解释的那样：在甘孜藏区，实施改革的地区未发生叛乱，没有改革的地方却发生叛乱，改革与叛乱之间无必然的联系。

① 《西藏的民主改革》，第 60—61 页。

② 四川省档案馆藏 1955 年 8 月 29 日关于四川省藏族地区实行民主改革的初步计划。

色达地区之所以发生叛乱，有其部落传统及散漫习俗等原因。[1] 理塘之所以发生叛乱，是受赤江等人的策动，“你们组织武装暴乱，噶厦可以提供武器，进行帮助”[2]。叛乱得以扩展康北等地，重要原因是索康等人在甘孜等地从事阴谋活动，故大金寺等迅速呼应。叛乱之所以蔓延，与当地政府因改革得到拥护而放松警惕、缺乏必要的应对有关。当时甘孜藏区21个县仅有3团兵力，除康定及川藏公路（北段）各地驻防兵力稍多外，多数县份基本上无驻军，仅有十余名或数十名民兵。当叛乱发生后，他们措手不及，难以及时处置，致使叛乱扩展，损害了和平进行改革的初衷，遂使改革在平叛中进行，平叛保障改革，改革推进平叛。

既然农奴主已经拿起武器，发动叛乱，对抗政府，性质已发生改变，唯有以暴制暴，真正改、坚决改、迅速改，才能实现社会的彻底改造，后退没有出路！这既是当时康藏两地任务不一样之所在，也是中央对西藏上层集团多次争取团结的注释，即：你不发动武装叛乱，我暂不改革；你若发动叛乱，我坚决改革。1959年3月，当西藏上层反动集团挑起全面叛乱后，西藏地区局势的变化便印证了这一点。

作者单位：西南民族大学

① 色达系牧区，因人畜流动，分布广泛，历史上未曾设治，由各部落自我管理，自由散漫惯了。新中国成立后，经过争取，派进了工作队，建立政府，施以统治。但牧民的认识及接受有一个过程，稍不如意，有人便武装反对。不过，其叛乱行为是孤立的，与其他缺乏联系，难以扩展。

② 《中共西藏党史大事记》，第58页。

达赖喇嘛是怎样走上分裂祖国的道路的

周　源

现在流亡国外的十四世达赖喇嘛被某些人吹捧为一个神，但他毕竟是个人，是一个在特定历史条件下活动的人。由于历史和制度的原因，1950年11月14日，这位未满十六周岁的达赖喇嘛提前亲政，接过了西藏地方政教领袖的权柄。他在亲政后的一段时期内，曾至少在口头上表达过维护祖国统一的爱国立场。但是，为他的大农奴主的阶级立场所决定，在其农奴主家族和西藏上层反动分子的包围、影响下，他最终还是走上了分裂祖国、图谋“藏独”的不归路。本文就是向不熟悉这段历史的读者简要地介绍一下达赖流亡国外前的有关情况。

亲政前后

1949年10月1日中华人民共和国成立后，中央人民政府从西藏的实际情况出发，确定了通过和平谈判的办法解放西藏的方针。为此，中央人民政府通过电台广播、与西藏地方政府官员接触、通信、向西藏派遣劝和代表等方式，向西藏地方当局开展了大量的、耐心的政治争取工作，并对西藏一些上层人士产生了积极的影响。但是，当时控制西藏地方政府实权的是以摄政达扎·阿旺松饶为首的亲帝分裂分子，他们勾结帝国主义，拒不接受中央政府进行和平谈判的召唤和耐心教育，拒不派出和谈代表，而且阻止、软禁，甚至害死各方面派出的劝和人员，并在金沙江以西部署重兵同人民解放军对抗，堵死了和平解放西藏的道路。中国人民解放军不得不于1950年10月发动昌都战役，消灭了藏军主力，为和平解放西藏奠定了基础。

昌都战役的胜利，狠狠打击了帝国主义侵略势力和西藏亲帝分裂势力的嚣张气焰，使其妄图以武力阻止人民解放军解放西藏的阴谋破产。西藏地方统治集团内部发生急剧分化，爱国进步力量增长起来。由于西藏地方政府和上层人士中有越来越多的人对摄政达扎一伙的倒行逆施表示不满，达扎眼看大势已去，被迫下台。正是基于这样的历史原因和政教合一的封建农奴制的制度安排，尚未成年、毫无政治经验可言的十四世达赖喇嘛丹增嘉措于1950年11月14日提前亲政。

达赖喇嘛亲政后，包围在他周围的西藏统治集团在是否和谈问题上分歧严重。经过统治集团内部一些人的密谋，一方面，他们派代表到昌都同人民解放军进行接触，企图通过谈判延缓人民解放军进军西藏；另一方面，决定挟持还十分年轻的达赖喇嘛离开拉萨，伺机逃往国外，以此向中央政府施加压力，继续乞求外国的支持，拖延时间，等待时局的变化。1951年1月2日，达赖喇嘛一行来到位于中锡（金）、中不（丹）边境中国一侧的边境重镇亚东，等待观望。然而，事态的发展，并未如西藏上层反动分子所愿，达赖喇嘛和西藏地方政府的许多官员感到依靠外国搞“西藏独立”的局面难以维持下去。1951年1月27日，达赖喇嘛派人到中国驻印度大使馆，请袁仲贤大使转达他致中央人民政府的信件，报告他亲政的情况，表示愿意进行和平谈判。2月1日，袁仲贤大使致信达赖喇嘛，转达毛泽东主席对他亲政的祝贺，表示中央人民政府欢迎他派代表赴北京谈判和平解放西藏问题。达赖喇嘛收到袁大使的来信后，于2月18日做出决定，派出西藏地方政府赴北京的和谈代表团，首席代表是阿沛·阿旺晋美。

随后，中央人民政府代表与西藏地方政府代表经过认真充分的协商，于当年5月23日在北京签订了《中央人民政府和西藏地方政府关于和平解放西藏办法的协议》（简称《十七条协议》）。

十七条协议签订的消息传到亚东后，在西藏官员中引起了强烈的反响。坚持亲帝分裂主义立场的部分官员反对接受十七条协议，策动达赖喇嘛逃往国外。近些年来披露的美国政府档案资料证明，这期间，美国政府也通过其驻印度大使多次秘密致信达赖喇嘛，表示只要他公开反对十七条协议，就可以帮助他流亡国外，并提供武器援助。但是，亲帝分裂势力的阴谋没有得逞。达赖喇嘛身边的多数官员意识到依靠外国不会有什么好结果，反对达赖喇嘛逃往国外。这时，中央人民政府代表张经武根据毛泽东主席一定要说服达赖喇嘛返回拉萨的指示，日夜兼程，取道印度，来到亚东，会见了达赖喇嘛，向他面交了毛泽东主席的亲笔信和十七条协议的抄本。毛泽东主席在信中，肯定了达赖喇嘛亲政后派代表赴京和平谈判的正确态度，指出十七条协议符合西藏人民的利益，同时符合全中国各族人民的利益。希望达赖喇嘛和他所领导的西藏地方政府认真实行和平解放西藏的协议，尽力帮助人民解放军和平开进西藏地区。同时，张经武还在亚东广泛接触西藏地方政府官员和上层人士，向他们宣传中国共产党的民族政策，说明十七条协议的重要意义，解除他们的思想顾虑。经过中央人民政府和张经武代表的耐心教育争取，在西藏上层爱国进步人士的推动和广大僧俗人民的要求下，达赖喇嘛于 8 月 17 日返回拉萨。

10 月 24 日，达赖喇嘛致电毛泽东主席，就十七条协议问题公开、正式表明了自己的态度。电文中说，中央人民政府和西藏地方政府“双方代表在友好基础上，已于一九五一年五月二十三日签订了关于和平解放西藏办法的协议。西藏地方政府及藏族僧俗人民一致拥护，并在毛主席及中央人民政府领导下，积极协助人民解放军进藏部队，巩固国防，驱逐帝国主义势力出西藏，保卫祖国领土主权的统一”。达赖喇嘛的这一态度，已白纸黑字载入历史。

动摇不定

西藏和平解放后，中共西藏工委和西藏军区率领以十八军为主的各路入藏部队和地方工作人员，忠实执行和维护十七条协议。他们本着“慎重稳进”的方针，以统一战线工作为中心，为全面实现十七条协议而努力。他们在极其艰苦的条件下，做了大量造福于西藏人民的好事、实事，逐步赢得了西藏各族群众对共产党、毛主席和人民解放军的拥护和信赖。

与此同时，在西藏上层统治集团中，爱国进步力量也不断发展壮大，亲帝顽固势力不断分化，但是，还有一部分人反对十七条协议，有的人甚至直接勾结帝国主义，破坏十七条协议，进行分裂祖国的活动。从1951年十七条协议签订到1959年西藏全面武装叛乱发生的八年中，西藏始终存在着执行、维护十七条协议和反对、破坏十七条协议的斗争，这种斗争有时是十分尖锐的。

1952年初，以西藏地方政府司曹（西藏地方政府最高行政长官）鲁康娃、洛桑扎西为首的上层反动分子，公开声称“西藏是独立国家”，反对十七条协议，妄图利用进藏人民解放军立足未稳之际，挑起事端，“把解放军赶跑”。3月13日，在鲁康娃、洛桑扎西等人的教唆下，由一批反对祖国统一的寺庙上层喇嘛和商人组成的、自称“人民会议”的反动组织，在拉萨市区公开散发、张贴反对十七条协议，要求人民解放军撤出西藏的《请愿书》，并组织游行、示威，引起社会秩序的混乱。接着，3月31日，西藏地方政府派人向中央人民政府驻藏代表张经武转述《请愿书》的内容。次日，哲蚌寺、色拉寺的喇嘛进入市区，与藏军共同包围张经武的住所和人民银行等单位，并枪击阿沛的住宅。同时，鲁康娃、洛桑扎西等还调动藏军占领拉萨城区附近的制高点，事态不断恶化。一时间，拉萨谣言四起，商店关门，人心惶惶，形势十分严峻。张经武和中共西藏工委负责人临危不惧，多次致函或面见达赖喇嘛，并与西藏地方政府负责人严正交涉，要求将鲁康娃、洛桑扎西撤职，解散伪“人民会议”组织，恢复拉萨的社会秩序。经过二十多天的反复交涉和尖锐斗争，达赖喇嘛终于明确表示骚乱是不许可的，并于4月27日下令撤销鲁康娃、洛桑扎西的司曹职务。接着，在张经武的督促下，西藏地方政府逮捕拘押了五十多名“人民会议”的骨干分子。5月1日，西藏军区和西藏地方政府分别宣布“人民会议”为非法组织，予以取缔。

平息“人民会议”骚乱事件，沉重地打击了西藏上层分裂顽固势力，有力地支持了爱国进步力量，使许多中间人士向爱国进步方面转化、靠拢。这是西藏和平解放以来共产党、人民解放军同分裂顽固势力进行的第一次严重的政治较量。这场斗争的胜利，使西藏的局势在几年中得到相对稳定，为进一步全面贯彻执行十七条协议创造了有利的政治环境。

1954年7月，达赖喇嘛赴北京参加第一届全国人民代表大会。在9月15日开幕的第一届全国人民代表大会第一次会议上，达赖喇嘛当选为全国人民代表大会常务委员会副委员长。他在大会发言中充分肯定了西藏三年多来执行十七条协议所取得的成绩，称中国各兄弟民族，特别是汉藏民族正在日益走向亲密团结之中。他说道："在敌人的各种挑拨离间中，主要的一项，就是造谣共产党、人民政府毁灭宗教。……但是现在'共产党、人民政府毁灭宗教'的挑拨离间的谣言，已经完全破产了，西藏人民已经切身地体会到我们在宗教信仰上是有自由的。"他表示，要在汉民族的帮助下，在伟大领袖毛主席的领导下，逐步把西藏建设成为一个繁荣幸福的地方。会后，达赖喇嘛又参加了国庆活动，并到内地许多地方进行了为时数月的参观访问。

达赖喇嘛在京期间，毛泽东、朱德、刘少奇、周恩来等中央领导人多次与他亲切会面、交谈。1955 年 3 月 8 日，达赖喇嘛离京前准备向毛主席辞行。毛泽东闻讯，亲自到达赖喇嘛的住地为他送行，使达赖喇嘛及其随行官员深受感动。

1956 年 4 月 22 日至 5 月 1 日，西藏自治区筹备委员会成立大会在拉萨召开，达赖喇嘛任筹委会主任。在 4 月 22 日的大会开幕式上，达赖喇嘛致开幕词，中央代表团团长、国务院副总理陈毅宣布西藏自治区筹备委员会正式成立。陈毅宣读了国务院命令，并代表国务院把西藏自治区筹备委员会的印鉴授予达赖喇嘛。

如果说，在此前的一段时间内，达赖喇嘛至少在口头上表达了拥护"十七条协议"，维护祖国统一的正确立场，那么，以后的岁月中，我们将看到达赖喇嘛在其大农奴主家族和西藏上层反动势力的包围、影响下，立场动摇、模糊，逐步滑入背叛祖国的深渊。

事情的转折点发生在 1956 年底。此时，达赖喇嘛和班禅额尔德尼应印度政府邀请到印度参加释迦牟尼涅槃 2500 周年纪念活动。毛泽东主席在达赖去印度访问前夕，曾对此问题进行了分析："佛菩萨死了二千五百年，现在达赖他们想去朝佛。让他去，还是不让他去？中央认为，还是让他去好，不让他去不好。过几天他就要动身了。劝他坐飞机去，他不坐，要坐汽车，通过噶伦堡，而噶伦堡有各国的侦探，有国民党的特务。要估计到达赖可能不回来，不仅不回来，而且天天骂娘，说'共产党侵略西藏'等等，甚至在印度宣布'西藏独立'；他也可能指使上层反动分子来一个号召，大闹其事，要把我们轰走，而他自己却说他不在那里，不负责任。这种可能，是从坏的方面着想。出现这种坏的情况，我也高兴。我们的西藏工委和军队要准备着，把堡垒修起来，把粮食、水多搞一点。我们就是那几个兵，横直各有各的自由，你要打，我就防，你要攻，我就守。我们总是不要先攻，先让他们攻，然后来他一个反攻，把那些进攻者狠狠打垮。”[1] 据此，中央人民政府为表示对达赖、班禅的信任和尊重，不派任何人陪同，听其来去自由，他们出国后的一切活动由他们自己掌握处理。

事态的发展，确如毛泽东所料。达赖喇嘛到印度后，他的大哥当才活佛专程从美国赶到印度，和达赖的二哥嘉乐顿珠以及鲁康娃、夏格巴等一批在印度活动的西藏上层亲帝分裂分子，鼓动达赖喇嘛留在印度，作为“藏独”活动的旗帜。与此同时，西藏的少数反动分子与境外的分裂主义势力相互勾结，里应外合。早在1956年初，在西藏反动上层分子，如噶伦索康、达赖的副经师赤江活佛的煽动下，金沙江以东的四川藏区已经发生武装叛乱。此时，叛乱已蔓延到金沙江以西的西藏自治区的昌都地区，并逐步向拉萨扩展。因此，在达赖喇嘛滞留印度期间，在其大哥、二哥和鲁康娃、夏格巴等游说、包围和影响下，他原已表示的爱国主义立场发生动摇。

1956年12月和1957年1月，周恩来总理两次访问印度。周总理在同印度总理尼赫鲁的交谈中指出，中国同意保持西藏自治区，并支持达赖为领袖，但如果外来颠覆活动不停止，中国有必要加强对西藏的管理。并提醒尼赫鲁注意，噶伦堡已被美国和其他国家利用作为国际间谍的据点，对中国西藏进行破坏活动。尼赫鲁做了一番表白，最后表示，达赖、班禅将由原路返回西藏。周总理在新德里会见了达赖，当面告诉他，中央已决定在第二个五年计划内不在西藏进行改革，六年以后如果改革，仍由达赖决定（在西藏当代历史上被称为“六年不改”）。周总理还会见了达赖的随行人员，针对一部分人想阻留达赖在印度搞“藏独”的想法，晓以利害。他严正指出，达赖可以留在印度，但西藏不可能搬来印度，把达赖留在印度的想法，是既害了达赖也害了西藏。如果把达赖留下来，西藏的工作不会因而停止。达赖一旦留居噶伦堡，就只不过是一个难民，没有了政治，就不能进行政治活动，只有宗教，而宗教圣地总还是在西藏，不能搬到噶伦堡来。这样，达赖将陷于极端困难的境地。尼赫鲁已表示印度不能支持搞独立，美国太远，要支持搞独立也搞不成。周总理的讲话，揭露和打击了企图把达赖留在印度的阴谋，稳定了人心。与此同时，随同达赖去印度的阿沛等爱国上层人士也力主达赖回国。达赖从其自身和集团利益出发，反

① 毛泽东：《要估计到达赖喇嘛可能不回国》，载《毛泽东西藏工作文选》，中国藏学出版社、中央文献出版社2008年，第156页。

复权衡，也觉得回国才是上策，遂于1957年4月1日返回拉萨。

彻底陷入叛国的深渊

中央关于西藏“六年不改”的方针表示了对西藏上层的让步和宽容。然而，西藏上层反动分子并不满足于“六年不改”。他们要永远不改革，永远保留中世纪形态的、极端反动、黑暗的政教合一的封建农奴制。他们错误地估计了形势，把中央的让步和宽容视为软弱可欺，加紧进行叛乱活动。1956年冬至1957年春，康区叛匪头子贡布扎西和达赖喇嘛二哥嘉乐顿珠就勾结美国中央情报局，选派一批康巴叛匪到美国受训，作为在西藏掀起更大规模的武装叛乱的骨干。这些在美国受训的叛匪，随后被美国间谍飞机连同电台、武器弹药空投回国。

1957年5月，贡布扎西等叛乱头子，在西藏地方政府噶伦柳霞等的支持、纵容下，在拉萨成立叛乱组织“四水六岗”，并筹集资金，于7月4日向达赖喇嘛献“金宝座”。西藏地方政府以达赖名义向其回赠了礼物，达赖还给500多名反动分子挂了哈达，表示祝福。从此，“四水六岗”的活动更加猖獗，四处窜扰，提出“西藏独立”，反对改革，反对共产党等反动口号。

1958年6月15日，汇集在山南地区的各路叛匪在哲古宗开会，宣布成立“四水六岗卫教志愿军”，由贡布扎西任司令，并立即通过电台向美国中央情报局报告。美国中央情报局立即向他们空投了机枪20挺、迫击炮2门、步枪100支、手榴弹600枚和炮弹、子弹等。后又通过陆路运来260驮军火。这些叛乱分子疯狂伏击解放军的军车，围攻城镇和地方党政机关，洗劫公路道班，杀害包括军医、护士在内的解放军人员和地方干部职工。不仅如此，这些匪徒还到处抢劫财物，奸淫妇女，破坏寺庙，滥杀无辜，无恶不作。

1959年3月初，在西藏地方政府的支持纵容下，西藏局部叛乱不断扩大，大批叛匪涌入拉萨，形势异常严峻。尽管中共西藏工委此前已多次向西藏地方政府进行严正交涉，要求他们采取有效措施，制止事态的发展。但他们置若罔闻，阳奉阴违，并错误地认为与中央决裂的时机已经到来，遂于3月10日悍然公开、彻底撕毁十七条协议，宣布“西藏独立”，发动了旨在分裂祖国、图谋“藏独”的全面武装叛乱。

拉萨全面武装叛乱发生后，中央驻西藏代理代表、西藏军区政委谭冠三仍然对达赖作最后的争取工作，从3月10日至3月16日先后四次给达赖写信（最后一封信因达赖已逃走，未能送达），表示了中央对达赖的关心、希望。达赖也先后三次复信谭冠三，声称：“反动的坏分子们正在借口保护我的安全而进行危害我的活动，对此我正设法平息。”“反动集团的违法行为，使我无限忧伤……以保护我的安全为名而制造的严重离间中央与地方关系的事件，我正尽一切可能设法处理。”在16日的复信中，他还表示，他已向地方政府的官员进行了教育，并表示几天之后还要到西藏军区去。

然而，次日夜间，达赖喇嘛就与西藏地方政府噶伦索康、柳霞、夏苏，副官长帕拉等从罗布林卡渡过拉萨河朝山南逃走。3月26日，首席噶伦索康即在山南隆子宗代表达赖宣布“西藏独立”。4月18日，达赖一行到达印度的提斯浦尔，随后散发了鼓吹“西藏独立”的《达赖喇嘛的声明》。6月20日，达赖喇嘛第一次公开出面举行记者招待会，声称“要恢复在1950年中国入侵以前西藏所享有的自主和独立地位”，并成立了以他为首的所谓“西藏流亡政府”。至此，一个受西方反华势力豢养并仰承其鼻息，以分裂祖国、图谋“藏独”为政治纲领的反动政治集团——达赖集团正式出笼。也正是从这个时候起，十四世达赖喇嘛彻底陷入背叛祖国的深渊，把自己摆到了分裂主义和叛乱集团总头子的位置上。

在随后的几十年中，流亡海外的达赖喇嘛及其集团随着国内外形势的变化，不断调整自己的策略、手段，但万变不离其宗，始终没有放弃分裂祖国、图谋“藏独”的企图，并在这条罪恶的道路上越走越远。

作者单位：中国藏学研究中心

多源文化大漩涡中的历史记忆

——塔尔寺与"宗喀六族"文化变迁

先　巴

一、宗喀地理环境

宗喀是藏族历史上一个很古老的地区，作为地名，宗喀早在吐蕃时期就已经出现。在藏族传统地理中，广义的宗喀通常是指湟水两岸地区，狭义的宗喀则是指宗拉让摩山北面，湟水南面的地方。"宗"即宗曲，是湟水的藏语名称。"宗喀"就是湟水边的意思。藏文史书中称，宗拉让摩山（即拉脊山）的宗拉杰日峰巍巍如天柱，相传为安多地区最著名的山神阿米玛钦的第三子。这座神山无论从哪一方向看，山形都像转轮王坐在宝座上一样。塔尔寺就座落在宗拉让摩山北麓、湟水南岸的莲花山坳间，莲花山四围群山环绕，拱卫着圣域。狭义的宗喀即汉文史书中的"湟中"，自古为形胜之地。史称这里："万山环抱，三峡重围。红崖峙其左，青海潴其右。甘肃凉庄之右背，河州洮岷之前户。万山迴合，诸番罗列。水包西北，山阻东南。"[1]《圣地颂》中说：

① 《四部丛刊续编史部》31，〔嘉庆〕《大清一统志·西宁府一》。

天似八辐轮，地如八瓣莲。
后山秀丽而雄伟，前山如麦积成堆；
南面拉摩日山上，有自显莲花生像，
西面高耸石崖上，有自显弥勒佛像；
北面达日山之巅，有自显无量光佛像；
南方三具卢舍处，雪山耸峙而连绵；
东南二具卢舍处，乃是著名桑拉塘；
西方二具卢舍处，则是广漠野摩塘；
北面群山峡谷中，湟水源远而流长。①

从上述《圣地颂》中看，塔尔寺四围的山川皆有灵性，许多山峰则是塔尔寺六族的神山。这些圣景从塔尔寺旁的东拉山和刘琪山巅大都可览入眼帘。

塔尔寺四境山川形貌正好呈现中国传统宗教中的四方四神之相。《塔尔寺志》中说："东有白虎相，南有青龙征，西呈朱雀相，北有黄龟征。"这是说东方夏宗寺前有一白岩如同一只灰白母虎蹲伏，南边的曲噶塘有如同青龙盘绕的麒麟河绕着圣地流淌，西边的西弥塘后山岩峰高耸形似朱雀，北边著名的"龙本曲弥"泉眼形同黄龟。这些山势地相，只有登高远望才能领略到。"山不在高，有仙则名。水不在深，有龙则灵。"正是因为这些山水具备如此多的灵气神异，宗喀巴的诞生就显得很神圣，而又因宗喀巴的声名远播，使塔尔寺及其周围山川更添神圣，成为雪域藏区的圣地，被称为"第二蓝毗尼园"。因有塔尔寺，原本人工建成的蚂蚁沟水库，被称为"莲湖"，让人一点也不觉得有造作之嫌。"山以贤称，境缘人胜"，塔尔寺旁的山山水水，都因有"雪域智者"宗喀巴大师而名而灵而胜，但这些灵与胜，随着塔尔寺周边民族格局变化和"汉化"进程，渐成为"隐在文化"，只在塔尔寺六族民间流传。

可以说，塔尔寺四境的山山水水都有宗教象征，并与第二佛陀宗喀巴大师有一定的联系。民间传说东边的阿米杰日山神曾护送宗喀巴入藏，西南方的南佛山的孤魂野鬼曾因宗喀巴大师的口谕而得超度等等。这些传说

① 智观巴·贡却乎丹巴饶吉：《安多政教史》（吴均等译），甘肃民族出版社1989年，第159页。

和故事是塔尔寺宗教文化旅游中值得深入挖掘的民族民间文化资源。另外，距塔尔寺十多里的拉脊山北麓有著名的药水滩，历史上是塔尔寺曼巴扎仓（医明学院）进行药浴治疗的地方。

二、塔尔寺六族及其文化

（一）塔尔寺六族

塔尔寺六族，在历史上有“宗喀六族”、“湟中六族”、“申中六族”、“金塔六族”等多种叫法，藏语称“亘本措周”，它是在古代“宗喀十三族”基础上，随着塔尔寺政教合一统治的建立而形成的。

“宗喀”是藏族历史上一个十分古老的地理名称，早在吐蕃王朝时期就已出现在藏文文献中。在《敦煌本吐蕃历史文书》中就曾多次提到“宗喀”。因此，“宗喀六族”的历史可追溯到吐蕃王朝时期。

吐蕃王朝和唐朝曾经长期征战较量，“安史之乱”后，包括“宗喀”地区在内的河陇地区被吐蕃王朝占领，后经过“清水会盟”、“长庆会盟”等多次盟约，最终以陇山、大渡河一线划界，其西为吐蕃地、以东为大唐之地。“宗喀”地区随之成为东部吐蕃的腹地。经过吐蕃王朝百余年的统治，这一地区的文化逐渐吐蕃化。“8 世纪中期开始，尤其是赞普赤松德赞执政时期，吐蕃王室在统治区域内大力普及佛教，‘自首邑直至边鄙四境并建寺宇伽兰，树立教法’。使青海的佛教在已有的基础上得到了进一步的发展，青海地方文化的佛教色彩日渐突出。”①

吐蕃王朝崩溃后，唐朝积极筹措收复河陇，但终因藩镇四起，虽有敦煌归义军的归附，一直到唐亡也未能真正统治河陇，河陇地区的吐蕃遂陷入分裂，“族种分散，大者数千家，小者百十家”，彼此不相统属。到公元10 世纪末，河陇吐蕃出现了几个区域性的地方势力，其中较著名的是凉州六谷部和青唐唃厮啰。唃厮啰政权又称青唐政权，“青唐”是藏语“吉塘（སྐྱི་ཐང། ）”的译音，为宗喀之古名，故藏族史称唃厮啰政权为“宗喀王朝”，唃厮啰称为“宗喀王”（音“宗喀嘉沃”）。唃厮啰政权是在鄯州、河州两大集团基础上发展起来的。从史书记载看，唃厮啰辖下的大小部落有

① 崔永红、张得祖、杜常顺主编：《青海通史》，青海人民出版社 1999 年，第 212 页。

百余个，其中影响较大的有青唐族、宗哥族、西纳族等，这些部落为后来宗喀六族的形成奠定了基础。

元明时期，湟水流域的藏族即有了“宗喀十三族”、“宗喀十八族”、“宗喀二十五族”等多种族称。后来因为社会变迁和部落纷争，有些部落或融入周邻部落，或迁徙他地，在历史重组中，有的部落衰亡，有的部落兴盛。明初洪武年间，申中等宗喀十三族归附明朝，“其诸豪有力者，或指挥、千户、百户，各授有差”。每年奉贡，成为明朝的纳马之族，明代史书中称为“西番”。明朝正德年间，原居柴达木盆地和青海湖一带的罕东卫受西海蒙古的侵逼，其残部请求内附，明廷将其安置于湟中塔尔寺六族之地，即今湟中汉东乡一带。明中叶以来，塔尔寺六族逐渐由游牧转向农耕，部落的分布也有较大变化，部落组织渐趋松散，但各部落皆与塔尔寺保持着密切的关系。特别是明清两朝中央政府对藏传佛教格鲁派的大力倡导和扶持，使塔尔寺迅速发展，建立起政教合一的统治，申中、西纳等六族遂成为塔尔寺的寺属部落，史称“塔尔寺六族”。据《安多政教史》载：“寺院所属的谿卡有切嘉（又作祁家等）、肖巴（又作雪巴、西河坝等）、西纳（又作斯纳等）、鲁本（又作隆本等）、木雅（又作米纳等）、申中（又作辛迥等）等六个部落，属民众多，地域广阔。”①

关于塔尔寺六族的历史情况，除西纳族外，史书记载都很简略，现根据有关资料，将塔尔寺六族及其具体分布简述如下：

1. 西纳族

西纳族又译作思纳族、斯纳族、希拉族等。其地所属范围按现在的行政区域，包括：湟中县西纳川地区的拦隆口、李家山、坡家、多巴、共和等乡镇。《安多政教史》等藏文史籍中记载，西纳族属于藏族原始四大族姓之一的董氏。董氏又分为白色的南木董即萨迦氏，黄色的尼董即西纳氏和杂色的萨董即灌朗氏等。藏族谚语中有“天下人一半属董氏，董氏中一半属西纳”的说法。可知西纳族在藏族历史上的影响。

《安多政教史》记载：“早先，有一名叫西纳·多杰坚赞者，武力雄强，在多康包柏尔岗（又译作包波岗、绷波岗，指金沙江和雅砻江下游之间的地区）地方征服了有人数众多的勇猛军队的穆氏部落。”其子西纳兰巴和西

① 智观巴·贡却乎丹巴饶吉：《安多政教史》（吴均等译），甘肃民族出版社1989年，第159页。

纳格西两兄弟曾经到卫藏地区。次子西纳格西游学萨迦等地，学习显密经论，成为广闻博学的智者。后来，依照度母“请到北方霍尔地区宏扬佛法”的授记，前往北方，晋见成吉思汗，赢得成吉思汗及其臣僚的敬礼，因而留在了蒙古王宫。由此与蒙古王室结下了政教之缘，为西纳家族的发展带来了新的契机。

后来，西纳格西奉忽必烈之命护送八思巴回藏有功。为了奖赏其功，忽必烈将藏区东部的宗喀、苏甘（兔尔干）、赤噶（今贵德）、盘托、东康、河州及北部的布德（比底）寺、切丹（切顿）寺、康萨寺、拉松寺等各地封赐给堪纳格西，忽必烈和八思巴还分别赐予他珍珠诰命，并册封其为宣政院根本院使。后来，封西纳·华本为“宗喀万户长”，赐予虎头宝印。西纳家族还与蒙元王室联姻，相互关系十分密切。

明朝永乐八年（1410），封西纳上师曲帕坚赞为帝师，并赐予国师封号、象牙印章、诰命及辖区属民。永乐十年（1412），又被册封为“慈智禅师”。宣德二年（1427），封为“通慧净觉国师”，赐以银印。从曲帕坚赞受封为“通慧净觉国师”以后，历代西纳喇嘛都受封这一封号，成为定例。

攻占西宁，西纳族头人以武力收复西宁，平定叛乱，安抚地方。因此，明朝封西纳喇嘛班觉仁钦为灌顶国师，赐以金印及诏书，并在西宁城东关为其建造了一座牌楼，以表彰其功。元明以来，西纳喇嘛受到历代皇帝的赐封，因而集西纳地区的政教大权于一身，形成一个地方性的政教合一政权。

到清朝，西纳喇嘛和西纳家族又受到清政府的不断封赐。顺治十年（1653），第八代西纳喇嘛班觉彭措受封巡检司之职，在明朝赐封的“通慧净觉国师”上又加封为“灌顶大国师”。这一封号在清代又成为定例。第十代西纳喇嘛洛桑克却曾被西藏地方政府授予“额尔德尼昂索”的职衔。自此，西纳喇嘛又被称为“西纳昂索”，仍旧维持着地方性政教合一制统治。雍正元年（1723），受罗卜藏丹津叛乱事件的牵连，清廷收回原来赐予西纳喇嘛的土地、属民之诏书、印章等。但事过20年后的乾隆十四年（1749），清廷又封第十一代西纳喇嘛（西纳昂索）喜饶南杰为“西纳公”，并颁赐诏书。此后直到清末，历代西纳喇嘛（昂索）都受到清朝的赐封。乾隆二十七年（1762），第十二代西纳喇嘛阿旺贝丹受封后，在清廷的支持下，大兴土木，对西纳寺进行大规模的整修。

15世纪后，西纳喇嘛改宗格鲁派。清代时西纳喇嘛派生出两个完全格鲁派化的活佛系统，分别称为西纳夏茸钦哇和西纳夏茸穹哇。西纳活佛在塔尔寺建有自己的噶日瓦（官邸），其宗教活动主要在塔尔寺进行，在夏琼寺和色多寺也有一定影响。后来，西纳家族逐渐衰落，成为塔尔寺所属六族之一，其统辖范围也随之成为塔尔寺所属的“却谿”（俗称香火庄园）。1649 年，西纳喇嘛勒巴嘉措按照四世班禅大师的旨意，建成一座与西藏下密院一样的密宗学院，藏语叫“华旦桑欧德钦林”，意为“具德密宗大乐洲”，简称居巴扎仓。

2. 隆本族

隆本族，又译作鲁本族、龙本族、隆奔族、鲁绷族等。族称得名于当地著名的“隆本泉”（十万龙泉）。《西宁卫志·蕃族》载：“隆奔族，洪武十三年招抚。居牧塞内，外周西纳南、西、北三隅，有城郭庐室。塞外者列帐，有夷警，徙塞内。俗同申中、西纳也。有国师、指挥。……其支属奔巴尔族，居西石峡（即今湟源峡）。”明永乐十六年（1418）正月明廷命隆本族首领札省吉省等为指挥佥事。[①] 正统十三年（1448）十二月，又“赐西宁卫隆奔等族广惠普应国师捨剌札思诰命”。[②] 在《秦边纪略》中，为西宁附近番子熟番“十三族”之一。[③] 其地所属范围按现在的行政区域，包括：湟中县西川地区的小康城、维新、共和、拉沙、拉科（上五庄）、四营等乡镇。隆本昂索驻地在国师营地方。明朝万历年间，隆本昂索贾尔什德归顺明朝，明朝廷赐予“国师”封号。由此，其驻地也更名为国师营。宗喀巴的父亲鲁本格就是隆本措哇苏木什村人，母亲香萨是隆本措哇索尔即村人。

3. 申中族

申中族又译作辛迴族、香均族、兴均族、申冲族等。“申中”，藏语意为“阴山牧地”。早在唃斯啰时，史籍中写为心牟或森摩。[④]《天下郡国利病书·西宁卫志·蕃族》载：“申中族，一名申冲。洪武三十年招抚，居牧归德硖，后徙塞内孤山滩古牛心堆西也，去卫治四十里。有城郭、庐室，田畜为业。户三百，口六百有奇。授指挥一，岁输马三百五十有奇。其俗多毛布，男子衣二截，上修倍下，下多纵缝，各衣兽皮，贵贱有异。女子

① 《明太宗实录》卷一九六，永乐十六年正月己未条。

② 《明英宗正统实录》卷一七三，正统十三年十二月甲寅条。

③ （清）梁份：《秦边纪略》，青海人民出版社 1987 年，第 51 页。

④ 巴明旺：《宗喀十三族考》，载《青海藏族》2005 年第 1 期。

椎发，披颊而下，贵者首项饰珍珠、珊瑚、琥珀、玛瑙、腊珀、海螺之属。饮食恒牛羊、胡饼，重名酪。间猎黄牛、黄鼠、獐鹿、野牛马、雉、兔食之。岁以麝香、犏牛羝尾、马尾、土豹、狐皮出市。”① 〔乾隆〕《西宁府新志》载，至雍正初时，申中族在“郡城（即今西宁市）南五十里，相连塔尔寺，计一十三庄……共一千二百七十九户”。《秦边纪略》载：“南川口，各堡之总名也。营在水泉儿寨。明副将达云与夷战于暗门之间，申中等族尾夷于暗门之外，杀夷甚众，京观可筑。东有归德峡，圮塌城沟，西有王沟儿峡，直接青海南。暗门之外，申中、剌卜番族，而南远抵黄河。……归德峡，在东南三十五里，番族住牧。圯塌城沟在东四十里，王沟儿峡在西三十里。……南川暗门外南二十里，申中族堡寨，西四十里剌卜尔族堡寨，南川南二百四十里即黄河，渡河即河州之归德堡矣。”② 可见申中族至清初已有较大发展。从史籍所载看，申中族所属范围按现在的行政区域，包括：西宁南郊、西郊地区和湟中县的上新庄、土门关、什张家、升平、丹麻、群加等乡镇。申中昂索驻地在申中滩，即今上新庄镇申中村一带。

4. 米纳族

米纳族又译作尼纳族、墨尼哈族、木雅族、梅仰族、弭药族等。“藏语中的米纳（mi-nyag）即汉文古籍中的弥药，是构成西夏主体的党项羌的一个主要的支系，米纳部落的名字据说由于是西夏属民的后裔，因而得此名。”但其历史尚待进一步考证。③ 也有人认为，明初海喇嘛致书招降住牧于柴达木盆地的罕东、安定等卫，当时居牧嘉峪关西南的番人因受蒙古亦卜剌部侵扰，内迁至西宁近边，明廷将其安置在今湟中县康缠川。（即今湟中县汉东乡和大通县景阳乡一带。据考证，塔尔寺一世赛赤活佛就出生在今大通县景阳乡的兰重村，该村藏语称“米娘热登”；塔尔寺一世米娘活佛的出生地在今贵德县黄河边的米娘川。）他们内迁后以米娘为族名，以示不忘远祖。另外据史书中记载，湟中康缠川一带原来就居住着米娘的同族——“红帽尔族”，即拉卜尔族。④ 其地所属范围按现在的行政区域，包

---

① 见王继光：《明代安多藏区部族志》，“卷二　西宁卫属（塞外四卫附）178 族”。《西北民族研究》1997 年第 2 期。

② （清）梁份：《秦边纪略》，青海人民出版社 1987 年，第 65 页。

③ 陈庆英主编：《中国藏族部落》，中国藏学出版社 2004 年，第 350 页。

④ 巴明旺：《宗喀十三族考》，载《青海藏族》2005 年第 1 期。

括：湟中县的大康城、甘河滩、汉东、鲁沙尔等乡镇。

5. 祁家族

祁家族又译作奇甲族、齐家族等。也有人认为，祁家族即唃厮啰政权时期的乔家族，其昂索驻地在今平安县高羌昂索湾。[①] 其地所属范围按现在的行政区域，包括：今平安县（原为湟中县的东川地区）的石灰窑、三合、寺台、古城、沙沟等乡镇。族称因地处祁家川而得名。

6. 雪巴族

雪巴族又译作肖巴族、西合巴族、西河坝族。雪巴族在塔尔寺六族中形成最晚，雪巴族是塔尔寺近代最为典型的香火封地；清朝时曾称为“塔尔寺族”，民国时称金塔乡，解放初改为金塔藏族自治乡。其地所属范围按现在的行政区域，包括：湟中县的盘道、大源、大才、马场乡及贵德县尕让乡十大滩等地。

历史上，塔尔寺六族既是塔尔寺僧人的主要来源地，又是塔尔寺僧众的主要供养者，塔尔寺的经济来源也主要依靠塔尔寺六族。

塔尔寺六族地处湟中，这里在历史上是一个民族迁徙聚散的民族走廊。元明以来，塔尔寺六族虽属塞内，但历代中央政府对其管理，一直实行“因俗而治”的政策，直到20世纪50年代，塔尔寺政教合一统治才因宗教改革而宣告结束，因此其文化具有强烈的边疆“戎狄”色彩，与当地的汉文化有较大的差异。

（二）塔尔寺六族文化

塔尔寺六族自明清以来，先后移居塞内，渐变游牧为农耕，居处服食亦随之变迁，早在明代就有“熟番”与“生番”之别，而西宁“附近番子”，“有十三族，皆熟番也”。其中，有的“有城郭庐室，田畜为业”。有的“无城郭，多毳帐，间有庐室”。塔尔寺六族因长期为塔尔寺统属，其民居的最大特点就是处处有藏传佛教影子，庄廓院墙四角立有白石，房屋正堂设有佛龛或有专门的佛堂，佛龛内供奉的主要是格鲁派护法神华旦拉毛（即俗称的“骡子天王”），故当地有“藏民家供的是拉毛，汉民家供的是娘娘”之说。院落都有一个约十平方米的花坛，俗称“花院”，许多人家坛中埋有“奔巴”（宝瓶），是塔尔寺六族院落中的神圣之处。所以，在物质

---

① 巴明旺：《宗喀十三族考》，载《青海藏族》2005年第1期。

文化趋同的外形下，塔尔寺六族的庄廓院落似乎与周邻汉族迥异，民族传统文化仍然保持着自己固有的文化符号。

1. 饮食文化

塔尔寺六族由于农牧兼营，农业较为发达，所以，其饮食文化较为丰富。与其他地区藏族一样，塔尔寺六族藏族也嗜茶喜酒，食糌粑等。但塔尔寺六族的饮食品类有其特色，如常见于藏区的糌粑，在塔尔寺六族地方就有几种品类，有青稞糌粑、玉麦糌粑、燕麦糌粑，还有用青稞、燕麦、豌豆磨成的“三合一”糌粑。糌粑在塔尔寺六族藏族生活中，不仅是食品，有时也是祝福吉祥之用品，如在马场藏族乡一带，在婚宴中，每当酒酣茶足，便会歌舞一番，这时人们在袖筒中捏一把糌粑，边歌舞，边向身旁的人的面部打糌粑，不一会儿，人人脸上带一层白白的糌粑，看上去既热闹又滑稽，为婚礼带来欢乐，增添情趣。至于打糌粑习俗之由来，现在当地的人们已难详说。

2. 服饰文化

塔尔寺六族的服饰与青海其他地区藏族的服饰大同小异，衣着以大襟袍服为主要代表，上衣分为礼服和便服两种，又以季节分为冬装和夏装。旧时，习惯戴礼帽，穿布鞋，喜穿条绒布或棉布长袍（热拉），腰系腰带，男多红、蓝色，女多红、蓝、粉、绿等色。女子长袍多在脚踝骨以下，并视经济条件，在衣袖和下缘用金线辫子、织锦缎、十样锦、羔皮、水獭皮等镶边。男子衣服上至膝盖处，一般用十样锦氆氇、水獭皮或羔皮饰窄边。现在，人们虽已基本着现代时装，但绝大多数人在结婚时都要置办一两套传统的藏族服装，以备在节日或重要场合穿着。

姑娘出嫁前只梳小辫或双辫；结婚后，始带辫套（近年来随着社会潮流的影响，平时基本不戴）。塔尔寺六族妇女头饰因部落不同稍有差异，大致有银盾嘉笼、刺绣辫套和哈热等三种，辫套花纹图样多采用“藏八宝”点缀。申中族的“哈热”头饰较为独特，中心部位的主体花纹是一个“奔巴”，即宝瓶。传说当年宗喀巴的姐姐因思念远去西藏的弟弟，以刺绣弟弟最喜好的“奔巴”来寄托其思念之情。后来被当地妇女用于头饰，相沿成习，成为申中族特有的妇女头饰。辫套上刺绣的花纹图案，绣工精细，色彩艳丽，纹样丰富多变，刺绣的技法有扎法、盘法、缠法等多种，是六族妇女展现自己刺绣技艺的窗口。刺绣作为服装头饰的一种装缀，既有实用功能，又有美的追求。

3. 民族艺术

塔尔寺的酥油花、壁画、堆秀艺术被誉为塔尔寺艺术“三绝”，闻名海内外。

酥油花　酥油花是藏族雕塑艺术中的一枝独具魅力的艺术奇葩。以其用料的独特，色彩的绚丽，造型的逼真，令人惊叹不已，心醉神迷。关于酥油花的缘起，有不同的说法，一说酥油花最早产生于西藏苯教，缘起于朵玛供品上的酥油小贴花。一说始于吐蕃时期。说唐蕃联姻时文成公主进西藏，带去一尊释迦牟尼12岁身量像，供奉于大昭寺。按印度佛教的传统习俗，供奉佛和菩萨的供品有六色，即花、涂香、圣水、薰香、果品和佛灯。但当时正是草枯花谢之时，无法采撷到鲜花，遂用酥油捏塑成一束花献于佛像前，后相沿成俗。还有一种说法称，酥油花缘自宗喀巴大师所作的一个梦境。总之，酥油花的缘起充满了许多神奇的色彩。

酥油花是一种油塑艺术，就是以酥油为主要原料制作成的艺术品。酥油是青藏高原藏民族的奶油类食物。它柔软细腻，色泽纯洁，清香扑鼻，可塑性极强。在藏传佛教中将酥油花视为礼佛的珍品，而把酥油花用于塑造艺术，充分展示了藏族人民别具天才的艺术智慧。随着一代又一代艺僧的创造和发展，酥油花艺术在塑造方式、内容、花色品种以及工艺技巧等方面也不断创新、改进。

塔尔寺酥油花将表现大型故事人物立体群像搬上艺术舞台，供世人观赏的礼俗，相传是从1409年宗喀巴大师首次在拉萨大昭寺发起的祈愿大法会开始的，至今已有500多年的历史。后来逐渐演变成藏传佛教和藏族民间的节日，藏语叫“觉阿却巴”，意思是“十五供”或“元宵供”，俗称为“灯节”。

塔尔寺有上下两个酥油花院，专门培养捏塑酥油花的艺僧，为每年的“正月十五灯节”准备各自制作的酥油花架，民间俗称为上花架和下花架。上下酥油花院的艺僧们怀着对佛教的虔诚和对酥油花艺术的执著追求，不畏天寒水冷，苦练技艺，潜心钻研，刻意创新，使塔尔寺酥油花成为代代相传的艺术绝技，享誉海内外。

改革开放后，随着旅游业的发展，塔尔寺酥油花从寺院走向社会，向更多的人展示它的独特风采。1991年正月，塔尔寺的“三绝”艺术首次在北京展出，一位北京参观者看了酥油花后，写下了“此花只应天上有，人间能得几回观”的留言。

壁画　在塔尔寺的主要殿堂、檐廊、回廊等墙壁上都绘有精美绚丽的各种壁画，被誉为塔尔寺艺术“三绝”之一，是我国绘画艺术宝库中的一枝瑰丽奇葩。20 世纪 30 年代，中国绘画大师张大千从甘肃敦煌慕名来到塔尔寺，考察壁画的绘画艺术风格，对塔尔寺“三绝”艺术赞不绝口。

壁画有三种制作类型：一种是布面画，将图案绘在经过加工处理的白布上，然后根据所放置的墙面大小做木框镶嵌在墙壁上，这种壁画称为“间堂壁画”。一种是墙壁壁画，就是在经过处理的洁白墙面上，打上底色，直接绘出各种题材的画面。然后上清漆，壁画即成。另一种是在墙面上嵌上木板，进行干燥刨光处理，用胶和石膏合成的白浆打底，再绘各式图案即成。

壁画内容广泛，多取材于佛经故事、神话故事、因缘故事、箴言故事，释迦牟尼、宗喀巴大师等的生平故事以及各种佛像、神像、香巴拉乐园，阴间地狱画面，生死轮回及高僧大德的形象等等。其中以释迦牟尼十二宏化故事，二十一尊度母、长寿三尊、二胜六庄严、十六尊者、宗喀巴师徒三尊及各种密宗护法神像为多。也有反映世俗人物和藏医等科学技术的壁画。

堆绣　堆绣是一种别具民族特点的藏传佛教寺院艺术种类。从广义上讲，堆绣属于唐卡的一种。唐卡有卷轴（绘画）唐卡、刺绣唐卡、提花唐卡、贴花唐卡（又称剪堆）和宝石唐卡等不同种类。其中“堆绣”被称为塔尔寺艺术“三绝”之一。

堆绣是用各色绸、缎、棉布剪成所设计的各种图案形状，精心堆贴成一个完整的画面，然后用彩线绣制而成。堆绣有图案设计、剪裁、堆贴、绣制等多道工序；有些图样还需要染色。堆绣又分为平剪堆绣和立体堆绣两种。平剪堆绣是将剪裁好的图样堆贴在预先设计好的白布之上，然后用彩色丝线或金线绣边即告完成。立体堆绣则要在平剪的图样内填充上棉花或羊毛，使图样凸凹有致，然后粘贴在对称的布幔上，再将堆绣好的各种图样用绣缎缀成巨幅画幔。这种堆绣的画面非常逼真而富有强烈的立体感，因而被称作立体堆绣。大经堂内悬挂的“十六尊者”（罗汉）和“八仙过海”，是塔尔寺的两幅大型堆绣佳作，技法娴熟，造像精巧，引人入胜，是堆绣艺术的传世珍品。

事实上，塔尔寺六族文化，历史悠久，内容博大，类目众多，极富特色，而塔尔寺处于塔尔寺六族文化的核心层，是塔尔寺六族历史、文化、宗教的集中表现，其中的塔尔寺艺术“三绝”则是塔尔寺六族文化中的艺术瑰宝。自古至今塔尔寺长年组织艺僧专门制作唐卡、堆绣，使这种独特的传统工艺不断发扬光大，推陈出新，代有佳作。堆绣唐卡已开始远销国外，被称为东方艺术的一大奇观。

4. 宗教信仰

塔尔寺六族的宗教文化深受藏传佛教的浸染，甚至可以说，塔尔寺六族的宗教文化就是藏传佛教文化。但从整体来看，塔尔寺六族的宗教文化大致由两大部分组成，一是源自羌藏系民族传统文化的山神文化，二是藏传佛教文化。这两种宗教文化从历史渊源上说，是两个系统，前者是古代羌藏民族的固有文化，后者则是一种源于古印度的外来文化。但到今天，这两种宗教文化经过千百年的交融，已难分彼此了。

塔尔寺四围的莲花山素有“宗喀圣域”之称，是“第二佛陀”宗喀巴的诞生地。在距塔尔寺十数里的范围内，今共和镇苏木什是宗喀巴大师故居之地；上新庄镇静房寺是宗喀巴大师的上师曲杰顿珠仁钦的静修地；大源乡的南佛山是道教名山；近在咫尺的西山有刘奇拉康（山神庙）。时至今日，这些与宗喀巴大师和塔尔寺息息相关的圣景，仍然昭示着塔尔寺的文脉、史脉！

三、宗喀地区多元文化格局的历史性轨迹

历史上，宗喀地区的一个最显著特点就是多民族多文化汇聚一地，并存共生。从历史发展的进程看，在先秦以前，这里是羌戎之地，其文化一般认为为西羌文化，也有人提出先羌文化之说。到了元明时期，在汉藏互动关系中，河湟地区形成了土、回、蒙古、撒拉等民族，他们穿插于汉族与藏族之间，由此形成一种我国其他地区少有的多民族交错杂居的民族分布格局。但是由于受自然生态的制约，包括汉族在内的各民族向青藏高原区的推进始终存在着一个极限，除蒙古族深入柴达木盆地外，其他民族都以小聚居的形式分布在河湟地区。纵观历史，我们可以将宗喀地区多元文化格局的进程大致分为五个阶段，即氐羌原始族群时期、秦汉魏晋时期、唐蕃唃厮啰时期、元明清时期和近现代时期。

（一）氐羌原始族群时期

宗喀地处湟水流域，这里自古是黄土高原和蒙古高原各民族进出青藏高原的走廊地带，从地理上看，河西走廊和藏彝走廊交汇于此，是青藏高原羌藏系民族向外迁徙的主要通道。早在新石器时代，宗喀地区的古文化就已显现出十分开放的特点。由于这一地区宜农宜牧，所以历史上既有农耕文化，也有游牧文化，农耕文化和游牧文化在此长期共存，彼此消长，可以说是青藏高原文化和黄土高原文化交汇带。“从考古材料来看，甘青地区早在新石器时代就已形成了一个种植粟米，饲养牛羊，居住半地穴式房屋，使用斜肩的石斧和螺旋纹、贝纹的彩陶，实行石棺葬和火葬的原始族群——氐羌原始族群。”① 这个族群古代史籍中称为“西羌”、“西戎”或“氐羌”等。

“在甲骨文字中，羌从羊从人，姜从羊从女，两字相通，表示族类与地望用羌，表示女性与姓用姜。”顾颉刚在《九州之戎与戎禹》中进一步明言：“姜之与羌，其字出于同源，盖彼族以羊为图腾，故在姓为姜，在种为羌。”② 在考古学上，一般认为甘青地区先后相继的马家窑文化、齐家文化、卡约文化、辛店文化是羌人早期文化。这些考古文化当是后来湟中羌藏文化的重要源头之一。

（二）秦汉魏晋时期

塔尔寺六族分布于湟水的中游，汉文史书称之为“湟中”。这里山峦起伏，湟水中流，形成“三百里湟川”，古为先零羌人居地。“先零”又作“西零”，《晋书》称这里为“西零之地”。③ 先零羌源于研种羌，是西羌诸部中的强族，据史书记载，分布在湟水中下游到庄浪河流域。“研”为人名，西羌首领无弋爰剑（公元前476—前443年）的曾孙忍的儿子。《后汉书·西羌传》载：“研至豪健，故羌中号其后为研种。及秦始皇时，务并六国，以诸侯为事，兵不西行，故种人得以繁息。”秦朝西部疆界大致以黄河为界，西宁等地在“临洮西塞外”，称“湟中地”或“临洮边外地”。

到西汉武帝时，“北却匈奴，西逐诸羌，乃度河湟，筑令居塞，初开河

---

① 格勒：《藏族早期历史与文化》，商务印书馆2006年，第238页。

② 王钟翰主编：《中国民族史》，中国社会科学出版社1994年，第121页。

③ 《晋书》卷九十七，“四夷·西戎·吐谷浑”。

西，列置四郡。……时先零羌与封养、牢姐种解仇结盟，与匈奴通，合兵十余万，共攻令居、安故，遂围枹罕。汉遣将军李息、郎中令徐自为将兵十万人击平之。始置护羌校尉，持节统领焉。羌乃去湟中，依西海、盐池左右。汉遂因山为塞，河西地空，稍徙人以实之”。[①] 这是中原王朝移民湟中之始，也是中原王朝统治湟中羌人之始。汉人移居河西湟中羌地，由此形成羌“与汉人杂处”之格局。西汉神爵年间，西汉后将军赵充国奉命安抚河湟羌人，在湟水流域移民屯田，并设郡县，宗喀地区属于金城郡临羌县管辖。西汉元帝时（前48—前34年），研十三世孙烧当继立，“复豪健，其子孙更以烧当为种号”。“自烧当至滇良，世居河北大允谷，种小人贫。而先零、卑湳并皆强富，数侵犯之”。滇良父子集其附落及诸杂种，掩击先零、卑湳而大破之，“掠取财畜，夺居其地大榆中，由是始强”。[②] 从史载看，此“大允谷”当即今湟中县李家山乡的云谷川，是湟水北的一条支流。云谷川与西纳川紧邻，向西可通青海湖东北的海晏。由此可见，先零羌的活动中心一直在今湟中地区，今西宁沈那遗址或许就是先零羌、烧当羌的文化遗存。

东汉初，置西平郡西都县管辖。班彪曾上言称：“今凉州部皆有降羌，羌胡被发左衽，而与汉人杂处，习俗既异，言语不同。”管理羌人的事务仍归护羌校尉。从史载看，东汉时护羌校尉的治所随东汉王朝对西羌的征伐而不断西移。永平元年（公元58年）窦林任护羌校尉时，居狄道（今甘肃临洮）；建初元年（公元76年）吴棠领护羌校尉时居安夷（今青海平安），到吴棠的继任者傅育时，移居临羌（今湟中多巴）。在征讨西羌的战争中，大量汉军士卒随征战而进入湟中屯戍，如汉章帝章和元年（公元87年）张纡为护羌校尉，“将万人屯临羌”。[③] 这些屯戍士卒成为当地新的民族成员，将汉文化带入临羌等地，使湟中地区文化在羌汉两大民族的碰撞中相互融合，不断发展。东汉中后期，政治统治日益腐朽，治理羌人的政策急功近利，边吏更是“赋敛羌胡”，最终引起羌人反抗东汉统治的大起义，先后持续百余年。这可看作是羌汉文化冲突的极端反映，是历史上青藏高原羌藏系文化与中原汉文化之间的一次大较量。由于羌人缺乏统一政权统领，其

① 《后汉书·西羌传》。
② 《后汉书·西羌传》。
③ 《后汉书·西羌传》。

反抗一次次皆被东汉王朝镇压下去，但东汉统治基础亦大伤，正如史家所言："惜哉！寇敌略定矣，而汉祚亦衰焉。"

之外，西汉文帝初年（前174年前后），匈奴冒顿单于攻破月氏，月氏部众分散，大部西迁西域，一部分向南逃入祁连山，后移居于湟中，与这里的羌人杂居相处，并和羌人相互通婚，不断发展，史称"湟中月氏胡"，或称"羌胡"。《后汉书·西羌传》称：其"被服饮食言语略与羌同，亦与父母姓为种，其大种有七，胜兵合九千余人，分在湟中及令居"。月氏胡继汉人后进入湟中，使湟中成为羌、汉、胡等民族错居之地，与此相应，文化上也呈现出多民族的特点。

魏晋时，湟中成为"五胡"纷争的舞台，先后为前凉、前秦、后凉、南凉、西秦、北凉、北魏、北周等政权割据统治。这一阶段的特点总括来看，就是羌、胡、汉三大族系在湟中交汇争雄，随之，羌、胡、汉三大族系文化并存于湟中，呈现出明显的多元性和边缘性，其中羌文化为主体，胡、汉文化有"羌化"现象，同时，羌文化也受到胡、汉文化的很大影响。当时，南凉将国都移至西平，秃发利鹿孤采纳祠部郎中史暠的建议，"建学校，开庠序，选耆德硕儒以训胄子"。因此，使南凉政治、文化深受汉文化影响。从汉文史书记载看，南凉是一个基本汉化了的封建政权，其"政治制度基本上沿袭了魏晋以来中原汉族封建政权形式"。[①②] 西秦乞伏氏崇信佛教，其境内的炳灵寺为当时河湟佛教文化的中心之一。南凉秃发利鹿孤时的高僧释昙霍就是从西秦来到西平的。昙霍到西平后，深受秃发利鹿孤之敬仰，"国人既蒙其祐，咸曰大师，出入街巷，百姓并迎为之礼。"[③] 由上可见，这一时期，湟中在羌、汉、胡多元文化的基础上又输入了新的佛教文化，并渐成为各民族相互交往的文化桥梁，使湟中文化的多元性特点更加显现。同时，"恭事天地名山大川"的原始宗教文化依然流行。这种文化特点正是后来唐、吐蕃、唃厮啰时期佛教文化兴盛的重要渊源。

（三）唐蕃唃厮啰时期

在唐蕃唃厮啰时期，河湟地区的族际关系的主角变为藏汉两大民族。

---

① 崔永红、张得祖、杜常顺主编：《青海通史》，青海人民出版社1999年，第107页。

② 由于南凉敦崇儒学，汉文化在河湟曾一度兴盛。十六国时期，河湟佛教兴盛。当时，"凉州自张轨后，世信佛教"，"村坞相属，多有寺塔"。《魏书》卷一百一十四，《释老志》。

③ （梁）释慧皎《高僧传》，卷第十，神异下。

唐蕃双方长期争雄往来，带动了这一地区羌、鲜卑、回鹘等多民族的大互动，在这种多民族大互动的历史过程中，甘青河湟的民族格局和文化面貌也随之而变。这一时期又以“安史之乱”为标志，可分为前、后两个阶段，前一阶段从隋初到中唐“安史之乱”，可以说是汉魏时期的继续，汉文化仍呈强劲之势，在河湟地区与羌藏文化交融；后一阶段从吐蕃占领河湟到唃厮啰政权灭亡，羌藏文化成为强势文化，随着吐蕃对这一地区统治的加强，使河湟文化逐渐“吐蕃化”。吐蕃崩溃后，立国青唐的唃厮啰政权统治河湟时，这一地区的“吐蕃化”进程继续发展。

隋朝初年，湟中地区经常受到吐谷浑的侵扰。隋朝因北有突厥侵逼，南与陈朝对峙，遂对吐谷浑采取守势，开皇十六年（596），隋浑联姻，隋文帝以光化公主妻吐谷浑王世伏。当时，吐谷浑和突厥“分领羌胡”，控制丝绸之路，致使隋与西域间的朝贡不通。为此隋朝策动铁勒攻打吐谷浑，大业四年（608）铁勒果然攻打吐谷浑，吐谷浑大败。隋朝遂占有自西平临羌城以西、且末以东、祁连以南、雪山以北，南北两千里、东西四千里的吐谷浑故地。大业五年（609），隋炀帝西巡，统领大军经西平、浩亹进抵张掖，伊吾王向隋进献西域地数千里。隋朝即在吐谷浑故地和伊吾王所献之地置西海、河源、且末、鄯善四郡，签发天下轻罪者和戍卒移居四郡，屯田戍卫，以保丝绸之路畅通。这些移民和戍卒的到来，不仅加强了中原王朝对青海的直接统治，而且使河湟汉族人口大增，汉文化随之也有发展。

唐朝政区制度大体沿隋制而略有变化。贞观元年（627）将全国划分为十道，甘青河湟地区属陇右道，整个湟水流域为鄯州（治今乐都）辖境。为备御吐蕃，在鄯州（乐都）设陇右节度使。此后，大批中原汉族来到河湟，或戍守或屯田。当时这一地区的民族状况史书中缺少明确记载，但大致仍是羌人为主体，唐朝戍边屯田的军民主要集中在州、城及战略要地，与羌人错处杂居。唐蕃以赤岭为界，唐在湟中设鄯城县，为唐西陲边地，屯驻有大量军队，戍守的同时进行屯田，有许多屯戍士卒即居留于此，融为当地居民。吐蕃占领这一地区后，将俘获的唐人多安置于此，或与这一地区有大量唐人有关。

“安史之乱”后，河陇之地为吐蕃尽占，称之为“朵思麻”（或译“多麦”）。建中四年（783），唐蕃双方在清水（今甘肃清水县）会盟，史称“清水会盟”。大体上将黄河以北贺兰山区划为“闲田”；黄河以南从六盘山、陇山，沿岷江、大渡河，南抵磨些诸族（今云南丽江地区）划线，以东属唐朝，以西属吐蕃。湟水流域被称作“宗喀”。从《敦煌本吐蕃历史文书》中的记载看，吐蕃所称之“宗喀”地区大致即唐之鄯州；并有大、小“宗喀”之别，大略今之西宁市及湟中县等地为小宗喀，湟水流域至黄河北岸地区为大宗喀。

《敦煌本吐蕃历史文书》记载：吐蕃在河陇“设立五个通夹（mThong khyab）万户部落，新生一个德论（bDe blon）所辖之大区”，进行有效统治。这个所谓“德论所辖之大区”又称“管辖区域广宽之安抚大使”，即唐代汉文史籍中所谓的“东道都元帅”、“东道节度使”或“东面节度使”。“五个通夹万户部落”归“东道都元帅”管辖，由“蕃东节度钵阐布”统领，专理河陇。其中鄯州节度使是“五道节度使”之一，治地仍在鄯州（即今乐都县城）。通过以上军政设置，最终确立了吐蕃在河陇地区的统治体系，在近百余年“吐蕃化”统治过程中，吐蕃渐成为该地区的主体民族。

吐蕃将河陇地区新征服的民族编为部落设将统治。这种将新征服的民族编为部落设将统治的政治制度，学界称为“部落—将制”。从史书记载来看，“部落—将制”是一种军政合一的地方管理机构，它“将唐王朝的乡、里制改变为吐蕃王朝的部落—将制”。可见，吐蕃设置“部落—将制”是在唐朝河陇地方行政设施基础上，结合自己传统，加以变通后建立起来的。之外，在敦煌文书中常见“节儿”（rtse-rje）的吐蕃官职名。一般认为，“节儿”是“吐蕃占领瓜、沙、河、湟，奄有整个河西走廊以后，在新占区设置的一级官员名称”。[①] 节儿除管理吐蕃驻军外，还管理当地部分行政事务、民事诉讼等，其职权类似于唐朝设在节度使下的“军”。“通颊”也是吐蕃占领河陇后在当地设置的官职，敦煌汉文写卷中音译为“通颊”。其职责是管理由被占领地区各民族编成的部落的行政、生产、兵役征发及劳役等事务，处理这些部落与当地驻守的吐蕃本部部落之间的关系。因此，通颊管辖之下的部落又被称为通颊部落。宗喀地区是否有通颊部落，史无确载，但从唐人零散的闻见中可以肯定，宗喀一带是吐蕃安置被俘唐人的地方之一。

《白氏长庆集》卷四记载：“蕃法唯正岁一日许唐人没蕃者服衣冠”。这些唐人虽久居此地，与吐蕃杂处，但其民族情结长期保持。陈黯在《代河

① 王尧：《敦煌吐蕃官号“节儿”考》，见《西藏文史考信集》，中国藏学出版社 1994 年，第 162 页。

湟父老奏》中称："臣等世籍汉民也，虽地没戎虏，而常蓄归心。……其后国家以内寇时起，不遑西顾，其番戎伺隙，侵掠边州，臣等由此家为虏有。然虽力不支而心不离，故居河湟间世相为训，今尚传留汉之冠裳，每岁时祭享，则必服之，示不忘汉仪。亦犹越翼胡蹄有巢嘶之异。"[①]

虽然没于吐蕃的唐人在民族心理上对于吐蕃的民族同化政策持有抵触情绪，但是"在统一政权下，由于有统一的文字，共同的经济生活，相近的宗教信仰以及语言的逐步统一，比较顺利地培育了吐蕃文化（也是对羌族文化的继承和发展）为中心的共同心理状态，使河湟、河曲诸羌部落逐步同化到大蕃族之中。经常有从吐蕃本土派遣来的贵族统率部众（多为苏毗人羊同人）在河湟等地屯驻，这些屯军也与当地部落融为一体了"。从文化上看，宗喀地区的藏族文化逐渐根深叶茂，一枝独秀，使河陇地区自汉魏至唐初的"汉化"进程中断逆转，而日渐被"吐蕃化"，成为安多藏区政治、经济和文化的中心。主要表现在三个方面：一是藏语藏文的推广和通用；二是吐蕃佛教的广泛传播；三是风情民俗的吐蕃化。[②]

吐蕃王朝及其文化的兴起，可以说是青藏高原羌藏文化的一次大爆发和大展示。范文澜先生认为："中国西部出现吐国，无疑是历史上的大事件。"[③] 黄文焕先生对现存于河西的7至9世纪吐蕃藏文写本经卷进行研究后，对于河陇地区的"吐蕃化"现象也十分慨叹地说："有如此众多的兄弟民族人士从事吐蕃文字经卷的写制，又有那么众多的兄弟民族人士'吐蕃化'得简直如同吐蕃人一样，这就从一个特定的方面表明：7至9世纪间，吐蕃领有西域南部以及河西一带广阔地区之时，民族交流不仅存在，而且在原有的基础上以自己的形式继续进行，其规模之宏大、时间之持久、方法之自然、影响之深入，都是极为动人的。"[④] 吐蕃统治河陇的时期，也正是大力弘扬佛教的时代，在吐蕃崇佛政策的影响下，河湟佛教日渐兴盛，至吐蕃中后期，这里已成为吐蕃佛教文化中心之一。正因为这样，朗达玛灭法时，"三贤士"才避居于此继续弘法，并成为藏传佛教后弘期发祥地。

北宋时期，唃厮啰立国河湟地区历百余年，藏史称为"宗喀王朝"，其

---

① 张起文：《唐代散文选注》（下），中华书局1962年，第63页。

② 参见刘夏蓓：《安多藏区族间关系与区域文化研究》，民族出版社2003年，第二章。芈一之：《公元八至十世纪甘青藏区社会状况述论》，载《青海民族学院学报》1986年第2期。

③ 范文澜：《中国通史》（第四册），人民出版社1978年，第5页，第58页。

④ 黄文焕：《河西吐蕃卷式写经目录并后记》，载《世界宗教研究》，1982年第1期。

国都青唐城（今西宁）是当时宗喀地区的政治、经济和文化中心，藏文化继续发展，并带上深重佛教文化色彩。汉文史籍《谈苑》中说：吐蕃人“自称曰僙，谓僧曰尊，最重佛法。居者皆板屋，惟以瓦屋处佛。人好诵经，不甚斗争”①。唃厮啰政权早期的宗哥族首领李立遵，被称为“郢成蔺逋叱”，“蔺逋叱”，是藏族对佛教高僧的尊称，现在一般译作“仁波齐”或“仁布且”。可见，李立遵是当时青唐境内的一位佛教高僧，在社会上具有较高的声望。他拥立唃厮啰为青唐国主后，自任大相，辅佐朝政，因而，青唐政权具有较明显的政教合一特点。

唃厮啰为了利用佛教巩固统治，在青唐城等地广建佛寺，推崇佛法。李远《青唐录》中说：青唐城之西，“有青唐水，注宗河，水西平远，建佛祠，广五六里，缭以冈垣，屋至千余楹。为大像，以黄金涂其身，又为浮屠十三级以护之。僧丽〔罹〕法无不免者。城中之屋，佛舍居半”。岷州《广仁禅院碑》中称：“西羌之俗，自知佛教，每计其部人之多寡，推择其可奉佛者使为之。其诵贝叶傍行之书，虽侏离鴃舌之不可辨，其音琅然，如千丈之水赴壑而不知止。又有秋冬之间，聚粮不出，安坐于庐室之中，曰‘坐禅’。”“虽然其人多知佛而不知戒，故妻子具而淫杀不止，口腹纵而荤酣不厌。”这是对当时藏传佛教的真实描写，其情景大致与后来的宁玛派相一致。由此可见，唃厮啰时期佛教已成为宗喀藏族社会的主流文化，“重释氏”、“好诵经”、“好营塔寺”，成为当时宗喀藏族文化给人印象最显著的特点。同时，唃厮啰也保留了古代吐蕃文化遗俗，《青唐录》载，青唐城中有唃厮啰国主所居之“禁围”大殿，“直南大衢之西，有坛三级，纵广亩余，每三岁，冕祭天于其上”。这与吐蕃王朝时“一年一小盟、三年一大盟”，“令巫者告于天地、山川、日月星辰之神”的传统是一脉相承的。这种既崇尚佛教又信奉传统“苯教”的文化传统，实际上一直延续至今。

北宋一朝中原汉文化对唃厮啰藏族文化也曾有过深刻的影响，尤其是“熙宁开边”以来，北宋采纳王韶的《平戎策》，对秦凤路沿边的河湟藏族诸部“以恩信招抚”，并“辅以汉法”，“使其习用汉法，渐同汉俗”。到北宋中后期，河湟藏族遂有“熟户”、“生户”之别，按当时的说法，“接连汉界入州城者，谓之熟户；居深山僻远，横过寇略者，谓之生户”。特别是

① 《谈苑》卷一。转引自祝启源：《唃厮啰——宋代藏族政权》，青海人民出版社 1988 年，第 271 页。

唃厮啰国都青唐城是当时丝绸之路南道的一大商贸重镇，来自内地、西域的商贾云集于此，商贸活动十分繁荣，逐渐成为河湟地区的一大都会。“熙宁开边”后，北宋灭唃厮啰政权，改青唐城为西宁，西宁作为河湟地区政治、经济、文化中心，对紧邻的宗喀地区的辐射是最直接、最广泛的。

（四）元明清时期

13世纪蒙古兴起，建立了强大的蒙古汗国，不久攻灭西夏、辽、金，尽占河湟。元朝建立后，对河湟地区的统治仍沿北宋、西夏之旧，设西宁州，隶属甘州的甘肃行省统辖。元朝对藏族的统治采取“因俗而治”政策，在中央设立宣政院，以帝师统领，官吏选用上实行“僧俗并用”的制度。宣政院在藏族地区设立了三个宣慰使司都元帅府，设元帅、宣抚、安抚、招讨等官职，负责治理各地区的军政事务。设立在安多地区的是吐蕃等处宣慰使司都元帅府，治所在河州。下又设河州、西宁、脱思麻三个宣抚司，管理甘青西北藏区。元朝对藏族地区的“因俗而治”的政治方略符合当时藏族社会的实际情况，因而减少了元朝统一管理藏族社会的阻力和矛盾，对藏族地区的社会经济和文化发展及社会稳定发挥了重要的积极作用。特别是由此而发展起来的政教合一的社会体制对后来的藏族社会影响极为深远。此后，政教合一制度成为藏族地区的一种政治制度，历经元明清，一直延续到新中国成立前。

元代宗喀地区虽属西宁州管辖，但对当地藏族的统治似乎是一种双轨制的管理。至元二十四年（1287），元朝封章吉驸马为宁濮郡王，镇守西宁州。后出伯、速来蛮也曾被封为西宁王，镇守西宁地区。此外，在忽必烈在位时曾设宗喀万户统辖当地藏族。据史书记载，忽必烈即位后，西纳格西因护送八思巴回萨迦有功，处理政教事务，深得忽必烈的欢心，因而忽必烈决定给西纳格西封赐地方和百姓，要求他提出自己所愿的地方。于是西纳喇嘛回到藏区，“把东面的宗喀、甘肃、贵德、般托、东康、噶甘居，北面的卜德寺、切督寺、康萨寺、拉桑寺、仁钦林寺等广大地区的许多村庄、寺院和百姓都写在报告里，回来将文书呈送圣上（忽必烈）”。忽必烈就降旨，把文书内所列各地封给了西纳喇嘛，并颁给珍珠敕书，同时还敕封了西纳泽觉（曾被成吉思汗收为义子）等多人。“以后又给斯纳·华本赐了嵌三颗珠宝虎头印，敕授为宗喀万户”。[①] 西纳家族自从受到元室的册封后，西纳川即成为西纳万户的大本营，成为元代宗喀地区政教合一统治的中心。西纳家族一直到明代世世受到朝廷封授，由此，西纳族也成为宗喀地区最具影响的藏族部落。宗喀万户的统治当与元朝设于宣慰使司都元帅府下的万户府是一致的。元朝“因俗而治”政策下的政教合一统治，使佛教僧人逐渐走上社会政治的前台，成为藏族社会的主宰者。从此，“在宗教和俗人之间结成了一种充满危险的联盟：它使贵族最终地没落，而寺院将成为胜利者，寺院权力和扩张欲望与日俱增，很快变成西藏命运的主宰”。[②] 这正是明王朝在统治藏族社会时明确推行“多封众建，尚用僧徒”的历史文化背景。

到明清时期，随着藏传佛教的鼎盛，宗喀地区的藏族部落组织日渐解体，代之而起的则是一个个以寺院为中心的区域性政教合一政权，塔尔寺就是其中最具影响的实行政教合一统治的寺院之一。它通过严密的政教合一制度，牢牢控制着对寺属六族的统治。

明朝承袭元朝统治藏族的制度，继续“因俗而治”的民族政策。明统治者深知藏族人民“重佛法，而尤重国师”的宗教习俗，特别强调“尚用僧徒”。“僧司制度创设后，明政府又把原属于汉传佛教中的僧纲司体制，移植到藏传佛教地区，而首先接受这种移植的是当时的西宁、河州二卫”。其中，西宁僧纲司以番僧三剌为都刚。藏传佛教中的僧纲司名曰“番僧僧纲司”，在明清官职中自成一个独立的体系。番僧僧纲司作为明清时期土司制度的补充形式，也深深地打上了土司的印记，“与汉区的僧司有很大差异，这不再是纯粹的僧司机构了，而具备有僧司与土司的双重特征”。有的僧官的职掌不仅是“化导群迷”，还要领兵戍守关隘，甚至出征打仗。[③] 明代宗喀十三族中的西纳国师、巴哇族“善智禅师”便是如此。永乐八年（1410），西纳喇嘛曲帕坚赞被尊为皇帝的上师，赐予国师的诰封，并封给管辖的地区和百姓。永乐十年（1412）敕封为慈智禅师（《明实录》中作“大国师”）。宣德二年（1427）封为“通慧净觉国师”，赐给银印。之后，历辈西纳喇嘛被明朝敕封同样的名号，赏赐有加。崇祯七年（1634）李自

① 智观巴·贡却乎丹巴绕吉：《安多政教史》（汉译本），甘肃民族出版社1989年，第161—162页。

② ［意］图齐：《西藏中世纪史》中国社科院民族研究所，1980年内部资料版，第4页。

③ 谢重光、白文固：《中国僧官制度史》，青海人民出版社1990年，第266页，第276页。

成领导的明末农民起义波及青海，起义者占领了西宁，西纳喇嘛班觉尔仁钦领兵收复了西宁，“献于皇上”，因此明朝封班觉尔仁钦为灌顶国师，赐金印和敕书等，并在西宁城东关敕建了一座记功大牌楼，予以嘉奖褒扬。因此有人认为，番僧僧纲司“与其说它是个僧司机构，勿宁说它是冠有‘僧’字标记的土司衙门”[①]。

由于明清王朝对藏传佛教的特殊政策，宗喀地区的藏传佛教获得了长足发展，趋于鼎盛之势，随之出现了“番僧寺族，星罗棋布”情景。被封为王、大国师、国师、禅师、都纲等名号和官职的番僧，即是当地的宗教领袖，又是“约僧管民”的一方土司，实行区域性的政教合一统治。据《秦边纪略》载：明朝时，西宁附近番子，“岁时纳茶马者，谓之熟番。其散出山外，易有无于熟番者，谓之生番。有十三族，皆熟番也：曰申藏、曰章咂、曰隆奔、曰巴沙、曰革咂、曰申中、曰隆卜、曰西纳、曰果迷卜咂、曰阿齐、曰嘉尔即、曰巴哇、曰即尔嘉，皆羌也。先零、罕干干之遗种也。十三族谓之十三大族，其后小族甚多，如剌卜族、红帽族之类，不可甚计”。[②]《明实录》载：“其西宁边外多系熟番，西纳、陇卜等大者一十三族，附庸不可胜计。”[③] 可见，明代西宁边外除西纳、陇卜等十三大族外，还有很多小部落。塔尔寺六族就是上述熟番十三族及其他小部落发展演变而来的。既称为“熟番”，则其文化与生番已有较大的区别。

到清朝，藏传佛教僧官制度的主要特征乃是活佛转世制度的确立和完善。活佛转世制度最初源于噶玛噶举派，后来为格鲁派等其他教派普遍采用。这一制度是利用佛教的化身理论对以往家族血缘传承制度加以改造而形成的，它“减弱了法缘关系对世俗血缘关系的依附性，杜绝了某一望族名门把持法位的弊端，使社会僧团取得了相对独立遴选法嗣的权力，并把社会各阶层的人们卷入选择活佛的宗教活动中来”。[④] 乾隆时期又创立了金瓶掣签制度，规定达赖以下各大活佛的转世灵童，都要通过金瓶掣签仪式来选定。清朝通过金瓶掣签制度，大大加强了对藏传佛教的管理。从明清时期藏传佛教上层到中央政府朝贡情况看，以宗喀地区人数最多，明清政府给塔尔寺等许多寺院的活佛、高僧以各种封号僧职，成为明清时期当地

---

① 谢重光、白文固：《中国僧官制度史》，青海人民出版社1990年，第277页。

② （清）梁份：《秦边纪略》，青海人民出版社1987年，第51页。

③ 《明神宗万历实录》卷二二八，万历十八年十月辛末条。

④ 谢重光、白文固：《中国僧官制度史》，青海人民出版社1990年，第297页。

藏族社会政治力量的代表。清朝时期，塔尔寺等一批寺院逐渐成为统治一方的政教合一实体，有一大批活佛、高僧获得各种名号，其中以呼图克图最受尊崇。呼图克图有驻京呼图克图和外呼图克图之分，清朝时青海地区向有“八大驻京呼图克图”之说，其中塔尔寺就有阿嘉、赛赤、拉科三位，他们驻京领职，地位显赫。通过这些活佛、高僧的朝贡往还，塔尔寺声名远播，成为宗喀地区最具影响的藏传佛教文化中心。在频繁的政治活动中，这些活佛、高僧也成为宗喀地区藏族文化自觉者。这种自觉的最显著标志，就是这一时期涌现出如宗喀巴、松巴·益希班觉、智贡巴·贡却乎丹巴饶吉、五世赛多·罗桑崔臣嘉措等一大批藏族学者，他们著书立说，弘扬藏族历史、文化，他们的著作和思想极大地增强了藏民族的民族自信心和凝聚力，至今仍是取之不尽的民族文化宝藏。

元明清时期在甘青河湟藏族地区的管理都带有“双轨制”的特点，即在推行土司制度的同时，又加强这一地区的军事和行政建置，以此来巩固对河湟藏族地区的政治统治。特别是明朝实行“移民实边”政策，大批汉族人口先后移居河湟，或戍守或屯种，与当地番夷错居。因此，这一时期是宗喀地区民族格局发生大变动的时期，其标志就是明廷在这一地区设立卫所，并普遍实行屯田。以屯田（包括军屯）解决卫所士兵的给养和官员的薪俸，即“寓兵于农，有事则战，无事则耕，暇则讲武”。当时河湟地区地广人稀，明朝将“城池左近水地给民树艺，边远旱地赐各土司，各领所部耕牧”。[①] 由此形成卫所移民居于城池附近屯种水地，而土司属民退守边远山区耕牧的民族分布特点。这种民族分布特点自明形成以来，一直延续到近现代，基本没有大的改变。

（五）近现代时期

近现代时期的青海，一直到20世纪初，基本上维持了明清以来的统治体制。宗喀地区藏族社会虽然深受西宁中心城市的强烈辐射，但塔尔寺政教合一制度仍然被保留了下来，在当地社会政治生活中具有很大的影响。特别是20世纪初，受当时政局的影响，十三世达赖喇嘛、九世班禅先后到塔尔寺，当时西宁办事大臣、章嘉呼图克图等许多政治要员和蒙藏上层纷纷到塔尔寺，向达赖、班禅献礼朝拜，一时间塔尔寺成为备受人们关注的

① 《西宁府新志》，卷二十四，“官师·附土司”。

地方。塔尔寺的影响可从抵制民国时期的一起开垦寺属牧地事件中窥见一斑。这次事件的原委在塔尔寺内的一通立于中华民国十一年（1922）的《塔尔寺四至碑》中有详细记载。碑文中称：塔尔寺为“宝贝佛”宗喀巴的诞生地，西藏的达赖、班禅和蒙古王公“最为注重之地”，也就是说塔尔寺在藏族和蒙古族社会具有非常广泛的社会影响。因此对于民国八年（1919）西宁“南川汉民”强谋开垦牧地之举进行抵制，最终甘肃省派西宁道尹黎按雍正、乾隆年间的四至发给执照，“勒石立案，永禁不许开垦”，并称将此执照“给塔尔寺阿嘉呼图克图、噶勒旦锡埒图呼图克图，并法台、僧纲等”。由此可见，直到民国十一年呼图克图、僧纲等僧仍然存在。碑文中提到民国八年“南川汉民”强谋开垦塔尔寺牧地，这与当时甘肃设青海屯垦使署实行放垦的时政有关。塔尔寺在政府倡办垦务的时局下，能够成功抵制“南川汉民”的开垦行为，足见其社会政治影响之大。

当时，塔尔寺拥有大量的土地和草山牧地。新中国建立初期，从塔尔寺保存的旧册籍中统计，其耕地为 90458 亩。而据调查资料之统计，其耕地达 102321 亩。主要分布在今湟中、平安、湟源等地，其中以寺院近旁的湟中县鲁沙尔、上新庄、汉东最为集中。如今上新庄镇的上、下台两村当时有村民 1044 户，共有耕地 30456 亩，其中属塔尔寺所有的就占 27000 余亩，占其耕地总面积的 90%。[①] 当时湟中县金塔乡（今马场藏族乡）的土地、树林全部为塔尔寺所有，全乡农牧民皆为塔尔寺寺属“塔哇”。因此对寺属土地的控制和经营，成为塔尔寺寺院经济最重要的基础。除了对土地的经营外，塔尔寺还经营商业、租赁及借贷等。历史上，塔尔寺“众僧的大‘集体’和大吉哇、大拉昂、各扎仓的小‘集体’以及上层喇嘛个人都从事商业活动。此外还有专门从事商业活动的喇嘛。有的把商业资本贷给喇嘛中的‘生意通’，一年交还原本，利润分成；有的投资给鲁沙尔商人，如马锦、马兴泰等人；也有的同商人合股经营商号，如诚尕德、万保成、永生魁等商号。喇嘛中的‘生意通’以募化布施、朝拜宗教‘圣地’、进行宗教活动为掩护，往来西藏、印度和祖国内地大城市北京、天津、张家口等地，经营贵重药材麝香、鹿茸、藏红花、畜产品和英印物资（手表、毛料、金笔），个别喇嘛甚至倒卖枪支、弹药和鸦片等毒品”。这一切使塔尔

① 参见《塔尔寺概况》，青海人民出版社 1987 年。白文固：《明清以来青海喇嘛教寺院经济发展情况概述》，载《青海社会科学》1985 年第 2 期。

寺在保持其固有的宗教功能的同时，又悄然衍生出其他社会性功能，正如有人所说，“寺院既是‘集市’又是‘高原城镇’”。[①] 塔尔寺在每年正月、四月、六月、九月都要举行“观经大会”，届时到塔尔寺的各族僧俗多达十余万众。“这些人名义上是朝拜，而实际上多为交易，以其所有，易其所无。内地商人亦多来此，大都能说蒙古语或藏语，交易以银元为主。”塔尔寺的这种融法会和交易会于一体的传统，逐渐在寺院附近形成了一个商贸集镇，到近代发展成为鲁沙尔镇，可以肯定地说鲁沙尔镇是塔尔寺在历史上影响最大的一个“副产品”，没有塔尔寺的兴盛繁荣，就不可能有今天的鲁沙尔镇。今天的鲁沙尔镇的发展更是得益于塔尔寺宗教文化旅游经济的繁荣。

塔尔寺和鲁沙尔镇，自明清以来逐渐成为塔尔寺六族政治、经济和文化的中心，藏、汉、回、土、蒙古等民族汇集在这里，进行各种经济文化活动，由此给塔尔寺六族的文化带来新的文化因子，使其在多民族多文化的影响下悄然发生着变化。其中随着汉族人口的不断增加和经济一体化进程的发展，到近现代时期，汉文化逐渐成为宗喀地区的主流文化，原来通用的藏语逐渐失去了往日“中介语”的功能而让位于汉语，操汉语而保持传统信仰和民族心理，成为近现代塔尔寺六族的一个特点。在汉语语境中遂有“家西番”之称。

四、对拦隆口镇白崖村和上新庄镇上、下村个案分析

2006年笔者在拦隆口镇白崖村和上新庄镇上、下村进行实地考察。从调查走访的情况看，这几个村的藏族村民的民族文化认同大致相同，他们皆认为自己是藏族，宗教上仍然信仰藏传佛教，藏传佛教仍是他们精神上最终极的寄托。从文化的物质、制度和精神三个层面来看，物质文化变化最为剧烈，人们的衣食住行习惯已与周邻汉族趋同。但是无论从哪个层面看，藏族和当地汉族等其他民族仍有较为明显的差异，各民族自有其文化认同。

① 尕藏加：《藏传佛教与青藏高原》，江苏教育出版社、西藏人民出版社2004年，第319—322页。

（一）拦隆口镇白崖村

从宗教信仰看，藏族仍然保持着传统的信仰体系。我们到塔尔寺六族中“汉化”程度最高的拦隆口镇考察，人们通常的语境中仍会区分出“某某为藏族”、“某某为汉族”，表现较明显的民族归属感。宗教文化仍还存在一个由塔尔寺—西纳寺—村庄寺庙（或山神庙）组成的信仰体系，据西纳上寺村的刘家爷（79 岁）回忆，这种状况在他爷爷时代即如此。如白崖村，村南半山腰有座山神庙。在村旁田头建有一座镇邪防雹的“本康”。据称其供奉的山神非常灵验，人们外出常祈祷山神佑助。有一年拉科村的汉族社火队欲到该地表演，说是快到村外不远处的山口时，竟旗折人翻，未能到村中。当年还遭受特大雹灾。村人称这都是他们的山神不悦所致。因为他们的这位山神最不喜欢吹打弹唱。

从通婚状况来看，虽有藏汉通婚的情况，但大多仍以同族间通婚为主。我们在乡政府民政部门随机抽查了当地白崖村的婚姻登记，白崖村是一个以藏族为主，藏汉杂居的村庄。该村 1982 至 1985 年结婚登记的有 12 对，其中不同民族间通婚的 1 对，女方是甘肃张掖人，汉族。2001 至 2002 年结婚登记的有 5 对，其中不同民族间通婚的两对，都是白崖村女方嫁给当地上鲁尔和合尔营的汉族。在中老年中藏汉通婚多为汉族人赘到藏族家中。

在上新庄镇上、下台村中调查时发现，当场村民绝大多数人不会说藏语，但都有藏语名字。有少数年老者会说藏语。近年从化隆、循化等娶来的媳妇较多，她们都会说藏语。这两个村历史上是塔尔寺的塔哇部落，老年人中有很多人是 1958 年宗教改革中还俗的“阿卡”，在民间习惯称谓中，根据其年龄的不同，人们多以“阿卡爷”、“阿卡爸”、“阿卡斡”相称，给人以较深的印象。这些人中除了本村的人外，还有少数人是化隆、贵德等地的人，也有互助、民和三川等地的土族，甚至远达内蒙的蒙古族。老年人中入赘现象十分普遍。

在宗教信仰上，两个村都有嘛呢康，内供千手观音、宗喀巴佛像。当地共同信仰牛热、多伙本松、马场拉则（即阿米玛卿）等山神，在两村嘛呢康中都有壁画或唐卡。从信仰体系看，有一个塔尔寺—静房寺（曲噶日朝）—嘛呢康构成的体系，还有一个山神信仰体系。这两个信仰体系在当地村民中至今仍有很大影响。塔尔寺的活佛是人们精神上的最高寄托，为人们崇敬。山神尤其是牛热山神是人们外出佑护和居家平安保护神，为人们普遍敬奉。

由此来看，塔尔寺的宗教功能至今仍然保持着，是塔尔寺六族民众的文化归属，人们在每年的“四大观经”期间，只要有空都会去参加。每年岁末每家每户都要延请僧人念平安经。

结　语

今天，塔尔寺和宗喀六族处在更加开放、更加多元社会历史进程中。由于社会发展的影响，其文化变迁势所必然，但会变成什么样，人们的看法很不相同。我们通过历史考察和实地踏访认为，塔尔寺和宗喀六族及其文化在未来很长一段时期不会发生根本的变化。因为从文献中看，在明代中叶，包括宗喀六族在内的“宗喀十三族”即被称为“熟番”，与“生番”已有较明显的区别，“熟番”大致与甘青河湟一带所谓“家西番”相当，在明代归“西番诸卫”管理。无论是“熟番”还是“家西番”，都是“番”而不是汉族，他们虽在语言、服装、生产等方面有较深的“汉化”，但在文化上，特别是在民族文化心理上，仍然强烈地保持藏族文化认同，这其中，以塔尔寺为标志的传统宗教信仰成为最核心的文化纽带。

作者单位：青海民族学院

藏传佛教“自空见”之源流考释

班班多杰

在藏传佛教史上，一些学者把如来藏佛性论称为“他空见”，般若中观义叫作“自空见”。本文所论即是“自空见”。印度大乘佛教中观宗的义理在其发展的晚期异说竞至，论难蜂起，发生了很大分化与裂变。概言之，有三件大事：一曰中观应成义，佛护、月称之所弘阐；一云中观自续宗，清辨为其大师；一言自续宗内之经部行中观自续与瑜伽行中观自续，其开先河者是号称“东方自立量派三大家”的智藏、寂护、莲花戒。其中寂护与莲花戒于8世纪亲赴雪域藏土阐扬其学说，许多藏族佛教学人则亲炙受学，以至于藏王赤松德赞亦聆听其法门而宗奉之。故此派与汉地禅宗遍传吐蕃，此时的藏传佛教义理学，盖集二家大成。藏传佛教后弘期以降，产生众多之宗派，各有其立义之宗旨、传承之法脉、学说之背景，故各抒其见，异说并兴。其中之宗喀巴者，盖能直接佛护、清辨、月称三源头，摄纳众流，众经云披，又加以慧解，并发挥其独妙之宗致，故是藏传佛教中观应成义之集大成者也。

现需要搞清的是：印度佛教中观宗晚期的分宗立派过程是如何推进的？其次，是谁将印度大乘中观宗的这个嬗变过程梳理、诠释、整合、命名得如此法数分列、纲目条然的？这是印度佛教和藏传佛教义理的核心问题，古今藏传佛教学者对此多有论及，但未能全面引征原始论典加以阐明。本文在前贤研究的基础上，从原典出发，全面、深入地阐发中观宗晚期的演进过程，并考辨其他的梳理、归纳、总结者。

一、三足鼎立与二派对峙——论中观应成与中观自续之发端

中观“自续”与中观“应成”两派是从“一切法有无自性”的问题上发生分歧的。萨迦·高然巴说：“自续派为了由自相成就而承认‘自续’的。”[①] 这是说“自续”即承认诸法各有自性成就、自性实有之义。佛护是般若中观系中解释龙树《中论》的大家，著有《中观根本论颂·佛护释》。他将因明与破而不立的中观精神相结合，遂形成了“就敌论随意出过”的“应成”方式。[②] 佛护在解释龙树的著名论颂“诸法不自生，亦不从他生，不共不无因，是故知无生”时说：

> 诸法不从自生，生应无用故，生应无穷故。诸法已有自体，若复更生，则成无用；若有已复生，则终无不生矣，此亦不许。是故，诸法不从自生，亦不从他生，何以故？若有，则成从一切法生一切法之过故；亦无有自他共生，若有，则成二者共生之过；亦无无因生，若有，则成恒常从一切法中生一切法之过故。如是，则有种瓜得瓜、种豆得豆之因果自类相续之铁则成无用之过失故。何以故？不得有诸法生于一切时，是故无生。所谓的生唯是名言也。[③]

对佛护论师的这番论述，法尊法师曾作清楚诠释。他对数论派的“因中有果论”提出了两种过失并加以破斥。其意是说，这种已经有了体性的果法，若再从缘生，便成了无用而多余的事情。若说已经有了体性的果法，还须从缘再生下去，便成为无穷无尽的事了。这“再生无用”和“再生无穷”的两种过失，是数论派所不能接受的。[④]

---

① 萨迦·高然巴：《辨析见地之殊胜乘精要月光论》，德格版木刻本，第29—30页。

② 吕澂：《印度佛学源流略讲》，上海人民出版社1979年，第213页。

③ 佛护：《中观根本论颂·佛护释》，中华大藏经《丹珠尔》对勘本，藏文，中国藏学出版社2000年，第451页。

④ 法尊：《中观宗不许“自续”的问题》，载《现代佛学》1959年第8期。

解释龙树《中观根本论颂》的另一个人是清辨论师。他深解唯识，娴熟中观，尤精因明，卓然成家。他以当时盛行的因明自续式阐释龙树中观之道，不同于传统所用之应成论式。他的名著《般若灯论》以因明格式写成，文句纷繁，章段重叠，极难得其要领。此书中清辨对佛护的以上说法大加非议，说他不轨于因明之法度，有所谓三大过失：

> 有异释曰："诸法无有从自体起，彼起无义故、又生无穷故"。彼不相应，此义云何？以不说因及譬喻故，又不能避他说过故，此破显示颠倒成就过。云何颠倒？谓从他起体过、及生有果过，又生有穷过故，违悉檀多故。①

此段古汉译文按藏译还译为汉文是这样的：

> 另有人说（佛护）："诸法不从自生，生应无用故，生应无穷故"，此不应理。未说因、喻故；未除他过故；是有机可乘之语故。因与其义相反之所立，即呈现出与彼法相反之义便如此：则成诸法应从他生、生应有果、生应有穷故，此说与自宗相违。②

清辨说，佛护破自生之言不合道理：首先，它没有说明因明程式中的"因"与"喻"，因此不合因明的程式；其次，它没有指出论敌论说的过错；再次，它给论敌以可乘之机的方便条件。若按佛护的说法推论，则佛护自己会得出"诸法应从他生，生应有果，生应有穷"这样自语相违的结论。如是，中观宗内部之对峙便随着佛护与清辨的歧见而酿成，中观宗之分门别户乃肇于此矣。佛护推崇一切皆空的中道观，多袭龙树、提婆破而不立之宗风。清辨偏尚因明的推理制式，不脱三支比量的轨范。前者开中观应成义之先河，后者奠中观自续宗之基础。

月称论师博通经论，善谈义理，辩才无竭，在中观宗内部这场辩论中随所问难皆善酬答，论旨皆尊佛护而抑清辨，其标志性论著《中论明句

---

① 清辨，亦名分别明：《般若灯论》卷1，《大藏经》《频伽藏》大乘宗经论·暑一，第60页。

② 清辨：《般若灯论》（藏文原文译为："中观根本论颂释——般若灯论"），中华大藏经《丹珠尔》对勘本，藏文，中国藏学出版社2000年，第57卷，第914—915页。

论》，分析义理于精微之蕴，明辨词句于毫发之间。它的问世，使中观宗内部思想交锋更趋激烈，因而其门户之见亦愈益明朗。月称针对清辨对佛护的上述论难作了有力反驳，以此阐明佛护论说的正确性和清辨反难的过失处。月称先引征佛护《中论疏》之原文和清辨《般若灯论》中的驳难：

佛护阿阇黎说：诸法不从自生，生应无用故，如此则应成极大之过故。诸法已有自体，若复更生，则成无用，若有已复生，则终无不生矣。①

此另有人（指清辨）说：“彼不应理，未说因、喻故；未除他过故。故应成有过之语。与其义相反之所立，即呈现出与彼法相反之义：则成诸法应从他生，生应有果、生应有穷故，此说与自宗相违。”清辨如此而指出了佛护之过失。②

月称在清辨反驳佛护的这段话之后为证其宗义而破之曰：

清辨于佛护指出之“此一切过失皆不应理”，此吾等皆已知。何以故？先说所谓未说因与喻故，此说不合道理。何以故？说已有自体，再从因体中生起，自体中已有的果法又生，未见有用了，亦见无穷了。即复生无用、无穷，此为佛护所许。而汝等不许生了再生，亦不许无穷。即复生有用有穷，唯数论派所许。是故，彼诸之辩论既无合理性，亦与自许相违也。佛护如此而攻难数论派所承许之自生说。若所使用之自续因、喻是有自体，唯以此有自果体的因、喻辩论，为何论敌不承许？也许论敌能承认自己之观点有过失。然所承许之此论点与敌方自己之本来观点相违背，因而即使辩论他们也不会放弃自己的观点，承认我方的观点。因此，对这些固执己见者，纵使你再使用因明的宗、因、喻，也不会改变他们的妄执，跳出其藩篱。我们不和这些阿党偏私者辩论。是故，佛护在破斥数论派时虽然没有运用因明宗、因、喻的格式，但他并不是不懂

① 月称：《中观根本论颂释·明句论》，中华大藏经《丹珠尔》对勘本，藏文，中国藏学出版社2000年，第60卷，第11、12页。

② 月称：《中观根本论颂释·明句论》，第12页。

因明的比量方式，他具备完整的因明的三支方式，故佛护唯此最乐已是显而易见了。然而，如果是中观论者则使用自续比量不应理也，亦不许承认他宗。这个道理在提婆的《四百论》中说："有无及二俱，若谁无是宗，虽长时于彼，不能说过失。"（玄奘的译文是："有非有俱非，诸宗皆寂灭，于中欲兴难，毕竟不能申。"）龙树在《回诤论》中说："若我有少宗，我则有彼过，若我不立宗，我则定无过。"（后魏瞿坛流支的译文是："若我宗有者，我则是有过，我宗无物故，如是不得过。"）任何时亦如是：中观宗不说自续比量。①

此说与自续宗颇相牴牾。月称对清辨批评佛护的"未除他过故"的反驳是这样的：

是故，他说的过失不应成为过失故。阿阇黎佛护不用回答彼之所问。何以故？按照中观宗的原旨：（因明）的诸宗、因、喻等非成就，即无自性成就，故不说自续之比量。靠比量智虽不可破他宗之自生及共生之宗义，然对他宗，需由自己的比量说出其自相矛盾处。对于自宗，需做到舍弃宗、因、喻之过失。是故，未说彼宗、因、喻，未除他之过故。②

据此，月称之说与佛护相符契，而与清辨相径庭。月称陟此黜彼，是以为清辨于龙树之中观宗义不能洞其秘奥，故致失原旨、误入歧途也。为何如此呢？宗喀巴大师总结说：

他有彼过，是因为他许自续比量。我等不许自续比量，故无彼过。此中比量是说论式，若许自续，则立自相之量先须立敌极成，次以彼量立敌二家成立三相，再成所立。若无比量，则有法等皆不得成。若不许自续，则依实事师他自所许比量而成，于自不须以比

① 月称：《中观根本论颂释·明句论》，第12—13页。
② 月称：《中观根本论颂释·明句论》，第14页。

量成故。诸论中所说比量，亦皆唯为破除他宗是他彼量，非自续量。①

萨迦·高然巴说：

若承认由自相成就，则必须成立自续，即如我方之实事师及清辨等。若于名言中亦不许由自相成就之法，则无疑不须承认自续。此由细分之所破中破。是故，清辨等承认由自相成就之法，为成立彼，故尔须承认自续之因。阿阇黎月称等不承认由自相成就之法，故尔承认自续之宗、因等成为无意义。月称在《中论明句论》中说：“若是中观宗则立自续之比量不应理也。因不承认他宗故。”如此而说，不承认自续之理由是因为无有承认自相成就之法。②

这里关涉中观自续和中观应成的本质特点。自续派是主张就名言的范围而言，诸法皆以自相而存在的说无自性宗。在他们看来，借助真正的因（此正因由存在的三条原则所构成）就能破除一般人认定诸法真实存在的错误观念，所以称为自续派。它的特点是，在方法论上主张必须运用因明的正规格式，立出正确的因量，即在破论敌时首先要提出自己的正当理由，要用概念、判断、推理的论式，才能使对方了解己方的观点，有效地破他立己。既然要用因明的格式来破坏他宗，成立己宗，则因明的宗、因、喻三支中的因支必须具足三条原则，即遍是宗法性、同品定有性、异品遍无性的“三相”，然后才能构成一个正确无谬的因。因为自续派主张破他须自立量，因此不得不承认自立之因、喻是实存的。只有先肯定了这点，立量才有意义。否则，一说无自性便自语相违。既然要承认因的实在，那么，就只好承认构成正因的三条原则也是有自性的，有其自相的，而不是假名施设了。这就是自立量派，即中观自续派。

应成派主张，即使在名言中诸法也不以自相而存在的说无自性宗。原因在于此派认为，仅仅用应成的破式就能使论敌心中生起了解我方论点的比量，故称应成派，亦称随破派，即随应破派、归谬派。在方法论上，中

① 宗喀巴著、法尊译：《菩提道次第广论》，民族出版社2001年，第473—474页。
② 萨迦·高然巴：《辨析见地之殊胜乘精要月光论》，第7—8页。

观派的祖师龙树，原是以破显宗的，亦即自己不另起炉灶来建构一套学说体系，而把重点放在指出对方理论的内在矛盾上，即将论敌的观点破到使他自知理亏、认输而放弃自己的立场为止。

中观应成派认为，一切法无自性是中观派的根本精神。如此，因明中的因、喻也是无自性的，不是绝对永恒的独立实体。月称说："凡中观师理应不用自续比量，不许他宗故。"① 又说："应成反义亦唯属他，非属我等，自无宗故。是故，我等何有与自宗相违？是故，按己立应成反义之观点，则论敌之过失愈多，愈能满足吾等之意愿……由无自性师对有自性师立应成时，此应成何能成为应成反义？是故，成立应成者，唯以破他宗为果故，非是应成反义……"② "……诸自续比量师成了有此过失，吾等不用自续比量。以诸比量唯破他宗而为果故"。③ 中观应成派不许自立量，采取"以子之矛，攻子之盾"的方法便可有效破除论敌。这和中观自续派的"破他须自立量"的观点截然相反。那么，一切事物和现象怎样才算成立和存在了呢？在应成派看来，只要是概念施设、分别假立就算存在了。换言之，世俗事物存在的程度只是分别假立或概念施设而已。若超越此界限，稍事追究、考察，便涉足于胜义之领域了。

可见，应成约简，偏尚破而不立的方法，接续龙树、提婆以来否定性的思维方式；自续深芜，以逻辑推理的方式来破他立已，秉承陈那、法称的因明系统。以上内容，藏传佛教学者各有精思深义，以抉前贤之奥。宗大师说：

> 诸经论义，若如是解，当许自续，若如彼解，则不可许。此义虽是经中所有，然就已译自教诸论，观察自续、应成当何所许，及说自续非理、应成符理者，除月称诸论及随行者外，皆未明说。渐次者，谓于佛护解释"诸法不自生"颂义，显无清辨所出过时。《明句论》中说，佛护师不许自续，及成立中观师不应用自续，并许彼者有多过难，开此车轨……清辨论师未谙佛护许不许自续，与自不同，是想定许自续为宗。由是因缘，故亦不许自与佛护破人、

① 月称：《中观根本论颂释·明句论》，第13页。

② 月称：《中观根本论颂释·明句论》，第17—18页。

③ 月称：《中观根本论颂释·明句论》，第25页。

法自性，其所破事更有差别。清辨后学观音禁论师，了知《明句论》解释《般若灯论》中破佛护时，应释月称说清辨过为转不转。寂护师徒等亦应解救月称破自续之过，然皆未解说。总以此二论师虽于名言亦破自相，于无自性中因果等法一切建立皆极应理。①

萨迦·高然巴根据月称《中论明句论》的思想作了系统总结：

中观自续派为了由自相成就而承认了自续。《中论明句论》说：对诸说很多有无自续破立义少许亦未通达，或者即如通达亦呈现颠倒说。如此而破自生之时分，阿阇黎佛护不同意诸法从自生，若诸法从自生，则生应无意义故，是极其有过故。诸法已有的自体再生，就无用了，有而再生，则终无不生也。对此，阿阇黎清辨说：此不应理，未说因、喻故，未说他过故。如此而批评了佛护。对此，阿阇黎月称批评清辨道：你清辨批评佛护时说，佛护未说因、喻故，其义是说未说自续之因与喻故。说未破他故，或者未说他极成之因、喻故，此即谓未破由他说之过失。②

显然，高然巴认为，中观宗就应该像佛护一样，只要把敌方所承许的观点的前后相悖之处揭露出来，破除了敌方之邪见也就足够了，无须再说自续之因及喻故。如果用指出敌方论点的内在矛盾的方法都驳不倒其邪说，那么，用说自续之因、喻来揭破敌方之邪见就更不可能了。“如果是中观宗，将诸内处无从自生作为自续宗，彼所立之自续因，则非应理。诸内处从自体生，他宗无从自生，此亦从自续中无所承许，彼之能知月称论师引用了《四百论》、《回诤论》的话说明之。”③

这便是中观应成派与自续派的复杂内容与发展脉络。于此足见藏族佛教学人对于中观应成与自续解彻深义，领悟无遗。然达此境界绝非一日之功，尤其是宗喀巴大师在开始研修中道观时，不能善为了达“有无”之辩证关系，后来批阅佛护论师之《中论疏》后始群疑冰释，深得文理，豁然

① 宗喀巴著、法尊译：《菩提道次第广论》，第93页。
② 萨迦·高然巴：《辨析见地之殊胜乘精要月光论》，第29—30页。
③ 萨迦·高然巴：《辨析见地之殊胜乘精要月光论》，第29—30页。

大悟中道之旨。从此，宗喀巴视应成中观见为“独绝之教，不变之宗”，奉为自宗之圭臬。以此滋养其宗派，扶成其教义，弘扬广大。格鲁派谓于藏传佛教史坛，忠实祖述龙树、佛护、月称之中观论者，唯宗喀巴一人，他对中观宗义的精鉴、深识、妙悟可谓独称孤拔，无有其匹。故此学在藏区如日中天，久盛不衰，尤其是格鲁派掌握了藏地之政教大权后，此种状况更有愈演愈烈之势。

二、东方自立量派三大家与瑜伽行中观自续派

印度大乘中观宗晚期的分化，大的思潮有应成派和自续派的对垒，小的流变尚有自续派内部之诸多支分。一则经部行中观自续派，二乃瑜伽行中观自续派。经部行中观自续派的代表人物是清辨、智藏。他们谓“不许自证而许外境由自相成就之中观师”。[①] 显然，清辨的观点与瑜伽行中观自续派是对立的。清辨和智藏都是经部行中观自续派，他们主张一切法按胜义谛说皆无自性，但在世俗谛中则一切法有其自相。清辨说：“若说色无意言、名言之遍计所执性即是损减事物，以及损减意言及名言，任谁将此二法所遍计义，此即非有。例如于绳上误起蛇想，非说无遍计执，由绳近似于蛇之缘故，产生错觉，故尔无遍计执义，然名言中说于盘蛇而无蛇，则有悖于多数人之普遍认识。于胜义中破除有实物，是随中观说。于胜义中无实体之蛇故，从自性中无生故……然在名言时分两方面皆许为成就极成。”[②] “生无自性是怎样的？由缘之力而生。何谓非自生，彼于胜义中如何由缘力而生？如果说，或由自性，或由他物，或由二者，或从皆有，或从皆无，或从皆有及皆无中有生者，从一切相中由如前所开示之理，彼无生故。说非如幻等生之生，总而言之由名言成就谛实。”[③] 清辨在此讲了两个意思。首先，如何看待视绳为蛇之错觉。对此，宗喀巴解释说：“若他于绳妄执为蛇，义虽非有，然于盘蛇而执为蛇，于名言中彼义实有。如是于色

① 晋美旺波著，班班多杰译：《宗派建立宝鬘论》，载班班多杰《藏传佛教思想史纲》附录，三联出版社 1992 年。

② 清辨：《般若灯论》（藏文原文译为：“中观根本论颂释——般若灯论”）中华大藏经《丹珠尔》对勘本，藏译文，中国藏学出版社 2000 年，第 57 卷，第 1410 页。

③ 清辨：《般若灯论》，第 1415 页。

若执为受，其境虽无，然于色上即执是色，彼境可说名言有故。”[①] 其次，如何看待“有生、无生”。清辨认为，从胜义谛的角度讲，从本质上看，即无生，但在世俗名言的范围看，有生、住、坏、灭。这些都是由缘起之力所造成的。所以，宗喀巴说：“由是当知，言自性生者，即是由自相生。若于有事破彼生时，决定须加胜义简别，以于世俗许有自相生。”[②] 这就是清辨、智藏所许之经部行中观自续派。为什么说它是经部的呢？因为在世俗谛中外境是由极微和合而成，它是有自相、自体的。为什么它又是中观的呢？因为在胜义谛里这一切都是空无自相的。这样经部义与中观论在清辨处达到了对峙而互补、渗透但独立的境地。“智藏在解释中观时，亦于名言不破自相而许有外境。”[③] 清辨在阐明了自己的观点后即引述唯识宗的观点。在清辨看来，唯识宗从根本上主张内心外境“二者皆非成就，观察二者是如何皆非成就的”。[④] 他引用了《辨中边论》中的如下偈颂：“识生变似义，有情我及了，此境非实有，境无故识无。”[⑤] 这便说明内心和外境都应说是无自性的。但它是依次的。为了证明这一点，他又引用了《辨中边论》中的一段偈颂：“依识有所得，境无所得生，依境无所得，识无所得生。”[⑥] 这是先说唯识无境，旨在肯定识，否定境，后再进一步说，识亦不可得，意在否定识。清辨不同意唯识宗的这种有过程的说法，便批评说：“如果想先承认唯心，然后再心境全部舍弃，这就像先沾染上一身污泥，然后再去洗掉，与其这样，还不如早先就应该远离污泥得好，就像观察外境全无自性一样，对内识亦可如是而通达无我及无生”。对此，宗喀巴在《辨了不了义论》中也说：“《释论》说为瑜伽师宗先为悟入世俗谛时，破除外境，受许唯识。后为通达胜义谛时，亦舍唯识。此说与其先令执受内识实有，后仍破除，宁如最初即说无实为妙，如境无实，亦能通达识无实故”[⑦]。这与清辨的观点如出一辙。

宗喀巴说，这对“有中观师许于所化必须如是次第宣说，显然亦破”。

---

① 宗喀巴著、法尊译：《辨了不了义善说藏论》，民族出版社2001年，第62页。
② 宗喀巴著、法尊译：《辨了不了义善说藏论》，第63页。
③ 宗喀巴著、法尊译：《辨了不了义善说藏论》，第64页。
④ 清辨：《般若灯论》，第1416页。
⑤ 弥勒：《辨中边论》上卷，《大藏经》《频伽藏》大乘宗经论·来九，第3页。
⑥ 《辨中边论》上卷，第4页。
⑦ 宗喀巴、法尊译：《辨了不了义善说藏论》，第65页。

（同上）因为清辨“对那些所谓彼二非同时修、应次第修者反驳道：‘若初始修外界事之境，次第修意识，及智慧之境界，则唯次第而通达成就无我性故。如是，则对前论之同时修无须悭吝。’”① 这破的是唯识论的主张。这样，清辨独树一帜，自立门户，开创了“胜义中诸法皆无自性而世俗中许外境自相成就”的经部行中观自续派。

寂护是晚期中观派中上接清辨、下启莲花戒的重要人物，是瑜伽行中观自续派创始人。他们是“不许外境而许自证分之中观师”。② 寂护在《中观庄严论》中批判各家学说的缺陷，将中观之趣与唯识之要圆融条贯，提出一种理念，即：应从“唯心无境”的观点出发，才能真正理解法无自性的道理。这是唯识、中观都应掌握的，因而二家应相得而彰，相资为用。他说：“由是依唯心，即知无外事，又是依此理，当知心无我，骑二理大车，牵正理牛鼻，彼达如实义，当获得大乘。”③ 这是典型的“先说有，后说无”的瑜伽行中观自续派之见。《中观庄严论自疏》比较系统地论述了这一基本观点及其他一些观点：

> 自证分包涵在世俗谛之中，彼已由不堪忍观察一及多之体性所抉择。若有人对因及果之诸法，由宗欲答一切恶敌所提出的诘难而观察何为世俗之诸法，何者是由唯心及心生起之真实自体，何故是自体，彼中有些依止后者。如说，经曰：谓唯心者即是破能作者和能受者。若思维其他者则成因及果者，亦皆唯有识。凡是自成就，彼悉住唯识。由自己成就之自性中，无其他识之自性分别。由自己成就之自性即如梦境及幻化等之色。色等诸所许之外境除识外若有，则像眼等在同时与异时无极近处之因故，不能成立见。如此看来，彼诸之所摄收，如同非相异之青色，摄收青色等之相，即是摄收之本性，如同摄收梦境及幻化等之色。④

---

① 清辨：《般若灯论》，第1412页。

② 晋美旺波：《宗派建立宝鬘论》。

③ 寂护：《中观庄严论》，中华大藏经《丹珠尔》对勘本，藏文，中国藏学出版社2000年，第62卷，第903页。

④ 寂护：《中观庄严论自疏》，中华大藏经《丹珠尔》对勘本，藏文，中国藏学出版社2000年，第62卷，第962页。

这里，寂护明确阐述他持唯识宗的"唯心无境"说，并承认自证分，主张实相唯识义。寂护断言，"唯识无境"的观点"与《密严经》、《解深密经》等所说相契合。《楞伽经》中说：外境色非有，自心现外境。思维如此之所说为善说……是故，由依止唯心，当知无外事，又由依此理，当知心无我"。[①] 寂护接着总结道：

> 如是由依止唯心之理，则不费功力而真实通达相应而有之离心而承许外境我、我之喻，及能取所取异体等皆无自性。因为此理无自起故，虽然通达了心无自性，但如果再通达了断除一切边之此中观道，即能特别通达由远离一与多自性之一切皆悉无自性之理。是故，在《出世间品》中说：噫嘻佛弟子！通达三界唯是心，通达三时亦与心相应，通达此心亦为无边及无中，此亦成善说，无生灭之边、无住相之中故，即无中无边。[②]

这是表明唯识宗的唯心理论是基础、前提，依靠它而了知无有外界之一切现象，以此为据进一步确定内心也是无我，无生、住、坏、灭之无自性空。寂护的逻辑是先唯识无境，次心亦空无，后心境皆无。这是理固必然、势所必至的事。

宗喀巴在《辨了不了义善说藏论》中总结了寂护的观点："论疏中释：初颂显示唯识宗之无生，第二显示中观宗之无生。在名言中由外境空是唯识理。在胜义中一切诸法皆无自性，依此二乘能得大乘。"[③] 可见，寂护是在用唯识义与中观论圆融贯通起来解释一切事物和现象，认为在世俗谛中是"唯识无境"、"识有境无"，胜义谛里则是"心境俱无"。在寂护看来，唯识无境之义似与中观无我之旨相反，而实则相成，故只有用唯识与中观两种理论去解释宇宙一切现象，才能获得大乘佛教之真谛。所谓"骑二理大车，牵正理牛鼻，彼达如实义，当获得大乘"便是这个道理。

取要言之，寂护实能善巧融会中观、唯识之学。寂护生于大乘学术风行之世，曾任那兰陀寺主讲，故其于唯识，能以中观之理融合其说，使外

---

① 寂护：《中观庄严论自疏》，第62卷，第963页。
② 寂护：《中观庄严论自疏》，第62卷，第963、964页。
③ 宗喀巴著、法尊译：《辨了不了义善说藏论》，第66页。

境、内心无碍贯通，契合无间。寂护之前谈大乘义理者，或将中观、唯识视同水火，撅为两端，形成对峙格局，缘起性空与唯识无境二者非此即彼，没有调和余地。他们只知机械外在地镶嵌二者，未谙内在学理上的融合，此可谓多守滞文，鲜见圆义。唯寂护是明慧妙思之士，他剖析经理，洞入幽微，彻悟实相，能理会大乘空有二宗之精义。于是大乘佛学之有、无潮流殊途同归，彼此交融，遂演进为瑜伽行中观自续宗。此不可不谓孤明先发、独见忤众了。因此，宗喀巴大师说："如斯宗派虽尚有一二，然中观宗造诸广论说：于名言中无外境者，如智军论师说寂护论师是开创者，极为善哉"。[①] 此后日谈瑜伽行中观自续派者，盖不得不以寂护为始祖矣。寂护大师之此种圆融二家、相得益彰之举，达到了兼融大乘中观、唯识后的学理再创，故可称其为发明新说。自 8 世纪此说东流，由于名僧之传授、藏王之提倡，枝繁叶茂，蔚为大观，成了藏传佛教前弘期之核心思想。藏传佛教后弘期以降，中观应成派开一时之风气，占据了其中的统治地位，因而造成藏传佛教义理之主流。寻流穷源，各有归趣，以上二者，溯其源头，固出于佛护、清辨、月称、智藏、寂护、莲花戒，并灯灯相承，明明无尽，不绝如缕，绵延至今。

莲花戒继其师业，承袭寂护瑜伽行中观自续之思绪，主张先"弃所取之境而逐能取之心，后所取、能取皆废"。此谓"莲承寂说，亦循前轨"。他在《中观光明论》第 62 卷中说：

> 无事唯心性，见事即邪见，正理观看相，能所取俱灭，如同凡夫观，外境事非有，习气覆之心，能起所现境。[②]

这是说一切事物和现象都是自身心性的呈现。实际上，除心性外，没有任何外境之事物；如果见到实有的外境事，则无疑是邪见。这是由于无明遮蔽了自己的心所造成的。此为莲花戒所要肯定的"唯有识而无有境"的唯心论大前提。按照莲花戒的本意，既要舍离外境，又想否定内心，但为什么不同时将二者都舍弃掉，而要先否定外境，承认内心，最后再把境、

① 宗喀巴著、法尊译：《辨了不了义善说藏论》，第 66 页。

② 莲花戒：《中观光明论》，中华大藏经《丹珠尔》对勘本，藏文，中国藏学出版社 2000 年，62 卷，第 1170 页。

心俱否弃呢？他讲了以下理由：

> 噫嘻佛弟子！所谓的三界唯心是什么样的？如何解释此义？《解深密经》及《密严经》中说：将一切诸法开示为唯心之身性故，唯心于胜义中有，谓非是其他，如此而成立。是故，若说一切诸法不会变成皆无自性成就，此亦无根据，即如经中说心有，经中亦说色有若干相。如是，于法无余而同时通达皆无自性为不能。于如此状况下，暂时依止唯识，而次第入外境事无自性，如此故，由正理灭除诸相之能取所取，即是在如此状态下，若由次第各个推求心之本性，此亦可通达无我性而入甚深之理……对如是之语，佛世尊说：由依止唯识，不分别外境，缘此真实性，超越唯识义，从出唯识中，再出无相义，无相住瑜伽，由此见大乘。①

这是说首先要认识到唯有识而无外境，即这个识是有实相的，而外境是此实相识的变现。此为实相唯识说，亦称有相唯识说。但人的思想又不能只停留在这个唯识有相的基础上，以此为契机还要上升到心境俱无的无相唯识阶段。这便是“要先识其相，然后悟其无相”的瑜伽行中观自续之究竟义。

> 另外，唯识是由自己成就之体性故，即在世俗中住。外境事于世俗中则不住，除心之相外，彼无成就故。是故，为了说明此，佛世尊说一切诸法即唯心，彼于胜义中无有。在其他经中将其开示为无自性故。②

莲花戒这里用中观二谛解释外境与内心的关系，认为世俗谛中唯识无境，胜义谛里心境俱无。以此阐唯识之指归，弘中道之宗致，空有兼备，是把大乘佛学作一整体，将中观、唯识融于一炉而冶之的表现。莲花戒引《大宝积经》云：“迦叶！求是心相而不可得，若不可得则非过去、未来、现在。若非过去、未来、现在则出三世。若出三世非有非无，若非有非无

① 莲花戒：《中观光明论》，第1170—1171页。

② 莲花戒：《中观光明论》，第1171—1172页。

即是不起。若不起者即是无性，若无性者即是不生，若无生者即是无灭，若无灭者则无所离。若无所离者则无来无去、无退无生。若无来无去、无退无生则无行业。若无行业则是无为，若无为者则是一切诸圣根本。”①

莲花戒用中观宗“破四生”、“八不”等否定性的思维方式阐释“心无自性”之义。如此一来，中观与唯识之间便壁垒打破，障碍尽扫，豁然贯通，涣然冰释，形成圆融无碍的同一体。莲花戒引用此经中的话说：“迦叶！常是一边，无常是一边。迦叶！有是一边，无是一边。有无中间无色无形无明无知，是名中道，诸法实观。”② 这样即可常、无常去，有、非有尽而彰显中道，诸法实相洞然朗照，故称其为诸法实观也。

莲花戒在其名著《修道次第初篇》中说：“修持无我之声闻乘者入人无我；由修持三界唯心故，唯识师入外境无我；此理将此无二之智慧亦入于无我，无我由此入殊胜之境地。入唯识者非入真实也，如同前述，《出世间品》中说：‘噫嘻佛弟子！’另外，三界通达为唯心，将彼心亦通达为无边及无中，生相及灭相两边、住相无中，故心无边及无中。由此之故，入于无二之智便是入于真如也。”③ 这是说，小乘声闻乘的人无我之见，未能达到殊胜之境地，唯识宗的唯识无境论亦非是究竟实相之见。只有他们所持的心境俱无之瑜伽行中观自续派见才与真如实相相吻合。此意在《修道次第中篇》中得到进一步的论述：

法无我亦如此修持：谓法可概括为五蕴、十二处、十八界。彼蕴、处、界、有色无论何者，彼诸于胜义中除心之相外再无其他。思维三界唯是心也。是故，如是一切所推求之法唯是心，如此通达。于彼各个推求，则是于一切法之性质各个推求，如是而各个推求心之性质。彼如是观察，于胜义中心亦不可许为谛实有，何时虚假之性质执色等相之心性呈现种种之相，此时彼何以能变成实有？如同色等是虚假，心除此以外则无有，故心亦虚假也，如同色等是种种现象之相，非是一与多之性质。如是，心除此以外则无有也，故心亦非是一与多之性质。由是观之，心之性质如同幻化等之性

① 《大宝积经》卷112，《大藏经》《频伽藏》，黄等部·地六，第57页。

② 《大宝积经》卷112，第57页。

③ 莲花戒：《修道次第初篇》，中华大藏经《丹珠尔》对勘本，藏文，中国藏学出版社2000年，第64卷，第101页。

质。心如幻化，则一切法亦复如是，如是而观察。是故，如是由智慧于心之性质各个观察，于胜义中心在内中不可得，外中亦不可得，二者无有中亦不可得，过去之心不可得，未来之心亦不可得，现在生起之心亦不可得，心生时于何处亦不来，灭时于何处亦不去，心无有执取、无坚固、不是有色。此无执取、无坚固、非是有色之性质又是如何？《大宝积经》中如是说：“迦叶！求是心相而不可得，若不可得，则非过去、未来、现在。”彼若如此推求思择：心初时清净随后不见，后时清净随后不见，中时清净随后不见，若通达心之无边及无中，则是一切法亦复如是。是故，如是通达心之无边及无中，心之性质任何亦无求，心由谁普遍推求，彼亦通达为性空。由通达此，心由自相成立之性质，色等之性质清净随后不见。是故，如是由智慧使一切法之性质清净随后不见，故不作谓色常、非常，谓空、不空，谓有漏、无漏，谓生、不生，谓有、无等如是推求思择。①

这里，先肯定了三界唯心，心有而境无。其次，既然外境无有，则变现外境之内心亦非有。它是离生、住、坏、灭之空。莲花戒在《修道次第后篇》中表达了这样的意思：“三界者唯是心。是故，须通达凡是假名安立之一切法唯是心，思维若于彼各个推求，则各个推求了一切法之性质，于心之性质须各个推求，彼如此观察也。”② 这是说，三界皆是由心所变现，凡是假名安立之一切法唯是心，心如幻化，故一切法亦如幻化。综上可见，莲花戒和寂护同出一辙，一脉相承：他们都先主张“外无内有，事皆唯识”，持“境无心有”论；后逐渐强调内心亦与外境一样性空而无自性；最后则达到“境心俱无”、“心境皆空”、“体包空有，理极幽玄”的境界。这是唯识义与中观论有机结合、辩证统一的典型。寂护与莲花戒之论典，乃藏传佛教前弘期之根本经典，诸家研求，多有异说，其思想成为藏传佛教前弘期义理学之重镇，足见其理念于藏传佛教濡染深厚也。

① 莲花戒：《修道次第初篇》，第136—138页。

② 莲花戒：《修道次第初篇》，第164页。

三、藏族学者对印度大乘佛教义理的独特理解与整合

"自空"中观派划分为"自续"中观派和"应成"中观派，"自续"中观派又分为"经部行中观自续派"和"瑜伽行中观自续派"。宗喀巴大师讲到这些区分时说："《般若经》等宣说诸法皆无自性无生灭等，其能无倒解释经者厥为龙猛。解彼意趣有何次第？答：佛护、清辨、月称、寂护等大中观师，皆依圣天为量，等同龙猛。故彼父子是余中观师所依根源，故诸先觉称彼二师名根本中观师，称诸余者名随持中观师。"① 这清楚地表明了中观派依据的经典、思想、创始人及传承。至于中观自续派，宗喀巴说："就立名言而立名者，略于两类大中观师，谓于名言许外境者，名经部行中观师；及于名言不许外境者，名瑜伽行中观师"。② 这是经部行中观师与瑜伽行中观师各自的含义。关于两种中观师的创立者及其主要特点，宗喀巴说："智军论师云：'圣父子所造《中观论》中，未名外境有无之理，其后清辨论师破唯识宗，于名言中建立许有外境之宗。次寂护论师依瑜伽行教，于名言中说无外境，于胜义中说心无性，别立中观之理，故初两种中观论师，前者名为经部行中观师，后者名为瑜伽行中观师。'"③ "佛护论师释中，未明分别应成、自续，建立应成。然于解释'非自非从他，非共非无因，诸法随何处，其生终非有'时，惟依说举他宗违害而破四生。清辨论师出过破，谓全无能力成立自宗及破他宗。然佛护无如是过，月称论师广为解释，谓中观师自身发生中观方便，须用应成，自续非理，破他宗已显应成宗。"④ 关于两派创立的时间，宗喀巴大师的下述说法特别引人注目："于雪山丛中后弘教时，一些智者给中观宗安立了自续和应成两种名言，我想此作法与《明句论》之义理相顺。所以我认为它不是杜撰"。⑤ 这明确表明"自续"和"应成"的概念是藏传佛教后弘期，由藏族佛教学者根据月称《中论明句论》一书的思想创立的。但"经部行中观派"与"瑜伽行中

① 宗喀巴著、法尊译：《菩提道次第广论》，第396页。
② 宗喀巴著、法尊译：《菩提道次第广论》，第396页。
③ 宗喀巴著、法尊译：《菩提道次第广论》，第397页。
④ 宗喀巴著、法尊译：《菩提道次第广论》，第452页。
⑤ 宗喀巴著、法尊译：《菩提道次第广论》，第397页。

观派”这两个概念由谁提出，史无定论。著名现代佛教学者妙音说：“……以后中观师多随顺佛护、月称之说，后来西藏佛教之萨迦派、噶举派、格鲁派，亦均宗月称论师的中观见，同时安立了中观应成派和自续派之名称。”[①] 日本著名的佛教学者松本史郎说：今日一般认为，中观派有清辨、寂护系统的自立派和月称、寂天系统的归谬派此二学派存在。如后述，此二学派的名称或许成立于西藏……又，尼玛扎是现在被确认最早使用自立派、归谬派此二学派名称的学者，在中观思想史上特受注目。此二学派名称的存在，在印度的著作中未被提及，也被认为是尼玛扎自身创作的，但若考虑他长期滞留印度，则可认为是他在印度时，由某种印度学者传授的。无论如何，他根据清辨的态度，称他为自立派，称佛护和月称为归谬派，尊重后者的立场。[②] 日本著名佛教学者御牧克己说：“西藏人在阐明印度诸论师思想立场上的贡献是对中观学派的内部分类，自立论证派、归谬论证派、经量中观派、瑜伽行中观派，这些表示中观学派内部分类的重要用语，实际上，都是西藏人创造出来的，在印度论书中找不到……中观学派诸支派的名称中，最早使用经量中观派、瑜伽行中观派这些名称的，是九世纪的大校阅翻译官智军……最早使用自立论证派、归谬论证派这些名称的，就现在所知，是佛教后弘时期，大量翻译月称的论书的尼玛扎。”[③] 这是一个非常复杂的学术问题，若欲究其根本、穷其枝叶，需要系统地研究印度佛教和藏传佛教大师的基本论著。从解释龙树《中论根本颂》的释本中可以清楚地了解到印度大乘中观思想歧异嬗变、分宗立派的轨迹，但对这一过程的总结还未见端倪。“自续”、“应成”的字眼已随处可见，但这些词汇不是以派、系代名词的身份出现的，即这些论著中没有出现“应成派”、“自续派”这样的名称。在寂护、莲花戒的著述中，也没有出现“经部行中观自续派”和“瑜伽行中观自续派”的概念。这样，中观分宗立派之大纲要领，观者茫然，难窥其全貌。

综上所述，似可以这样说，藏族学者对于印度大乘佛教晚期的各个思想、各种观点条分缕析、提要钩玄，又对于其各个学派、各种学说融会贯通、组合创新后用特定的概念、范畴给予定位。就是说，藏族佛教学者从

---

① 妙音：《入中论释》手抄本，后记，台湾佛陀教育基金会印，1989年，第154页。

② 松本史郎：《关于西藏的佛教学》，许洋主译，载《西藏研究会讯》，1992年第3期。

③ 御牧克己：《西藏宗义文献〈学说纲要书〉的问题》，许洋主译，载《西藏研究会讯》1998年第5期。

印度大乘晚期发展史实中独标出“自空中观见”、“他空中观见”、“中观自续派”、“中观应成派”、“经部行中观自续派”、“瑜伽行中观自续派”的学术范式和理论命题，并以此梳理、辨析、重组、整合了印度大乘佛教义理的发展脉络和复杂内容，这一体系分类鲜明、定位准确、涵盖广袤，使大小派系各有所归，不会流离失所，从而建构了大乘佛教思想的纵向发展系列和横向分布状况的时空框架。这不是藏传佛教信徒对印度佛教思想的陈述性工作，而是藏传佛教学者对印度佛教义理的创造性工作，体现了中国学者对佛教思想的突出贡献。

本文参考了法尊法师的有关论文和陈玉蛟先生的《宗义宝鬘》一书，特此说明。

本文原载（《哲学研究》2003 年第 6 期。此次作了较大修改。）

作者单位：中央民族大学

藏文《大藏经》的版本、内容及特色

周润年

藏族是中华民族大家庭中重要成员之一。据史书记载已有一千多年的历史。在其历史发展过程中，历代藏族劳动人民创造了光辉灿烂的文化。举世闻名的藏文《大藏经》在国内外享有盛名，它不仅是一部佛学丛书，也是一部藏族文化的百科全书。本文仅据我所见到的部分资料，对藏文《大藏经》的形成、版本、内容及特色作一概述，不妥之处，尚望教正。

一、藏文《大藏经》的形成

大藏经的编纂，始于释迦牟尼涅槃不久，其弟子以摩诃迦叶为首的五百人集会在王舍城外的七叶窟，将释迦牟尼一生所说的言教结集起来，以传后世。当时由阿难陀诵出释迦牟尼所说的经；由优波离诵出释迦牟尼所制定的戒律；由摩诃迦叶诵出所有的论，后来又补充结集的关于教理的解释和研究的论著。弟子们为保存释迦牟尼的说教，统一信徒的见解和认识，通过会议方式的结集，形成一致公认的经、律、论内容。此后，即把经、律、论称为三藏。所谓藏文《大藏经》，就是佛教经、律、论的总集，分为《甘珠尔》（bkav-vgyur）和《丹珠尔》（bstan-vgyur）两个部分。《甘珠尔》可译为佛语部，亦称“正藏”，就是释迦牟尼本人语录的译文；《丹珠尔》

可译为论疏部，亦称“副藏”，就是佛弟子及后世佛教学者们对佛陀教义所作的论述及注疏的译文。原来，最早称呼《甘珠尔》和《丹珠尔》叫做 bkav-vgyur-ro-cog 和 bstan-vgyur-ro-cog，意思是“一切经的译文”和“一切论的译文”。这里有两点值得注意：第一，用“一切”一词代表总集，与汉语称呼佛经总集为“一切经”相同；第二，都是译文，不收藏人自己的著作。

藏文《大藏经》最早编译于唐初。据藏文史籍记载，佛教自 7 世纪初由汉地、印度和尼泊尔分别传入西藏后，赞普松赞干布派遣通米桑布扎等人到印度学习梵文。学成归来，始创藏文，随即用以翻译部分佛教经典。8 世纪时，在赤松德赞的大力扶持下，佛教得到很大的发展，兴建了桑耶寺，创办译场，分别从梵文、汉文、象雄文、于阗文的经典和论著译成藏文。担任翻译的译师，从佛教前弘期（松赞干布王至朗达玛灭佛教的二百年间）时的第一位译师吞米桑布扎（thon-mi-sam-bho-da）到译师南喀迥（nam-mkhar-skyong）共有五十一位；从佛教后弘期至蒙古准噶尔占领西藏前的七百一十八年间，自译师仁钦桑波（rin-bhen-bzang-po）到敏珠林大译师达玛室利（dhsrma-sri），前后共有一百七十一位译师。到赤松德赞时，已译出四千多部佛教经论，为了避免译经重复，译师嘎哇贝寨（ka-ba-dpal-brtsegs）和昆·鲁易旺波松（vkhon-kluvi-dbang-po-srung）等人把保存在登迦宫所有的《甘珠尔》和《丹珠尔》收集起来，编成《登迦目录》；同时，由译师嘎哇贝寨、却吉宁波（chos-kyi-snying-po）、德哇纳扎（de-we-ntra）、贝吉伦波（dpal-gyi-lhun-po）等人把存放在秦浦宫所有的《甘珠尔》和《丹珠尔》收集起来，编成《秦浦目录》；此后，又将旁塘宫里的《甘珠尔》，编成《旁塘目录》。《秦浦目录》和《旁塘目录》已佚失，只有《登迦目录》依然独存，并收入《甘珠尔》目录中。从《登迦目录》来看，已译经典共分二十七门，六七百种之多，其中大小乘显密俱备，仅从汉文翻译的就有三十一种（经部二十三种、论部八种）。

元皇庆元年（1312），仁宗皇帝邀请那塘寺的格西恰格巴拔希（vjam-gag-pa-pakshi）前往蒙古地方传教。他到达内地后，曾为其上师迥丹热赤（bcom-ldan-ran-gri）提供了一箱汉地的墨和大量的纸、笔等文具。于是迥丹热赤和前藏人罗赛绛秋益西（blo-gsal-bang-chub-ye-shes）、译师索南沃赛（bsodn-ams-vod-zer）、江惹绛秋绷（rgyang-ro-byang-chub-vbum）等人同心协力，把前藏、后藏和阿里等地所有《甘珠尔》和《丹珠尔》的手抄本收集在一起，分类编排，并进行了认真的校对，由迥丹热赤编写了一部《甘珠尔、丹珠尔目录详指》；罗赛绎秋益西编写一部《甘珠尔、丹珠尔简目》。后来，格西恰格巴拔希再次从蒙古地方寄去墨和纸张等一切所需之物品，这样，按照以前所编的两部《甘珠尔》、《丹珠尔》目录的次序，汇编成完整的藏文《大藏经》，存放于那塘大寺，这是藏文《大藏经》最早的结集。对此《西藏佛学原论》亦记载说："元初，世尊剑（bcom-ldan-ral-gri，即迥丹热赤）弟子软语隐福从汉土集得巨资，搜罗各地藏本经籍，悉奉置于那塘伽蓝，比较整理成一大藏，创刊版本，印刷流通。于是世尊剑为之著日光目录。"[①] 此后，在藏族地区以那塘《大藏经》为蓝本，雕刻传抄之风顿起，地方长官出资延请饱学高僧，缮抄大藏以为功德。其中，以蔡巴·贡噶多杰（tshal-ra-kunadgav-rdo-rje）最为有名，他重金礼聘当时权威学者布敦仁波且（bu-ston-rin-po-che）主持校订了那塘手抄本《大藏经》，分别写成蔡巴和夏鲁《大藏经》。此后，各地辗转抄写，又有仁蚌、泽塘、贡噶、丹萨替和江孜等不同写本的藏文《大藏经》相继问世。

二、藏文《大藏经》的版本

藏文《大藏经》的手抄本历史悠久，而木刻雕版《大藏经》到了明代才正式刊印。随着佛教文化的进一步发展，雕版印刷业空前兴盛，西藏、四川、青海、甘肃等地较大的寺院中均设有印经院，大量印刷藏文《大藏经》等典籍。因此藏文《大藏经》的版本甚多，形式各异，各具风格，主要的版本有：

1. 永乐版《大藏经》

明永乐八年（1410），永乐帝为他刚刚逝去的妃子徐氏追求冥福，"遣使往西土取藏经之文，刊梓印施，以资为荐扬之典。下界一切生灵，均沾无穷之福。"[②] 此前曾邀请第五世噶玛巴活佛得银协巴（de-bzhin-gshegs-pa）

① 吕澂著：《西藏佛学原论》第41页，商务印书馆1933年。需要指出的是，吕澄先生在此处将那塘手抄本《大藏经》误记为刻本，实际上此时藏文《大藏经》只有手抄本，并没有木刻本。

② 详见《文物》1985年第九期所载的"拉萨现藏的两部永乐版《甘珠尔》"。

赴南京"于灵谷寺建普度大斋，资福太祖高皇帝、孝慈高皇后……"① 同时永乐皇帝请他担任刊刻《甘珠尔》的总纂，他所依据的底本就是蔡巴《甘珠尔》的手抄本。这部《甘珠尔》共有108函，每一函均有明成祖所作的《大明皇帝御制藏经赞》及《御制后序》。永乐版《甘珠尔》不仅是第一部雕版印刷的藏文《大藏经》，而且也是现存最早的藏文印刷品，拉萨现藏有两部，一部藏布达拉宫，剩106函；一部藏色拉寺，剩103函。布达拉宫的一部原藏萨迦寺，"文革"期间移到布达拉宫，此部《甘珠尔》是明成祖赐给西藏佛教萨迦派领袖贡噶扎西的；色拉寺的一部是明成祖于永乐十四年（1416）赐给宗喀巴的弟子释迦也失的。

2. 万历版《大藏经》

此版是永乐版的复刻，据《中国佛教》记载："明代还有藏文藏经（甘珠尔）的刊行，在永乐和万历时代，前后曾翻刻过两次……万历三十三年（1605），又翻刻永乐版蕃本，以黑字印行，称为万历版。"② 在雕刻此版前并加入了42函作为续藏。

3. 丽江—里塘版《大藏经》

此版是在明万历三十七年（1609），云南丽江府土司木增聘请第六世噶玛巴红帽系活佛曲吉旺秋（chos-kyi-dbang-phyug）前来主持编纂的，以蔡巴甘珠尔的手抄本为底本，与其他手抄本进行了校勘，于丽江府刻成。在这部《甘珠尔》序言中记载："应章·三睒土王噶玛米庞才旺索南饶登（土司木增的藏名）之邀，迎请《甘珠尔》佛经雕版供养，广利众生，噶玛活佛曲吉旺秋莲台座下，佛光普照，成就因缘，时在阳木虎年也。"③ 由于藏族称丽江地区为 vjang-sa-dam，所以又按元代的记载写法译作"章·三睒"。这完全是按照藏语的音译，故这一版本称为丽江（章·三睒）版《甘珠尔》。到清康熙三十七年（1698）时，准噶尔蒙古的头目噶尔丹兵败窜逃、穷蹙自杀后的第二年，和硕特蒙古南下的军事领袖达尔杰博硕克图汗（固始汗的裔孙）兵临云南，在丽江府见到这一套《甘珠尔》经版，于是下令

① 《明太宗实录》卷48，中华书局1974年。

② 中国佛教协会编《中国佛教》，知识出版社1982年，第120页。

③ 见丽江—里塘版《大藏经》甘珠尔的序言。

搬迁，用骡马驮运，送到里塘寺存放。从此，这一部《甘珠尔》就名之为里塘版了，此印版毁于1908年的战乱中。

4. **北京版《大藏经》**

北京版《大藏经》又名嵩祝寺版《大藏经》。《甘珠尔》部分是在康熙二十二年（1683）刊刻，依据的底本是夏鲁寺的手抄本；《丹珠尔》部分是在雍正二年（1724）以第悉·桑杰嘉措主持缮写的《丹珠尔》手抄本为底本而刊刻的。该版因系清王室官本，刻造、装帧颇为精良，版型较一般藏文经大，每夹扉画均为手工绘制，笔触细腻，颜色鲜丽，大多出自藏族和蒙古族画家之手笔。该版曾被劫至日本和欧洲等地。

5. **卓尼版《大藏经》**

此版创刻于甘南藏族自治州卓尼禅定寺。《甘珠尔》部分由卓尼第十一世土司莫索贡保（又名杨汝松）于清康熙六十年（1721）至雍正九年（1731）主持刊刻。《丹珠尔》部分由卓尼第十四世土司丹尚才让（又名杨声）于清乾隆十八年（1753）至乾隆三十七年（1772）主持雕刻。由于卓尼版《丹珠尔》中除礼赞部外是以德格版为底本而刊刻的，故卓尼版比德格版少了后来增补的杂部四函。民国十七年（1928）十二月一日，河州马仲英扰洮，其部属马廷贤放火烧毁了此印版。

6. **德格版《大藏经》**

该版系德格第四十二世土司却吉·登巴泽仁于清雍正八年（1730）至乾隆二年（1737）雕刻。《甘珠尔》部分由五百多个刻工经过五年的辛勤劳作才完成。在《丹珠尔》刻完七函后，却吉·登巴泽仁逝世，其子贡嘎·次乃嘉措继续主持雕刻《丹珠尔》部分，直到乾隆二年（1737）刻完。此版的《甘珠尔》雕刻时以丽江—里塘版为底本，《丹珠尔》是以夏鲁寺的手抄本并参照了其他版本，并补充了布敦仁波且所编订的目录。德格版《大藏经》集佛教各家各派之经典，内容广博；编纂、校勘精审；雕刻准确，印刷精良；保存完好，未遭毁损，是诸版本中之善本。

7. **那塘版《大藏经》**

那塘版《大藏经》又称“官版”。最初，遵照六世达赖仓央嘉措

（tshangs-dbya-ngs-rgya-mtsho）的命令，由第悉·桑杰嘉措（sde-srid-sangs-rgyas-rgya-mtsho）主持雕刻。当时由于公库资金短缺以及技术不够娴熟，故用了7年多的时间，仅刻了28函甘珠尔。不久，六世达赖仓央嘉措被废黜，第悉·桑杰嘉措也因与拉藏汗不和，被拉藏汗的王妃杀害，刻印工作只好停顿。直到18世纪初，颇罗鼐·索南多杰（pho-lha-b-sod-nams-stobs-rgyas）在第悉·桑杰嘉措刊刻的基础上刻完了全部藏文《大藏经》。甘珠尔部分是从清雍正九年（1731）三月二十六日至十年（1732）一月二十六日，不到一年即刻成，共计102函。丹珠尔部分是从清乾隆六年（1741）三月二十七日至乾隆七年（1742）十月二十五日近一年半时间刻完，共计215函。此后，由班禅加持后，存放在那塘寺，故名那塘版《大藏经》。此版不仅雕刻速度快，而且质量颇高，印版线条细腻，字形美观，不论从任何角度去看，都非常漂亮，令人悦目。西藏策觉林原藏有一套那塘版《甘珠尔》的印本，封面为雪青色，金色印字，装饰颇精。此印版于“文革”中被毁。

8. 拉加版《大藏经》

此版于清嘉庆十九年（1814），由拉加寺的第一世住持香萨呼图克图罗桑达杰（blo-bzang-dar-rgyas）创刻于青海省玛沁县拉加寺，它是德格版的复刻本。此版的《甘珠尔》颇有名气，因当时以一驮茶叶换一部拉加版《甘珠尔》，故又称为“茶包甘珠尔”。

9. 库伦版《大藏经》

此版于光绪三十四年（1908），由八世哲布尊丹巴和额尔德尼切仓雄努顿珠拉莫二人在今蒙古国首都乌兰巴托主持刊刻。此版以永乐版《甘珠尔》为底本，同时也参照了德格版《甘珠尔》，共计105函。库伦版《甘珠尔》比其他诸版《甘珠尔》多出了新译经部一函。

10. 布达拉版《大藏经》

此版源于1921年，止贡廓觉活佛向十三世达赖土登嘉措（thub-bstan-rgya-mtsho）奉献了大量物品，并提出要求刻印藏文《大藏经》。此后，十三世达赖命令西藏地方政府组织技工刻印《甘珠尔》。遂于1926年至1936年以那塘手抄本为底本，稍加修改后，在达赖夏宫罗布林卡的格桑颇章内刻完，喜饶嘉措（shes-rab-rgya-mtsho）大师还亲自写了序言。此后，将此版存放于布达拉宫下面的印经院（即拉萨雪巴尔康），故称为布达拉版。

11. 日本影印本《大藏经》

19世纪30年代，日本盗走北京版藏文《大藏经》一部，藏于东京。20世纪50年代，由日本大谷大学和西藏《大藏经》研究会编辑影印了这部北京版《大藏经》，计150卷；1961年又增印《大藏经》总目录索引一卷，共计151卷。该版本装帧豪华美观，从书脊、环衬、扉页、版面设计、图文编排、装订形式、材料选择以及影印均采用了较高的技术，封面和书名全是烫金，字体工整纯熟，大方美观。此影印本流传于世界各地，在中国北京图书馆、民族文化宫图书馆、中国佛教协会和中央民族大学图书馆皆有收藏。

12. 《中华大藏经》（藏文部分）

藏文《大藏经》是《中华大藏经》的组成部分，因此也被称为《中华大藏经》（藏文部分），以便与同属《中华大藏经》的巴利文版、汉文版、蒙文版、满文版等相区别。1987年5月，中国藏学研究中心在四川成都设立了《大藏经》对勘局，聘请了一批学识渊博的学者，展开了有史以来第一次大规模的藏文《大藏经》对勘、出版工作。在保持原藏文《大藏经》风貌的前提下，逐字逐句校对；只勘出经文中的异同及字句段的错落，不加任何按语，不判定是非；底本未收而参校本已收的经籍，补入底本；校勘记和对勘表附于各卷之后。《丹珠尔》对勘后，现已出版连同目录共计124部；《甘珠尔》的对勘和编校即将完成，并将陆续出版。

藏文《大藏经》除了以上著名版本外，还有乾隆版、拉萨版、昌都版和塔尔寺版等。由于各种版本的版面大小不同，所以各种版本的函数也不相同，一般《甘珠尔》为102至108函之间；《丹珠尔》为213至226函之间。

三、藏文《大藏经》的内容

藏文《大藏经》的内容和汉文《大藏经》的内容有所不同。汉文《大藏经》的内容主要是由经、律、论三部分组成，又称为“三藏经”。藏文

《大藏经》虽然基本上也是这三部分，但它分为《丹珠尔》、《甘珠尔》两部分。《甘珠尔》包括经和一部分律，《丹珠尔》包括论和一部分律，虽然内容上也是经、律、论“三藏”，但是具体安排上有所不同。藏文《大藏经》和汉文《大藏经》曾经在元世祖忽必烈时进行过一次相互校勘，校勘以后互相作了补充和修订。藏文《大藏经》的《甘珠尔》部分的目录是蔡巴·贡噶多杰编纂的；《丹珠尔》部分的目录是布敦仁波且编纂的。其内容以德格版为例，全书共326部，有4569个编号（《甘珠尔》1108个编号，《丹珠尔》3461个编号）。其分类为：

《甘珠尔》分六部：①戒律部，②般若部，③华严部，④宝积部，⑤诸经部，⑥秘密部：甲，十万怛特罗；乙，古怛特罗；丙，时轮经疏；丁，陀罗尼，⑦目录部。

《丹珠尔》分十八部：①赞颂部，②秘密部，③般若部，④中观部，⑤经疏部，⑥唯识部，⑦阿毗达摩部，⑧律疏部，⑨本生部，⑩书翰部，⑪因明部，⑫声明部，⑬医方明部，⑭工巧明部，⑮修身部，⑯杂部，⑰阿底峡小部，⑱目录部。

此外，据《布敦佛教史》记载，可把藏文《大藏经》的《甘珠尔》分为三转法轮：（一）四谛法轮，其中的佛经计有四种律典，即《律本事》、《毗奈耶》、《杂阿含经》、《律上分》。（二）无相法轮，即《般若波罗密多十万颂》、《般若波罗密多二万五千颂》、《般若波罗密多一万八千颂》、《般若波罗密多二十五门大乘经》等。（三）抉择胜义法轮，如《大方广佛华严经》、《大宝积经》等。

密宗经典分为四部：（一）事续部，1. 关于“妙吉祥续”的经典有《妙吉祥根本续》、《佛说锐利文殊赞》等；2. 关于“观世音续”的经典有《观音自在根本续王莲网经》、《十一面观音陀罗尼》等；3. 关于“金刚手续”的经典有《金刚地下续二十五品》、《金刚摧坏根本续》等；4. 关于“注释续”的经典有《金刚手十尊心要续》、《妙善成就续》等；5. 关于“不动金刚续”的经典有《不动金刚大密经》、《不动金刚秘仪轨第五品》等；6. 关于“救度母续”的经典有《救度母誓愿陀罗尼》、《救度母解救八种怖畏续》等；7. 关于“顶髻续”的经典有《一切如来顶髻尊胜陀罗尼》、《顶髻白伞盖陀罗尼》等；8. 关于“一切续部”的经典有《释迦牟尼心咒》、《不动佛陀罗尼》等。（二）行续部，如《毗卢遮那现证菩提根本续及后续等》、《金刚手灌顶密续》等。（三）瑜伽续部，如《吉祥根本略续及后续等》、《净治恶趣密续》、《妙吉祥幻网续》等。（四）大瑜伽续部，此中又分三部：1. 大瑜伽方便续部有《密集根本续》、《密集密意记前》等；2. 大瑜伽智慧续部有《欢喜金刚》、《胜乐金刚根本续》等；3. 方便智慧无二续有《时轮略要续》、《时轮后续心要》、《灌顶品》等。

丹珠尔分为三类：（一）佛经个别密意的论典，此中又分为三：1. 四谛法轮的经释论典，如《律本事广释》、《律分别释》、《别解脱经本释》等；2. 中转法轮的经释论典，如《般若十万颂注疏》、《七百般若释》、《二万五千般若八品摄义释》等；3. 末转法轮的诸经释论著，如《十地经序分解说》、《十地经释》、《三摩地王经释名称鬘》等。（二）佛经总密意的论典，其中有关于"声明"类的论著，如《字缘二十颂释》、《字经释》、《入一切说声论释》等；关于"因明"类的论著，如《集量颂》、《正理一滴论广释》、《现量广论》等；关于诗歌和诗律类的论著，如《诗鉴》、《佛学宝生论》等。（三）零散类的论著，其中有关于"医方明"类的论著，如《配方百论》、《医疗八支必要略论》等；关于"工巧明"类的论著，如《画像形相论》、《造像量度论》等；关于"星算占卜"类的论著，如《寂天星占术》、《星曜算果大全》等；关于和香、相人、水银、变金等术的论著，如《和香方法解说》、《观察人相论海》、《水银炼制术论》、《变金略论》等。

此外密宗论典分为各种密经的释论和共通密经的释论：（一）各种密经的释论，按照佛说四续部分为四。1. 事续部中密经的释论有《白伞盖修法》、《护轮法》、《妙善成就方便略论》等。2. 行续部中密经的释论有《毗沙门福乐品》、《不动金刚随念仪轨》等。3. 瑜伽续部中密经的释论有《金刚界曼荼罗金刚现生仪轨》、《吉祥最胜第一品类广释》等。4. 与大瑜伽续相连系的经释论著，内分三类：①方便续法类的论典有《密集金刚续释》、《五次第论》等；②与大瑜伽续部相连系的"智慧续"法类的论典有《呼金刚续释》、《会供轮仪轨》等；③与大瑜伽续相联系的"方便智慧无二续"法类的论典有《时轮灌顶略释》、《时轮金刚广修法》等。（二）共同密经的释论有坛仪、咒道次第、三昧耶律仪、开光、护摩、会供等著述，如《百种成就法》、《灌顶示决定论》、《事师五十颂》、《开光修法》、《会供轮仪轨》等。[①]

① 布顿大师著，郭和卿译：《佛教史大宝藏论》，民族出版社1986年，第208页。

四、藏文《大藏经》的特色

第一，藏文《大藏经》装帧独特。

藏文《大藏经》的版本除近现代出版的日本影印本《大藏经》和《中华大藏经》（藏文部分）外，其他版本既不是左开本和右开本，又不是有线装帧和无线装帧，而是单页叠放在一起未装订的长条书。与其他民族文字的书籍相比，显得别具一格。形式上为散页，不同于汉人的手卷式经本。藏文《大藏经》的经页为长方形，按其内容及页码放在一起，这种装帧形式称为“梵夹装”。在版面设计中多采用花栏，所谓花栏指的是四周边栏不是一条黑粗线，而是将一条黑线设计为具有一定距离的两条细线。在两条细线中间雕饰有各种花纹，故称为花栏。最常见的花栏是一朵生出云团的莲花。在雕版中莲花运用最为广泛，藏族将莲花视为纯洁、高尚的象征，并有吉祥、神圣之寓意。此外，卷首多刻有佛像和佛画，最常见的佛画有火焰宝珠和佛教的吉祥八宝（即法轮、法幢、双鱼、宝瓶、法螺、莲花、宝伞、吉祥结）等图案。印刷除用黑墨外，还用朱砂和藏蓝墨，其中贵重的多用金、银、玛瑙等各种宝石研成色汁进行印刷。印制好的书籍上下夹以木板，夹板皆为红漆描金，绘有图案，制作精细。有的还用深黄的锦缎丝绸包裹数层，上下夹以檀香木板，然后用细牛皮条或丝涤捆扎，当作神品供奉。

第二，藏文《大藏经》版本精良

藏文《大藏经》雕刻印版的规格根据佛教刻经量度而确定，一般长印版每块长一百一十多厘米，宽七十多厘米，厚约三厘米；中等印版每块长六十多厘米，宽十多厘米，厚约三厘米；小印版每块长十多厘米，宽十多厘米，厚约三厘米。雕刻印版多数用秋后刚落叶的桦木劈成版材，经微火熏干，放在羊粪中沤一整天，再经水煮、烘干、刨平等工序，方可进行雕刻。雕刻之前，将纸张按木版的大小裁齐，把所刻写的藏文书写在纸上，然后反贴在模板上。为了使字体显露，贴纸时，若用藏纸书写的可用湿布将纸浸湿；若用其他纸张，则需在纸上涂一层油脂。雕刻过程中，随雕刻进度，将要刻的部位润湿，这样不仅可使字体显露，而且可使此部位板质松软，不易损坏。刻板均采用横书右行，成长方条状，横行字数多，竖距较大，清朗舒目，便于诵读。雕刻毕，将书版放在酥油中浸泡一天后晒干，再用名称为“苏巴”的草根水洗净晾干。这种书版久藏不朽，久印不损，光洁耀目。印刷时，在版面涂墨后，覆纸，然后用棕刷刷扫印成。一般用一种有毒性的草根韧纸，这种纸虫不蛀、鼠不咬，可以长久保存。

第三，藏文《大藏经》翻译准确。

公元7世纪以来，历代吐蕃赞普都很重视佛经翻译，曾先后派百余名藏族青年前往印度等地学习梵文和佛经。藏地译师们在前往印度、尼泊尔以及中原等地学习佛经的同时还迎请许多译师到藏地，与藏地译师合作翻译佛经。据《佛教史大宝藏论》记载，从印度、尼泊尔以及中原等地先后来到藏地的论师有93位。参与译经的西藏译师多达192名。① 在前弘期和后弘期的数百年漫长岁月中，经数百余名藏族译师与印度、尼泊尔以及中原等地的论师们的共同努力将释迦牟尼佛所讲的显密佛教经典、佛学论著以及大小五明学科的论著从梵文和汉文为主的文种翻译成藏文后，逐渐汇集形成藏文《大藏经》。当时不仅集中了大批藏、印、汉等译师，建立译场，还统一译名，规定译例，校订旧译经典，确定新译显、密经论的翻译规则，使翻译佛经得到统一和规范。

历史上，除了藏文《大藏经》各种不同版本之间进行过多次对勘外，藏文《大藏经》与汉文《大藏经》及其他文种的《大藏经》也进行过多次对勘。如公元1285年，元世祖忽必烈曾组织具有渊博学识的藏、汉、维吾尔及印度等共29名译师，对藏文《大藏经》进行了对勘。② 这些译师精通佛学以及梵文、藏文、汉文等，他们相互切磋译技，勘察异同，进行了补充和修订。此外，藏文《大藏经》中尚有不少经论是后弘期修订重译的，因此藏译《大藏经》非常准确，质量很高。

第四，藏文《大藏经》内容丰富

藏文《大藏经》是一部具有百科全书性质的藏文古籍，已成为佛学和藏学研究最重要的资料，是中华民族文化宝库乃至世界文化宝库的宝贵财富。藏文《大藏经》除了佛教的经论之外，还有哲学、文学、艺术、语言、逻辑、天文、历算、医药、工艺、建筑等多种学科的论著，现存藏文《大藏经》共辑录典籍4570余种。比汉文《大藏经》多出三分之一以上，其中

---

① 布顿大师著，郭和卿译：《佛教史大宝藏论》，民族出版社1986年，第195页。

② 关于此资料，见《至元法宝勘同总录》。

印度大师著作的译本，比汉文多出一倍多，其中属于密教的经轨及论藏等，大多数是汉文大藏经中所没有的。藏文《大藏经》丰富了藏族文学艺术，推动了藏族医学、历法、工艺诸方面的发展。而藏文《大藏经》中的文学作品，如故事、传说、诗歌、戏剧等等随之在藏族社会广泛流传，并逐渐为人们所熟悉，从而对藏族文学的发展产生了深刻的影响。藏文《大藏经》不仅是佛教徒研究佛学的重要典籍，而且也是一般学者研究藏族传统文化最宝贵的资料。

作者单位：中央民族大学

西藏农村家庭中的宗教空间及神灵体系

孙　林

家庭是人类赖以生活的第一单元，也是社会的核心组织。

家庭区域可以说是藏区最为基本的宗教活动空间。在藏区农村家庭建筑中，有几个地方是家庭中最重要的神圣区域，其中第一重要的是房内的宗教区域，这主要包括家庭神龛、房屋中柱、粮仓、厨房灶台等；其次，家庭神圣区域还包括房外的一些重要地方，主要是大门、院墙、屋顶、牲畜圈等。

一、屋内的神圣空间

家庭神龛是屋内最重要的神圣空间，建造神龛在民间虽没有特别固定和严格的规矩，但要求一般放在家中比较好并且安静的一个房间中。据我个人观察，家庭神龛位置一般情况下都是摆放在靠南方位的房间，其他方位，常见的有东边、西边，但较少见到摆放到北边（包括东北和西北方位）房间的神龛。

家庭神龛中供奉的神灵以家庭主人的信仰而定。有一定经济实力的家庭常常购买或定做铜制佛像，请寺院的喇嘛开光（即为佛像念经并在佛像中装填经文、香料和其他供物），也有很多家庭尤其是农村家庭多购买唐卡或镶在镜框里的一些大寺院的佛像照片进行供奉。家庭佛像和神像比较常见的主要是在民间比较有影响力的神灵，如观世音、文殊、金刚手、大昭寺释迦牟尼等身像、度母、法王、强巴佛（弥勒佛）等等。有些家庭还要供奉密宗神像，多为护法神类，其中大黑天、阎摩敌、马头明王、班丹拉姆（吉祥天女）、财神等是家庭中经常供奉的密宗神灵。家庭神龛一般都会成为一个家庭的斋堂，家中如果有老人，这个斋堂就是很重要的宗教活动场所。关于家庭神龛的祭祀，西藏有谚语谓：“上等妇女起床先理头，手把头发理三下，再把神和喇嘛供，口中念诵度母经，祭祀求福把头磕。”可见在民间价值观中，对神灵的敬礼供奉是一日中最重要的事情。

在家庭神圣区域中，正房中柱及其周围区域也是一个重要的地方。藏族认为中柱是家庭守护神上下的地方，所以神圣不可侵犯，比较忌讳的事情就是在中柱上乱涂乱画，或者以脏手触摸中柱。为了表示对于神灵的敬奉，构筑中柱最好的材料应该用名贵的树木，檀香木当然最高级，但一般做不到，故而其他树木如香樟、红松、香柏、桃木、青枫木等等属于洁净树木的木材均可以做中柱。中柱上经常会悬挂白色牦牛尾、用哈达打的吉祥结、香袋，等等。在日喀则仁布地区，家庭主妇佩戴的首饰也会悬挂在中柱上。

在西藏农家，还有两个地方比较重要，这就是厨房和粮仓。厨房，是家庭生活不可或缺的地方。按照传统说法，对于一个家庭而言，院门是所谓的“天门”，而厨房（包括厨房中的灶台）就是“地钉”。在藏区民间观念中，厨房和院门之间有一种对立和统一的关系：“天门”不仅是人出入的地方，也是财运、福气进出之口，还是家庭守护神防止妖魔侵袭之地。同时，藏族也相信天门是灶神出入之处。相对“天门”，作为家庭的“地钉”，厨房是生命口粮的生产之地，灶台中居住着灶神。在西藏江孜一带，这个神灵被叫做“塔鲁”（thab-klu），在安多等地方则被叫做“因沃拉”（thab-lha），均被认为属于鲁神，但没有形象。卫藏以及林芝一带有的老百姓认为灶神经常会以蝎子的形象出现，因为一些农户在翻新厨房灶台时，偶尔会在土坯缝隙中发现蝎子，民间传说这类蝎子就是灶神或与灶神有关。灶神有时候也以女性的形象出现，这应该与藏族日常生活习俗有关，一般藏族女性天天活动于厨房，居家做饭、操劳家务，故而灶神当然是女性。

粮仓是西藏农家存储粮食的必不可少的重要场所，这里当然也有家庭神灵保佑，这就是“罗达”（lo-bdag）——“庄稼主”，或意译为“仓神”。

“罗达”或仓神也是没有形象、没有特别性格的一类神，藏区农民都相信家庭粮仓有这种神灵存在，其只有一个职能，就是守护庄稼，护佑家庭的财气和福气。“罗达”经常活动的区域有三处：一是在庄稼收割完后经新年到第二年春播之前，都一直待在粮仓中，护佑粮仓和粮食、种子等。“罗达”第二个活动区域是田间。在开始春播时，农家主人会到粮仓请出“罗达”，带上青稞种子，到地里播种，为了保证播种顺利、获得好收成，一般会在播种之前于田间地头举行一个祈祷“罗达”护佑田地的仪式：要在田地较好的位置（该位置并不固定，或者在自家田地的南端，或者在地势略高的地头，或者在田地中间）放置白石（最好是大的白色卵石）或用碎小白石堆成小堆，或者树立一根石柱（也可树立木柱）①，然后在这个地方举行煨桑仪式以及浇洒青稞酒、供奉糌粑并念出有关祈请“罗达”到地头安住来保卫田地等话语，为了表示对神的信念和虔诚之心，有的还在石柱或木柱上放置牛角或羊角。经过仪式后，人们相信“罗达”已经在这块神圣的地方安居下来，并守卫庄稼，一直到庄稼成熟。西藏的农民往往会把在望果节以后开割的第一镰庄稼敬给“罗达”和家庭守护神，并把“罗达”所在的安居之处的青稞留下一些不割，以作为食物份子，同时表达对神灵护佑的感谢。“罗达”的第三个活动区域就是打谷场。打谷时候人们相信“罗达”会跟庄稼一起来到打谷场，有时也会专门将“罗达”请至打谷场边的白石上，请神方式同样是通过煨桑和祭供仪式。打谷结束后，人们会在打谷场用石灰画出一个白色螺旋状的圈子。该圈子的画法是从里向外一圈圈扩展，最后将外圈白线变成直线，一直延伸向自家房门，线的终端呈箭头状，以示将丰收的粮食和“罗达”都迎请回自家院落和粮仓。为了表示对“罗达”的敬重，在“罗达”入门之前，房屋主人早就将最好的一束青稞打成一个祈福招财吉祥结挂在粮仓房梁上。屋主人在系青稞结的时候，会按照自己的习惯念上几句祈福敬神的套话，其内容主要就是祈请粮仓神安心居家，守护粮仓，不要被坏的东西所侵袭等等，这个仪式可以让“罗达”一进门就感到高兴。②

① 田间放置白石作为“罗达”的安身之处在藏区比较普遍，田间树立石柱或木柱我在拉萨周围农村见到过，但其他地方是否普遍还需进一步调查，至少日喀则江孜一带尚不多见。

② 本处关于“罗达”的三个活动区域的资料来源系由中国藏学中心宗教所所长郑堆先生提供，主要反映了江孜一带的民间信仰。

二、屋外的神圣空间

相对家庭内的佛龛、斋堂以及中柱而在家庭房屋建筑中占据第二位的宗教区域首先就是大门神龛和院墙神垒。根据我的调查，西藏的农户家的门作为房间的入口，有许多讲究，其中最重要的就是每家每户都要根据家庭的经济条件在大门的门垛内修一个神龛，供奉一尊神像（在现代一些新修的宅院大门神龛中，有的只供保佑家庭的“那久旺丹”——十相自在符号），并相信大门会有一种国拉（sgo-lha，门神）守护。国拉没有固定的形象，它们被认为居住于神龛之中，或者活动于门垛上。家庭院门除了神龛外，一般门上一定要有“门钉”——即在门垛上方放一只羊头（或牦牛头），门垛两旁以及院墙上放置白石。牛羊头角上最好要缠五色羊毛，放羊头时一定要请巫师或咒师念咒后放置。在拉萨、山南以及后藏地区，这种仪式叫“封天门地门”。其用意一是请神灵保佑家庭吉祥，再就是以有魔力的家畜头镇门，使妖魔无法进来。最有效力的封天门方法，是在门上安放特殊门钉——“驱魔垛”，这是一种使用替身物的仪式。根据英国军官也是一位藏学研究者瓦德尔在19世纪末于日喀则的观察，整个仪式要使用一个羚羊的头骨，其内部放上一些宝物如黄金薄片、绿松石、钱币等等，还有一些干货如奶渣、干果以及米、麦等，还要画上一张画（或几张画）写上名字，将这些放在大门上面，可以使妖魔在向屋宅侵入时将愤怒发泄到这些物品上而不会波及房屋的主人。瓦德尔所描述的这个叫“关门防妖”仪式，在今天的西藏乡村尤其是日喀则一带仍然盛行。据学者调查，今天日喀则一带有些农村家庭在门框上方放置的门钉稍有变化，是用一只羊头缠绕成八边彩圈，其上插矛尖似的三个五彩网，整个彩圈形成网状，这实际就是一种幻网——垛（mdos），其下一般横放一束麦秆，边上插上一纺锤轮，一侧的小布袋内装有一些食物和布料碎片，叫“赛那库那”（zas-sna-gos-sna），意思为“衣食之种类”①。一般乡村在盖新房或者家里添置人口时，又或者在一些特殊的年节时，会在大门上方放置这种赎身物，以求取得屏蔽妖魔的作用。

---

① 此处资料为郑堆先生向本人提供，在此致谢。

江孜县农村院墙上的侣和垛

萨迦县农村大门上的侣和垛

作为供门神的标志，一般每年秋收开镰的第一把穗子都要供在门神前。供门神的习俗来自苯教，在古代主要是供鹿角与野牦牛角，在供物的角上还要缠上干净的白色羊毛线、丝绸或布片，藏语叫这种供物为“塔贵”。晚近西藏农村难得找到鹿角或野牦牛角，便改用一般的牦牛角或羊头。白石有时也用刻有六字真言或三世佛的石板来替换。

过去在一些有钱人的家庭，入户门的两面门扇上要画上图案，这类图案以奔跑的牦牛、马，飞翔的鸟，蹲立或欢叫的狗为主。主要有三个含义：一是娱乐门神，二是驱除妖魔，三是装饰门面。不过这种门画在现今西藏农村已不太流行，一般人家会将门漆成红色，打上金属门钉，并在门上画上或贴上简单的日月图案、雍仲图案。另外，拉萨、山南以及日喀则等地的藏族习俗中还有喜欢在门框和门环上挂牦牛尾，或用牦牛毛编织的扁平或圆的绳子（有白色及彩色两种）。还有的人家要挂牦牛绳系的小木棍与木环，该木环非常像古代埃及人使用的生命环：∝、♀。这些木环本来是牵牛鼻的，但在这里木棍与木环可以分别代表男性与女性，同时也有企盼家庭人丁兴旺的含义。这类门饰目的性很强，主要象征吉利、驱魔、祁福等。门环上还有挂用红、蓝、白、绿、黄五色丝绸或布带编的长条形如意结，这也是求福运的象征。有的人家，如我所调查的拉萨蔡公堂、白定、落康萨、次角林，日喀则伍米、德吉林等村庄有的家庭院门框上还悬挂香囊、经书、斯巴阔罗图、哈达（新家悬挂），还有悬挂野生动物的肢体如野兔头、黑猩猩的脚掌等。悬挂野兔头的家庭在落康萨村，在经过问访后，得到的解释说属于一种驱邪作用，还有说应该是该家有人生病，请人占卜后认为是冲撞了野地的游魂，而以野兔头作为回避野鬼对家庭的冒犯的灵物。悬挂黑猩猩脚掌的家庭在蔡公堂村，根据对主人和邻居的询问，他们说主要是避邪驱鬼，其悬挂的位置不在大门门框，而是在大门里面门廊的天花板上，主要是怕人偷走。但这家主人对于黑猩猩脚掌的来源却不愿回答，只说是买的，也没有说是何时买的，从哪里买的。根据我的观察，这只黑猩猩脚掌似乎是人工制作的，并不是真正的黑猩猩脚掌。尽管如此，人们对于这种来源不明的动物脚掌仍然相信其拥有神秘的力量。

在卫藏地区，农家大门外两侧院墙经常会画上富有特色的图案，这类图案一般多在过新年时由房屋主人用糌粑粉、藏红颜料、墨汁等在院墙上涂画。目前我个人所见到的墙画的图案主要有四种：雍仲符号、日月符号、蝎子符号、箭头符号。前两种较常见，而蝎子符号和箭头符号都是比较独特的符号。蝎子符号图案类型一般有抽象和具象两种符号，多画于大门的两旁的墙壁上，其意义就是辟邪、除魔障。箭头符号（其变形符号是略粗的竖线条）在蔡公堂村发现，全部用藏红颜料绘涂，主要位置在大门两边院墙墙壁上，还有在院墙拐角处和院墙神垒下面。村民解释说这是本村的习俗，目的是避邪和提升家庭中的“央”。这种图案确实在其他地方非常少见，仅有拉萨娘热乡的村庄有类似的图案，但没有蔡公堂那种箭头，仅仅是一种变形，即一个藏红色的竖线条。

日喀则农家大门边的蝎子符号

拉萨一带农家大门边的箭头符号

民居大门门垛

在西藏民间信仰中，传统的民居的院门一定不能过于高大，原因是防止一些起尸侵犯家庭。起尸在藏语中叫“若郎”，据说这是一类饥寒而死或者生前心中存有恶念的人死后不甘心，其尸体变成起尸，也有因巫术而变成的起尸。起尸一般会对活人造成伤害，但它们有一个特点，就是不会弯腰、不会弯腿，直直的朝前走路，所以将房门开的低矮，起尸就进不了门。关于起尸的各类传说，已经有一些作家和学者做过介绍，这里不赘述。

与大门密切相关的就是院墙和墙垛，其上面的具有宗教意义的物品是增强大门防御能力以及敬神的重要辅助手段。院墙上的宗教物品常见的有三类：神垒（即建在围墙四角的墙垛）和风马旗“塔炯”（dar-rgyung，藏人有时候也称其为“塔觉”dar-lcog）、白石、煨桑炉。① 院墙神垒其实就是将大门所在的院墙建筑的转角加固的墙垛涂上藏红涂料，再镇上白石，即为一个敬献神灵的象征神垒。院墙各转角墙垛一般不插“塔炯”，只放置白石。拉萨近郊的农家还会在院墙上修建煨桑炉，屋主和家庭主妇会定期煨桑。

对一个农家宅院而言，院墙上的宗教物品需要与家庭主体建筑上的宗教物品相互对应，才能形成一个强大的家庭守护网络，因而在藏族民居中，

① 关于塔炯、塔觉的区别，美国的凯瑟琳·安妮·保罗在其博士论文《风之语：喜马拉雅风马旗研究》中给出一定的区别。她通过调查，认为塔炯是用在家庭的，塔觉用于田间，有时候还用在葬礼上。见 Katherine Anne Paul, *Words on the wind*, 2003, Ph. D. p. 24. 不过，2006 年我调查这个问题时，个别藏族老乡并没有特别强调彼此的区别。

主体建筑的屋顶被看做是第三个非常重要的区域,[①] 这里是家庭保护神“顶拉”（steng-lha，也叫托拉 thog-lha）的活动区域，每个家庭房屋的四角，尤其是房屋后墙的两个墙角都属于“顶拉”的神圣领域，要修起神垒，该神垒上端略微凸起，涂上藏红色，以木条嵌饰成房椽样式，下端墙体周围涂以白色，再插上“塔炯”，放置白石。这些白石藏族赋予其神圣的名字，叫神白石（lha-rdo-dkar-po）。除了屋角神垒外，有的还会在房屋门上方的屋顶护墙中间位置加放牦牛头、白石等。一般屋顶神垒上插的“塔炯”，其彩色风幡从上到下基本按照蓝、白、红、绿、黄的顺序排列，象征宇宙三界和五行。“塔炯”多以树枝做成。在我的调查中，有几位藏族老乡解释说塔炯的树枝枝杈的数目也是很有讲究的，第一，做“塔炯”时，一定要选用洁净、较少有疤痕的树枝；第二，树枝枝杈一定要是单数，一般可以是三个枝杈，这象征宇宙三界，最好是五个枝杈，这象征五方；第三，好的“塔炯”还可以在树枝上面用彩纸进行装饰，让其样子更加漂亮。[②]

屋顶的“塔炯”，一般除了五色幡外，还会有一个面积较大的单色镶边主幡，这个主幡的颜色一定要与家中最为年长者的属相五行颜色一致。另外，这个主幡镶边色与幡旗的本色属于相邻色，如红可以镶黄，绿也可以镶白，但一般红不能镶绿一类的色，其他颜色搭配皆如此。还有一种说法，“塔炯”主幡的颜色和镶边颜色是按照五行顺序互相搭配属相颜色。这里所谓的属相颜色，即个人出生的当年属于该藏历年属相的那一种五行色，一般蓝代表木、白代表铁、红代表火、绿代表水、黄代表土。五行色的确定以藏历属年为准，比如阴铁羊年，则属相五行属于铁——属相色就是白色，接下来的阳水猴年，则其属相五行为水，属相色即为绿色，接着一年的阴水鸡年，五行仍然为水，属相色还是绿色，下一年的阳木狗年，属相五行为木，属相色则为蓝色，其他属相色皆如此类推。按照这种原理，屋顶“塔炯”的主幡颜色和镶边色也必须按照五行配五色和五行相生相克进行。西藏的五行相生原理与内地相同，不过表述五行关系的方式比较有意思，认为五行之间有母子、父子、敌对、朋友四种关系存在：

---

① 藏语称屋顶为 bla-gab，这里，bla 具有“灵魂”、“上面”的意思，gab 具有“遮盖”的意思，显然，屋顶被看着是“灵魂的掩蔽或遮盖物”。我们可以通过这种语言的余痕而追查房屋在古代宗教观念中的地位和作用。

② 2006 年 7 月于拉萨夺底乡调查所得。

> 母子关系——
>
> 木之母为水，因为缺水木不能生长；水之母为铁（金），因为没有铁的管道，水就不能流动和灌溉；铁之母是土，因为土是铁的子宫，或铁产生于土地；土之母为火，因为土是火的灰烬所转化；火之母为木，因为没有木柴，火不能燃烧。
>
> 父子关系——
>
> 木之子是火，因为只有木才能让火燃烧；火之子是土，因为火的灰烬是土的来源；土之子是铁，因为土地是铁产生的根本；铁之子是水，因为铁可以使水有目的的流动；水之子是木，因为木缺乏水就要死亡。
>
> 敌对关系——
>
> 木的敌人是铁，因为铁的工具可以砍伐树木；铁的敌人是火，因为火能够熔化铁并改变它的形状；火的敌人是水，因为水可以浇灭燃烧的火焰；水的敌人是土，因为土能够围住水；土的敌人是木，因为木的生长可以消耗和使土地枯竭。
>
> 朋友关系——
>
> 木的朋友是土，因为没有土木没法生长；水的朋友是火，因为只有火才能让水暖和；火的朋友是铁，因为铁可以吸收热能，并且用铁可以打出火花；铁的朋友是木，因为铁制的武器，没有木做的把柄就难以运用。①

根据五行的这种关系，五色相配原理也就出来了，即绿色配蓝色，蓝色配红色，红色配黄色，黄色配白色，白色配绿色。如主幡用绿色，象征木，以五行相生原理，水生木，故镶边要用蓝色；如主幡用红色，红属于火，火生土，故其镶边色用黄色。按照这种生克原理，红色当然不能用绿色配，因为水火相克，但以绿色为主色的旗子反过来可以配以红色镶边，因为水的朋友是火。

不过如果遇到屋主人或家庭成员本命年，这个镶边主幡可以按照当事人的本命属而不是老人的属相所属的颜色进行更换。另外，屋主逢本命年

---

① lawrence A. Waddell, *The Buddhism of Tibet or Lamaism*, Cambridge: Heffer and Son, 1971 (reprint of 1895 edition), pp. 453-454.

时还有一种做法是在屋顶神垒之间牵一条绳子，上面挂五色风马旗，按照从左到右顺序排列，起首的风马旗颜色与屋主属相颜色相同。

逢新年时，“塔炯”的风幡都要更换为新的，一般都由家庭男主人上房更换。换幡的时间按西藏农区的习俗，每年正月初三是换下旧的风幡再插上新风幡的日子。如果家庭有喜庆的事，也要更换风幡。换风幡要举行焚香祭祀堡顶神的仪式，藏语中这个仪式叫“托遂”。届时全家老幼都穿着一新到屋顶坐下，由家长或请高僧念经，之后家中姑娘或小伙子依次向家人敬酒和茶，然后全家一起在屋顶桑炉煨桑，再由家中年长者或家长更换风幡。一般情况下，换幡主要由屋主本人实行，但如果家中娶亲则由新娘换风幡，名为“拉多”——意为神系（即由神接纳新人）；有女儿出嫁则在其一年后回娘家时由该女换幡，名为“拉作”——神解（表示女儿此后不是娘家的人了）。在牧区，牧人多在牦牛帐篷前面树立一旗杆，上面系上五色风幡，换幡也在新年，由家长或老人操持。祭完神后，家庭全体成员依旧围坐敬酒、唱歌，欢庆节日。

新年换幡仪式（山南）

拉萨农家屋顶的“塔炯”

在日喀则一带，民居屋顶除了有堡顶神的神垒外，还有一个重要的建筑，即屋顶赞康，也是小型神房，多涂以红色或黄色。藏族民间世代传说“人死赞魂生”，尤其是生前脾气暴躁、勇武好强的人，在遭遇突然的意外死亡时候最容易变成赞，因而有的家庭会在屋顶建立赞康来敬这类游荡的赞神。日喀则一带民间有一种说法，祭献赞神往往会很容易获得赞神的喜爱，祭献者可能很快会得到利益，比如家庭会很快致富、久病者很快恢复健康等等。但这种快速获得的利益也潜藏着很大的危险，因为赞神喜怒无常，一旦其对于祭献者感到不满意，就会施加报复，弄不好就会让敬献者遭遇家破人亡的惨剧。因而在藏族乡村，人们对于赞神尤其是家庭赞神的祭献非常小心谨慎，轻易不敢祭赞，但是一个家庭一旦感觉受到赞神的护佑，就必须长久地祭献，否则就会被赞神缠身，不得安宁。

拉萨新式屋顶神房

当然，在有的地区，大赞神还是比较受尊敬的，比如我所调查的山南扎囊县扎吉乡藏中村东山的赞神，被认为是藏中村的强有力的保护神，尽管该赞神也有时候喜怒无常，但总体上还是有利于向他祭献的人。堆龙德庆乃朗乡卡堆村的赞神也是本村非常尽职的保护神，但对于外村人不友好。

值得注意的是，在拉萨一些现代民居中，还流行一种新型神房建筑，这类建筑虽然相比传统的民居神垒建筑还并不普遍，但也需要我们密切关注。这种屋顶的附加建筑，主要是在房顶中心位置专门修砌一个小型房间，样式为正方形，墙体上半部四周用木条嵌成一层或两层椽子（后者样式漂亮，比较流行），涂以藏红色，下半部墙体有的涂上袈裟黄，有的涂上白色。据我个人观察，似乎涂袈裟黄是目前比较流行的。这个小型的神房里面有的会立有一根中柱，如同家中的中柱一样，除了装饰漂亮外，还装饰悬挂一些牦牛尾毛和吉祥哈达结。此外，神房中还会修一个供神的台子，可以供奉小型佛像，当然也放置经文、擦擦等。这种神房上面多平顶，有的还会在屋檐挂上幔布，显得比较讲究。这类神房在农村旧房中间很少见到，应该是近年产生的一类宗教建筑。

在藏区农家院落中，还有一个地方也有宗教标识，主要在牲畜圈栏的一角，据说这里是一种名叫“萨鲁”（sa-klu）的鲁神活动区域。一般会在这个角落建一个小的平台，以放置祭鲁神专用的“鲁曼”。“鲁曼”（即“鲁神之药”）是用松香调成的“邦波”加上肉蔻等药物，再用酥油、牛奶等制成团状物，祭鲁神时要将这类小团放在干牛粪火堆上煨出桑烟，然后将冒烟的“鲁曼”放置在祭神的平台上。

三、苯教文献中对于家庭神圣空间的讨论

苯教伏藏文献《永久房屋净置密续》（*gYung-drung-las-rnam-par-dag-pavi-rgyud*）中有一章专门讨论家庭房屋居住空间与神圣关系的起源，这里披露了苯教关于房屋空间区域所具有的宗教意义的一类观念同民间信仰的关系。根据法国学者卡尔梅博士的研究，*gYung-drung-las-rnam-par-dag-pavi-rgyud* 是由掘藏师结尔米尼沃德（gter-ston Gyer-mi-nyi-vod）掘藏，并传给玛敦色珍（rMa-ston-srid-vdzin，大约在 11 世纪中后期），后者曾经对于确立苯教基本传统发挥过重要的作用。根据这份文献，房屋的建立首先是基于宇宙方位而确定自己的位置，比如一方面，房屋入口朝向可以确定神灵的基本方位，一般朝向南方，因为诸如地神一般都在西南方位；另一方面，房屋建造整体上要有计划，最好要根据坛城图式建立，这就是为什么许多房屋会有一个宽敞的场院或广场的原因。事实上藏族的建筑会有一些约定俗成的标准，比如在卫藏包括藏东地区，房屋建造的一个特色就是底层房屋一般作为牲畜栏，二层人居（若有第三层则为储存室和阁楼）。中部藏区和南部藏区的房屋都很注重东南面，将神龛放置在这里，而厨房多会建在西边。

在这个文献中，特别强调房屋在建造中，会选择一个吉祥的日子，由一个壮汉手持弓箭射出一箭，以此作为房屋及院墙的长度。建筑区域最好是正方形，要在东南、西南、东北、西北四个角设定四个支柱，这是确定房屋有正确的方位的基本点，同时也可以起到房屋的稳定支撑作用和宗教意义上的守护作用。卡尔梅引用《巴协》说，这四个支柱其实与桑耶寺的四个佛塔的意义相当。以四支柱点为准，就可以测量出四面墙体的走向和建筑的完整的布局。建筑整体可以用两条平行线和两条垂直线划分出九块区域（隐含有九宫的观念），并将北和西北区域各分成两部分。北边的隐蔽处是放置犁铧、磨石和燃料的地方，入口方位要确立为朝南，这有益于聚

集福气。房屋北部和西北部可建筑谷仓，其入口最好要向东南，以接受大地女神赞玛（brTan-ma）的菁华。西到西北区域之间处可以建造厨房，其门要由西朝东开，以便于获得早晨第一缕阳光。南到西之间区域是“辛（gShen）的宝库”（the treasury of the *gshen*），其门从南朝向北开，这可以让诺金朵藏玛的女儿（the daughter of the gNod sbyin mdog-bzang-ma）将财富之气带来。在西南部位，gyung-drung bkod-legs 斋堂将于此建造，这可以防止妖魔对于房屋的侵入。斋堂大门必须面向东，以接受日月和众神之子之光。南端的区域可分三个部分，靠西的三分之二的区域作为神堂可让僧人进行洁净之圣行；另外的三分之一的东区是辛宫的防护性入口，其两道门都向东，并与朝南的房屋入口相连。东边靠屋门入口处的小房间可以作客房，中间是客房和家人活动的地方，其房门都要向西开，这样就可以使神之慈爱施舍于此处。在其东和东南三分之一的地方就是大厅，其门向西开，这是引领永恒之主（the Eternal One）的路径。东北角的居室就是聚会厅，其开有朝西和朝南的两个门。另外整个房屋的（底层的）中部可以圈养家畜。

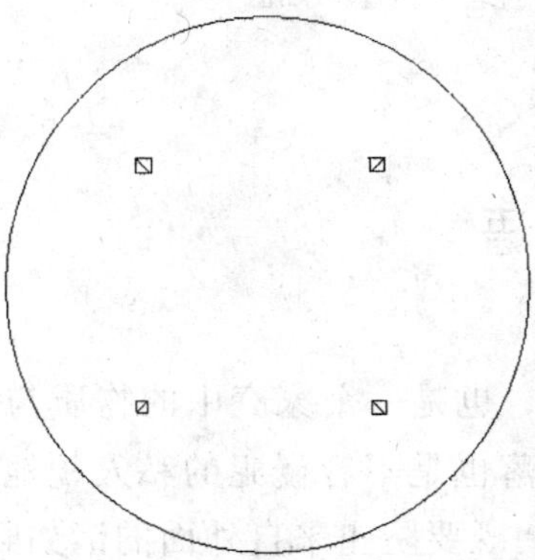

西藏房屋设计定位图

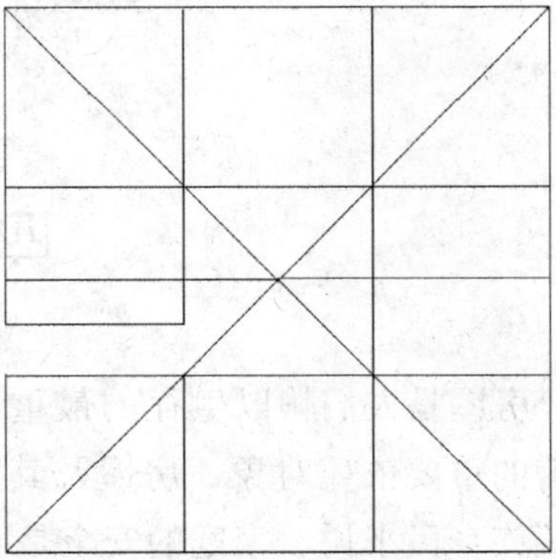

西藏房屋设计分区概念图

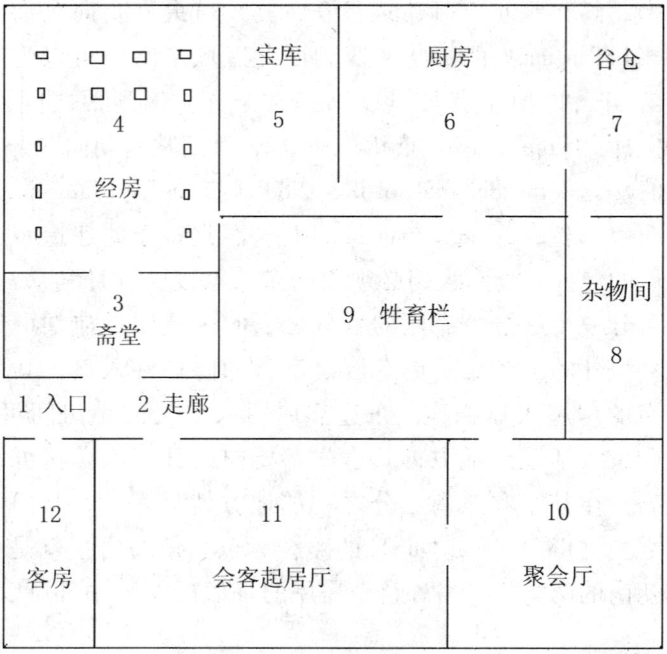

《永久房屋净置密续》中描述的理想房屋布局图

四、结 语

房屋是人们赖以生存的最重要的场所，也是一个家庭中的物质与精神生活的重要依凭对象，房屋及其附属的院落也是不容侵犯的私人领地。对于藏族乡民来说，家庭的安全是两重性的，既要防止来自外面的诸如野兽、外人、小偷等看得见的侵害的可能，也要防范那些看不见的可能侵害，这主要是来自游魂、野鬼以及妖魔等等所带来的危险和攻击。因此，针对外来妖魔而设立种种保护性的措施就成为必需。

在西藏，家庭房屋除了起到物质和精神的遮蔽作用外，也可以成为对于神灵的供奉之地。屋内的家庭神龛、中柱、屋顶的神房等都属于这种供奉神灵的神圣区域。西藏农家常见的家庭守护神主要分家内神和外神两大类，屋内的神灵常常被认为与家庭中的“央”（g · yang）有直接的关联。

“央”在西藏民间文化中是一个比较有特色的概念，它类似汉族的“气运”概念，但又内涵丰富。农村许多家庭常供一种叫“央康”（福运房）的箱子，里面装着代表各种“福央”的东西，如珍贵的宝物、钱币、招福聚财的经书纸卷、犏牛头上的毛发、羊毛、白牦牛尾毛、田地中的土、五谷（或干青稞穗）、糌粑粉、桑赍（一种装煨桑香料的口袋）等等。这些东西有的属于必需物，有的则根据主人家庭情况和个人爱好而装填。围绕“央”也有不少禁忌。比如星期六就是“福央”容易走失的日子，这一天最好不要随便借给别人自己家中的东西，否则家中“福央”会溜走。“央”还体现在家中粮仓的白石上，因为白石是庄稼之主，是粮仓神“罗达”的象征物，白石被污染或亵渎，“罗达”生气，家中“福央”自然也就失去了。对于农民来说，青稞的“央”对全家最重要，一个家庭可以暂时没有钱，没有财产，但是不能失去青稞的“福央”，否则会导致歉收，全家都要挨饿。

外神是家庭的守护者，他们是否尽忠，主要取决于家庭对他们的贡献以及他们与家庭的亲密程度。此外，这些外神在这个家的历史也可以决定该神对家庭的保护能力。屋主为了能让门神、屋顶神、生命神等忠实地守护房屋，需要尽心尽力地供奉之。新年新酿的青稞酒、新收割的第一把青稞和麦穗，新磨的糌粑粉等都要先给神灵敬献，然后人才享用，这类方式都可以讨神灵欢喜。

古代藏族家庭还敬奉一类综合性的神灵——五守舍神，这是五种神灵集合为一组的神，分别是阴神、阳神、战神、地域神、出生神。其中阴神、阳神、战神（敌神）都与个人有关，地域神和出生神属于地方神灵，是村庄或更大的一个地方区域民众信奉和祭拜的神灵。在今天，五守舍神已经不太著名，因为今天的藏族民众对于个人身体神灵已经不大信奉了。

总的来看，在西藏农村，家庭所供奉的神灵主要有：

房屋内神（依附于中柱）：神龛或斋堂中佛和菩萨等，粮仓神，灶神。

房屋外神：屋顶神（顶拉），拉多嘎波（神圣白石）；门神，萨鲁（依附于牲畜圈）等。

供神用以及具有神圣力量的物品主要有：

屋内：中柱、神案、唐卡；

屋顶和院墙：神白石、塔炯、屋顶神房、煨桑炉；

大门：牛羊头或角，门垛神龛、各种类型的大门护符（野生物标本、牦牛尾、彩线和彩绫结、雍仲符号、日月符号、蝎子符号、具有宗教图案的护符等)、特别的防护工具“门钉”（如日喀则一带用垛、羊头和替身牌制作的门钉)。

通过上面的系统阐释，我们可以发现，在西藏农村家庭，家庭中的神圣区域和神圣物品表现了人们一些世俗性的心愿，比如屋顶、院墙和大门上的一系列宗教物品均带有一个目的，就是防止妖魔进门，祈求家人健康、长寿，人丁兴旺。毕竟，在本质上人们都在追求良好的生活方式，宗教如果离开这个基本需要，终究只会是空中楼阁。

从宗教学角度上说，家庭空间的神圣化表明西藏民间宗教包含着明显的一个实践方式，其以民间宗教惯有的认知结构——“区域神圣化”观念主导，以宗教意义的防护为内容，通过各类神圣物品并借助仪式化的实践而营造出一个特殊区域，表达着他们对于生命本身、对于世界和个人生活的情感与态度。

“区域神圣化”是宗教徒惯有的认知方式。正如M·伊利亚德所说，宗教徒总是认为宇宙空间并不是均质的（homogeneous)，世界上总有一些地方会具有特别性，存在着与其他地方的不同品质，这个地方就是神圣之地。神圣在宗教学家眼中，意味着宗教体验，是宗教的基本要素。对于某个区域或空间的神圣化，体现了人类借助自然界和世俗的语言去表述一种精神领域上的崇高和超凡的神圣感，这被当作是一个精神的家园，是可以慰藉心灵的场所。几乎所有的宗教中，神圣场所都是通过被人们有意渲染和夸大的征兆、显圣物而获得认同，进而被纳入宇宙起源的解说中，这样，就可以造就出一个宇宙化、神圣化的精神区域，并以之作为各种无法以现有知识进行解答的事件及其发生缘由的“合理化”论证模式。尽管这种解释的终极会归于虚幻，但现实的各种因素会让人相信这种虚幻世界的真实，所以，要想将情感从虚幻拉回现实，工夫要下在宗教之外。只有人们获得真正的物质生活充裕而心理上完全的稳定和从容的时候，才不再产生对未知世界的恐慌和焦虑。

参考文献：

[1] Lawrence A. Waddell, *The Buddhism of Tibet or Lamaism*, Cambridge: Heffer and Son（reprint of 1895 edition), 1971, pp. 484-486; pp. 453-454.

[2] 边多、张鹰主编《西藏民间艺术丛书·建筑装饰》[M]，重庆：

重庆出版社，2001. 第25、29图。

［3］塔热·次仁玉珍《西藏地域和人文》［M］，拉萨：西藏人民出版社．2005：149—157.

［4］Katherine Anne Paul, *Words on the wind*: *A study of Himalayan prayer flags* (*Nepal*, *Tibet*, *Bhutan*, *Ladakh*) (Ph. D.), Wisconsin, the University of Wisconsin-Madison, 2003, p. 24.

［5］《中国民间歌谣集成·西藏卷》编委会《中国民间歌谣集成·西藏卷》［M］，北京：中国ISBN中心，1995，彩色插图部分第8页，张鹰摄影。

［6］Samten G. Karmay, "The Organisation of Domestic Space", *The Arrow and the spindle*: *Studies in History*, *Myths*, *Rituals and Beliefs in Tibet*, Mandala book point, Nepel, Kathmantu, 1998, pp. 200-205; pp. 201-203.

［7］安娜·玛丽·布隆多（A. M. Blondeau）著，耿昇译《〈玛尼宝训集〉的掘藏师是苯教徒吗?》［A］，《国外藏学研究译文集》，第九辑，拉萨，西藏人民出版社，1992。

［8］米尔恰·伊利亚德著、王建光译《神圣与世俗》［M］，北京：华夏出版社，2002：1—3.

作者单位：西藏民族学院

拉卜楞寺的藏文文献及其文献学价值

丹　曲

拉卜楞寺建立后，在清朝中央政府的扶持和地方头人及蒙古王公的大力支持下，规模迅速扩大，最终成为青藏高原东部地区藏传佛教文化中心。由于该寺治学严谨，学科完备，形成了勤奋攻读、精研深修的古老传统，高僧大德层出不穷，在藏族宗教和文化史上产生了重大影响。拉卜楞寺至今还完整保存着六万余部藏文典籍，这对研究藏传佛教、民族关系以及甘、青、川毗邻地区的政治、经济、文化史等都具有重要的学科价值。本文拟就拉卜楞寺藏经楼的创建、藏文文献的馆藏以及文献学价值作一论述。

一、藏经楼的创建及藏文文献的收藏

1709年，拉卜楞寺建立后，业已形成闻思、上下续部、时轮、医药六大学院，除研修广博深奥的显、密教义外，还设天文、历算、医药等学科和各种附设文化学科。该寺培养出的高僧大德在藏族文化和宗教史上有建树者不乏其人，在国内外享有很高的声誉。正如人们所评价："历代嘉木样都具有高深学问，尤以一世和二世为一时俊彦。两位大师除有渊博的知识外，且有严谨的治学态度。他们二人先后主持拉卜楞寺五十余年，经过不懈努力，使拉卜楞寺成为一个显密双修、机构严密、制度健全、治学严明的宗教学府，为远近僧俗所敬仰，皆以入学拉卜楞寺为荣。之后，历世嘉木样唯恐自已有所疏漏，而降低拉卜楞寺的声望，他们除传承先世严谨的教学制度外，也都有所创建和革新。因此，拉卜楞寺自创建以来，佛教学者辈出，进一步扩大了拉卜楞寺的声望。”①

拉卜楞寺收藏典籍始于二世嘉木样时期，他曾创建印经院印刷佛经，建立藏经楼收藏典籍，在文化建设方面作出了卓越的贡献。据藏文文献记载，拉卜楞寺刚刚建立时僧侣300余人。② 后来到了二世嘉木样执政后，僧侣迅速达到1000多人，他逝世十年后的藏历金鸡年（1801年）僧众多达3000人。③ 随着拉卜楞寺僧侣的不断增加，寺院规模日益壮大，于藏历土蛇年（1749年），二世嘉木样专门从青海叶尔雄桑木丹寺恭请雕版僧罗藏达尔吉（blo-bzang-dar-rgyas）到拉卜楞寺，首次雕刻了一世嘉木样大师的密宗方面的著作，创建了印经院。当时，小规模的雕版印刷无法保障经典需求，于是二世嘉木样大师又设法扩大印经院的规模。藏历金蛇年（1761年），“先前本寺无持续雕版的惯例，致使所有常用书籍极为紧缺。鉴此（二世嘉木样）旨意阿里达尔曲杰（mngav-ris-dar-han-chos-rje）为施主，然卷巴·更噶丹增（kun-dgav-bstan-vdzin）负责，让部分僧侣学习雕版技艺，首雕《心类学》（blo-rig）、《因类学》（rtags-rig）印版。从此，开始了雕版印刷工作，从无间断，现在（藏历土牛年即1799年）已仿佛成为佛法之源地，开启无量佛法之大门。此乃利他之至高功业”。④ 拉卜楞寺印经院为确保印刷质量，在雕版印刷过程中，特聘外地工匠操作难度较大的技术工作。藏历火猪年（1767年），专门从昌都寺请来了三位艺僧，雕刻了凯珠杰（mkhas-grub-rje）时轮本尊方面的著作和二世嘉木样撰写的《一世嘉木样传》等经典。⑤ 又迎请四川德格、甘孜炉霍、康区昌都等地寺院的工匠前来指导雕版技艺。工匠写制的文样、绘制的版首佛像等都给予报酬。如请来

① 苗滋蔗、李耕、曲又新、罗发西编：《拉卜楞寺概况》，甘肃民族出版社1987年，第152页。

② 阿芒班智达：《拉卜楞寺志》（藏文版），甘肃民族出版社1987年，第153页。

③ 据阿芒·班智达的《贡唐丹贝卓美传》174页记载：二世嘉木样逝世十年后的藏历金鸡年（1801年），三世贡唐仓在祈愿大法会上向3000僧众施以茶饭。

④ 贡唐·贡却丹白卓美：《第二世嘉木样协巴·久美旺布传》（藏文版），甘肃民族出版社1990年，第132页。

⑤ 贡唐·贡却丹白卓美：《第二世嘉木样协巴·久美旺布传》（藏文版），甘肃民族出版社1990年，第164页。

四川德格的格吉（sde-dgevi-dge-rgyas）抄写经文，雕版完工后，赏赐了哈达1条、银100两、马4匹，以及锦缎、兽皮、衣物、用具等价值银300两的财物。这时的印经院初具规模，极大地方便了周边地区来寺院学经的僧侣。此外，每年还接待大量的外来订户，拉卜楞寺成为藏族地区藏文经典的重要印刷机构。

拉卜楞寺除了本寺印刷佛经外，还广泛在藏区搜集珍贵典籍。因为历史上藏族地区就有私家收藏经书的惯例，这些经书多由活佛、学者个人收藏。二世嘉木样在西藏求学的八年中，“遍求卫藏各地……于其他传承稀少不绝如缕之法，尤不辞辛苦，远赴深山，访师探求，其中所经危难，不及细述”。[①] 拜高师学经的条件可以创造，而寻求分散在各地的古籍文献对学僧来说是一件难事。随着拉卜楞寺僧侣的日益增多，作为寺主的二世嘉木样深感搜集、整理和印刷佛教经典是极为主要的事情。正如他所言：“佛像、佛塔系福佑之所依，而经书则为闻思之所依，佛法住世必不可缺。”[②] 藏历土蛇年（1749年），二世嘉木样利用传法中群众供养的资金，派琅仓活佛·东珠嘉措（gling-tshang-don-grub-rgya-mtsho）从德格印经院购置了全套《丹珠尔》。[③] 藏历水蛇年（1773年），二世嘉木样又派谢热嘉措（grub-paiv-shis-rab-rgya-mtsho）再次前往德格印经院恭请文化方面的各种经典。[④] 藏历木羊年（1775年）正式在拉卜楞寺建立藏经楼（dpe-mdzod），藏书逾千。[⑤] 藏历土狗年（1778年），为征集藏族学者们的孤本著作，特派司食官更噶（gsol-dpon-kun-dgav）和噶吉贡却嘉措（bkav-bcu-dkon-mchog-rgya-mtsho）专程赴藏，并向达赖、班禅及萨迦寺的有关活佛、格西呈送书信，请求帮助。经过达赖喇嘛和班禅大师的多方关照，在前后藏奔波了三年，收集了所拟目录一半的经典著作。[⑥]

藏历木龙年（1784年），二世嘉木样大师又不顾年老体弱，亲赴西藏前往前藏三大寺院、后藏扎什伦布寺等各大寺院拜访活佛高僧，并专心搜

① 五世嘉木样治丧委员会编：《辅国阐化正觉禅师第五世嘉木样呼图克图纪念集》（藏汉两文版），1948年编印，7页。

② 贡唐仓·贡曲乎丹贝卓美著：《第二世嘉木样传》（拉卜楞寺藏文木刻本），207叶。

③ 贡唐·贡却丹白卓美：《第二世嘉木样协巴·久美旺布传》（藏文版），67页。

④ 贡唐·贡却丹白卓美：《第二世嘉木样协巴·久美旺布传》（藏文版），236页。

⑤ 贡唐·贡却丹白卓美：《第二世嘉木样协巴·久美旺布传》（藏文版），249页。

⑥ 贡唐·贡却丹白卓美：《第二世嘉木样协巴·久美旺布传》（藏文版），276页。

集重要经典。无论走到哪里，积极搜集孤本，购买或赠送的3000余函，大多数进行了抄录，每函报酬平均18两白银，先后共收集珍贵典籍10000多种![1] 创下了一生仅新集典籍过万部的辉煌成就。[2] 正如有关藏文文献记载，他"整理自己读过的近万卷经典、书籍，送交阅藏"。[3] 据不完全统计，收集、誊写、购置的典籍约占此后拉卜楞寺全部藏书的60%以上。正如著名高僧琅道喇嘛·俄昂洛桑（klong-rdol-bla-ma-ngag-dbang-blo-bzang）所感慨："嘉木样雅巴仓唯独不懈读书，并非对往日未悟经典加深理解，而是自己如是通达了佛法教理之一切要义之后，想要看看对各种难点，某学者、某高僧有如何见解，似是观景取乐。"[4] 这无疑是对二世嘉木样最好的评价。

二、拉卜楞寺馆藏的藏文文献

拉卜楞寺馆藏的藏文文献对文学、戏剧、歌舞、雕塑、绘画、建筑、工艺、历史、地理，乃至天文、历算、医药诸学科都有涉猎，至于宗教、哲学、心理学等学科的成就更是举世瞩目。寺内馆藏藏文典籍数量，在整个藏区寺院中也首屈一指。该寺印刷的藏文典籍，可与著名的"德格版"、"卓尼版"、"拉萨版"、"库仑版"、"那塘版"、"北京版"藏文典籍相媲美。这些著作囊括了藏族传统文化大、小五明学（rig-gnas-che-ba-lnga-dang-rig-gnas-chung-ba-lnga）的全部学科。

工巧明学（bzo-rig-pa）方面的著作有：一世嘉木样大师撰写的《八吉祥塔度量》（mchod-rten-brgyad-thig-rtsa），喜饶嘉措撰写的《金刚鬘等度量及其论说实践》（rdo-rje-phreng-pa-sogs-kyi-thig-dang-bshad-pa-pyag-legs），《诸坛城之信誓面授笔录》（dkyil-vkhor-so-sovi-blos-bslang-gi-pyag-khrid-gsan-skabs-kyi-bsnyel-byang），俄郭南卡桑盖撰写的《奉造佛塔的功德》（mchod-rten-gyi-rnam-bzhag-phan-bdevi-gsos-gyur）等。

---

① 贡唐仓·贡曲乎丹贝卓美著：《第二世嘉木样传》（拉卜楞寺藏文木刻本），207叶。

② 智观巴·贡却乎丹巴饶吉：《安多政教史》（藏文版），甘肃民族出版社1982年，第374页。

③ 阿芒班智达著，玛钦·诺悟更志、道周译：《拉卜楞寺志》，甘肃人民出版社1997年，第70页。

④ 贡唐仓·贡曲乎丹贝卓美：《第二世嘉木样传》（拉卜楞寺藏文木刻本），148叶。

医药学（gso-ba-rig-pa）方面的著作有：近代著名的佛学家喜饶嘉措大师（1883—1968）的《医学讲解》等；还有德盖仓撰写的《三种药物炮制方法》（thal-sman-dang-bzo-sman-vdul-thabs-gsum-gyi-rnam-bzhag-vchar-bvi-chu-gter）、阿克丹考仓撰写的《药方甘露》（sman-sbyor-bdud-rtsivi-gter-mdzod）、著名藏医旦巴撰写的《藏医集锦》[①]；丹巴嘉木措撰写的《藏医源流史》[②] 等。

声明学（sgra-rig-pa）方面的著作有：一世嘉木样大师撰写的《声明学四大著述释难》（sgra-mdo-chen-mo-bzhi-las-brtsams-pavi-dkav-gnad-kyi-dogs-gcod-vjam-dbyangs-dgyes-pavirol-mo）、喜饶嘉措大师撰写的《声明学释难中的智达等笔录》（sgravi-dkav-gnas-las-brtsams-bavi-krit-sogs-kyi-bred-byang-dbyangs-can-rong-mtsho）、《声明学注疏笔录》（dbyangs-can-sgra-tvkk-gi-mchan-phyag-bris-las-bsdus-pa）、智观巴·贡却乎丹巴绕吉所著的《音调拼法》（byed-rkyen-levuvi-ri-mo-sgrub-tshul）、丁科尔巴阿克奥奇嘉央勒协所著《声明学详解入门》（dbyangs-can-mdo-don-gsal-bar-bshad-pa-gsung-rab-sgo-vbyed-pavi-gser-gyi-lde-mig）、《简析声明学之拼法》（dbyangs-can-gyi-mduovi-ri-mo-sgrub-tshul-mdo-tsam-bshal-pa）、丁科尔巴阿克奥奇嘉央勒协之弟子阿克嘉样仓撰写的《声明学注疏对字难点之注释》（dbyangs-can-sgra-tik-tu-ji-ltar-byung-bavi-skad-do-da-sgrub-dkav-ba-rnams-kyi-mchan-vgrel-dbyangs-can-dgyes-pavi-mchod-sprin）、大格西洛桑慈成嘉措撰写的《声明学注疏》（dbyangs-can-sgra-mchan）、当代学者丁科巴麦索合班咱仓撰写的《声明注疏》（dbyangs-can-sgra-tvikk）等著作。

因明学（gtan-tshigs-rig-pa）方面的著作有：一世嘉木样大师撰写的《因明疏》（tshad-ma-rnam-vgrel）被藏蒙地区格鲁派各大小寺院列为必修课教程。一世赛仓·俄昂扎西是一世嘉木样大师的心腹弟子，他的主要著作有《因明学概要及其注释》（bsdus-grwavi-rtsom-bris）[③]、《中观教理藏宣讲录》（dbu-ma-lung-rigs-gter-mdzod-kyi-gsungsbshad-zin-bris）、《集类论破修善说》（bsdus-grwavi-dgag-sgrub-legs-bshad）等，其中以《因明学概要及其注释》最为著名，是藏区格鲁派各大小寺院僧侣修习的初级教材。三世贡唐

---

① 旦巴：《藏医集锦》（sman-gyi-shel-gong-vpreng），铅印本，1980 年。

② 丹巴嘉木措：《藏医源流史》（藏文版），甘肃民族出版社 1995 年。

③ 苏德巴夏噶赛·阿旺扎西：《因名学概要及其注释》（藏文版），民族出版社 1985 年。

仓·丹贝卓美著有《因明学入门》（rig-lam-vprul-gyi-lde-mig）；郭莽·罗桑慈成嘉措大师（1841—1907）也是一位著名的佛学家，著有《因明注疏》等著作多部；巴郎著有《心类学释难》、《因类学释难》等；拉毛慈成嘉措著有《因明学云使》（rigs-lam-dpyid-kyi-pho-nya）；华锐热萨著有《因明学本论明镜》（bsdus-grwavi-rtsa-tshig-dwangs-shel-me-long）、《因类学旁饰》（rtags-rigs-gi-zur-rgyan）、《心类学广论旁饰》（blo-rig-mthav-dpyod-kyi-zur-rgyan）、《心类学广论补遗》（rtags-rig-mthav-dpyod-kyi-kha-skong）等。拉卜楞寺的学者大都撰写了因明学方面的著作。

内明学（nang-don-rig-pa）方面的著作有：一世嘉木样大师撰写有《俱舍论疏》（dam-bavi-chos-mngon-pa-mdzod-kyi-dgongs-vgrel-gyi-bstan-bcos）、《般若大疏》、《宗派纲目详释》（grub-pavi-mthav-rnam-par-bzhag-pa）、《生起次第自在成就法》、《圆满次第四种瑜伽文殊解》等。其中五部大论尤为著名。一世赛仓·俄昂扎西的主要著作《般若详解录》、《中观教理藏宣》等；三世德哇仓·嘉央图登尼玛（1779—1859）著有《律论要义》、《般若注疏要义》、《皈依经讲义》等；嘉那华仓·嘉央丹贝尼玛著有《圆满次第论注疏》等；近代著名的爱国主义佛学家喜饶嘉措大师著有《律论提要》、《般若论章节大意》、《入中论提要》、《声明难点要解》等；堪布仓·俄昂图丹嘉措，出生于安多玛曲，他的著作主要有《具清净律义之经典句义解说》、《般若章程》等；香敦·丹巴嘉措的著作主要有《菩提道修习法》、《律论传授概要》等；拉科仓·久美成勒嘉措（bla-kho-tshang-vjigs-med-vphrin-las-rgya-mtsho）大师，是第十四世达赖喇嘛和第十世班禅大师的经师，学识渊博，德高望重，著述有《中观广破认识录》等；贡唐·罗哲嘉措的著作主要有《毗奈耶法海义明释》（chos-vdul-ba-rgya-mtshovi-dgongs-don-gsal-bar-byed-pa）、《现观法海之意备忘录大宝明灯》（chos-mngon-rgya-mtshovi-dgongs-don-brjed-byang-du-bkod-pa-rin-chen-sgron-me）、《现观庄严论小释》（bstan-bcos-mngon-par-rtogs-pavi-rgyan-gyi-vgrel-chung）等；著名佛学大师华锐热萨撰写的《善说精要注疏》（legs-bshal-snying-povi-mchan-vgrel）、《论说精要修饰注疏》（rnam-bshad-snying-povi-rgyan-gyi-mchan-vgrel）等；当代佛学大师根登坚措著有《现观本论释解》；十一世班禅大师经师嘉样坚措撰写的《般若辨析》、《中观论辨析》；西北民族学院教授恰日·嘎藏陀美撰写的《藏传佛教五部大论概说》（上、下册）[①]、《菩提道次第广论疑难明解》[②] 等著作。

修辞学（snyan-ngag）方面的著作有：一世嘉木样大师撰写有《修辞学明论》（snyan-ngag-gsal-bar-byed-pavi-bstan-bcos-dbyangs-can-zhal-lung-nyi-ma-vbum-gyi-vod-can）；三世贡唐仓·丹贝卓美著有《修辞举例精选》（snyan-ngag-gi-dber-brjod-rtsom-vphro-can）；德唐仓撰写的《修辞典籍迦陵频迦之妙音》（snyan-ngag-gi-bstan-bcos-ka-la-ping-gavi-sgra-dbyangs）；德唐嘉央图登嘉措撰写的《修辞三品举例》（snyan-ngag-gi-levu-gsum-gyi-dber-brjod-tshangs-sras-mnyes-byed-kun-tu-bzang-povi-sprin-pung）；堪布仓·俄昂图丹嘉措的《诗词举例》等；热布咱甘珠尔巴撰写的《修辞学三十五类意义修饰举例》（snyan-ngag-don-can-so-lngavi-dper-brjod-pa-snyan-ngag-bung-ba-myos-pavi-glu-dbyangs）；阿克宗哲嘉措撰写的《藏族学者的修辞学举例注释》（bod-mkhas-pavi-snyan-ngag-dper-brjod-kyi-mchan-vgrel）、《诗经论注释》（dbyangs-can-dgyes-gluvi-mchan-vgrel）；著名大格西毛尔盖·桑木旦先生撰写的《修辞学明鉴宝库》（snyan-ngag-yang-gsal-snang-mdzod）；六世赛仓·罗桑华丹撰写的《诗学修辞明鉴》（tshangs-sras-bzhad-pavi-sgra-dbyangs）[③]。

韵律学（sdeb-sbyor）方面的著作有：一世嘉木样大师撰写的《韵律词义略论》（sdeb-sbyor-gyi-mtshan-nid-nyung-ngu-rnam-gsal-mgul-rgyan）、《韵律论略》（sdeb-sbyor-gyi-rnam-bzhag-nyung-ngu-ling-tshe）；阿琼钦热撰写的《韵律奇异领悟明论》（sdeb-sbyor-ngo-mtshar-rtogs-byed-kyi-gsal-byed）；恰日·嘎藏陀美撰写的《韵律注释之异名注解》（sdeb-sbyor-gyi-bstan-bcos-chen-po-rin-vbyung-rang-vgrel-las-byung-bavi-grangs-kyi-mngon-brjod-vgavivgrel-pa）等。

戏曲学（zlos-gar）方面的著作有：郎仓活佛撰写的剧本《文成公主进藏》、《达巴丹布》和《热玛纳王》等。

天文历算学（skar-rtsis）方面的著作有：一世嘉木样大师撰写的《佛历表》（bstan-rtsis-revi-mig），收录了自藏历第一饶迥火兔年（1027 年）至藏历第十二饶迥火猴年（1716 年）藏区高僧大德的出生、圆寂、重要著作集

---

① 恰日·嘎藏陀美：《藏传佛教五部大论概说》（藏文版），（上、下册），甘肃民族出版社 2000 年。

② 恰日·嘎藏陀美：《菩提道次第广论疑难明解》（藏文版），甘肃民族出版社 2004 年。

③ 六世赛仓·罗桑华丹：《诗学修辞明鉴》（藏文版），甘肃民族出版社 1984 年。

成、各大寺院建立年代，史料翔实，成为研究藏传佛教史的必备工具书；三世智观巴仓·贡却乎丹巴饶吉（1801—1866 年）撰写的《善说普氏历算法》（pug-lugs-rtsis-kyi-bstan-bcos-legs-par-bshad-pa）；商卓特·松热布撰写的《建立三种日明鉴》（zhag-gsum-gyi-rnam-bzhag-gsal-bar-ston-ba）、《时轮历精要》①；俄郭南卡桑盖撰写的《星算之加行》（nag-rtsis-kyi-sngon-vgro）、《格氏历算法入门》（keg-rtsis-lde-mig）、《白琉璃合婚五行算年代组合法》（bee-dkar-bag-rtsis-las-lo-vgros-sdeb-tshul）；索智合仓索南嘉措撰写的《春牛合论》（sa-glang-vbras-bshad）；堪布仓·俄昂图丹嘉措撰写的《从吉祥时轮续起之摄略讲说入续部海洲》；拉毛慈成嘉措撰写的《时宪历学家之传承》（ma-hva-tsi-navi-rtsis-rig-dge-ldan-mkhas-dbang-yongs-kyi-phag-rgyun-du-bstar-pavi-rdel-vgrem-vthor-bsdus-rgyas-vdril-du-bkod-pa）、《格氏历算法等之石子筹算法》（keg-rtsis-sogs-kyi-rdel-vgrem-dpag-bsam-ljon-shing-gi-vbras-bshad）；当代历算学家大格西桑珠嘉措撰写的《历算全集》（bstan-rtsis-kun-btus）等。

历史方面的著作有：阿芒班智达·贡却坚赞（1764—1853 年，是一位著名的佛学家和史学家，一生专注地研习经典，讲闻辩论，撰述论著）著作近 10 部，其中《汉、藏、蒙关系史略》（rgya-bod-hor-sog-gi-lo-rgyus-nyung-ngur-brjod-pa）② 是藏族文化史上不可多得的历史著作；近代著名藏族学者根敦群培首次运用敦煌古藏文文献，撰写了《白史》（bdeb-ther-dkar-po）③，提出了独特的见解，被当今中外史学界所瞩目，现已翻译成几国文字。

文学方面的著作有：在藏族文学史上负有盛名的三世贡唐仓·丹贝卓美（1762—1823 年）著有脍炙人口的《水树格言》（legs-bshad-chu-shing-bstan-bcos）、《世故老人的箴言》（nyams-myong-rgan-povi-vbel-gtam）④ 等 13 部论著，其中《水树格言》是继藏族历史上为维护祖国统一做出卓越贡献的萨班·贡噶坚赞所撰写的《萨迦格言》后的又一部佳作；堪布仓·俄昂图丹嘉措所写的《道情歌及教训门类》等。

宗教方面的著作有：二世嘉木样活佛的《第一世嘉木样传》（vjam-

① 收录在黄明信、陈久金的《藏历的原理与实践》（bod-kyi-rtsis-rig-gi-go-don-dang-leg-len），民族出版社 1987 年。

② 阿芒·贡却坚赞著，贡巴才让译：《汉、藏、蒙关系史略》，青海人民出版社 1988 年。

③ 根敦群培：《白史》，民族出版社 2002 年。

④ 贡唐·贡却丹贝卓美：《第二世嘉木样协巴·久美旺布传》（藏文版）。

dbyangs-bzhad-pavi-rdo-rjevi-rnam-thar)①、《章嘉·若白多杰传》(lcang-skya-rol-bvi-rdo-rjevi-vkhrungs-rabs-kyi-phreng-ba)、《塔尔寺志》(gdan-sa-chen-po-sku-vbum-byams-pa-gling-gi-gdan-rabs)、《六世班禅洛桑巴丹益希传》(pan-chen-blo-bzang-dpal-ldan-yi-shes-kyi-rnam-thar)②、《卓尼丹珠尔目录》(co-nevi-bstan-vgyur-dkar-chag)③ 等12部论著；土观·却吉尼玛呼图克图撰写了驰名中外的《宗教源流镜史》(grub-mthav-legs-bshad-shel-gyi-me-long)④，是研究我国藏传佛教教派的重要参考书，此书于19世纪由印度人达斯译成英文，国外刊行；三世嘉木样活佛主要著作有《散论总集》(gsung-thor-bu-rnams-phyogs-gcig-tu-bsgrigs-pa)；四世嘉木样活佛主要著作有《尊者罗桑久美图旦嘉措传》(rje-blo-bzang-vjigs-med-thub-bstan-rgya-mtshovi-rtogs-brjod)、《尊者喜饶嘉措传》(rje-shes-rab-rgya-mtshovi-rnam-thar)、《桑钦却吉尼玛传承》(gdan-rabs-gsang-chen-chos-kyi-nyima)等；三世贡唐仓·丹贝卓美著《第二世嘉木样传》(kun-mkhyen-vjam-dbyangs-bzhad-pa-sku-vphreng-gnyis-pa-rje-vjigs-med-dbang-povi-rnam-thar-bzhugs-so)⑤、《格鲁派兴盛祈祷词》(dge-ldan-bstan-pa-rgyas-pavi-smon-lam-sogs-smon-tshig-gi-skor)，其中《格鲁派兴盛祈祷词》为藏、青、川等地格鲁派僧众所祈颂；二世嘉木样活佛的弟子土观·却吉尼玛呼图克图（1737—1802年），出生在安多华锐藏区，是一位著名的史学家、文学家和佛学家。他通晓藏汉两文，闻博见广，写了《章嘉国师若白多杰传》⑥；阿芒班智达·贡却坚赞撰写的《拉卜楞寺志》(mdo-smad-bstan-pavi-vbyung-gnas-dpal-ldan-bkra-shis-vkhyil-gyi-gdan-rabs)⑦、《贡唐丹贝卓美传》(gung-thang-bstan-pavi-sgron-mevi-rnam-thar)⑧；在阿芒班智达的授意下，弟子三世智观巴·贡却乎丹巴饶吉跋山涉水历经艰难，踏遍安多藏区，通过实地考察，撰写了闻名中外的传世佳作《安多政教史》

---

① 嘉木样久美旺布：《第一世嘉木样传》（藏文版），甘肃民族出版社1987年。

② 嘉木央·久麦旺波著，许得存、卓永强译：《六世班禅洛桑巴丹益希传》，西藏人民出版社1990年。

③ 久美旺布：《卓尼丹珠尔目录》（藏文版），甘肃民族出版社1986年。

④ 土观·洛桑却吉尼玛：《宗教源流史》（藏文版），甘肃民族出版社1984年。

⑤ 贡唐·贡却丹贝卓美：《第二世嘉木样协巴·久美旺布传》（藏文版）。

⑥ 土观·却吉尼玛：《章嘉国师若白多杰传》，甘肃民族出版社1989年。陈庆英、马连龙汉译，民族出版社1988年。

⑦ 阿芒班智达赞：《拉卜楞寺志》（藏文版），甘肃民族出版社1987年。

⑧ 阿芒·班智达：《贡唐丹贝卓美传》（藏文版），甘肃民族出版社1987年。

(mdo-smad-chos-vbyung)①，填补了研究和了解安多地区藏传佛教各大寺院的历史及著名高僧的空白；郭莽·罗桑慈成嘉措大师著有《郭莽·罗桑慈成嘉措自传》、《班智达·阿旺格桑国师本生传记》、《道歌及书函类》、《佛塔志》等多部著作；堪布·阿旺土登嘉措（1863—1889）著有《第三世嘉木样传》（kun-mkhyen-vjam-dbyangs-bzhad-pa-sku-vphreng-gsum-pa-rnam-thar)②；香敦·丹巴嘉措的著作主要有《至尊灵塔目录宝鬘》、《格鲁派浅释》③ 等；拉科仓·久美成勒嘉措大师著有《至尊罗桑嘉央益希丹巴坚赞传》（rje-btsun-blo-bzang-vjam-dbyangs-yi-shes-bstan-pavi-rgyal-mtshan-gyi-rnam-thar）等；嘉夏茸撰写的《第五世嘉木样传》（kun-mkhyen-blo-bzang-ye-shes-bstan-pavi-rgyal-mtshan-dpal-bzang-povi-rnam-thar)④；六世赛仓·罗桑华丹撰写的《格鲁派史略》⑤；恰日·嘎藏陀美撰写的《西仓新寺志》⑥、《赤钦·热丹嘉措传》⑦ 等。

有关文化方面的论著有：已故当代著名藏族学者毛尔盖·桑木旦先生撰写的《藏族文化发展简史》⑧、《梵藏对照词典》⑨、《藏文文法概论》、《藏族文化发展简史》、《一世嘉木样诗词解释》等；已故的毛拉木先生撰写的《近代文化发展的中心》⑩、《藏文格式简述》⑪；已故学者丹巴嘉措撰写的《藏文文法“拉顿”（la-don）的若干问题》⑫；恰日·嘎藏陀美撰写的《藏族历史百问》⑬、《藏族十明学问答》⑭、《藏传佛教僧侣与寺院文化》⑮、

① 智观巴·贡却乎丹巴饶吉著：《安多政教史》（藏文版），甘肃民族出版社1982年；吴均等汉译，甘肃民族出版社1989年。
② 堪布·阿旺土登嘉措：《第三世嘉木样传》（藏文版），甘肃民族出版社1991年。
③ 收录在嘎藏陀美、丹曲主编的《香敦·丹巴嘉措大师文集》，甘肃民族出版社2004年。
④ 嘉夏茸：《第五世嘉木样传》（藏文版），民族出版社2005年。
⑤ 六世赛仓·罗桑华丹：《格鲁派史略》（藏文版），民族出版社1988年。
⑥ 恰日·嘎藏陀美：《西仓新寺志》（藏文版），甘肃民族出版社1995年。
⑦ 恰日·嘎藏陀美：《赤钦·热丹嘉措传》（藏文版），甘肃民族出版社2000年。
⑧ 毛尔盖·桑木旦：《藏族文化发展简史》。
⑨ 毛尔盖·桑木旦主编：《梵藏对照词典》，甘肃民族出版社1989年。
⑩ 毛拉木：《近代文化发展的中心》，甘肃民族出版社。
⑪ 毛拉木：《藏文格式简述》，甘肃民族出版社。
⑫ 丹巴嘉措：《藏文文法“拉顿”（la-don）的若干问题》，甘肃民族出版社。
⑬ 恰日·嘎藏陀美：《藏族历史百问》，甘肃民族出版社1997年。
⑭ 恰日·嘎藏陀美：《藏族十明学问答》，甘肃民族出版社2000年。
⑮ 恰日·嘎藏陀美：《藏传佛教僧侣与寺院文化》，甘肃民族出版社2001年。

《藏族文化散论》[1] 等。

三、拉卜楞寺藏文文献的特点

藏文古籍是藏民族自古流传下来的文献资料，其内容涉猎广泛，记录了藏民族的历史发展进程，包含了藏族人民世代创造的一切文化成果。历史上的藏传佛教寺院既是宗教僧侣修习佛法的场所，又是传播藏族传统文化的中心。在安多地区“唯独拉卜楞寺拥有显密之教证、训诫、密法、规范仪则外，明学方面拥有声明、诗学修辞、韵律、天文、历法、占卜，以及各种流派的书法艺术等学科，具有高层次的研究水平，而且在工艺学方面也拥有版刻、绘画、木工、裁缝、金石等专项技艺。这些明学世艺，取自于各地寺院的精品和一流的技艺，具有其时代的先进性”。[2] 该寺馆藏的藏文文献具有如下一些特点：

（一）历史悠久、弥足珍贵

拉卜楞寺收集有吐蕃时期迄今的众多藏族高僧撰写的大批传世之作。就全集类而言，早者有《松赞干布遗训》（由银汁写成，长176页），阿底峡、萨迦五祖以及其后代萨迦教主、布敦仁钦珠、布敦大弟子扎曹巴、仁钦南杰等的全集。至于格鲁派的各活佛、学者的著作几乎是应有尽有，《总书目》中共收录了179位高僧大德的著作目录。值得一提的是有拉卜楞寺有百余名高僧撰有著作，30多人的全集被刻版印刷[3]，其中在《总书目》中收入20多人。部分珍贵经典材料考究、装潢华贵、书写工整、版式装帧美观。

此外，大经堂馆藏有用金汁书写的《菩提道次第广论》[4] 1部，金汁书

---

① 恰日·嘎藏陀美：《藏族文化散论》，民族出版社2005年。

② 阿芒班智达：《拉卜楞寺志》（藏文版），甘肃民族出版社1987年，第96—97页。

③ 毛兰木嘉措：《拉卜楞寺简史》（藏文）油印本，1982年。

④ 《拉卜楞寺民族宗教文物展览登记簿》，大经堂文物登记号407号，1986年12月。

写的《般若八千颂》[1] 2 部；较为珍贵的贝叶（shing-ta-lavi-lo-ma）[2] 经 2 部[3]，一部由兰札文写成，一部由乌尔都文写成，一部传说为阿底峡（a-ti-sha，孟加拉国高僧，1042 年到西藏阿里，1054 年圆寂于西藏聂塘）大师亲诵，一部为印度圣者华丹达哇智华（dpal-ldan-zla-ba-grags-pa）亲笔书写的印度梵文经；《松赞干布遗训》（bkav-chems-ka-khol-ma，又译作《柱间史》）[4] 手抄本 2 部；《天文表》1 部[5]；《历算理论典籍》1 部；《汉族历法年表》1 部[6]；《藏族历法年表》1 部[7]；金汁书写《金刚经》（rdo-rje-gcod-pa）1 部[8]；金汁书写《长寿经》1 部[9]；《青史》1 部[10]。医学院馆藏《贤巴大师全集》38 部[11]。嘉木样佛宫馆藏《般若八千颂》1 部[12]。大金瓦寺馆藏银汁书写的《甘珠尔》[13] 1 套 110 卷。狮子吼佛殿馆藏大藏经《甘珠尔》、《丹珠尔》567 部[14]。弥勒佛殿内供奉的经典有金汁、银汁书写的《甘珠尔》经一部。[15] 贡唐铜塔馆藏大藏经《甘珠尔》、《丹珠尔》等 1.8 万余部，金汁、银汁书写的经典 440 部。[16]

---

① 《拉卜楞寺民族宗教文物展览登记簿》，大经堂文物登记号 412 号，1986 年 12 月。

② 贝叶藏语称"贤达莱罗玛"，是一种名为贝多树的叶子，"贝多"是梵文 pattra 的译音，是一种棕榈类的木本植物。由于贝多树叶写经的原因，汉语也称"贝多"为佛经。

③ 《拉卜楞寺民族宗教文物展览登记簿》，大经堂文物登记号 409、410 号，1986 年 12 月。

④ 《拉卜楞寺民族宗教文物展览登记簿》，大经堂文物登记号 409、410 号，1986 年 12 月。《拉卜楞寺概况》，89～90 页记载有误。

⑤ 《拉卜楞寺民族宗教文物展览登记簿》，大经堂文物登记号 408 号，1986 年 12 月。

⑥ 《拉卜楞寺民族宗教文物展览登记簿》，大经堂文物登记号 414 号，1986 年 12 月。

⑦ 《拉卜楞寺民族宗教文物展览登记簿》，大经堂文物登记号 415 号，1986 年 12 月。

⑧ 《拉卜楞寺民族宗教文物展览登记簿》，大经堂文物登记号 422 号，81 叶，1986 年 12 月。

⑨ 《拉卜楞寺民族宗教文物展览登记簿》，大经堂文物登记号 455 号，1986 年 12 月。

⑩ 《拉卜楞寺民族宗教文物展览登记簿》，大经堂文物登记号 513 号，缺页，1986 年 12 月。

⑪ 《拉卜楞寺民族宗教文物展览登记簿》，医学院文物登记号 177 号，1986 年 12 月。贤巴大师全名为"普卜觉贤巴"（phur-bu-lcog-byams-pa-rin-po-chen），他是拉卜楞寺第二世嘉木样大师的经师，是拉萨普卜觉寺的高僧。

⑫ 《拉卜楞寺民族宗教文物展览登记簿》，嘉木样佛宫文物登记号 12 号，1986 年 12 月。

⑬ 《拉卜楞寺民族宗教文物展览登记簿》，金瓦寺文物登记号 26 号，1986 年 12 月。

⑭ 《拉卜楞寺民族宗教文物展览登记簿》，狮子吼佛殿文物登记号 37 号，1986 年 12 月。

⑮ 苗滋蔗、李耕、曲又新、罗发西编：《拉卜楞寺概况》，甘肃民族出版社 1987 年，第 9—10 页。

⑯ 玛钦·诺悟更志、道周：《贡唐宝塔简介》，《拉卜楞寺志》，甘肃人民出版社 1997 年，第 556 页。

（二）内容丰富、涵盖深广

在中华民族科技发展史上，少数民族在生产斗争和科学实践中，积累和总结了大量的知识和经验，遗存下来了大量的科技文献。拉卜楞寺所藏的藏文文献就足以说明这一点。1959 年反封建斗争中，德乌鲁市拉卜楞寺工作组根据上级党委“暂时采取一概包下来的办法，全部保存，以待研究”的批示[①]，编写了《拉卜楞寺总书目》（以下简称《总书目》），这是目前拉卜楞寺院较为完整的一部目录。《总书目》分 17 个大类，其中藏医学及医药类（gso-ba-yig-pa-sman-gyi-bstan-bcos）262 种，声明类（sgra-rig-pavi-skor）130 种，缀韵类（sdeb-sbyor-gyi-skor）22 种，工艺类（bzo-rig-pavi-slor）20 种，天文历算类（rtsis-kyi-skor 包括时宪历和数学）547 种，修辞类（snyan-ngag-gi-skor 包括书信、尺牍类）178 种，辞藻类（mngon-brjod-kyi-skor）32 种，戏剧类（zlos-gar-gyi-skor）7 种，文法、语音、正字类（sum-rtags-dang-ther-dang-chos-vbyung-gi-skor）108 种，传记类（rnam-thgr-gyi-skor）380 种，菩提道次第类（byang-chub-lam-rim-gyi-skor）305 种，全集类（gsum-vbum-gyi-akor）12000 种，因明类（mtshan-nyid-kyi-skor）789 种，密宗类（sngags-kyi-sklr）735 种，经咒类（be-bum-chos-skor-rnams）164 种，宁玛派经典类（snga-vgyur-snying-mavi-skor）189 种。以上均不包括《甘珠尔》、《丹珠尔》。“在大拉章（blg-brdnd-chen-mo，嘉木样佛宫）藏《甘珠尔》、《丹珠尔》及宗喀巴师徒等的全集著作 12000 余部，闻思学院书库藏 20000 多部……（总计）至少有十多万部；除《甘珠尔》、《丹珠尔》外，各种文化典籍计 17833 种。包括印度、汉地、尼泊尔、藏区、蒙古地区等许多前贤的论著”。[②] 这本书目仅仅是拉卜楞寺历史上的部分学者的全集，大多迄今为止没有人详细作过统计和编目。

（三）数量庞大、种类繁多

由于历史原因和特殊的社会自然条件，我国各少数民族在古代所创造的优秀文化古籍长期被埋没，许多古籍珍品甚至遭到破坏，有的散失民间，有的早已名存实亡。拉卜楞寺馆藏的藏文典籍，尽管在历次运动中在劫难

---

① 德乌鲁市拉卜楞寺工作组编：《拉卜楞寺总书目》前言，1959 年油印本，分上下两册，长达 979 页。

② 毛兰木嘉措：《拉卜楞寺简史》（藏文）油印本，1982 年。

逃，但仍有不少保存了下来。目前，除了藏经楼外，各经堂、佛殿、佛塔、昂欠甚至僧舍仍藏有种类繁多的经典著作。寺内的藏经楼除重点收藏西藏和康区收集到的经典外，同时注重对本寺著名学者著述的馆藏。其中典籍来源有印度传入之藏译佛经、西藏大德之著述以及拉卜楞寺高僧之著述。内容包括历史、哲学、医学、天文、语言、传记、艺术、工艺等经典十余类。此外，还珍藏有大量的文书档案。据有关资料不完全统计，1958 年以前，拉卜楞寺藏书达 22.8 万余部，后来损失严重，仅存 6.5 万余部。这批藏书品种繁多，其中不少是善本、孤本和稀世珍本。[①] 其中全集类共有 177 种，包括宗喀巴、西藏各大活佛、历世嘉木样大师的全集共 2.1 万余部；哲学类有 1.5 万余部；传记类有 1900 余部；声明类有 240 余部；文法修辞类有 500 余部；天文工艺类有 280 余部；医药专著有 490 余部；密宗类有 660 余部。

《总书目》统计的《甘珠尔》就有 115 部，其中用金汁、银汁、金汁银汁混合写就的各保存一套；《贤劫经》、《般若八千颂经》等金银汁书写的经典 60 部。另外，有用金汁、银汁、珊瑚、松耳石、珍珠、砗磲 6 种粉汁写的《金刚经》（rdo-rje-gcod-pa）；有用黄丝线织在黑缎上的《善为经》（bzang-spyod）；有一世嘉木样亲笔用金汁书写的《贤劫经》（bskal-bzang）。在印经院馆藏有宗喀巴师徒、历代嘉木样大师等的全集著作及其他常用经典的印版 6.8 万余块[②]，还有数量颇大的佛像、坛城平面图印版。[③]

（四）文献形式多样，文种琳琅满目

从文献学的角度来看，凡是汉文文献所具有的一切形式，在少数民族文献中都具有。而且，在少数民族文献中还具有汉文文献所不具有的形式。这不难使我们看到少数民族文献由于语言文字之不同，体裁结构之悬殊，表达手段之奇特，思维方式之差异，从而与汉文献交相辉映而成趣，形成优势互补，从而使中华文化更加完整充足，更加丰富多彩。就拉卜楞历史档案的文种来讲，有藏文、汉文、蒙古文和满文等；研究成果来讲，有藏

---

① 玛钦·诺悟更志、道周：《〈拉卜楞寺志〉前言》，《拉卜楞寺志》，甘肃人民出版社 1997 年，第 5 页。

② 苗滋蔗、李耕、曲又新、罗发西编：《拉卜楞寺概况》，甘肃民族出版社 1987 年，第 89—90 页。

③ 毛兰木嘉措：《拉卜楞寺简史》（藏文）油印本，1982 年。

文、汉文、蒙古文、英文、德文、俄文等；就文献形式来讲，有公文、报刊、杂志、专著及摄影照片，包括图书、册子、笔记、账目、碑刻、手稿、墨迹、经卷等；按其内容分类，有文书档案、财会档案[①]、科技档案[②]。其中最有特点的文书档案有：清王朝、北洋政府、国民政府及达赖、班禅颁赐给嘉木样活佛和其他大活佛的封诰、册文、印鉴等。[③] 这些历史档案、文书档案、财会档案、科技档案是研究藏族历史和宗教不可多得的资料。历

① 财会档案，有反映拉卜楞寺向其属寺、部落收取布施和募化的簿册；有反映全寺所有或六大学院、嘉木样佛官、各大小活佛、一般僧侣等的财产划归范围的土地、房屋、森林、牧场、牲畜等占有情况的材料；有土地租粮、水磨租粮、房屋租金、黄金利息等登记册；历年各类法会的开支簿册；有藏族百姓负担派款、派差、供饭、供经等各种摊派、捐款形成的财会档案等等。

② 科技档案：拉卜楞寺时轮学院馆藏学习研究时轮天文历算的经籍档案；喜金刚学院则馆藏着研究密宗喜金刚的生起和圆满次第之道、时宪历算及历算、藏文文法、正草书法、音乐、舞蹈、彩绘等的档案；医学院则馆藏主要研究藏医学，包括生理、病理、诊断、治疗、药物、护理等藏医学理论和技术方面的经籍。这就形成了有关时轮、天文、历算、天体运行位置测算，日食月食的测算和预报等和藏医、藏药及工艺等科技档案。

③ 由于历史的动荡，一、二、三世嘉木样的封文，已经遗失。现存的有：清朝光绪皇帝给第四世嘉木样的敕封（光绪二十五年九月二十六日）；国民政府给第五世嘉木样的册封（中华民国二十三年三月十三日）；民国政府对般若圆修那木喀呼图克图封册（中华民国二年一月二十三日）；国民党政府褒扬第五世嘉木样令（中华民国三十六年六月十六日）；清道光皇帝颁给第三世嘉木样的敕封印鉴；中华民国大总统袁世凯颁给第四世嘉木样的敕封印鉴；国民政府颁给第五世嘉木样的敕封印鉴；达赖喇嘛瓦格尔曾巴（拉藏汗所立之第六世达赖即益喜嘉措）颁给一世嘉木样的印鉴。另外，还保存有一个"皇帝万岁牌"。此外还有教规、章程、惩罚条例；有反映活佛转世制度和清廷创建的"金瓶掣签"制度的档案文件，如转世灵童卜算结果的档案文件；大小活佛、各寺、学院用藏、汉两种文字书写的拥戴新寺主的保证书；有反映拉卜楞寺和宁海军军阀马麒斗争的"拉卜楞案件"的档案文件，如《嘉木样向部院总长的哭陈书》，《甘边藏民泣诉国人书》，《向冯玉祥将军的乞诉书》、请愿书，解决拉卜楞寺案件的电报、委令、解决拉卜楞案件条例等等；有"藏民文化促进会"组织大纲、章程、概况等，有反映边界纠纷、部落斗争、民刑事案件的档案文件等等。

史档案所涉猎的内容主要有政治①、军事②、经济③、司法④、民政⑤、宗教⑥、教育⑦等内容。这些档案文献，反映和记载了藏族人民生活地区的政治、军事、经济、司法、教育、文化、宗教等方面社会发展的历史面貌，是研究甘肃藏族历史文化的第一手资料。

四、藏文文献的学科价值

卷帙浩繁的拉卜楞寺藏文典籍，不仅是我国藏文典籍的重要组成部分，亦是祖国古籍文献的重要组成部分之一。藏文文献凝聚着藏族人民的聪明才智，它是本地区人们生产活动的见证，有着难以估量的史料价值、保存

① 政治方面的档案，有清朝的番例条款，镇压甘肃、青海地方少数民族事件和人民革命活动，处理地方土司、寺院及部族之间纠纷；民国时期国民党、三青团等地方各种政治组织系统及活动情况，成员登记统计资料；各级政府和机构人事制度及官员升迁任免情况，国大代表、立法监察委员选举、地方参议员选举及参议会议提案等等。

② 军事方面的档案，主要有地方保安部队军官升迁任免命令，官兵升补表册，军官士兵、民兵壮丁名册，军官、士兵粮饷清册，武器弹药管理领发登记册，征兵工作及部队训练计划，处理地区军事冲突等等。

③ 经济方面，有土地、农作物面积、产量、牲畜、造林、育苗统计，土地征租，粮食、牲畜征税，农林建设计划，土地、山林、房产买卖契约，房租地租账册，货币金融管理，赋税征收及减免情况，救灾赈济情况，各地各级政府机构年度收支预算书，地方款项收支明细表，各种机构员工薪津、生活补贴经费领支情况，各种拨款清单、工料账册等等。

④ 司法治安方面的档案，包括法律规章，民刑事案件处理情况和判决书，诉讼案件调查材料，司法人员任免命令和审查表，看守所和监狱的规章制度及囚犯管理；自卫队和警察编制、组训情况，维持社会治安办法和活动，公私枪支管理，禁烟缉毒，查禁会道门、赌博活动，官警升迁任免和警察员佐名单等等。

⑤ 民政方面，地方县、乡、镇政权机构设置情况，各县、乡、镇行政区划及地界区划图，各类职业公会及民众团体成立章程和登记表册；地方保甲编制、组织规程及保甲长选举，编组藏区保甲，藏民调查纲要、报告，各民族分布区域及人数统计，各县、乡、镇历年户籍、人口管理调查统计资料等等。

⑥ 宗教方面的档案，有九世班禅内地活动情况，拉卜楞等寺院举行开光典礼、时轮法会等重大佛事活动的记录，各种租佃和布施收支账册，宗教团体调查统计，活佛圆寂致祭料理及转世灵童认定、坐床情况，蒙藏委员会颁布的喇嘛转世、任用、奖惩办法，寺院修葺和管理，以及宗教教育、佛学研究等等。

⑦ 文教卫生方面的档案，主要有各县、乡、镇、保开办国民教育、社会教育、识字教育情况，倡导女子教育，委任和聘请各学校校长、校董、教员的委任状和聘书，学生名册和成绩表；社会教育和教育经费统计资料，教育基金管理和奖学金发放；各县、乡卫生院设置，医务人员培训、委任、调查统计资料等等。

价值和使用价值。

就其历史价值而言，首先，忠实地记录了本地区藏族文化发展的历史脉络，真实再现了近三个世纪中拉卜楞地区各民族的成败兴衰、分化融合的历史画卷。表明了各民族在共同开拓这一地区的过程中所做出的卓越贡献将永垂史册。其次，为我们提供了中国古代疆域发展的线索。拉卜楞寺在创立、发展、壮大的历史过程中，历代嘉木样活佛不断加强和巩固与中央政府的密切关系，他们共同为维护祖国的统一，弘扬民族文化，做出了不可磨灭的贡献。另外，尽管人类社会发展的基本规律是一致的，但是，由于具体的历史条件不同，各个民族的发展都会有自己的特点。藏民族虽然居住在青藏高原，然而，由于各地区自然环境和地理位置的不同，其社会形态、风俗习惯又有一定的差异。通过这些历史档案和研究成果可以更多地了解拉卜楞地区的社会形态和风俗习惯。

就其文化价值而言，目前，藏学研究无论在学科建设还是理论研究方面尚处于起步阶段，整理、出版和研究藏文典籍的意义有三个方面：①达到治学目的。必须有效整合拉卜楞文化资源，才能正确认识和借鉴前贤的学术成果，进一步推动学科发展达到治学的目标。②规范学科概念。在经济腾飞的今天，夏河县精心设计自己的旅游文化品牌，政府部门提出了“拉卜楞文化”、“世界藏学府中国拉卜楞”的概念。这些概念的提出，是否符合文化概念和学术规范，都是我们藏学研究界认真思考的问题。旅游品牌的打造也需要文化的支撑。一种文化概念的提出，必须符合一整套学术规范的理论体系的铺垫，否则就成为无源之水，无本之木。③达到继承和弘扬民族文化的目的。整理拉卜楞寺藏文文献不仅对继承祖国民族传统文化，丰富世界民族古籍的宝库方面具有一定的时代意义和现实意义，而且也将对地方民族文化概念的构建，民族区域经济的发展产生积极的指导性的作用。

就其经济价值而言，长期以来，旅游业是经济落后和边远少数民族地区的重要产业，而这种产业往往投入大，见效慢。根据最近几年的情况来看，旅游产业越来越有滑坡的趋势。除了硬件建设跟不上消费者的需求外，重要的是注入不了民族文化的活力。随着甘南藏族自治州的对外开放，拉卜楞寺成为发展甘南地方区域经济的旅游品牌。而拉卜楞藏文典籍是这个品牌的立足点和文化内涵之所在。深入发掘、搜集、整理和出版这批藏文古籍，对发展地方民族经济，注入民族文化内涵，宣传拉卜楞，打造拉卜楞旅游文化品牌，有着重要的历史意义和现实意义。因此，积极开发和利用拉卜楞地区藏文文献资源，改变甘肃文献整理工作相对落后的状况，为发展本地区经济服务，是实现西部地区各民族共同繁荣的重要举措。

作者单位：中国社会科学院民族文学所

藏传佛教与“他空见”思想

——评云丹嘉措《西藏宗教源流简史》

周　拉

藏传佛教宁玛派著名学者云丹嘉措（功德海）所撰写的《西藏宗教源流简史》（下面称《简史》）一书，由刘立千先生于1949年翻译成汉文，发表于《康藏研究月刊》1949年第26—28期，后来又转载于《藏事论文选》（宗教集）。《西藏宗教源流简史》一书篇幅不长，文字简练，概括地介绍了藏族原有宗教苯教及藏传佛教各教派的源流及教义、思想。此文对藏传佛教诸宗派哲学思想的总结极为概括，全包含在几句话之内。云丹嘉措说：“若夫随莲师学之旧派后起大德，广慧无垢光尊者，迦举之玛巴、弥罗、大波，乃至总持圣教大善广慧法源尊者暨迦举四系八支诸大德，萨嘉诸叔侄法王，四龙班禅、博动大师、明显觉朗大师笃波慧幢意旨之多罗那，凡觉朗迦举历代所传大师其所取见宗，皆纯是他空之中见。唯内许宗义差别，略有不同。亦有少数中观自续派见，如绒敦遍了所知，查仓胜慧金刚，金刚岩寺主等，显然又从静命论师之见也。”①云丹嘉措大师的这句话，真可谓言简意赅，要言不烦，简明扼要，言近旨远，微言大义。此句是这篇文章的核心内容，也是藏传佛教史上的一个独特的见解。他将藏传佛教诸宗派的思想见地归纳为“自空见”和“他空见”两个系统里，他认为“他空

① 功德海著，刘立千译：《西藏宗教源流简史》，载《藏事论文选》，西藏人民出版社1985年，第202—203页。

见”是藏传佛教诸宗派（除格鲁派外）的主体思想。这个观点虽与很多藏传佛教学者的观点相异，但从另一个角度，云丹嘉措梳理、整理了藏传佛教诸宗派教义思想，也说清了藏传佛教与“他空见”思想的关系。

在此，笔者仅就云丹嘉措大师如何将藏传佛教诸宗派之思想见地归纳为“他空见”的问题，浅谈自己的看法，舛谬之处，请专家学者不吝赐教。

对“他空见”的几种看法

自古以来，在藏传佛教史上对“他空见”聚讼纷纭、毁誉参半。有些藏传佛教学者认为“他空见”是无印度佛教经证的外道邪见，如格鲁派著名学者土观·洛桑确吉尼玛，在其著作《土观宗派源流》一书中写道：“滚钦·兑补巴固是不可思议有名的贤德，如同婆伽梵对一类化机，有时亦说有补特迦罗我之义，他可能是同此密意，也是为了适应特殊的需要。若依其文辞来看，其所立宗见，则完全等同外道”。[①] 这里，土观·洛桑确吉尼玛点出了觉囊派的思想的一个主要特点，即“有补特迦罗我之义”，因为觉囊派的思想系“实有如来藏”范畴。以此为依据，土观认为觉囊派的教义和印度外道思想完全等同。有些学者认为“他空见”有印度佛教经、论的确凿依据。持这种观点的是藏传佛教觉囊派的学者们，如觉囊派著名学者阿旺洛追扎巴在《觉囊派教法史》中写道：“一般来说，佛陀二转法轮主要讲自空，末次法轮讲胜义他空，两者之间的区别表现在：一切世俗谛是从主观成立的，故而为空。但是，胜义谛法性任何时候非从主观上空，其直达究竟并无改变之自色，倘若由于他人以世俗谛所执的戏论而使之空，这种空称为‘他空’。世俗谛无实有，而胜义谛于究竟本性为实有。是故，舍弃二边的了义中观大善道是佛陀在末次转法轮之经藏中所讲说。”[②]在这里，阿旺洛追扎巴力图论证“他空”思想纯属佛陀所讲之了义经。说“自空见”和“他空见”皆由佛陀所讲，佛陀在世时，共转三次法轮，其中二转法轮讲“自空见”，三转法轮讲“他空见”。关于他空见思想的归属问题，在藏

① 土观·洛桑确吉尼玛著，刘立千译：《土观宗派源流》，西藏人民出版社 1985 年，第 113 页。

② 阿旺洛追扎巴著，许得存译：《觉囊派教法史》，西藏人民出版社 1993 年，第 3 页。

传佛教思想史上众说纷纭，其中云丹嘉措大师的总结很有特色。云丹嘉措大师在《西藏宗教源流简史》中写道：“若夫随莲师学之旧派后起大德，广慧无垢光尊者，迦举之玛巴、弥罗、大波，乃至总持圣教大善广慧法源尊者暨迦举四系八支诸大德，萨嘉诸叔侄法王，四龙班禅、博动大师、明显觉朗大师笃波慧幢意旨之多罗那，凡觉朗迦举历代所传大师其所取见宗，皆纯是他空之中见。唯内许宗义差别，略有不同。亦有少数中观自续派见，如绒敦遍了所知，查仓胜慧金刚，金刚岩寺主等，显然又从静命论师之见也。”[①] 在这里，云丹嘉措大师总结出：“他空见”是藏传佛教绝大部分宗派的根本宗旨。云丹嘉措大师的这个说法很有特色，与以往很多学者之观点不尽相同，尤其是与格鲁派的学者所总结的观点相距甚远。土观·洛桑确吉尼玛等学者认为，在藏传佛教各宗派中除了觉囊派以外，其他四大宗派的观点皆属“自空见”。而云丹嘉措大师在此总结说，藏传佛教诸宗派中除了格鲁派坚持“自空见”以外，觉囊派、噶举派等宗派的见地皆属“他空见”思想。他又说道，诸宗派的见地虽皆属“他空见”，但不是各宗派所说的“他空见”都是一模一样，宗派内部有些差异。

藏传佛教中的“他空见”思想

在藏传佛教史上，一般认为只有觉囊派的主要教义——“实有如来藏”思想是真正的“他空见”思想，而其他主张“般若性空”的宗派都归入“自空见”范畴。但是，“一些学者把如来藏佛性论称为‘他空见’，般若中观义叫做‘自空见’”。[②] 在藏传佛教诸宗派中，除了噶当派和格鲁派以外，宁玛、萨迦、噶举、觉囊等宗派的思想基础无不属于如来藏佛性论的。但是，在“如来藏”空不空的问题上，诸宗派之间有所差异。这也是功德海大师称藏传佛教诸宗派皆属“他空见”的缘故吧。

关于宁玛派主张如来藏佛性思想，无畏洲尊者在《功德藏广释·果乘遍智车》中写道：“二转法轮乃大圆满所依，因大圆满亦以离戏论之三‘解

---

① 功德海著，刘立千译：《西藏宗教源流简史》，载《藏事论文选》，西藏人民出版社 1985 年，第 202—203 页。

② 班班多杰：《藏传佛教史上的“自空见”和“他空见”》，载《哲学研究》1995 年第 5 期，第 59 页。

脱门’：‘根本自生觉性着，三解脱门之体性，二转法轮佛所说，众生本有如来藏，此即名为大圆满’。”[①] 在这里，无畏洲尊者提出，众生本来具有善逝如来藏，甚至宁玛派的最高法门——大圆满法当成如来藏的另一称呼。

噶举派的根本经典《解脱庄严论》中，以问答的形式表述了如来藏佛性思想。“问曰：我们虽然想从生死的迷乱中解脱出来，虽然想证取无上菩提，但是像我们这样的下劣众生，就是精勤地努力，难道真有成佛的希望吗？回答是：如果真正的精勤努力，哪有不成佛的道理呢？因为我们一切众生都是具有那成佛之因——如来藏——的原故。”这里，塔波拉杰说，一切众生都之所以可以成佛，因为一切众生本来具有成佛之因——如来藏。塔波拉杰又引经据典，进一步说明一切众生皆具有如来佛性，皆能成佛之义。“三昧王经云：‘一切诸众生，皆具如来藏。’小涅槃经云：‘一切有情皆悉具足如来藏。’大涅槃经云：‘就象黄油（潜存）在乳奶中一样，如来藏也普遍地（潜存）在一切众生中。’庄严经论云：‘真如虽然遍一切，无有任何差别相，转彼识净即成佛，故说众生具佛因。’若问：为什么众生会具有这个‘佛的因素’（如来藏）呢？这有三个原故：一，法身空性遍满一切众生故。二，性真如无差别（相）故。三，一切众生皆悉具足佛种性故。”[②] 塔波拉杰以《涅槃经》、《宝性论》等经典为依据，更加清楚地讲述了成佛之因——如来藏。在此基础上，说明了众生可以成佛的理由及如来藏如何存在于众生当中、众生具备如来藏的理由等。

萨迦派讲述成佛之因的时候，也常常提起众生具有如来藏。在《土观宗派源流》中如此阐述萨迦派的如来藏思想，写道：“其不共同者，则直指本元俱生智。此智非泛指唯认识总相的自心及迷乱之心，而是要认识在因位时的明空双运，远离迷乱之心。此于显密经论中，名曰清净心、如来藏、本性光明心、心金刚等，安立多种名言，亦名为因位之阿赖耶。自心所现迷乱的俱生之心，则为客尘轮回，是它的所净，也是它的自性，此与本心，开始以来即为助伴，从前未能认识此俱生智则是涅槃，此二从本心不可分别，是为无别。如是故名因位生死涅槃无别”。[③] 萨迦派认为，众生都有成佛的基因，这个基因是与生俱来的。这个基因就是在各种佛教经、论中所

① 敦珠法王等著，许锡恩译：《九乘次第论集》，青海人民出版社2005年，第126页。

② 冈波巴大师著，张澄基译：《解脱庄严宝——大乘菩提道次第论》，赠送本，第3—4页。

③ 土观·洛桑确吉尼玛著，刘立千译：《土观宗派源流》，西藏人民出版社1985年，第106—107页。

提到的清净心、如来藏、本性光明心、心金刚以及因位之阿赖耶等思想。萨迦派所讲的因位时分的佛，指的就是众生有情心中无始以来存在的如来藏佛性。萨迦派又认为，清净如来藏与杂染阿赖耶结合而成为第八识。这样，第八识有净和不净两个方面，由不净的方面生起虚妄分别之现象界，由净的方面确立法身、涅槃、真如的平等实体界。

主张如来藏思想的诸宗派中觉囊派坚持“实有如来藏”思想。觉囊派著名的学者多罗那他在《中观他空思想要论》中先引用了《经庄严论》中的一段话，即“所说空性者，无周遍一切，而是成清净，善逝如来说，众生为心藏”。多罗那他接着解释说：“空性和善逝如来藏是一性，空性是善逝如来藏。如来藏和佛心是同义，它等住于众生等一切法。但是，佛心住一切有情，显住诸佛，胜义佛在有情众生的心续中犹如有心，一切有情是如来藏，如来藏、一切有情心都是如来藏，对有情众生来说叫自性住种界”。[①] 这里说得很清楚，觉囊派不仅认为如来藏众生本来具有，还认为空性和善逝如来藏是一性，如来藏和佛心也是同义。

如来藏佛性论是印度佛教思想的两大系统之一，在整个佛教思想中占有重要地位。在原始佛教中，解脱是中心论题，而得到解脱的关键在于断除贪、嗔、痴等烦恼。由于心与烦恼紧密相关，认为断除烦恼从心上着眼。这样，把解脱和心联系在一起，这即是原始佛教中的“心解脱”思想。在《增一阿含经》中将心比喻为日月，表述为“‘心本性清净（或者说光明、明净、光净）’即‘心性本净说’”。[②] 意即心本性就像日月一样。日月本性是光明体性，但有云等四重翳遮蔽光明不现，驱散云等即得光明遍照。以此说明心本性是光明的，但被欲结、嗔恚、愚痴、利养等四烦恼覆蔽，灭除烦恼，心得解脱。光明之心与杂然之烦恼不相应，心与烦恼成了主、客关系。主性表明心性是内在的，恒时不变，而客性则表明烦恼的外在性、偶然性、可除涤性。一个人是否得到解脱关键在于其心是否解脱了烦恼。

后来，“心性本净”说与法性、佛体性、真如等联系起来，逐渐发展为如来藏佛性思想。在《央掘摩罗经》、《大法鼓经》、《胜鬘经》、《如来藏经》、《不增不减经》、《究竟一乘宝性论》、《涅槃经》、《楞伽经》等经典对如来藏佛性思想作了详细的表述。这些经典也成了如来藏的主要思想来

① 阿旺洛追扎巴著，许得存译：《觉囊派教法史》，西藏人民出版社 1993 年，第 241 页。
② 周贵华：《印度如来藏学之结构特征》，载《法音》2004 年第 10 期，第 5 页。

源。藏传佛教觉囊、宁玛、噶举、萨迦等宗派将这些经典作为主要依据，阐述各自的教义。这些宗派的教义莫不由此如来藏佛性学说推衍而生，如来藏佛性论亦就成了觉囊、宁玛、噶举、萨迦诸宗派教义形成的思想基础。所以，元丹嘉措大师把这些宗派都统统纳入到“他空见”之体系当中。云丹嘉措大师在《简史》中先说诸宗派的见地纯属“他空见”，后来又说：“……唯内许宗义差别，略有不同”。这里的意思是说，宁玛派、噶举派、萨迦派和觉囊派皆主张如来藏佛性论他空见，虽皆属“他空见”范畴，但在如来藏空不空的问题上，诸宗派的看法不一样，甚至出现了根本性的分歧。如噶举派和萨迦派将如来藏佛性论和般若性空的思想结合起来，提倡“空如来藏”；觉囊派则主张“实有如来藏”，认为如来藏不空、实有、恒常、坚固。宁玛派的教义中两者兼有，有些学者提倡“空如来藏”，如宁玛派学者郭若扎西在《郭扎佛教史》中提倡“实有如来藏”；而有些学者主张“空如来藏”思想。云丹嘉措大师称“如来藏佛性论”为“他空见”，而土观·洛桑确吉尼玛等学者所说的“他空见”仅指觉囊派的教义。这里，我们根据班班多杰教授的说法，对云丹嘉措所讲的这种‘他空见’作狭义和广义的鉴别，[1] 才能更加清楚地区别两种学派的观点，也能更好地梳理藏传佛教诸宗派所提倡的如来藏佛性论的差别。觉囊派所讲的“他空见”为狭义他空见，噶举派和萨迦派的所讲述之如来藏佛性学说为广义他空见。至于宁玛派，持有“实有如来藏”思想者，应归于狭义他空见；而持有“空如来藏”思想者，与噶举派和萨迦派一样，应归于广义他空见。

广义“他空见”

萨迦派的他空见或如来藏佛性思想来源于《楞伽经》等佛经，《楞伽经》是以他空见系列之如来藏与唯识系之阿赖耶识说的统一为特征的佛经。萨迦派著名学者贝瓦尔·却美多杰说：“为因、道、果无别者，就像因即道，道即果也，因自己不认识因位时分之佛（因自己不认识自己的心就是佛），故被客尘所覆，于道时分中亦净治故，远离尘垢，认识了自心是佛，

① 班班多杰：《藏传佛教史上的“自空见”和“他空见”》，载《哲学研究》1995 年第 5 期，第 55 页。

故而取名为果。此为因道果三者无别之义。……是故，《根本续部》中说：'众生即是佛，然由客尘障'，又不认识因位时分之佛，因而不能从是佛的活动，由破除此障垢而净治之道及佛，便显示果位时分之佛。"[①] 在这里，萨迦派的学者陈述了这样一个因果观：作为因位的佛性——如来藏，虽可产生果位的圣佛，但原因不等于结果。若原因要变成结果，还必须要借助一定的条件——修道。因为众生佛性，本来具有，只是为客尘烦恼所遮蔽，一时不得自见，若要成佛，尚需修道。也就是说，只有在修道的条件下，才能实现因道果无别的目标。这里，萨迦派提到了因果转化的条件，这便是萨迦派的"明空双运或生死涅槃无别"的道果法。萨迦派的"道果法"非常注重"明空双运"，也就是说，萨迦派极看重心性的空分，又不忽视心性的明分，即明空二者密不可分。萨迦派学者常常讲到"以明非断空，以空非断明，明时显空，空时显明，明空双运"。这是用亦空亦明、明空双运来解释佛性，是般若学非有非无、有无相即之中道观如来藏佛性上的体现。噶举派的根本经典《解脱庄严论》中贯穿了《究竟一乘宝性论》中所探讨的思想，《究竟一乘宝性论》是唯识思想和如来藏思想结合探讨如来佛性思想的代表性论典。其中以法身遍在、真如无差别、众生有佛性三义来论述一切众生具有如来藏的问题。《解脱庄严论》中引用《究竟一乘宝性论》中的话并解释说，"宝性论云：'圆满佛身力用故，真如有无差别故，恒具如来种性故，众生长具如来藏。'此颂之首句是说：'法身空性遍满一切有情。'因为，佛陀者，法身也，法身者，空性也，空性有无所不周，遍满一切有情，所以说一切众生悉皆具足（佛性）或如来藏。第二句，'真如无有差别故'是说，佛陀的真如和众生的真如并没有好坏、大小、高低之差别。因此说一切众生皆悉具足如来藏。第三句，'恒具如来种性故'是说，一切众生以五种不同的差别相而具足如来种性（五种差别相是：断灭种性，不定性，声闻种性，缘觉性，大乘之种性，五者皆是佛种性。）。"[②] 在这里，冈波巴大师将佛陀、法身、法身者、空性、如来藏等当作同一个意思，从而把空性和如来藏联系在一起。进一步解释说，这种空性如来藏遍满一切有情众生，并且，佛陀的真如和众生的真如并没有好坏、大小、高低之差别，一切众生皆悉具足如来藏。在此，我们将《究竟一乘宝性论》中的话

① 贝瓦尔·却美多杰：《萨迦教法史》，民族出版社1989年藏文版，第39—40页。
② 冈波巴大师著，张澄基译：《解脱庄严宝——大乘菩提道次第论》，赠送本，第3—4页。

与冈波巴大师的话作个比较，就不难看出冈波巴大师思想的特色，如《究竟一乘宝性论》中说，“如来法身遍在一切诸众生身”；塔波拉杰则说“法身空性遍满一切有情”。在这里塔波拉杰增加了“性空”二字。①《究竟一乘宝性论》中说“一切众生皆悉实有真如佛性”，塔波拉杰则说“一切众生皆悉具足如来藏”。这里，塔波拉杰减去了“实有”二字。这样就淡化了如来藏佛性的“实有”色彩和“梵化”倾向，而与非有非无的般若性空说的思想联系起来。

噶举派的教义虽以如来藏佛性为理论基石，但噶举派如来藏佛性论并不是《究竟一乘宝性论》中的如来藏佛性论的照搬照抄。噶举派著名学者塔波拉杰在其《解脱庄严论》中引用了《究竟一乘宝性论》的基本思想的同时，又创造性地把般若性空和如来藏佛性思想结合起来了。

通过以上论述可以看出，萨迦派和噶举派提倡的是中道如来藏佛性论，即空性如来藏说，实际上属于《楞伽经》等经论中提到的“无我如来藏”系。

狭义“他空见”

觉囊派是用“三性”和“二谛”来阐释“他空见”的。觉囊派著名学者多罗那他在《中观他空思想要论》中说道：“从智慧本身说，他性戏论或一切能所执空，故说空性。这里分遍计执、依他起和圆成实三种。其中的遍计执是指虚空等一切无为法和出现于分别的色境之有，以及名住义，乱义为名的名义关系，内、外、边、中、大、小、善、恶等各方面由心所增益所执的一切。依他起者，是指能执所执法中的识，即成为无明习气的依他起，故谓有。圆成实，指远离自证自明的一切戏论，即法性、法界、空性、胜义谛等。”②这里的意思是说，遍计执实际上是如虚空一样没有实体，只是人们为了表达一种意义而施设的假设。但在世俗中，人们对自己的分别心所起的一切法赋予名言、概念等，将一切事物和自己的分别心所定的名言、概念等联系起来。其实事物和名言、概

---

① 班班多杰：《藏传佛教史上的“自空见”和“他空见”》，载《哲学研究》1995年第5期，第59页。

② 阿旺洛追扎巴著，许得存译：《觉囊派教法史》，西藏人民出版社1993年出版，1999年第二次印刷，第239—240页。

念之间没有内在的必然的联系。所谓的依他起自性,就是指依托各种因缘而生起的一切现象,人们遍计所执的种种现象并非凭空而来,而是有所以依托的,他所依的自性,即是依他起自性。这里所指的“他”,就是“识”,即主要是指阿赖耶识种子,树立了依他起便把一切都系于一心了……安立在依他起上的遍计执当然是不真实的,去掉它(即戏论)就能显出诸法的真实本性来,它便是圆满、成就、真实的圆成实性。

多罗那他在《中观他空思想要论》中又说道:“世俗没有遍计执,世俗有依他起,世俗也无圆成实,胜义有圆成实,故实有。若尔,遍计执是假有,依他起是实有,圆成实既不是安立有,也非实有,二是无戏论有。进一步说,遍计执是无的性空,依他起是有的性空,圆成实是胜义性空。”①这是说,遍计执是人们为了表达一种意义而施设的假设,实际上如虚空一样没有实体,所以说世俗中无;依他起自性是人们遍计所执的种种现象的依托,是有,故说世俗中有,不过它与遍计执相顺,它的生起是由于遍计执的种子,生起以后又有遍计执的安立,所以,这个“有”不是实有,而是假有,故谓世俗中有,于胜义中则无有;去掉安立在依他起上的遍计执后显出诸法的真实本性来,它便是圆成实性。到了圆成实性,则可以说离戏论而有,是实有,故谓胜义中有而世俗中无。如此,觉囊派用‘三性’和‘二谛’清楚地阐述了‘无有’、‘假有’、‘实有’的关系。也就是说,圆成实性是胜义谛,其本身自性不空,是实有、恒常不变的,由于无明习气的作用沾染到圆成实性上的遍计所执和依他起性这些世俗之他物才是自性空,所以,性空不是自性空,而是他空。这样就提出了“他空见”的学术命题。

觉囊派的“他空见”的特点是,圆成实佛性是实有、本有,而世俗妄心是性空、实无有。这个不空而自性有的圆成实胜义谛是指什么呢?指的是无始以来存在于众生心中的如来藏佛性,不空实有指的就是如来藏佛性不空实有。多罗纳他说道:“一般世俗能执所执除了出现错乱之外,没有自性,所以,自性空,所知不可能有自他之友所区分的他性。一切相空,故空。智慧法性是指自性从初成立,恒常无变化,自性非空而常有。”②

在这里,觉囊派得出的结论是:人心就是如来藏佛性,即心即佛,心佛不

---

① 阿旺洛追扎巴著,许得存译:《觉囊派教法史》,西藏人民出版社1993年出版,1999年第二次印刷,第240页。

② 阿旺洛追扎巴著,许得存译:《觉囊派教法史》,西藏人民出版社1993年出版,1999年第二次印刷,第239页。

二，而此佛性则有自性而非性空，常恒坚固而不灭，空的变的就是佛性以外的世俗之物。这是本来意义上的“他空见”，即狭义“他空见”。觉囊派的学者异口同声地提倡实有如来藏佛性思想，多布巴西绕坚赞在《山法了义海论》中引用《大涅槃经》中的话说：“……无为法是大涅槃、常涅槃，常即我，我即净，净即乐，常乐我净是善逝如来。善男子，我是善逝如来藏义，众生有佛性者，我义……”。《大涅槃经》等经论的中心议题是：如来藏就是我，我就是佛性，一切众生都有常、乐、我、净之四功德。通过以上所述，我们可以知道觉囊派所提倡的“他空见”是实有如来藏佛性论，这种说法来自《涅槃经》等经、论的“如来藏我”系。

至于宁玛派，有的学者偏向“实有如来藏”，如著名学者郭若扎西在《郭扎佛教史》中写道：“遍计执是指虚空等一切无实物，由于分别心上呈现之色等境之现分，于名上贪著其义，于以上错乱其名，名和义之关系，内、外、中、边、善、恶、大、小、方分、时分等，有心所增益之一切所执。依他起性是指能所二取呈现为法之识，有无明习气而成为依他起，即是所现故。……自觉自明而离一切戏论即圆成实定义。法性、法界、胜义谛均同义”。[①] 郭若扎西所说的“如来藏”佛性论与觉囊派的“如来藏”佛性论的说法几乎是一样的。也是用“三性”、“二谛”来说明如来藏佛性思想，提出了圆成实性是胜义谛，其本身自性不空，是实有、恒常不变的“实有如来藏”。有些学者受到般若性空思想的强烈影响，把“如来藏佛性论”与“般若性空思想”相结合，提出了中道如来藏佛性论。如宁玛派大师密彭尊者在《如意藏纵论要义》中写道：“诸法（即世俗谛）之显现，与三轮（即佛之金刚身、金刚语及金刚意）之体性皆自本初以来即已存在。当其为空性时，则是‘了义世俗谛’。而佛身于根本智不可分之空性（无自性），则是‘了义胜义谛’。”[②]密彭大师的意思是说，世俗的一切法之显现，其实是本有之体性的游戏而已，这里所说的本有之体性就是指如来藏。当如来藏为空性的时候，则是‘了义世俗谛’。而佛身于根本智不可分之空性（无自性性），则是‘了义胜义谛’。这里所说的‘了义胜义谛’是空性、无自性。宁玛派的敦珠法王也说道：“无上瑜伽了知一切法自无始以来，已于唯一本体之平等自性中存在，亦即于自生之本觉智中存在。虽然外境（一切法）于心识中一一显现，然外境实无自性，且属颠倒，心识于本初为三佛身之自

① 郭若扎西著：《郭扎佛教史》（藏文），中国藏学出版社1990年，第77页。
② 敦珠法王等著，许锡恩译：《九乘次第论集》，青海人民出版社2005年，第77—78页。

性：空性即法身，光明即报身，周遍一切之大悲即化身。”[①]这里明确指出，外境即一切法都是心识的显现，实际上都没有自性。心识本来就是三佛身之自性，又把法身和空性、光明、报身等联系起来，并说其存在于一切之大悲即化身当中。这里，宁玛派说的如来藏又成了“空性如来藏”，与噶举、萨迦等宗的观点相似。

总 结

云丹嘉措大师所说的“他空见”和土观·洛桑确吉尼玛等许多学者的提法不一样。前者所提的“他空见”是广义他空见，即指如来藏佛性思想。后者所提到的“他空见”是狭义他空见，即专指藏传佛教觉囊派所持的“实有如来藏”思想。至于广义他空见或如来藏佛性论，由于它的思想来源问题直接追溯到印度佛教如来藏佛性论和般若性空学说，故藏传佛教诸宗派中亦无任何异议。关于狭义他空见或“实有如来藏”学说的理论来源，藏传佛教史上众说纷纭，如格鲁派等的学者们说“他空见”是外道邪见，认为不是纯正的佛教思想。觉囊派和宁玛派的一些大师则认为，“他空见”是佛陀之究竟了义实教。从而格鲁派等批判觉囊派是外道，不属于内道，把矛头指向觉囊派的身上。其实，无论是正统的如来藏佛性论，还是实有如来藏学说，两者都来自印度佛教思想，并非藏族学者的独创。两者的不同点就在于，后者受到“神我”、“梵我”等印度神学思想的浸染，从而他们所讲的“如来藏就是我”和印度婆罗门教所说的“梵就是我”逐渐趋于一致了。觉囊派和宁玛派的一些学者所提到的“实有如来藏”学说，虽然受到了印度神学思想的强烈影响，但它不是藏族学者的杜撰、造作，而具备佛教经、论的经典依据，它在传承上仍属于如来藏佛性论系统。所以，云丹嘉措大师将两者统统纳入到“他空见”，得出了“他空见”是藏传佛教诸宗派的主体思想的结论。

作者单位：中央民族大学

① 敦珠法王等著，许锡恩译：《九乘次第论集》，青海人民出版社 2005 年，第 82 页。

进入书面记录的《格萨尔》口头传统

周爱明

口承文化或者口头传统总是先于书写传统而产生，并为所有人享用，即使在教育如此普及之今天，世界上绝大多数人仍然依赖于口承文化和传统。不过，书写传统却让我们有了档案，即使是残缺的，也让我们对历史的某个瞬间可以解剖，从而求证出某些蛛丝马迹。毫无疑问，至今仍在口耳传唱的《格萨尔》，无疑是青藏高原上最具生命力的口头传统之一，然而，这个被誉为人类文明活化石的史诗说唱传统，究竟产生于何时，成型于何时，最初是何人开创，以及一代又一代说唱艺人的具体功绩等，却无人知晓。不过，从前人给我们留下的书面记录中，我们或许可以如剥茧般地寻出这个口头传统的丝缕痕迹。

格萨尔军王

最早进入书面记录的，是格萨尔军王。

《国王遗训》中载："北方乃是格萨尔军王。强力射箭立靶在四方，同时射中四靶者为王。"①

《嘛呢宝训》中载:"大唐皇帝的王子说:'吐蕃杀了我们的弟兄,削弱了我们的军队,所以是我们的敌人,公主不能嫁往吐蕃。格萨尔军王英武善战,国家如遇危险,可请他来援救。所以,应该把公主嫁给格萨尔军王。'……吐蕃使臣说:'我吐蕃最早来到此地求娶公主,所以公主应嫁往吐蕃。'霍尔使臣说:'如果不把公主许嫁我主格萨尔,我等将发大兵。'"②

《五部遗教》中载:"在北方七星升起的天空之下,所谓仲地之内有格萨尔军王。"③

《汉藏史集》中载:"吐蕃四周之王为选任之王。……格萨尔军王的选任办法是,由四名大力士取四只箭分别向四方射出,谁射得最远谁就被选任为王。……格萨尔军王以勇武著称,为教化其地,天女般扎年噶之五百儿子,化现为军旅作其导师。……格萨尔王能降伏敌军。"④

《贤者喜宴》中载:"汉地之王像蛇盘绕林木,印度之王像狼伺袭羊群,波斯之王像鹰扑鸟群,格萨尔王像系在树上之马,暴躁不休……吾王啊,您英略盖世,就是格萨尔军王他,闻王之名生敬信,发愿来世托生为侍臣。"⑤

《西藏王臣记》中载:"当时的情况是,因为有印度法王、波斯财王、格萨军王、美色市王等,大家都羡慕唐皇敬信佛法,后妃享有荣华,太子爱好武艺,文成公主又是花容月貌般的美丽,大家都分别派遣使臣前去中原,争聘文成公主为妃。"⑥

《西藏王统记》中载:"格萨武王之使臣百骑,亦为请婚公主而来……格萨使者馆于南城……"⑦

《国王遗训》、《嘛尼宝训》、《五部遗教》这些书,学界已确证系11世纪后,佛教后弘期宁玛派僧人的"伏藏"经典,并非如诸书所标榜的松赞干布等人的著作。而《汉藏史集》、《贤者喜宴》《西藏王臣记》等,则为

---

① 《国王遗训》,拉萨木刻本第19页,转引自降边嘉措《格萨尔论》,内蒙古大学出版社1999年,第418页。

② 《嘛呢宝训》"迎娶文成公主"章,拉萨木刻本,转引自降边嘉措《格萨尔论》,第418页。

③ 《五部遗教》藏文木刻版,第6页,转引自降边嘉措《格萨尔论》,第419页。

④ 达仓宗巴·班觉桑布著、陈庆英译:《汉藏史集》,西藏人民出版社1999年,第7页。

⑤ 巴卧·祖拉陈瓦:《贤者喜宴》藏文版寅卷,转引自降边嘉措《格萨尔论》,第420页。

⑥ 五世达赖喇嘛著、郭和卿译:《西藏王臣记》,民族出版社1983年,第31页。

⑦ 索南坚赞著、刘立千译注:《西藏王统记》,西藏人民出版社1985年,第60页。

15—17 世纪作品。尽管著作年代相距几个世纪，但它们对格萨尔的记述，表明在吐蕃强盛时期格萨尔是与松赞干布齐名的一位军王，他的英武善战，在吐蕃、大唐等地传扬，使得高僧大德们不能忽略，以至于“格萨尔军王”在史籍中频频出现，可见当时这位军王在口头传统中之盛。

14 世纪时，大司徒绛曲坚赞的《灵犀宝卷·朗氏家族史》为我们提供了另一些细节。这部典籍相当周详地记述了一位林·格萨尔的事迹，还记述了他手下的多位大臣，这些大臣在当代说唱艺人的说唱文本中被细致描摹。

朗氏家族中有位祖先名大成就者绛曲浙桂，曾经从他们的家乡山南到内地五台山修行，路过一个叫结措湖的地方，遇到了格萨尔大王。大王向他供奉了一件罗刹的大氅，花发辫，黑马，并说：“我立志驱除人间恶魔。请给我事业以护佑，并给我作长生不老的加持。”大成就者绛曲浙桂说：“当死亡来到的时候，天上的神也无法阻挡。我只能护佑你不受魔障的侵凌，一直活到八十八岁。”大成就者来到五台山后，天天在禅房修定。一天，忽然预示出林·格萨尔派来使者的征兆，睁开眼，果然使者出现在身边。说：“大成就的瑜伽行者啊，林·格萨尔王已经准备了足够的供奉，请你不要留在异域，还是回故乡去吧！”大成就者回答道：“我见到格萨尔王的使者，就像见到亲人一样，到底留在五台山还是返回藏地，可以慢慢商议。”后来，绛曲浙桂骑着鼓，从天空飞回格萨尔之地，受到空行仙女的迎送。在岭域降落后，受到格萨尔大王和他的将领的欢迎。格萨尔遵照绛曲浙桂上次的嘱托，献上从地下挖掘出来的《五部遗教》，还有殊胜法鼓、白银法矛、黑色法旗，莲花生法衣、头发和转经筒，还有白额帕贡马，这些都是见面时献上的供奉。格萨尔的大将生仑（现在的史诗汉译文本一般写作“森伦”）献上吉祥花羊；超同献上黑腰刀、化缘白伞；甲扎协尕献上岗尕拉则；巴底献上闪光红玉。岭国三十个英雄、三十个青年、三十个上师、三十个贵妇，均一一有所奉献，于是大成就者在岭地居留下来。[①]

绛曲淅桂这位朗氏先祖的生卒，约在朗达玛（815—846）之后，即西藏分裂割据时期。这就表明，9世纪后，直到14世纪，从口头进入书面传统中的林·格萨尔“已立志驱除人间恶魔”，崇信佛教，并有生仑、超同、甲察协尕、巴底等30位大将，但这时他仍然只是林地一位王，一位普通的追求长生不老的人间之王。

另外还有史书提到，萨迦王朝初年，本钦·释迦桑布从内地返回西藏，带着大元皇帝的许多赏赐，其中有匹叫嘎瓦多青的宝马，到了汉藏交界处，一夜之间忽然失踪了。本钦发出命令，让侍从到四面八方寻找。侍从们来到驻地东边，遇见两个人，他们说：“我们看见雪地上有马蹄印，一直朝索那加乌山那边去了”。侍从们走了三天，来到索那加乌山下，看见一大片兵营，宝马就在兵营里。侍从们经打听，知道这是麻桑的大营，格萨尔大王和嘎德也住在此地。侍从们被请进大帐，招待喝酒吃肉，接着嘎德进帐来，说：“前几天我到上部羌塘，想拜会本钦·释迦桑布，因没有得到通报，顺便就骑了这匹马回来了。请转告本钦，希望日后常通来往，马和彩箭请你们带回去。”[②]

这里所说萨迦王朝初年、释迦桑布任本钦时期，为13世纪下半叶，这时的格萨尔大王又添了麻桑、嘎德等手下，他们的驻地在内地与西藏之间的索那加乌山下。

此外，在《八思巴传》、《帕龙传》、《得噶珠依》等藏文古籍中，均有关于格萨尔的只言片语式记载。

“格萨尔传”与“说格萨尔传”

直到18世纪，藏族学者松巴·益西堪布才在他的著述中，将口头传统中的格萨尔进行了比较完整的记录。

---

① 大司徒·绛曲坚赞：《朗氏家族史》，赞拉、阿旺、佘万治译，陈庆英校，西藏人民出版社1989年，第31—38页。

② 齐美多吉：《古藏文史料中的“格萨尔王”》，四川省格萨尔工作领导小组办公室编《〈格萨尔史诗〉资料小辑》第一辑，第47页。

……承询问……格萨尔王生于何时等……谨将我所知道的或是听到的，不管正确还是不正确，按照您的指示，答复于下：

……格萨尔的故事，像汉族唐僧一样，虽然另有唐僧的正传，但现今皇上的都城以下，却有各种关于他的故事、戏剧等，和外道的各种《吠陀经》中的传说一样，是经过夸张和文学加工而成的。

据说格萨尔生于德格的左方属康上部岭瓦的名叫吉尼玛滚奇的地方。

格萨尔出外所征服的霍尔黄帐房裕固尔货吞族的王城牙则卡玛在德格的左上方。现在那些部族中的“黄河八部落”还住在青海湖的后边。在那一带说格萨尔传以及骑白额枣红马的人，都会招致那地方鬼神的侵害。在那里，还有被毁坏的班达霍尔的白尕神庙的遗址。

格萨尔到底生于何时虽不知道，但我想不会太早。因为听说在康现在还有他的弓箭等，而且有他的子孙后裔等。

……承再问关于……以及所谓格萨尔王的历史，并嘱回答时要比上次详细些，把现今所流传的一些不像胡扯的说法用文字记录下来……

……现在在康、藏、霍尔地区到处流传着经过用诗句夸张的格萨尔王传，不管怎样，他大概是一个普通人吧！至于说他会各种不同的变化是很难令人相信的。当然，要断定格萨尔是神的化身还是普通人，任何凡夫俗子都是很困难的。这里谨向您谈谈一般人的共同说法：

在巴康上部，由下而上有三条河：黄河、杂曲河、长江。杂曲河是中间的一条，又有吉雄、促隆瓦二水与之相汇，格萨尔出生地就在三叉河口那里。那地方属德格宫殿左边德格的地方。据说他出生的地方，上方有一镜子般的小湖，下方有两河相汇，还有一座四棱小石山，中央有一块像铺着的毯子一样的草坪，那里有一株独长的树和他父母曾经搭过牛毛帐篷的遗迹——扁石岩。那地方就叫“吉尼玛滚奇”。

在那里的上方，康钦隆瓦河、牙捏河、杂曲河三河相汇处虎山前面有一座像心脏一样的小山。那小山下方的大土山深处有一个名叫贡巴热擦的很厉害的山神。在那些山前，据说有格萨尔的三十个兄弟的三十堆石头。

格萨尔的血统，属于巴康德格地方岭瓦和丹两大部落之一的岭瓦部落。现在岭瓦部落不属德格管辖而属丹。在那里，格萨尔降生为父亲隆和母亲尕如的儿子。

也有人说，从前岭瓦和丹的部落经常被强盗抢劫，因此老乡们经常到当地的一座形势险要的山上的山神那里去烧香祈求保佑，结果那个山神或者是山神的一个化身投胎生了格萨尔。这种说法也有可能，例如现在的洞那地方有一个经常住在一座险要山上的牧民的女人，就因为那山的山神投胎生了一个儿子，那儿子的孙子名叫江样然江巴，僧俗人等都看见过。

格萨尔生后不久，被他的叔父乔同赶到黄河发源处的扎陵湖、鄂陵湖和毒湖附近的拉隆于多地方，在那儿安家立业以后，成了有武艺的英雄。据《五世达赖传》噶部第181页上说，在那个地方有一座据说是格萨尔拴过犏牛的小山（名叫佐察登）。离小山不远的地方也有一块据说是霍尔军扎过营的大滩（名叫阿奇毒滩）。

格萨尔是一位武艺大、机智勇敢的人，娶了梅萨绷姬和岭加里的姑娘珠牡姬大小两房妻室。格萨尔的马叫作江郭叶瓦。

格萨尔出外征服的被叫成“魔”的，实际上，是出生在拉萨正北方的南错去末方向，属哲瓦那仓，叫作古如和闷惹交界的地方的一位有高超武艺的英雄。他出生的部落叫作“魔的部落”。他到拉萨南边工布方向去的时候，那地方有一眼谁喝了都要变成半疯不疯的名叫“毒泉”或“迷泉”的泉水，泉水附近的人畜据说都被泉水醉过。他喝了那个泉水。同时，还有一种说法，说是那地方有座魔的灵魂山叫作哈向则古，山中有三个小湖（玛错湖、美错湖等），如果三个湖的水汇在一起，那时就有魔降生。他一方面喝了毒泉的水，一方面当时三湖（玛错湖、美错湖等）的水汇一起。我想，就这样，他这个人就成了人间的“魔”了。后来，他到了当地方（拉萨东北），用鹿角和骨头筑了一座名叫堆卡下热南宗的城堡，住在那里行劫。有一次，在行劫途中来到了岭瓦地方，正遇上格萨尔到别处打猎或是行劫去了，他就把格萨尔的女人梅萨绷姬和家人青安坚抢走了。

格萨尔回到了自己家乡，听到了这事以后，于是一路行劫，渡过了魔地的谢曲康巴，碰上魔出外行劫去了，见了梅萨绷姬。梅萨把格萨尔藏在一个地洞里，并告诉他杀魔的方法。

魔回到自己家里，到晚上睡着了。当第二天太阳刚照山顶时一看，只见魔的鼻孔里出来黑白两条蛇，在他脸上搏斗。等到那条是魔的灵魂或者是和魔同时降生的鬼——黑蛇盘在前额的时候，格萨尔射了一箭，蛇和魔就一块儿被射死了。

据说格萨尔和梅萨在魔地一块儿住了九年。那时候，霍尔王白帐房、黄帐房、黑帐房三人的匪军到了岭瓦地方，杀了格萨尔的祖父皆居谢尕和兄弟三十人，带走了叔父恰干和珠牡姬。珠牡姬被白帐王纳为王后。

霍尔的地方和岭瓦相距并不太远，在长江七渡口左边的曲麻的上部的阿钦隆瓦沟里的名叫冈恰杂波的雪山下面的一座大土山，山脚下有霍尔白帐王的牙才卡玛城。现在古城遗迹的一垛墙上，据说还有从前格萨尔王挂铁链入城时留下的一段红铁链。

在那座土山的某些山谷里，因为有据说是霍尔士卒被杀后变的厉鬼，一种不是人而是幽灵之类作怪，所以现在平常人晚上谁也不敢到那里去。这些话是我从耳闻目睹的人那里听到的。

根据传闻的关于格萨尔从魔地回到家乡时霍尔军抢劫岭瓦的情况来看，格萨尔是带了大批的岭瓦军队来到牙才卡玛城的。格萨尔把铁链挂在城墙上，进入城里，打开城门，军队涌入，杀了霍尔王和许多霍尔军。据说从霍尔军队里只逃出了有武艺的牙瓦七骑士和他的随从等。

格萨尔带上叔父恰干和珠牡姬回到了自己的家乡。后来，据说格萨尔有一次到丹地方去的时候，丹地方的狗赶上来把马惊了，他被摔下来去世。从此以后，丹人就要付格萨尔的偿命钱，每年要向岭瓦像交税一样交一次。另外在丹地方有一块名叫拉康的小滩上有一大石堆，直到现在，据说丹人如果在每块石头上都写上“玛尼”同时偿命钱也每年增加的话，那地方就会吉祥如意。因此，那地方有所谓“格萨尔的命价是偿不完的，丹人的财富是用不完的”的谚语。

那时候，岭人、丹人、魔地人、霍尔人没有一个共同的国王和共同森严的法度，想干什么就干什么。那时候的那些人，似乎都是性情直爽英勇自恃，因而彼此挑起互相劫掠的战争。

前面提到的阿钦冈恰尕波和土山底下的牙才卡玛城的遗址附近，还有白帐王的遗民和牙瓦七骑士等的后裔。他们的牛毛帐篷里上方的一根细帐篷竿顶上，还安上一根小横木，据说是表示格萨尔征服霍尔得胜以后放过牛鞍的样子。

又青海湖的北方七八天路远的地方，自把洞河和绪下河起一直到汉族的肃州城的这边，有霍尔黄帐房的部落的后代，或称下热裕固尔的八个部落，语言有点像货吞，服饰和汉、藏、霍尔等一点也不相似。他们叫作班达霍尔。那些部落的牛毛帐篷的腰上，有缝一幅黑色毛布的习惯，据说是表示从前格萨尔征服霍尔时用宝剑砍了牛毛帐篷的痕迹。

阿钦山的洼地和青海湖上部的霍尔地方，都有从前和岭瓦打仗时被杀的厉鬼白尕、白赛和从属以及他们的亲属变成的鬼怪，至今还是显灵显圣。在那地方如果说格萨尔传或是骑白额枣红马，都会得罪鬼神而招致灾害。现在据说在西康昌都一带，岭瓦三十兄弟中有的成了山神，附在人身体上说预言，同样，在裕固尔等地，帐房王及英雄等也有些成了神，有时也在下神时出现。

我想格萨尔生时不会太早，因为在昌都的洛于铺的神堂里有两卷格萨尔的大般若经，每卷必须用一匹牲口才能驮得起，还有格萨尔以及他的上辈和十三兄弟的比现在的剑稍大的宝剑。这些我都是从亲眼看见过的人那里听来的。

另外，前藏、后藏的一些神堂里，据说也有格萨尔的帽子、弓箭等。

以上所谈这些，是从德格的一些老头儿那里听来的，有些也不肯定，不过大部分一致罢了。①

在这段记述中，《格萨尔》已有如下规模：

1. 格萨尔出生于三河交叉口的吉尼玛滚奇，父亲为隆，母亲为尕如；

① 松巴·益喜幻觉尔：《松巴·益喜幻觉尔给班禅·白丹依喜的复信》（节译），周季文译，见赵秉理《格萨尔学集成》（第三卷），甘肃人民出版社1990年，第1698—1700页。

2. 格萨尔出生后被叔父乔同赶到黄河源头，在那里获得英雄本领；

3. 格萨尔娶梅萨绷姬和珠牡姬为妻，并有名为江郭叶瓦的白额枣红马；

4. 梅萨被“当”地方的魔劫走，格萨尔在梅萨帮助下，射杀魔的附魂蛇，射死魔；

5. 格萨尔与梅萨在魔地居留九年，期间珠牡姬被霍尔抢走为妃；

6. 格萨尔依靠铁链破城，降服霍尔，凯旋；

7. 去丹地途中，马惊，坠地而亡。

在这个时期，格萨尔是一位“武艺大、机智勇敢的人”，因为两个妻子的先后被抢，他征服了魔和霍尔，他的马也只是普通牲灵，会在受到狗的攻击时受惊，并将主人摔下来致死。“降魔”和“降霍尔”两个故事中，已具备现代仲肯说唱文本中的故事主干，而且，似乎也可表明“降魔”与“降霍尔”应为整个《格萨尔》的源初主干。同时，所有故事中并没有什么宗教色彩，这说明18世纪在康、藏、霍尔地区的口头传统中，格萨尔王和《格萨尔》还处于一种比较淳朴的状态，但已初具规模。

这段文字也表明，格萨尔的故事已经在“岭人、丹人、魔地人、霍尔人”中比较盛行，“说格萨尔传”已经成为某种娱乐方式，正如当今说唱艺人有种种忌讳，彼时人们也不能在阿钦山的洼地和青海湖上部的霍尔地方讲说，否则就会得罪鬼神招来灾害。虽然我们还不能确定“说格萨尔传”是否有某种特定的人或人群，也不清楚说的方式、场合等，但“说格萨尔传”这种口头传统，已经具有相当规模。而且，或许我们也可将之视为这是《格萨尔》说唱艺人的初次现身，尽管还隔着重重帘幕。

《第八世达赖喇嘛强白嘉措传》中，对口头传统里的格萨尔的记录为：

> 江河出于雪山，人杰来自天神，在多买地区有芒康赛姆岗，有一位由神的化身到人间的岭·格萨尔，他英勇无畏，无比聪明，十分威严，而又胸怀宽广，品德高尚。他有一个侄儿叫扎拉孜杰，住在拉日岗，管辖着多堆地区的十八个部落，他们都是天界白梵天王的后裔。①

八世达赖喇嘛（1758—1804）出生于拉日岗，为了说明他的家乡人杰

---

① 转引自降边嘉措：《〈格萨尔〉初探》，青海人民出版社1986年，第244页。

地灵，传作者抬出了格萨尔及其侄儿扎拉孜杰，不过，这也为我们留下了18世纪中后期口头传统中的《格萨尔》：格萨尔住在多买地区，由神化身到人间，他与侄儿都是白梵天王的后裔。

《霍岭大战》等记录整理本

18世纪，还有一位对《格萨尔》口头传统高度重视的杰出人物——朵卡·策仁旺杰。

相传，朵卡家族是藏王松赞干布的大臣噶尔·东赞域松之嫡系子孙。这个名门望族在历届西藏地方政权中都曾担任要职，到策仁旺杰时期，官越做越大，1727年，清朝任命他和噶西巴·纳木扎勒色布同为噶伦，与颇罗鼐共同治理西藏地方事务。不过，当时时局动荡，策仁旺杰在政治风浪里几起几落，历经坎坷，险遭杀身之祸。政治上的失意，使他转而开始文学创作，特别是《旋努达美》更是开创了西藏长篇小说创作之先河。

策仁旺杰还是一位《格萨尔》的爱好者。据传，他曾召集十几位当时较为著名的说唱艺人，在其官邸里说唱，令人记录整理，并经他本人审定。据说《霍岭大战》就是根据当时最著名的四位说唱艺人的演唱记录整理而成，该版本被称为"拉萨手抄本"。它与其他手抄本相比，结构严谨，人物形象鲜明，语言生动优美，文笔流畅，错别字极少，可以明显地看出是经过高手加工润色的。

据一些老人介绍，他们读过的拉萨手抄本后面，还有说唱者和记录者的名字，叙述了记录整理的过程。

可惜的是，当时在策仁旺杰主持下，究竟整理了多少部，现在已经很难考证。那些写有"后记"的手抄本本来就很少，大多数传抄者只抄写正文，对说唱和记录过程并不感兴趣，也缺乏这样的观念和意识，仅有的几部在十年动乱中也散失了，至今下落不明。

据一些藏族老学者分析，除《霍岭大战》外，当时记录整理的，至少还应该有《英雄诞生》、《赛马称王》等部。[1]

朵卡·策仁旺杰对《格萨尔》的记录整理，不仅保存了《格萨尔》这

① 降边嘉措：《格萨尔论》，第52页。

个口头传统，还把说唱者、记录者的名字和记录整理过程都写在手抄本后面，说明他对这些人的尊重和对记录整理过程的慎重认真，甚至可以说是相当科学的工作方式了。这也表明，他是重视和尊重《格萨尔》这个口头传统的，因此，他的这个举动，不仅直接提升了《霍岭大战》等拉萨手抄本的质量，也提升了整个《格萨尔》口头传统的地位。

同时，他也是我们今天从书面传统中所见的，第一位对《格萨尔》口头传统进行记录整理的先贤。尽管由于后来的种种原因，我们暂时失去了能眼见那些伟大说唱者名字的机会，但山回水转，或许某天那些写有“后记”的手抄本重见天日，我们就能一睹其真容了。

“藏三国”之讹

17 世纪后，在将近两个世纪的时间里，我们从书面记录中还能看到另一股“撰写”和改编《格萨尔》之风：宁玛派的各位高僧大德对这种人们津津乐道的格萨尔故事的热情洋溢的“夸张和文学加工”：

17 世纪作为宁玛派新教义之一的大圆满法的创造者白玛仁增（1625—1897），可能确实撰写了《大食分财》，正如其木刻版最后所署名的一样，随之相伴而生的还有一种将格萨尔作为财神崇拜的仪式。到 19 世纪，许多宁玛派“仁美”喇嘛都开始撰写格萨尔，并称之为“掘藏”。这些掘藏本《格萨尔》里已经渗透了佛教的思想和观念。

到 19 世纪末 20 世纪初，四川居噶寺的宁玛派活佛米旁·朗吉嘉措那里，《格萨尔》的佛教色彩更是登峰造极。他撰写了《格萨尔故事》和大量的格萨尔祈祷词。在他的故事和祈祷词中，格萨尔除了是由神变成的人间王外，还有国王、护法神、本尊和英雄等文、武、权、胜四种形象，不同的时候以不同的面貌出现，起不同的作用。①

不过，正如朵卡·泽旺仁杰的记录整理大大促进了《格萨尔》口头传统的发展，宁玛派高僧对《格萨尔》的这些“创造”、改编对这个民间的口头传统也影响不小，至少，此后《格萨尔》的宗教色彩越来越浓厚，部数

① 参见谢泽福：《岭·格萨尔——藏族社会中的萨满力量》，耿昇主编：《国外藏学研究译文集》第八辑，西藏人民出版社 1992 年，第 61—362 页。

也越来越多。正是当此时期，《格萨尔》这个口头传统得到了极大发展，以至到20世纪二三十年代，任乃强先生在康区时，即听闻藏族僧民，以至任何使用藏文或信奉喇嘛教之民族，脑海中都莫不有唯一超胜的英雄——格萨尔。格萨尔的故事在藏族社会中脍炙人口，任何人皆能道其一二。

据任乃强先生的调查，这个被汉人称为“藏三国”的“格萨全传，今有20余部，每部皆在100藏页左右。甘孜夺拖寺（花教）有一僧，能抄全部，工料各费，约需法洋10余万元。常人购抄，率不过二三部，或仅一部”。他共记录到19部篇目：

据谢科员说，此书共18部，夺拖寺喇嘛藏有，自己实未全见。据杂科保正说，为19部，并列举其名称云：

一、诸天会议　叙述一怨诟佛法之妇人发愿转世为魔，摧毁佛法。莲花佛知由此愿力，将产生三个力能摧毁佛法之子，为霍尔三王。召集诸天神佛会商，推举一神下凡，转生为摧破三魔国之人，即格萨也。

二、降生　叙述此神投胎、生产与幼时生活情形。谓其为林国王私通女奴所生之子，初甚贱视，名为足日。足日义为苦孩子或滥娃娃。但足日能以卫自立。

三、赛马　叙述国王将以赛马获胜者承袭王位。足日与诸世族子竞赛，遭受种种扼抑欺弄，终能以术解脱，卒获冠军，遂即王位。格萨之名由此而得。

四、林与中华　叙中国皇帝得一魔妇，多方摧毁佛法。其公主五人，皆度母化身，以隐语召格萨来，用种种方法破毁魔妇之术，卒宏佛法。

五、底纳折　以魔王名为题。即首章发愿摧毁佛法之妇人，转生后，产育三魔子之事情。

六、霍尔侵入　叙述霍尔格噶设法毁灭格萨灵智，攻入林国，劫去其爱妻卓么，迫为配偶事。

七、攻克霍尔　叙述格萨清醒后，备历艰苦召集党徒，巧袭霍尔，夺回爱妻，斩除三魔酋事。

八、觉林　叙觉阿撒打甲波与林·格萨争斗，及其子叶拉投降格萨事。相传其国在巴塘南。

九、喜折　叙平喜折王国事。

十、挞惹　叙征服大食国事。

十一、林与蒙古上　叙征服西部蒙古。

十二、林与蒙古下　叙征服东部蒙古。

十三、昔日　昔日北方国名。此叙格萨征服其国事。

十四、卡契　藏人谓印度回教徒为卡契。此述格萨自卡契取宝石事。

十五、祝姑　叙格萨夺取海外奇器事。

十六、白热　叙征服白热国事，或谓白热即白布国，在波密之南，即白马冈；或谓即西康之白利。

十七、日勒得通好　日勒得为西方女国。此叙通好之事，谓藏俗执贽必衬哈达（丝织之长巾）即始于此。

十八、取九眼珠　九眼珠为石理自成图案文之宝石，价昂于黄金数倍，此叙格萨求取事。

十九、林与地狱　此叙格萨入地狱救其妻事，与我国（汉地——本文作者）所传目连救母事仿佛。

不过，这19部并非是任先生从仲肯口头记述，而是他人所见抄本内容，而这些抄本最初究属是从仲肯演唱时记录，之后转复抄写，抑或像任先生所访者李鉴明介绍的那样？李君言“格萨史诗，原作只有5部，后经藏中文学家摩拟其体，陆续增修，已至23部。近世某花教僧续撰一部，为24部。近年热振呼图克图执政时，赏某白教僧文学（字？），复命其续撰一部，已25部矣”。其中的格萨尔降生、征服霍尔是已经在松巴·益西堪布时代就已经在康、藏、霍尔广为流传的口头传统，因此，或许可以揣测，上述5部“原作”就是原有口头传统的书面记录？

此外，最有意思的，是任乃强先生对康区民众嗜好听闻《格萨尔》情状的描写：

余初见此书于民国十七年，在瞻化蕃戚家，曾倩人段读，令通事译告。环听者如山，喜笑悦乐，或愠或噱，万态毕呈，恍如灵魂为书声所夺。去年入康，过甘孜贡陇村，待换乌拉，见保正家有书，询为藏三国，令试讲述。其人诵习如流，乌拉已齐，催行再四，彼尤苦读不止，未尝念及听众之当别去。后至桑珠寺夜宿无聊，嘱杂科保正觅此书。其人即全部写本而读之烂熟者，闻余等嗜此，甚喜，归取书，遂抃被来，拟作长夜讲述。县府谢科员任翻译，亦素喜此书者。二人讲述已半夜，余等倦眼欲合，讽以辍讲，彼如酒徒临饮，期期不肯止。直至余等已入梦，始自罢辍。①

这里描摹的，虽然并非说唱艺人的现场说唱，但人们对于《格萨尔》讲述的酷爱，可见一斑。正是这种几近疯狂的热爱，鼓舞着说唱它的人们，从而使《格萨尔》口头传统越来越兴盛。

此外，在任乃强先生在康区对《格萨尔》搜集调查的前后，西藏的一些高僧继续着对《格萨尔》的热心记录和整理。拉萨地区，有公德林札萨；在昌都地区，有十世帕巴拉父子；在德格地区，则有岭仓土司等。

上一世帕巴拉，即第十世帕巴拉活佛非常喜欢《格萨尔》，经常把艺人召到他的别墅里去说唱。在他别墅的壁画里，画的全是格萨尔、珠牡和30个英雄的像，以及格萨尔故事。这些壁画一直完整地保存到1959年西藏进行民主改革时。

他的父亲比他更喜欢听格萨尔的故事。据说他曾对别人讲："我做了个梦，梦见格萨尔大王对我说，你要把我宏扬佛法、降伏妖魔的英雄业绩整理成文字，在藏族地区到处传颂。"可惜他不识字，就找了一些人记录整理。据说当时他们找了不少艺人，记录整理了一套完整的十八大宗、几部诞生史和其它一些小宗。其中一些手抄本解放前后一直在昌都地区流传。那一套完整的十八大宗，民主改革后就不见了。有人说没有丢失，可能藏在一个山洞里了。最近几年，有关部门一直在寻找，但无结果。

帕巴拉父子主持的搜集整理工作，主观上可能只是出于个人爱好，但客观上对史诗的流传和保存，对扩大史诗在群众中的影响，提高民间艺人在社会上的地位，起了很好的作用。自那以后，昌都地区出现了不少著名的说唱艺人。扎巴老人就是昌都边坝县人，后来

---

① 任乃强：《"藏三国"的初步介绍》，原载《边政公论》1944年第四卷第四、五、六期。见赵秉理：《格萨尔学集成》，第一卷，第667—773页。

才流浪到拉萨地区。据他讲,他年轻时,昌都地区有不少著名的说唱艺人,演唱《格萨尔》的风气很盛。

公德林札萨也很喜欢《格萨尔》,他经常把一些民间艺人请到他家去说唱,并让人记录整理成文字。据扎巴老人讲,解放前他也曾到公德林家去说唱,当时还有别的一些艺人住在他们家。扎巴老人说,那时他刚从乡下到拉萨,讲得不好,名声也不大,所以只让他演唱,并没有记录成文字。公德林家究竟整理了多少部手抄本,这些本子又传到什么地方去了,目前尚未查清。①

“谢村版”和“拉达克版”

1900 年,摩拉维亚传教士弗兰克(A. H. Francke)在拉达克的“谢”(Sheh)村,从西藏艺人那里记录了一部《格萨尔》,并以《格萨尔王传的春季神话》(The Spring Myth of the Kesar Saga)发表在《芬兰—乌戈尔社会论丛》(Me'moires de La Sociète Finno-Ougrienne)第 15 卷第 1 期上,有史诗口传文本原文和德文译本,国际学界一般称之为“西部西藏版”或“谢村版”。之后,他又从拉达克卡拉子(Khalatse)村一位 16 岁的女孩那里记录下一部《格萨尔》,于 1905—1909 年在印度加尔各答陆续发表,题为《格萨尔王传的一个下拉达克文本》(A Lower Ladakhi Version of the Kesar Saga,见《印度书目》Bibliotheca Indica 第 1134、1150、1164 和 1218 部),书中计有这个说唱文本的原文、英文提要、词汇和注释等。

“拉达克版”虽只有 7 章,为序幕(叙述创世纪和岭的 18 勇士,这是当时其他文本所没有,而仅见于当代桑珠说唱本中的《天岭卜筮》)、格萨尔的诞生、格萨娶珠牡、格萨到中华、格萨降魔、霍尔劫去珠牡、格萨平服霍尔等,但它确确实实是从一位 16 岁的姑娘口中记录下来的。这是西方传教士和探险家们第一次完整记录《格萨尔》口头传统。其故事梗概为:

序幕叙述了岭的起源:古时一对年迈的夫妇,他们有一小块土地,这块地里只长了一株草,慢慢地长得像棵树一样的高大,结了个

① 降边嘉措:《〈格萨尔初探〉》,第 391—392 页。

硕大的果子。他们把果子收储在仓里,果子在仓里变成无数的蛆虫,它们互相残食,直到只剩下一个虫子,而最后这个虫子变成了一个男孩,他成了一名优秀的猎手。他消灭了一个九头魔王,他用魔王的身躯筑成岭的土地。以后他娶了十八房妻室,她们成了十八位英雄的母亲。这些英雄都是非常之辈,他们去巴支白登城堡 pa-chi dpa1-Ldon-mkhar 探宝。英雄帕列 dPa1-Le 最先到达并发现了宝藏。有一天帕列在放羊时看见一只白鸟在搏击一只黑鸟,帕列领悟到那只黑鸟必定是个恶魔,于是他用投石索掷块石头将鸟击毙。立即白鸟变成了因陀罗(帝释天王),答应满足帕列提出的一个请求。帕列要求派因陀罗的诸子之一到岭地为王。他说:“派个儿子到这无主的土地上来作王吧!”因陀罗允准了他的请求,决定派遣他的幼子敦珠,于是敦珠便在天庭死去,而后到人间转世。一天,未来格萨尔王的母亲果莎拉牡 Gog-bzan-1ha—mo(藏东本的噶莎拉牡'Gag-bza'-lha-mo 是较好的版本)坐在屋里绩线,这时下了一场大冰雹,有块冰雹落入她的怀里。她吃了这块冰雹,便结下珠胎。而帕列从巴支白登堡赶回来的牲畜,在下冰雹期间所有的母畜也全都怀了胎。敦珠从他母亲的胁部出生。虽然他注定了要成为著名的格萨尔王,但是他常常变换他的本来面目,把自己变成奇形怪象的一些动物,在他母亲的面前他是一只丑青蛙。可怜的妈妈尽力把它藏起来不让见人,但是天庭的女神姑密王后却暗中护卫着孩子。一位老勇士预言,这个新生儿一定要当岭格萨尔王〔这两篇显然是受了佛教传说的影响。因陀罗的幼子敦珠相当于梵语的希德赫塔 Siddhatha。而那位老勇士伤悼他的风烛残年使他不能在格萨尔王麾下效忠的描述,使人联想到预言家阿西塔 Asita 到耐拉克萨泰 Nalaka-sutta 参拜新生的佛爷的故事(参阅 Lalita-Vistara 第 VI 章阿西塔史诗)〕。恶魔们化形喇嘛妄图消灭新生儿,但他们的种种努力只不过是枉费心机罢了。

格萨尔与岭的头人晁同 khra'i-thun(藏东版本为 khro-thun)竞争,想娶珠牡。竞争者必须完成的种种难题之中有:取得“日鸟”的翅膀,杀死野牦牛惹惹 Ri-ri,并把它的皮铺遍全岭。格萨尔成功地完成了这一切,作了珠牡的丈夫。

格萨尔访问中原。中原人遭到一种致命的瘟疫的侵袭,皇帝也染上了病,但是唯独格萨尔才能医治皇帝,于是请他到中原。格萨尔克服了途中的重重阻碍,他到中原时皇帝已经复元了。他带着中原的公主和财宝潜逃,被逮住投入有龙的深坑,他变成一只苍蝇从那里逃了出来。最后格萨尔成功地偕同公主和带着中原的财宝回了岭。其时叔叔晁同攫取了岭堡,赶走了珠牡。格萨尔一回去,叛徒就受到惩罚。

格萨尔的神圣保护人提醒他有消灭北方魔王的责任。格萨尔前去北方,珠牡想随他前去,他把她打发回岭。格萨尔历经途中的种种艰难险阻之后到达魔王的城堡,但是魔王行猎未归。魔王的妻子木萨木西 Bam-za-Bum-shyid(Bum-bza'Bum skyid)帮助格萨尔消灭了魔王的九条命。随后木萨木西给格萨尔饮了魔酒,使格萨尔忘记"过去",忘记珠牡和岭国。正值格萨尔和木萨木西生活在魔王的城堡期间,霍尔王哈尔德 Hald 得知格萨尔不在岭,便决定袭击岭和抢走珠牡。岭遭到了攻击,珠牡竭力躲避霍王,向霍王提出一个又一个的难题,意在拖延时间,期待格萨尔的归来,而最后她不得不起程去霍尔。格萨尔的兄弟试图将她夺回岭国,但是由于珠牡的泄露,他的致命之点被霍尔人的箭命中而丢了性命。珠牡作了霍尔王哈尔德的妃子。岭国英雄帕列派遣鸟儿给在北方魔国的格萨尔送信,鸟儿把岭国的不幸遭遇、珠牡被霍尔王抢走的事情告诉了格萨尔。格萨尔恢复了记忆,想起了一切,急忙赶回岭国。格萨尔去霍尔夺取珠牡。众神命令他只身前往,于是他打发马队回岭。在霍尔他做一个铁匠的助手。他打造了一条铁链,他沿着这根铁链爬上了霍尔王的城堡并征服了霍王。格萨尔返回岭国,珠牡由于叛变而受到惩罚。①

从梗概中可以看出,这位说唱艺人的说唱与当代说唱艺人扎巴老人和桑珠老人等各分部的说唱在内容上并无大的不同,"格萨尔的诞生"即英雄诞生,"格萨娶珠牡"实质即赛马称王,"格萨到中华"即岭与中华,格萨降魔即魔岭大战,霍尔劫去珠牡、格萨平服霍尔即为霍岭大战上下部。这也表明,经

① 转引自罗列赫:《岭格萨尔王史诗》,杨元芳译,见赵秉理:《格萨尔学集成》,第一卷,第229—230页。

过将近千年的一代一代说唱艺人的说唱,《格萨尔》各分部已基本上趋同,形成比较固定的情节。这样,即使远隔百里千里,即使说唱它的人们从未曾谋面,也不可能师从同一位恩师,他们却说唱着大体相同的英雄故事,即《格萨尔》。

法国探险家大卫·妮尔夫人的《岭格萨尔超人的一生》虽然有13章,她也从安多的一位艺人口中记录了若干内容,但她最后呈现出的却只是根据她个人好恶而编定的一个改编本,限于篇幅,本文不再摘述。此后的石泰安,更是将他在康区搜罗到的一部手抄对出,同样对于其口承性难于鉴别,这里也略去。不过,正是弗兰克、大卫·妮尔夫人和石泰安们,使得《格萨尔》在19世纪末20世纪初享誉西方,这正是文字的魔力所在。

中华人民共和国成立后,先后于20世纪50年代、60年代和80年代后开展了对《格萨尔》口头传统的全国性搜集、抢救和研究,特别是开展了对说唱艺人的普查,发现了扎巴、桑珠、玉梅、才让旺堆等老一辈说唱艺人,并对他们的说唱进行录音、整理和出版,不仅出版了他们说唱的录音磁带、录像带,还出版了像"扎巴说唱本""桑珠说唱本"这样的多部头《格萨尔》;与此同时,这些说唱艺人被文化部等多部门联合授予"优秀说唱家"荣誉称号,并从此进入西藏和其他藏区的专门机构,领取固定工资,专门说唱《格萨尔》,结束了他们浪迹天涯的旧生活。这些举措充分开掘了仲肯们的才智,也使《格萨尔》这部"生长在民间艺人的创造力和藏族人民想象力中"的史诗在全球化时代仍然活生生地传唱于青藏高原,传唱于世界上这片最高的高天厚土之上。

现在,当时光进入第21个世纪,我们再不用到书本上去搜寻《格萨尔》的只言片语,只要走进藏区的某个牧人聚居的帐篷,或者,走进藏北的某个"格萨尔厅"里,你就能聆听到那个英武之王的神奇故事。

这是人类文明史上的一个奇迹。

或许,这才是格萨尔王最终的梦想。

作者单位:《中国西藏》杂志社

藏语词族与构词法

张济川

最近几年我一直在做藏语词族及相关问题的学习、研究，这篇小文章就是其中的一部分结果。现在借着纪念柳先生百年诞辰的机会先把这一部分拿出来向大家请教，希望得到指正。

人类社会由一个个家族构成，一个语言的词汇是不是也像人类家族那样，一些词之间具有亲缘关系，组成一个一个词的“家族”？答案是肯定的。

一、词族举例

我们这里的词族都是单音节的。多音节词族不在我们研究的范围之内。冒号后面的多音节词或词组是用来帮助我们理解前面那个单音节词族成员的意义或者词族成员之间关系的。一个词族成员在藏语中如果能单用，就在后面给一个汉义；如果不能单用（这恐怕是后来演变的结果），就不给汉义，它的意义要从后面由它构成的多音词中去看。藏文后加字 v 在本文中一律省略。

1 thur:thur ma“筷子” thur khug“筷子袋”
btur“挟”
2 vchib(s)-bcib-bcibs-chibs“骑”:bcibs pa“坐骑”
chibs“坐骑”
3 skug-bskug-bskugs-skugs“赌博,打赌”
skugs“赌注”
4 nyi:nyi ma“太阳,(一)日” nyi zla“日月”
gnyi:gnyi ma“太阳” gnyi zla“日月”
nyin“白天,(一)日,阳坡”:nyin mtshan“日夜” nyin re“每天”
nyin srib(s)“阴坡阳坡”
5 blo“心,心计,主意”:blo gros“智慧” blo vdri“咨询”
blo sgrims“立正(口令)”
blon-blan-blan-blon“商议”
blon“商议,主意,大臣”:blon vdebs“出主意,献策”
blon po“大臣,辅佐人员”
6 gci(d)-gci-gcis-gcis“撒尿”
gci“尿”
gcin“尿”:gcin pa“尿” gcin pa gtong“撒尿”
7 mtshal“朱砂,血”:mtshal kha“朱红色”
mtsha:mtsha lu“红毛带白点或红毛白蹄”
rta mtsha lu“红毛白蹄马” de po mtsha lu“红公鸡”
tsha:tsha lu“红” tsha lu ma“桔子”
(异化作用使 mtshal lu 变成 mtsha lu,m 脱落又成 tsha lu。现在“桔子”只写 tsha (lu ma)。仓洛门巴语“红”读/ tsalu /,可能借自藏语)
8 dbang“领有,占有”
dbang“权”
9 zho“奶,酸奶”:zho vjo“挤奶” zho vthung“婴儿”
bzhon“奶”: bzhon ma“有奶的牛羊”
vjo-bzho-bzhos-zhos“挤(奶)”:bzho ma“奶牛” bzho zo“奶桶”
vo: vo ma“奶” vo zo“奶桶” vo vthung“婴儿”
10 skyal“皮囊,游泳(n.)”:skyal chung“小皮囊”
rkyal:rkyal pa“皮囊” ra rkyal“山羊皮囊(盛油或做皮筏)”

rkyal“游泳”(n.):rkyal rgyag“游泳”

rgya mtsho rkyal gyis ga la chod“游泳怎能过海”

rkyal-rkyol(祈)“游泳”(v.)

11 ri“值”

rin“价值,值得”:rtswa rin“草钱” rin po che“对活佛的敬称”

lta rin mi vdug“不值得看”

brin“销售”:brin po“畅销”

hrin:rtswa hrin“牲口吃了封山草后赔付的钱”

12 vkhor“转,环绕,返回”:vkhor lo“轮子” vkhor yug“周围,环境”

ra spui vur rdo ra yi mjing par vkhor“羊毛投石器打到羊脖上”

vkhor“随从之人,附带之物”:dpon vkhor“官员和随从”

sga vkhor bcas“全套鞍鞯”

khor:khor yug“周围,环境”

skor-bskor-bskor(d)-skor(d)“使转,使环绕,”:lta skor“参观”

g·yas skor“右转”

vkhor lo skor“转轮子”

skor“圆圈,周围”:skor ba“圆圈” nye skor“附近”

kor“圆圈,周围”:klad kor“小圆圈” rna kor“耳环”

vgor“耽搁”:vgor lam“弯路” las ka vgor po byed“磨洋工”

vgor-bgor-bgor(d)-bgor(d)“使耽搁”

sgor-bsgor-bsgor(d)-sgor(d)“使牲口转圈踩场(脱粒)”:

sgor sgor“圆的” sgor mo“银元”

gor:gor gor“圆的” gor ba“饼子”

13 lta-blta-bltas-ltos“看”

ltad:ltad mo“热闹,节目”

ltas“先兆”:ltas bzang“吉兆”

ltos-bltos“顾及,指望”:mig ltos“先例” re ltos byed“盼望”

ltos“侍从”:ngo ltos“主仆”

lta“像,如”:mi vjug pa ni vdi lta ste“(前加字)不可相加者如是”

ltar“像,如”:ltar snang“似是而非” de ltar ro“如彼”

14 deb“本,册”:dpe deb“书” (shog bu) bcu deb“(纸)十张一沓”

sdeb-bsdeb-bsdebs-sdebs“配在一起,伙同”:sman sdeb“配药”

rlon sdeb“用胶贴金之法”
sdeb“成批,一起”:sdeb vtshong“批发” sdeb la“一起”
15 do“对手。二。能,匹敌,比得上。让对方与自己一起做某事的祈使语气词”:do ya“对手,驮子的一只” do mnyam“对称,平衡”
dor“双,对”:dor ma“裤子” dor kha“双牛拉一犁一天所耕面积”
dos“驮子”:dos khang“栈房”
mdo“两河或两路交汇处”:mdo gsum pa“三岔路口”
sdo-bsdo-bsdos-sdos“拼,较量”:dgra la sdo“跟敌人拼”
srog bsdos“拼命”
sdor“拼”:dgra ru sdor“跟敌人拼”
thor:thor mo“二岁牝马” bong thor“二岁驴”
mda“谷口”:mda gsum pa“三岔路口”
16 bug“穿透”
bug:bug pa“孔,洞” bu ga“孔,洞” bu gu“小孔,小洞”
vbug(s)-dbug(~vbugs)-phug(s)-phug(s)“钻(孔),刺穿”:vbug ma“蛀虫”
vbig(s)-vbigs-phigs-phigs“钻(孔),刺穿”:vbigs gsor“钻头”
rdzas khung vbigs“打炮眼”
sbug“钻(孔),刺穿”
vbug“锥子”
vbig“锥子”
phug“针眼”:phu gu“小孔,小洞”
phig-phigs“穿透”:nyi ma shar ba sbar bas mi khebs mdzub mos gnam mi phig
“手掌遮不住太阳,指头戳不穿蓝天”
(v)phig-vphigs“钻(孔),刺穿”:ʔi khung vphigs“钻孔”
17 za-bza-bzas(~zos)-zo(~zos)“吃”:za ma“饭”bar zos“揩油”
zas“食物,肉食,饲料”:spags zas“揉好的糌粑” dmar zas“肉食”
dkar zas“素食”
zan“食物,糌粑团,食…者”:zan gong“糌粑团” bag zan“饼子”
bya zan“鸟食” sha zan“食肉者”shing zan“木蛀”
gzan“饲草”:gzan pa“饲草”
gzan“吃”
bzan“食物,草场,食…者”:nang bzan“家奴”

18 yang“轻”:yang po“轻” ljid yang“轻重”

yeng-yengs“(心)浮”: mgo yeng“心不在焉” lhod yengs“松懈”

g·yeng-g·yengs“飘浮,(心)浮”:lhod g·yeng“松懈”

g·yeng dngos“漂浮物”

hyang“漂浮”:hyang hyang“轻,轻飘飘的”hyang dngos“漂浮物”

ngai zhwa mo de chui sgang la hyang hyang byas bsdad bzhag

“我的帽子在水上漂着呐”

hyeng:hyang nge hyeng nge“飘飘悠悠”

19 zhi“平息,安息,涅槃”:spro zhi“(怒)气消” zhi ba“寂静”

vchi-shi“死”: spro shi“(怒)气消” shi zan“丧斋”

shid“超度”:shid chos“超荐法事” shid zan“丧斋”

gshin“亡人”:gshin rje“阎王” gshin zan“丧斋”

20 rtsib“肋骨,胸侧”:rtsib ma“肋骨,辐条” rtsib gu“肋骨”

rtsibs“辐条”:rtsibs ma“肋骨,辐条”

rtsid:rtsid pa“(牦牛、山羊的)肋毛”

rtsig:rtsig gu“肋骨” rtsig sta“辐条”

21 snga“早,以前,前边”:snga rting“先后”snga glo“(牛马的)前绊”

ha cang snga ches so“太早了”

snga-sngas“早,太早”:lo tog smin pa snga“庄稼成熟早”

sngar“以前”:sngar gyi nad ro“老病根” sngar las lhag pa“更加”

sngan“先,以前,前边”:sngan ma“以前”

sngan la phebs da“请先走”

sngon“先,以前,前边”:sngon vjug“(藏文)前加字”

sngon gyi slob dpon“先贤”

sngun“以前,前边”:sngun du gtong“先遣”

mdzo sngun sbal bas bcad“蛙挡牛路”

22 gang“满”

gang“一”:phor pa gang“一木碗(的量)” rgya ma gang“一斤”

sgang-bsgang-bsgangs-sgongs“使满”

vgeng(s)-dgang-bkang-khong(s)“使满,扯满(弓)”

kheng-khengs,vkhengs-khengs“满,自满”

vkhangs:vkhangs pa“充满,自满”(n.)

skong-bskang-bskangs-skongs“使满足，补足（数量，空缺）”：

kha skong“增补”　re ba skong“使满意”

23 kug“弯。钩子”：kug kug“弯曲的”gri kug“弯刀”

tshes gsum tshes ris gzhu ltar kug“初三的月亮弯如弓”

khug-khugs“回转，被召回”：blo khug“回心转意”

gnyid khug“睡着”

khug(s)“弯，角落”：rtsig khug“（房内）墙角”

rma chu khug dgu“黄河九曲”

gug“弯曲，屈身”：mgo gug“低头，归顺”　gug gug“弯的”

vgug(s)-dgug-bkug-khug(s)“弄弯，召回”：gzhu vgug“弯弓（射箭）”

blo vgugs“使回心转意”　gnyid bkug sman“安眠药”

24 vkhob，khob“（腿脚）发僵，不灵便”：vkhob to“不灵便”

kha be kho be“慢腾腾”

vkhob-vkhobs“冻僵”

kob：ka be ko be“僵硬”

vkhogs“衰老”：rgan vkhogs“老年人”

gob“不灵便，变得破旧”

gog“不灵便，变得破旧”：gog to“破旧，笨重”

gag ge gog ge“笨手笨脚”

dgog：dgog tu phyin pa“年龄已老”

ʔap“冻僵”

25 sgra“声音”：sgra rig pa“声明学”　chu sgra“水声”

sgra“发声”

(v)grag-grags“出声”：kha grag“开腔，答理”

grags“流传”

sgrog(s)-bsgrag-bsgrags-sgrogs“宣布”：dril bsgrags“宣传”

sgrogs sbyang“宣读”

26 grim-grims“变紧，专一”：grim po“紧，严谨”　grim lhod“松紧”

sgrim-bsgrim-bsgrims-sgrims“拧紧，使专心”：sgrim po“紧”

blo sgrims“立正（口令）”

khrims“法律，戒律”：khrims yig“法典”　tshul khrims“戒律”

vkhrims“惧怕”：rta rgod lcag gis vkhrims mi ngan khrims kyis vkhrims

"烈马畏鞭，坏人惧法"

27 stsogs: la stsogs pa"（表列举未尽的）等等"

rtsogs"增长"

sogs"累积，增长"：la sogs pa"等等"bsags kyang ma sogs"累积不起来"

gsog-bsog（~bsag）-bsogs（~bsags）-sogs（~sog~gsogs）"积累"

28 dal：dal yams"传染病"

vdal"洇"

rdal（~rdol）-brdal-brdal（d）-rdol（d）"摊开（粮食，粪）"

gdal（~gdol）-bdal-bdal-bdol（~gdol）"摊开，擀"

gdal"蔓延"

（g）tal：（g）tal po"（摊在墙上晒干后作燃料的）湿牛粪饼"

（v）thal"过分"：gnyid thal shor"睡过头"

rtsed mo rtse thal shor"玩疯了"

29 sdir"熬，煨"

ldir"壶"

ldir-bldir-bldir-ldir"鼓起"：ldir ril rgu ril"鼓鼓囊囊"

ldir ldir byed"鼓（肚）、挺（胸）"

ltir"壶，罐"

ltir"充满，鼓起"：ltir ril rgu ril"（吃得肚子）胀"

ltir"满"（n.）：chus ltir gyis bkang pa"水装得满满的"

sdig"（熬茶）铜罐"

ldig"（熬茶）铜罐"

rdig"铜罐，铜锅"：khams rdig"康地出产的铜锅"

lnga rdig"五个一套的阿里铜锅"

30 mthe：mthe bo"拇指，拇趾"　mtheu"小指，小趾"

mtheb：mtheb chen"拇指，拇趾"　mtheb chung"小指，小趾"

theu"印章"

thel"印章"：thel tse"印章"

（1. mtheb 是 mthe bo 中的 mthe 和后一音节 bo 的声母 b-构成的合体字。2. theu"印章"就是 mtheu，现在不丹王国的宗喀方言仍用 mtheu 表"印章"。但是在现在通用的藏文书面语中"印章"没有 m-，说明在国内某些方言中，意义的引申造成了语音的演变，前缀 m-在"印章"中脱落了。3. thel 中的-l

是个假韵尾,只用它填补 theu 中脱落的指小后缀-u 原来所占的音时,表示长元音。类似的例子如:drel ~ dreu“骡子” rdel ~ rdeu“小石子” sprel ~ spreu“猴子” bel ~ beu“牛犊” byel ~ byeu“小鸟”)

31 theg“载起,举住”:khag theg“担保” ljid theg“载重”
theg:theg pa“运载工具” theg chen“大乘(佛教)”
vdegs(~ gdeg)-bteg(~ gdeg ~ vdegs)-bteg(s)-theg(s)“举”:
ljid vdegs“举重,起重”
steg-stegs“使向上支起”: steg la byed“掂量”
stegs“台,架”:stegs bu“凳,架,台” rkang stegs“脚凳” gar stegs“舞台”

32 theb“满”
them“满,足数”:brgya them pa“一百整”
vthem-(v)thems :“满,足数”
tham:tham pa“(三十,一百)整”
thams:thams cad“一切”
ltem(s)(~ ltam ~ ltams)-bltam-bltams-ltoms“灌满”:ltam me ltem me
“满满当当”
gtam(s)-gtam(s)-gtams-gtoms“灌满”
dem“瓶,壶,罐”:ja dem“茶壶” glog dem“暖瓶”
dam:ja dam“茶壶,暖瓶”

33 don“出,现出”:rnag don“出脓” rang mdog don“现原形”
don“出,过(河、桥),扮演”:sgo nas don“从门出来” zam pa don“过桥”
don mkhan“扮演者”
vdon-gdon-bton(d)-thon(d)“使出来,使产生,念诵”:rnag vdon“排脓”
mgo vdon“使自立” nus pa vdon“使生效”
bzo lta vdon“加工,打扮” dpe cha vdon“读书”
vthon-thon“出产,产生,露出,毕业,到达”:thon skyed“生产”
mgo thon“自立” nus pa thon“生效”
bzo lta thon“成形,初具规模” slob grwa vthon“毕业”
lo gsar vthon“到新年”
vthon-thon-thon(祈)“出外”:rdog vthon“出发” phyogs la vthon“出远门”
thon“产品”:thon zog“产品” thon gsar pa“新产品”

34 dpe“书,比喻,例子”:dpe cha“书” gtam dpe“谚语” dper na“例如”

dpe“极(好)”:dpe red“真棒”
spar“印版,模子,照片”:spar ma“印本”
dpar“印版,模子,照片”:dpar ma“印本” dpar khang“印书馆”
par“印版,模子,照片”:par ma“印本” par khang“印书馆”
dpar“印刷”
spor-spar-spar-spor“印刷”
vphar“扁平木板”

35 vbub-bub-bubs(祈)“趴”:kha bub slog“卧倒,口朝下放”
sbub-sbub-sbubs-sbubs“扣着放”:dkar yol kha sbubs nas bzhag
“把碗扣着放”
sbug“扣着放”
spub-spub-spubs-spubs“扣着放”

36 vbubs(~vbibs)-dbub-phub(s) -phub(s)“搭(帐篷),盖(顶),撑开(伞)”
vphibs“搭(帐篷),盖(顶),撑开(伞)”
phub(s)“顶棚,屋顶”:rgya phubs“有屋脊的房顶”
phibs“顶棚,屋顶”:rgya phibs“有屋脊的房顶”
hug“搭(帐篷),撑开(伞)”
(hug是安多方言的俗字。书面语的声母ph-在安多多读h)

37 vchad-chad“断,缺”:shing vchad“树断” chad lhag“余缺”
chad“协议,盟约”:kha chad“诺言”
chod“断,决定,穿越”:sos mi chod“牙咬不断” thag chod“确定”
rtsad chod“查明”
rgya mtsho rkyal gyis ga la chod“游泳怎能过海”
chod“隔墙,协议”:chod rgyag“立隔墙” chod yig“议定书”
chon“衣服贴边,帐(篷)边”
gcod(~vchod)-gcad-bcad-chod“弄断,隔断,戒除,决定,穿越”:
thag gcod“决定” shing gcod“把树弄断”
rtsad gcod“查” vgrul lam gcod“封锁道路”
tha mag gcod“戒烟” kha gcod“盖子,塞子”
ri klung gcod“跋山涉水”
bcad“隔”断(n.):bcad vthen“隔开” tshigs bcad“偈颂体(文章)”
cad:thams cad“一切”

shad-bshad-bshad-shod“梳理”
shad“梳子,刷子,(藏文)分句线”
shan“衣服的镶边,箍”:phyu pa sram shan ma“獭皮镶边的藏袍”
lcags shan“铁箍”
38 chal:dkar chal“石板地面”
gcal“铺地”
gcal“铺成的地面”:pang gcal“地板” rdo gcal“石板地面”
shal“(农具)耙”:shal ba“(农具)耙” shal ba rgyag“耙地”
bshal-bshal-bshal-bshol“耙平,使蹭着地面前行”:bshal vphye“(无腿残疾人)蹭地前行 bshal skor vdrud“耙地除草”
shal“耙平”:shal shal ba“耙地”
zhal“抹平”:zhal ba“抹平墙面、地面的细泥” vdag pai zhal lcags“泥抹子”
39 (l)cog“山顶,屋顶,堆,垛,凸起物”:sha lcog“驼峰” spa lcog“发髻”
lcog rgyag“堆禾” rna (l)cog“耳朵” cog po“耸立的”
mchog:rna mchog“耳朵”
mchog“ 极品”:dkon mchog“至宝”mkhas pai mchog“权威”
mchog gyur“至尊”
(r)tog“(帽子、旗杆上的)顶珠,凸起物”:zhwa tog“帽疙瘩”
ri tog tog“平地凸起的山” tog tsam“少许”
thog“屋顶,上面”:thog ma“最初” thog mtha“首尾,始终”
rtsog“蹲,坐” (“坐”天峻读 / rtsok /,夏河等地读 / htsok /)
tsog:tsog tsog byed“蹲” mthil tsog byed “(双膝着地臀压脚跟)坐” tsog tsog bzo“使耸起” ri tsog tsog“平地凸起的山”
sha tsog“驼峰” vjur rta rting tsog“高跟鞋”
40 zhol“下面,官寨下面的居民区”:zhol zhol“下垂” ?og zhol“牛颌垂胡”
zhol mo“腹毛长的母牦牛”
vjol“下垂”:vjol vjol“下垂” ?og vjol“牛颌垂胡”
gzhol“下(车、马)”:chibs gzhol gnang“下马”
bshol-bshol-bshol-shol“下(车、马)”
shal:lkog shal“牛颌垂胡” rna shal“耳垂”
(b)shol“闰,多余,推迟”(n.):zla (b)shol“闰月”
phyir vthen gyi bshol btab nas thebs pa“请求缓期,业已获准”

bshol-bshol-bshol(d)-shol(d)“使推迟”:bshol kyang ma bzhugs“挽留不住”

41 vtshab-vtshabs“匆忙,慌乱”:vtshab lang“慌忙” vtshab sha“慌张”

(r)tsab:(r)tsab (r)tsab“匆忙,慌乱”

tsab:tsab tsab“慌张,忙乱” tsab langs“慌张,忙乱”

tsob:tsab tsob“慌张,忙乱”

rtab(~stab)-brtab-brtabs“恐惧,匆忙”:rtab rtab po,stab stab po“匆忙,仓促”

tab:tab tob“忙乱” tab tab po“仓促,匆忙”

rtob“忙乱”:rtab be rtob be“慌张”

tob:tob tob“仓促,匆忙”

thob:thob ste“忽然” thob kyag go kyag“忽然”

hob:hob ste“忽然” hob hob“忽然” hab be hob be“慌慌张张,匆匆忙忙”

hab:gnyid hab sad rgyag“惊醒,突然醒来”

42 vthig-vthigs“滴下”

thigs:chu thigs“水滴” thigs tsam“点滴,稍许”

gtig-btig(~gtig~gtigs)-btigs-gtigs“使滴下”:sman chu gtig“给输液”

(s)ti:(s)ti ga“肉丁”

tig:tig ga“肉丁” tig hrug“肉丁汤” tag gi tig gi“零星物件”

(r)tsig:tsag gi tsig gi“零零星星”

(从“肉丁”看,原来可能有一个 stig 的形式)

43 so:so nam“农事” so tshis“生计” spyi so“管理全寺庙经济的组织”
ngo so“情面”

tsho:lang tsho“青春,年华” khyim tsho“家计”

vtsho-vtshos“活着”:vtsho tshis“生计” vtsho ba“生活”

vtsho-vtshos-vtshos(祈)“饲养,放牧,医治”:lug vtsho“放羊”

vtsho ba rig pai gzhung“医书” ngo vtsho“讲情面”

vtsho(~gso)-bso(~gso)-bsos(~gsos)-(g)sos“养活,使复元”:
lug gso“养羊” gsos phrug“养子、女”ngal gso“休息”
nyams gso“修缮” gso ba rig pa“医学” sems gso“安慰”

gson“复活”:gson po“活的” mnyam shi mnyam gson“同生共死”

sos“复元,能养活”:dran pa sos“记起” sman bzas te nad sos“服药后病愈”
rku ma brkus nas bza tshang mi sos“靠偷盗不能养家人”
sos pa“新鲜的”

gsos“补养”:gsos gtong“补养”　gsos sman“补药”
(gso-gsos 常被用来代 sos。如:dran gso“记起”　dran pa gso“苏醒”
rma gso“愈合”)

44 vbyul,byul“捋”
vbyil-byil-byil(祈)“捋,抹(泥)”
nyul“抹(泥)”
sbyil:sbyil mo“泥抹子”
spyil“抹(泥)”:spyil mo“泥抹子”
vphyil,phyil“抹(泥)”
dbyi,dbyis“抹(泥),粉刷”
zhul“捋”
zhil“抹(泥)”

45 nye“亲近,接近”:nye po“近”　nye sa“附近,亲戚”　nye tshan“亲戚”
nye sgrig“订婚”　nye dar“定亲哈达”　mo nye“母系亲属”
nye bdag“婚嫁双方的家长”
nyen(d):nyen(d) kor“附近”
gnye“求婚”:gnye bo“使者,求婚者”
gnya:gnya bo“迎亲送亲者”
gnyen“亲戚”:gnyen zla“配偶”　pha gnyen“父系亲属”　ma gnyen“母系亲属”　gnyen chang“喜酒”　gnyen po“接送新娘的人”　gnyen gdung“亲属”
mnyes“喜欢”
snye-bsnye-bsnyes-snyes“靠”:snye po“媒人”　rgyab snye(s)“靠垫”
snyen-bsnyen-bsnyen(d)-snyen(d)“亲近,依靠”:bsnyen bkur“服侍,孝敬”
dge bsnyen“居士”
smyen“媒妁”
smyan“结亲”:smyan ga“姻亲”　smyan byed“说媒”　smyan pa“媒人”

46 ma:ma rkan“下腭”　ma rabs“下流”
man“以下”:lo bdun man gyi byis pa“7 岁以下儿童”
mar“向下”
mas:mas mchu“下唇”
dma“低”:dma po“低”　mtho dma“高低”　dma vbebs“贬低”

dmas“衰退”(也许与 dma 是同一词的不同时态)

dman“缺乏,下贱,低劣”:mtho dman“高低”　mchog dman bar gsum“上中下三等”　skye dman“女子”

sma“低,劣”:sma vbebs“贬低”

smod-smad-smad-smod“降低。讥毁”:mgo smad“低头”　smad ra gtong“诽谤”

dmod“骂”

dmad“骂”

smad“下半,下半身”:smad g · yogs“僧裙”　zla smad“下半月”

47　ʔi:ʔi khung“眼儿,小孔”

mig“眼睛,小孔”:mig khung“眼窝,小孔”　khab mig“针眼儿”　gzer mig“痛点”

dmig:dmig khung“小孔”　gzer dmig“痛点”

dmigs“针对,注意,看见”:dmigs yul“目标”

myig“眼睛”

dmyig“眼睛”

(从拉萨话 mig“眼睛”读高调可知,它原来有一个清音前缀。前缀读音大约后移成腭音时,被写作 d-表示;在“眼儿,小孔”这个词中,鼻音声母脱落,前缀进一步后移成喉塞音,所以写作 ʔi khung,很少有人还写 mig khung。有些地方(不包括拉萨),mig“眼睛”中的前缀早早就脱落了,所以书面语就据以规范为没有前缀的 mig。因为元音是 i,出现腭化,所以古代也可写作带腭化符号的 myig。)

48　ʔog:ʔog ma“喉部”　ʔog dkar“白颈貂”　ʔog shal“牛颌垂胡”　ʔog gsog“嗉子”

lkog“秘密,暗中”:lkog ma“喉部”　lkog dkar“白颈貂”　lkog shal“牛颌垂胡”　lkog gsog“嗉子”　lkog nyul“密探”

rkog:rkog ma“喉部”

dkog:dkog nyul“密探”

49　hub“满口”(n.):hub gang“一满口”　hub skor“一个杯子几人轮流喝”　hub rgyag“大口地喝”　hub kyis vthung ba“牛饮”

rngub-brngub -brngubs-rngubs“喝进,吸入”:rngub rwa“吮咂器”　dbugs rngub“吸气”　chang hub gang rngub“喝一口酒”

50 vur“发出噪声”:rna vur“耳鸣” gangs vur“雪崩”
vur“噪声”:vur rgyag“起哄” vur sgra“喧嚣声” tsha tsha vur vur“轰轰烈烈”
ngur“(猪牛)哼哼”:ngur ba“鼾声”
rngur“打鼾”
sngur:sngur pa“鼾声”
51 (v)phying“毡子”:(v)phying ba“毡子”
vphying-vphyings“(毛发)擀毡”
spyin“胶”
gling“做(毡子)”(在藏北牧区“做毡子”称 phying ba gling)
glings:glings pa“毡垫”
(这一族如果成立,大概有过-l- > *-r- > -y-和-ing > -in 的变化)
52 drang“直,正直”:drang po“直的,诚实” drang gtam“老实话”
vdrong(s)“变直”:vdrong po“笔直,正直,端正” vdrong srong“弄直”
srong-bsrang-bsrangs-srongs“弄直,纠正”:drang por srong“弄直”
drang srong“仙人”
srang“秤”:srang cha“戥子” srang po“正直,(秤)准”
53 (v)phreng“行列,串儿”:phreng sgrig“排队” ser phreng“僧侣仪仗队”
phreng ba“念珠”
vbreng“传统,相续”
breng“传承”
vbrang(~vbreng~vbrong)-vbrangs-vbrongs(~vbrong~vbrangs 祈)“跟随”:
vbreng vbreng“一个跟着一个”
breng“跟随”:breng breng pa“一个跟着一个”
sbreng-sbreng-sbrengs-sbrengs“排(队)”
sbrengs“队”: sbrengs sgrig“排队” ser sbrengs“僧侣仪仗队”
54 leb“扁”:leb leb“扁的” leb shing“夹书板”
ldeb(s):ldeb(s) ma“页”
lheb“片儿”:shog lheb“纸片” lheb be“扁平”
gleb-gleb-glebs-glebs“压扁,践踏”
glegs“板,片”:sgo glegs“门板” glegs shing“夹书板”
55 ldob-ldobs “学会,习惯”:bslabs nas ldobs“学会了”
lob-lobs “学会,习惯”: bslabs te lobs“学会了”

khong gsol ston mang por phyin tsang ʔa rag vthung rgyu lobs bzhag

"他老有饭局,酒已经上瘾了。"

slob-bslab-bslabs-slobs" 教,学":slob grwa"学校"

slob lob vgan len"包教包学"

(为什么 slob 译成汉语既是"教"又是"学"? 因为它在藏语中的本意是"使学会")

上边各组内部,词与词之间在音义两方面都近似甚至相同的现象,不是偶然的。一组词,不论成员多与少,所以能成一族,就是因为它们"本是同根生"。一个词族,就是由同一词根通过不同的构词手段构成的一组词。藏族的先民就是运用这些手段,在单音节的框架内,创造出了一个完整的词汇系统。今天看起来,似乎有些不可思议,这反映了那些先民的智慧。

二、藏语单音节构词法

1. 根词

kha"口"	khab"针"	kho"他"	khyi"狗"	khyu"群"
gur"帐篷"	go"听见"	gri"刀"	nga"我"	ngu"哭"
chu"水"	nya"鱼"	nyan"听"	nyung"少"	thos"听见"
dang"和"	de"那"	na"生病"	nub"西"	nus"能"
phyag"手"	bal"羊毛"	mi"人"	me"火"	tsha"热"
zho"酸奶"	za"吃"	zer"说"	vod"光"	yong"来"
yod"有"	yob"马镫"	ra"山羊"	red"是"	lam"路"
lug"绵羊"	sha"肉"	shar"东"	shing"树"	sa"土"
sad"霜"	su"谁"			

2. 加辅音词缀

1)加前缀

thad"方面":gtad"面向"

dug"毒":gdug"恶毒"

nam"天,夜,何时":gnam"天,雨"

ngo"面孔":dngo"刃"

phyi“后来”:dpyi“胯骨”
kha“口,话”:bka“命令”
go“铠甲”:bgo“穿”
thur ma“筷子”:btur“挟”
stod“上部”:bstod“赞扬”
khal“驮子”:mkhal（ma）“肾”
do“二”:mdo“两河或两路交汇处”
zhal“脸”:mjal“拜见”
gom“步子”:vgom“跨越”
zhol“下方”:vjol“下垂”
tshom bu“丛”:rtsom“著作”
ngur“哼哼”:rngur“打鼾”
mun“暗”:rmun“愚昧”
deb“本,册”:sdeb“成批,一起”
nod“承接”:snod“容器”
phra“镶嵌物”:spra“镶嵌”
khye（bo）“小孩”:skye“出生”
do“对手”:sdo“拼(命)”

2）加后缀

bkra“放光彩”:bkrag“光泽”
kho“他”:khong“他(敬)”
rje“主人”:rjed“尊敬”
vda“(时)过,过世”:vdad“丧事,办丧事”
dro“暖”(v.):drod“温暖”(n.)
bro“(气味)散发”:brod“味道”
blu“赎”:blud“赎命物”
shi“死”:shid“超度”
skyi“借”:skyin“偿还”
go“铠甲”:gon“穿”
snga“早”:sngan“先”
gci“撒尿”:gcin“尿”
smyo“疯”:smyon“疯子”

blo“主意”:blon“商议,主意,大臣”

za“吃”:zan“糌粑团”

ri“值”:rin“价值”

snga“早”:sngar“以前”

do“对手,二”:dor“对,双”

lta“看”:ltar“如,像”

skug“赌博”:skugs“赌注”

vgro“走”:vgros“步态”

lta“看”:ltas“先兆”

do“对手,二”:dos“驮子”

sdom“捆”:sdoms“捆儿”

snag“墨汁”:snags“弄脏”

phyi“晚”:phyis“后来”

sbreng“排(队)”:sbrengs“队”

rdzong“送礼”:rdzongs“礼品”

za“吃”:zas“食物”

3)加前后缀

khye“利润”:skyed“利息”

pha“父”:(pha) spad“(父)子”

phu“气”:spur“吹”

phu (bo)“兄”:spun“同胞兄弟姐妹”

phyi“后来”:dpyis“最后”

ma“母”:(ma) smad“(母)女”

mang“多”:dmangs“民众”

za“吃”:gzan“饲草”

zho“奶,酸奶”:bzhon“奶”

shi“死”:gshin“亡人”

nye“接近”:mnyes“喜欢”

snyen“亲近”:gnyen“亲戚”

添加词缀可以说是藏语单音节构词法中使用最多的一种手段。

3. 内部屈折

1)声母交替

khal“驮子”:gal“(任务)落到,承担”
khug“弯(n.)”:gug“弯曲(v.)”
kor“圆圈”:gor gor“圆的”
stong“帮助”:sdong“交友”
thim“渗入”:dim“陷入,下沉”
vphel“增多”:vbel“多”
phran“鄙人”:bran“奴”
vtshir“榨”:vdzir“浸出”
shal“耙平”:zhal“抹平”
shi“死”:zhi“平息,安息,涅槃”
shong“容纳”:zhong“洼地”
gshib“靠近”:gzhib“靠近”
ldag“舔”:ljags“舌”
sdog“安排妥当”:rdzogs“圆满”
vdom“聚集”:vdzom“聚集”
thim“渗入”:sim“渗入”
chad“断”:shad“(藏文)分句号”
tshad“标准,水平”:sad“试”
chum“畏缩”:zhum“畏缩”:shum“战栗”
khob“发僵,不灵便”:gob“不灵便,变得破旧”

2)元音交替。从我们掌握的材料看,主要是 a:e 和 a:o 交替,o:e 交替只有一例。

khal“驮子”:khel“承载”
sna“鼻,端”:sne“端”
sbra“牛毛帐篷”:sbre“粗牦织物”
yang“轻”:yeng“(心)浮”
smyan“结亲”:smyen“媒妁”
chad“断”:chod“断,决定”
star“行列”:stor“排列”
snal (ma)“经纬线”:snol“交叉”
pha“父”:pho“男性,雄,阳”
ma“母”:mo“女性,雌,阴”

tshad“量”:tshod“大约的量”

mtshan“名字,标志”:mtshon“标志,表明”

rdzab“烂泥”:rdzob“肮脏”

skam“枯奶母畜。变干”:skom“饮料。渴”

khyod“你”:khyed“您”

3)韵尾交替

-g:-ng

vgag“狭处,峡”::vgang(s)“关键”

zog“牛,货物,商品”:zong“货物,商品”

-d:-n

chod“断”:chon“衣服贴边”　　dad“信奉”:dan“信约”

shad“(藏文)分句号”:shan“(衣服的)镶边”

vkhyud“搂抱,交媾”:vkhyun pa(mo)“情夫(妇)”

-d:-s

vgad“炸”: vgas“劈”　　khed“猜,猜中”:khes“射中”

srod“黄昏”:sros“天黑(v.)”

-b:-d

rtsib“肋骨”:rtsid (pa)“肋毛”

4)声母、元音交替

gang“满”:kheng“满,自满”

gab“藏”:kheb“被遮住”

vkhyong“延续”:vgyang“延迟”

4. 内部屈折加词缀

1)声母交替加前缀

kher“单独”:sger“个人”

go“地位”:sko“任命”

sgar“帐房,营地”:mkhar“城堡”

khal“驮子”:sgal“后背”　vgal“违背”

gtan“闩上”:vdan“闩上”

star“行列”:bdar“排列”

rdul“粉,尘”:vthul“(粉尘)飞扬”

thal“过分”:vdal“洇”

gdal“蔓延” rdal“摊开”

2)声母交替加后缀

thang“晴”:dwangs“晴;变清”do“二”:thor（mo)“二岁牝马”

grim“变紧”:khrims“法律”

3)元音交替加后缀

nga“我”:nged“我,我们” snga“早”:sngon“先” sngun“先”

lta“看”:ltos“顾及。侍从” dpe“书”:dpar“印版”

5)元音交替加前后缀

sha“肉”:gshed“冤家”

5. 零形态

rkyal“游泳(v.)”:“游泳(n.)”

skyed“利息”:“使增大”

khug“弯(n.)”:“回转(v.)”

khed“谜语”:“猜,猜中”

vkhon“恨(n.)”:“怀恨(v.)”

sgong“蛋”:“下蛋;使成团”

rgyan“饰物”:“打扮”

rngul“汗”:“出汗”

sngo“青草”:“变青”

mthong“看见”:“重视”

bdag“我”:“领有”

vdris“熟识(n.)”:“熟识(v.)”

nub“(日)落”:“西”

gnas“境地”:“居留”

dpar“印版”:“印刷”

phyogs“方向”:“朝向”

vba“(羊)叫”:“(羊)叫声”

dbang“占有”:“权”

rtsom“写作”:“著作”

las“工作”:“做”

lums“药浴疗法”:“用药浴治疗”

shar“升起”:“东”

古代藏语单音节构词法可以说是相当巧妙,为藏语词汇的发展做出了大的贡献。但是它终究存在很大的局限性。随着藏族社会的发展,这种局限性逐渐突显出来,不再能满足社会发展的需要,走向下坡路,并最终为多音节构词法所取代。

研究古代藏语的词族和构词法有什么用?

1. 能帮助我们认识藏语词汇中词与词的关系,帮助我们认识词的来源。

2. 能帮助我们认识藏语单音节词的结构,使我们对藏语单音节词的构造有一个科学的认识。藏语的单音节词也是可以分析的。不仅在语音层面上可以分析,在语义层面上同样可以分析。

3. 能帮助我们对某些词的意义有更为准确的了解。

4. 对藏语和其他亲属语言之间同源词的研究和亲属语言的词族研究会有些帮助。

5. 最重要的是,这种单音节构词法在藏文创制之前早已存在了,所以这种构词法可以说是藏族前文字时期文明的一个重要组成部分。研究藏语词族和构词法能使我们对藏族古代文明有一个更全面的认识,能使我们对藏族先民高度的智慧有更深刻的理解。

作者单位:中国社会科学院民族学与人类学研究所

藏语的宾语类型及标记分析*

江荻　龙从军

一、引　言

藏语宾语属于名词组块，主要由名词、名词性短语和小句充当。组块与句法成份之间有比较强的一致关系。分析下面例句（本文语法标记参见江荻(2005)[3]）：

{ང་ཚོས་{མེས་རྒྱལ་}ལ་{དགའ་ཞེན་བྱེད་}ཀྱི་ཡོད།

nga-tsho-s mes-rgyal-la dgav-zhen-byed-kyi-yod.

①　M1　　　　②　M2　　　　③　M3

我们-AG　　　　祖国-OBJ　　　　热爱-DUR-EG

我们热爱祖国。

上面句子被 M1、M2 及 M3 分成三块，①是句子的主语，②是句子的宾语，③是句子的谓语，即 SOV 语序结构。本文主要讨论②的类型，即宾语的类型，以及②与③之间的关系，即宾语与谓语动词之间在语义和句法结构上的关系。②与③之间的关系往往通过 M2 这个显性标记来体现，但也存在隐性标记或者

---

* 国家自然科学基金项目（60473135，60173024），教育部资助项目（MZ115—020）。

零标记形式。隐性标记指部分类型宾语省略标记的情况,零标记指受事宾语、类别宾语等带零形式通格标记情况。一般来说,不同类型宾语带不同的词格标记,但藏语同一个标记可能表示不同的词格语义关系。就文本自动处理来说,藏语零标记增加了宾语识别的困难,不同的词格关系使用相同的标记形式也增加了宾语类型识别的困难。

二、动宾结构类型及其标记

与谓语动词关系最为密切的应该是宾语,不过藏语的宾语有多种类型,包括受事宾语、对象宾语、间接宾语/与格宾语、结果宾语、处所宾语、类别宾语、领有宾语、小句宾语等。这些宾语结构形式上的差别主要是由于动词的句法语义类别的不同而形成的。[4]而且不同的动词对主语也有不同的要求。以下分别讨论。

(1)受事宾语(OBP)

藏语是通格—施格型语言(absolutive-ergative),动词语义结构上的动作直接承受者称为受事宾语,受事宾语的通格标记是零形式。

(1)ཉི་མས་དུག་ལོག་གོན་ཚར་བཞག།

nyi-mas dug-log gon-tshar-bzhag.

尼玛-AG 衣服(OBP) 穿-STC

尼玛穿好衣服了。

(2)རང་གིས་ཉི་མ་སྒུག་གི་མན་པས།

rang-gis nyi-ma sgug-gi man-pas.

你-AG 尼玛(OBP)等 Neg-Int

你不等尼玛啊?

带受事宾语的动词主要是自主动词或及物动词。主语通常可以加施格标记。宾语除了动作直接承受者之外,还可能是动作产生的结果。

(3)ངས་ནང་ལ་ཡི་གེ་གཅིག་བྲིས་ཡོད།

ngas nang-la yi-ge gcig bris-yod.

我-AG 家里-ALA 信 一(OBP) 写-RST.EG

我给家里写了一封信。

(2)对象宾语(OBT)

能带对象宾语的动词基本都是表示心理情感活动的动词或者心理活动产生的非动作性动词。如 དགའ་ཞེན་བྱེད(dgav zhen byed)“喜欢”,རླུང་ལངས(rlung langs)“生气”,སེམས་ཁུར་བྱེད(sems khur byed)“关心”,བརྩེ་སྐྱོང་བྱེད(brtse skyong byed)“爱抚”,བརྩི་འཇོག་བྱེད(brtsi vjog byed)“尊敬”,དོགས(dogs)“怀疑”,བྱམས་པོ་བྱེད(byams po byed)“疼爱”,ཕྲག་དོག་བྱེད(phrag dog byed)“嫉妒”,སེམས་ངན་བྱེད(sems ngan byed)“欺负”,སྙིང་རྗེ་སྐྱེས(snying rje skyes)“可怜”,མཐོང་ཆུང་བྱེད(mthong chung byed)“轻视”,བསྟོད་གླུ་འབུལ(bstod glu vbul)“歌颂”。这类动词很难说具有动作性,因此也就没有典型的动作承受者。从逻辑上看,动作的承受者实际是心理事件指向的某种心理活动的性质和状况。而这种性质和状况在句中是以性质、状况的承担对象的面貌出现的,因此句法上表现为带对象格标记的宾语。

(4)ང་ཚོས་དཀའ་ངལ་ལ་ཞེད་རྒྱུ་ཡོའོ་མ་རེད།

nga-tshos dkav-ngal-la zhed-rgyu-yovo-ma-red.

我们-AG 困难-OBJ(OBT) 怕-NEG-RST-EG

我们不怕困难。

(5)ཕ་མས་ང་རླུང་ལངས་སོང་།

pha-mas nga-rlung-langs-song.

爸妈-AG 我-OBJ(OBT) 生气-PEF-JD

爸爸妈妈生我的气。

(3)间接宾语或与格宾语(OBA)

藏语里 བསྐྱིན(bskyin)“偿还”,བསྐྱིས(bskyis)“借”,སྟེར(ster)“给”,ངོ་སྤྲོད(ngo sprod)“介绍”,ཕུལ(phul)“献”,སྤྲད(sprad)“交给,还帐”,སྐྱེལ(skyel)“送”等给予类动词都是带双宾语的结构。

(6)རང་གིས་འདི་མི་ཚང་ཕ་གི་ལ་སྤྲད་ཀག་རྒྱུགས།

rang-gis vdi mi-tshang pha-gi-la-sprad-kag rgyugs.

你-AG 这(OBP) 人家 那个-DAT(OBA) 给-TAP 去

你去把这个送给那户(人家)。

(7)ང་ཚོས་སློབ་གྲོགས་གསར་པ་ཚོར་སློབ་གྲྭའི་གནས་ཚུལ་ངོ་སྤྲོད་ལོས་བྱེད།

nga-tshos slob-grogs-gsar-pa tshor slob-grwavi gnas-tshul ngo-sprod-los-byed.

我们-AG 同学 新 Pl-OBJ(OBA) 学校 情况(OBP) 介绍

我们给新同学介绍学校的情况。

由例句可知,直接宾语是典型受事宾语,带零形式通格标记。而间接宾语带与格标记,表示动作涉及的对象,也称与格宾语。

(4)结果宾语(OBD)

结果宾语句指由带结果格标记的名词短语所充当的宾语。结果宾语有两类,一类是带直接宾语和结果宾语,另一类由于直接宾语与主语同指,可省去直接宾语。

(8)མི་མང་པོས་བུ་མོ་སྣང་ས་དེ་མནའ་མར་སློང་གག་ཡོང་གི་ཡོད་རེད།

mi-mang-pos bu-mo-snang-sa de mnav mar slong-gag yong-gi-yod-red.

许多人-AG 姑娘 囊萨 那(OBP) 媳妇-FAT(OBD) 娶-TAP 来-DUR.JD

很多人都要来娶囊萨姑娘作媳妇。

(9)ཁོང་གིས་དཔེ་ཆ་དེ་བོད་ཡིག་ལ་བསྒྱུར་པ་རེད།

khong-gis dpe-cha de bod-yig-la bsgyur-pa-red.

他-AG 书那(OBP) 藏文-FAT(OBD) 翻译-REA.JD

他把那本书译成了藏语。

缺省直接宾语例句:

(10) ལས་བྱེད་པའི་ངོས་ནས་བཤད་ན་སྲིད་དོན་གཙང་སྐྱོང་བྱ་རྒྱུ་དེ་དོན་ཆེན་ཞིག་ཏུ་བརྩིས།

las-byed-pavi ngos-nas bshad-na srid-don-gtsang-skyong bya-rgyu de don-chen-zhig-tu brtsis.

干部-GEN 侧 来说-C 政治 廉政 做-NOM 这 大事 一-FAT 当成

对干部来说,廉政建设要作为大事来抓。

(5)类别宾语(OBY)

藏语判断动词句的名词宾语总是表示与主语的类同关系,我们称之为类别宾语。除了名词短语,非谓动词短语、属格短语也能够充当类别宾语,不过其意义是转指类同事物。

(11)ང་སློབ་གྲྭ་བ་ཡིན།

nga slob-grwa-ba yin.

我　学生(OBY)　是

我是学生。

(12)ང་ཚོའི་རྒྱལ་ས་ནི་པེ་ཅིན་རེད།

nga-tshovi rgyal-sa-ni　pe-cin　red.

我们-GEN 首都-PAP　北京(OBY) 是

我们的首都是北京。

(6)处所宾语(OBL)

处所宾语句由存在动词与方位格短语构成。表存在的动词主要有 ཡོད(yod)及其变体:འདུག(vdug),ཡོའོ་རེད(yovo red)。少量其他表示存在的动词,如 བསྡད(bsdad)"居住"也可进入该句式。处所宾语一定带方位格标记(LOC)。

(13)པོ་ཏ་ལ་ལྷ་སའི་དམར་པོ་རིའི་སྒང་ལ་ཡོའོ་རེད།

po-ta-la　lha-savi dmar-po-rivi sgang-la　yovo red.

布达拉宫　拉萨-GEN　红山-GEN　上面-LOC(OBL) 在

布达拉宫在拉萨的红山上面。

(14)ངའི་པ་ཕ་དང་ཨ་མ་ནང་ལ་མེད།　བཟོ་གྲྭའི་ནང་ལ་ཡོད།

ngavi　pa-pha dang a-ma　nang-la med. bzo-grwavi nang-la yod.

我-GEN 爸爸　和　妈妈 家里-LOC(OBL) 不在　工厂-GEN　里-LOC(OBL) 在

我的爸妈不在家里,在工厂里。

在某些习惯用语上,可以用判断动词表示存在、出处的处所。也可归入处所宾语句。

(15)དགེ་རྒན་དེའི་ཕ་ཡུལ་གཞིས་ཀ་རྩེ་ནས་རེད་པས།

dge-rgan devi　pha yul gzhis-ka-rtse-nas red-pas.

老师　那-GEN　家乡　日喀则-LOC(ABL)(OBL) 是-Int

那个老师的家乡是日喀则吗?

(7)领属宾语(OBB)

领属宾语是领有动词所带的宾语,领属宾语带零标记,但这类句式要求主语带领有格标记(POS)。典型的领有动词是 ཡོད(yod)、འདུག(vdug),ཡོའོ་རེད(yovo red)。除此之外,དབང(dbang)“领有,占有,管辖,主宰,获得,归属”,འཛིན(vdzin)“掌握,占有”,བདག(bdag)“隶属,管辖,占有,归于”,གཏོགས(gtogs)“包括,属于,牵涉”,འདུ(vdu)“包含,会合”,ཚུད(tshud)“包含,容纳,进入”,ཤོང(shong)“包含,容纳”,འཛོམ(vdzom)“具有,拥有”构成的领有句也可看作带领属宾语。

(16)ངར་བོད་ཡིག་གི་ཚིག་མཛོད་གཅིག་ཡོད།

ngar bod-yig-gi tshig-mdzod gcig yod.

我-POS 藏文-GEN 词典 一(OBB) 有

我有一本藏文词典。

(17)ང་ཚོའི་འཐུས་མིའི་ཚོགས་ཆེན་འདིར་གྲོས་རིམ་གཙོ་བོ་གསུམ་ཡོད།

nga-tshovi vthus-mivi tshogs-chen vdir gros-rim gtso-bo gsum yod.

我们-GEN 代表-GEN 大会这-POS 议程 主要 三(OBB) 有

我们这次代表大会的主要议程有三项。

(18)རྫིང་བུ་དེར་ཆུ་མང་པོ་ཤོང་ཐུབ་པ།

rdzing-bu der chu mang-po shong thub pa.

水池 那-POS 水 多(OBB) 包含 能

那个水池能容纳很多水。

(8)小句宾语(OBC)

述说类动词接受小句做宾语,主要有 ལབ(lab)“告诉”,ཟེར(zer)“说”,བསམས(bsams)“想”,བལྟས(bltas)“看”,ཞུས(zhus)“说”,རྩིས(rtsis)“打算”等。例如:

(19)ངས་ཁོང་ཚོར་གཙང་སྦྲར་དོ་སྣང་བྱེད་དགོས་སེ་ལབ་པ་ཡིན།

ngas khong-tshor gtsang-sbrar do-snang-byed dgos-se lab-pa-yin.

我-AG 他们-ALA 清洁(OBP) 注意 要-f(OBC) 说-REA.EG

我反复对他们说要注意卫生。

(20)སྒྲོལ་མ་རང་གིས་ཁོང་ཚོར་ཐུགས་རྗེ་ཆེ་ཟེར་གྱི་འདུག་སེ་ལབ་རོགས།

sgrol-ma rang-gis khong-tshor thugs-rje-che zer-gyi-vdug-se lab-rogs.

卓玛 你-AG 他们-ALA 谢谢 说-DUR-f(OBC) 说-HOP

卓吗,请帮我说谢谢大家。

三、动宾结构类型的可应用性

以上从本体角度分析了藏语宾语的类型，该项分析有助于机器自动切分宾语与谓语两大组块。[5]不过，我们还应进一步关注缺乏明显标记的组块，例如受事宾语和领属宾语。至于处所宾语、结果宾语、与格宾语和对象宾语的标记同形现象，则主要依靠语法词典的标注加以解决。[6]而处所宾语、类别宾语等动宾结构，考虑到存在动词与判断动词自身数量的有限性，而以它们本身作为判断动宾边界的标记。

参考文献

[1]江荻(2003)：现代藏语组块分词的方法和过程，《民族语文》，第4期，30—39

[2]龙从军，江荻(2004)：现代藏语带助动词谓语组块的识别方法，第2届青年计算语言学会议，2004年8月，北京。又载江荻、孔江平主编《中国民族语言工程研究新进展》，123-134。北京：社会科学文献出版社

[3]江荻(2005)：面向机器处理的现代藏语句法规则和词类、组块标注集，载：江荻、孔江平主编《中国民族语言工程研究新进展》，10—93。北京：社会科学文献出版社

[4]江荻(2006)：现代藏语动词句法语义分类及相关句式，《中文信息学报》第1期

[5]黄行、江荻(2005)：藏语电子词典复合动词的收词原则，江荻、孔江平主编《中国民族语言工程研究新进展》，北京：社会科学文献出版社，94—104。

[6]Jiang Di, Long Congjun, Zhang Jichuan(2005): The Verbal Entries and Their Description in a Grammatical Information-Dictionary of Contemporary Tibetan. In Robert Dale, Kam-Fai Wong, Jian Su, Oi Yee Kwong (Eds), Natural Language Processing IJCNLP 2005, 874-884. springer.

作者单位：中国社会科学院民族学与人类学研究所

藏语新词术语的使用与发展

周毛草

语言作为文化最直接、最准确、最全面的载体和传播手段，其基本要素之一的词汇则表现得最为活跃。随着世界经济一体化，人们的生活工作等方方面面所产生的变化，相应地也丰富了语言系统，尤其促进了词汇的发展变化。换言之，词汇的变化可以反映出在这个新事物倍出、信息纷繁的时代，人们的语言、文化、观念、思想、生活方式等发生的种种变化。藏语也不例外。这种变化首先体现在词汇上，我们从藏语词语中一组新词术语及其使用等可见一斑。

本文描写分析的新词术语主要是20世纪五六十年代之后产生和使用的，除意译词外，包括音译、半音译或半音译半意译的借词，材料来源于作者本人和同行所作的口语调查，近年出版的词典、相关新词术语公告、手册等书面文献资料。口语调查对象包括翻译、编辑、科研等藏语文从业人员，寺院喇嘛、学生、工人、干部、文盲或半文盲的农牧民等①。调查内容涉及日常生活中的一些新事物，如生产工具、交通工具、手机、电脑网络、广播电视、家用电器、电话、娱乐休闲等等。本文例词的藏文采用拉丁转写形式。

一、新词术语的构成形式与特点

从调查等掌握的材料看，藏语新词术语的表达或吸收方式有意译、音译、半音译或半音译半意译（后文暂统称“半音译半意译”或“半意译半音译”），以及描述或解释的方式。

从语音形式看，意译遵循藏语语音规律和特点进行组合。多为双音节词，还有三音节及三音节以上的多音节词和单音节词。例如：电脑 glog klad、电话 kha par、飞机 knam gru / lcags bya / bya gru、鼠标 tsi gu / tsig rtags、手机 lak vkhyer kha par / lak par（口语偶用）/ zhel par（拉萨敬语）、字号 yi ge che chung。

从构成方式看，复合法较多。其中偏正式多，如，电脑 glog klad、光盘 vod sder、软盘 mnyen sder、硬盘 sra sder、字号 yi ge che chung、手机 lak par/ zhel par / lak vkhyer kha br 等；还有支配式，如，编辑 rtsom sgrig、电视 brnyan vphrin；表述式，如，电子表 mig rdebs；也有少量的派生词和拟声词等。

从词性看，主要有名词与名词的组合，名词与形容词的组合，名词与动词的组合等。

从周边语言环境来看，新词及术语的音译词主要来自汉语，其次有英

① 本文材料除笔者本人调查外，还有西藏自治区编译局藏语言学者豆格才让调查的西藏拉萨话、中国藏学研究中心藏语言学者玉珍老师调查的青海黄南话。在此特对提供调查材料的两位同行和以下调查合作者表示诚挚的感谢，他们是：北京藏医院仲格嘉教授及夫人、北京民族出版社旦知草副编审，中国藏语系高级佛学院桑杰肖先生及夫人才让吉（甘肃省甘南藏族自治州卓尼人），北京藏医院德央女士（西藏拉萨人）及其家人卡毛吉（甘肃省甘南藏族自治州人），中国藏学研究中心达尔吉副研究员（青海省黄南州河南蒙旗人）和万德卡副研究员（甘肃省甘南州佐尔盖人），中国社科院民族文学研究所才让多吉助研（甘肃省甘南州佐尔盖人），中国社科院民族学人类学研究所扎洛博士（青海省海南人）和中央民族大学班班多杰教授（青海省湟中县人）。本文写作过程中承蒙中国社会科学院民族学人类学研究所徐世璇教授提出建议，在此一并感谢。

语、印度语等。

音译词进入藏语词汇系统时，其语音客观地遵循了藏语固有的元音系统的特点如单元音特点等，所以，汉语中的复合元音词在进入藏语时就有了单元音化现象。这就是人们一般所说的发音“不准”的原因所在，是一种母语语音特征的影响或体现。

二、新词术语的使用和借词现象

1. 使用情况

从调查了解的情况来看，大约上世纪末期以后使用的借词较多，尤其是口语交流，如，电脑、网络、电视、冰箱、空调等等。

一般情况下，根据当地编译局和相关部门翻译的新词术语材料书面语基本上使用藏语意译词，如报刊、杂志、图书、广播电视、新闻媒体以及书面的公文等等使用意译形式（除少量词语外）。但在平时的口头交流中，则较多地使用汉语借词，根据调查所得的信息看，汉语借词的使用占百分之六七十乃至七八十。口头交流的情况相对而言比较复杂：

（1）场合不同，语言的纯洁度不同。正式场合，对象为本民族人员时，语言纯度高，基本都用藏语，一般不用借词；非正式场合中因对象的语言背景不同，语言的纯洁度也有所差异，语言背景相同者纯洁度高，反之则低。

（2）教育程度的不同，也会存在一定的差异。背景均为藏语文、程度高且语言环境相同的情况下，语言纯洁度高，反之则低。

（3）与外界的接触程度也有关联，尤其是未接受教育者，其接触程度的高低与本族语言的纯洁度也成反比。但在一些家庭，意译词已经被吸收使用的情况下，常在家与外界接触少的即使是一般百姓或主妇也能较好地予以把握，这与他们使用母语的频率高或单纯使用母语关系密切。

（4）文人与百姓的用词也有一定差异。文人多限于书面用语，而百姓在吸收一定书面语的同时，除借词以外，自己加以命名的事物名称也很有特色，也很生动。比如“挖掘机”一词，书面语有用 sa rko vkhor “挖土机器”，而在口语如在青海黄南州河南县以及四川甘孜的色达县，牧民们多叫做 vdre mo lag ring “长臂鬼”（意译）。这些事物的民间命名，带有一定的文化底蕴和情感色彩。据了解，百姓对于“挖掘机”的命名是综合了其形貌特征、功能，还有其工作时的环境和对象，以及文化习俗、思维方式等产生的名词。

因此，新词术语的翻译应该考虑或结合百姓对新事物的特色性命名，至少综合文人与百姓的思路予以继承式“创新”，这样百姓容易接受，包括文人口头交流也可广泛使用意译新词，从而提升语言的纯洁度和表达功能，有效地加强语言与文化的传承功能。

意译词、半音译半意译词及音译词的使用，在组词造句时遵循藏语语法自身的特点和规律。在进入句子时，其运用极富特色，尤其是借词的具体运用，藏语言特征体现得更为突出，比如，“上网”一词从汉语看已经具备了动词，但在进入藏语时则受藏语语法规律及特征的制约，需在其后再加藏语固有动词（包括相关附加成分）才能完成其意义的完整表达，如：“网上 byos”（上网），“网上 byas tang nga”（已上网了）；一些半音译半意译的词的使用也体现了藏语自身的规则和特点。此外，少量尚未找到恰当的意译词的事物，则使用描述或解释的方式予以表达，比如使用短语、短句等。

2. 借词现象

大约在上世纪中至80年代，藏语新词的意译词使用率较高。在当时，一方面，广播电视、电脑网络等尚未进入人们的生活，媒体的影响不大，从媒体认识新事物的可能性相应地较小；另一方面，新事物的出现不像现在这么又多又快，人们可以根据自己对亲见事物的切身了解予以命名。

上世纪80年代至今，尤其21世纪到来后，交通、电视乃至网络信息等较为发达，缩小了城镇和农牧区间的距离，所受外界影响之差别也不大，词汇的使用受媒体影响较大是一个共性。尤其随着信息化程度的提高，出现了大量的新词术语，广播电视以及电脑网络充分发挥其功能，展现在人们面前的是新词及术语层出不穷的景象，人们对实际生活中尚未出现的新事物的了解只能通过媒体。也就是说，新事物在未进入百姓生活的情况下，百姓对新事物的认识不是在亲见实物或对实物的切身了解的基础上，而是通过媒体间接认知，这就客观地制约了对新事物的深入认识和恰当命名。此外，新词术语的书面翻译虽然很及时，也有成书出版了的，但对不识字的老百姓来讲，也没法使用。因此，人们为便于交流，只能暂从媒体吸收使用，而媒体大多数栏目使用的是汉语，由此借入了大量的汉语借词。

根据调查及访谈等掌握的材料看，初步分析，口语中使用借词比率高，其原因：首先，主要与实物及其形貌、功能特征等的是否被亲见或者是否被经常使用有很大关系。其次，与是否及时、广泛、硬性的推广使用关系密切。再次，媒体的作用不小，随着社会的发展，人们生活水平的提高，电视电脑尤其是电视、放像机等的普及，网络超容的信息量，新生事物及其术语的纷繁出现，使人们对新事物或新术语在时间和空间上多便捷地从媒体接受，而媒体诸多栏目的语言多为非本族语；本族语创作的影视剧以及本族语译本的影视作品等，前者相对于汉语借词的比例也小，后者的翻译据调查访谈时的反映，相对而言大多又太“文”了，老百姓不好理解，能贴近百姓语言的也不是太多，这种现象也反映在报刊等的用词尤其是译词（近两年有所好转）方面。

从掌握材料看，藏区各地编译局或翻译部门等，对新词术语的书面翻译一般还是很及时的。首先每日的新闻播报和刊登有很强的时间上的制约，因此，新词术语的书面翻译可以说日日有新，丰富了藏语词汇。

比如，西藏自治区新词术语藏文翻译规范委员会办公室下发规范公报，一年不止一期，还下发到各地市藏语办公室、编译局、各新闻单位、区直各有关单位、各大专院校，要求“区内各有关单位必须认真使用，不得擅自改变”（参见“藏文名词术语规范公报”2008 年第 2 期）。

新词术语词典的出版也对新词术语的推广使用起到良好的作用。近年相继出版的一些词典有藏、汉、英等三文种对照的，有些还配以图解。比如，由慈诚罗珠主编的《汉藏英常用新词语图解词典》，收集词条 1900，收录了日常生活中的常用词，以及近年来出现的新事物名词，并从语义角度对这些词语进行了较为细致的分类，如天文地理、饮食、服饰、家具、家电等等，以汉—藏—英顺序编排，并附有彩图。

扎西次仁等编写的《藏汉英对照信息技术词典》，是国内外第一部全面涉及计算机信息技术领域的藏文词典，共收录 6000 多个词条，其中新词术语占了很大比例。

总体上看，这几年新词术语的普及使用方面，政府及各行各业的藏族学者付出了很大的努力，投入了大量的人力和财力。但从具体使用情况看，新词及术语的运用范围还是比较窄，实际上多用于编辑、翻译、科研等人群，且多使用于书面形式，大多数人还是先接触汉语新词，主要是因为新词的出现太多太快，翻译后的推广范围又相对局限于有关从业人员，而且缺乏相应的硬性措施。比如，有些常用的已经翻译的实物名，如电视、电影等，及时推广不够，造成从广播电视中直接使用借词的现象。

因此，推广范围需涉及方方面面，除广播电视等媒体外，邮政业务和饮食、菜蔬、服饰行业及饭店、医疗、寺庙、机关（包括公文使用）等各行各业也需要覆盖。不仅要重视书面形式的使用，而且要重视口语的使用，这样，新词术语的意译词才能得到较为广泛的推广，藏语词汇才能得以真正丰富，藏语表达功能也得以不断加强，藏语文发展也可得到进一步的推动。

三、思考与建议

从语言理论来看，注重基本词汇的发展变化，对常用的尤其是新词术语的使用似乎不必担忧它对语言系统的影响。可语言是人的语言，是社会人的语言，社会的发展变化，语言也需要相适应，借词的频繁使用至少会弱化语言的表达功能。以现代社会的发展速度与进步看，现代新词术语必然会随着人们生活水平的提高，以及开放的扩大性、交流的频繁性，客观地出现于人们的日常生活中。因此，音译借词的影响有两方面：一种是，借词的大量、长期的使用，对语言词汇系统的完整性、规范性、民族性等产生影响，从而逐渐弱化乃至丧失其表达功能；另一方面，及时、准确、通俗的、具生命力的翻译，以及规范统一并全方位的推广，使词汇系统得以丰富完善，增强其语言表达功能，使其传播、吸收文化的力度得以加强。

以下是一些初步的想法和建议。

1. 首先，由五省区组织三大藏区藏语文水平高的各领域专家，召开关于统一新词术语的座谈会等，每年或者两三年开一次，最好一年一次。先从最常见常用的词语着手，继而扩充到专业术语，组织翻译并由专家们讨论达成共识，统一以后将定稿再送审一些大专家（有的学者藏、汉、英水平都非常好）、格西等最后审定，然后再公布并下发到包括网络、报刊、杂志、教育等等各行各业（包括基层），并要求广播、电视、报刊等都使用统一规范的词语，这一点对新词术语的推广普及很重要。

2. 新词术语的翻译需建立在传统文化基础上，坚持在传统中发掘、在继承中创新的原则，而不是简单机械地直译。以本民族文化、思维、信仰、习俗等为基础，重视并遵循语言系统的完整性、规范性、规律性、民族性等，尤其注重语言对文化的传承作用。同时，翻译时应从最初来源着手，不宜从间接语言直接翻译，现代许多新词汉语多译自英语，而藏语多直接从汉语翻译，势必影响对事物原来面貌和意义的完整、准确的理解和把握。

3. 组织深入广泛的调研。首先，进行百姓接受度的调查。各地区用词有所不同，要了解各地百姓对新词语的使用状况、接受程度，至少每隔三五年各地相关部门需要进行一次普查，这是一项重大的工程，是需要相关部门广泛、深入、长期进行的有意义的工作。语言的发展及其承载的文化的发展，其根本土壤还是广大的老百姓，新词术语的吸收同样需兼顾百姓的接受度。其次，定期组织相关专家学者到各藏区包括农牧区点，系统、全面地搜集并记录民间新词术语，并结合固有词，进行继承式翻译，从而予以完善、规范、统一，而不是一味地创造新词。这将直接关系到新词的生命力和发展。

4. 实践与普及。学生、教师、干部尤其口语交流避免使用音译借词。在百姓中的推广，文人要有意识地在家庭、朋友以及与外界交流时尽量使用已经意译的词。

当然，新词术语的普及需要一个过程，但在这个过程中的每一项丰富藏语词汇的工作，都将利于藏语文的健康发展。

从形式上看，词只是简单的几个音节的组合，可它犹如高楼大厦的基本建材，蕴含的文化内涵不可限量，语言与文化的传承词汇的作用也不可低估。语言客观地肩负着完成其交际、思维、传播、传承的多项使命，而词汇则随社会的发展变化在语言要素中表现得最为活跃，是体现特色与变化的重要元素。因此，在现代信息社会迅速发展的过程中维护语言的纯洁度，首先得重视对语言的词汇的及时探讨研究、准确翻译、规范统一，以加强语言的表达功能和生命力。也就是说，要站在文化的高度，放眼于文化的有效传承与发展去吸收、丰富语言的词汇，从而使藏语文发挥其应有的作用，推动当地社会经济、文化的健康稳步发展。

主要参考文献：

慈诚罗珠主编，《汉藏英常用新词语图解词典》（成都：四川民族出版社，2007．12）。

扎西次仁等编写,《藏汉英对照信息技术词典》(北京:中国藏学出版社,2007. 7)。

西藏自治区藏语文工作委员会办公室,《藏语文工作》2007 年第 1、2、4 期。

西藏自治区藏语文工作委员会办公室,《藏语文工作》2008 年第 1 期。

西藏自治区编译局,《汉藏新词术语》(内部参考,2003 年)。

西藏语言文字网 http://www. xzzyw. cn 西藏自治区新词术语藏文翻译规范委员会办公室,《藏文名词术语规范公报》2007 年第 1 期、2008 年第 1、2、3 期。

新浪教育 http://edu. sina. com. cn:《藏语新词会不断涌现每年新词汇 500 个左右》(http://www. sina. com. cn2008 年 3 月 28 日新华网)。

中国选举与治理网 http://www. chinaelections. org:周有光,《文化传播和术语翻译》(原载香港《语文建设通讯》第 34 期,1991. 10)。

北语新闻网 http://news. blcu. edu. cn:陈章太,《我国当今语言生活的变化与问题》(中国教育报,2006 年 5 月 8 日)。

作者单位:中国社会科学院民族学与人类学研究所

后　记

2008 年，适逢柳陞祺先生诞辰 100 周年和逝世 5 周年。从 2007 年开始，中国社会科学院民族学与人类学研究所与中国藏学研究中心共商举办“纪念柳陞祺先生百年诞辰”活动事宜，决定出版一部纪念文集。遂发函约请藏学界同仁及柳先生生前友好惠赐鸿文。在一年多时间里，陆续收到各类文章 50 余篇，60 余万字。我们将其汇编出版，不仅以此寄托对柳先生的深切怀念，同时也祝愿先生毕生关注的藏学研究事业蒸蒸日上，取得更大的发展。

本书所收录的文稿，大致按两个部分编次。一是学界同好就本人所研究的领域撰写的学术论文，大致按论文内容的学科类别及时代先后为序；二是柳先生的亲属及生前好友撰写的回忆性文章。

在编辑本书的过程中我们得到中国社会科学院科研局、民族学与人类学研究所，中国藏学研究中心、中国藏学出版社以及柳先生亲属的热情支持。各位撰稿人不仅惠赐大作，还通过各种方式给我们以鼓励，使我们深受教益。书前的图片由柳陞祺先生的亲属提供。对此，我们表示衷心感谢！

本文集在编辑上的疏漏、不妥之处，希望读者不吝指正。

编　者

2008 年 11 月 8 日

图书在版编目(CIP)数据

纪念柳陞祺先生百年诞辰暨藏族历史文化论集/郝时远,
格勒主编.—北京:中国藏学出版社,2008.12
ISBN 978-7-80253-053-9

Ⅰ.纪… Ⅱ.①郝…②格… Ⅲ.①柳陞祺-纪念文集
②藏学-中国-文集 Ⅳ.K281.4-53

中国版本图书馆 CIP 数据核字(2008)第 196737 号

纪念柳陞祺先生百年诞辰
暨藏族历史文化论集　　郝时远　格勒　主编

出版发行　中国藏学出版社
印　　刷　北京牛山世兴印刷厂
开　　本　787×1092 毫米　1/16
印　　张　42.5
字　　数　697 千
印　　次　2008 年 12 月第 1 版第 1 次印刷
书　　号　ISBN 978-7-80253-053-9/K·196

定　价:68.00 元